ARNOLD SCHWARZENEGGER
アーノルド・シュワルツェネッガー

王者の筋トレ

序文

　　ボディビルとレジスタンストレーニング（筋力トレーニング）に関する分厚い事典を出版してしまう人が現れるとは、いったい誰が想像しただろうか。そもそも、たかが重い金属プレートを持ち上げるだけの話ではないか。そんなことに800ページ以上も費やして書くべき内容などあるのだろうか。ロケット科学じゃあるまいし、ボディビルに難しい理屈など必要ないではないか。

　　なるほど、多くの人はそんなふうに考えて、気楽にボディビルを始める。そんな人をジムで見つけるのは簡単だ。そういう人は、たいてい過度にプレートをバーにセットして、フォームなどお構いなしに力任せにバーベルを挙上し（さらには、仕上げとばかりに腰を突き上げ）、最後はバーベルを床に激しく落とす。だが、そんなのはボディビルではない！意欲はあるが知識に欠ける人たちは、えてしてケガで離脱を余儀なくされるか、いくらやっても大した成果が出ないので、すぐに諦めてしまう。

　　確かに、ボディビルの複雑な知識を学ぶのに博士号は必要ないが、かといって自転車に乗るみたいに自然にできるようになるものでもない。また、ボディビル用語には、ピラミッドトレーニング、腓腹筋、ネガティブ、ピリオダイゼーション、インスティンクティブトレーニング、スポッティングなど、外国語のようにチンプンカンプンなものが多い。レジスタンストレーニング特有の数多くの要素（何百種類もある多様なエクササイズとそのバリエーションから、効果的なワークアウトの組み立て方まで）を学ぶには、かなりの時間と練習が必要だ。できるだけ早く進歩するには、とにかく自分が何をしているのかを知る必要がある。

　　パーソナルトレーナーに1時間50ドル以上払えるほど裕福な人なら、知識がなくてもダンベルひとつで成果を得られるかもしれない。あるいは、1回のセッションほどの価格で本書に投資することで、次のワークアウトから始まる一生分の利益を得ることもできる。

　　多くの人は忘れているが、私もかつてはみなさんと同じ初心者だった。そして、自分の肉体とキャリアを、今のみなさんとまったく同じ位置から築き始めたのだ。信じられないと思うのなら、私の10代のころの写真を見てほしい。私がどれだけ遥かな道のりを歩み、どれだけ多くの努力をしてきたかがわかるだろう。しかし、私がボディビル仲間と一線を画すことになったのは、筋肉をつけたいという執念と、誰にも負けないという断固たる決意を持っていたからだ。その長い道のりで、私は数え切れないほどの間違いを犯した。というのも、私が持っていた唯一の手引書は、英語で書かれたジョー・ウイダーの筋トレ雑誌2～3冊だけだったからだ。おまけに、当時の私は英語を読むことすらできなかった！ウイダーの雑誌がきっかけで私は英語を勉強するようになり、そのころ憧れていたレジ・パークのルーティンについていけるようになった。とはいえ、雑誌が教えてくれたのは初歩的な概念だけで、それ以外はすべて試行錯誤の連続だった。

　　しかし、失敗から学ぶ限り、経験は最良の教師である。始めた当初は、上腕二頭筋は熱

心に鍛えた。しかし、上腕二頭筋よりも大きな筋肉であるのに上腕三頭筋のトレーニングはあまりしなかった。腹筋のトレーニングもほとんどしなかった。当時の常識では、腹筋は高重量を扱うコンパウンド種目で十分な刺激を受けるとされていたからだ。ふくらはぎのトレーニングもおろそかにしていたので、アメリカに来てからは人一倍の努力を迫られた。そこで私は、ふくらはぎがいつも見えるようにした。トレーニング用スウェットパンツを膝丈に切り、人目にさらしたのだ。そうすることで、自分の弱点にもっと目を向けるべきだということを常に忘れないようにした。当時はトレーニングマシンもあまりなかった。ボディビルを始めて最初の数年間は、レッグカールやレッグエクステンション用のマシンを一度も使うことなく終えた。しかし何より、私は知識不足というハンディキャップを背負っていた。各部位を鍛えるために私が行っていたエクササイズのレパートリーは、ほんのわずかしかなかった。幸いなことに、本書があれば私と同じ過ちを犯さずにすむはずだ。

　私がそうであったように、みなさんもまた、ボディビルは人生のあらゆる場面で自分を高めてくれることに気づくだろう。本書で学ぶことは、人生におけるあらゆることに影響を与えるはずだ。努力の成果を目の当たりにするにつれて、次第に自信がつき、自尊心が向上していく。その自信や自尊心は、現役を引退してからも仕事や対人関係を末長く彩ることになる。私はボディビルのおかげで、肉体面だけでなく、ビジネスや俳優業、さらには家庭で私が成し遂げてきたことすべての土台を築くことができたと思っている。私は自ら選んだことなら何であれ、必ず成し遂げる自信がある。というのも、困難に立ち向かう際に何を犠牲にすべきか、諦めずに努力を続け障害を乗り越えるためにはどうすればよいかがわかっているからだ。

　今でも、一緒に仕事をした人たちの多くが、私の仕事に対する献身ぶりを称賛してくれる。映画の撮影では、難しいシーンでもうまくいくまで何度でもやり直す覚悟ができているからだ。それはなぜか？　すべては規律に帰結する。もし体の健康を向上させることに全力を傾けたなら、それと同じ自己規律、集中力、成功への意欲が、人生の他の活動にも通じることに気づくだろう。今は気づかなくても、何らかの難題に取り組む際にボディビルに対するのと同じ規律正しい方法をとってみれば、そのことがわかるはずだ。それこそが、私がボディビルに熱中するもうひとつの理由である。

　本書は伝記ではない。ミスターオリンピアに7度輝いた私の物語でもなければ、俳優としての私の個人史でもない（もし興味があれば、他の本をあたってほしい）。私は主に元ボディビルダーの俳優、実業家という肩書きで知られている。しかし、さまざまな機会を通じて、さらに別の役割、個人的に最も誇りに思っている役割も担うことができた。それは教師としての役割だ。1985年に本書の初版を出版し、それ以降もボディビルと密接に関わり続けてきたのもそのためだ。初版の出版から何年にもわたり、増補改訂版に向けて情報を集め、精査・検討してきた。私はこれまで、自分の健康や体型を自分で管理することの大切さをあらゆる世代の男女に訴えてきたが、その努力は着実に実っている。そう言えるのは、本当に喜ばしいことだ。1970年代半ばにサンタモニカのジムで私のボディビルセ

ミナーに参加してくれた数十人の生徒たちをはじめ、大統領体力スポーツ審議会の会長として全米50州を回ったときに私がエクササイズの手ほどきをした小学生や高校生たち、インナーシティゲーム〔訳注：都市部の貧困地域に住む若者を対象に、年間を通じて開催されている各種スポーツイベント〕やスペシャルオリンピックス〔訳注：知的障害のある人たちが集うスポーツ大会〕で出会った人たち、私が毎週連載している新聞のコラムや筋トレ雑誌のコラムの読者、そして本書の読者であるみなさんに至るまで、すべての人たちが私がこの壮大な取り組みを始めた理由なのだ。みなさんが私を教師に選んでくれたことに心から感謝したい。

　健康、長寿、生活の質の向上に役立つ唯一無二の秘訣であり、私のこのうえない情熱でもあるボディビルをみなさんと分かち合うことができるのだから、私にとって本書は絶対に必要な取り組みだった。そして何よりの喜びでもあった！　ボディビルは私のルーツなのだ。私はこれからもこのスポーツを推進し、ボディビルの普及に努めていくつもりだ。

　私は35年以上にわたってボディビルダーとしての経験を積み重ねてきた。その経験の中には、世界のトップビルダーたちとの何万時間にも及ぶトレーニングも含まれている（ビル・パール、レジ・パーク、デイブ・ドレイパー、フランク・ゼーン、セルジオ・オリバ、フランコ・コロンブといった往年のトップボディビルダーから、フレックス・ウィラー、ショーン・レイ、ミスターオリンピアに8度輝いたリー・ヘイニーといった現役のチャンピオンまで）。私はまた、近代ボディビルの先人たちの著作を読み込んできた。ユージン・サンドウ『System of Physical Training（フィジカルトレーニングシステム）』（1894年）、アメリカ陸軍『Manual of Physical Training（フィジカルトレーニングマニュアル）』（1914年）、アール・リーダーマン『Muscle Building（マッスルビルディング）』（1924年）など、中には1世紀以上も前の本もある。さらに私は、世界的に有名な運動科学者たちにいくつも質問を重ねてきた。他にも、世界各地で行ってきたセミナー（アフリカからアジア、南米、そして最近ではオハイオ州コロンバスで毎年開催しているセミナーに至るまで）の受講生からの質問も集めてきた。そして、そのようにして得た知識を本書に余すところなく注ぎ込んだ。本書は、初心者から競技レベルのボディビルダー、他のスポーツでのパフォーマンス向上を目指すアスリート、さらには単に見映えをよくしたい人やもっと健康になりたいという人まで、幅広い読者を対象に作られており、読者のみなさんは私が長年かけて蓄積してきた膨大な知識を自由に拾い読みすることができる。

　ある意味、私は自分をひっきりなしに専門的な助言を求められる医者のような存在だと感じている。最近もサンバレーで、スキー選手からパフォーマンス向上のために大腿四頭筋の筋力と筋持久力をつけるためにはどうすればよいかと尋ねられた。ある健康関連の会議では、何人もの人からクレアチンの筋肉増強作用に関する最新情報を教えてほしいと頼まれた。ウィンブルドンでは、テニスのトップ選手から前腕の筋力強化についてのアドバイスを求められた。ハワイで休暇を楽しんでいたときには、ある女性が私に近づいてきて、体脂肪を100ポンド（45.4kg）減らし、その体型を維持するにはどうすればいいかと質問してきた。セミナーでは、若いボディビルダーたちが上腕二頭筋にピークをつける方法や、太もも外側の張り出しに磨きをかける方法を知りたがる。軍人と話をすると、ごく基本的

な器具を使ったトレーニングでもっと効果を上げるにはどうすればいいかとよく聞かれる。他にも、ビタミンAや亜鉛の効果、休息と回復の必要性、さらにはパフォーマンス向上を謳う怪しげな物質の真偽に至るまで、私は毎日のように質問を受けている。そんなわけで、私は以前から、ボディビルの普及に努めようとするなら、最新情報に絶対に精通しているべきだと肝に銘じてきた。

　とはいえ、それは容易なことではなかった。ボディビルは、競技レベルでもアマチュアレベルでも、すさまじい勢いで進化しているからだ。その進化を単にアナボリックステロイド（筋肉増強剤）の使用が増えたからだと片付けてしまう人もいるが、そういう人にはボディビル界で実際に何が起こっているのかが見えていない。筋肉をつけるためのトレーニングは、筋肉を硬直させ柔軟性を損なうと各スポーツの指導者たちから長い間根拠もなしに馬鹿にされてきた。しかし今となっては研究者たちが筋トレの効果を詳しく調査するようになっている。私たちボディビルダーの長年にわたる試行錯誤について運動科学者が検証を重ねており、レジスタンストレーニングの科学は本当の科学になりつつある。もちろん、ボディビルダーたちは自分が何をしているのかをわかっていなかったわけではない。それどころか、初期のチャンピオンたちは健康・フィットネス分野におけるパイオニアであり、その後の世代に進歩の種をまいてきた。今日のボディビルダーなら誰もが知っていて、その意味を理解している言葉だが、「痛みなくして得るものなし（No pain, no gain）」という表現を生み出したのも彼らだった。

　確かに、科学はトレーニングを構成する変数を操作するのに最良の方法を示してくれる。だが、数値化できるものがすべてではない。たとえば、環境要因の重要性を軽視することはできない。私は第二次世界大戦後のオーストリアの貧しい家庭で育ったが、その環境こそが成功への意欲を高めてくれたのだ。トレーニングに対する本能的な感覚も、数値化こそできないが、多くのトップボディビルダーが身につけているもののひとつだ。願望や意欲、規律といったものも大きな役割を果たしている。こうした要因を科学的に数値化するのは難しいが、その重要性は間違いなく大きい。遺伝もそうだ。パワー系スポーツやボディビルで成功するのに適した骨格や筋繊維を持って生まれる人もいる。しかし、ボディビルで肝心なのは、世界的なトップビルダーにはなれなくても、改善を重ねていくことで各自が自身の潜在能力を100％発揮することができるということだ。

　運動科学者や体を研究する医学専門家、食事法やスポーツ栄養学の研究者たちは、今も日々、トレーニングテクニックに手を加え、改良している。彼らの見解の多くは、絶対的に正しいとまでは言えないにせよ、原則と呼ぶにふさわしいものだ。しかし、最終的には、科学界が公表するどのような知見も、ボディビルを学ぶ学生やトップビルダー自身にとって有益でなければ意味がない。科学者の見解の妥当性を検証する究極のテストは、アスリート自身の体験なのだ。科学的知見をうまく活用して成果を上げることが、本書の実践的な基礎になっている。本書で紹介する情報は検証済みで実用的価値があるものばかり。みなさんにも必ず役立つはずだ！

　本書の初版を出版して以来、ボディビルはいくつかの点で進化を遂げてきた。とはいえ、

ベンチプレスはベンチプレスのままだし、スクワットはスクワットのままだ。さまざまなエクササイズ種目のやり方はほとんど変わっていないが、私は進化を遂げた重要な要素をいくつも目の当たりにしてきた。では、いったい何が進化したのだろうか？ そして、その進化はトレーニングにどのように活かせるのだろうか。本書では、以下のポイントが学べる。

- 目的がボディビルチャンピオンになることであろうと、単に体を引き締めてシェイプアップすることであろうと、基本的なワークアウトをどのように構成すればよいのか。また、発達が遅れている部位をどのようにして効果的に鍛えればよいのか。
- パワー系アスリート向きの爆発的な筋力を身につけるには、レップスピードをどのように調整すればよいのか。
- 筋肉に最大限有効なのは、どのようなエクササイズなのか。また上級者のみが取り入れるべきエクササイズは何か。
- 体脂肪のコントロールに重点を置いたワークアウトと筋力を最大化するワークアウトをどのように組み合わせるべきか。さらに、それぞれの長所を活かすために両者をどのようなサイクルで回すべきか。
- 5〜10分のウォーミングアップと軽いストレッチを加えることで、ケガのリスクを減らすだけでなく、より高重量を挙上できるようになる。その具体的な方法とはなにか。
- 各レップと各セットから最大限に利益を得る方法。筋肉を限界まで追い込み、オールアウト寸前の状況（ペインゾーン）で最大の効果を得るにはどうすればよいのか。
- トレーニングが停滞期に入ったとき、トレーニングの変数をどのように設定し直すべきか。
- トレーニングをしすぎると、筋肉や筋力の進歩が逆戻りし始めることがある。それはどんなときか。

　先に述べたように、エクササイズのやり方自体は20年前からほとんど変わっていないが、いくつかの例外もある。たとえば腹筋運動について、研究者は従来の方法に否定的な見解を示している。つまり、可動域全体（フルレンジ）を使う従来のシットアップよりも、骨盤と胸郭をたがいに引き寄せるクランチのほうが、可動域が短く、より安全な運動だという。私が現役だったころのトップビルダーたちは、シットアップによって見事な腹筋を手に入れていたが、彼らはみな体幹が強かったので、腰痛を起こさずにすんだのだろう。アメリカ人の4分の3以上が腰痛に悩まされていることから、今ではシットアップは一般的に禁忌とされている。そういうわけで、現在の科学的見解に合わせて腹筋トレーニングのセクションを全面的に見直した。エクササイズの種類を増やし、クランチのバリエーションを幅広く採り入れたのだ。
　バーベルやダンベル、自重エクササイズなど、トレーニングの基本的な部分もあまり変わっていない。しかし、トレーニングマシンについては事情が異なる。マシンは安全性に

優れ、以前から一部のボディビルダーに愛用されてきたが、現在は何十社ものメーカーがしのぎを削り、ボディビル産業とボディビル自体の様子を激変させている。昔からの人気マシンは、機能性と操作性がアップした新しいバージョンが次々と開発され、ますますフリーウエイトの動きに近づきつつある。セットごとに抵抗の角度を変えられるものもあれば、ネガティブ時の抵抗を増大できるものもある。また、コンピューターを使って抵抗を変化させるものさえある。今後数十年の間に、マシンはさらに急激な進化を遂げることだろう。

マシンの恩恵を受けるのは商業ジムだけではない。自宅でのマシンの利用も急増している。旧来の大型で不格好なマシンに代わり、小さな部屋にもすっぽり収まる小型で安全なモデルが安価で購入できるようになってきたからだ。忙しくてジムに通えない人には理想的な選択肢だろう。

栄養の面では、「体は食べたもので出来ている（You are what you eat）」という基本的な概念は今でも真実であるが、スポーツ栄養学に起こった劇的な変化も軽視してはならない。科学の進歩によって、日持ちのいいトマトといったスーパーフードが人工的に作り出され、魚は養殖場で育てられるようにもなった。また、ダチョウやビーファロー（バイソンと牛の交配種）といった低脂肪の肉を食べることもできる。今日ではハードなトレーニングをするアスリートに必要な食事法についての知見も増え、スポーツのパフォーマンス向上を目的としたサプリメントも使うことができるようになった。

ボディビルダーの基本的なダイエット法について考えてみよう。これまで数々のダイエット法が流行しては消えていくのを見てきたが、私の知る限り、ボディビルダーのほぼ全員が同じ基本的な指針に従っており、本書でもそれを紹介している。筋肉を増やすための努力が実らないのは、多くの場合、食事からの栄養が不足していることが原因だ。コンピューター技術者の表現を借りれば、「ゴミを入れたら、ゴミが出てくる（garbage in, garbage out）」のだ。本書では、効果的な戦略をいくつか紹介している。三大栄養素について私がよく質問を受けるのは、筋肉組織の成長を支えるタンパク質とアミノ酸の役割についてだ。具体的には、一日に摂取すべき量や、最適な吸収が得られる食事のタイミングなどがある。脂質はボディビルダーから敵対視され、なんとしてでも避けるべき物質と考えられているが、筋肉を作る重要なホルモンを合成し、健康を維持するうえで重要な役割を果たしている。

栄養に関する議論は、サプリメントを抜きにしては語れない。中にはスポーツ栄養学のあり方を劇的に変えたものもある。たとえばクレアチンはパフォーマンスを向上させることが証明されているし、グルタミン（アミノ酸の一種）、分岐鎖アミノ酸、抗酸化物質といったサプリメントもアスリートにとって重要である。

また、栄養がどのようにして血中に吸収されるかについても多くの事実が判明している。吸収される速度は食品によって違いがあり、その違いを客観的に見るには、タンパク同化プロセスであるインスリン反応を測定するために考案されたGI値（グリセミック指数）が役に立つ。激しいワークアウトは筋肉に蓄えられたグリコーゲン（主要な貯蔵エネ

ルギー）を激減させるため、運動後の食事は極めて重要だ。今ではトレーニング後に補給すべき栄養素とそれらを摂取すべきタイミングが研究によって明らかにされている。そして、体脂肪を減らす秘訣を説明するのに、大会に向けての厳しい減量に何度も耐えてきたトップビルダー以上に適した人物がいるだろうか？　たとえビーチで見映えのよい体型を見せることだけが目標の、競技とは無縁のボディビルダーであっても、だ。

　数百万ドルを稼ぐアスリートが増えるに伴い、スポーツ心理学の分野も成長している。新しい理論やテクニックが次々と生まれ、トレーニングや大会におけるマインドの重要性が立証されているのだ。モチベーションを高め、集中力を維持する方法や、短期と長期でそれぞれ達成可能な目標を設定する方法などが提示されている。ミスターオリンピアになることが目標なら、まず自分が理想とする肉体についての明確なビジョンを持つことから始めよう。そして、その理想像をどのように作り上げていくかの計画を立てることが大切だ。何事も偶然には起こらない。たとえば、たまたま立派な医者になっていた、などということは現実にはありえない。目標を達成するためには、計画を立てて何年も集中して勉強する必要がある。トレーニングも同じだ。

　目標が明確になったら、次は自分に合ったワークアウトルーティンを考える番だが、マインドの役割はそこで終わりというわけではない。私もそうだったが、自ら描いたフィジークの理想像は、1レップ、1セットごとに自分を奮い立たせ、自分を目標へと一歩ずつ近づけてくれる。マインドの重要性はジムでのトレーニングにとどまらない。食事やライフスタイルをどのように律するか次第で、理想に近づきも遠ざかりもする。ボディビルを含むすべてのスポーツにおいてマインドが重要なのは、そのためだ。まずは自分の理想像を思い描き、次にそのイメージにトレーニングを合わせなければならない。変化が見え始めると、気分がよくなってくる。このようにして好循環が生まれ、それが無限にループする。体を鍛えることにマインドを集中させると体に変化が起こり始め、その体の変化がマインドに影響を与えるのだ。夢を思い描き、信じれば、実現できる！

　ボディビルの急激な成長は、10億ドル規模の産業を生み出した。それに伴い、ヘルスクラブ、アパレル、器具、栄養製品、出版やメディア、理学療法、パーソナルトレーニングやコーチングといった関連分野の仕事が激増した。つまり、趣味として始めた活動で生計を立てられる機会が広がったのである。そのような人生を送りたいと思っているなら、まず手始めに、人体とその仕組みについてできる限り多くの知識を学んでおくのがいいだろう。

　ボディビル研究の進歩と並行して、ボディビルに対する社会全体の見方も変化している。今日、ウエイトトレーニングはアメリカで最も人気のあるレクリエーション活動のひとつだが、25年ほど前はそうでなかった。忘れもしないが、さまざまなスポーツの指導者や選手が、筋トレはパフォーマンスの妨げになると言ってバッシングしていた（まったく、あいつらは今どこにいるのだろう）。現在、レジスタンストレーニングはあらゆる人たちが行っている。

　高校や大学、プロのスポーツチームにおいて、ウエイトトレーニングは、強靭で瞬発力

に優れたアスリートの育成に役立っている。たしかに、スポーツの頂点にまで上り詰めるには途方もない天賦の才が必要だが、レジスタンストレーニングは間違いなく勝敗を分かつ決め手になる。プロ野球の強打者マーク・マグワイアはシーズン中も定期的に筋トレに打ち込んでいるし、NFLに所属するほぼすべてのポジションのアメリカンフットボール選手も同様だ。私は、NBAの名門シカゴブルズのバスケットボール選手たちがロサンゼルス滞在中にゴールドジムにいるのを見かけたことさえある。もちろん、彼らは観光客として写真を撮りに来たわけではない。実際にトレーニングをしに来ていたのだ！

レジスタンストレーニングは、あらゆるスポーツのパフォーマンスを向上させる。テニスではバックハンドを強化し、スキーでは大腿四頭筋を鍛え、バレーボールではジャンプ力を高める。サッカーではタックルに負けない力を養い、水泳ではストロークとキックにパワーを与え、短距離走では筋力とストライドを強化する。さらに、不慮の事故が起きてもケガをしにくい体をつくる。

もちろん、長距離ランナーがサッカー選手向けのトレーニングをしても意味がない。アスリートは、エクササイズの選択やトレーニングの変数を工夫することで、それぞれのスポーツでのニーズや目標に見合った独自のワークアウトを組み立てられる。ボクシングやレスリングのように体重別の階級で争う選手や体操選手など、一部のアスリートにとっては、筋力は重要ではあるものの体重を増やすわけにはいかない。通常のボディビルとは異なるタイプのトレーニングが求められる。アメフトのラインマン、砲丸投げや円盤投げの選手にも、それぞれの競技に合ったトレーニングが必要だ。スポーツをしている人は、各自のスポーツに特有の（さらにはポジションに特有の）目的に合ったワークアウトをカスタマイズする方法を学ばなければならない。それでも結局のところ、体重が150ポンド（68.0kg）であろうと250ポンド（113.4kg）であろうと、アスリートにとって、ウエイトトレーニングは共通のテーマなのだ。

職業によっては、過酷な現場に適す厳しい身体テストにパスすることを求められる。軍人や消防士、警察官の養成学校は、各人の安全確保と任務遂行のために、入学要件として、筋力、筋持久力、有酸素運動能力の面で、厳しいレベルの運動能力を要求している。この条件は特に女性にとってかなり厳しく（しかし決して不可能ではない）、男性の志願者よりも懸命にトレーニングしなければ合格できないだろう。また、無事入学が決まったからといって、体を鍛える必要がなくなるわけでもない。そのため、警察署や消防署は施設内にウエイトルームを設置し、ベテラン署員にも最高レベルの体調を維持するよう奨励している。

1990年に勃発した湾岸戦争の最中、『ワシントン・ポスト』紙は、中東に派遣された軍人の要望のトップは「トレーニングを続けられるようにウエイト器具を送ってほしい」だと報じた。というのも、兵士たちは砂を詰めたバケツを持ち上げてトレーニングしていたのだ。そのころ、私は大統領体力スポーツ審議会の会長を務めており、多くの大手器具会社に寄付を募った。その結果、全部で400トン以上の器具が集まり、湾岸戦争を指揮したコリン・パウエル将軍はそれを中東の部隊に至急**空輸**するよう求めた。それくらい、兵士

にとってフィジカルフィットネスは重要なのだ！

　レジスタンストレーニングは高齢者にも使われている。筋肉は、25歳を過ぎたころから、1年につき約0.5ポンド（0.23kg）の割合で失われていく。トレーニングによって適切な刺激を与えなければ、筋肉はサイズと筋力が低下していくのだ。定期的なエクササイズはこの老化作用を食い止めるのに役立つ。筋肉の老化とは、実は筋肉を使わなくなった結果以外のなにものでもない。多くの高齢者にとって、筋力の向上は自立した生活と生活の質の向上につながる。

　何もいきなり、バーベルを担いでいるおばあちゃんの姿を思い浮かべるには及ばない。簡単な運動だけでも筋肉や骨を強化し、柔軟性を向上させることができる（ただし、各自の健康状態に合わせて調整する必要がある）。今日、プールで水の抵抗に逆らって進むエクササイズは、高齢者に人気の運動である。

　最近の研究によると、筋トレは闘病にも役立つという。何もデタラメを言っているのではない。これは実証済みの事実なのだ。つい最近も、学術誌『Journal of Strength and Conditioning Research（ジャーナル オブ ストレングス＆コンディショニング リサーチ）』で、ウエイトトレーニングががん治療に役立つという論文を読んだ。その他にも、レジスタンストレーニングが糖尿病、高血圧、心臓病、関節炎、喘息、エイズなどの改善に効果が見られるという研究が数多くある。エクササイズは免疫システムを高め、軽い病気や軽度のうつ病さえ効果的に予防できる。ただし、いずれの場合も、ウエイトトレーニングの内容は、各自のニーズに合わせてカスタマイズする必要がある。

　高齢者以外にも同じことが言える。エクササイズを高レップで行ったり、骨と筋肉を強化・増強する自重エクササイズを行ったりするなど、多少の修正を加えれば、同様にレジスタンストレーニングの利点を享受できる。

　最近のフィットネスの動向で最も注目すべきことのひとつは、1987年から1996年の間に女性における筋力トレーニングの人気が倍増したことである。競技レベルでは、ボディビル部門とフィットネス部門の大会が開催されている。非競技レベルでは、体のシェイプアップを目的とする女性がほとんどで、大臀筋、腰回り、上腕三頭筋など、女性特有の気になる部位を鍛えるワークアウトが好まれている。一方で女性と違って、男性はたいていバルクアップや筋力強化に関心を抱く。目標が違うと、トレーニングの設定やエクササイズの選択に差が出るが、エクササイズのやり方自体は変わらない。また、女性の体は生理学的にも男性とは異なる。女性は男性よりも骨格が小さく、下半身に比べて上半身の筋肉量が少ない。また、ウエストに比べ、腰回り、太もも、臀部に体脂肪と脂肪細胞が多い。しかし、こうした点を除けば、男性であろうと女性であろうと、筋繊維は筋繊維であり、同じエクササイズやトレーニングに対しては同じように反応する。だから、多くの女性にとっては、筋力トレーニングの従来の指針に従いつつ、若干の修正を加えることが答えとなるだろう。

　では、男性と同じようにトレーニングすれば、女性も男性並みに筋肉が大きくなるのかというと、そうはいかない。女性は、テストステロン（筋肉の成長に大きく関与するアナ

ボリックホルモン）の分泌量が極めて少ないため、トレーニングの効果がはるかに低いのだ。ここで、本書は、体型、年齢、性別を問わず、ほぼすべての人に見合った、多様な目標に対応しているということを強調しておきたい。バルクアップが目標ではなくても、女性も男性と同じく体型を劇的に変えることができる。

　骨折後のリハビリで理学療法士の世話になった人もいるだろう。ウエイトトレーニングはここでも役に立つ。筋トレは、軟組織や関節のケガのリスクを下げるだけでなく、完全な回復と迅速な復帰にうってつけの方法なのだ。一時的な筋肉痛や腰痛だろうと、関節のこわばりだろうと、骨折後の回復だろうと、ウエイトトレーニングを行えば、以前の筋力レベルをいち早く取り戻せる。

　チャールズ・アトラスがビーチで顔に砂を蹴りかけられたひ弱な少年に救いの手を差し伸べていた時代から、ボディビルは長い道のりを歩んできた。レジスタンストレーニングは今や世界中で行われている。筋トレには、単に腕を太くし、ビーチでの見映えをよくする以上の価値がある（もちろん、その種の目標が悪いと言っているのではない）。ウエイトトレーニングは、体を作り変え、健康を改善し、スポーツにおけるパフォーマンスを向上させる。また、ケガとは無縁の健康な体を維持し、末長く活動的な人生を保証する。あなたがトレーニングの基本を知りたい初心者だろうと、分割法を取り入れ発達が遅れている部位を鍛えたい中級者だろうと、高度なトレーニングテクニックを取り入れ肉体にさらに磨きをかけたい上級者だろうと、本書でその答えが見つかるはずだ。

　本書の初版を出版して以来、ボディビルの領域は大幅に広がり、当のボディビルダーたちにも大きな変化が起こった。その変化の規模は、明らかに単なる進化をはるかに超えて、革命的と言えるまでになっている。先に述べたことに加え、レジスタンストレーニングが絶大な人気を集めるに至った要因のひとつに、その効果が広く知られるようになったことが挙げられるだろう。

　ジムやヘルスクラブを訪れる人はみな、なんらかの個人的な目標を達成するためにレジスタンストレーニングを選んでいる。確かに、ボディビルの主な目的は筋肉を大きく発達させ、肉体の見映えをよくすることだが、人によってはウエイトトレーニングをする理由がそれだけとは限らない。筋力に対する効果も考えてみよう。筋トレをすれば、高重量を1回で持ち上げる能力（筋力）と、低重量を何回も持ち上げる能力（筋持久力）の両方が向上する。サーキットトレーニングのような、心臓を強くし、肺と呼吸器系の機能を向上させるのに適したトレーニングもある。一般的なウエイトトレーニングに何らかの有酸素トレーニングを組み合わせれば、さらに大きな健康効果が期待できる。

　現代はテクノロジー主導の社会であり、その度合いは日に日に高まっている。私たちはコンピュータやテレビの前に何時間も座り、カロリーを過剰に摂取している。その結果、肥満などの重大な健康被害が生じている。筋肉を増やし、体脂肪を減らすという点で、ボディビルは大きな役割を担っている。脂肪組織と異なり、筋肉組織は代謝が活発なので、維持と再構築のために多くのエネルギーを必要とする。筋肉が増えるほど、代謝も上昇していく。ウエイトトレーニングをすれば、怪しいダイエット薬や流行のダイエット法で健

康を害することなく、週に2ポンド（0.9kg）もの脂肪を落とすことができるのだ！　文字通り自分の体を作り直すことができる。生命の不思議な皮肉だが、太りすぎで何もしていない人のほうがすぐ疲れてしまう。一方でトレーニングをしている人は、エネルギーをたくさん消費しているにも関わらず疲れ知らずだ。

　他の健康効果も実証されている。正しい方法でウエイトトレーニングを行うと、筋肉が硬くなるどころか、むしろ柔軟性が増すという研究結果がある。ある筋肉が収縮すると、その拮抗筋が引き伸ばされるからだ。筋肉質な体操選手や陸上の短距離選手のように、ウエイトルームで何年も過ごしてきたトップアスリートたちは、かなりの柔軟性を持っていなければ、それぞれのスポーツでトップに立つことなどできなかっただろう。私は、フレックス・ウィラーをはじめとする一流のプロボディビルダーが、ステージ上でフルスプリット（完全前後開脚）をするのを見たことさえある！　柔軟性は運動によって維持される。私は体のすべての部位を通常の可動域を超えて動かすことをおすすめしたい。

　年齢を重ねるにつれて、骨は強度を失い、サイズも小さくなる（特に女性の場合）。レジスタンストレーニングは、骨粗鬆症を予防し、骨を若返らせることさえできる。これは腱や靭帯にも当てはまる。筋肉や骨、結合組織が強くなれば、ケガのリスクも減る。骨格筋は一種の緩衝材の役割を果たしている。ランニングのような反復運動を行っているときや硬い床の上に転倒した際に、力を分散させるのに役立っているのだ。

　先に述べたように、ボディビルにおける心理的要素の重要性を過小評価することはできない。不安を和らげるのに運動に勝るものはないというのが、今日のメンタルヘルス専門家の一致した意見だ。自尊心という点では、仕事をうまくこなすことでも自尊心が得られるが、フィジカルフィットネスも例外ではない。目標を達成するために努力し、見事その目標を達成すれば当然自分自身を誇らしく感じるし、その過程で他人からも尊敬されるようになる。最後に付け加えておくと、定期的なトレーニングは、精力増強、テストステロン値の上昇、不安の軽減、自尊心の向上などの効果によって、セックスライフも劇的に向上させる。

　こうしたすべてが相まって、ボディビルに関する注目すべき、実に興味深い調査結果が出た。1995年にフィットネス製品協議会が実施した調査で、ウエイトを使ったワークアウトがアメリカで最も人気のあるフィットネス活動となったのだ。しかもそれ以来トップであり続けているが、それも当然だろう。大手紙の『USAトゥデイ』でさえ、ボディビルダーは毎日途方もない時間をジムで過ごしているという俗説とは異なり、「週に2回、20〜30分ウエイトを持ち上げるだけで、筋力強化と筋肉の質の改善に大幅な効果」が見込めると報じている。さて、あなたはこのフィットネス革命の一員になるのか、それとも増え続ける我が国の肥満グループの仲間入りをするのか？

　本書には私が提供できるすべてを盛り込んだ。私の膨大な経験——往年のチャンピオンたちとのトレーニングや現役のトップボディビルダーたちとの会話。世界的な運動科学者、栄養学者、研究者たちとの対話。トレーニングに関するさまざまな質問を寄せてくれた読者たちの疑問に対する答え——を書き留めるには、このような大著が必要だった。知

識には限りがないので、私は現役を引退した後も、先人の勝利の秘訣と現在の最新理論を研究し、ボディビルに精通し続けるよう努力してきた。実際、私は今もなおこのスポーツを学び続けている。今後も末長く、大好きなボディビルの生徒であり続けるつもりだ。同時に、膨大な知識を読者に分け与えることで、私は教師としての役割も果たすことができる。もしよければ、私をあなたのパーソナルトレーナーだと思ってほしい。

読者には以下のことを求めたい。 ボディビルは実に単純なスポーツであるが、だからといって簡単なわけではない。結局のところ、先にも述べたが、「痛みなくして得るものなし（No pain, no gain）」というスローガンはボディビル界で生まれたものだ。成功する人とそうでない人の違いはそこにある。読者は、夢を実現したいという切実で燃えるような願望を抱き、進歩を目指して全力を傾け、体づくりに適した生活環境をきちんと整える必要がある。アナボリックステロイドやアンドロゲンステロイドに手を出すような近道は短期的な進歩にしかつながらず、長期的には極めて深刻な健康問題を引き起こす可能性があることを理解しなければならない。ボディビルは一朝一夕にできるものではなく、生涯をかけて行うものであることを知っておくべきだ。夢にたどり着くには、心構え、やる気、見た目をよくしたいという願望といった個人的な要素が重要な役割を果たす。できる限り多くを学び、頭を使って賢くトレーニングし、自分の体の声に耳を傾け、よい食事を摂るよう努力すること。しかし、本書の読者には書かれた情報をきちんと解釈するために必要な経験がない初心者も多いだろうから、さまざまなトレーニングのアイデアや数々の原則を一挙に理解しようとしすぎるのも禁物だ。

　ここまで私の文章を読んでくれたなら、それだけで誰よりもはるか先を行っており、成功へと近づいている。

　私は本書をできるだけ正確で実用的なものにしようと誠実に取り組んできた。本書を何度も読み返してほしい。疑問が浮かんだときや、次回のトレーニングへのモチベーションが必要なとき、ワークアウトに変化を加える方法を探しているときなどは、いつでも本書を参照してほしい。答えは、あなたの手の中にある。

　もうスタートする準備はできたことだろう。では、始めよう！

アーノルド・シュワルツェネッガー
1998年11月

CONTENTS

序文 2

BOOK1 ボディビル概論

CHAPTER 1 進化と歴史 26
 ボディビルへの移行 37
 40年代と50年代のボディビル 40
 60年代のボディビル 45
 70年代のボディビル 55
 『パンピング・アイアン』 66
 80年代と90年代のボディビル 66
 ボディビルの爆発的成長 70
 アーノルドクラシックウィークエンド 72
 職業としてのボディビル 73
 ジョー・ウイダー 74
 トレーニングの進化 75
 ボディビルの未来 77
 女性のボディビル 78

CHAPTER 2 ボディビルの基本 81
 スポーツ vs エクササイズシステム 81
 トレーニングの大原則 81
 ウエイトリフティング、レジスタンストレーニング、ボディビル 83
 ボディビルの肉体 83
 ボディビルトレーニングの仕組み 85
 ボディビルと有酸素持久力 87
 有酸素運動と筋肉のディフィニション 90
 アスリートのためのボディビル 91
 ウエイトトレーニングとフィットネス 98

CHAPTER 3 トレーニング体験 101
 マインドの重要性 101
 女性向けのトレーニング 118

CHAPTER 4 ジム 119
 ジムの爆発的増加 119
 ジム選びのポイント 120
 環境と雰囲気 120
 ジムでは誰がトレーニングしているか？ 121
 ロサンゼルスでトレーニングする必要はない 123
 大会に出ない人のためのジム 124
 自宅でのトレーニング 124

CHAPTER5 スタート 127
 発達の早い人と遅い人 130
 フリーウエイト vs マシン　－重力の問題 132
 シューズ 134

- グローブ 134
- リストストラップ 135
- ベルト 135
- ラップ 135
- ヘッドストラップ 136
- グラビティブーツ 136
- ラバースーツ 137
- トレーニング日誌 137
- ボディビルと子ども 140
- 年をとってからトレーニングを始めることについて ... 140
- ボディビルと高齢者 141
- ボディビル競技への移行 142
- ボディビル競技 142
- ボディビルの殿堂 144

BOOK2　トレーニングプログラム

CHAPTER 1 基本トレーニングの原則 168
- 個々のニーズ 168
- 漸進性過負荷の原則 169
- レップ数 169
- オールアウト 170
- セット数 172
- フルレンジ(全可動域) 173
- 筋収縮の質 173
- ウォーミングアップ 173
- パワートレーニング 175
- ヘビーデイ 179
- オーバートレーニングと回復 179
- セット間の休憩 180
- 呼吸 181
- ストレッチ 181

ストレッチエクササイズ 184
- サイドベンド(側屈) 184
- フォワードベンド(前屈) 185
- ハムストリングスのストレッチ 186
- Vランジ 187
- フィートアパートシーテッドフォワードベンド(座位開脚前屈) ... 188
- 太もも内側のストレッチ 189
- 大腿四頭筋のストレッチ 190
- ハードラーストレッチ 191
- スパイナルツイスト 192
- ハンギングストレッチ 193

CHAPTER 2 自分の体型を知る 194
- 自分の体型を理解する 194
- 代謝と筋肥大 201
- 外胚葉型トレーニング 201
- 中胚葉型トレーニング 202

  内胚葉型トレーニング ……………………………………………… 202
  体組成検査 ………………………………………………………… 203

CHAPTER 3　基本トレーニングプログラム ………… 205
  スプリットトレーニング …………………………………………… 205
  基本的な筋群 ……………………………………………………… 207
  トレーニングの組み方 …………………………………………… 208
  休息と回復 ………………………………………………………… 211
  トレーニングをする時間帯 ……………………………………… 211
  レベルⅠエクササイズプログラム ……………………………… 212
  レベルⅡエクササイズプログラム ……………………………… 214

CHAPTER 4　上級トレーニングの原則 ………… 219
  トレーニング強度を上げる ……………………………………… 219
  強度テクニック …………………………………………………… 220
  パワートレーニング ……………………………………………… 223
  上級トレーニングの原則を学ぶ ………………………………… 231

CHAPTER 5　質の高い肉体を作る：上級トレーニングプログラム ………… 233
  上級トレーニングに移行すべき時期 …………………………… 234
  「ハイセット」トレーニング ……………………………………… 235
  ダブルスプリットトレーニング ………………………………… 236
  上級トレーニングプログラム …………………………………… 238
  上級プログラムの2つのレベル ………………………………… 238
  レベルⅠエクササイズプログラム ……………………………… 239
  レベルⅡエクササイズプログラム ……………………………… 241
  限界に挑戦する …………………………………………………… 243
  プログラムに変化を加える ……………………………………… 243
  ウィークポイントトレーニング ………………………………… 246
  弱点部位を鍛える ………………………………………………… 247

CHAPTER 6　大会向けトレーニングプログラム ………… 249
  大会に向けた体づくり …………………………………………… 249
  小ささへの恐れ …………………………………………………… 251
  大会向けトレーニングのポイント ……………………………… 252
  トレーニングパートナーに頼る ………………………………… 253
  トレーニングボリューム ………………………………………… 254
  エクササイズの選び方 …………………………………………… 254
  トレーニングの分割 ……………………………………………… 255
  大会向けエクササイズプログラム ……………………………… 256
  トレーニングプログラムの個別化 ……………………………… 258
  筋肉のセパレーション …………………………………………… 258
  筋肉量とディフィニション：進歩を分析する ………………… 259
  屋外トレーニング ………………………………………………… 261

CHAPTER 7　気力で乗り越える：精神という最強のツール ………… 262
  大きな目標と小さな目標 ………………………………………… 265
  失敗から学ぶ ……………………………………………………… 268
  筋肉の抑制 ………………………………………………………… 268
  モチベーションを最大限に高める ……………………………… 273
  壁を打ち破る ……………………………………………………… 274
  ボディビルが精神に及ぼす影響 ………………………………… 275

BOOK3　部位別エクササイズ

肩
- 肩の筋肉 ……………………………………… 281
- 肩の概観 ……………………………………… 282
- 三角筋を鍛える ……………………………… 290
- 基本トレーニング …………………………… 291
- 上級トレーニング …………………………… 291
- 大会向けプログラム ………………………… 292
- 僧帽筋を鍛える ……………………………… 294
- ウィークポイントトレーニング …………… 296

肩のエクササイズ
- アーノルドプレス …………………………… 303
- ビハインドネックプレス …………………… 304
- ダンベルプレス ……………………………… 305
- ミリタリープレス …………………………… 306
- クリーン＆プレス …………………………… 307
- マシンプレス ………………………………… 309
- プッシュプレス ……………………………… 310
- スタンディングラテラルレイズ …………… 311
- ワンアームクロスケーブルラテラル ……… 313
- ワンアームサイドケーブルラテラル ……… 315
- シーテッドワンアームクロスケーブルラテラル … 316
- リバースオーバーヘッドダンベルラテラル … 317
- マシンラテラル ……………………………… 317
- フロントダンベルレイズ …………………… 318
- シーテッドダンベルラテラル ……………… 320
- スタンディングベントオーバーダンベルラテラル … 321
- ベントオーバーケーブルラテラル ………… 323
- ライイングサイドラテラル ………………… 324

僧帽筋のエクササイズ
- アップライトロウ …………………………… 325
- ヘビーアップライトロウ …………………… 326
- ダンベルシュラッグ ………………………… 328
- バーベルシュラッグ ………………………… 329

胸
- 胸の筋肉 ……………………………………… 330
- 理想的な胸の発達 …………………………… 331
- 胸を鍛える …………………………………… 339
- 初級プログラムと上級プログラム ………… 340
- 大会向けプログラム ………………………… 342
- ウィークポイントトレーニング …………… 343
- パワートレーニング ………………………… 349
- ポージングと収縮 …………………………… 349
- 前鋸筋 ………………………………………… 353
- 前鋸筋を鍛える ……………………………… 355

胸のエクササイズ

- バーベルフラットベンチプレス ... 357
- バーベルインクラインベンチプレス ... 359
- ダンベルフラットベンチプレス ... 361
- インクラインダンベルプレス ... 362
- デクラインダンベルプレス ... 363
- パラレルバーディップス ... 364
- マシンプレス ... 365
- ダンベルフライ ... 366
- インクラインダンベルフライ ... 367
- スタンディングケーブルクロスオーバー ... 368
- ベントフォワードケーブルクロスオーバー ... 369
- フラットベンチケーブルクロスオーバー ... 370
- マシンフライ ... 371
- ストレートアームプルオーバー ... 372
- ローププル ... 373
- ワンアームケーブルプル ... 374
- マシンプルオーバー ... 375
- クローズグリップチンニング ... 375
- ハンギングセラタスクランチ ... 376
- ハンギングダンベルロウ ... 377

背中

- 背中の筋肉 ... 378
- 背中を鍛える ... 379
- 背中上部 ... 380
- 広背筋 ... 381
- 広背筋下部 ... 383
- 背中中央の厚み ... 384
- 背中下部（腰） ... 385
- 背中の筋肉の機能 ... 387
- 背中のトレーニングプログラムを組み立てる ... 387
- ウィークポイントトレーニング ... 388
- ストレッチと収縮 ... 393

背中のエクササイズ

- ワイドグリップビハインドネックチンニング ... 396
- ワイドグリップフロントチンニング（オプション） ... 397
- クローズグリップチンニング ... 398
- マシンラットプルダウン ... 400
- クローズ（またはミディアム）グリッププルダウン ... 401
- ベントオーバーバーベルロウ ... 402
- ベントオーバーダンベルロウ ... 404
- Tバーロウ ... 405
- ワンアームダンベルロウ ... 406
- ワンアームケーブルロウ ... 407
- シーテッドケーブルロウ ... 408
- セパレートハンドルシーテッドケーブルロウ（オプション） ... 409
- マシンロウ ... 409
- バーベルベントアームプルオーバー ... 410

マシンプルオーバー	411
デッドリフト	412
グッドモーニング	414
ハイパーエクステンション	415

腕

腕の筋肉	416
腕を鍛える	419
完璧な腕を作る	424
上腕二頭筋のトレーニング	428
チートカール	431
初級プログラム	432
上級プログラム	432
大会向けプログラム	433
ウィークポイントトレーニング	434
上腕三頭筋のトレーニング	442
初級プログラムと上級プログラム	443
大会向けプログラム	446
ウォークポイントトレーニング	447
前腕のトレーニング	451
初級プログラム	453
上級プログラム	453
大会向けプログラム	454
前腕のポージング	455
ウィークポイントトレーニング	457

腕のエクササイズ－上腕二頭筋

スタンディングバーベルカール	459
アームブラスターカール（オプション）	462
チートカール	463
プリチャーカール	464
3パートカール	467
インクラインダンベルカール	469
シーテッドダンベルカール	471
ハンマーカール（オプション）	472
オルタネイトダンベルカール	473
コンセントレーションカール	475
ライイングダンベルカール	476
ツーハンドケーブルカール	477
プリーチャーベンチケーブルカール	478
リバースカール	479
リバースプリーチャーベンチカール	480
バイセップスマシン	481
マシンカール	481

腕のエクササイズ－上腕三頭筋

トライセップスケーブルプレスダウン（またはラットマシンプレスダウン）	483
ワンアームケーブルリバースプレスダウン	487
シーテッドトライセップスプレス	488
スタンディングトライセップスプレス	489
ライイングトライセップスエクステンション	490

ライイングダンベルエクステンション ……… 493
　　　ライイングクロスフェイストライセップスエクステンション（オプション）……… 494
　　　ダンベルキックバック ……… 495
　　　ワンアームトライセップスエクステンション ……… 496
　　　ディップス ……… 498
　　　リバースディップス ……… 499
　　　固定バートライセップスエクステンション ……… 500

腕のエクササイズ－前腕
　　　バーベルリストカール ……… 501
　　　ワンアームダンベルリストカール ……… 502
　　　ビハインドバックリストカール ……… 503
　　　リバースバーベルリストカール ……… 504
　　　リバースダンベルリストカール ……… 505
　　　リバースバーベルカール ……… 506
　　　リバースプリーチャーベンチバーベルカール ……… 507
　　　リバースマシンカール ……… 508
　　　ワンアームケーブルリバースカール ……… 509

太もも
　　　太ももの筋肉 ……… 510
　　　太もものトレーニングの重要性 ……… 512
　　　脚のトレーニングの厳しさ ……… 513
　　　大腿四頭筋を作り上げる ……… 515
　　　ハムストリングス ……… 516
　　　初級プログラムと上級プログラム ……… 520
　　　大会向けプログラム ……… 520
　　　ストレッチと収縮 ……… 525
　　　ウィークポイントトレーニング ……… 526

脚のエクササイズ ……… 529
　　　スクワット ……… 530
　　　ヘビースクワット ……… 530
　　　ハーフスクワット ……… 530
　　　マシンスクワット ……… 531
　　　フロントスクワット ……… 534
　　　シシースクワット ……… 536
　　　レッグプレス ……… 537
　　　レッグプレスのバリエーション ……… 538
　　　ハックスクワット ……… 539
　　　ランジ ……… 540
　　　レッグエクステンション ……… 541
　　　レッグカール ……… 542
　　　スタンディングレッグカール ……… 543
　　　ストレートレッグデッドリフト ……… 544

ふくらはぎ
　　　ふくらはぎの筋肉 ……… 545
　　　ふくらはぎを鍛える ……… 547
　　　ふくらはぎのストレッチ ……… 549
　　　初級プログラム ……… 549

上級プログラムと大会向けプログラム 550
　　　ウィークポイントプログラム 552
　　　ふくらはぎのポージング 557

ふくらはぎのエクササイズ
　　　スタンディングカーフレイズ 559
　　　レッグプレスマシンカーフレイズ 561
　　　シーテッドカーフレイズ 562
　　　ドンキーカーフレイズ 563
　　　ワンレッグカーフレイズ 564
　　　リバースカーフレイズ 565

腹部
　　　腹部の筋肉 566
　　　腹筋を鍛える 568
　　　スポットリダクション(部分痩せ) 571
　　　腹筋に特化したエクササイズ 571
　　　さまざまなクランチ 572
　　　腹斜筋のエクササイズ 572
　　　前鋸筋と肋間筋 573
　　　初級プログラム 574
　　　上級プログラム 574
　　　大会向けプログラム 574
　　　ウィークポイントトレーニング 576

腹部のエクササイズ
　　　ローマンチェア 578
　　　クランチ 579
　　　ツイストクランチ 580
　　　リバースクランチ 581
　　　ハンギングリバースクランチ 582
　　　バーティカルベンチクランチ 583
　　　ケーブルクランチ 584
　　　マシンクランチ 585
　　　シーテッドレッグタック 586
　　　シーテッドツイスト 587
　　　ベントオーバーツイスト 587
　　　レッグレイズ 588
　　　フラットベンチレッグレイズ 588
　　　ベントニーフラットベンチレッグレイズ 589
　　　ベントニーインクラインボードレッグレイズ 589
　　　ベントニーバーティカルベンチレッグレイズ 590
　　　ハンギングレッグレイズ 591
　　　ツイストハンギングレッグレイズ 592
　　　その他のレッグレイズエクササイズ 593
　　　サイドレッグレイズ 593
　　　ベントニーサイドレッグレイズ 594
　　　フロントキック 594
　　　ベンチキックバック 595
　　　リアレッグシザーズ 596
　　　バキューム 597

BOOK4 ボディビル競技

CHAPTER 1 ポージング ……… 600

- ポージングの歴史 …… 602
- ポージングの難しさ …… 603
- 見て、学ぶ …… 604
- 国際ボディビルダーズ連盟(IFBB)の大会要領 …… 607
- 採点方式 …… 617
- 全米フィジーク委員会(NPC)主催の大会 …… 617
- オーバーオール審査 …… 625
- 持久力 …… 625
- ポージングトレーニング …… 625
- 第1ラウンドのトレーニング …… 634
- 第2ラウンドのトレーニング …… 637
- アレンジを加える …… 648
- 第3ラウンドのトレーニング …… 649
- かつての審査方法 …… 675
- 選曲(第3ラウンド用) …… 676
- 興ざめさせる要素 …… 678
- 第4ラウンドのトレーニング …… 679
- ポージングの典型的な過ち …… 686
- 感情をコントロールする …… 688
- トレーニングとしてのポージング …… 688
- 写真撮影のポージング …… 693

CHAPTER 2 大会に向けた準備 ……… 702

- ボディビルパンツ …… 702
- タンニング …… 706
- 日焼けサロンと日焼けマシン …… 707
- カラーリング …… 709
- ポージングオイル …… 710
- 髪型 …… 711
- 体毛処理 …… 713
- 勝つための服装 …… 714
- 最後の仕上げ …… 715

CHAPTER 3 勝つための戦略と戦術 ……… 716

- 経験の役割 …… 717
- 大会出場の頻度 …… 719
- 大会デビュー …… 719
- ハイレベルな大会 …… 720
- パブリシティ …… 723
- コネとPR …… 725
- ピーク調整 …… 727
- 水分補給 …… 731
- 大会当日 …… 732
- 心理戦 …… 738
- ボディビル界のために …… 741

BOOK5　健康・栄養・食事

CHAPTER 1　栄養と食事 ・・・・・・ 744
    ボディビル特有の体作り ・・・・・・ 745
    基本的な栄養素 ・・・・・・ 746
    タンパク質 ・・・・・・ 747
    炭水化物 ・・・・・・ 751
    脂質 ・・・・・・ 753
    水 ・・・・・・ 755
    ビタミン ・・・・・・ 756
    ミネラル ・・・・・・ 760
    食品に含まれるエネルギー量 ・・・・・・ 763
    代謝率 ・・・・・・ 763
    運動と消費カロリー ・・・・・・ 764
    「偽りの」エネルギー ・・・・・・ 765
    栄養素の必要量 ・・・・・・ 766
    バランスのよい食事 ・・・・・・ 768
    グリコーゲンの重要性 ・・・・・・ 768
    ケトーシス ・・・・・・ 769
    食事とトレーニング ・・・・・・ 769
    栄養補給の頻度 ・・・・・・ 770

CHAPTER 2　体重管理：筋肉を増やし、脂肪を減らす
    体組成 ・・・・・・ 771
    体組成の変動要因 ・・・・・・ 772
    食事と体のタイプ ・・・・・・ 772
    年齢と体脂肪 ・・・・・・ 773
    摂取カロリー ・・・・・・ 774
    食事の質 ・・・・・・ 774
    体の「要求」を作り出す ・・・・・・ 775
    有酸素運動の適正時間は？ ・・・・・・ 775
    筋肉量を増やすための食事 ・・・・・・ 776
    筋肉量を増やすための具体的な食事メニュー ・・・・・・ 777
        レベル 1 ・・・・・・ 778　　レベル 2 ・・・・・・ 778　　レベル 3 ・・・・・・ 779
    高カロリーのプロテインドリンク ・・・・・・ 780
        レベル 1 ・・・・・・ 781　　レベル 2 ・・・・・・ 782　　レベル 3 ・・・・・・ 782
    体脂肪を減らす方法 ・・・・・・ 783
    ケトーシス ・・・・・・ 784
    おすすめのタンパク質源 ・・・・・・ 785
    おすすめの炭水化物源 ・・・・・・ 785
    脂肪を減らす食事の原則 ・・・・・・ 786
    表示ラベルの確認 ・・・・・・ 787

CHAPTER 3　大会に向けた食事制限
    オフシーズンの体重管理 ・・・・・・ 789
    すべてを記録する ・・・・・・ 791
    食べて、食べて、また食べる ・・・・・・ 792
    栄養欠乏 ・・・・・・ 792
    代謝の低下 ・・・・・・ 793
    体の変化を測定する ・・・・・・ 793

大会12週間前「食事制限スタート」 ... 794
ケトーシスを調べる ... 795
過度な有酸素運動を避ける ... 795
薬物 ... 796
薬物とスポーツ ... 797
ステロイドの副作用 ... 799
利尿剤 ... 800
成長ホルモン ... 801
薬物検査とボディビル ... 801
スーパーサプリメント ... 802
大会１週間前 ... 807
「栄養の枯渇」 ... 808
カーボアップ ... 808
水分カット ... 809
トレーニング、ポージング、食事 ... 811
大会前夜 ... 812
大会当日の朝 ... 812
予選審査〜決勝審査(ナイトショー)の過ごし方 ... 813
大会終了後 ... 813

CHAPTER 4 ケガと治療 ... 815

医学的知識

筋肉と腱 ... 816
初期治療 ... 816　けいれん ... 817　腱炎 ... 817
痛み ... 817　治療 ... 818　ケガの予防 ... 819

関節と靭帯 ... 819
関節包と靭帯のケガ ... 820　処置 ... 821　脱臼 ... 822

実践的知識

ふくらはぎ ... 822
膝 ... 823
太もも ... 824
股関節 ... 824
下腹部 ... 824
腰背部 ... 824
上背部 ... 825
肩 ... 825
胸 ... 826
上腕二頭筋 ... 826
上腕三頭筋 ... 827
肘 ... 827
前腕 ... 827
ケガをしているときのトレーニング ... 828
寒冷時のトレーニング ... 829
まとめ ... 829

BOOK ONE

Introduction To Bodybuilding

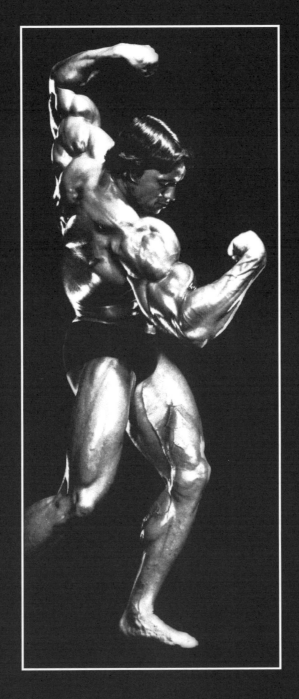

ボディビル概論

CHAPTER 1
進化と歴史

　19世紀末、筋肉に対する新たな関心が生まれた。この関心は、単なる生存や自己防衛の手段としての筋肉に向けられたものではなく、人間の肉体を賛美する古代ギリシア的理想への回帰として現れた。

　この時期に、巨石を持ち上げるという古代からの伝統が、ウエイトリフティングという近代スポーツへと進化した。このスポーツが発展していく過程で、文化によってさまざまな形をとるようになった。ヨーロッパでは、ウエイトリフティングはショーの一形態であり、そこからプロのストロングマン、つまりどれだけ重いものを持ち上げられるか(あるいは支えられるか)を競い合って生計を立てる男たちが現れたのだ。見た目の美しさは、彼らにとっても観客にとっても重要な要素ではなかった。そのため、ストロングマンには牛のようにでっぷりと肥えた男が多かった。

　一方そのころ、アメリカでも筋肉に対する関心が高まっていたが、それは健康に対する効果の面からだった。身体鍛練(フィジカルカルチャー)の信奉者たちは、未加工の自然食品を食べるべきだと主張した。これは、新しい食品加工技術の普及に対する反発として生まれた考え方だ。アメリカ人は、農村や田舎町から大都市へと移動し始めており、自動車が新たな移動手段となった。同時に、日々の生活はますます体を動かさない方向へと流れていった。このように、健康的でない食品を食べ、ろくに運動もせず、常にストレスがかかった状態で生活していると、健康にさまざまな問題が生じる。当時はそうした負の側面が表面化しつつある時代だった。

　こうした時代の流れに抗おうとしたのが、身体鍛練家(フィジカルカルチャリスト)たちだった。彼らは健康全般とフィジカルコンディショニングを重視し、あらゆる面でバランスのとれた、節度ある生活を奨励した。ビールを浴びるほど飲んで太鼓腹になったヨーロッパのストロングマンは、彼らの理想ではなかった。彼らが必要としていたのは、自分たちが広めようとしている理念を体現するような肉体の持ち主だった。それは、バイエルンのビアホールで見かける牛のような巨漢男ではなく、古代ギリシアの理想化されたアスリートの彫像に近い人物だった。彼らはその理想に適う人物として、世紀末の身体鍛練の大スター、ユージン・サンドウを見出した。

　サンドウはプロのストロングマンとしてヨーロッパで名を馳せた。他の怪力男たちに勝負を挑んでは、彼らを圧倒した。1890年代には興行師フローレンツ・ジーグフェルドの誘いを受けてアメリカに渡り、「世界最強の男」との触れ込みで全米各地を巡業して回った。しかし、サンドウが本当に抜きん出ていたのは、肉体の美しさだった。

　サンドウは文句なしに美しかった。自己顕示欲が強かった彼は、怪力技に寄せられる称賛だけでなく、肉体そのものへの賛美にも喜びを覚えた。彼はガラスケースの中に入り、

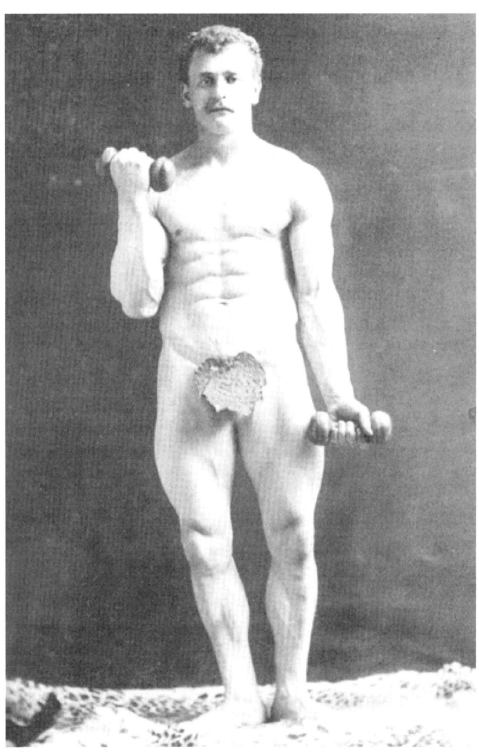

ユージン・サンドウ

BOOK ONE

ボディビル概論

イチジクの葉以外は何も身につけずにポーズをとった。観客はサンドウのバランスよく発達した筋肉の美しさに見とれ、女性たちは感嘆の声をあげた。男性の肉体美がこんなふうに称賛されるのは、それ以前には珍しいことだった。ヴィクトリア朝時代の男性は窮屈な服で身を覆っており、男性の裸体を題材にする画家はほとんどいなかった。サンドウが大人気を博したのには、そうした事情もあった。

　サンドウ人気を背景に、バーベルやダンベルの売り上げが急増した。週に何千ドルも稼ぐサンドウのまわりには、本や雑誌の販売を通じて、ひとつの産業が丸ごと出現するほどだった。また、体の各部位のサイズを計測して体格のよさを競うコンテストも開催され、優勝者には金メッキのサンドウ像が本人から授与された。しかし結局、彼は「世界最強の男」という自らのイメージの犠牲になった。ある日のこと、サンドウの車が誤って側溝に突っ込んだ。彼は自分の怪力を証明すべく、車をたったひとりで溝から引き上げようとしたという。その結果、英国王ジョージ5世から「国王陛下付き科学的身体鍛練教授」に任命されたこの男は脳出血を起こし、それが原因でその生涯を閉じた。

ユージン・サンドウ

THE LADIES IDOLIZE SANDOW.
THE STRONG MAN EXHIBITS HIS FORM AT SELECT RECEPTIONS TO THE PRETTY CREAT[URES]

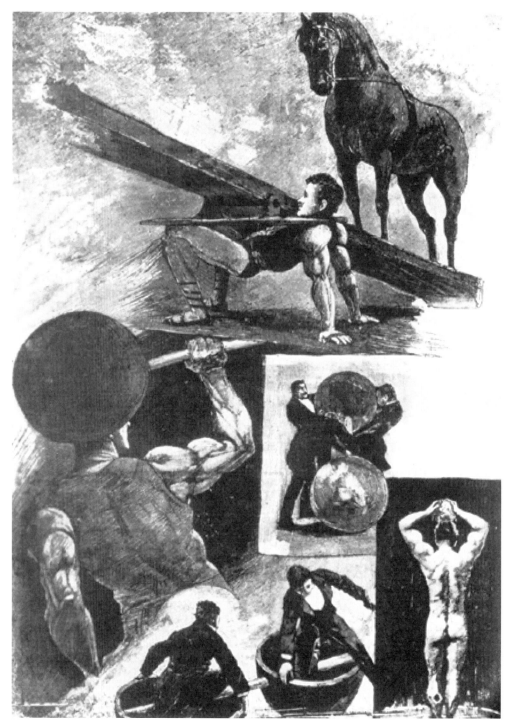

「グレート」サンドウによって世に広まった怪力ショー

同じころ、ジョージ・ハッケンシュミットもヨーロッパで怪力ぶりを発揮していた。ウエイトリフティングやレスリングの国際大会を何度も制覇した彼は、「ロシアのライオン」と呼ばれた。イギリスに移住した彼は、やがて財を成した。ハッケンシュミットは流暢な演説家でもあり、哲学書『The Origins of Life（生命の起源）』をはじめとする多作の著述家としても知られている。ジョージ・バーナード・ショーといった知識人と議論を交わし、アルバート・アインシュタインとの意見交換に挑んだこともあった。

他にも、「プロフェッサー」ルイス・アッティラ、アーサー・サクソン、ヘルマン・ゲルナー、オスカー・ヒルゲンフェルト、W・A・プラムといった数々のストロングマンたちがいた。彼らは、ポール・アンダーソンやワシリー・アレクセーエフといった現代のウエイトリフターたちへと続く、ストロングマンの輝かしい伝統を築いた。

身体鍛練の追求がほとんど宗教ともいえるレベルに達した人物が、出版業を営む実業家ベルナール・マクファデンである。歴史上まれにみる健康マニアだった。マクファデンは虚弱な肉体は道徳に反するという考えを広めるべく、雑誌『フィジカルカルチャー』を創刊した。彼はその後、大衆向けのタブロイド新聞『ニューヨーク・イブニング・グラフィック』も創刊している。

ジョージ・ハッケンシュミット

アーサー・サクソン

BOOK ONE

ボディビル概論

ヘルマン・ゲルナー

ボディビル概論

マクファデンは名興行師でもあり、1903年からニューヨークのマディソン・スクエア・ガーデンで「世界で最も完璧に鍛え上げられた肉体を持つ男」を選ぶコンテストを開催し始めた。第1回の優勝賞金は、当時としては破格の1000ドルだった。このコンテストも雑誌同様、数十年にわたって成功を収めた。また、マクファデンは身体鍛練の教義を身をもって示した。ニューヨークのリバーサイドドライブにある自宅からミッドタウンにあるオフィスまで毎朝5kmあまりを裸足で歩き、『フィジカルカルチャー』には上半身裸で登場した。70歳を過ぎても、彼は健康とフィットネスの生きた見本だった。

マクファデンはおそらく、運動技能よりも肉体の見た目の発達ぶりを重視する現代のボディビルを認めなかっただろう。それでも、彼をはじめとする身体鍛練家たちは、ボディビルの進化に大きな役割を果たした。マクファデンのコンテストは、いかに力が強いかだけでなく、肉体がどのように見えるかへの関心を高めるのに役立った。このコンテストから、その後数十年にわたってアメリカで最も有名な男性のひとりとなるスーパースターが誕生した。

1921年のコンテストで優勝したのは、アンジェロ・シチリアーノだった。このすばらしく発達した筋肉の持ち主は、名声の高まりに乗じてチャールズ・アトラスと名前を変え、ダイナミックテンションと名づけたフィジカルフィットネスコースを通信販売する権利を獲得した。半世紀以上もの間、アメリカの少年たちは雑誌やコミック誌に掲載されたこの通信講座の広告漫画を見て育った。そのひとつに、ビーチで顔に砂を蹴りかけられたガリガリの少年が筋肉増強講座に申し込む漫画がある。その少年はその後ビーチに舞い戻り、いじめっ子たちをやっつけ、ガールフレンドを取り戻すというストーリーだ。「おい、ガリガリ。あばら骨が浮き出てるぞ!」という記憶に残るキャッチコピーは、作家チャールズ・ゲインズによれば、歴史上最も成功した広告キャンペーンのひとつである。

チャールズ・アトラス

ボディビルへの移行

　1920年代から30年代には、健康と肉体の発達の間には密接な関係があり、短期間で効率よく筋肉を発達させるには、ウエイトトレーニングが最良の方法であることが明らかになっていた。チャールズ・アトラスでさえ、あの卓越した肉体を作り出すときには、彼が売り込んでいた通信講座の広告とは裏腹に、アイソメトリクスのダイナミックテンションではなくウエイトを使用していたのだ。当時のボディビルダーは限られたトレーニング知識しか持っていなかったが、単純に前世代のトップビルダーと自分の肉体を比べることで多くを学んでいた。

　たとえば、19世紀末の最も有名なストロングマンのひとり、ルイ・シールは、300ポンド（136.1kg）もの巨漢だった。肉厚でまるまる太り、巨大な腹回りをした、まさしく樽型のストロングマンだった。しかし、1920年代になると、シグマンド・クラインのような、筋肉の形やバランス、プロポーションが美しく、体脂肪の少ない、極めて引き締まった肉体の持ち主たちが登場してきた。クラインはジムのオーナーとして、またトレーニングや栄養に関する本の著者として大きな影響力を持つようになった。彼の肉体は、シールの肉体とはまったく対照的だった。サンドウやマクファデンといった有力な身体鍛練家たちに加え、クラインもまた、男性の筋肉は、単に怪力を発揮する能力だけでなく、それ自体が持つ見た目の美しさでも注目に値するという考えを世間に広めるのに貢献したひとりだった。美しい筋肉を備えた肉体を作り出すトレーニングは、全体的な健康にも役立つからだ。しかし、男性の肉体が純粋に美的な基準で判断される時代が訪れるのは、まだ少し先だ。

　1930年代にはまだ、ウエイトトレーニングで鍛えた筋力は、どこかうさんくさいものと考えられており、ウエイトリフターはアスリートと呼ばれるに値しないかのように思われていた。他のスポーツ活動をせずにジムでのトレーニングだけで体を鍛え上げることは、いかさま同然だとみなされていたのだ。トップボディビルダーを目指す多くの若者の模範となった元オリンピックウエイトリフター、故ジョン・グリメックは初期の著作の中で、その見事な筋肉はウエイトリフティングによって作られたものだと告白しているが、そもそも、当時ビーチで彼の肉体を目の当たりにした人なら、いくらハンドバランスや水球をやったところで、あんなふうに筋肉が発達するわけがないと、とっくに見抜いていたはずだ。

　その後も、肉体を競い合うコンテストの伝統は絶えなかった。1930年代後半には、ボクシング、体操、水泳、ウエイトリフティングといった種目のスポーツ選手が自慢の肉体を披露するショーが開催されるようになった。こうしたショーの出場者は、自らの肉体を誇示するだけでなく、運動能力の高さを示す何らかのパフォーマンスを披露することも求められた。だから、当時のウエイトリフターの多くはハンドバランスなどの体操的な動きも得意だった。

　1939年、状況は変わり始めた。アマチュア運動連合（AAU）が参入し、7月4日にシ

カゴでミスターアメリカコンテストを開催したのだ。優勝者はローランド・エスメーカーだった。出場者にまだ本格的なボディビルダーはおらず、さまざまなスポーツのアスリートが多くを占めていた。衣装も、ボクサーパンツからジョックストラップ〔訳注：局部のみを覆う極小のサポーターパンツ〕までさまざまで、各自が自由な身なりでポーズをとっていた。

　しかし、肉体の見映えが重視されるようになると、ウエイトリフターが段違いに優位に立つようになった。ウエイトリフティングは、他のどんなトレーニングにもまして体の輪郭を変える。だから、審査員はウエイトリフターの肉体に強く印象づけられ、彼らに好意的な判定をするようになっていったのだ。

ルイ・シール

シグマンド・クライン

1940年、AAUは初の本格的ボディビル大会、ミスターアメリカコンテストを開催した。その年と翌年の2年連続でミスターアメリカに選ばれたのは、ジョン・グリメックだった。彼はジムでのウエイトリフティングをトレーニングの中心にしていた。ライバルたちは、同じようなトレーニング方法を取り入れなければ彼には勝てないと思い知らされた。グリメックはまた、ウエイトトレーニングをしている男性は筋肉に柔軟性がなく、運動能力も高くないという従来の定説を覆した。エキシビションの間中、彼はステージ上で、筋力や柔軟性、筋肉の協調性に優れていなければ不可能なリフティングやポージングのパフォーマンスを披露し続けたのだ。

40年代と50年代のボディビル

　1945年にミスターアメリカのタイトルを獲得したのは、クラレンス（クランシー）・ロスだった。彼こそが真の意味で初のボディビルダーだと考えている人も少なくない。ロスの肉体なら、今日のどんな大会のステージに立っても見劣りしないだろう。広い肩幅、大きく張り出した広背筋、細いウエストに加え、ふくらはぎと腹筋も申し分なかった。このころには、純粋に筋力をつけるためにウエイトを挙上することと、体を作り上げプロポーションを整えるためにウエイトトレーニングすることの間に、明確な区別がつけられるようになっていた。ボディビルダーの肉体は、一般的な筋肉の発達とは異なる独自のものとして認識されるようになった。

　とはいえ、ボディビルはまだまだマイナーなスポーツだった。世間に名の知れたボディビルチャンピオンはひとりもいなかった。そこにタイミングよく登場したのがスティーブ・リーブスだ。彼はハンサムで人当たりがよく、見事な肉体の持ち主だった。マッスルビーチ時代（現在カリフォルニア州ベニスにあるマッスルビーチは、当初はサンタモニカビーチにあり、1940年代後半から1950年代前半にかけてボディビルダーたちが集まっていた）を知るベテランビルダーによると、リーブスがビーチを歩くと群衆が後を追いかけたという。彼のことを何も知らない人たちはただ呆然と立ち止まり、あっけにとられて見つめていたそうだ。

ジョン・グリメック

クラレンス（クランシー）・ロス

BOOK ONE

ボディビル概論

ミスターアメリカやミスターユニバースの栄冠を手にしたリーブスは俳優としても活躍し、『ヘラクレス』（ちなみに、レジ・パークと私もそれぞれ別の映画でヘラクレス役を演じた）、『海賊の王者』、『バグダッドの盗賊』などの映画で主役を演じて国際的なスターになった。1950年代、世間に知られたボディビルダーは、以前から有名だったチャールズ・アトラスを除けば、スティーブ・リーブスしかいなかった。

スティーブ・リーブス

人類の歴史において、グリメック、ロス、リーブスらのレベルにまで筋肉を発達させた人間はそれ以前にはいなかった。誰よりもハードで体系立ったトレーニングをしていた彼らから、ボディビルダーたちは、医学研究者でさえ想像し得なかった人体の大いなる可能性を学び始めた。その噂が広まるにつれてボディビルを始める人が増え、続々と有力なトップビルダーたち——ビル・パール、チャック・サイプス、ジャック・デリンジャー、ジョージ・アイファーマン、そして私の憧れのひとりであったレジ・パーク——が登場し始めた。

私は1967年にレジ・パーク本人に会ったが、そのときの天にも昇る気持ちは今も忘れられない。感動のあまり言葉を失いそうだった。レジに憧れていた理由のひとつは、彼が筋骨隆々の大男で、いかにもパワフルな肉体をしていたからだ。ボディビルを始めたばかりの私は、写真で見ていたレジのような筋肉量と筋密度を備えた肉体、巨大で荒々しいヘラクレスのような肉体を作りたいと思っていた。リーブスが映画界に転身して競技から離れると、次に主要な国際大会を制するようになったのがレジだった。1951年にミスターユニバースを制し、1958年と1965年にはプロ部門のミスターユニバース〔訳注：ミスターユニバースは1952年からプロとアマの2部制になった〕でも優勝を果たした。当時、レジが他のトップビルダーをはるかに凌ぐ超一流の選手であることに異を唱える者は誰もいなかった。彼は20年にわたりボディビル界に君臨した。

20代前半のレジ・パーク

BOOK ONE

ボディビル概論

40歳のレジ・パーク

60年代のボディビル

　私が初めて世界的なボディビル大会に出場したのは1966年のことだった。当時、雑誌で見かけるような名だたるボディビルダーたちの多くがカリフォルニアに住み、そこでトレーニングをしていた。

　1967年、私は全英アマチュアボディビルダー協会（NABBA）のミスターユニバースコンテストで、その年のミスターアメリカに選ばれたデニス・ティネリーノを打ち破った。これが主要な国際大会における初めての勝利だったが、それは同時に、他のチャンピオンたちとの戦いの幕開けを意味していた。この戦いは熾烈を極めるものだった。ボディビル界で誰よりも徹底した準備をして大会に臨むフランク・ゼーン。パワーリフティングの名選手から転身し、たゆまぬ努力によってミスターオリンピアの栄冠を手にした、私の親友フランコ・コロンブ。そしてもちろん、セルジオ・オリバ。

　史上最強のボディビルダーは誰かという話になると、必ずセルジオ・オリバの名前が挙がる。彼とは大会で何度か激戦を繰り広げた。彼を倒すことができたのは、筋肉の量と密度、カットにおいて完璧な体を作り上げた上で、ひとつのミスも犯さないときだけだった。それくらいオリバの肉体はすばらしく、油断をすると控室にいる時点で打ち負かされかねなかった。なにしろ、彼がひとたびシャツを脱げば、信じられないような筋肉のかたまりが姿を現すのだ。目が合うと、それだけで射すくめられる。野獣のようなうなり声を上げながら息を吐いたかと思うと、広背筋が瞬時に浮かび上がる。こんな見事な筋肉は今まで見たこともないと驚いた瞬間、なんたることか、さらに多くの広背筋が次から次へと現れ出て、目にしているのははたして人間なのかと不安になるほどだった。

1967年ミスターユニバース大会――ビル・パールはプロ部門、私はアマ部門のタイトルを勝ち取った。

1967年ミスターオリンピア大会——ジョー・ウイダーとセルジオ・オリバ

ヨーロッパでタイトルを争っていた私は、その一方でアメリカの大会の動向もかなり気になっていた。新設されたミスターオリンピア大会を2年連続で制したのは、ラリー・スコットだった。いずれはスコットやチャック・サイプスといったトップスターとも対戦して勝たなければならない、そう感じていた。そしてあるひとりのボディビルダーも強く印象に残った。そのずば抜けた肉体にも驚かされたが、彼が作り上げた「ボディビルダー」のイメージに驚愕した。それがデイブ・ドレイパーだった。

　ドレイパーは、カリフォルニアに住むボディビルダーの典型だった。大柄で髪はブロンド、日焼けした肌、人当たりがよく、愛嬌のある笑顔。真冬には1メートル近くも雪が降り積もるオーストリアに住んでいた私にとって、カリフォルニアのビーチにいるデイブ・ドレイパーの姿は実にまぶしく感じられた。彼はトニー・カーティス主演の『サンタモニカの週末』をはじめとする映画やテレビ番組にも出演しており、ボディビルダーの活躍の場は大会以外にもあるということを私に気づかせてくれた。

　1960年代のボディビルは、ヨーロッパとアメリカという2つの世界に分かれていた。67年と68年にミスターユニバースのタイトルを獲得した私は、ヨーロッパでボディビルダーとしての確固たる地位を築いた（リッキー・ウェインはある記事で「もしヘラクレスが現代に生まれたなら、アーノルド・シュワルツェネッガーと名づけられたことだろう」と書いている）。だが、アメリカの王者たちとどれだけ渡り合えるかについては未知数のままだった。

　海の向こうに目を向けると、デイブ・ドレイパー、セルジオ・オリバ、チェスター・ヨートン、フランク・ゼーン、ビル・パール、フレディ・オーティス、ハロルド・プール、リッキー・ウェインらが活躍していた。こうした偉大なボディビルダーたちと競い合い、彼らを打ち負かすことが私の目標となった。

　わずか数年のうちに、私にとっての世界はとてつもなく広がっていった。オーストリアでトレーニングをしていたころは、ロンドンで開催されるミスターユニバース大会で優勝することが、私が目指しうる最高到達点だと思っていた。今にして思えば、このタイトル獲得はほんの始まりにすぎなかった！　目の前にはまだ進むべき長い道のりがあり、自分こそが世界一のボディビルダーだと断言できるようになるには、数多くのボディビルダーを倒さなければならなかった。それはすなわち、アメリカのトップビルダーたちとの対決を意味していた。そういうわけで、1968年に2度目のNABBAミスターユニバースを獲得すると、私はアメリカへと旅立った。

ラリー・スコット

デイブ・ドレイパー

ハロルド・プール

フレディ・オーティス

リッキー・ウェイン

1968年ミスターユニバース大会——デニス・ティネリーノと

BOOK ONE

ボディビル概論

1968年ミスターインターナショナル大会（メキシコ）——ロイ・ベラスコと

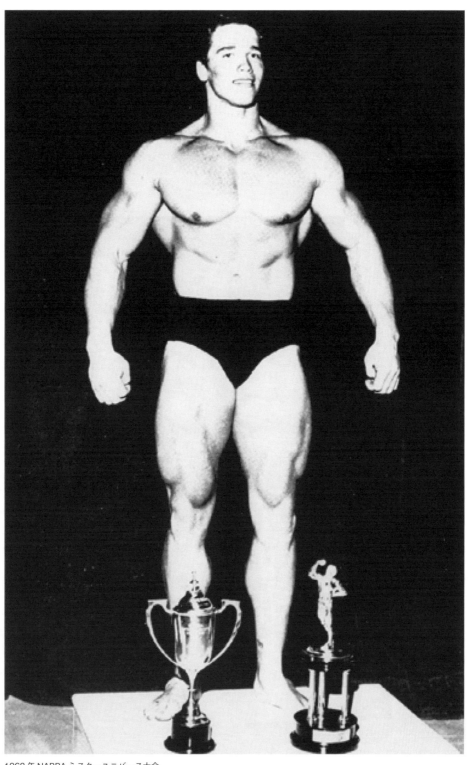

1968年 NABBA ミスターユニバース大会

1969年、私は１年で３つのトップタイトルをすべて勝ちとる計画を立てた。主要団体が開催していたすべての大会でチャンピオンになるつもりだったのだ。まずニューヨークで開催された国際ボディビルダーズ連盟（IFBB）のミスターユニバース大会に出場し、続いてその直後にロンドンで行われたNABBAミスターユニバース大会にも参加した。その結果、１週間で２つものタイトルを獲得した！　しかし、この快挙をもってしても、まだまだ倒すべき相手はいた。翌年はもっと多くの偉業を成し遂げようと心に決めた。

　60年代が終わりに近づくにつれ、主要大会に出場していた選手の中から、有力な存在として６人の名前が上がるようになっていた。デイブ・ドレイパー、セルジオ・オリバ、ビル・パール、フランコ・コロンブ、フランク・ゼーン、そして私だ。

1969年ミスター
ユニバース大会

70年代のボディビル

　1970年、私は全力を尽くして、AAUミスターワールド（プロ部門）、NABBAミスターユニバース、IFBBミスターオリンピアのタイトルを勝ち取った。もはや私に倒すべき敵はなく、文句なしにワールドチャンピオンを名乗れるようになった。1971年は、ビル・パールの並外れたキャリアの頂点だった。パールは1953年に初めてミスターアメリカで優勝し、その後1953年、1961年、1967年にミスターユニバースの名誉に輝いた。そして、ミスターアメリカのタイトル獲得から18年後の1971年、彼はミスターユニバース大会であの強豪セルジオ・オリバを破り、今なお史上最強のボディビルダーであることを改めて証明してみせた。残念ながら、パールはその年のミスターオリンピアには出場しなかった。そのため私とは対戦する機会がなく、どちらがトップチャンピオンか決着はつかなかった。

1970年ミスターユニバース大会——デイブ・ドレイパー、レジ・パークとのポーズダウン

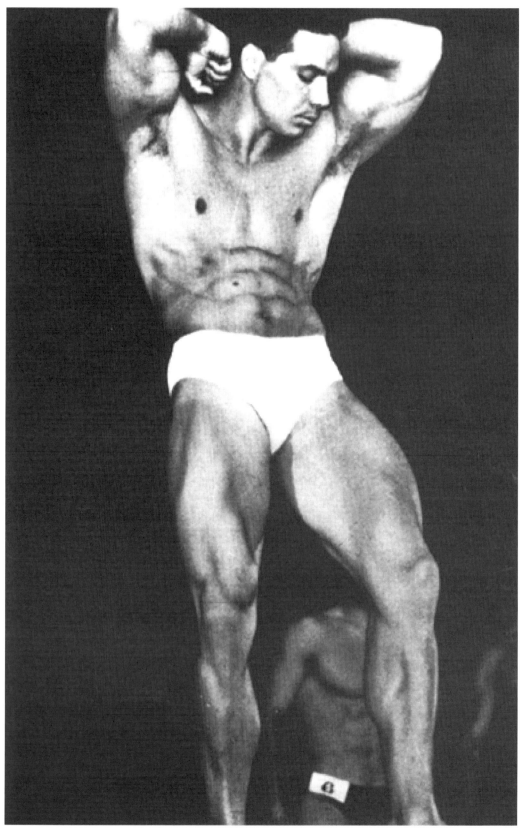

ビル・パール

1970年から1975年にかけて、私はミスターオリンピア大会で6連覇を果たした。もちろん、強敵がいなかったわけではない。1972年には、あの恐るべきセルジオと今も語り継がれる激闘を繰り広げた。この時期にはセルジュ・ヌブレが有力選手として頭角を現した。1973年のオリンピアでは、小さな骨格にあれほどの筋肉量とディフィニションを持つ体を生み出す彼の能力に度肝を抜かれた。

　1973年、新たな怪物が登場した。ルー・フェリグノがIFFBミスターユニバースのタイトルを獲得し、期待の新星の存在をボディビル界に知らしめたのだ。翌年、ミスターユニバースを連覇したフェリグノは、オリンピアに打って出た。フェリグノにとって私は長年の憧れの的だったろう。しかしそれでも彼は、私からミスターオリンピアのタイトルを奪おうと全力を尽くして立ち向かってきた。

　1975年大会は、ミスターオリンピアの歴史におけるひとつの頂点だった。リベンジを期してフェリグノが戻ってきた。セルジュ・ヌブレも絶好調で帰ってきた。超一流の絶対王者たちが一挙に6、7人も集結し、タイトルを争い合うことになったのだ。私はかろうじてタイトル防衛に成功したが、この勝利ほど誇らしく思えたことはない。この勝利を最後に私は大会から引退した。

1970年ミスターユニバース大会は、フランク・ゼーンがアマ部門を、私がプロ部門を制覇した。ミスビキニの栄冠はクリスティーン・ゼーンが勝ち取った。

1970年ミスターオリンピア大会——
セルジオ・オリバとのポーズダウン

1970年ミスターワールド大会

1971年ミスターオリンピア大会——セルジュ・ヌブレ、ジョー・ウイダーと

セルジオ・オリバ

1972年ミスターオリンピア大会——セルジュ・ヌブレ、セルジオ・オリバとのポーズダウン

1973年の各大会優勝者（ミスターワールドのケン・ウォーラー、ミスターアメリカのルー・フェリグノ、ミスターオリンピアの私）にトロフィーを授与するジョー・ウイダー

1973年ミスターオリンピア大会——セルジュ・ヌブレ、フランコ・コロンブとのポーズダウン

1974年ミスターオリンピア大会
——ルー・フェリグノ、ジョー・ウイダーと

BOOK ONE

ボディビル概論

1975年ミスターオリンピア大会
——セルジュ・ヌブレ、ベン・ウイダー、
ルー・フェリグノと

1975年ミスターオリンピア大会
——フランコ・コロンブと

翌1976年、ボディビル界に激震が走った。小柄なフランコ・コロンブがミスターオリンピアの座を射止めたのだ。それまでは常に大柄な男が勝っていたが、その年から小柄な男が実力を発揮するようになった。決め手となったのは豊富な筋肉量と極端に低い体脂肪率であり、その肉体を獲得するには科学的なアプローチに基づくトレーニングとダイエットが必要だった。70年代後半は、美しい肉体を持つフランク・ゼーンが全盛期を迎え、ミスターオリンピアを3連覇した。ロビー・ロビンソンもハイレベルな筋肉の質と美しさで世界的地位を獲得した。対照的に、1977年の世界アマチュアボディビル選手権を制したカル・スカラークの勝因は、ゼーンのようなシンメトリーな肉体ではなく、驚異的な筋肉の発達ぶりだった。

　1980年、私は引退から復帰し、オーストラリアのシドニーで開催されたミスターオリンピアで優勝した。私はこの大会で、ボディビル界がいかに激しい競争の時代を迎えているかを思い知らされた。まさか、クリス・ディッカーソンのような小柄な選手に接戦に持ち込まれようとは思ってもみなかった。私が目の当たりにしたのは、以前には考えられなかったような筋肉の発達ぶり（トム・プラッツの脚やロイ・キャレンダーの広背筋）、途方もない厚み、信じられないような筋密度だった。私の競技歴はほとんどの選手より長かったが（若くしてボディビルを始めたことも一因だと思う）、1970年代はボディビルの人気が高まっていたため、60年代のスター選手の多くは現役を続行し、70年代の新進チャンピオンと競い合っていた。

　また、1970年代には、国際ボディビルダーズ連盟（IFBB）が各国のボディビル団体を統括する有力団体として台頭してきた。ベン・ウイダー会長の指揮のもと、IFBB加盟国は100カ国を超え、世界で6番目に大きなスポーツ連盟になっていた。さらに、ミスターオリンピアというタイトルは、テニスのウィンブルドンやゴルフの全米オープンに匹敵しうる、ボディビル最高峰のプロ選手権として認知されるようになった。

フランコ・コロンブ

フランク・ゼーン

ロビー・ロビンソン

『パンピング・アイアン』

　70年代のボディビルに最も大きな影響を与えたのは、映画にもなったフォトドキュメンタリー形式の本『パンピング・アイアン』だ。著者のチャールズ・ゲインズ（文）とジョージ・バトラー（写真）は、多くの人がほとんど何も知らなかったこのテーマを70年代のホットな話題のひとつにした。ボディビルとはどんなものであり、ボディビルダーとはどんな人たちなのかを初めて世間に知らしめたのが、この2人だった。ゲインズとバトラーは、長らく顧みられず、誤解されてきたこのスポーツに人々の関心を引きつけることに成功したのだ。『パンピング・アイアン』をきっかけに、ボディビルはその後20年間にわたり爆発的な人気を集めて急成長を遂げる。ベストセラーとなったこの本は、ボディビルがテレビのスポーツ番組や大作映画に登場する舞台を整え、私のキャリアにも大きな弾みをつけた。また、ボディビルイベントの会場が地域の高校の体育館といった地味な場所から、シドニーのオペラハウスやニューヨークのホイットニー美術館といった文化の殿堂へと飛躍するきっかけにもなった。以来、ボディビルダーは幾度となく雑誌の表紙を飾り、ボディビルは数多くのベストセラー本の題材となった。

80年代と90年代のボディビル

　私がミスターオリンピアを連覇していた時代にも強敵がいなかったわけではないが、その数はわずかだった。1980年ミスターオリンピア大会のステージには、フランク・ゼーン、クリス・ディッカーソン、ボイヤー・コー、ケン・ウォーラー、マイク・メンツァー、ロジャー・ウォーカー、トム・プラッツ、サミア・バヌー、ロイ・キャレンダーといったそうそうたる顔ぶれが揃っていた。全盛期のセルジオ・オリバ、ラリー・スコット、レジ・パーク、ハロルド・プールが出場すれば、1980年大会の舞台でも相変わらず見映えがしただろうが、このようなハイレベルな出場者の並びは1967年には考えられなかっただろう。トップ選手が前時代のトップ選手よりも優れているのではなく、かつてないほど多くのトップ選手がいるのだ。

　80年代が進むにつれ、このようなハイレベルな競争がその後も続いていくことが確実になった。1981年と1982年のミスターオリンピア優勝者は、それぞれフランコ・コロンブとクリス・ディッカーソンという経験豊富な選手だったが、数年のうちに彼らは引退し、巨大な肉体の持ち主がミスターオリンピアを席巻する時代に突入する。この時代までは、小柄な選手も大柄な選手に劣らずミスターオリンピアで優勝するチャンスがあった。1980年代の初めには、200ポンド（90.7kg）未満のボディビルダー（スコット、ゼーン、コロンブ、ディッカーソン）のほうが200ポンド以上の選手（オリバ、バヌー、私）よりもミスターオリンピアを数多く制していたし、バヌーにしても200ポンドをわずかに超える程度だった。

1980年ミスターオリンピア大会——ボイヤー・コー、フランク・ゼーンとのポーズダウン

BOOK ONE

ボディビル概論

1981年ミスターオリンピア大会──フランコ・コロンブ

1982年ミスターオリンピア大会——クリス・ディッカーソン

その後、リー・ヘイニーが登場すると、その巨大で均整のとれた美しいフィジークを活かしてミスターオリンピアの座を8度獲得し、私が持っていた最多記録（7回）を塗り替えた。ヘイニーの後には、イギリスの強豪ドリアン・イェーツが登場した。体重が265ポンド（120.2kg）を超える彼は、硬く引き締まった筋肉を身にまとったヘラクレスのような肉体で他を圧倒し、ミスターオリンピアのタイトルを何度も獲得した。もし1960年代半ばのボディビルファンが1990年代半ばにタイムトラベルをしてミスターオリンピアの顔ぶれを目にしたなら、選手たちの巨大さに驚き、エイリアンに侵略されてしまったのかと思うかもしれない。なにしろ、ドリアンを筆頭に、ほぼ同じ体格のナッサー・エル・サンバティ、さらには、ポール・ディレット、ジャン＝ピエール・フックス、ケビン・レブローニといった面々がずらりと並んでいるのだから。こうした巨大な選手に囲まれながらも、ショーン・レイ（アーノルドクラシックのチャンピオン）やリー・プリーストといった小柄なボディビルダーがステージで彼らに劣らぬ存在感を発揮できたのは、完璧に近い筋肉の発達があったからにほかならない。美しい筋肉の持ち主であるフレックス・ウィラーは、私が最後にミスターオリンピアで優勝したときの体重とほぼ同じだったが、ステージ上には彼よりも大きな選手が何人もいた。1990年代はそんな時代だった。

　当然ながら、この傾向はいつまでも続きはしなかった。体重270ポンド（122.5kg）のミスターオリンピアは確かに存在するものの、ボディビルダーの肉体は、シンメトリー、プロポーション、ディテールを維持する必要がある。なのでこれ以上のサイズアップが許されないところまで来ているのだ。320ポンド（145.2kg）の選手が、220ポンド（99.8kg）の選手と同じ美しさを保つことは物理的に不可能なのだ。それだけでなく、1990年代が進むにつれて、筋肉の美しさやシンメトリーといったボディビル本来の理想型よりも、筋肉量のみを重視する審査員の判断に観客が不満を募らせるようになった。これは何もボディビルだけに限らない。物事にはサイクルがある。一方に振れた振り子は必ず中央に戻り、もう一方に振れるのだ。

ボディビルの爆発的成長

　1980年代にボディビルは競技スポーツとしてだけでなく、一般社会や文化に与える影響という点でも、爆発的な成長を遂げた。1980年代初頭、国際ボディビルダーズ連盟（IFBB）はすでに100カ国以上の加盟国を誇る組織として成功を収めていた。1990年代には加盟国が160カ国にまで達し、IFBB会長ベン・ウイダーによれば、世界で4番目に大きなスポーツ連盟になっていた。

　ソビエト連邦は1980年代半ばにIFBBのメンバーとなった。1991年末にソ連が崩壊すると、ソビエト連邦を構成していた各共和国がこぞってIFBBに加盟を申し出たため、IFBBの加盟国数は一挙に増大した。中国も1990年にIFBBに加盟し、男子だけでなく女子のボディビル大会も主催するようになった。

競技ビルダーの体格は1990年代に大型化した。

それでも、このミスターオリンピア大会でのポーズダウンに見られるように、シンメトリー、プロポーション、ディテールを維持する必要があった。

1997年にボディビルの発展を物語る象徴的な出来事があった。ボディビル競技が国際オリンピック委員会（IOC）から正式に承認され、国際アマチュアスポーツ界の正式なメンバーとなったのだ。

　ボディビルが現代文化に与えた影響は、雑誌の広告やテレビCMで筋肉質な肉体を目にする機会が次第に増えてきていることからも明らかだろう。ある銀行は、自社の広告に肘を曲げて上腕二頭筋を隆起させた腕の絵柄を入れることで金融機関としての強さを誇示していた。あるテレビCMには、見た目も声もアーノルド・シュワルツェネッガーそっくりのボディビルダー、ローランド・キッキンガーが起用され、コレクトコールサービスの利用を勧めていた。また、ボディビルはアクション映画の主人公の肉体を確実に変えた。『コナン・ザ・グレート』や『ランボー』、ジャン＝クロード・バン・ダムの格闘技映画などに登場する主人公の肉体に一般大衆が見慣れてしまったのだ。映画やテレビドラマの若手俳優、雑誌やファッションショーのモデルたちはみな、大衆の注目を引きたいなら体を鍛えたほうがいいと考えるようになった。

　もちろん、こうした急成長にはそれに伴う弊害もあった。成長すればするほど、良くも悪くも注目されるようになる。ブッシュ大統領が体力スポーツ審議会という枠組みを通してボディビルトレーニングの理念を推し進めたり、『USAトゥデイ』紙などの出版メディアがウエイトトレーニングがもたらす利点を称賛する記事を掲載したりする一方で、ボディビルに批判的な人たちは、さらなるエネルギーを注いでこのスポーツを攻撃した。

　ボディビルが被るはめになった最悪の痛手は、アナボリックステロイドをはじめとするパフォーマンス向上薬の問題だった。確かにボディビルというスポーツに薬物乱用が存在することは間違いないが、他のさまざまなスポーツにも同じ問題が存在することは見過ごされがちだ。以前、『スポーツ・イラストレイテッド』誌が、元ボディビルダーが犯した罪を記事にした。その犯罪者は15年も前にボディビル界から引退していたにもかかわらず、記者はボディビルダーには薬物使用者が多いという先入観にとらわれており、悪事を犯しても当然であるかのような論調だった（幸い、多くの人はこの記事に批判的だった）。

　しかし、IFBBは世論の圧力とIOCの要求に従い、IFFB世界アマチュアボディビル選手権（旧ミスターユニバース）ですでに正式に導入されていた検査を拡大し、大掛かりな薬物検査を実施すると発表した。私は、この薬物検査が若いボディビルダーに禁止薬物の使用の危険性を教え、薬物摂取を思いとどまらせるだけでなく、ボディビルが魅力あるれっきとしたスポーツであり、トップボディビルダーが優れたアスリートであることを世間に納得させる一助となればと願っている。

アーノルドクラシック
ウィークエンド

　競技ボディビルの革新のひとつに、私が長年の仕事仲間ジム・ロリマーとともに1994年にオハイオ州コロンバスで始めた一連のイベントがある。ボディビル界から映画界へ軸足

を移すにつれ、私はボディビル大会が見応えのあるエキサイティングなショーとして開催されてこなかったことを痛感するようになった。そこで、ジムと私は、男性ビルダー向けのアーノルドクラシックと女性ビルダー向けのミスインターナショナルを目玉として、ほかにも女性向けのフィットネス競技、フィットネス業界の一大見本市、刺激的な格闘技の大会やエキシビションなどを組み合わせた大々的なスポーツイベントを開催することにした。

　土日の2日間にわたり開催されるこのエキサイティングなイベントには、毎年多くのフィジークファンが訪れ、大いに盛り上がりを見せている。ジムの話では、このスポーツイベントはコロンバスで定期的に開催されているイベントの中で3番目に入場者が多く、このイベント以上に入場者を集めているのは馬術競技の全米大会と国際大会を主軸にしたホースショーだけだという。「ホースショーに人が集まるのは当然だ」と私はジムに言った。「なにしろ馬術のほうが競技人口が多いのだから」。

職業としてのボディビル

　アーノルドクラシックの成功は、ボディビルがメジャーなプロスポーツの仲間入りを果たしたことを示すひとつの目安になるだろう。ボディビル人気が高まるにつれて、このスポーツが生み出す金銭の額も増えていった。それ以前も自分の肉体で金を稼ぐボディビルダーがいなかったわけではない。たとえば1950年代では、ジョン・グリメックやビル・パール、レジ・パークといった面々が、セミナーやエキシビションに引っ張りだこだった。しかし、ボディビルで生計を立てていたフィジークスターはほんのわずかだ。70年代半ばになっても、ボディビルで生計を立てているボディビルダーは、フランコと私の2人しかいなかったと思う。なにしろ、1965年の第1回ミスターオリンピア大会で優勝者に授与されたのは王冠だけだったのだ。1998年になると、プロのトップビルダーは優勝賞金11万ドルを手にすることができるようになった。ミスターオリンピアやアーノルドクラシックの賞金総額は数十万ドルにまで上昇した。

　もちろん、突然大金が絡むようになると決まってすべてが変わり始める。成功がさらに多くのチャンスを生むのだ。フィジークスターたちは次々とジムを開き、トレーニング器具の製造を始め、ウェアやサプリメントなどの商品を売り出すようになった。彼らの多くはこうした商品の販売を通じて、さらにはセミナーやエキシビションによって収入を増やしていった。

　ボディビルの成長は、主流文化におけるフィットネス意識の高まりと歩みを共にしてきた。フィットネスに対する関心は、近年爆発的な広がりを見せている。このことは、全国のジムやジム会員の驚異的な増加や、トレーニングウェア、トレーニング器具、ダイエットサプリメントの売り上げの急増からも明らかだ。

　1980年代を通じて、ボディビルはテレビでますます取り上げられるようになり、3大ネットワークはもちろん、ESPNなどのケーブルテレビ局のスポーツ番組でも取り上げら

れるようになった。しかし、1990年代に入ると、残念ながらメディアのボディビルに対する関心はそれ以上広がらなかった。原因は薬物問題だった。他のスポーツもアナボリックステロイドをはじめとする運動能力向上薬の問題に悩まされているが、世間の注目はボディビル競技の世界にことさら集中する傾向がある。当然ながら、ボディビルが本来持っている大きな可能性を最大限に引き出すためには、ボディビル界が自らこの問題にしっかり対処し、ボディビルに対する世間一般の見方が少しでもよくなるよう取り組んでいかなければならない。

ジョー・ウイダー

　ジョー・ウイダーと彼が創刊した2つの雑誌『マッスル＆フィットネス』と『フレックス』の貢献に触れることなしに、ボディビルは語れない。1940年代初頭から、ジョーはボディビル大会の詳細、トレーニングのハウツー、トップスターの人物紹介といった記事や写真を雑誌に掲載してきたが、彼が果たした役割はそれだけにとどまらない。彼は膨大な

ジョー・ウイダーとボディビルダーたち

量の貴重なトレーニング情報を収集・蓄積し、その情報を雑誌や本、ビデオテープを通して新しい世代の若いボディビルダーに惜しみなく提供し続けた。

　ジョーは長年にわたって多くの時間を情報収集に費やし、全国各地のジムに出かけてはスター選手のトレーニング方法を観察し続けた。たとえば、1960年代にラリー・スコットがプリーチャーベンチを使ってカールをしていたことや、並外れた強さを誇るチャック・サイプスが、セットとセットの合間にバーベルのプレートをすばやくバーからはずして重量を下げつつ、とんでもない強度でセットに次ぐセットをこなしていたことを彼は見逃さなかった。ジョーはこうした方法に注目し、メモをとり、名前を付けた。スコットは自分のテクニックをスコットカールとは呼ばなかったし、サイプスも自分がドロップセット法を使っているとは気づかなかったが、ジョーを通じて、誰もがすぐにこうした有用なトレーニングテクニック情報に接することができるようになった。

　私はオーストリアにいたころ、朝にトレーニングし、夜にもトレーニングしていた。日中は別の仕事をしていたからだ。今では、このやり方は「ウイダー・ダブルスプリットシステム」という名で知られ、世界中のボディビルダーが採用している。「ウイダー・トレーニング プリンシプルズ」は、これまでに生み出されたボディビルテクニックの中から特に効果的な方法を集めたものだ。ジョー・ウイダーは自ら選び抜いた数々のテクニックに自分の名を冠した名称を付け（ウイダー・インスティンクティブ プリンシプル、ウイダー・プライオリティー プリンシプル、ウイダー・ピークコントラクション プリンシプルなど）、自分の雑誌を通してその普及に努めた。トレーニングや栄養、ダイエットなど、ボディビルで成功するために欠かせないあらゆることに関して、ジョーの情報から恩恵を受けたボディビルダーは数知れない。

トレーニングの進化

　ここ数十年の間に、ボディビルダーの体は以前よりも大きくて硬く、カットが深くなってきた。その理由のひとつは、彼らが長年にわたり、主に試行錯誤によって、よりよいトレーニング方法とより効果的なダイエット方法を編み出してきたからだ。この半世紀の間に**あらゆる**スポーツが進歩してきたが、ボディビルも例外ではない。むしろ話は逆で、実際にはボディビルのテクニックが広く知られ他のスポーツにも採り入れられるようになったことで、**あらゆる**スポーツのフィットネスレベルが向上したと言うべきかもしれない。

　ジョン・グリメックの時代には、ボディビルダーはまだウエイトリフターのようなトレーニングを行っており、全身を週に3回鍛える人が多かった。今日のボディビルトレーニングは、当時よりもはるかに洗練されている。現在のボディビルダーは、以前よりも多様なエクササイズを行うし、バラエティに富む器具を使って体の各部位を激しくトレーニングし、各筋肉をさまざまな角度から鍛える。また、比較的短時間でハードなトレーニングを行い、その後は十分な休息をとることで疲労した体を回復させる。そうすることで、筋肉の成長が促されるからだ。以前は筋肉を「大きく」することだけがボディビルダーの

主な目標だったが、今では筋肉の「質」も追求するようになっている。つまり、すべての筋肉がディフィニションとセパレーションを備え、見事な形とシンメトリーを持った肉体を作り出そうとしているのだ。そのディフィニションのレベルは、今日のトップビルダーたちが、歩く解剖図に見えるほどである。

　ボディビルダーが新しいテクニックを開発していくにつれて、肉体を鍛える道具も変化していった。1930年代と40年代のジムは、現在の基準からすれば原始的な場所だった。故ビック・タニー（フィットネスクラブの生みの親のひとり）をはじめとするジムのオーナーたちは、利用者に幅広いエクササイズの選択肢を与えようとして多様なケーブル器具やプーリー器具を実験的に導入してはいたが、当時のジムは、まだバーベルとダンベルによるフリーウエイトトレーニングが主流だった。エクササイズマシンが登場し、より多様なエクササイズが可能になったのは、60年代初頭のことである。今日では、サイベックス（Cybex）、ハンマーストレングス（Hammer Strength）、ボディマスターズ（Body Masters）、パラマウント（Paramount）、ユニバーサル（Universal）、ノーチラス（Nautilus）など多くのメーカーがトレーニング器具を製造しており、ボディビルダーのフリーウエイトトレーニングを補うのに重要な役割を果たしている。ワールドジムでは、ジョー・ゴールド（ゴールドジムの創始者でもある）が自ら器具類の設計・製作を行い大成功したので、彼の器具は世界中で広く模倣され、数多くの類似製品が作られてきた。

　ボディビルダーはまた、ダイエットと栄養に関する原理を熟知するようになった。以前は現在のボディビル競技とは異なり、無駄な脂肪のない筋肉が重要視されていたわけではなかった。純粋な筋肉量のみが重要だと考えられていたのだ。しかし、ボディビルダーたちはやがて、体脂肪によって生み出されるバルクは質の高い肉体にはふさわしくないこと、筋肉の発達ぶりを十分にアピールするには、できるだけ脂肪を取り除く必要があることに気づいた。

　そこで、ボディビルダーはバルクアップだけに励むのをやめた。質の高い肉体を作り上げるには、ハードなトレーニングを行うだけでなく、厳しいダイエットをすると同時にビタミン、ミネラル、タンパク質のサプリメントを摂取すべきことを学んだのだ。さらに彼らは、ステロイドや甲状腺ホルモンなど、ありとあらゆる化学物質が体にどのような影響をもたらすのかを詳しく調べた。

　次にはマインドの力も利用し始めた。モチベーションを上げるテクニックやさらには催眠術まで使って、以前の限界を超えて強引に体を発達させようとした。そんなふうに試行錯誤を重ねるうちに、ボディビルダーは医者や医学研究者の注目を集めるようになった。ボディビルダーの肉体を発達させる能力に着目した研究者は、トレーニングが体に与える効果に関する理解に大きな進歩をもたらした。その結果、一般人にも使えるエクササイズやフィットネスのテクニックに革命が起きたのである。

　アメリカをはじめ世界中でウエイトトレーニングの人気が高まっているが、そのことを明確に示しているのが本格的なジムの激増だ。私は新米ボディビルダーだったころに全米各地を旅して回ったが、どの町を訪れても、本格的なワークアウトができるジムは一軒見

つかればいいほうだった。今ではどこに行っても、ワールドジム（World Gym）、パワーハウスジム（Powerhouse Gym）、ゴールドジム（Gold's Gym）、バリーズ（Bally's）、ファミリーフィットネスセンター（Family Fitness Center）など、設備の整ったトレーニング施設がある。今では本格的なボディビルジムと一般向けのフィットネスクラブの間に、利用できる器具の差はほとんどなくなっている。健康維持のためのトレーニングであろうと、ミスターユニバースやミスターオリンピアなどの大会で優勝するためのトレーニングであろうと、筋肉は筋肉であり、どちらも同じ種類のエクササイズ器具が必要だという認識が広まったからだろう。

ボディビルの未来

　私は、アメリカ国内はもとより世界中を旅しながら、アメリカ国内では優秀なボディビルダーがどんどん育っているし、国際大会ではヨーロッパ人チャンピオンが増えているのを目の当たりにしてきた。だから、ボディビルの未来に大いに期待している。ボディビルはかなり特殊で過酷なスポーツなため、世界チャンピオンを目標に本腰を入れて取り組む人はごく一部だろう。しかし、かつてなら別のスポーツの道を選んでいただろうアスリートたちが、今ではボディビルダーとしてのキャリアを考えるようになってきている。このことひとつとっても、ボディビルが今後も成長し続け、競技レベルは高く維持され、一般の人々の関心も高まり続けることを確信している。

　今後は間違いなく、トップボディビルダーの体格が以前よりもはるかに大型化していくことだろう。私はよくボクシングを例えに使う。以前のヘビー級チャンピオンは、ジョー・ルイスやロッキー・マルシアノのように、体重が200ポンド（90.7kg）を下回ることも多かった。今では比較的小柄なヘビー級選手でも200ポンド以上あり、たとえばリディック・ボウのように230ポンド（104.3kg）を超えるボクサーも珍しくない。しかし、アメリカンフットボールやウエイトリフティングやその他のスポーツ選手が超大型化している一方で、260ポンド（117.9kg）のヘビー級選手は存在しない。そして、今後も出てくることはないだろう。スポーツによっては、一定の限界を超えて体重を増やすと、パフォーマンスが高まるどころか、むしろ低下してしまうのだ。これにはボクシングやテニス、サッカーなどが該当する。ボディビルもおそらく同様だろう。

　現在、ボディビルの持つ意味は、私が初めて魅了されたころに比べて、はるかに多くなっている。当時は競技ボディビルしかなかったが、今では余暇の活動としての側面が発達し、健康やフィットネスのためにボディビルを始める人も多い。さらには自信を高め、ポジティブなセルフイメージを作り上げる手段としても人気がある。整形外科医は、体に何らかの問題を抱えた患者のリハビリの手段としてボディビルを利用し始めている。高齢者には、老化によるさまざまな衰弱に対抗する手段としてボディビルが活用されている。あるいは、各種スポーツのアスリートがボディビルによってパフォーマンスの大幅な向上が見込めることに気づくにつれ、スポーツトレーニングにおいても重要視されるように

なってきている。また、一般の女性や子ども、さらには家族全員がボディビルプログラムに参加するようにもなってきた。こうした傾向は一時的な流行ではなく、これからも続いていくだろう。

　しかし、プロボディビルダーの地位が向上し、多額の賞金が手に入るようになっても、ボディビルをする一番の理由は、このスポーツに対する深い愛情であることを忘れてはならないと思う。この愛情がなければ、ボディビルダー同士の連帯感は失われ、選手たちは喜びも満足感もなくただ競い合うだけになってしまう。もし金銭面だけを考えてしまうと、大会で他のボディビルダーに敗北した場合、これは単に勝敗の問題にとどまらない。収入の一部を奪われることになるのだから、そのような立場に置かれた人は、他の選手、ひいてはボディビルそのものに対して否定的な感情しか抱けなくなってしまうだろう。

　しかし私は、ボディビルーだけでなく、もっと多くの人たちにボディビルの魅力を知ってほしいと思っている。ボディビルのトレーニングは、健康を得る最良の方法のひとつだからだ。ひとりでも多くの人がそのことを理解し、その恩恵を受けられればと思う。IFBBのようなボディビル団体は、組織化されたボディビルを超えた世界があることを忘れがちで、ボディビルダーが開くセミナーの場所、日時、対象者に関して、いちいち注文をつけてくる。私は、ボディビルはいついかなる時でも積極的に奨励されるべきだと思う。フィットネスを通じて生活全般を向上させることは、なによりも優先されるべきだからだ。

　ボディビルの比較的新しい進展のひとつに、パーソナルトレーナーがある。多くの人がボディビルダーを見て、「あんな体つきになりたいとは思わない」と言うが、そんな人たちでも、体の鍛え方について熟知していなければ、あんなふうにはなれないことに気づいているはずだ。そういうわけで、パーソナルトレーナーとしてのボディビルダーに対する需要が高まってきている。この風潮はカリフォルニアで始まり、今では全米、そして世界中に広がっている。ボディビルのテクニックは万人の体に効果があり、あらゆる目的に適している。そして、トレーニングの方法を効果的にうまく教えられるのは、本格的なボディビルダーをおいてほかにはいないだろう。だから、ボディビルが大衆スポーツになるとは決して思わないが（とはいえ未来は誰にもわからない）、ボディビルダーが世間に与える本当の影響は、パーソナルトレーナーの役割にこそあると確信している。

女性のボディビル

　ボディビルの大きな発展のひとつに、女子ボディビル競技の創設と、健康やフィットネス、筋力の向上といった目的のためにボディビルトレーニングを始める女性の増加が挙げられる。

　女性を対象とするボディビル競技は、1970年代後半に試験的にスタートした。中でも最も成功を収めたのは、ジョージ・スナイダーが企画した「ザ・ベスト・イン・ザ・ワールド」大会だろう（当時はまだ女性がハイヒールを履いてステージに上がっていた）。1980年、

全米フィジーク委員会（NPC）主催の全米女子選手権と国際ボディビルダーズ連盟（IFBB）公認のミスオリンピア大会が初めて開催された。このとき、女子ボディビル競技は、プロとアマによる国内および国際スポーツとして正式にその道を歩み始めたのである。

　女性ボディビルダーとして初めて有名になったのは、リサ・ライオンだ。今も女子ボディビル競技のプレゼンテーションの特徴である、筋肉のポージングとダンスのような動きのコンビネーションを考案したのは基本的に彼女である。リサはまた、ヘルムート・ニュートンやロバート・メイプルソープといった一流の写真家に自分の肉体美を撮影させた。彼らが撮った彼女の写真によって、多くの人が美しく鍛えられた筋肉質な女性の肉体を初めて知ることになった。初代ミスオリンピアの座を勝ち取ったのはレイチェル・マクリッシュだったが、それはボディビル界にとって極めて幸運だった。レイチェルの艶やかでセクシーな顔立ちと筋肉質な体つき、そして人柄のコンビネーションは、彼女に続く女性ボディビルダーが模範とすべき美の基準となった。コリー・エバーソンとレンダ・マーレーは、それぞれ1980年代と1990年代に一世を風靡し、どちらもミスオリンピアのタイトルを6回ずつ獲得した。この２人に続いたのがキム・チゼフスキーで、これまでにミスオリンピアの栄冠を３度手にしている。驚異的なレベルにまで発達したキムの硬く引き締まった筋肉は、ミスターオリンピアを連覇中のドリアン・イェーツに対するものと同じく、筋量vs美しさの論争をすぐさま引き起こした。

　女性のボディビルというのは極めて新しいコンセプトなので、それをめぐる論争があっても不思議ではない。歴史上、女性が美しくなるために筋肉を発達させたことは一度もなかった。『パンピング・アイアン』の著者チャールズ・ゲインズは、筋肉を発達させた女性の肉体を「新しい原型」と呼んでいる。多くの人は女性ボディビルダーを好意的に見ていないし、その見た目に嫌悪感を抱く人も少なくない。もちろん誰にでも意見を言う権利はあるが、私は、女性にも男性と同じく骨格筋があるのだから、彼女たちにも好きなように筋肉を発達させる自由があってしかるべきだと思う。ボディビルは男性にも女性にも開かれたスポーツなのだ。だから、私は毎年コロンバスで、男子のアーノルドクラシックとともに、女子のミスインターナショナルも開催している。私たちは、かつては女性には認められなかったあらゆる活動や職業に女性が携わる時代に生きている。二人の娘を持つ父親として、私はこうした時代の流れをこのうえなく喜ばしく思っている。これまで女性を制限してきた人為的障壁を彼女たちが次々と乗り越えていくのを目にするのはうれしいことだ。女子ボディビルは、この文化的変化の一例にすぎない。

　しかし私の見るところ、女性が体作りすることの最も重要な側面は、健康とフィットネスへの影響である。現代社会に生きる女性は、特に年齢を重ねるにつれて、筋力や筋肉量、身体能力の低下に悩まされることがあまりにも多いが、それは筋肉を適切に鍛えていないからだ。筋肉を鍛えると女性らしく見えなくなると思い込んでいるため、レジスタンストレーニングをおろそかにして有酸素運動をしすぎている女性があまりにも多い。さらに、極端で不健康なダイエットによって骨量と筋肉量の両方を減らしてしまう女性も少なくな

い。女性ボディビルダーの実例が、ボディビルのトレーニングとダイエットが女性に与えるメリットを教えるきっかけとなり、たくましくシェイプアップされた壮健な体から得られる健康の恩恵をひとりでも多くの女性が享受できるようになることを、私は大いに期待している。

　では、どうして本書に女性向けのプログラムがひとつも載せられていないのか、と疑問に思われるかもしれない。その主な理由は、筋力トレーニングやダイエットの基本は本質的に男女ともに同じだからである。多くの女性は男性とは異なり、筋肉を目一杯つけるというよりも体を引き締めるという目標を持っているかもしれない。しかしその違いは、どのようにエクササイズを実施するかではなく、セット数やレップ数の設定の仕方、女性特有の問題部位をターゲットにしたエクササイズを選択することなどに反映される。またダイエットとは、性別を問わず自分に必要な栄養を適切なカロリーで摂取するということである。確かに男性と女性では効果の現れ方に多少の違いが見られるのも事実だが、結局のところ、性別にかかわらず、**すべての**個人が、自分のニーズに合わせてトレーニングやダイエットのプログラムを調整する必要があるのだ。だから、私は女性に、ボディビルのさまざまなテクニックを本書で学び、自分のできる範囲で実践してみるようアドバイスしたい。そして、本書に記載のトレーニングプログラムを根気よく続けて結果が出始めたら、鏡の前に立って努力の成果に感嘆しよう！

CHAPTER 2
ボディビルの基本

スポーツ vs エクササイズシステム

　エクササイズシステムとしてのボディビルは、筋肉を鍛えて発達させる最も効果的かつ効率的な方法だ。ボディビルは厳しい努力を要するコンテストの一形態にすぎず、スポーツではないと考える人もいるが、私はいくつかの理由からスポーツであると思う。ひとつは、コンテストに備えて肉体を発達させるためのトレーニングには、プロスポーツ選手も顔負けの激しい運動量が伴うことだ。もうひとつは、ボディビルダーが大会で披露するパフォーマンス（ステージ上で筋肉を収縮させてポーズをとる）に、高い運動能力が要求されることである。後で詳しく説明するが、大会のポージングで筋肉に力を入れて、1時間以上もポーズをとり続けること、しかもそれを高いエネルギーレベルで全身を完全にコントロールしながらうまくやり遂げることは、アスリートでなければできない芸当だ。これはヘビー級世界選手権で12ラウンドを戦い抜くボクサーにも匹敵する。
　一般人がボディビルの本質を理解する際に苦労する理由のひとつに、基本的にスポーツには、計測によって審査されるスポーツ（より遠く、より速く、より高くなどを目指すもの）と、フォームによって審査されるスポーツ（飛び込み、体操、フィギュアスケートなど）の2種類があるという点が挙げられる。**ボディビルはフォームのスポーツ**に属するが、動作のフォームではなく、肉体そのもののフォームが審査される。対象となるのは、肉体の大きさ、形、バランスやプロポーション、ディティール、美しさなどだ。これらはジムでの鍛練とダイエットによって作り上げられ、大会でのポージングによって見せるものだ。
　今のところ、ボディビルはまだオリンピック種目になってはいないが、世界のアマチュアスポーツ界にはすでに受け入れられ、アジア競技大会やパンアメリカン競技大会などの種目に採用されている。だから、ボディビルがスポーツであるというのは、あながち私ひとりの思い込みではない。

トレーニングの大原則

　もちろん、ウエイトトレーニングをしている人の大半は、大会に出るつもりなど毛頭ないだろう（テニスやゴルフをする人のほとんどが、ウィンブルドンやマスターズに出場してみたいと思わないのと同じだ）。しかし、大会に向けて肉体を磨き上げる目的でボディビルをするにしても、他のスポーツでのパフォーマンスを向上させるためにしても、健康

とフィットネスを維持するためにしても、見た目や気分をよくするためにしても、あるいはケガのリハビリのためにトレーニングをするにしても、正しくトレーニングを行った場合に生じる筋肉の発達は、すべて漸進性過負荷の原則と呼ばれるひとつの基本的運動原理に基づいている。

　漸進性過負荷の原則が有効なのは、ヒトの体は以前より大きなストレスにさらされると、より強くなるよう適応的に作られているからだ。1日2マイル（3.2km）を走る習慣のある人が、5マイル（8.0km）走ったとしよう。すると筋肉と心臓により大きな負担がかかる。大きなストレス下でも筋肉の動きを保つためには、十分な酸素と栄養が筋肉にいきわたなければならないからだ。2マイル走る分には問題がなくても、5マイルを走るためにはもっと心肺機能を上げなければならない。この場合、心肺機能を向上させるには、走る距離を徐々に増やし、時間をかけて体を変化に適応させる必要がある。

　ウエイトトレーニングについても、同じことが言える。筋肉は、ある一定レベルの要求（具体的には、エクササイズで一定の重量を一定の強度で挙上すること）に適応している。重量や強度を上げると、筋肉はその変化に適応しようとして、大きく強くなる。筋肉が新しい要求レベルに適応したら、筋肉がさらに大きく強くなり**続ける**ように、トレーニングの重量や強度を増やしていく。つまり、時間をかけて筋肉への要求を徐々に高めていくわけだ。

　ネバダ大学のローレンス・ゴールディング博士はこんなふうに説明している。「10馬力のエンジンに12馬力の負荷をかければ、エンジンはオーバーヒートしてしまう。だが、10馬力のエンジンに相当する人体に12馬力の負荷をかけると、最終的に12馬力のエンジンに相当するようになる」

　とはいえ、ウエイトを使ったすべてのトレーニングが、ボディビルダーのような肉体を作り上げるわけではない。どんな種類の適応を達成したいかを体に伝える**具体的なメッセージ**を神経系に送るには、適切なエクササイズ種目を適切な方法で行う必要がある。これは「トレーニングの特異性」と呼ばれるもので、正しいトレーニング方法を学ぶことが重要な理由だ。私はこれをよくコンピューター作業になぞらえる。少しでもコンピューターを使ったことがある人なら、マシンが思い通りに動いてくれないという経験をしたことがあると思う。何度やっても同じ問題が起こる。そんなときはまず、マシンかソフトウェアのどちらかに何らか問題があるのだろうと考える。その後、セミコロンを入力すべきところにピリオドを入れてしまったというような、ほんの些細なミスをしたことに気づく。コンピューターは自分で考えることができない。使用者の命令に従っているだけなのだ。だから、命令の内容が明確でないと問題が生じる。コンピューターには、使用者がどんな命令しようと**思っている**かなどわからない。コンピューターは実際に入力された命令しか理解しないのだ。

　ボディビルにも同じことが言える。体はあなたがどんな指示を出そうと**思っている**かなどわからない。実際のワークアウトによって伝えられる具体的な指示に反応し、それに適応しているだけなのだ。筋肉がついてきたと感じることもあるだろうし、ハードなトレー

ニングをして汗をかき、疲れて筋肉痛になることもあるだろう。しかし、正しいメッセージが体に送られていなければ、努力の結果に失望するだろう。だから、メッセージを体に確実に伝えるには、これらの原理を正しく理解しておく必要がある。

ウエイトリフティング、レジスタンストレーニング、ボディビル

　ボディビルダーは本当に強いのか、それとも巨大な筋肉は見せかけなのか、とよく聞かれる。確かにボディビルダーの中には強い選手もいる。しかし、強さはボディビルの最終的な目標ではなく、あくまで目的を達成するための手段でしかない。究極の筋力にこだわるのはウエイトリフターである。

　ウエイトリフティングは、ルールに従って、選手がどれだけの重量を扱えるかを審査するスポーツである。歴史を通して、さまざまな形で怪力を競う競技やウエイトリフティング競技が行われてきた。現在、競技として認められているウエイトリフティングは、基本的に2種類ある。オリンピックの競技種目であるオリンピックリフティング（スナッチとクリーン＆ジャーク）とパワーリフティング（デッドリフト、ベンチプレス、スクワット）だ。

　今日のウエイトリフターはボディビルトレーニングを広く採り入れ、すべての筋群をバランスよく発達させることに取り組んでいる。しかし、彼らの一番の目的は**筋力のトレーニング**である。これは、オリンピックリフティングの選手よりもパワーリフティングの選手に特に当てはまる。というのも、パワーリフティングは、筋力とパワーをより明確に評価できるように考えられており、テクニックやタイミング、筋肉の協調性があまり必要とされないからだ。

　ウエイトリフターとボディビルダーの筋力トレーニングの大きな違いは、ウエイトリフターのほうがはるかに低レップでトレーニングすることだ。ボディビルダーは（本書のトレーニング方法のセクションで説明するように）低重量高レップのトレーニングをする。一方で、ウエイトリフティングの選手は、大会で**最大挙上重量（1回のレップで挙上できる最大重量）**を挙げるためにトレーニングしている。そのためトレーニングでは超高重量を扱う試合の準備として、高重量でトリプル（3レップ）、ダブル（2レップ）、シングル（1レップ）のいずれかを行うことが多い。

ボディビルの肉体

　筋肉を大きく発達させることがメリットになるスポーツはいくらでもあるが、ボディビルは**肉体全てを最大限に美しく発達させる**スポーツだ。ボディビルの理想の体を簡単にまとめると、こんな感じになる——広い肩と背中。それらが引き締まったウエストに向かって細くなっていく。胴に見合った脚。大きくて形がよく、バランスよく発達し、関節に向

かって流線形を描く筋肉。三角筋後部、腰、腹筋、前腕、ふくらはぎを含む、あらゆる部位が発達した体。筋肉の見事なディフィニションとセパレーション。

　もちろん、どんなスポーツにも完璧なアスリートなど存在しない。個々のアスリートは必ず長所と短所を持っている。私たちボディビルダーにはみな短所があるが、その短所を特定のトレーニングやポージングテクニックによって克服しようと努力してきた。持って生まれた体は人それぞれで、すばらしい肉体や理想的なプロポーションの持ち主もいれば、トレーニングに反応しやすい体の持ち主もいる。

　過去にすばらしい肉体美を誇り、ポージングの名手であるフランク・ゼーンがチャンピオンになったが、多くの人がチャンピオンに求められる筋肉量と筋密度が不足していると批判した。フランコ・コロンブは、世界レベルで戦うには背が低すぎると誰もが思っていたにもかかわらず、ミスターオリンピアに2度輝いた。ドリアン・イェーツはミスターオリンピアを何度も制覇したすばらしいボディビルダーだったが、彼もまた、筋肉が分厚すぎるがゆえにボディビル本来の理想であるとされていた美しい見た目とはほど遠いとして、一部の人たちから批判され続けた。

　筋肉がつきすぎていることが欠点になるとは奇妙に思えるかもしれない。しかしボディビルは筋肉を大きくするスポーツではあるものの、ただ分厚いだけの極端に中胚葉型の筋肉はデメリットになりかねない。流線形の美しい筋肉のほうがよいのだ。一見巨大に見えるボディビルダーでも、意外にもその骨格はかなり小さく、関節も細いことが多い。（筋肉を美しい形に仕上げるにはそのほうが適している）。私の手首は、現役時代の最も体重が重かったときでも、ふつうの人なら指を回して輪を閉じられるほどの細さだったが、その話をすると誰もが驚く。私が持っていたのは大きな骨ではなく、大きな筋肉だった。それこそがボディビルダーとして成功できた理由のひとつだと思っている。1980年代にミスターオリンピアを何度も制覇したリー・ヘイニーは、フットボールで脚を2度骨折した後、ボディビルの世界に入った選手だ。彼もまた巨大で力強い筋肉を持っているが、骨格はほっそりとしていて美しい。

　どんなスポーツにも、いや、人生のどんな領域にも、特定の分野に秀でた天賦の才能の持ち主がいる。ボディビルの世界も例外ではない。チャンピオンは作られるものだが、生まれるものでもあり、適切な遺伝子を持っていなければ、チャンピオンの座に上り詰めるのは難しい。トレーニングによって骨を強く大きくすることはできるが、骨格のタイプやプロポーションまでは変えられない。しかし、どのような遺伝的素質を持っているかは、必ずしも一目ですぐにわかるものではない。このことはぜひ覚えておいてほしい。どんな遺伝的可能性が潜んでいるかは、数年間トレーニングしてみないとわからないこともあるのだ。

　そして、「足の速い者が必ずしも競走に勝つとは限らない」のもまた事実だ。潜在能力を最大限に発揮するには、いくつもの障害を克服しなければならないだろうし、スポーツ界では、才能に恵まれたアスリートが、トップに上り詰めるのに必要な地道な努力を怠って挫折するというのもよくある話だ。モントリオールオリンピックの十種競技金メダリス

トのブルース・ジェンナーから聞いた話だが、彼は高校時代、どんなスポーツをやっても一番にはなれなかったという。しかし、長年にわたって努力を重ね、十種競技の各種目に関するあらゆる技術を習得した結果、彼は誰もが羨む「世界最高のアスリート」の称号を手に入れた。時にはウサギとカメの話を思い出してみるのも悪くないだろう。

　持って生まれた遺伝的素質がどうであれ、筋肉をどのように発達させるかは、どのようなトレーニングをするかに左右される。本当に優れたボディビルダーになるには、筋肉の形から作り上げていく必要がある。それを実現するには、筋肉のあらゆる部分をあらゆる角度から鍛え、ありとあらゆる筋繊維が鍛えように筋肉全体を刺激しなければならない。筋肉は筋束と呼ばれる筋繊維の束が集まってできており、筋肉の使い方を少し変えるたびに、新しい筋束が刺激され、それまで使っていなかった筋繊維が活性化される。ボディビルダーは、全身のあらゆる筋肉をまんべんなく発達させようとするうえ、各筋肉もできるだけ完全な形に作り上げようとする。また、各筋肉のプロポーションがよくなるようにし、全体をみたときにできるだけ美しく魅力的なシンメトリーを実現しようとする。

　体をこのように発達させるには、テクニックに関する完璧な知識が必要である。大胸筋の形を変えたいとか、上腕二頭筋のピークをもっと高くしたいとか、上半身と下半身をもっとバランスよく発達させたいとか、いろいろな希望があるだろうが、そうした結果は偶然には生じない。だから、筋組織はどのように働くのか、トレーニングはどのようにして体に影響を及ぼすのか、特定の結果を出すにはどのようなテクニックを使えばよいのか、といったことを理解している人こそが本当に優れたボディビルダーなのだ。

ボディビルトレーニングの仕組み

　バーベルを両手で持ち、頭上に押し上げる場面を思い描いてみよう。いくつかのことが瞬時に起こる。まず、肩の筋肉（三角筋）が両腕を持ち上げる。次に、上腕の後ろ側の筋肉（上腕三頭筋）が収縮し、腕をまっすぐに伸ばす。このようにバーベルを頭上に押し上げるにせよ、歩くにせよ、単に呼吸するにせよ、どんな動きも筋肉の収縮が複雑に組み合わさった結果である。

　一方、個々の小さな筋繊維の働きは非常に単純で、刺激を受けると収縮し、刺激がなくなると弛緩する。筋肉収縮は、無数の筋繊維の収縮の結果として起こる。筋繊維の収縮はオール・オア・ナッシングだ。つまり、完全に収縮しきるか、まったく収縮しないかのどちらかしかない。仕事を終えた筋繊維は疲労する。つまり、その筋繊維が生み出せる力が減少する。最大挙上重量を１度だけ持ち上げる場合は、筋繊維のうちほんの一部しか使われない。最大挙上重量は、次の３つの要素によって決まる。（１）どれだけ多くの筋繊維を動員できるか（２）個々の筋繊維がどれだけ強いか（３）挙上のテクニック。

　挙上を１、２回しか繰り返さない場合、疲れて弱ってきた筋繊維を補うための新たな筋繊維を動員する機会が得られない。ウエイトリフターは、最大挙上重量での１回の挙上で、できるだけ多くの筋繊維を動員する術を身につけている。しかしその場合、個々の筋繊維

に非常に大きな負担がかかるため、体がそれに適応し、筋繊維を大きく太くすることで負担を減らそうとする。これを**筋肥大**という。

　ウエイトリフターが最大挙上重量での1回の挙上でどれだけ多くの筋繊維を使ったとしても、低重量で多くのレップ数をこなした場合に比べれば、使われる筋繊維の数は少ない。だから、ウエイトリフターがトレーニングによって強化しているのは筋肉のごく一部にすぎない。また、ウエイトリフターは一定の決まった持ち上げ方しかしないので、筋肉がまったく鍛えられていない角度も多い。

　ボディビルダーは試行錯誤を重ねながら、肉体に大きな視覚的変化をもたらすには、多様なトレーニングが欠かせないことを学んできた。ボディビルダーは、最大挙上重量を1レップする代わりに、低重量で高レップをこなし、各セットをオールアウトまで、つまり筋肉があと1レップさえできなくなるまで続ける。そして、少しだけ休息をとってさらにセットを重ね、体の特定部位にターゲットを絞ったさまざまなエクササイズを全部で15〜20セットも行う。

　ところで、ボディビルダーはどのようにして、どれだけの重量で、何レップを何セット行うべきかという知識にたどり着いたのだろうか？　大まかに答えておくと、ボディビルダーは試行錯誤の末にそのトレーニング法を発見したのである。19世紀末にウエイトトレーニングのパイオニアとなった伝説的なユージン・サンドウは、なんと何百レップもこなしていたという！　ボディビルの黎明期には、当然ながら、ボディビルダーにトレーニング方法を教えてくれる指導者などいなかった。彼らは自らトレーニング方法を編み出すほかなかったのだ。

　試行錯誤しながらも、彼らは正しい道のりを歩んでいた。ボディビルダーの肉体そのものがそのことをはっきり示している。スティーブ・リーブス、ビル・パール、レジ・パーク、セルジオ・オリバ、リー・ヘイニー、そして私の肉体を見て、ボディビルダーたちが筋肉をつけるための特別な知識を身につけていなかったと主張できる人がいるだろうか？最近では、運動生理学がボディビルのトレーニング法の正しさを裏付けている。一般に、筋肉量を最大限に増やす最良の方法は、最大挙上重量の約75％の重量を挙上することだ。最大挙上重量の約75％の重量でトレーニングすれば、当然ながら、多くの人は上半身で約8〜12レップ、脚で約12〜15レップこなすことになる。

　もちろん、筋肉を刺激するだけでは十分ではない。筋肉を成長させるには休息も必要だし、回復に不可欠な栄養も吸収しなければならない。本書では、具体的なエクササイズのやり方やセットの組み立て方について詳しく説明してあるが、それは一部にすぎない。他にも、トレーニングプログラム全般について、1回のトレーニングセッションでどれくらいの量をこなせばいいのか、セッションをどれくらいの頻度で組めばいいのか、体がトレーニングに反応して成長するために必要な栄養はどのように摂取すればいいのか、などについての情報ももれなく記載してある。

ボディビルと有酸素持久力

持久力には根本的に異なる2つの種類がある。筋持久力と心肺持久力だ。

- 筋持久力とは、エクササイズ中に筋肉を繰り返し収縮させる能力であり、そのエクササイズをするための筋繊維を最大限動員する能力のことである。たとえば、高重量のスクワットをすると、脚の筋繊維はすぐに疲労してしまう。もし最後までセットをこなしたければ、筋繊維をすばやく回復させ、セット中に動員される筋肉をできるだけ増やす必要がある。
- 心肺持久力とは、心臓や肺などの心血管系が運動の燃料となる酸素を筋肉に次々と送り込むと同時に、老廃物（乳酸）を取り除く能力のことである。

この2種類の持久力は別のものだが、たがいに関連もしている。いくら心肺能力に優れていても、使っている筋肉がそのペースについていけず、先にへばってしまってはどうしようもない。また、驚異的な筋持久力を持っていても、心血管系が筋肉に必要な酸素を供給できなければ、大したパフォーマンスは発揮できない。

有酸素運動（呼吸を激しくし、心臓を高鳴らせるような、長時間続けられる運動）に時間をかけると心肺能力が向上することは、ほぼ誰もが理解している。そうすることで、

- 肺が酸素を取り込む能力を高め、血液中により多くの酸素を取り入れられる。
- 心臓が大量の血液を送り出す能力を高め、心血管系を通して筋肉に送り込まれる血液量が増える。
- 毛細血管の数を増やし、太くすることで、鍛えた部位に届けられる血液量が増える。
- 心血管系が筋肉から乳酸（運動中に激しい灼熱感を引き起こす）を排出する能力を高める。

筋持久力を向上させたければ、比較的高ボリュームでトレーニングをする。そうすることで、

フランク・ゼーンとクリスティーン・ゼーン

- エクササイズで使った筋肉の毛細血管が太くなり、その数が増える。
- 筋収縮に使うエネルギーを生み出すのに必要なグリコーゲン（炭水化物）を筋肉に貯蔵する能力が向上する。
- 筋収縮の燃料となるATP（アデノシン三リン酸）をグリコーゲンから作り出す筋ミトコンドリア（エネルギー工場）の量が増える。
- 筋繊維の発達が主に持久力を要する運動に関わるものになる。

ここで思い出してほしいのが、筋繊維には基本的に2つの種類があることだ（中間的なタイプの筋繊維も多い）。

1. 白い速筋繊維（白筋）は非有酸素性の強力な繊維。短時間のみ強く収縮するが、持久力はほとんどなく、回復に要する時間も比較的長い。
2. 赤い遅筋繊維（赤筋）は白筋より20%小さく、白筋ほど強力ではない。しかし有酸素性で、十分な酸素が供給される限り、長時間収縮し続けることができる。

　ボディビルのトレーニングは、一般にウエイトリフティングのトレーニングよりもトレーニング量（セット数とレップ数）が多い。なので心血管系の機能向上にある程度の効果があるだけでなく、筋持久力の向上にもつながる。ボディビルダーはたいてい、心肺不全を引き起こす寸前のペースでトレーニングする。つまり筋肉に酸素を供給する心肺能力の限界を超えないギリギリの範囲で、できるだけテンポよく行うのだ。だからといってランニングや自転車のような持久力を要する運動が自動的に得意になるわけではないが、心肺機能をかなり良好な状態に保つのには役立つ。ボディビル以外の運動に関しては、**トレーニングそのものの特異性と身体適応の特異性の両方**に取り組むことになる。自転車が上手になるには、実際に自転車に乗ってトレーニングをしなければならない。ランナーとしての能力を向上させるには、実際にランニングに取り組まなければならない。とはいえ、きちんとトレーニングしたボディビルダーなら、たいていこの種の運動をうまくこなし、めきめき上達する可能性が高い。（体格が大きすぎたり、体重が重すぎることがマイナス要因にならなければ）

　私は、ボディビルダーにとって心肺持久力は筋持久力と同じくらい重要だと考えている。ハードなトレーニングをすると、使った筋肉に乳酸が蓄積される。乳酸とは、筋肉の収縮に必要なエネルギーを生み出す過程で生じる老廃物だ。心臓や肺などの心血管系によってその部位に十分な酸素が供給されていれば、乳酸は体内で再処理され、新たなエネルギー源になる。一方、酸素が足りない場合は、乳酸の蓄積によってさらなる収縮が妨げられ、完全なオールアウト状態に至る。

　私は昔から、有酸素運動能力を高めるために1日に数km走るのが好きだった。しかし、ボディビルダーの中には、ランニングは自分に合わないと感じたり、脚や足首に問題を引き起こす危険を恐れたりする者もいる。そのような人はエアロバイクやトレッドミル（ラ

ンニングマシン）、ステッパー（ステップマシン）などの有酸素運動器具を使って、心肺機能を高めようとする。実際、心肺機能が高ければ高いほど、ジムでの激しいトレーニングが可能になり、ボディビルダーとしての進歩も期待できる。

有酸素運動と筋肉のディフィニション

　ボディビルダーが有酸素運動をするのは、心肺機能を維持するためだけではない。有酸素運動によって余分にカロリーを消費すれば、大会に向けて体を絞り理想的なディフィニションを達成する一方で、必要な栄養素を摂るための余分なカロリーを確保できる。だから、大きさがありながらも脂肪の少ない筋肉、つまり量と質がともにすばらしい筋肉を作り上げることに関心のある本格的なボディビルダーはみな、十分な有酸素運動を行い、余分にカロリーを燃焼させる。伝説的な脚を持っていたトム・プラッツは、ジムで脚を疲労困ぱいするほど鍛えた後、さらに自転車で20マイル（32.2km）も走っていた。このような高ボリュームトレーニングにもかかわらず、彼の脚は恐るべき巨大さを保っており、大腿四頭筋のディフィニションとセパレーションはすさまじかった。

　有酸素運動で体を引き締めるのは理にかなっている。有酸素運動で100kcal余分に消費すれば、100kcal分の体脂肪を減らすのに貢献することになる。あるいは大会前のダイエットで減量を続けているときなら、貴重なタンパク質を100kcal余分に食べられることになる。

　しかし、体は有酸素運動の負荷に無限に耐えられるわけではない。後ほど詳しく述べるが、有酸素運動のしすぎはかえって有害になることもある。**過度な**有酸素運動（大会前に延々と有酸素運動を続け、後で後悔するはめになった人もいる！）は、関与する筋肉や体全体の回復能力を低下させかねない。というのも、その場合、筋肉組織自体をエネルギー源として利用せざるをえず（太い白筋を細い赤筋の燃料として使う）、**オーバートレーニング**状態を引き起こすことになるからだ。

　「オーバートレーニング」とは、単にトレーニングをしすぎて疲れたという意味ではない。あまりに長く運動をしすぎたせいで、エネルギーを供給し、体を回復させる機能が低下または停止した状態を指す。オーバートレーニングになると、どんなに頑張ってもトレーニングがこなせない状態が慢性的に続く。オーバートレーニングに陥った場合の唯一の特効薬は休息であり、場合によっては何週間もの休養が必要になることもある。しかし、トレーニングのスケジュールをきちんと立て、十分に休息し、食事で十分な栄養をとっていれば、オーバートレーニングは避けることができる。その方法については、BOOK5でまとめて説明する。

　とはいえ、オーバートレーニングを防ぐ最も簡単な方法は、有酸素運動をやりすぎないことだ。繰り返すが、ボディビルダーのような見た目になりたければ、ボディビルダーと同じようにトレーニングする必要がある。適応の特異性という概念の恩恵を受けるために

は、主に体を作り発達させるのは、プログレッシブレジスタンスのウエイトトレーニングであることを心に刻んでおこう。有酸素運動をするのではなく、バーベルを持ち上げるのだ。

アスリートのためのボディビル

　アスリートはかつてないほど大きく、強く、速くなっている。記録は次々と塗り替えられ、もはや異次元のレベルにまで達している。このように運動能力全般が向上してきた理由のひとつに、ウエイトトレーニングの導入が挙げられるだろう。現在はスポーツの分野を問わず、ほとんどのアスリートが、少なくとも何らかの形でレジスタンストレーニングを取り入れている。

　しかしほんの少し前まで、指導者はアスリートにウエイトトレーニングを勧めないだけでなく、実質的に**禁止**していた。ウエイトトレーニングはアスリートの「筋肉を硬直させ」、敏捷性や柔軟性を妨げると考えられていたのだ。筋トレがどこか「不自然」だと考えられていたのに対し、単純なハードワーク（農場や牧場での作業、木の伐採など、野外での「男らしい」仕事）によって体を鍛えることは奨励されていた。映画『ロッキー4 炎の友情』では、ロッキー役のシルベスター・スタローンがドルフ・ラングレン演じるソ連のボクサーとの対戦に向け、トレーニングの一環として、重い丸太を引きずりながら雪をかき分けたり、氷点下の天候の中で薪割りに励んだりしていたが、その姿からも想像がつくだろう。

　国際スポーツ科学協会（ISSA）の特別会員フレデリック・C・ハットフィールド博士は、こう述べている。「ウエイトトレーニングは、体の動きを鈍らせ、筋肉を硬直させ、弾力や筋肉の協調性を損なうという考えが、何十年もの間、一般的だった。この考えは、ウエイトトレーニングがウエイトリフティング、つまり限界筋力（最大挙上能力）の向上と結びつけられていたことに由来する。ウエイトリフティングやパワーリフティングのトレーニングは、ほとんどのアスリートに適していない。パフォーマンスの向上には、純粋な筋力よりもスピードが必要とされるからだ」

　ハットフィールド博士によれば、今日のスポーツにおけるウエイトトレーニングの役割は、アスリートが最適なレベルで能力を発揮できるような、最低限の筋力をつけることにある。しかしこの「最適」な筋力トレーニングでは、それぞれのスポーツでの成功に必要不可欠でない限り、筋肉量の増加や限界筋力の向上自体に重点を置くべきではない。「筋力それ自体を重視しすぎると、スピード、機動性、柔軟性、敏捷性、筋肉の協調性などに問題が生じる可能性がある」とハットフィールド博士は言う。

　一部のスポーツは、「最適」なウエイトトレーニングの利点を他のスポーツに先駆けて受け入れた。元NFL選手の俳優フレッド・ドライヤーによれば、1960年代にプロアメフト選手としてのキャリアをスタートさせたときには、ウエイトトレーニングをする人はほとんどいなかったが、1970年代後半に引退するころには、チームの**全員**が少なくとも一定

の時間をウエイトルームで過ごしていたという。

　1976年モントリオールオリンピックの陸上十種競技金メダリスト、ブルース・ジェンナーは、1970年代初頭に、この多様な競技で最適なパフォーマンスをするには、ウエイトを使って筋力と筋肉量の両方を大幅に増やす必要があると悟ったという。「十種競技は、走る・跳ぶ・投げるという多様な種目を行う。総合的な運動能力を評価できるように設計されているんだ」とジェンナーは言う。「当初、私は体格の割に引き締まっていて筋力もあるほうだったけど、必要な合計得点を稼ぐにはもっと大きく強くならなければならないと思った。しかし、一定以上に筋肉量と筋力を発達させてしまうと、全体的なパフォーマンスに悪影響を及ぼすことにも気づいたんだ」

　当時、陸上選手はウエイトトレーニングを取り入れた体作りを始めたばかりだったので、ジェンナーは慎重に、どのようなプログラムに従うべきか、ウエイトトレーニングにどれだけ力を入れるべきかを検討しようとした。彼はこう言っている。「実のところ、当時はトレーニング方法に関する情報がほとんど手に入らなかったので、ウエイトトレーニングというよりウエイトリフティングに近いエクササイズをたくさんやったよ。だけどかなり『アスリートに適した』エクササイズだと感じた。私が行ったトレーニングの一部はかなり非効率的だったかもしれないが、それでも筋力は向上し、十分強固な筋肉をつけることができた。その結果、1976年のモントリオールオリンピックで好成績を残せたんだ」

　どんなスポーツにもそれぞれの理想的体型というものがあり（とはいえ、これまで見てきたように、各スポーツでこんな体型が成功するのかと驚かされることもある）、どのようなトレーニングをするにしても、理想から遠ざかるのではなく、理想に近づく方向に体を発達させるトレーニングをすべきだ。生理学専門家のウィリアム・マッカードル、フランク・カッチ、ビクター・カッチは、1994年に出版された著書『Exercise Physiology: Energy, Nutrition and Human Performance（運動生理学：エネルギー・栄養・ヒューマンパフォーマンス）』第4版（ウィリアムズ＆ウィルキンス社）の中で、「体組成の調査研究によって、アスリートは一般的にそれぞれのスポーツに特有の体格的特徴を持っていることが明らかになった」と報告している。「たとえば、陸上のフィールド競技の選手は除脂肪組織が多めで体脂肪率も高い。一方で、長距離選手は除脂肪体重も脂肪量も極めて少ない。〔中略〕高度に発達した生理学的サポートシステムと体格が組み合わさることが、トップレベルのパフォーマンスを生み出す重要な要素なのである」

　「大きくなりすぎる」ことは、多くのスポーツで問題になりうるが、大成するにはアスリートがかなりの量の筋肉をつけなければならない場合もある。たとえば、アメリカンフットボールのラインマンの平均的体格を1960年代と現在とで比較すると、その差は驚くほど大きい。このことは大きさだけでなく、体組成にも当てはまる。30年前、300ポンド（136.1kg）のアメフト選手の体組成は、体脂肪率が15〜25％ほどだった。現在では、300ポンド級のパワフルな選手の体脂肪率は12％以下であることが多く、それよりもずっと体脂肪が少ない選手もいる。

　ボクシングはレスリングと同様、伝統的にウエイトトレーニングを敬遠してきたスポー

ツである。その理由のひとつは、筋肉量を増やすと体重が増えて階級が上がり、元々体格やパワーが上の相手と戦わなければならなくなるからだ。もうひとつの理由は、ウエイトトレーニングを取り入れた若いボクサーは、総じてスピードやタイミング、筋肉の協調性をおろそかにして、力任せにパンチをするからだ。しかし、当初はライトヘビー級やクルーザー級で戦っていたイベンダー・ホリフィールドが、（ミスターオリンピアのリー・ヘイニーの助けもあって）30ポンド（13.6kg）もの筋肉をつけヘビー級世界チャンピオンになったとき、ボクシング界は驚愕した。

「多くのボクサーは、トレーニングも栄養摂取も、伝統的なアプローチに従っている」とヘイニーは言う。「しかし、ホリフィールドは新しい発想を進んで取り入れた。彼が本物のヘビー級ボクサーになるには、体を大きくするしかなかった。そして彼は、除脂肪体重を大幅に増やすことにかけては、ボディビルダーに適う者はいないと悟った。そこで彼は、ボディビルのテクニックを数多く取り入れ、食事法、心肺機能、敏捷性などに関するさまざまな科学的アプローチを採用した」。

ホリフィールドが成功したのは、ボクシングがスピードのスポーツであるだけでなく、筋持久力と心肺持久力が必要なスポーツでもあることを忘れなかったからでもある。彼はボディビルの重要性を認め、こう述べている。「私が成功した要因のひとつは、一貫してウエイトトレーニングを続けてきたことだ。ウエイトトレーニングのおかげで自信がつき、精神的にも肉体的にも健康でいられるようになった」。つまりホリフィールドにとって、ウエイトトレーニングと適切な栄養摂取で体を作り上げることは、成功に不可欠な最初の一歩だったのだ。次いで彼は、ボクシングのスキルを最大限に磨くことに集中した。

マイケル・モーラー戦でタイトル防衛を果たしたイベンダー・ホリフィールド

マジック・ジョンソンがNBAに登場したのは、すでに若手のバスケットボール選手たちの間で、ウエイトトレーニングが試合でのパフォーマンス向上に役立つことが十分に認識されていた時代だった。しかし興味深いのは、マジックがいくつものインタビューで、HIV感染を理由に引退してからというもの、運動と体調管理がますます重要になってきたと語っていることだ。彼は病気による衰弱を食い止める手段として、最高の体調を維持しようと決意していた。私は自分をかなり活動的な人間だと思っていたが、そんな私でさえ、マジックが日々こなしている鍛練法の数々——エアロビクス、ウエイトトレーニング、NBA並みに激しいピックアップゲーム——を聞くと、思わず疲れてしまいそうになる。しかも彼はそうした運動を、多忙なビジネスやメディア活動の合間を縫ってこなしているのだ。

　ロサンゼルス・レイカーズのあるコーチは、何年もの間、筋力アップと筋肉量増加のために選手たちをワールドジムに連れてきていた。その中にはマジック・ジョンソンの姿もあった。私は『コナン・ザ・グレート』の続編で元NBA選手のウィルト・チェンバレンと共演したとき、彼が現役時代からウエイトトレーニングに取り組んでいたことを知った。それはウエイトトレーニングが一般に受け入れられるよりもずっと前のことで、まだコーチが選手にウエイトルームには立ち入らないよう注意していたころだった。思うに、それこそが、彼が現役時代に圧倒的な強さを誇った理由のひとつだったのだろう。

　それ以前の1950年代、ゴルファーのフランク・ストラナハンは、ウエイトトレーニングで体を鍛えパフォーマンスを向上させたことで知られている。現在では、多くのゴルファーが全体的なコンディショニングプログラムの一環としてウエイトトレーニングを取り入れているが、ゴルフ界ではまだ他のスポーツほどウエイトトレーニングが受け入れられていない。つまり、ストラナハンは、パフォーマンス向上というウエイトトレーニングのメリットを理解することに関しては、30年以上先を行っていたのである。

　野球も、伝統的にウエイトトレーニングに拒否感を示していたスポーツのひとつだ。一昔前の野球選手は、小柄で細身の、スピードのある機敏な選手が多く、トップ選手に200ポンド（90.7kg）を超える巨漢はあまりいなかった。今日の野球界には、走塁や守備もこなせる230ポンド（104.3kg）のホームランバッターが数多くいる。たとえばマーク・マグワイアは、平凡なポップフライをホームランにしてしまうほどの強打者だ。昔との違いで重要なのは、ウエイトトレーニングが普及し、中学校や高校にも導入されるようになったこと。そしてパフォーマンスを向上させる食事法に関する知識（ダイエットと栄養の科学）が普及したことだ。

　アメフトチームのウエイトルームは、伝統的にラインマンやラインバッカーで埋め尽くされている。どちらも大きな体が要求されるポジションだからこそ、彼らは筋肉量を増やすために努力しているのだ。しかし、ダラス・カウボーイズのトロイ・エイクマンは、クォーターバックながらも、コンディショニングプログラムの一環としてウエイトトレーニングに熱心に取り組んでいる。腕や肩など上半身の筋力アップが主な目的だが、『Men's Journal（メンズジャーナル）』誌（1998年9月号）で語っているように、筋トレで下半身

も鍛えている。ロングパスを投げるのに必要なパワーは主に下半身から生じるからだ。エイクマンは賢明にも、体の主要な部位すべてを鍛えるべく幅広いエクササイズを行っている。これは、力強いパスを投げるのに必要な筋肉を強化するだけでなく、弱い部位をなくし、激しいタックルを食らってもケガをしないようなバランスのとれた万能型の肉体を作るためでもある。

　ウエイトトレーニングの効果を信じるアメフト選手にはもうひとり、サンフランシスコ49ersの伝説的ワイドレシーバー、ジェリー・ライスがいる。膝の手術後、ライスは、万全の状態で復帰できるように練られたフィットネスプログラムに打ち込んだ。トレーニングは週6日で、午前に2時間の有酸素運動、午後に3時間のウエイトトレーニングが組まれていた。

大リーグ記録タイとなる61号ホームランを放つマーク・マグワイア

スポーツのためのウエイトトレーニングは、ごく一般的になりつつある。Ｆ１の天才ドライバー、ミハエル・シューマッハは、ウエイトトレーニングを含む規律正しいコンディショニングプログラムをこなしている。サッカーの名選手ディエゴ・マラドーナは、キャリア後期にウエイトトレーニングによるパフォーマンス向上の可能性に気がついた。テニス選手、水泳選手、棒高跳び選手、さらには競馬の騎手までもが、それぞれの競技で成功するためにウエイトトレーニングに取り組み始めている。

　ウエイトトレーニングなどのコンディショニングプログラムは、特に一流のアスリートで重要である。というのも、それぞれのスポーツで必要とされる能力をさらに向上させようにも、もはややるべきことがほとんど残されていないからだ。たとえば、史上最高の走り高跳び選手であるドワイト・ストーンズは、キャリアの後半には、週に数日をウエイトトレーニングを含むトレーニングプログラムに費やし、走り高跳びの練習はごく短時間しか行わなかった。その理由は、ジャンプのテクニックを完成させるために何年も努力を重ねた結果、それ以上努力しても得るものが少ない地点（収穫逓減点）に達してしまったからだ。テクニックや神経と筋肉の協調性という点で、彼は潜在能力の限界近くにまで到達していたので、さらに努力を重ねてもそれ以上の向上は期待できなかった。むしろ、彼が必要としていたのは、自分の能力とテクニックを発揮するのに最適な「器」だった。だからこそ、ストーンズは多くの時間をウエイトトレーニングに費やしたのだ。

　ウエイトトレーニングは筋肉を強くするだけでなく、弱い部位を鍛えるのにも有効である。体の一部に弱い部位があると、どうしても全体のバランスが崩れ、さまざまなスポーツ動作に支障を来しかねない。ローレンス・モアハウス博士は1974年の著書『Maximum Performance（マキシマム・パフォーマンス）』（サイモン＆シュスター社）で以下のように述べている。「神経系は最も抵抗の少ない経路を使う。弱い筋肉を使ってある動作を行おうとすると、神経は可能であれば強い筋肉に協力を求める傾向がある。〔中略〕その結果、筋肉のバランスが崩れて理想的な動作ができなくなり、体が変形する可能性さえある」。

　あるスポーツを学んで練習・実践するとき、そのスポーツに関与する筋肉は必要なレベルまで発達するが、それ以上は発達しない。あまり関与しない筋肉は、時間の経過とともに**萎縮**しがちで、そうなると、筋肉のバランスがいっそう崩れる。特定のスポーツを何年も続けていると、そのアンバランスがますますひどくなり、ケガをする可能性が極めて高くなる。さらに、スポーツを激しい強度で長期間し続けていると、たいてい体をすり減らしてしまう。それを防ぐ何らかのトレーニングプログラムを取り入れない限り、ケガのリスクが高まるだけでなく、パフォーマンス自体も低下する。

　たとえば、長距離選手がハムストリングスを断裂するのは、大腿二頭筋に比べて大腿四頭筋が強くなりすぎたためである。ゴルフでは大した筋力はつかないが、クラブをスイングするときに強烈に腰をひねるため、ゴルファーには特に年をとったときに腰痛を抱える人が多い。短距離選手は上半身に筋肉をつけるとパフォーマンスが向上するが、単にスプリントを繰り返しているだけではこのような発達は望めない。テニスでは、体の片側が極

端に発達する傾向がある（プロのテニス選手の腕は、利き手のほうがもう片方より明らかに大きいことに注目）。この種の筋力のアンバランスは、時間の経過とともにケガやパフォーマンスの低下を引き起こしやすい。

一般的なウエイトトレーニングを行うと、つまり本書に記載の基本プログラム（エクササイズ、テクニック、セット数とレップ数、ワークアウトスケジュール）に従うと、全身が鍛えられ、**全身が優れた肉体**に変わっていく。トレーニングを続けるうちに、個々のスポーツに特有の要求や負荷によって引き起こされたアンバランスも解消されていくだろう。筋力トレーニングは、筋肉量や筋力、体重などの点で、他のトレーニングプログラムでは不可能なほど**個々のスポーツに最適な**体を作り出す。

ナショナル・パフォーマンス・インスティテュート（フロリダ州ブレーデントン）のマーク・バーステーゲン所長は、「身体の強化は、スポーツにおけるパフォーマンス（筋力、スピード、持久力）を向上させるだけでなく、ケガのリスクを減少させる」と言っている。「また、アスリートの体組成をそれぞれのスポーツの要求に応じて変えることもできる。より大きく強くなることが必要なら、そのようにできるし、体重は増やさずに（あるいは体重を減らしながらでさえ）筋力を最大限に高めることもできる」バーステーゲンは、彼が指導するプロスポーツ選手のために個別のプログラムを作成している。そのプログラムには、柔軟体操からアジリティドリル、メディシンボール、フリーウエイトやエクササイズマシンを使ったレジスタンストレーニングまで、あらゆるエクササイズが含まれている。

バーステーゲンの顧客には、NCAAバスケットボールの得点王、アメリカンリーグの新人王、NFLのプロアメフト選手、ロサンゼルス・レイカーズの天才コービー・ブライアントらがいる。バーステーゲンは言う。「スキルを完全に身につけたら、あとは身体能力を向上させるだけだ。持久力が必要なスポーツであれ、爆発力が必要なスポーツであれ、パワーを高め、体幹を鍛えて姿勢をよくし、関節の安定性を高めてケガを減らすことが望ましい」

しかし、どんなウエイトトレーニングがそのスポーツに最適なのかを正確に知るのは、それほど簡単なことではない。運動生理学者のジョージ・ブルックスとトーマス・フェイヒーが説明しているように、「筋力増加をもたらす要因で最も重要なのは、筋緊張の強度と持続時間である。適切な個別プログラムを開発するには、各スポーツに必要な筋力を算定しなければならない。一般に、筋持久力を必要とするスポーツでは、高レップの筋力トレーニングが採用される。一方で、筋力を必要とするスポーツでは、低レップのプログラムが取り入れられる」。そういうわけで、本格的なスポーツ選手は、各自のスポーツに適したプログラムを作成できるレベルの知識と経験を持った筋力トレーニングコーチの指導のもとでトレーニングを行う必要がある。とはいえ、どんなスポーツのためにトレーニングするにしても、すべてに当てはまるいくつかの一般概念がある。

1. 一般的なボディビル式ウエイトトレーニングは、体組成をコントロールする（筋肉を

大きく強くする、筋肉量は増やさずに筋力だけを強化する、余分な体脂肪を落として引き締まった体にするなど）ための理想的なシステムである。各自のスポーツに最適な体を作るには、必要に応じてトレーニング方法を調整する必要がある。スポーツによっては、「筋肉が大きすぎ」たり「筋力が強すぎ」たりするのは、「筋肉が小さすぎ」たり「筋力が弱すぎ」たりするのと同じく好ましくない。

2. ウエイトトレーニングと同じくらい、食事や栄養も体組成をコントロールするために重要である。体重を増やしたり減らしたりするために、また筋力を向上させるために、適切な食事をとる必要がある。

3. アスリートにとってウエイトトレーニングの基本的な目的は、各自のスポーツに適した体を作ること、適切なレベルの筋力をつけること、体の弱い部分を強化することである。各自のスポーツに特有の動作を向上させるために行うウエイトトレーニングは、資格のあるコーチの指導のもとで行うべきである。

4. アスリートにとってボディビル式のウエイトトレーニングの利点は、その「非特異的」な性質にある。フリーウエイトを使ったトレーニングは、マシンを使ったトレーニングよりもはるかに全般的な適応反応をもたらす。

5. ウエイトリフティングは、最大挙上重量を増やすための特殊なテクニックを必要とする、特殊なスポーツであることを忘れてはならない。一方、その他のスポーツのアスリートにとっては、ウエイトトレーニングの目的は、最大筋力を向上させることより最適な筋力をつけることにある。そのためには、弱い部位を強化し、さまざまな筋群間の筋力バランスを改善することである。

ウエイトトレーニングとフィットネス

　意外に思えるかもしれないが、『タイム』誌によれば、アメリカで最も人気のあるスポーツ活動は、ウエイトトレーニングなのだ。
　本書の初版が出版されてからというもの、競技ボディビルダーやプロスポーツ選手以外にも、単に体を鍛えたい、見た目をよくしたい、気分をよくしたい、年を取ってもできるだけ丈夫で若い体を保ちたいといった理由で、ウエイトトレーニングを始める人たちがどんどん増えている。
　実際、素晴らしい体型になるため、健康と体力を維持するためにウエイトトレーニングを行うのは理にかなっている。考えてみれば、ミスターオリンピアの歴代王者もウエイトトレーニングによってその地位にたどり着いたのだから、もっと控えめな目標でウエイトトレーニングをしている大多数の人にも、すばらしい結果をもたらすことは間違いない。それに、せっかく何かをするのなら、可能な限りよい方法で行うほうがいいではないか。「体を鍛えてシェイプアップしたいけど、筋肉はつけすぎたくない」と言う人には、私はこう答えたい「では、テニスのプロに対して、テニスを習いたいけど、ウィンブルドンに

出られるほどうまくはなりたくないと言うのか」と。はたして、ゴルフのプロに、「ゴルフを教えてほしいけど、タイガー・ウッズ並みには上達させないで」と注文をつける人がいるだろうか。

実際のところ、ほとんどの人は、ボディビルダーのような堂々たる肉体を作り上げるのに必要な遺伝的要素も、時間も、エネルギーも持ち合わせてはいない。だから、そうした資質に乏しいのであればなおのこと、可能な限り効率的で効果的な方法で肉体を発達させることが重要になるのではないだろうか。そもそも、結果の出ないエクササイズに時間と労力を浪費したい人などいないだろう。

ここで、筋肉をつけるためのトレーニングが重要な理由について考えてみよう。これまで見てきたように、筋肉には適応性がある。筋肉は何をどれだけ要求されるかに応じて変化する。歴史の大半を通じて、人間は主に自分の体を使って仕事をしてきた。だから、わざわざ運動する必要などなかった。必要なのは、むしろ休息だったのだ！ 100年前の人たちの運動量は、比較的体を動かさない人であっても、私たち現代人の多くを疲労困ぱいさせるレベルだっただろう。1950年代や60年代の子どもは、私も含めて、外を走り回ったり、山登りをしたり、いろんなスポーツをしたものだ。家の中でだらだらテレビを見たり、コンピューターをいじったりなんかしなかった。

では、一日中机の前に座っているだけの現代世界では、筋肉はどうなるだろう？「車があるのに、どうして300ヤード（274m）も歩かなければならないのか？」と考えるような世界、「手元でリモコンを操作すれば事足りるので、立ち上がってチャンネルを変える必要もない」という世界では、筋肉はどうなるのだろうか？ 単純なことだ。筋肉を使わないでいると、筋肉は退化して縮んでしまう。筋肉を動かさないと筋肉は減っていくのだ。この現象は20代で徐々に、30代で急速に、それ以降は加速度的に起こる。スポーツ医学の権威、故エルンスト・ヨークル博士によると、「平均的な男性は、18歳から65歳までの間に筋肉量の50％を失う」という。

しかし、必ずしもそんなふうに筋肉が衰えていくとは限らない。それに抗うこともできる。この筋肉量の低下に対抗する最も効果的なプログラムが、ボディビルなのだ。

筋肉がついて体が「大きくなる」ことを心配する必要はない。それよりも、今ある筋肉を失わないことに気を使うべきだ。『不思議の国のアリス』のアリスが見抜いたように、同じ場所にとどまるためには、どんどん速く走らなければならないこともある。

強くて健康な筋肉があれば、見た目もよくなるし、気分もよくなる。たとえ週末しかスポーツをしない人であっても、パフォーマンスが向上する。ボディビルトレーニングには、長期間にわたって血圧を下げ、安定させる効果もある（高重量のウエイトリフティングではなく、持続的にハイボリュームトレーニングを行う場合）。また、腰の強化にもつながるので、腰痛になる危険性が減る。皮膚への血流を増加させ、肌の若々しさと弾力性を保つ効果もある。さらに、運動はストレスを軽減する。ストレス軽減によるメリットは、免疫システムの機能向上から心臓病やがんのリスク低下まで多岐にわたる。

日中に燃焼されるカロリーは運動量だけでなく、筋肉量にも左右される。筋肉はカロリーを「燃やす」からだ（「燃やす」というのは、運動に使うエネルギーを生み出す細胞

内の酸化プロセスを指す）。つまり、筋肉量が多ければ多いほど、体が引き締まり、その体型を維持しやすくなる。

　言うまでもなく、過度に高重量で行うウエイトリフティングには危険が伴う。本格的なウエイトリフターは、競技の性格上、多かれ少なかれ身体的問題を起こしやすい。一方、ボディビルはウエイトを**コントロールして**行うウエイトトレーニングであり、最大挙上重量以下で比較的ハイボリュームのトレーニングを行う。だから、トレーニングテクニックに十分注意して適切に行えば、ボディビルダーがトレーニングでケガをすることはまずない。ケガをしたとしても、せいぜい一般的な筋肉痛か、アスリートなら誰もが経験するような軽い肉離れや捻挫程度だ。

　最後に、ボディビルトレーニングは、生活全般に規律と自己管理をもたらす絶好の機会であることも指摘しておきたい。トレーニングで体を鍛えていると、食事や食習慣にも気を配るようになる。そもそも、見苦しい脂肪ですばらしい筋肉を覆い隠してしまう理由などないはずだ。日々のワークアウトをしっかりこなすには、スケジュールをきちんと管理する必要がある。つまり、1日の残りの時間についても、うまく調整しなければならない。喫煙や過度の飲酒といった悪習慣も、トレーニングの規律や体の発達を妨げがちだ。次の日に早朝トレーニングをする予定があるなら、夜遅くまでテレビの深夜番組を見て時間を浪費するのはやめよう。ボディビルを生活の中心に据えれば、自分の肉体や活力が変わるだけでなく、日々の行動や人付き合いも自ずと変わってくる。

CHAPTER 3
トレーニング体験

　多くのボディビルダーは、鏡の前でポーズをとり、全身から発達途上の筋肉が飛び出してくるのを見て、途方もない満足感を覚える。巻き尺を使って体の各部位を正確に計測し、何cm大きくなったと言っては大喜びする。しかし私にとっては、トレーニングという体験そのものが常にやりがいのある楽しいものだった。ジムで過ごすひと時は、1日の中で最も充実した時間だった。トレーニングがもたらすさまざまな感覚、中でもトレーニング中のパンプ感、トレーニング後の疲労がもたらすリラックス感がたまらなく好きだった。ボディビルダーで**あること**を楽しむだけでなく、実際にボディビル**すること**に快感を覚えた。

　こんなふうに熱意を持ってトレーニングすることが肝心なのだ。本当に好きでなければ、毎日ジムに通い、過酷なトレーニングに打ち込むなんてことは続けられないだろう。ジムに来ていやいやトレーニングしているようでは、ジムでの筋トレを待ちきれない人ほどの成果を出せるはずもない。ジムには、もっと激しくトレーニングするようにとアドバイスしなければならない人もいれば、やりすぎないよう注意しなければならない人もいる。私の知る限り、大会で勝利を収めるのは、きまって後者のボディビルダーだ。

マインドの重要性

　ボディビルでは、身体(ボディ)と同じくらいにマインド（意志、頭脳）が重要だ。私の知るチャンピオンはみな、やる気にあふれ、**意志の力で**筋肉を成長させたと言ってもいいほどだった。しかし、マインドが重要な理由はほかにもある。ボディビルに限らずスポーツで成功するには、考える習慣を身につける必要がある。自分が何をしているのかを理解しなければならないし、トレーニングテクニックをマスターしなければならない。上級者になるほど、ボディビルの基本原則を超えて、**自分**にとって本当に効果的なやり方を見つけなければならない。筋肉を発達させるのと同じように、直感を発達させ、それに耳を傾けられるようにならなければならない。肉体的にハードなトレーニングが必要なのは当然だが、頭を使ってトレーニングしなければ、大した成果は得られない。

　もちろん、そういったことはみなトレーニングを続けるうちに自然に身についていく。だから、最初のうちは基本に忠実であればいい。トレーニングを始めたばかりのころは、「自分の感覚」に従ってトレーニングしようにも、そもそも正しいトレーニングがどのような感覚かわかっていないのだから、できるはずがない。それには経験が必要なのだ。正しいトレーニング方法をマスターし、その方法でトレーニングする感覚に慣れていくうちに、「感覚」や「直感」に頼れるようになる。

私も例にもれず、最初は基本的なエクササイズから始めた。時間が経つにつれ、ワークアウトにさまざまな実験を加えながら、自分が何をしているのかを考えるようになった。たとえば、大胸筋や広背筋のエクササイズを最大限の強度で何セットも行っても、背中と胸のスーパーセットをしたとき、つまり引く動作と押す動作を組み合わせたときほどよい結果は得られなかった。しかし、このテクニックがすべての筋肉に当てはまるとは限らないし、私と同じトレーニングを他のボディビルダーがしても同じ結果を得られるとは限らない。だから、まずは関連するテクニックをすべて身につけてから、個々のテクニックがあなた個人にどのような効果をもたらすかを検討しなければならない。**これこそがボディビルの極意である。**

　このプロセスの第一歩は、ジムで行うエクササイズの意味を正確に理解し、ルーティンをこなす中で日々経験する感覚を言語化する習慣を身につけることだ。競技ボディビルダーを目指しているなら、おそらく競争相手もあなたと同程度のテクニックを身につけているだろうから、大会では自分の直感や感覚をどの程度活かせるかが勝敗を分かつカギになる。

　どんなにレベルアップしても、疑問が生じることはある。それが頭を使わなければならないもうひとつの理由だ。自分が何をしているのかを分析し、自分の進捗をきちんと評価できなければ、その先へは進めない。ミスターオリンピアレベルの選手でさえ、ジムでの進捗に満足できず、さらに効果的なトレーニング方法を求めて試行錯誤を繰り返しているのだ。だからこそ、トレーニングのさまざまな原理や方法についてできるだけ多くのことを学び、どのような選択肢があるのかを理解しておかねばならない。

　このような理由から、私は単にエクササイズのやり方を解説するだけのありふれた本ではなく、このようなボディビルの**事典**を作ったのだ。本書では、ベンチプレスやバーベルカールのやり方、エクササイズをどのように選択するか、そしてそれらをどのようにプログラムに組み入れるかを説明している。まず基本的なトレーニングを取り上げ、次いで上級者向けのトレーニング、そして大会出場を目指す人には競技者向けのトレーニングへと進むのに必要な情報を提供している。また、筋肉を増やすための食事法、脂肪を減らすためのダイエット法、ポーズのとり方、日焼けの仕方など、ボディビルに関わるあらゆることについて解説している。これにはスポーツとしてのボディビルと、普段のトレーニング活動としてのボディビルの両方が含まれる。しかし、これまで述べてきたように、これは肉体のハードワークに限った問題ではない。もちろんそれが前提ではあるが、同時に考えることや学ぶことも含まれる。頭を使って効果的にトレーニングすること、正しいマインドを持つこと、個々の目標を達成するために必要なボディビルの知識を身につけることも等しく重要な要素だ。

　しかし、エクササイズの基本原則を学ぶ前に、実際のワークアウトで身をもって知ることになるいくつかの**特別な**体験を理解しておくことが重要だと思う。具体的には、パンプ、トレーニング強度、ケガによる痛みと筋肉痛（とその見分け方）、優れたトレーニングパートナーの助けを借りることで得られる大きなメリットなどだ。このチャプターの残りの部分で、それらについて説明しておこう。

パンプ

　トレーニングを始めて最初に経験することのひとつに、パンプがある。筋肉が通常の大きさ以上に膨らみ、血管が浮き上がり、パワーとエネルギーに満ちあふれ、体が巨大化したような感覚に陥る。それがパンプだ。パンプは通常、4～5セットをこなした後に感じられる。多くの場合、この感覚はワークアウト中ずっと続く。大量の血液がエクササイズしている部位に流れ込み、激しい筋収縮を継続するのに必要な新鮮な酸素と栄養が次々と筋肉に届けられるにつれ、パンプ感も増していく。

　パンプが起こる理由を簡単に説明しておこう。エクササイズ中の筋肉には、筋肉の作用と心血管系の圧力によって、筋肉の**中に**大量の血液が送り込まれる。しかし、送り込まれた血液を筋肉の**外へ**排出する処理が追いつかないと、余分な血液はしばらく筋肉内にとどまり、筋肉を大きく膨らませる。大会でボディビルダーがポーズをとる前にパンプアップしたがるのは、パンプした状態だと筋肉がより大きく印象的にみえるからだ。ハイレベルな大会では、わずかな差が勝敗を分ける。

　すばらしいパンプを得ることは、この世で最高の快感のひとつだ。あまりの気持ちよさにセックスに例えられることもある。そういえば、映画『パンピング・アイアン』で私自身がそう語っていた。パワーリフティング王者で運動生理学の専門家フレッド・ハットフィールド博士（ファンからは「スクワット博士」と呼ばれている）によれば、「筋肉に押し寄せる大量の血液は、いくつもの固有受容感覚のセンサーを刺激する。運動とその結果生じるパンプは、天然の鎮痛剤であるエンドルフィンやエンケファリンの分泌をはじめとする一連のホルモン反応を引き起こす」。

　これは、ランナーズハイ（これもエンドルフィンなどのホルモンの分泌によって起こる）のボディビルダー版だ。さらに、ハットフィールド博士によれば、時間の経過とともに運動と運動から得られるポジティブな感覚との間にはある種の関連付けがなされるという。そのため、運動時の感覚とよい結果との関連付けが強化されるにつれ、快楽中枢がさらに刺激されるようになる。

　身体的な要素と心理的な要素の結びつきは、トレーニング中の気分やどれくらいハードにトレーニングできるかに多大な影響を与える。パンプアップしている最中は、気分がよくなり元気が出る。やる気がみなぎり、高強度のハードなトレーニングも楽々とこなせそうな気がしてくる。時には自分がキングコングになってジムをのっしのっしと歩き回っていると感じることさえある！　もちろん、この感覚は日によって違う。疲れて気が乗らない状態でジムに入ることもあるだろう。しかし、そんな時でも数分のトレーニング後にすばらしいパンプを得ると、突然、自分の体が大きく強くなってエネルギーに満ちあふれた気分になる。目に入るウエイトを全部持ち上げられそうな感じがしてくるのだ。

　しかし、元気が出ず、何をやってもパンプしない日もある。これには身体的な理由が潜んでいるかもしれない。睡眠が十分にとれていなかったり、続けざまにトレーニングをし

すぎたり、ダイエット中でパンプに必要な栄養が不足していたりする場合がそうだ。しかし私は長年の経験から、パンプが得られないのは、ほとんどの場合、集中力の欠如によるものだと気づいた。もちろん、しっかり休養をとり、オーバートレーニングにならないように気をつけ、ワークアウトの燃料となる栄養を十分にとるに越したことはない。しかし、どんなに調子が悪く、やる気が出なくても、十分に集中力を高めてトレーニングすれば、パンプは得られるのだ。

トレーニング強度

　私は自分を結果重視タイプの人間だと思っている。何かに取り組むときに気になるのは、あくまで**結果**なのだ。私はボディビルを始めてすぐに、トレーニングで得られる結果は、どれだけそれに打ち込んだかに左右されるということに気がついた（これは何もボディビルに限ったことではない）。**トレーニング方法が効果的であることを前提にすれば、努力すればするほど、結果はついてくる。**

　しかしある時点で、ワークアウトを続けていてもまったく進歩しなくなるときが来る。できる限り高重量でトレーニングしているのだから、それ以上重くはできない。セット数もすでに可能な限り多くこなしているし、セッションの頻度もオーバートレーニング寸前まで増やしている。では、どうすればよいのか？

　よりよい結果を得るには、トレーニング強度を上げればいい。トレーニング強度とは何かというと、簡単なことだ。**強度とは、トレーニングから得た結果を示す尺度であって、トレーニングに費やした時間や労力を示す尺度ではない。**では、強度を高めるにはどんなテクニックが有効なのか？　たとえば、こんなテクニックが使える。

- エクササイズの重量を増やす。
- セットのレップ数を増やす。
- セット間の休息時間を短くする。
- 休息を入れずにエクササイズを2つ以上連続して行う（スーパーセット）。

　他にも、特別な強度でのトレーニングを可能にする数多くのテクニックがある（その多くはトレーニングパートナーの協力が欠かせない）。たとえば、フォースドレップ法、バーン法、フォースドネガティブ法、スーパーセット法、ジャイアントセット法、パーシャルレップ法、レストポーズ法などがそうだ。これらのテクニックについては、BOOK2でボディビルエクササイズのやり方を説明する際に詳しく述べる。

　強度を高める際に足かせとなる要因のひとつに心肺持久力がある。酸素の供給が追いつかなくなると筋肉はほどなく機能を停止する。そうなると筋肉を十分に刺激することはできない。しかし、徐々に休息時間を減らし、段階的にトレーニングをキツくしていけば、体も次第に適応し、ハードなトレーニングも長時間のトレーニングも両方こなせるように

なる。

　また、トレーニング強度を上げると、疲れるのが早くなる。つまり、ハードなトレーニングをすると、たとえ体調がよくても、トレーニングを長時間続けるのが難しくなる。最近のボディビルダーが1回のセッションで全身を鍛えようとはせず、トレーニングする部位を分割して、一部の筋肉だけを鍛えるのはそのためだ。1日のトレーニングを2つのセッションに分け、その間に十分な休息時間を確保するダブルスプリットトレーニングを採用すると、強度がさらに高まる。私は現役のころ、トレーニング強度を高めたいと思ったときは、1日の後半に高重量を扱うのではなく、ヘビーなトレーニングは一番元気な午前中にするのが常だった（ワークアウトのさまざまな組み立て方については、BOOK2で詳しく説明する）。

　もちろん、必要になる（あるいは実際にこなせる）強度は、各自のレベルに応じて大きく異なる。初心者のうちは、最低限のワークアウトをこなすだけでも体に十分な刺激を与えられるので、それ以上の強度は必要ない。しかし、中級レベルになると、どうすれば体に刺激を与えてさらなる成長を促せるかについて考えてみる必要がある。さらに究極の肉体を目指す競技ボディビルダーにもなると、途方もない強度を生み出す必要がある。

　レベルアップすればするほど、成長し続けることは難しくなる。そのためトレーニングをいっそうハードにせざるをえない。この現象は**収穫逓減の法則**として知られている。1971年のこと、肩のエクササイズを30セットやっていた私は、それでも足りず、もっと刺激を与えてさらなる筋肉の発達を促そうと思っていた。そのときトレーニングパートナーのプロレスラーが、「レップ数はそれ以上増やさなくてもいいから、俺のやるとおりにしてみろ」と言った。ダンベルプレスを100ポンド（45.4kg）から始め、90ポンド（40.8kg）、80ポンド（36.3kg）、40ポンド（18.1kg）と重量を徐々に減らしていき、それから休みを入れずにラテラルレイズを始めた。1分間の休息の後、また最初に戻って同じことを繰り返した。1時間で通常より多くのレップ数とセット数をこなしたので、まるで肩が拷問を受けたように感じた！　要するに、効果があったということだ。

筋肉痛 vs ケガによる痛み

　ボディビルダーなら誰でも「痛みなくして得るものなし（No pain, no gain）」という言葉を聞いたことがあるだろう。しかし、激しいトレーニングによる心地よい（と言ってもいいような）痛みと、実際のケガによる痛みとを区別できるようになる必要がある。

　激しいワークアウトをした後の筋肉痛は、ボディビルダーにはよくあることだ。この筋肉痛は筋肉、靭帯、腱の微細な損傷によるものであり、ケガというほどではないが、痛みを伴うことが多い。ある程度の筋肉痛は避けられないが、それは本当に強度の高いトレーニングをした証でもある。

　筋肉痛を引き起こすもうひとつの原因は、筋肉内における乳酸の蓄積だ。筋肉活動によって生成される乳酸は、心血管系による排出が間に合わなければ筋肉に蓄積する。筋肉

に乳酸が蓄積しすぎると、激しいレップを繰り返したときに火傷のような痛みが生じ、運動後にもある程度の筋肉痛が残る。

　筋肉痛は何も悪いことではなく、むしろよい兆候ともみなせる。それは、筋肉の発達を促すのに十分な強度のトレーニングを行ったことの証なのだ。とはいえ、トレーニングや生活に支障をきたすほど痛む場合は、しばらくの間トレーニングを控えめにすべきだ。少しの痛みはハードなトレーニングをした証だが、激しい痛みは単に体を酷使しすぎたせいで起こっているので、あまり無理をしないほうがいい。

　もちろん私自身、このアドバイスに必ずしも従ってきたわけではない。16歳のころ、トレーニングに夢中になっていた私は、どんな痛みにもめげなかった。実際、初めてジムでワークアウトしたとき、極限まで激しく体を痛めつけたので、自転車で帰宅途中に転倒してしまった。疲労のあまり感覚が麻痺してしまっていたのだ。翌日はあまりの痛みにコーヒーカップを持ち上げることも、髪をとかすこともできなかった。けれども、私はこの感覚に喜びを感じていた。この感覚は私がトレーニングから何かを得たことの証だったからだ。それ以降も、一日中チンアップをしたり、スクワットを数え切れないくらいやったりと、特定の部位を意図的に酷使して、1週間も筋肉痛に悩まされたことが何度もある！その痛みが筋肉に刺激を与えて成長させたという証だと思えば、生活上の多少の不便はまったく苦にならなかった。

　意外なことに、筋肉痛はウエイトを挙げるポジティブ動作よりも、ウエイトを下げる「ネガティブ」動作の際に起こりやすいようだ。その理由は、筋肉のエキセントリック収縮時に、つまりウエイトを下げる際に、筋肉を支える腱や靭帯に過剰な負荷がかかるからで、これがダメージを引き起こすと考えられる。

　一般に、筋肉痛があってもトレーニングはできる。実際、トレーニングを始めると、痛みのある部分に多くの血液が送り込まれるため、パンプが起こり気分がよくなってくる。サウナやマッサージなどでもすっきりすることはあるが、結局のところ、過度の負荷を受けた組織が完全に回復するには時間が必要で数日かかることもある。

　しかし痛みは時として、単なる筋肉痛とは大きく異なるケガの兆候でもあり、体がかなりひどく損傷しているという警告でもある。肉離れや捻挫など、過負荷によるケガの痛みは、「すぐにトレーニングを中止せよ」と告げているのだ。この種の痛みをこらえてトレーニングするのは禁物である。痛みを感じながらトレーニングをしても、ケガを悪化させることにしかならない。その場合の唯一の対処法は、痛みのある部位を安静にすることだ。ケガが深刻だったり、痛みが続いたりするようであれば、すぐに医師の指示を仰ぐこと（ケガとその見分け方や対処法についての詳しい情報は、BOOK5を参照）。

　結局のところ、ボディビルで成功したければ、「よい」痛みとケガによる痛みを見分けられるようになる必要がある。ケガをしたままトレーニングに励もうとすると、長期にわたって活動停止を余儀なくされたり、急性のケガが慢性化して治療に何年も費やさなければならなくなったりする。

　しかし、ボディビルでは、ある種の痛みは避けられないどころか、ほとんど不可欠と

言ってもいいくらいのものでもある。筋肉が燃え盛り、もうやめてくれと悲鳴を上げた後にやり遂げる最後の数レップこそが、筋肉が発達するかどうかの分かれ目になることが多いのだ。バーベルカールで上腕二頭筋が悶絶しているときでも、最後の10レップ目、さらには11レップ目をなんとかしてやり遂げることこそが、上腕をトップレベルにまで発達させる唯一の方法かもしれないとさえ思う。筋肉が焼けるような痛みを感じるまでトレーニングを続けるアスリートは、ボディビルダー以外にもいる。伝説のボクサー、モハメド・アリは、タイトル戦に備えて腹筋を何回やったかと聞かれたとき、「わからない」と答え、こう付け足したという。「俺は痛みを感じるまで数えないんだ」。

障害と後退

　ボディビルにおける進歩は、多くの場合、滑らかな上昇カーブを描かない。しかし、そうなったときにはこの上ない喜びが待っている。私の場合、上腕のサイズが数カ月ごとに、時計のように規則正しく1インチ（2.54cm）ずつ大きくなっていく時期があった。何があっても、毎年20ポンド（9.1kg）以上の筋肉をつけることができた時期だった。

　もちろん、トレーニングの進歩を妨げる出来事が起こることもある。たとえば、病気になることだ。多くの人にとって、インフルエンザにかかるというのは単に不便の問題にすぎないが、大会まで2カ月に迫ったボディビルダーにとっては途方もない災難である。ベッドに横たわったまま何カ月もの努力を無駄にするわけにはいかない。かといってトレーニングできるほど体調がいいわけでもない。この場合の、少なくとも部分的な解決策は、スポーツ医学に精通した医師を見つけることだ。そういう医師が見つかれば、あなたの状況を的確に把握し、病気の治療に最善を尽くしてくれるだろう（もちろん、あなた自身も体型を保つために最大限の努力をしなければならない）。もっとひどい障害を克服した例もある。USAボディビルチャンピオンのデニス・ニューマンは、白血病に打ち勝ち、最終的にIFBBのプロ部門に復帰した。重度の若年性糖尿病〔訳注：現・1型糖尿病〕を患いながらも、ハードなトレーニングとダイエットに励み、アマチュアのボディビルタイトルを獲得したボディビルダーもいる。

　障害に打ち勝つというのは、多くの場合、臨機応変な対応力の問題である。以前真冬のニューヨークに滞在していたとき、有酸素運動をしようにも、あまりの寒さに外に出てランニングすることすらできなかった。それでどうしたかというと、宿泊していたパークレーンホテルの非常階段を走って上り下りした。翌日感じた筋肉痛はこの運動がいかにすばらしかったかを教えてくれたものだ。今では、いいホテルにはたいてい何らかのトレーニング施設があるし、世界中の都市でジムを見つけるのもずいぶん簡単になったから、旅先でのワークアウトは以前ほど難しくない。もちろん設備の整ったジムでトレーニングができるのであればそれに越したことはないが、時間に余裕がないときや近くにジムがない地域では、ゴムバンドやバネ付きの運動器具を持参したほうが何もしないよりはずっといい。何度も言うが、どんな言い訳をしようと、やらなければ結果は出ないのだ。

時には予想外の環境でトレーニングしなければならないこともある。私の経験で言えば、自著のプロモーションツアーでデンバーを訪れた際、テレビクルーと一緒にジムに行ったときがそうだった。そのときは照明を当てられカメラが回っていたので、気合いを入れてベンチプレスなどのエクササイズをたくさんやったが、20分後にはへとへとになり、息が切れて立っていられないほどだった。テレビ局のプロデューサーに「はい、これで十分です」と言われたとき、私も心の中で「もう十分だ！」と叫んでいた。息切れの原因は酸素不足だった。海抜1600m以上の場所にいたため、酸素が十分に摂取できなかったのだ。高地の薄い空気に完全に適応する前に本格的なトレーニングをしようとするなら、自分のペースをしっかりと守らなければいけないとつくづく思った。

　多湿もつらい環境条件だ。夏のフロリダやハワイでエアコンをつけずにトレーニングをしてみれば、普段と同じようなハードなトレーニングはできないと気づくだろう。以前レジ・パークと一緒にトレーニングするために南アフリカに行ったことがある。オーストリアは真冬だったが、南アフリカは真夏で蒸し暑かった。現地に1〜2週間滞在し、そのまったく異なる気候条件に体が慣れるまで、私はほとんどのエクササイズで通常よりも30ポンド（13.6kg）、一部のエクササイズでは50ポンド（22.7kg）も軽くしてトレーニングした。

　寒さも同じだ。『コナン・ザ・グレート』の撮影の合間に、私はフランコ・コロンブと一緒にスペインからオーストリアに飛んだことがある。クリスマスの時期だった。私たちは毎日、凍てつくような寒さの中、暖房のないガレージでドアを開け放してトレーニングした。これほどの寒さの中でトレーニングしたことはなかった。私は、寒さが厳しいときのトレーニングには特殊な対応が必要だと学んだ。ウォーミングアップを徹底し、汗をかき始めても暖かい服を着続けていなければならないし、寒すぎて金属製のダンベルやバーベルに文字通り手が張りついてしまうこともあるので注意が必要だ。私は以前、かなり寒い環境でトレーニングしていたので、この環境にもすぐに適応できた。それでもカリフォルニアの温暖な気候に助けられることなく、いいワークアウトをするには努力が必要だった。

　深刻な後退を生むもうひとつの障害は、ケガである。ボディビルダーが大ケガに遭う可能性はそう高くはないものの、その可能性は考えておかなければならない。私が負った最悪のケガは、トレーニング中に起こったものではない。南アフリカでの大会中に、私が立っていたポージング台が突然崩れたのだ。私はバランスを崩して膝をひどく痛めてしまった。そのケガはボディビルダーとしてのキャリアもこれまでかと危ぶまれるほどだった。最初に診てもらった医師からは、トレーニングを続けるべきではないと忠告された。しかし、その医師がアスリートやスポーツ障害には詳しくないことにすぐ気づき、別の医師を探すことにした。

　かなり落ち込んだ時期だった。5年間も努力して太ももをせっかく23インチ（58.4cm）から28インチ（71.1cm））にしたのに、事故から2カ月でまた23インチに戻ってしまった！5年間の努力が水の泡になったような気がした。

幸い、ビンセント・カーターという信頼できる専門医が見つかり、治療を頼むことにした。彼は「ケガをした後の体は、ケガの前よりも強くなることを知らないのか？ 折れた骨が治ると前よりも強くなるんだ。すぐに元通りにしてあげるよ」と言ってくれた。その前向きな姿勢に、私はすぐに元気を取り戻した。手術を受けたが、ギブスが取れても太ももはまだ23インチのままだった。

次は、負傷した膝のリハビリをする必要があった。それに加えて、心理的な後退にも対処しなければならなかった。私はデイブ・バーグという理学療法士を探し出した。彼はしっかりとしたエクササイズプログラムを組んでくれた。わずか3週間で太ももは1.5インチ（3.8cm）も太くなり、すぐにスクワットを再開した。カーター医師のところに報告に戻ると、スクワットの重量を聞かれたので、135ポンド（61.2kg）と答えた。「どうして？」と彼は言った。「何か問題でもあるのか？ ケガはすっかり治ってる。以前は400ポンド（181.4kg）でスクワットしてたんだろ。そろそろ元の重さに戻したらどうだ」

ケガで手術をしたのは1971年11月だったが、1973年の3月には完治し、再び本格的なトレーニングができるようになった。ミスターオリンピア大会まで7カ月あったので、ケガのことは完全に忘れ、大会に向けてのトレーニングを始めた。心機一転して取り組んだことが功を奏し、無事オリンピアのタイトルを獲得することができた。もし私が前向きな姿勢を保てず、完治に必要な医師や理学療法士を探そうとしなかったら、また、深刻な心理的後退から立ち直れなかったとしたら、私の選手生命は本当にその時点で終わっていたかもしれない。

トレーニングパートナー

現役時代、適切なトレーニングパートナーの存在は私の成功になくてはならないものだった。フランコ・コロンブは、私がこれまでに得た最高のトレーニングパートナーのひとりだ。フランコとは数年間トレーニングをともにしたが、ひとりでトレーニングするよりもよっぽど進歩したと思う。

トレーニングパートナーに必要な資質とは何だろうか？ ひとつは、与え続けることだ。自分の成功だけでなく、相棒の成功も気にかけなければならない。相棒がまだセットをこなしている最中に、自分のセットが早く終わったからといって先に立ち去るわけにはいかない。相棒のそばにいて、「よし、昨日は8レップやったから、今日は9レップやってみよう」と励まさなければならない。よいトレーニングパートナーは、相棒と同じ時間にトレーニングをしたがる。あなたが5時にトレーニングしたいのなら、それに合わせてくれる。また、よいトレーニングパートナーは、電話をかけてきて、「今日の調子はどう？」と聞いてくれる。トレーニングの時間を合わせてくれるだけでなく、「今から一緒にポージングの練習をしよう」と提案もしてくれる。

理想的なのは、たがいに同じ目標を持っていることだ。もしあなたが大会に備えてトレーニングをしているなら、あるいはベンチプレスで400ポンド（181.4kg）の挙上を目指

しているなら、またあるいは厳しいダイエットをしていて体脂肪を大量に減らそうとしているなら、トレーニングパートナーも同じような目標を達成しようとしていれば、すべてがずっとスムーズに運ぶ。

デイブ・ドレイパーは、ボディビル界の元祖「ゴールデンボーイ」だった。ヨーロッパの人たちにとって、彼はカリフォルニア派ボディビルダーの象徴的存在だった。

パートナーに恵まれると、すばらしいトレーニングができる。フランコ・コロンブやケン・ウォーラーがパートナーのときは、いつにもまして気合いが入った。

ケイシー・ビエターは、私が組んだ中で最もパワフルなトレーニングパートナーのひとりだった。

トレーニングパートナーは、ワークアウトに多くのエネルギーをもたらしてくれる。いつも100％の状態でジムに来る人などいない。やる気が出ない日でも、トレーニングパートナーがいれば、奮い立たせてくれるはずだ。逆に自分がエネルギーに満ちあふれているときは、同じことをパートナーにしてあげよう。雨が降ろうと寝不足だろうと、気乗りしようがしまいが、ジムであなたが来るのを待っているパートナーのことを思えば、それだけで大きな励みになるだろう。

　フランコと私は、常に相手より少しでも高重量を挙上し、少しでも多くのレップ数やセット数をこなそうと競い合ったものだ。もちろん相棒を打ち負かすために競い合っていたわけではない。どんなに厳しいトレーニングにも耐えられるような雰囲気を作るために競争を利用したのだ。

1975年ミスターオリンピア大会（南アフリカ）に向けて、エド・コーニーと一緒にトレーニングしたことで、最高の肉体に仕上がった。

フランコ・コロンブ、ユサップ・ウィルコシュ、私の3人はみな、元ウエイトリフターだった。そのため、パワートレーニングをしてこなかったボディビルダーにはない筋密度を得ることができた。

BOOK ONE

ボディビル概論

人生で最も感動した経験のひとつは、ボディビル界の英雄レジ・パークと一緒にトレーニングし、競い合ったことだ。

私はトレーニングパートナーの個性に合わせて、それぞれ異なる結果を求めてきた。フランコは1日1回しかトレーニングしないので、午前中に一緒にパワートレーニングをすることが多かった。デイブ・ドレイパーとは、ちょうど広背筋をもっと鍛えたいと思っていたころだったので、広背筋のトレーニングをした。大のトレーニング好きのデイブとは、何時間でも延々とセットをこなしていた。フランク・ゼーンは、特定の筋群を鍛えるアイソレーショントレーニングに最適なパートナーだった。個々のトレーニングパートナーにはそれぞれ異なる長所があるので、幅広い効果を得るには、複数のパートナーとトレーニングするのがいいだろう。

　トレーニングパートナーの選択は、結婚相手を選ぶようなものだ。結婚するなら、その後の人生にプラスになるような、人生をよりよくしてくれる人と結婚したいと思うだろう。「やれやれ、なんて結婚生活だ。こんなはずじゃなかったのに」などと後で愚痴を言いたくなるような人と結婚したいとは思わないはずだ。これは何も競技ボディビルダーだけの問題ではない。初心者は、もっと上級の人と一緒にトレーニングしたいと思うかもしれないが、その上級ボディビルダーは、基本的でパワフルな体を作るレベルを超えて、肉体を洗練させることに取り組んでいるかもしれない。初心者がそのようなトレーニングをしても、あまり効果はないだろう。健康維持のためにトレーニングしようと思っているビジネスマンが、プロのボディビルダーをパートナーにすると、トレーニングがハードすぎると感じるかもしれない。単純な話だ。トレーニングパートナーには、あなたがより早く、より進歩するのを手助けしてくれる人を選ぶべきだ。少しでも進歩の妨げになるようなパートナーは、よくないパートナーである。

トレーニングのスケジュール調整

　やる気さえ十分にあれば、どんな事情があっても必ずトレーニングをする時間を見つけることができる。

　ワークアウトの時間がどうしてもとれなくて、という言い訳をよく聞かされる。若いボディビルダーの中には、学校に通っていたり、仕事を持っていたりして、ワークアウトのスケジュールを組むのが難しい人もいる。「毎日、トレーニングと食事と睡眠しかすることがないプロのボディビルダーがうらやましい」と彼らは言う。そんな話を聞くたび、私はセルジオ・オリバが肉屋で徹夜で働いた後、ジムに行って過酷なトレーニングをこなしていたことを思い出す。また、渡米したてのフランコと私は、日中はレンガ積みの仕事をしながら、トレーニングスケジュールをなんとかこなそうと努力していた。

　オーストリア陸軍に入隊していたときは多忙を極めていたが、目覚ましい進歩を遂げた時期でもあった。チェコスロバキア（当時）国境沿いで行われた6週間にわたる演習の際は、1日15時間戦車を運転した。燃料の入った巨大なドラム缶と格闘し、手動ポンプで燃料を給油し、車輪の交換などの整備をしなければならなかった。夜は戦車の下に穴を掘って眠った。起床は毎朝6時だった。しかし、私には別の考えがあった。私と相棒は5時に

ビル・パールは私にベジタリアンになれとは一度も言わなかったが、ベジタリアンでもボディビルチャンピオンになれるということはよくわかった。

起き、戦車の工具箱にしまっておいたバーベルを取り出して、みんなが起きる前に1時間トレーニングをした。その日の演習が終わった後にも、さらに1時間トレーニングした。これほどトレーニングに不向きな状況もなかっただろう。だから、トレーニングする時間とエネルギーを見つけるのは、単にやる気と創意工夫の問題にすぎないのだ。ボディビルダーは、各自の状況に合わせてトレーニング時間をひねり出すしかない。

　スケジュール調整には今でも苦労している。たとえば、『バットマン＆ロビン Mr.フリーズの逆襲』の撮影時は、メイクが朝5時から始まり、3時間もかかってしまうので、撮影前にトレーニングする余裕はなかった。それでも、撮影中に急な設定変更があったときは、いつも「どれくらい時間がかかる？」と聞くようにしていた。「1時間半」と言われると、「Mr.フリーズ」の特殊スーツを脱いでエクササイズトレーラーに駆け込み、汗をかきすぎてメイクが台無しにならないように気をつけながら、パンプが起こる程度に軽くエクササイズをしたものだ。別の映画の撮影では、昼食の時間が1時間あった。食事に1時間もかからないと考えた私は、30分トレーニングをして、15分で食事をし、最後の15分で次のシーンに備えてメイクを直すことにした。

　映画で共演する俳優たちはみんな、私が早朝や日中にワークアウトをしていることを知っているし、すぐに「一緒にエクササイズしないか」と誘ってくることもわかっている。彼らはトークショーで撮影の苦労話について聞かれると、いつもこんなことを言う。「撮影自体は特に苦労しなかった。大変だったのは、毎日アーノルドのワークアウトにつき合わされたことだ！」

だから私は、競技ボディビルダーの道を歩むつもりがない人にとっても、ワークアウトのスケジュール調整が問題になりうることを十分に理解している。仕事や家庭、子育てなどで忙しい人は、つい「ワークアウトに割ける時間は1日に1時間もない」と考えてしまう。しかし、当然ながら、時間をなんとかひねり出してワークアウトをしない限り、結果は出ない。本当に時間がないのか？　たとえば、1日のうちで最も無駄にしている時間は午後10時から午前0時までの間だという記事を読んだことがある。すばらしい体を作り上げることよりも、お気に入りのテレビ番組のほうが大事なのか？　どうして1時間早く寝て1時間早く起きないのか？　私は朝5時にトレーニングすることも多かった。慣れるのに少し時間がかかるものの、朝のその時間帯にしたワークアウトは、これまでで最も充実していたトレーニングのひとつである。

　1980年代に妻のマリアとローマ教皇に謁見したとき、教皇は毎朝5時にワークアウトをしていると仰った。ロナルド・レーガンもジョージ・H・W・ブッシュも、大統領在任中は1日1時間のワークアウトをこなしていた。ビジネス界や映画界で大成功を収めた人たちに話を聞くと、そのほとんどがエクササイズを毎日欠かさず行うよう心がけていると言う。世界で最も多忙な男たちがそう言っているのだ！　いったいどうやってワークアウトの時間を捻出しているのか不思議でならないが、彼らは時間のやりくりが上手で、生活にトレーニングを取り入れる重要性を認識している。

　スケジュールどおりにワークアウトをこなすのが難しい理由のひとつに、周囲の人たちの無理解がある。あなたには、彼らが善意からなのか、あるいは無意識のうちになのか、あらゆる手を尽くしてあなたの目標達成を妨げようとしているようにみえる。家族や友人、配偶者は、あなたのトレーニングに対する熱意にどれほど協力的だろうか？　人生に深く関わる人たちからの否定的な態度は、実に厄介だ。身近な人があなたの選んだ目標を受け入れてくれない場合、信念を貫いて自分の日課を守るには人一倍の努力が必要になる。「ビールを飲みに行こう」とか「ピザを食べに行こう」などと誘われることもあるだろう。そんなとき、「ダイエット中だし、早起きもしなければいけないから」などというような断りの返事は、好意的に受けとめてもらえない可能性が高い。場合によっては、利己的だの自分勝手だのと批判されることもあるかもしれない。自分勝手なのはむしろ、トレーニングがその人にとってどれほど重要で、そのためにどれほど多くの犠牲を払っているかを理解しない批判者のほうだと思うのだが、彼らはそのことに気づきもしない。ガールフレンドから「どうして朝5時に起きてジムに行かなきゃいけないの？」と文句を言われた経験があるのは、私だけではないだろう。

　食事面でも問題が起こる可能性がある。友人との食事は楽しいコミュニケーションの一形態だが、たいていは見送るはめになるだろう。ダイエット中であることを知っているはずの人が、ダイエット食以外のものを食べさせようとし続けるなら、その人はダイエットの意味を理解していないか、はっきり言って、あなたのことなど真剣に考えていないのだ。

　別に本業を持つボディビルダーの多くは、職場に弁当を持参したり、ホットプレートを置いておいたりして、ダイエットに適した昼食をとれるようにしている。ボディビルに理

解のある上司がいると助かるが、そうでなければ、臨機応変に対応するしかない。

女性向けのトレーニング

　女性向けのボディビルトレーニングは、男性向けのトレーニングとどの程度違うのだろうか。私はそれほど違わないと思っている。だから、本書では女性向けのトレーニングに特別なページを割かなかった。

　この考え方を理解できない人もいる。女性は体が小さいし、ホルモンが違うし、力もそれほど強くない。確かにそうだが、筋肉は筋肉であり、ベンチプレスはベンチプレスであることに変わりはない。女性は男性よりも上半身の筋肉が少ないので、一般的に下半身よりも上半身を発達させるのに時間がかかる。ほとんどの女性は男性と同じ重量を扱えない（とはいえ、世界にはベンチプレスで300ポンド（136.1kg）以上を挙げる女性もたくさんいる！）。しかし、女性と男性のトレーニングの大きな違いは、その目標にある。女性の多くは、大きな筋肉をつけるよりも、体を引き締めシェイプアップすることに関心がある。そのため、大枠では男性と同じエクササイズ種目を行うにしても（さらに、ヒップ、太もも、上腕三頭筋など、気になる部位にターゲットを絞ったエクササイズを追加）、女性のプログラムはおそらく男性とはかなり異なるものになるはずだ。多くの場合、女性のワークアウトは、筋群ごとのセット数は少なく、1セットあたりのレップ数は多くなるだろう。このプログラムは、筋肉の大幅な増大は見込めないが、筋持久力が向上する。しかし、エクササイズの**やり方**自体はまったく変わらない。私たちはみな、それぞれのニーズ、強みと弱点に合わせたプログラムを組む必要がある。男性であろうが女性であろうが、肉体を最大限に**美しく**発達させるという目標自体に変わりはない。

　女性も男性と同じく、トレーニングパートナーから恩恵を受けられるし、筋肉痛や心理的後退に対処する必要がある。また、オーバートレーニングを避けるべきなのも、すばらしいパンプを得られるのも、ケガに対処しなければならないのも、同じである。実際、私は女性のトレーニングパートナーとも何度もワークアウトをしたが、いい刺激になり、やる気も高まった。だから、本格的なトレーニングに興味のある女性に対しては、シンプルにこうアドバイスしたい。筋肉はあなたが女性であることを知らないし、男性と同じようにプログレッシブレジスタンストレーニングに反応する。レイチェル・マクリッシュ、コリー・エバーソン、アニヤ・ランガー、レンダ・マーレーのような肉体に憧れるなら、彼女たちがその肉体を発達させるために長い時間をかけて懸命にウエイトトレーニングに取り組んだという事実を忘れてはならない。彼女たちは男性と肩を並べてジムで汗を流したのだ。ボディビルは男性だけのスポーツではない。テニスやバスケットボール、バレーボールだって男女ともどもプレーしているではないか。そして、トレーニングに関して重要なのは、次のレップ、次のセット、次のワークアウトというように、ひとつずつ着実にこなしていくということだけだ。トレーニングに対する正しいアプローチこそが、最高の結果を生む。

CHAPTER 4
ジム

　ボディビルダーにとって、ジムは仕事場のようなものだ。そこで3〜4時間も仕事をするわけだから、必要な器具が揃っていて、トレーニングに活力を与えてくれるような仲間がいて、目標達成へのモチベーションを高めてくれるような雰囲気が全体に漂っているジムが望ましい。

ジムの爆発的増加

　私が本格的にボディビルのトレーニングを始めたころは、適切なトレーニング施設を見つけるのが難しかった。満足のいくジムはほとんどなかったのだ。たとえば、私が若いころにオーストリアでトレーニングをしていたとき、寝そべるタイプの一般的なインクラインベンチはなかった。その代わりに、**スタンディング**式のインクラインベンチがあったが、これはかなり毛色の異なる代物だった。インクラインベンチプレスをするには、ラックからそのままバーを持ち上げるのではなく、床からバーを持って肩の高さまで挙上し、ベンチに背中を預けてからセットを始める必要があった。はっきり言って、これはまったく手間のかかるやり方だ。

　その後、ミュンヘンに引っ越した私は、ありがたいことに友人のアルベルト・ブセクのジムでトレーニングができるようになった。このジムは当時としてはかなり先進的で、ミスターユニバースやミスターオリンピアになるために必要なトレーニング設備がすべて揃っていた。カリフォルニアではジョー・ゴールドのジムでトレーニングしたが、このジムにはよそのジムにはない、ジョー自身が設計・製作した器具が数多くあった。

　今日、設備の整ったジムを見つけるのは比較的簡単だ。たとえばワールドジム（World Gym）は、アメリカ国内だけでなく世界中に店舗を展開しているし、ゴールドジム（Gold's Gym）やパワーハウス（Powerhouse）にも多くのフランチャイズ店がある。

　他にも、バリーズ（Bally's）やファミリーフィットネスセンター（Family Fitness Centers）など、多くのすばらしいフィットネスクラブが、大都市から小さな町までチェーン展開している。もちろん、ほとんどのヘルスクラブやフィットネスクラブは、本格的なボディビルダー向けではないが、多くの場合、少なくとも何らかのフリーウエイト設備、マシンやケーブルなどのトレーニング器具が備えられている。また、学校や大学、軍事基地、YMCA、ホテル、企業のオフィスビル、高級マンションなどにもトレーニング施設がある。

　一般にジムの会費は、日、週、月、年単位で支払う。チェーン展開しているジムに入会すると、そのチェーンに加盟している他のジムでも、追加料金なしか、少額の料金でト

レーニングできる特典がつく。

ジム選びのポイント

　ジムを選ぶ際にまず考慮すべきは、そのジムがどのような器具や設備を提供しているかを確認することだ。

1. ジムは大きすぎても小さすぎてもいけない。小さすぎると、いつも器具の順番を待たなければならず、トレーニングのリズムが保てない。かといって、大きすぎると、自分がちっぽけに感じられ、集中力を維持するのが難しくなる。
2. 最高の進歩を望むなら、トレーニングするジムにはフリーウエイトとベンチが完備されている必要がある。高強度のトレーニングに十分な重量のダンベルセットがあること。体の主要部位をすべて鍛えられるようなエクササイズマシンやケーブルシステムもあるべきだ。
3. トレッドミル、エアロバイク、ステッパー、エアロビクス教室など、有酸素運動に必要な各種設備が用意されていること。
4. ジムやヘルスクラブによっては、サウナやスチームルーム、マッサージ、スイミングプール、屋内ランニングコースなどの設備を備えているところもある。こうした設備が気になる人は、会員になる前に何が利用できるか確認しておこう。

環境と雰囲気

　ジムが提供する器具や設備の「ハードウェア面」に加え、そのジムがトレーニングに活力を与え、やる気を起こさせるような環境を提供しているかどうか、その場の雰囲気が心地よく感じられるかどうかという点も考慮する必要がある。

　ほとんどのボディビルダーは、あまりに「高級感」が漂うジムでのトレーニングには興味を示さない。トレーニングは結局のところ、タフで汗をかくものであって、午後のお茶会のように優美なものではない。1968年に2度目のNABBAユニバースで優勝した後、私はロンドンのフィットネスクラブでしばらくトレーニングを積んだ。とてもエレガントで上品な場所だったが、そこではどんなに頑張ってもパンプが得られないことに気がついた。床にはすてきなカーペットが敷かれ、まるでリビングルームにいるようだった。器具にはクロームメッキが施され、すべてが病院並みに清潔だった。私はまわりで交わされる株式市場や誰かが買おうとしている車の種類などの会話を遮断して、トレーニングに集中しようと努力しなければならなかった。そのような雰囲気のフィットネスクラブは、単に体をシェイプアップしたり、ウエストを数cm細くしたりしたいだけの人には完璧な場所なのだろう（実際、トレーニングしていたのはそうしたタイプの人ばかりだった）。しかし、本格的なボディビルを志す人にはふさわしくない。

もちろん、筋金入りの競技ボディビルダーにとっても、腐敗臭のする地下牢のような場所でのトレーニングは楽しいものではない。しかし、そんな「ゴミ溜め」のような場所で、私は何度もすばらしいワークアウトを経験してきたのだ！　繰り返すが、大事なのはジムの美観ではなく、その雰囲気なのだ。また、音楽の問題もある。私はロックを大音量で聴きながらトレーニングするのが好きだが、別のジャンルの音楽を好む人もいるし、まったく聴かない人もいる。ジムを選ぶ際には、どんな音楽が流れているかも確認しておこう。

　個人的には、**階段を下りて**行かないとたどり着けないような、地下にあるジムで快適に過ごせたためしがない。私は道路に面したジムや上層階にあるジムが好きだった。雰囲気は重要だ。そこで3～4時間も過ごすことになるのだから、ふと周囲を見渡して「こんなところで何をしているんだろう」と自問したくなるような事態は避けたい。私は「ここには仕事をしに来ているんだ」と感じさせるような、飾り気のない無骨な感じのジムが好みだった。

　適切な環境に身を置くことは、ジム選びに限らず人生全般において重要な意味を持つ。たとえば、レストランやバー。提供される料理やお酒の質はどこもそんなに変わらないのに、特定の店に客が集まるのはどうしてか？　そのカギは雰囲気である。その場の全体的な環境があなたをどのような気分にさせるかが問題なのだ。ロサンゼルスにはゲティセンターというすばらしい美術館があるが、この美術館が醸し出す特別な雰囲気は、そこに展示されている美術品をより見応えのあるものにしている。自宅の家具やインテリアも、ある種の環境を作り出す効果がある。レストランや服屋、スポーツジム、そして自宅には、言葉ではうまく説明できないが、それぞれ異なる独特の雰囲気があり、その雰囲気こそがその場で過ごす経験に大きな違いをもたらすのだ。

　私はよくアーノルドセミナー（毎年コロンバスで開催される、アーノルドクラシックを軸とした週末イベントの一環）で、周囲の環境が子どもの成長に与える影響と、ジムの環境がボディビルダーの成長に与える影響とを比較する。やる気にあふれ、よい結果を出している人たちに囲まれて育てば、自分のやる気も増し、成功につながる可能性が高くなる。逆に、希望もやる気もあまりない人たちばかりの劣悪な環境で育つと、そのハンデを覆すだけでもその後の人生の多大な時間を要することになる。

ジムでは誰が
トレーニングしているか？

　1968年に渡米しカリフォルニアに移り住んだ私は、ベニスにあるジョー・ゴールドのジムでトレーニングを始めた。当時すでにNABBAミスターユニバースを2度獲得していたが、フランク・ゼーンやデイブ・ドレイパーをはじめ、数多くのミスターアメリカやミスターユニバースが居並び、セルジオ・オリバらのビッグネームもときどき顔を出すという恵まれた環境の中で毎日トレーニングをしていたので、否が応でもレベルアップするほかなかった。

ジムで一緒にトレーニングする人がどんな人かによって、大きな違いが出る。激しいトレーニングに真剣に取り組む人たちに囲まれていれば、自分も自然とそうするようになる。反対に、まわりにいるのがただ形式的にエクササイズをこなしている人ばかりの環境では、筋肉を極限まで鍛え上げるのはかなり難しいかもしれない。だからこそ、優れたボディビルダーは特定のジムに集まりがちなのだ。他のボディビルダーの真剣なトレーニングぶりをいつも間近で見ていれば、いっそうハードなトレーニングがこなせるようになる。

　カリフォルニア州ベニスにあるジョー・ゴールドの最初のジムがすばらしい場所だったのはそのためだ。必要最小限の設備しかない小さなジムだったが、そこで私は、フランコ・コロンブ、エド・コーニー、デイブ・ドレイパー、ロビー・ロビンソン、フランク・ゼーン、セルジオ・オリバ、ケン・ウォーラーといった、トップビルダーたちと絶えず肩を並べ、たがいに切磋琢磨する機会に恵まれた。今では、これだけの数のチャンピオンを同じ場所で見かけることはほとんどないだろう。しかし、たとえ通っているジムにフレックス・ウィラー、ショーン・レイ、ナッサー・エル・サンバティ、ドリアン・イェーツといった偉大なボディビルダーがいなくても、壁に彼らの写真やポスターが貼ってあったり、チャンピオントロフィーが飾ってあったりすると、とてもやる気が出るものだ。

　1980年、最後となるミスターオリンピアに出場するためにワールドジムでトレーニングをしていた私は、ある朝7時にジムに顔を出し、ちょっとサンデッキに出てみた。すると突然、雲の切れ間から太陽が顔を出した。あまりの美しさにトレーニングする意欲が失せてしまい、そのまま練習をさぼってビーチに行こうかと思った。そのための口実をいくつも思いついた。最もよくできた言い訳は、前日にパワフルなドイツ人ボディビルダー、ユサップ・ウィルコシュとかなりハードなトレーニングをしたから、今日はのんびりしてもいいだろうというものだった。しかし、ジムの中からはウエイトを打ち鳴らす音が聞こえた。室内を見ると、ウィルコシュが腹筋を鍛えていた。ケン・ウォーラーが上半身全体に血管を浮き上がらせ、肩を鍛えていた。フランコ・コロンブがベンチプレスで400ポンド（181.4kg）超を挙上し、サミア・バヌーが高重量のカールで上腕二頭筋をいじめ抜いていた。

　どこを見ても、誰もが汗だくになりながらハードなトレーニングをやっていて、彼らに遅れをとらないためには、トレーニングをさぼっている場合ではないと思った。トレーニングに打ち込む彼らに引き寄せられるように、私はジム内へと戻った。そのときにはもう、重い鉄に筋肉をぶつける快感に思いを馳せ、これから始まるワークアウトが楽しみでならなかった。セッションが終わるころには、思いも寄らない最高のパンプを手に入れ、無駄にしかけていた朝が人生最高のワークアウトに変わった。もしあのときワールドジムにいなかったら、他のボディビルダーたちから刺激とやる気をもらうこともなかっただろうし、あの日があんなに充実したものにはならなかっただろう。

　現役を引退した今でも、映画の役作りや体型維持など、さまざまな理由でトレーニングしているが、そのときもまわりでトレーニングしている人たちからエネルギーを吸収している。だから私は、何人ものボディビルダーが大会を目指してトレーニングに励んでいる

ジムに通うのが好きだ。もはや大会に出ることはなくても、ジム通いは私を奮い立たせてくれる。

ロサンゼルスでトレーニングする必要はない

若いボディビルダーたちから、チャンピオンになるにはカリフォルニアに来る必要があるのか、それともピッツバーグやシアトルといった地方都市でトレーニングしてもすばらしい肉体を作り上げることができるのか、とよく質問される。答えは簡単だ。やる気があり、適切なトレーニング施設を利用できれば場所は問題ではない。本書で説明されているトレーニングの基本を学び、一生懸命トレーニングすれば、世界中のどこにいても、遺伝的な潜在能力の限界まで体を鍛え上げることができる。

私がボディビルを始めたころは、多少事情が違っていた。当時はまだボディビルダーの数が少なく、ワークアウトに最適な場所やボディビル専門メディアもあまりなかったから、多くのトップビルダーがカリフォルニア州ベニスに集中するのも無理からぬことだった。1940年代後半に評判になったマッスルビーチはベニスのすぐ隣のサンタモニカにあったし、「ボディビルの聖地」としての伝統もあった。当時のトップスターたちは、ボディビルと太陽と楽しみをベースにしたまったく新しいライフスタイルを築き上げた。1960年代初頭、私はジョー・ウイダーの雑誌で、ビーチで撮られた「ゴールデンボーイ」ことデイブ・ドレイパーの写真を見て（美しいジョーの妻、ベティと一緒の写真が多かった）、いつかロサンゼルスに移り住んで、トレーニングをしようと決心した。

ベニス地区には今でも多くのトップボディビルダーが住んでいるが、そのほとんどは、よそで肉体を発達させてから、キャリアアップを図るためにカリフォルニアにやってきた面々だ。その目的は、もちろん温暖な気候で暮らすためでもあるが、ボディビル専門メディアや大手メディアに顔を売るためでもある。

ワールドジムやゴールドジムには、多くの若者がトレーニングしに訪れる。そこでしばらくミスターユニバースやアーノルドクラシックのチャンピオンたちと肩を並べて汗を流し、大いに刺激を受けて帰っていく。実にすばらしいことだと思う。しかし、将来有望な若者がキャリアの初期段階でロサンゼルスに引っ越してくることはおすすめしない。トッププロの隣でトレーニングするのは胸躍る経験だが、プロボディビルダーの肉体は若者の何年も先のレベルに成長しているだろうから、自分の肉体との違いにすっかり気落ちしてしまいかねない。だから一般論としては、若いうちはまず地元で地道にトレーニングに励み、地元や地方の大会に出場しながら、徐々に実力をつけていくのが賢明だと思う。そして時折カリフォルニアを訪れてその雰囲気に触れ、モチベーションを高めて帰るのがいいだろう。

大会に出ない人のためのジム

　私がボディビルのトレーニングを始めたころと今とでは、ひとつ大きな違いがある。それは、競技ボディビルダーと変わらぬトレーニングをしている（つまり、筋金入りの筋肥大プログラムに従っている）にもかかわらず、大会に出るつもりのない人が増えたことだ。このタイプには、医者や弁護士、会計士、教師、ビジネスマン、軍人、俳優（私が映画で共演した人にも数多くいた）など、実にさまざまな職業の人がいる。問題は、ミスターオリンピアやミスオリンピアになる野心を持っていない人たちに、チャンピオンを目指す選手たちと同等の本格的トレーニング施設が必要なのかということだ。

　もちろん、絶対に必要というわけではないが、あればそれに越したことはない。ゴルフで言えば、スイングさえしっかりしていれば、どんなクラブでもコースに出てそこそこの結果を残せるが、最先端のいい道具を使えば、身につけた技術のレベルに関係なく、もっとよい結果を出せるということだ。

　ボディビルにおけるトレーニングのポイントは、体の各部位をバランスのとれた形で発達させることにある。そのためには、競技者であろうと非競技者であろうと、トレーニングの目標が何であれ、ある程度の器具が必要になる。確かに、150ポンド（68.0kg）以上のダンベルが並んだジムは必要ないかもしれない。しかし、基本的なエクササイズをするのに不可欠だけのフリーウエイトとベンチがなくてはどうしようもない。ジムによっては、特定のエクササイズ専用のマシンの選択肢がそれほど多くないかもしれない。しかし、最低限のマシンは必要であり、そうでなければやろうとしていることができない。だから、利用しているジムがその基準に達していない場合は、迷わず基準を満たすジムを探すこと。

　何度も言うが、筋肉は筋肉であり、**あなたの**筋肉は、他の人と同じようにトレーニングに反応する。そして他の人と同レベルのワークアウトをするには同じようなエクササイズ設備が必要になる。だから、本気で目標を達成したいと考えているのであれば、適切な器具が備わっているジム、自分に合った雰囲気のジム、やる気を最大限に高めてくれる刺激的なトレーニング仲間がいるジムを見つけよう。

自宅でのトレーニング

　私の自宅には基本的なトレーニング設備がある。ジョー・ウイダーはガレージに設備の整ったジムを持っている。ルー・フェリグノもそうだ。数年前、雑誌『プレイボーイ』の創刊者ヒュー・ヘフナーは、「プレイボーイマンション」と呼ばれる豪邸の地下に立派なジムを作った。ジムでのトレーニングには及ばないが、自宅でのトレーニングもそれなりに役に立つ。たとえば、腹筋台があれば、腹筋をさらに鍛えることができる。シンプルなベンチと基本的なウエイトセットがあれば、気が向いたときに軽くトレーニングできる。

ジムに行けなかったときや、ジムでの時間が足りなくてワークアウトをこなしきれなかったときに、自宅でトレーニングできれば実に便利だ。もちろん、トレッドミルやステッパー、エアロバイクを使った有酸素運動も自宅でできる。

　資金に余裕のある人には、高品質の家庭用トレーニング器具が数多くある。スポーツ用品店に行けば、ベンチとウエイトのセットが数百ドルから売っているし、シアーズ（Sears）、モンゴメリーウォード（Montgomery Ward）、JCペニー（JC Penney）などの百貨店でもウエイトトレーニング器具を扱っている。また最近では、ダンベルやバーベルといったものから数千ドルもする複雑なマルチステーションマシンまで、あらゆるものを販売する専門店がほとんどの都市にできている。こうした専門店はたいてい職業別電話帳（イエローページ）に広告を出している。店内には、パラボディ（Para-Body）、パシフィックフィットネス（Pacific Fitness）、ベクトラ（Vectra）、ホイスト（Hoist）、イヴァンコ（Ivanko）といったブランドの器具が並んでいる。またウエイトトレーニング器具は、さまざまなトレーニング雑誌を通じて通信販売もされている。

　しかし、自宅でのトレーニングとジムでのトレーニングとでは、車の修理を自宅の裏庭でするのと設備の整った自動車修理工場でするくらいに違う。確かに、簡単な車の修理なら裏庭の樹の下でもできるが、複雑で面倒な修理は、不可能ではないにせよ、かなり難しい。同じ理由で、ホームジムでは、設備の整った施設と同じトレーニング環境を用意できない。もちろん、ホームジムがワールドジム並みに設備の整っている場合は別だが、それはあまり一般的ではない。

　自宅にトレーニング器具がある人のほとんどは、ジムでのトレーニングを完全に再現しようとするのではなく、ジムでのトレーニングを補うために**一部の**トレーニングを自宅で行っている。自宅でのトレーニングプランを練る場合、考えなければならないのは、自宅でどの部位をトレーニングするかだ。主要な筋肉か、それとも腹筋だけか？　フリーウエイトがやりたいのか、それともマシンに興味があるのか？　特定のエクササイズ専用のマシンがいいのか、1台でいろいろなエクササイズができるマシンがいいのか？　家にどのくらいの空きスペースがあるのか？　もし有酸素運動をするつもりなら、どのような器具（トレッドミル、エアロバイク、ステッパー）にするのか？　そしてもちろん予算はいくらなのか？　ちなみに、ジムの器具はたいてい1台数千ドルする。「工業用強度」を持つ頑丈な器具は必要ないかもしれないが、安価な器具の中には、いいジムにあるような最先端の器具と比べると、あまりよい「感触」を得られないものもある。購入する前に必ず器具を試してみて、しっくりくるかどうかを確かめておこう。

　また、安価なトレッドミルなどは、思った以上に故障しやすい。トレッドミルならトロッター（Trotter）、エアロバイクならライフサイクル（Lifecycle）といった一流ブランドの製品を買えば、品質に問題はないだろう。マイナーなブランドの製品をバーゲン価格で購入する場合は、問題が発生した場合にどこに修理を依頼すればいいかをしっかり確認しておこう。もちろん、安くても十分機能する器具もある。私は自宅でシンプルな腹筋トレーニング器具を使っており、それを自家用機にも持ち込んで、夕食前に200レップこな

している。
　自宅でのトレーニングで大きな進歩を遂げたと豪語できるボディビルダーはほとんどいない。そしてモチベーションの面でも、誰よりも優れているはずのトップボディビルダーたちが、ホームトレーニングからそれほど恩恵を受けていないという事実は、その道を歩もうと考えている人を尻込みさせるだろう。もちろん例外もある。たとえば、フランク・ゼーンは現役時代に自宅トレーニングで一定の成果を上げた。フランコ・コロンブと私は、体の特定部位を鍛えるために彼のホームジムを利用していた。とはいえ私は、活気と刺激にあふれ、ボディビルダー仲間と交流できるジムでトレーニングするほうが好きだった。いずれにせよ、自宅でのトレーニングで一定の進歩を遂げた人でも、ジムに通い慣れて、ジムの設備をフルに活用できるようになったほうがいいと思う。私の知る限り、すばらしいジム以外の場所で肉体を作り上げたチャンピオンボディビルダーはいない。もし真剣にチャンピオンを目指しているのなら、定期的にトレーニングするジムを見つけることをおすすめする。

CHAPTER 5
スタート

　大のボディビル好きにとって、ジムでのトレーニングは一日のハイライトだ。いつも次のワークアウトのことを考え、どんなエクササイズをしようかと思考をめぐらせている。その日のセッションを終えると、すぐに次回のトレーニングが待ち遠しくなる。私は、これからボディビルを始めようと思っている人は、トレーニングプログラムやテクニックについてあらかじめ学べることはすべて学んでおいたほうがいいと思っているが、ある時点からは、ジムに行って実際にやってみるしかない。有名な広告のキャッチコピーをまねて言えば、「行動あるのみ（Just do it）」だ。

　ボディビルをこれから始めようとしている人は、「千里の道も一歩から」ということわざを思い出してほしい。知識は多ければ多いに越したことはないが、トレーニングを始める前に、本書に載っている情報をすべて習得する必要はない。始めるときに最も重要なのは、やる気と熱意だ。医学生は入学初日から開胸手術を行うことを期待されていないし、初心者パイロットは経験豊富な「トップガン」のようにF-14トムキャットに乗って戦闘任務に就くことを求められていない。エベレストに登頂する人は、頂上ではなく麓からスタートする。人生は学び続けるプロセスであり、ボディビルも例外ではない。

　若者なら、ボディビルの実践への一歩を難なく踏み出せるだろう。私もそうだったが、日が昇る前からジムが開くのを入り口の前で待っているほど彼らはやる気満々なのだ。しかし、やる気満々だからといって、計画もなしにトレーニングを始めるわけにはいかない。始めるにあたって真っ先にすべきことは、明確な目標を設定することだ。どうしてウエイトトレーニングを始めようとしているのか？　私がジムに通い始めたころ、ジムで汗を流しているのは、ボディビル、パワーリフティング、オリンピックウエイトリフティングのいずれかの選手を目指している人しかいなかった。これらは今でも筋トレをする重要な理由ではあるが、現在では他にも以下のようなさまざまな目的でトレーニングを始める人が増えている。

- 取り組んでいるスポーツの能力を向上させるため。
- 過酷な肉体労働に適応するため。
- 健康とフィットネスを全体的に向上させるため。
- 体重を増やす、あるいは減らすため。
- がっしりとした魅力的な体を作るため。
- ケガなどのリハビリプログラムの一環として。

　このように、トレーニングの目標を明確化しておけば、どこで、どれくらいの頻度で、

どれくらいハードなトレーニングを行うべきか、どのような人をトレーニングパートナーにすべきか、どんなスターを手本にするかなどを決める際の助けになる。もちろん、目標は後からいつでも変更できる。チャンピオンボディビルダーには、特に有名ボディビルダーになるつもりもなくウエイトトレーニングを始めた人が多い。彼らが筋トレを始めたのは、たとえばアメフトをやっていて、そのスポーツに必要な筋肉量と筋力をつけるためであったり、社会人になってスポーツをしなくなり、健康を維持するための方法が欲しかったりしたからだ。

トレーニングを始める前に、まずは自分の肉体を四方から写した写真を撮っておくことをおすすめしたい。それから、首、胸、上腕二頭筋、前腕、手首、ウエスト、太もも、ふくらはぎなど、重要な部位のサイズすべてと、それから体重も記録しておこう。そうしておけば、いつでも自分がどんなふうに進歩したのかを確認できる。ついでながら、自分の体が気に入らなくて、体の写真を撮っておくのが恥ずかしいと思っている人も多いだろう。そのことを考えてみるだけでも、ボディビルがどれだけ役に立つかがわかる。誰だって、ビーチではかっこいい肉体を披露したいし、自宅の鏡に裸体を映してにんまりしたいものだ。もちろん、他人が自分の肉体を見て喜んでくれれば言うことはない！ 服を着ているときだけでなく、服を脱いでもかっこいいほうがいいではないか。服を脱いだときに、私の友人「ハンスとフランツ」〔訳注：アメリカのコメディテレビ番組『Saturday Night Live』のコーナーのひとつに登場する人物で、シュワルツェネッガーも出演していた〕が「脂肪雪崩」と言いそうな事態を引き起こしたくはないだろう。

先にも述べたように、まずは自分の目標に見合ったトレーニング場所（ジム）を見つける必要がある。さらに、本書で紹介している基本的なエクササイズをマスターしなければならない。そして、トレーニングを始めたら最初にやるべきは、しっかりとした質の高い筋肉を作ることである。上級ボディビルダーは、筋肉の形を改善し、セパレーションを作り上げ、多様な筋群を調和させることに関心を持っているが、初心者が気にする必要はない。

私は駆け出しのころ、自分の手本となる人物を見つけることがとても重要だと気づいた。健康維持のために筋トレを始めたビジネスマンが、ショーン・レイ並みの肉体を作ろうとしても時間の無駄だろう。ドリアン・イェーツのような骨格とプロポーションを持つボディビルダーは、フレックス・ウィラーの写真を研究することに時間を費やすべきではないし、身長が6フィート（182.9cm）を超えるボディビルダーは、リー・プリーストのような背の低い選手を手本にすべきではない。また、最近の若手男優や男性モデルによく見かける、筋肉質で引き締まった肉体を作るためにトレーニングしているのであれば、冷蔵庫のドアにスーパーヘビー級の「首なし」パワーリフターの写真を貼るのはあまり適切ではないだろう。

私の手本は、見事な筋肉を備えた巨人レジ・パークだった。自室の壁中にレジの写真を貼り、その写真を穴が空くほど見て研究し、頭の中であのように発達した筋肉が自分の骨格についたらどんなふうに見えるだろうかと思い描いたものだ。ボディビルは精神的な部

分が大きな比重を占めるスポーツだ。非凡な結果を出したいなら、自分がどのようになりたいか、何を目指しているのかを明確にする必要がある。

若手のボディビルダーには、歩けるようになる前に走ろうとする人が多すぎる。いきなり私のルーティンをまねたり、他のチャンピオンを手本にトレーニングしたりして、自分の成長段階にそぐわないエクササイズをしてしまうのだ。とりあえずは半年ほどしっかりトレーニングを積み、大会に出るという考えに魅力を感じ始めたら、その目標に向かって努力すればいい。まずは自分の体を知り、それを成長させる方法を理解することが重要だ。自分の体の長所と短所も把握しておこう。最終的にどんな肉体になりたいかも頭の中でしっかりイメージしておくこと。

これまで基本の重要性を繰り返し強調してきたが、これは、真のボディビルプログラムとは別の低いレベルのトレーニングをせよという意味ではない。競技ボディビルダーを目指していようとなかろうと、本書のエクササイズプログラムは、**万人の肉体（every body）**向けのものであることを忘れないでほしい。私が言いたいのは、トレーニングは最短の時間で最大の筋肉量をもたらすエクササイズや方法で行い、ある程度の基礎的発達を遂げた後で、その筋肉をトップレベルの質へと入念に磨き上げていくべきだということだ。繰り返すが、競技ボディビルダーになるつもりがなく、健康とフィットネスのためだけにトレーニングするのであっても、最も効果的で効率的な方法以外のトレーニングで時間を浪費する理由はない。

基本的な筋肉を作り上げ、正しいトレーニング方法を学び、食事法と栄養の知識を身につけておけば、あと必要なのは体が成長するための時間だけだ。個人差はあるが、1年ほどで肉体に劇的な変化が現れ始めるだろう。そのころには、すでに十分な経験を積んでおり、自分の体に何が効果的で何が合わないのかが感覚的にわかるようになっているはずだ。そうすれば、直感に基づき自分なりのトレーニングプログラムを組み立てることができるだろう。

それから、定期的に各部位のサイズを測定し、成長ぶりを写真に記録することに加え、ぜひとも**トレーニング日誌**を書く習慣を身につけてほしい。自分の目標に合ったトレーニングプログラムを詳しく記し、各エクササイズ種目をそれぞれ何セット、どれくらいの重量で行ったかを記録しておく。そうすればいつでも、どれだけトレーニングをしたのかがわかるし、実際の体の発達ぶりと比べることもできる。

また、食生活についても、ある週にプロテインをどれくらい飲んだのか、どれくらいの期間ダイエットをしたのか、どんなダイエット法に従ったのかといったことを記録する習慣をつけておこう。おそらく5年くらい経ったころ、記憶が曖昧になり詳しい事実を思い出せなくなるが、こういった情報があれば肉体の発達のために何をしていたか、あるいは何をしていなかったかを正確に確かめられる。

発達の早い人と遅い人

　筋肉は時間とともにゆっくりだが確実に発達していくものであり、トレーニングに時間をかければかけるほど大きくなると信じている人がいる。だから、そういう人はボディビルダーに「いつからトレーニングしているの？」とか「どれくらいの時間をかければ、そんなに大きくできるのか？」などとよく尋ねる。あるボディビルダーの筋肉が他のボディビルダーより大きいのは、単にトレーニング歴が長いからだと思っているのだ。しかし現実には、誰もが同じペースで筋肉をつけられるわけではないし、誰もがトップビルダー並みにまで筋肉を発達させる才能を持っているわけでもない。

　トレーニングに対する体の反応には、個人の遺伝的要因が大きく関係している。たとえば、私は15歳でトレーニングを始めたが、わずか1年後に撮った写真には、すでにミスターオリンピアのタイトルを7回獲得した肉体の片鱗が写っている。私の上腕が1〜2ヵ月ごとに0.5インチ（1.27cm）ずつ太くなっていくのを見た人はみな、ためらうことなく「ボディビルダーになるべきだ」と言った。

　ケイシー・ビエターは、幼いころにパワーリフティングからボディビルに転向し、19歳でミスターアメリカになった。10代でこのタイトルを獲得したのは後にも先にも彼しかいない。ミスターオリンピアを8連覇したリー・ヘイニーの19歳か20歳ごろの写真を見ると、すでに成熟した肉体をしているのがわかる。テキサス州の警官ロニー・コールマンは、本格的なトレーニングを始めてからわずか2年後に世界アマチュアボディビル選手権で優勝した。

　しかし、大成したボディビルダーのすべてが早咲きだったわけではない。フランク・ゼーンは60年代にはすでに十分な実力を備えていたが、ミスターオリンピアで3度優勝するほどの完璧な発達を遂げたのは70年代に入ってからだった。女性ボディビルダーのヨランダ・ヒューズは、アマとプロの大会に12年間出続けた後に飛躍的進歩を遂げ、プロ大会（私が毎年コロンバスで主催しているミスインターナショナル）で初優勝を果たした。こうした遅咲きの選手にとっての問題は、モチベーションの維持に欠かせないポジティブフィードバック、つまり成功体験がなかなか得られないことだ。しかし、ボディビルはウサギとカメの競争のようなものだ。最終的には、長期にわたる決意と持久力が、スタートダッシュやゴール目前の猛スプリントに勝つ。

　また、いわゆる「一夜にして成功した人」と自分を比べて落胆することにも気をつけなければならない。たとえば24〜25歳の若さでタイトルを獲得したボディビルダーがいたとすると、彼は12〜13歳からトレーニングを積んでいる可能性が高い。10代後半から大会に出場し始めていたとしたら、すでに8〜9年の競技歴を持つベテランかもしれない。ゴルフでは、タイガー・ウッズが20代前半でブレイクしマスターズトーナメントで優勝したとき、多くの人が彼がいかに早くチャンピオンになったかを話題にした。しかし、彼らが忘れていたのは、タイガー・ウッズは幼稚園児のころからゴルフの練習を始めていて、ティー

16歳の私

ンエイジャーになるころにはすでに何十万打もショット練習をしていたという事実だ。

私はタイガー・ウッズがプレーオフの末、30代まで一度もプロトーナメントで優勝したことのない遅咲きのゴルファーに**負ける**のを見た記憶もある。その大会の勝敗は、どちらのゴルファーが若いかや、どちらのゴルファーが早い時期に成功を収めたかではなく、どちらがよりよいスコアを出したかによって決したのだ。勝利は、どちらがより少ない打数でボールをホールに入れるかという問題であって、どちらが有名で大きな名声を持っているかという問題ではない。

最後に勝敗を分かつのは、どれだけ早く成長するかではなく、**どれだけ遠くまで行けるか**だ。審査員はステージ上の選手を見て、「あの選手は8年間練習してきたけど、この選手は3年間しか練習していないから、こっちのほうが優れている！」などとは言わない。重要なのはどこまで到達したかなのだ。誰も自分が持っている遺伝子が許す以上のスピードで体を成長させることはできない。

しかし、自分が持っている遺伝子が許す以上に**ゆっくり**成長することはできる。単純な話だ。急激な成長が可能であると信じず、できるだけ短期間で、できるだけ多くの筋肉をつけるトレーニングをしなければそうなる。たとえば、フランコ・コロンブは2年にわたり、緩やかな成長しかしないトレーニングをしていたが、私がNABBAミスターユニバースで優勝したのを見て、自分もそのタイトルを獲得したいと突然やる気を出した。その後、彼は1日2～3時間、実にハードなトレーニングをこなし、短期間で信じられないような成長を遂げた。彼は、肉体を見事に発達させて巨大な筋肉を作り上げ、大会の舞台で優勝トロフィーを手にできると心から信じていた。その意欲に体が反応したのだ。

フリーウエイト vs マシン
――重力の問題

初心者ボディビルダーの場合、トレーニングの大半はフリーウエイトで行うべきである。現代はテクノロジーの時代であり、最近のエクササイズマシンはかつてないほど優れている。しかし筋肉は、マシンの抵抗に抗うためではなく、重力に打ち勝つように進化してきた。だから、筋肉量を増やすことと筋力を強化することに関しては、マシンを使ったエクササイズよりも、バーベルやダンベルを使った筋トレのほうが効果がある。

また、私が知っている本当に優れたボディビルダーの多くは、パワーリフティングの選手でもあった（これについては後で詳しく述べる）。苦労して筋肉を協調させ、重力に逆らってバーベルをバランスよく持ち上げているうちに、高レップで比較的軽めのトレーニングだけでは得られない筋肉の構造と質が手に入る。さらに、『Journal of Strength and Conditioning Research（ジャーナルオブストレングス＆コンディショニングリサーチ）』に掲載された論文によると、テストステロンの生成は、スクワットやデッドリフト、今ではあまり見かけなくなったパワークリーンのように、いくつもの主要筋群を同時に協調させなければならないフリーウエイトエクササイズを行ったときに増大する。一方、ひとつ

の筋肉のみにターゲットを絞ったフリーウエイトエクササイズやマシンでのトレーニングではそれほど増加しないという。テストステロンにはアナボリック作用があり、テストステロンが体内に多ければ多いほど、筋力が増し大きな筋肉を作りやすくなる。

しかし、ボディビルの目的は、単に筋肉を大きく強くするだけでなく、筋肉を磨き上げることにもある。経験を積めば、フリーウエイトで特定の筋肉をアイソレートするなど、さまざまに工夫して思いのままに体を鍛えられるようになる。また、多くのマシンが商業的フィットネスクラブの「平均的な」顧客を満足させるために設計されているのに対して、フリーウエイトであれば、身長や体重、腕や脚の長さにかかわらず、誰もが十分なワークアウトを行える。

念のためにもう一度言っておくと、私はマシンに反対しているわけではない。ジョー・ゴールドはエクササイズ器具を作ることにかけては名人で、ワールドジムには数多くの有用なマシンや器具がある。また、あちこちのジムを訪れ、いろんなマシンを使ってみると、まさしくテクノロジーの驚異だと感心すること間違いなしだ。空気や水を利用して抵抗を生み出すタイプのマシンを経て、現在はまた基本的な構造に戻っているが、最近のマシンは以前より100倍はよくなっている。サイベックス（Cybex）やハンマー・ストレングス（Hammer Strength）をはじめとするトップメーカーは、きちんと機能し、使用感に優れたマシンを作るために努力を続けている。マシンといえば、ただ金属のパーツを溶接しただけの、スムーズに作動せず、全可動域（フルレンジ）を使い切る前にエンドストップにぶつかってしまうような、使いづらく、常にどこかがおかしい代物を思い浮かべる時代は終わった。

私はワークアウトで多くのマシンを使っている。たとえば、レッグエクステンションやレッグカールのマシンを使わずに太ももを完全に発達させることはまず不可能だし、ペックデックマシンやケーブルを使わずに大胸筋の内側を完全にアイソレートすることもできない。カールはダンベルやバーベルを使ったほうが上腕二頭筋をアイソレートして刺激できるのでよい結果が得られるが、ラットプルダウンのマシンなしで広背筋を鍛えるのはかなり難しいし、ケーブルなしでトライセプスプレスダウンを行うのが難しいのも事実だろう。また時折、いつものフリーウエイトエクササイズの代わりに、慣れないマシンによるエクササイズをすることで、体にショックを与え、成長を加速させることもできる。とはいえ個人的には、マシンを使ったトレーニングはプログラム全体の（多くても！）30〜40％以下にすべきだと思っている。

また、考えてみれば、マシンは抵抗がひとつの面に沿ってしか働かないので、筋肉はマシンの動きに従って働くか、まったく働かないかのどちらかになる。マシンでは抵抗のバランスをとったり抵抗を制御したりする必要がないため、働く筋肉が少なくなってしまう。ボディビルトレーニングや筋力トレーニングの本来の目的はできるだけ**多くの**筋肉を使うことであり、これではまったく本末転倒だ！　確かに、筋肉は自分がどんな抵抗に打ち勝とうとしているのかを「知っている」わけではない。その意味では、同じ抵抗であることには変わりはない。しかし、常に予測可能な線に沿ってやってくる抵抗とは対照的に、

さまざまな角度や方向からやってくる抵抗に絶えずさらされると、筋肉は確実に違った反応を示す。フランコによれば、彼のカイロプラクティックの診療所でみる肉離れや関節の損傷のほとんどは、体に不自然な負担をかけるマシンを使用した結果として生じているという。

筋肉は重力に逆らって働くように発達した。もし人類が重力の小さい月に住んでいたら、地球で必要な筋肉量の6分の1で十分だっただろうし、木星であれば、ゾウのような巨体でなければまったく動けなかっただろう！ 何かを持ち上げることは、私たちに「重い」という経験を与えてくれる。それはウエイトをレールに沿って押すこととは違う。固定された壁に体を押し付ける場合も同じだ。大いに抵抗は感じるが、「重い」わけではない。つまり、マシンの動きでは筋肉本来の能力が十分に発揮されないのだ。

とはいえ、もしワークアウトに必要なフリーウエイトがない場所でトレーニングしようとしてもどうにもできない場合は、使えるものは何でも利用してワークアウトをやり遂げよう！ 重要なのは、どんな方法であれ、とにかくトレーニングをすることだ。トレーニングができさえすれば道具なんて何だっていい。ボディビルダーとしては、それだけを気にすればいいのだ。

シューズ

トレーニングにおけるシューズの役割は、足元を安定させ、バランスを向上させることにある。その点に関していえば、すべてのシューズが同じように作られているわけではない。多くのランニングシューズはとてもソフトで軽く作られており、10マイル（16.1km）ほど走る分には最適だが、サポート力はあまりない。しかし、必ずしもサポート力が必要なわけではない。デッドリフトを行うパワーリフターは、たいてい極薄のスリッパを履いている。高重量を挙上する際には、持ち上げ始める位置のほんのわずかな高低の違いが、成功と失敗の分かれ目になる可能性があるからだ。

厚底で頑丈な作りの、アーチサポートがしっかりしているシューズもある。ボディビルダーの中には、ハイキングシューズやコンバットブーツを履いてトレーニングしている人も見かける。高重量のスクワットなどのエクササイズをするときに、足にどれだけの圧力がかかり、アーチの部分にどれだけの負担がかかるのかをしっかり把握しておこう。だから、どのようなワークアウトを計画しているかに応じて、適切なシューズを選ぶこと。

グローブ

ボディビルダーには、手を保護するためにグローブをはめてトレーニングする人が多い。グリップ力を高めるために、タイヤのチューブから切り取ったゴムの切れ端を使う人もいる。これはこれでいいのだが、私はいつも素手でトレーニングし、手が滑ると感じたときはチョークを使ってきた。高重量を扱うパワーリフターは、こうした補助具は一切使

わない。敏感肌の人やカイロプラクター、プロのピアニストなど、手に特別なケアが必要な職業に就いている人なら、もちろんグローブを着用したほうがいい。しかし、それ以外の人には、素手でウエイトを握り、手を丈夫にしてタコを作ることをおすすめする。スポンジやグローブといった補助具を気にする必要はない。

リストストラップ

　リストストラップを手首に巻き、ストラップの反対側をバーのまわりに巻きつけることで、効果的に握力を強化できる。しかし、個人的な感覚に基づいて言えば、このような補助具の使用は、握力が自然に発達するのを妨げるように思う。ストラップが使われるのは、高重量の（特に背中の）エクササイズでは、素手だと保持するのが難しいくらいのウエイトを扱うこともあるからだ。しかし、パワーリフティングのチャンピオンはストラップを使わずに途方もない重量を挙上する。フランコと私は、いつもストラップを使わずに高重量を持ち上げていた。ストラップなしで挙上していれば、握力は自然に強化される。ストラップを使い続けていると、この種の筋力はつかないかもしれない。とはいえ、ワークアウトでストラップを使うかどうかは好みの問題にすぎない。

ベルト

　厚手のしっかりしたベルトを着用するのは、高重量を挙上する際に腰の筋肉をサポートするためとされている。腰ベルトは元々、高重量のオーバーヘッドプレスをするウエイトリフターが使用していたものだ。しかしながら、高重量のスクワットやプレス、スタンディングカーフレイズをする際にもベルトが必要だと思われている。

　しかし、ここ数年の研究で、筋トレにおけるベルトの使用はこれまで考えられていたほど背骨を保護しない可能性が指摘されている。腹腔内の圧力を高めて上半身を安定させる効果はあるだろうが、ジムでトレーニングをしているボディビルダーを見ていると、ベルトを着用しすぎなのではないかと思う。腰の筋肉を締め付けるベルトは、本来の筋力を発達させる妨げにしかならず、根拠のない安心感のために支払う代償としては高すぎる。だから、ベルトはボディビルのファッションアクセサリーのようなものとしてではなく、超高重量の挙上など本当に必要だと思う場合にだけ使うことをおすすめする。

ラップ

　ラップは、関節や筋肉の弱い（あるいはケガで弱った）部分をサポートするために使用される。体に何らかの問題を抱えているボディビルダーが片肘または両肘にラップを巻いているのをときどき見かけるし、高重量のスクワットやベンチプレスをするときに膝や肘に巻く人も多い。しかし、ラップは毎日使う必要があるものではない。ケガをしていたり、

関節に問題があったりするのでなければ（その場合は病院で診てもらうべきだ）、高重量を扱えるレベルに達するまでは膝にラップを巻く必要はないだろう。ラップにはエース（Ace）のバンデージが最もよく使われる。しっかりと、だがきつすぎないように巻くこと。ある部位を強くくるんでサポートするのは、その部位の柔軟な動きを制限することでもある。

ヘッドストラップ

以前は、ダンベルやウエイトプレートを装着したハーネスのようなものを頭にかぶり、首のプログレッシブレジスタンストレーニングをするボディビルダーも多かった。「バーバリアン・ツインズ」と呼ばれたデビッド・ポールとピーター・ポールの双子の兄弟は、途方もない重量で首のトレーニングを行い、ゴールドジムにいた人たちを驚かせていた。時にはヘッドストラップを車につなぎ、車を引っ張って駐車場を横切ることさえあった。

この種のエクササイズは廃れてしまったが、それは間違いだったかもしれない。首が小さいと感じているなら、ぜひ鍛える方法を見つけてほしい。実際、そのためのマシンを作っている会社もある。しかし首の筋肉は通常のトレーニングプログラムの中で他の筋肉と一緒に鍛えられることが多いので、本当に必要だと思わなければ、こうしたエクササイズで時間を浪費する必要はない。つまり、「壊れていないのなら修理はするな」ということだ。

グラビティブーツ

この装置も以前はよく見かけたが、最近はめっきり見かけなくなった。グラビティブーツを使えば、逆さにぶら下がって背骨をストレッチできる。この器具の使用を勧める人は、人間の体は重力で押しつぶされているという事実を強調する。確かに背骨は常に押しつぶされ、内臓は地上にむかって引っ張られている。その結果、25歳時と60歳時の身長を比べると、多くの人は1〜2インチ（2.5〜5.1cm）背が縮む。逆さ吊りで背骨を伸ばし、内臓にかかる負担を軽減することは、このプロセスを相殺するのに役立つとされている。実際にやってみると、確かにリラックスした気分になる。

しかし、逆さ吊りに体を鍛える直接的な効果はなく、腰への負担も大きくなりがちなので、ボディビルの基本の一部というよりは、トレーニングの補助的な位置づけにとどまる。グラビティブーツを使用する場合、逆さまになるという非日常的な感覚に慣れるまで、最初のうちは1分程度のごく短い時間にとどめておこう。その後、有用だと感じたら少しずつぶら下がる時間を長くしていく。この種の重力器具にはベンチ型のものもある。これなら、膝を自由に曲げられるので腰にもあまり負担がかからない。ぜひチェックしてみてほしい。

ラバースーツ

　競技ボディビルダーがこのスーツを使用するのは、主に大会直前に水分を抜くためだ。しかし、暑い日にこんなスーツを着てハードなトレーニングをすれば、体温が危険なほど上昇し、熱中症になる可能性がある。脱水症状で病院に担ぎ込まれ、生死の境をさまよったボディビルダーも少なくない。だから、この種のスーツはまったくおすすめしない。ラバースーツ着用による水分の減少は一時しのぎにすぎないことを肝に銘じておこう。

トレーニング日誌

　探検家は地図を使う。船長は海図を頼りに、宇宙飛行士は星を目印として航行する。ボディビルダーはトレーニング日誌をつけることで、自分が今どこにいて、どこへ向かっているのかを把握する。

　トレーニングを始めた日から、私はすべてを書き留めてきた。日々のトレーニング内容、セット数とレップ数、食事内容など文字通りすべてだ。最後にミスターオリンピアのタイトルを獲得した1980年まで、欠かさずこれを続けた。ジムでは、その日こなす予定のセット数を示す印（/）を壁にチョークで描いてからワークアウトを始めた。私はどのエクササイズ種目も常に5セットずつやることにしていたので、たとえば、胸のトレーニングの日の「//////////」という印は、ベンチプレス5セットとダンベルフライ5セットを表している。1セットをこなすたびに、壁に手を伸ばして「/」をひとつずつ「X」にしていった。ベンチプレスが終わると、印が「XXXXX/////」のようになる。だから今日は3セットにしようか、それとも4セットにしようか、などと迷う必要はなかった。やるべきセット数は常に5セットなのだから、1セットまた1セットと着実に予定をこなしていくだけだった。セットの合間に壁に並んだ「X」印を見るたびに、ものすごい満足感と達成感が得られた。まるで行く手を阻むすべての敵を粉砕していく侵略軍にでもなった気分だった。この視覚的なフィードバックのおかげで、私はトレーニングの目標をはっきりと心に刻むことができ、毎回のトレーニングで自分を限界まで追い込む決意を固められた。

　まったくの直感ではあったが、私は教育者や心理学者に広く受け入れられている概念を見出していたのだ。つまり、人間は適切なフィードバックが与えられたときに、最も努力し、最もよく学ぶものなのだ。自分が何かを達成したと頭で理解するのと、達成した内容を目で見て確認するのとでは全く別物だ。視覚的なフィードバックは努力の成果を具体的かつ胸躍る形で示してくれる。その結果、次はもっと頑張ろうという意欲がかき立てられるのだ。

　フィードバックは、正しい道から逸れていることも教えてくれる。記憶はときにいい加減だったりもするが、トレーニング日誌に書かれた内容に嘘はない。突然よい結果が出た

ときも、どのプログラムや食事法が役に立ったかを振り返ることができる。進歩が遅くなったり、筋力が落ちてきたりといった問題が生じ始めたときも、日誌をチェックすることで、どこで間違いを犯したのかを推測できる。

　長きにわたってトレーニング日誌をつけ続けたことは、私の成長に大いに役立った。月の初めには、じっくりと１カ月分のプログラムの構想を練り、何曜日にトレーニングするか、どの部位を鍛えるか、どんなエクササイズをするかといったことを書き留めた。そのプログラムを実際にやってみて、ある部位の発達が遅れ気味だったり、ある筋肉に今まで以上のトレーニングが必要だと判断した場合は、その月の計画を修正し、必要なエクササイズを追加していた。

　いろいろなサプリメントを試したときも、見た目や感覚にどんな変化が生じたのかをチェックし、すべて書き留めた（たとえば、エネルギーがみなぎる感じがしたのか、それとも疲労感や倦怠感を覚えたのか、といったことなど）。日誌に書き留めたメモは後日見返して、ある日とその次の日の気分の違いをどう説明できるかを分析するなどした。トレーニングセッションをさぼった日や、特によいトレーニングができた日も記録してある。

　さらに体重も欠かさず記録し、月に一度は、首、肩幅、上腕二頭筋（通常の状態と収縮させた状態）、前腕、ウエスト（リラックスした状態とバキュームした状態）などのサイズを測定して、ある期間にどれだけ進歩したかを比較できるようにした。

　だから、トレーニング日誌は必ずつけたほうがいい。プログラム全体を書き留め、セット数、レップ数、重量を記録する。また、定期的に各部位のサイズを計測し、肉体の写真も撮って、発達経過を後で追えるようにする。そうしておけば、過去にどんなトレーニングをしていたか、そのプログラムでどんな効果があったかをいつでも振り返って確認でき、プログラム内容を今度どう改善すべきかについても常に把握できる。

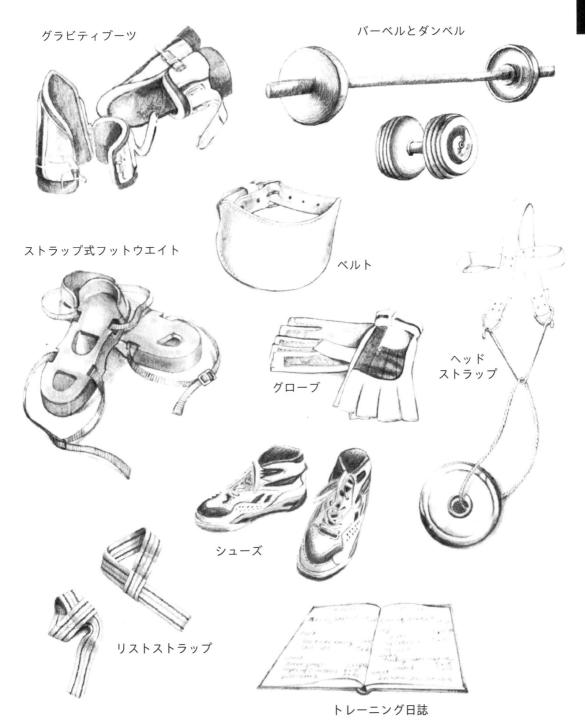

ボディビルと子ども

　幼い子どもがウエイトを持ち上げているのを見るのは好きではない。子どもの体はウエイトトレーニングの負荷に耐えられるほど十分に発達しておらず、骨もまだやわらかい。私は、親の意向で幼くしてウエイトトレーニングを始めた5〜9歳の男の子たちが、ちびっこボディビルダーとしてテレビで取り上げられているのを見たことがある。体重60ポンド（27.2kg）ほどの幼い女の子がハックスクワットマシンで400ポンド（181.4kg）を「持ち上げた」（ほんの少し動かしただけだが）のも見た。このようなことをしてケガをした子どもがいなければいいのだが。この種の体に負担をかける運動は、体が未完成で脆弱な子どもには適切ではないと思う。

　13歳未満の子どもには、体のあらゆる可能性を発達させるために、トレーニングとして多様な運動をさせるべきだと思う。ウエイトトレーニングではなく、自重を使ったエクササイズに重点を置くべきだ（たとえば、ベンチプレスの代わりに腕立て伏せ、スクワットの代わりに膝の屈伸など）。

　体が成熟し始めたら、ウエイトトレーニングを始めてもいい。私は15歳で始めたが、だからといって、15、16歳の誰もが最初から自分が競技ボディビルダーを目指したいかどうかを決めなければならないわけではない。さまざまなエクササイズを学び、トレーニング体験がどういうものかを理解し始めるだけでも数カ月、もしかしたら1年かかるかもしれない。この段階ではまだ軽いウエイトを使い、レップ数を比較的多くすること。本格的なトレーニングを始める時期が早ければ早いほど、ボディビルダーとして成功する可能性が高くなる。

年をとってからトレーニングを始めることについて

　「ボディビルを始めるには年をとりすぎているでしょうか？」とよく聞かれる。「もう年なんだから、やらないわけにはいかないだろう！」というのが私の答えだ。年をとるにつれて、筋肉はどんどん萎縮していく。それに対する理想的な治療法がボディビルなのだ。

　しかし競技となると、始めるのがあまりに遅いと明らかに不利だ。確かに、かなり遅くに始めてトップボディビルダーになった人もいる。たとえば、私の現役時代に活躍したポージングの名手、エド・コーニーがそうだ。しかし一般的に、ミスターユニバースやプロチャンピオンになれる可能性は、スタートが遅ければ遅いほど少なくなる。とはいえ、ボディビルで始めるのが遅いというのは、他のスポーツとは少し事情が違う。多くのチャンピオンは20代前半になってからトレーニングを始め、その後10年以内にアマやプロのチャンピオンになっている。しかし、遅咲きで成功した選手の多くは、すでに別のスポーツで優れたアスリートであり、単にボディビルに転向してきただけだ。彼らの体は、長年にわたるスポーツトレーニングによってあらかじめ鍛えられていたのだ。世界アマチュア

チャンピオンのロニー・コールマンがその好例だ（彼は大学でアメフトをしていた）。また、フランコ・コロンブはボクサーとしてスタートし、その後パワーリフターとなったが、ボディビルダーに転向したのは20代に入ってからである。

ボディビルは比較的遅くから始められるだけでなく、ほとんどのスポーツより高齢まで競技を続けられる（ゴルフには負けるが）。もちろん、40代のボディビルダーは数年前なら可能だった肉体を手に入れることはできない。筋肉は劣化し、ホルモンは徐々に変化していく。また筋萎縮も生じる。さらに、年配のボディビルダーはたいてい、ボディビルを始めたばかりの若者よりも、生活上の雑事が多い。責任（家庭、子ども、仕事など）をいろいろと抱えているので、トレーニングやダイエットに100％没頭するのは至難の業だ。

今では40代・50代以上のボディビルダーを対象としたマスターズ大会も数多く開かれるようになった。元トッププロたちもアーノルドクラシックのマスターズ部門やマスターズオリンピアでタイトルを競い合っている。それにしても、かつてのチャンピオンの多くが、いまだにたくましい筋肉質な肉体を保っているのには驚かされる。

ボディビルと高齢者

先に述べたように、老化の主な症状のひとつに、筋肉量の減少がある。しかし、最近の研究では、必ずしも筋肉はこれまで信じられていたほど加齢とともに萎縮していくわけではないことが明らかになっている。実際、筋肉量は、高齢者であっても適切なトレーニングによって驚くほど**増加**させることができる。つまり、最近の科学的研究は、ボディビルが「若返りの泉」になりうることを示しているのだ。

もちろん、ボディビルを始めるにあたっては、年をとればとるほど注意が必要になってくる。60代や70代の人がボディビルを始める場合、「医師に相談すること」というのは単なる形式的な注意書きではない。医師に相談し、よいトレーナーを見つけ、あらゆる予防措置をとっておくことが重要だ。正しいテクニックを学び、ゆっくりとトレーニングに取り組むこと。年をとるとケガが治るのに時間がかかるので、問題が起きないようにできる限りの準備をしておこう。

しかし、その結果には目を見張るものがある。以前のような筋力がつき、体が若々しくなる。活力や運動能力がアップし、生活の質が向上する。自信がつき、他人に頼らずとも生活できるという自信も生まれる。私たちが老化の必然だと考えていることの多くは、実際には、使わずに放っておいたという印にすぎないのだ。必ずしも年をとるにつれて筋肉や骨の量が減るとは限らない。今ある量を維持することも、さらには増やすことさえできる。

ボディビル競技への移行

　健康やフィットネスのためのトレーニングから競技のためのトレーニングへの移行は、意識の変化によるところが大きい。あるとき、以前は気づかなかった自分の体のある種の可能性を認識し始める。そして徐々にトレーニングに対する姿勢が変わり始め、決断を迫られる。どちらの道に進むべきなのか？　ボディビルを人生のほんの一部にとどめておくのか、それともボディビルが徐々に生活の中心になっていくのか？

　私は迷うことなくミスターユニバースになろうと決心した。フランコはその決断をする前に、しばらくパワーリフティングの選手をしていた。マイク・カッツはアメフトのプロ選手だったし、故カルロス・ロドリゲスはロデオ選手だった。決断が遅いか早いかはその人次第だ。しかし、もしあなたがトレーニングのとりこになり、ジムでのワークアウトを狂おしいほどに待ちわび、筋肉が発達するにつれてあらわになる筋肉の新たな一面を楽しんでいることに気づいたなら、これは決断すべき時期かもしれない。手始めに地元のアマチュア大会に参加してみてはどうだろうか。そこで競技ボディビルに挑戦してみて、その過酷さが自分の好みに合うかどうかを判断すればいい。

　私がボディビルを始めたころと比べると、プロボディビル界には多額の資金が集まるようになり、以前なら別のスポーツに取り組んでいただろうアスリートがボディビルの道を選ぶようになってきている。アマチュアレベルでもボディビルは以前より身近な存在になり、多くのボディビルダーが医師や弁護士、カイロプラクター、ビジネスマンとしてのキャリアを追求しながら、トレーニングや競技を続けている。

　ボディビルダーには負けず嫌いな人が多いが、勝敗にこだわらず、このスポーツが人生に与えてくれる意味を第一に考えて取り組んでいる人も少なくない。ボディビルは単なるスポーツにとどまらず、ひとつの生き方でもある。それはどのように生きるかについてのひとつの哲学であり、現在多くの人が関心を持っている問題に対する具体的な答えを与えてくれる価値体系でもある。つまり、本当にやるべき価値があることは何なのかという問題だ。また、ボディビルは、自らの価値と存在理由を追求する方法でもある、自ら目標を設定し、それに向かって努力することに充実感を得られるだろう。

　もちろん、競技ボディビルの道を歩むすべての人が同じ経験をするわけではないが、肉体作りの深い意味を理解せずにこのスポーツで大成する人はいない。

ボディビル競技

　私はボディビルの大会に出場する以外にも人生で多くのことにチャレンジしたいと考えてきた。しかし競技ボディビルという強烈な世界を経験してしまったからには、今後その影響、あるいは恩恵を受けない人生の側面はないだろう。ボディビルの**トレーニング**自体は万人向けだと私は信じているが、競技ボディビルに向いている人はごくまれだ。だが、

競技ボディビルに少しでも魅力を感じるなら、ぜひともその道を検討してみてほしい。本書には私がボディビルから学んだことが盛り込まれている。ほんの一部でも共感するところがあれば、競技ボディビルに挑戦する決心をしたとしても、決して後悔はしないだろう。そう私は確信している。

　ただ、これだけは覚えておいてほしい。本気で取り組めば、競技ボディビルは人生のすべてを支配する。どこでどうやって暮らし、何を食べ、誰を友人にし、結婚生活をどうするかなど、人生のあらゆることがボディビルによって決定されるようになる。もちろん、地方レベルの大会に出場しているうちは、競技ボディビルダーとしての生活スタイルにすっかりはまってしまわず、多少は「ふつうの」生活を送れるだろう。だが、その先へ進めば進むほど、ボディビルはあなたの生活を飲み込んでいく。

　これはそんなに特異なことではない。オリンピックを目指して過酷なトレーニングを続けるために、どれだけの努力が必要かを考えてみてほしい。テニスやゴルフのチャンピオンになるために求められる練習量とやる気。一流のマラソンランナーになるために求められるトレーニング量。これらのスポーツで成功するには、常人には到底想像しえないほどの集中力が必要だ。トップになるには犠牲が必要であり、ボディビルもその例外ではない。

ボディビルの殿堂

ジョン・グリメック

スティーブ・リーブス

レジ・パーク

ビル・パール

ボディビル概論

ラリー・スコット

デイブ・ドレイパー

BOOK ONE

ボディビル概論

セルジオ・オリバ

アーノルド・シュワルツェネッガー

フランコ・コロンブ

フランク・ゼーン

ロビー・ロビンソン

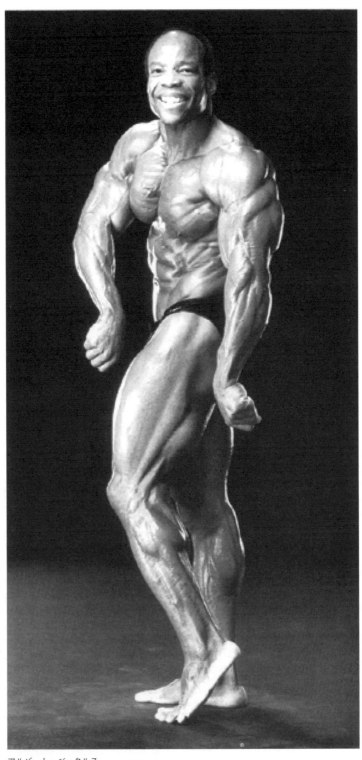

アルバート・ベックルス

ルー・フェリグノ

トム・プラッツ

クリス・ディッカーソン

サミア・バヌー

リー・ヘイニー

ショーン・レイ

ビンス・テイラー

ドリアン・イェーツ

ケビン・レブローニ

フレックス・ウィラー

ナッサー・エル・サンバティ

BOOK TWO

Training Program

トレーニングプログラム

CHAPTER 1
基本トレーニングの原則

　ボディビルダーと同じ肉体を作るには、ボディビルダーと同じトレーニングをする必要がある。サッカーやレスリング、ウエイトリフティングの選手も筋肉量が多いが、肉体美を競う大会で見かけるような、質・量ともに申し分なく発達した筋肉を持つアスリートはボディビルダーしかいない。ボディビルダーのような肉体を手に入れたいのであれば、あるいは少しでもそのような肉体に近づきたいのであれば、彼らが過去半世紀にわたって試行錯誤しながら開発してきたトレーニングテクニックを学び、しっかりマスターしなければならない。テニスボールの打ち方にも、ゴルフクラブのスイングの仕方にも決まったテクニックがあるように、ボディビルにも効率的で効果的なトレーニングの方法がある。

　すばらしい肉体を作るには、ハードでひたむきなトレーニングが必要だが、ハードワークだけでは十分ではない。ハードなトレーニングに加え、頭を使ったトレーニングも必要になる。まずは、ボディビルの基本原則をしっかり頭に叩き込んでおかなければならない。そうした基本原則を真っ先に学び、実践すべきだ。間違ったやり方を学んで後からやり直すはめになるよりも、最初から正しいやり方を身につけておくに越したことはない。上達していくにつれて、次第に複雑なトレーニング方法を学ぶことになるが、最初のうちは気にしなくてもいい。本書は、段階を追って徐々に高度なトレーニング方法を紹介するように構成されているので、基本的なものから高度で複雑なものへと、少しずつレベルアップしていける。

個々のニーズ

　もちろん、ボディビルトレーニングをする理由は人によって違う。単に見た目や気分をよくするためにボディビルを始める人もいれば、取り組んでいるスポーツのパフォーマンスを向上させるために始める人もいる。また、ボディビル大会への出場を目標にして、筋肉量が多くてプロポーションのとれた、印象に残る肉体を作り上げることに関心を持つ人も少なくないだろう。

　だから、ボディビルの正しいトレーニング方法を身につけるといっても、**万人に当てはまる基本的なテクニックや原則以外は、時間をかけて試行錯誤しながら、個々のニーズに合わせて調整していくしかない。まずは、ボディビルをする目的にかかわらず、基本をマスターし、トレーニングプログラムを組み立てるうえで必要となる知識を理解しておこう。基本的なエクササイズについては必ず身につけておかなければならない。どれほど上級者になろうと、基本的なエクササイズは重要であり続けるからだ。

　もちろん、個人差はある。たとえば、体型、筋肉のつきやすさ、代謝率、ウィークポイ

ント、回復時間などは、人それぞれだ。本書では、誰もが自分が望む体を作るために必要な情報を見つけられるよう、個人差のある重要な要素についても詳しく説明してある。

ゴルフの場合、すべてのチャンピオンがタイガー・ウッズのようなスイングをするわけではないが、クラブフェースを正しい角度でボールに当てるというスイングの基本に変わりはない。またスキーでは、すべてのスキーヤーが長野オリンピックの金メダリスト、「ターミネーター」こと、ヘルマン・マイヤーとまったく同じスタイルで滑るわけではないが、ある程度の基本には従う必要がある。そうでないと、コースを滑り切ることすらおぼつかないだろう。競技ボディビルダーが集まるジムに行くと、彼らは実にさまざまなアプローチでトレーニングを行っていることに気づくだろう。ジムでは「人の体は千差万別」という言葉をよく耳にする。それは事実だが、同時に人の体はほとんど同じでもある。だから、まずは基本的な原則をマスターすることを目指そう。各自の潜在能力を発揮するために必要なバリエーションやテクニックについては、時間をかけて**自分の体に教えてもらおう**。

漸進性過負荷の原則
（ぜんしんせい）

筋肉が成長するのは、**過負荷**がかかったときだけだ。それ以下の負荷には反応しない。成長を強制されない限り、筋肉は大きくも強くもならない。普段とは異なるレベルの抵抗に対して収縮させ続けると、筋肉はやがて適応し、より大きく強くなる。しかし、すっかり適応してしまうと、成長はそこで止まってしまう。その段階からさらに筋肉を成長させるには、筋肉に与える過負荷の量を増やし続けるしかない。その一番の方法は、エクササイズで使用する重量を増やすことだ。

もちろん、この抵抗の増加は徐々に行わなければならない。急激に重量を増やすと、正しい方法でエクササイズをこなせなくなり、ケガのリスクが高くなる。

レップ数

レップとは、エクササイズ動作の完全な1サイクル—筋肉の収縮と伸張—つまり、ウエイトを挙上して下ろすまでの1往復を指す。このレップをいくつかまとめたものをセットという。1セットに含まれるレップ数は、セットの内容や目的によって大きく異なる。ボディビルダー自身の経験と科学的研究の両方から、各エクササイズ種目では、**最大挙上重量**（その種目を全力で1レップできる重量）の約70〜75％に相当する重量を使用すると、最大の筋肥大効果が得られることが判明している。この重量を使用する場合、1セットの一般的なレップ数は以下の通り。

上半身の筋肉、8～12レップ。
下半身の筋肉、12～16レップ。

　このレップ数はあくまで目安だが、一般的な基準としてはこれで十分だ。

　上半身のレップ数よりも脚のレップ数のほうが多いのはどうしてかというと、単純にトレーニングによる筋力低下は脚のほうが遅いからだ（逆に言えば、上半身の筋肉は脚の筋肉ほど筋持久力がない）。しかし、どちらのエクササイズでも、ターゲットとなる筋肉の最大挙上能力の70～75％に相当する重量を使用する。

　場合によっては、これより低重量で（したがって、高レップで）行うべきセットもあるし、最大筋力の向上を目的としたセットなどは、もっと高重量（低レップ）で行う必要がある。しかし、ボディビルダー（特に初心者）が行うトレーニングの大半はこの基準に沿っている。

オールアウト

　ボディビルにおける「オールアウトトレーニング」とは、完全に疲労困憊するまでトレーニングを続けるという意味ではない。単純に、使用中の重量ではもはや休息なしにはレップをこなせなくなるまでセットを続けるという意味だ。基本的にオールアウトは、関与する筋繊維が徐々に疲労し、筋肉がその代わりとなる筋繊維を動員しきれなくなることで起こる。筋肉を収縮させるプロセスには、酸化のプロセスが含まれる。実質的に酸化は一種の燃焼であり、運動すると「カロリーが燃焼する」（エネルギーの放出によって熱を生み出す）と言われるのはそのためだ。酸化には、燃料（筋肉で使われるのはATP）と酸素の両方が必要である。燃料や酸素が足りなくなると、休息をとってこれらが補給されるまで筋繊維は収縮できなくなる。

　オールアウトのもうひとつの要因は、筋収縮によるエネルギー放出の際に生じる老廃物の蓄積である。筋肉の収縮を続けていると筋肉に灼熱感を感じるのは、その部位に乳酸が蓄積しているためだ。休息をとると、その部位から乳酸が除去され、さらに多くのレップをこなせるようになる。

　有酸素運動（酸素が有る）とは、筋肉に十分な血液と酸素を供給し続けられるくらいの低強度で高レップの運動で、たとえばマラソンやエアロビクスなどが該当する。一方、ウエイトトレーニングは無酸素運動（酸素が無い）であり、関与する筋肉の収縮が激しすぎて酸素供給が追いつかなくなる。その結果、筋肉が酸素不足になり、疲労する。疲労した部分に血液と酸素が送り込まれるまで、しばらく休まなければならない。

　オールアウトトレーニングがどうして重要なのか？　最大挙上重量以下の重量でレップを繰り返しても、利用可能なすべての筋繊維が一度に働くことはない。使われるのは一部の筋繊維のみだ。その筋繊維が疲労すると、代わりに別の筋繊維が動員される。オールア

ウトまでセットを続けるのは、利用可能な**すべて**の筋繊維に仕事をさせるためなのだ。どの時点でオールアウトするかは、エクササイズで使用する重量によって変わる。上半身のエクササイズをする際、たとえば8～12レップの範囲で筋肉をオールアウトさせたいなら、そうなるような重量を選ぶ。もしその重量で15レップをこなせることがわかったら、次のセットでは重量を追加して、8～12レップの範囲でオールアウトするよう調整する。5レップしかできなければ、あと数レップこなしてからオールアウトするように重量を少し軽くすべきだとわかる。ちなみに余力がある場合、予定のレップ数を達成したからといって、そこでセットを終了する必要はない。

ボディビルの進歩を測る指標のひとつは、オールアウトする地点の変化だ。個々の筋繊維が強くなるにつれて、より多くの筋繊維を動員できるようになり、運動中に筋肉に酸素を供給する能力が向上する（これらの要素の相互作用によって、トレーニングの全体的な効果が高まる）。その結果、オールアウトするまでに、同じ重量でもより多くのレップ数をこなせるようになる。これは、重量を増やすべき時期が来たというサインだ。

もちろん、人間は機械ではないので、実際のトレーニングでは機械的に均一なセットを繰り返すことはない。セットごとにメリハリをつけ、負荷や強度を変化させる必要がある。たとえば、ベテランボディビルダーの標準的な上半身のセットはこんな感じだ。

第1セット：低重量でのウォーミングアップセット。15レップか、それをやや上回る程度。

第2セット：10～12レップ程度で筋肉がオールアウトするように重量を増やす。

第3セット：さらに重量を増やし、8～10レップでオールアウトするようにする。

第4セット：最大筋力を向上させるために、6レップで筋肉がオールアウトするように重量を増やす（パワーセット）。

第5セット（オプション）：同じ重量でさらに6レップ。自力でセットをこなすのが厳しければ、トレーニングパートナーの助けを借りる（フォースドレップ）。

こんなふうにトレーニングすれば、考えうる限りで最高の成果が得られる。最初は比較的軽めの重量からスタートし、筋肉を十分にウォーミングアップする。次いで、徐々に重量を増やしながら、レップ数を少しずつ減らしていく。そうすることで筋肉に多くの血液が送り込まれ、すばらしいパンプが得られる。そして最後に、さらに重量を増やして高重量トレーニングを行い、パワーと筋力を高める。

セット数

　基本トレーニングプログラムでは、特に指定のない限り、各エクササイズを4セットずつ行うことをおすすめする。以下の理由から、私はこれが最良だと考えている。

1. 利用可能なすべての筋繊維を十分に刺激するのに必要なトレーニング量を確保するには、エクササイズごとに少なくとも4セット行う必要がある。1種目あたりのセット数をそれ以上増やすと、トレーニングの総量が過剰になり、オーバートレーニングになる恐れがある。
2. 1種目につき4セット、基本トレーニングプログラムでは体の部位（大きな筋群）ごとに全部で12セット、上級トレーニングでは20セットすれば、各部位のすべての領域（たとえば背中のトレーニングなら、背中上部と下部、広背筋外側のアウトライン、背中の内部など）を鍛えるのに十分な種類のエクササイズを行える。
3. ボディビルダーによる半世紀にわたる試行錯誤の結果、1種目をどうにか4セットこなせる重量でのトレーニングが最も筋肉を刺激し、成長させることが明らかになっている。

　小さな筋肉を鍛えるのと大きな筋肉を鍛えるのとでは、必要なトレーニング量にかなりの差がある。たとえば、背中のトレーニングでは、ひとつの筋肉だけを鍛えればいいわけではない。背中には広背筋、菱形筋、僧帽筋、脊柱起立筋などさまざまな筋肉があり、それぞれを個別にトレーニングしなければならない。太ももも同様だ。この部位には大腿四頭筋を構成する4つの強力な筋肉と、内側の内転筋群がある。太もも全体をくまなく鍛えるには、パワートレーニングとアイソレーショントレーニングの両方が必要であり、それぞれの筋肉をいろんな角度から刺激しなければならない。2～3セットではこれを達成できない。

　一方、上腕二頭筋や上腕三頭筋のような小さな筋肉を鍛える場合、これらの筋肉はそれほど複雑ではないので、必要なセット数は少なくて済む。太もものトレーニングなら、合計16～20セットが必要になるだろうが、上腕二頭筋なら9～12セット程度でしっかりトレーニングできる。さらに小さな三角筋後部の場合は、通常4～5セットで十分だ。また、筋肉ごとの生理的特性も考慮する必要がある。たとえば上腕二頭筋はとりわけ回復の早い筋肉なので、多めのセット数でトレーニングしても（私はいつもそうしていた）すぐに回復する。また、ふくらはぎの筋肉は比較的小さいが、歩いたり走ったりする際にほぼ無限に反復し続けられるように作られているので、多めのセット数でトレーニングしたほうが大きな効果が得られる。

　とはいえ、いきなりどの筋肉を何セットで鍛えるべきかを正確に覚えようとしなくてもいい。後ほど紹介する推奨エクササイズプログラムでは、これらをすべて考慮して組み立ててある。

フルレンジ（全可動域）

　目的にかかわらず、ボディビルエクササイズは、どの筋肉に対してもできるだけ広い可動域（レンジ）で行うべきだ（後で述べるが、例外もある）。筋肉を完全にストレッチし、その後、完全に収縮する位置までしっかり戻すこと。これが、少しでも多くの筋繊維を動員し、筋肉全体を刺激する唯一の方法なのだ。だから、本書でのレップ数の指示（「8レップ」や「10レップ以上」など）は、すべてフルレンジでのレップを前提としている。

筋収縮の質

　ボディビルとは筋肉を鍛えることであって、ウエイトを持ち上げることではない。特定の筋肉や筋群に的を絞ってトレーニングするために、ウエイトを正しい方法で持ち上げなければならないのだ。ウエイトは目的のための手段にすぎない。この目的を効率よく達成するには、ターゲットの筋肉をアイソレート（分離）する必要がある。「重たいものを持ち上げるときは、腰ではなく脚で持ち上げろ」と言われた人もいるかと思う。これは、意図的にできるだけ多くの筋群を働かせてケガのリスクを減らすテクニックだ。ピアノを運ぶ人や建設作業員であれば、そうすべきだろう。しかし、ボディビルでは事情がまったく異なる。ボディビルダーはウエイトを楽して挙上したいわけではない。それとは逆に、できるだけ苦労して持ち上げたいのだ！　他の筋群の助けを借りず、ターゲットの筋肉にすべての仕事をさせたいのだ。

　そのためには、正しいテクニックを身につけなければならない。適切な重量の選択もそのひとつだ。ターゲットの筋肉が扱い切れないほどの高重量を使うと、体は自動的に他の筋肉に助けを求める。神経系の仕組みがそうなっているのだ。だから、ある重量を挙上できるからといって、そのエクササイズが正しく行われているとは限らない。ターゲットの筋肉だけで挙上できる重量を選ぶことが重要だ。

　適切な重量を選ぶにはどうすればいいのか？　ひとつの方法は、最初はかなりの低重量を挙上し、動作中の筋肉の感覚に意識を集中することだ。そして徐々に重量を上げていく。筋肉の感覚が低重量のときとは違うと思ったら、重量が重すぎる可能性がある。その場合は低重量時の「感覚」に戻るまで、重量を少しずつ減らしていこう。

ウォーミングアップ

　ウォーミングアップの話をしても、その言葉に「体を温める」という文字通りの意味が含まれていることを理解していない人が多い。先にも述べたが、筋肉内の酸化は実質的には燃焼の一形態なのだ。そのため、筋肉を使うとその部位の温度が上がり、その筋肉の収縮力が高まる。

また、ウォーミングアップをすれば、心拍数と血圧が上昇し、酸素を含んだ新鮮な血液がその部位に送られる。その結果、体に最大限の酸素が供給されるだけでなく、運動で生じた老廃物が筋肉から排出されやすくなる。

　最後に、しっかりウォーミングアップをやっておけば、高重量トレーニングに対処しやすくなるし、体に過剰な負担をかけずに済む。捻挫や肉離れといったケガのリスクも減らせる。

　ウォーミングアップには、いろいろなやり方がある。たとえば、心拍数を上げるには十分だが、体内のエネルギーを消耗してしまわない程度に短時間の有酸素運動（トレッドミル、エアロバイク、ランニングなど）をワークアウト前に行う人もいる。また、柔軟体操などの軽い運動も、体に大きな負担をかけずにウォーミングアップができる。しかし、最も一般的なのは、ウエイトを使ったウォーミングアップだ。まず少しストレッチをしてから、バーベルやダンベルを使って適度に軽い動作をし、もっと激しい運動に体が対応できる準備が整うまで、体の各部位を順々に刺激していく。

　そして、ワークアウトの各エクササイズでは、最初は軽めのウォーミングアップセットとし、ターゲットの筋肉に特定の動きをさせる準備をする。低重量高レップの軽めのセットを１〜２セット行っておくと、筋肉は高重量低レップ（６レップ）による高強度のセットに対処する準備ができる。

　セッションに高重量トレーニングが含まれている場合は、体にかなりの負担を強いることになるので、ウォーミングアップがいっそう重要になる。順序としては、負担の少ないボディビルトレーニングを先に行い、体がしっかり温まってから高重量トレーニングを始めるのがベストだ。

　ワークアウトの時間帯も、どの程度のウォーミングアップをすべきかを決める要因になる。朝の８時にトレーニングをする場合は、夜の８時よりも体が硬く、その分余計にストレッチやウォーミングアップが必要な可能性が高いので、それ相応の時間をかけること。

　また、ウォーミングアップは常に全身に対して行うべきだ。たとえば、高重量のショルダープレスをする場合、三角筋や上腕三頭筋以外の筋肉も使う。首の筋肉や僧帽筋も動作中に激しく収縮するので、これらの筋肉の準備にも時間をかける必要がある。

　ジムでのケガは、主に２つの理由で起こる。ひとつは正しいテクニックをおろそかにしてトレーニングした場合（ウエイトが重すぎたり、ウエイトを完全にコントロールできなかったり）であり、もうひとつはストレッチとウォーミングアップを適切に行わなかった場合である。

　年齢が肉体や運動能力に与える影響についても指摘しておこう。広く知られていることだが、年齢が高くなればなるほど、ウォーミングアップやストレッチによる体の保護が重要になる。若ければかなりの無理がきくとはいえ、それでも、正しいテクニックを身につけ、しっかりストレッチとウォーミングアップをする習慣をつけておくことは、年齢に関係なく、**すべての**ボディビルダーのためになる。その習慣が身につくのが早ければ早いほど、長い目で見れば、よりよい結果をもたらすだろう。

パワートレーニング

　強さを評価する方法はひとつではない。もし私が300ポンド（136.1kg）を挙上でき、あなたが250ポンド（113.4kg）しか持ち上げられないなら、1レップの筋力では私のほうが強い。しかし、あなたが250ポンド（113.4kg）を10回挙上でき、私が8回しかできなければ、そこには別の種類の強さがある。筋持久力、つまり一連の動作で力を発揮し続ける能力において、あなたは私を上回っていることになる。
　体を鍛え発達させるには、ある程度持久力が求められるトレーニングに多くの時間をかけなければならない。つまり、ボディビル向けの中回数のトレーニングをこなす必要がある。しかし私は、プログラムに低レップの筋力トレーニングを含めなければ、最高の肉体を作り上げるのに欠かせない硬さと筋密度を得られないとも思っている。

　ジョン・グリメック、クランシー・ロス、レジ・パークの時代は、ほぼすべてのボディビルダーがパワートレーニングを重視していた。筋力は、見映えのする肉体と同じくらい重要だと考えられていたのだ。しかし、当時も今も、筋力の種類はひとつではない。伝説的なジャック・ラレーンは、1レップの筋力勝負ではレジ・パークに太刀打ちできなかった。しかしレジはマッスルビーチの大男たちが疲れ切ってへたり込むようなレップ数をはるかにすぎても、休むことなくチンアップとディップスを交互に繰り返し続けていた。
　1940年代や50年代のボディビルダーは、今日のトップボディビルダーのような全体的な洗練さには欠けていたが、極めて硬くて強い、印象に残る肉体をしていた。1980年代は振り子が逆に振れすぎて、伝統的なパワートレーニングをプログラムに取り入れる利点が見落とされていたように思える。現在は、多くの選手が230ポンド（104.3kg）や240ポンド（108.9kg）、あるいはそれ以上の体重で大会に出場するようになり、高重量のパワートレーニングが見直されているようだ。確かに、とてつもなく高重量でのトレーニングを数多くこなさなければ、圧倒的な筋肉量と筋密度を誇るドリアン・イェーツのような肉体は得られないだろう。
　「高重量の挙上をしていない選手は、ステージに立つとすぐにわかる」と、カイロプラクターの資格を持つ友人のフランコ・コロンブは言う。「筋肉がフニャフニャに見えるんだ」と。その理由については、科学的・生理学的エビデンスが豊富にある。パワートレーニングは、比較的少ない筋繊維に一度に過負荷をかけて、筋繊維を太く大きくする（筋肥大）。そして同時に、筋密度も高くする。そのことが、かつてのチャンピオンボディビルダーたちのあの硬く、筋密度の高い肉体に大きく貢献していたのだ。
　パワートレーニングをプログラムに取り入れすることで、それより軽い重量のトレーニングでの筋力もアップする。すると、どんどん重量を増やしていけるので、筋肉の成長が早くなる。また、筋肉だけでなく腱も強化されるため、低重量高レップのトレーニングをする際に、途中で集中力が切れて完璧なテクニックでウエイトを扱えなくなっても、腱に負

730ポンド（331.1kg）のデッドリフトに挑むフランコ・コロンブ

担がかかりにくくなる。

　高重量トレーニングは、腱と骨との結合も強化する。腱が骨から離れることを剥離骨折（BOOK5参照）というが、適切なパワートレーニングによってこのリスクが大幅に減少する。

　高重量トレーニングを取り入れたプログラムによって鍛えられた筋肉のサイズと密度は、最小限のメンテナンスさえしておけば、長期間楽に維持できる。高レップトレーニングのみによる筋肉の成長は、その多くが体液貯留やグリコーゲン貯蔵といった一過性の要因によるものにすぎないが、パワートレーニングによって花崗岩で作られた壁のように硬くなった筋肉は、筋繊維のサイズが実際に大きくなった結果である。また、フランコによると、筋細胞壁自体が厚くて丈夫になるため、縮みにくくなるという。

　さらにまた、パワートレーニングをすることで、実際に自分がどれだけの重量を持ち上げられるのかという肉体の限界を身をもって知ることができる。その結果、パワートレーニングをしない人よりも精神的に優位に立てる。

　近年のボディビルダーは高度なテクニックを数多くマスターする必要があるが、ボディビルの基本は高重量の挙上による筋肉量の増大にあることを忘れてはならない。だからといって、ボディビルダーもウエイトリフターがするようなトレーニングをすべきだと言っているのではない。私は、両者のトレーニングの長所を生かすために、筋肉の全体的な発達を目指すプログラムにパワートレーニングを取り入れることをおすすめしたい。

クリス・カミアーの腕は、トライセップスエクステンションをパワーエクササイズの一環としてこなせるほど力強い。

私は腕が長いので、400ポンド（181.4kg）超のベンチプレスを8レップこなすにはかなりの努力と集中力が必要だ。

高重量でのTバーロウは、背中のパワーエクササイズにうってつけの種目だ。

ヘビーデイ

　ボディビルを始めたばかりのころ、私はパワーリフティングのトレーニングをよくやっていた（パワーリフティングはウエイトリフティングの一種で、ベンチプレス、スクワット、デッドリフトの３種目からなる）。ボディビルが上達し、次第にレベルの高い大会で優勝できるようになると、私はバランスのとれた、質の高い完全な肉体を作り上げる必要に迫られた。ボディビルの道を進めば進むほど、競争相手のレベルが高くなるからだ。**どんな**スポーツでも、トップレベルには才能豊かな選手がひしめいている（だからこそトップレベルになれたのだ）。トップレベルの大会では、才能や遺伝に頼るだけでは勝ち抜けない。たとえば、ミスターユニバースやミスターオリンピアのレベルになると、審査員は選手の持っているものよりも、持って**いない**ものに注目する。だから、できるだけ欠点のない肉体を持つことが不可欠になる。

　そのために私は、高レップのアイソレーショントレーニングの割合を増やすことにした。そうすることで、確実に個々の筋肉を磨き上げ、可能な限り最大限のディフィニションとセパレーションを実現できるからだ。その一方で、パワーリフティングトレーニングで作り上げた基本的な厚み、密度、硬さも決して失いたくなかった。だから、トレーニングスケジュールには必ず「ヘビーデイ」を組み入れた。週に１回ほど、体の部位をひとつ選び、その部位の筋力を最大限高めるトレーニングを行うのだ。たとえば、脚のヘビーデイには最大挙上重量でのスクワットに挑み、胸なら最大挙上重量でのベンチプレスを試みる、といった具合だ。このようなトレーニングスケジュールなら、次のワークアウトまでに回復できないほどの負担を体にかけることはなかった。それどころか、定期的に最大筋力を発揮する機会を設けたおかげで、筋力向上の進捗状況を正確に把握できたし、トレーニングの大半を占める低重量高レップのトレーニングの短所をうまくカバーすることができた。

　ぜひとも私と同じようにヘビーデイを設けることをおすすめしたい。週に１～２回、体の部位をひとつ選び、自分の最大筋力を試してみよう。その際は、高重量を扱うことに不安を感じなくても済むように、トレーニングパートナーに付き添ってもらうのがいいだろう。最初にストレッチとウォーミングアップを入念に行い、体をしっかり準備しておくこと。トレーニング日誌には忘れず重量を記録しておこう。筋力の向上に伴って上昇していく数字を見ると、大きな満足感が得られるはずだ。高重量を扱えるようになると、心理的にも大きな効果が得られる。トレーニングに対する自信が深まり、やる気も高まる。

オーバートレーニングと回復

　ハードなトレーニングで体を酷使すればするほど、疲労の回復に時間がかかる。休養と回復が重要なのは、筋肉の成長はトレーニングによって促されるとはいえ、実際の成長と

適応が起こるのはトレーニング後の回復期間だからだ。進歩が思わしくないボディビルダーが、よりハードなトレーニングをより頻繁に行うことによってではなく、休養を増やすことによって停滞期を脱するのはそのためだ。

　オーバートレーニングが生じるのは、筋肉が十分に回復する暇もないほど頻繁にトレーニングをしたときだ。ボディビルダーは一度筋肉を壊してからそれを再構築する、という話を聞いたことがあるかもしれないが、これは生理学的にはあまり正確ではない。たしかに激しい運動をすると筋肉組織の一部に損傷が生じることがあり、この損傷が筋肉痛という後遺症を引き起こす。しかし、筋肉痛はあくまで副作用であって、激しい運動後に筋肉が回復する時間が必要になる主な理由ではない。

　激しい筋収縮には、いくつもの複雑な生化学的プロセスが伴う。筋収縮に必要な燃料を供給するプロセスでは、乳酸などの有毒な老廃物が蓄積する。また、運動中は筋肉にグリコーゲンの形で蓄えられているエネルギーが使い果たされる。

　体は、筋肉細胞の化学的バランスを回復し、残存する老廃物を除去し、枯渇したグリコーゲンを補充するための時間を必要とする。しかし、それよりも重要な事実がある。筋肉細胞自体が運動による刺激に適応し、成長するための時間が必要なのだ。何度も言うが、ボディビルでは筋肥大が最重要課題であることを忘れてはならない。前回のセッションから十分な間隔を置かずにハードなトレーニングをすると、筋肉にオーバートレーニングを強いることになり、その結果、筋肉を成長させる絶好の機会を逸し、進歩が遅くなってしまう。

　運動による疲労からの回復速度は筋肉ごとに異なる。先程も述べたように、最も回復が早いのは上腕二頭筋だ。下半身の筋肉は最も回復が遅く、激しいワークアウトから完全に回復するには約100時間かかる。しかし、たいていの筋肉は48時間休ませれば十分である。つまり、ある筋肉をトレーニングしたら、その筋肉を再びトレーニングするには丸１日は空ける必要があるということだ。

　基本トレーニングでは中レベルの強度のワークアウトしか行わないため、回復に必要な時間は短くて済む。上級トレーニングに進むと、変化や成長に対する体の抵抗が高まるので、それに打ち勝つためにより高い強度が必要になる。しかし、もうひとつ重要な事実がある。鍛えられた筋肉は、鍛えられていない筋肉よりも疲労から早く回復するのだ。だから、進歩すればするほど回復速度が速くなり、より強度の高いトレーニングプログラムを組めるようになる。

セット間の休憩

　ワークアウト中はペースを適切に保つことが重要だ。あまりに速いペースでトレーニングしようとすると、筋肉を十分鍛える前に心肺機能がダウンしてしまう危険性がある。また、各動作を正確に行えなくなり、ウエイトを雑に振り回すようになってしまうかもしれない。

かといって、遅すぎるペースでトレーニングするのもよくない。セット間に5分も休息をとると、心拍数が落ち、パンプが失われ、筋肉が冷え、強度レベルがゼロになってしまう。

セット間の休息は1分以内に抑えるようにしよう。トレーニング後の最初の1分間で筋力は72%まで回復し、3分後には100%に回復するので、それ以上の休息は必要ない。そもそも、トレーニングのポイントは、できるだけ多くの筋繊維を刺激し、疲労させることにある。そしてそれは、すでに疲労している筋繊維の代わりに、さらなる筋繊維を使わざるを得なくなった場合にのみ起こる。だから、セット間に筋肉を回復させすぎないほうがいいのだ。休息は必要最小限（ワークアウトをなんとか続けられる程度）にとどめておこう。そうすれば、より多くの筋繊維を動員させ続けることができる。

もうひとつ考慮すべき要素がある。生理学者は以前から、最大筋力と筋持久力の関連を指摘してきた。最大筋力が増せば増すほど、それ以下の重量で挙上できる回数が増える。これは、（心肺持久力とは異なり）筋持久力を高めれば高めるほど、筋力もアップするということでもある。ペースを一定に保ってトレーニングを続けると、全体的な強さの向上にもつながるのだ。

呼吸

意外なことに、エクササイズ中の呼吸はどのようにすればいいのかとよく聞かれる。私は意識して呼吸したことなどなかったので、この質問には、つい「リラックスして、自然に任せればいい。何も考える必要はない」と答えたくなったものだ。

しかし今では、これがうまくいかない人もいるとわかった。そんな人のためのシンプルなアドバイスは、力を入れるときに息を吐くこと、これに尽きる。たとえばスクワットをしているときは、肩にウエイトを担いで立っている状態からしゃがむときに息を吸い、立ち上がるときに息を吐く。息を吐くときは、息を止めないこと。

これには理由がある。筋肉を強く収縮させると、たいてい横隔膜も収縮する。特に、レッグプレスやスクワットのような動作をしているときに顕著だ。横隔膜が収縮すると、胸腔（肺が収まっている空間）の圧力が高まる。そのときに息を止めてしまうと、ケガをしかねない。たとえば、喉頭蓋を痛め、喉の気道を塞いでしまう可能性がある。最大限の努力をするときに息を吐けば、このような危険から身を守れるし、実際に少し筋力が向上するという説もある。

ストレッチ

ストレッチは、ワークアウトの中で最も軽視されている要素のひとつだ。ライオンが昼寝から目覚めて立ち上がるところを見れば、すぐに全身を思い切り伸ばし、いつでも獲物に襲いかかれるようにすべての筋肉、腱、靭帯を準備万端な状態にしているのがわかるだ

ろう。ライオンは本能的に、ストレッチをすれば力を最大限に発揮できることを知っているのだ。

　筋肉、腱、靭帯、関節には柔軟性がある。硬くなって可動域が狭まることもあれば、ストレッチによって可動域が広がり、さらなる筋繊維の収縮が可能になることもある。ワークアウト前にストレッチをすると、よりハードなトレーニングを行えるのはそのためだ。

　ストレッチは、トレーニングの安全性も高める。ウエイトの重みによって筋肉が完全に伸ばされるとき、体が硬く可動域が狭いと筋肉が引っ張られすぎてしまう。腱や靭帯を伸ばしすぎると、捻挫や肉離れを引き起こし、トレーニングスケジュールに重大な支障をきたすことになるのだ。しかし、トレーニングする部位をあらかじめストレッチしておけば、ウエイトの重みでその部位が引っ張られても大事には至らない。

　柔軟性は、多様なエクササイズを適切に行うことでも向上する。筋肉は収縮することはできるが、自ら伸びたりはしない。拮抗筋に引っ張られることでその筋肉が伸ばされるのだ。フルレンジでトレーニングすると、収縮中の筋肉は自動的にその拮抗筋を伸ばす。たとえば、カールをすると上腕二頭筋が収縮することによって、上腕三頭筋が伸ばされる。トライセップスエクステンションを行うと、その逆が起こる。フルレンジでエクササイズすることで、柔軟性を高められる。

　しかし、それだけでは十分ではない。高重量に抵抗して収縮した筋肉は、その代償として短くなりやすい。そのため私は、トレーニング前のストレッチ（ハードなトレーニングをより安全にできるようにするため）だけでなく、トレーニング後にもストレッチをする（疲れてこわばった筋肉を伸ばすため）ことをおすすめする。

　ワークアウトの準備運動としては、これから紹介する標準的なストレッチエクササイズをいくつかやっておくといい。ヨガやストレッチの教室への参加を検討してもよいだろう。多くのボディビルダーは、柔軟性を高めるためにわざわざ余分な努力をする必要はないと感じているが、トム・プラッツのように、ワークアウトを強化するためにストレッチを大いに活用している人もいる。トムがワークアウトに備えて柔軟体操をしているのを見たことがあるが、あの巨大な脚がプレッツェルのようにねじれていて、信じられないような光景だった。ふくらはぎのトレーニングをする際、彼はよく、かなりの高重量で可能な限りふくらはぎをストレッチさせていた。ストレッチすればするほど、より多くの筋繊維が収縮に関与するようになることを理解していたからだ。

　トレーニング前後のストレッチも重要だが、私はトレーニング中にストレッチを行うことも不可欠だと考えている。私はセット間に筋肉に力を込めてポーズをとるよう勧めているが、セットの合間に特定の筋肉をストレッチすることも重要だと思っている。たとえば広背筋のトレーニングでは、チンアップやプルダウンの動作の合間に入念なストレッチを挟むと効果的だ。私は、ストレッチが特に効果的だと思えるエクササイズには、ストレッチを取り入れてきた。

　結局のところ、大会で勝者と敗者を分かつのは、こうした細かな点なのだ。その差は、大会のステージでポーズをとったときにすぐにわかる。それは、セパレーションとディ

フィニッシュの見事さという見た目の違いだけでなく、ポージングの優雅さと自信にも表れる。筋肉、腱、靭帯に柔軟性がなく、こわばっていたら、ボディビル史上屈指のポーズの名手として知られるエド・コーニーでさえ、あのような美しい動きはできないだろう。

とはいえ私は、よほど柔軟性に問題があるか、ケガをした部位のリハビリをするのでなければ、ストレッチにあまりに多くの時間とエネルギーを割くことはおすすめしない。多くの場合、大きめの筋肉を伸ばす10種類の基本的ストレッチエクササイズをワークアウトの前後に10分程度ずつ行えば十分だと思う。

ストレッチには、すばやく弾むような動きではなく、ゆっくりとした穏やかな動きが必要だ。急激に負荷をかけると、筋肉や腱は自衛のために収縮してしまい、目的が果たせなくなる。逆に、じっくりとストレッチし、その姿勢を30秒以上キープすれば、腱は徐々に緩み、柔軟性が得られる。

これから紹介するストレッチエクササイズは、それぞれ1分程度時間をかけることをおすすめする。しかし、これは必要最低限の時間だ。ストレッチに時間をかければかけるほど、柔軟性は高まる。

ストレッチエクササイズ

サイドベンド(側屈)

エクササイズの目的：腹斜筋など脇腹の筋肉をストレッチする。

やり方：両足を肩幅よりやや広く開いて直立する。両腕は体の横に置く。右腕を頭上に上げ、ゆっくりと左に曲げる。このとき、左手は太ももに沿って下に滑らせる。曲げられるところまで曲げ、この姿勢を約30秒間キープする。スタートポジションに戻り、反対側も同様に行う。

フランク・セペ

フォワードベンド（前屈）

エクササイズの目的：ハムストリングスと腰をストレッチする。

やり方：両足を揃えて直立する。前かがみになり、脚のできるだけ遠くの部分をつかむ。腕の力で頭をゆっくりと体に引き寄せながらできるだけ脚に近づけ、腰とハムストリングスを限界までストレッチする。この姿勢を30〜60秒間キープし、力を抜く。

ハムストリングスのストレッチ

エクササイズの目的：ハムストリングスと腰をストレッチする。

やり方：片方の足または足首を台の上に置く。もう片方の足をまっすぐ伸ばしたまま、上げた足に沿って前かがみになり、その足のできるだけ先の部分をつかむ。つかんだ足をゆっくり引き寄せ、ハムストリングスを最大限ストレッチさせる。約30秒間キープし、力を抜く。もう片方の足も同様に行う。

ランジ

エクササイズの目的：太もも内側、ハムストリングス、大臀筋をストレッチする。

やり方：(1) 直立し、片足を前に出す。前に出した足の膝を曲げて、後ろ足の膝が床につくくらいまで体を下ろす。前に出した足の両脇に両手をつき、体を前に傾け太もも内側を最大限にストレッチする。(2) この姿勢から前方の足をまっすぐ伸ばし、膝をロック〔訳注：膝を伸ばしきること〕して脚の裏にあるハムストリングスをストレッチする。前方の膝を曲げ、再び体を下ろす。この動作（まず脚をまっすぐに伸ばし、次に体を下ろす）を何回か繰り返す。直立姿勢に戻り、反対側の足を前に出して同様に行う。

フィートアパートシーテッドフォワードベンド
（座位開脚前屈）

エクササイズの目的： ハムストリングスと腰をストレッチする。

やり方：（1）床に座り、両足をまっすぐ伸ばして、大きく開く。前かがみになり、両手をできるだけ前に出して床につける。（2）この姿勢を数秒間キープしたら、両手を床につけながら片方の足まで移動し、その足のできるだけ先の部分をつかむ。体を足にゆっくり引き寄せ、ハムストリングスと腰を最大限ストレッチさせる。この姿勢を30秒ほどキープしたら、両手を床につけながらもう片方の足まで移動し、同様に行う。

T・J・ホーバン

太もも内側のストレッチ

エクササイズの目的：太もも内側をストレッチする。

やり方：床に座り、両足を手前に引き寄せ、足の裏同士を合わせる。両足を持ち、できるだけ股関節に近づける。足の力を抜き、膝を床のほうに落として太もも内側をストレッチする。肘で膝を押さえて、より完全にストレッチする。30〜60秒間キープし、力を抜く。

大腿四頭筋のストレッチ

エクササイズの目的： 太もも前面をストレッチする。

やり方： 床に膝をつける。両足の間隔を空け、その間に腰を下ろす。両手を後ろの床につき、大腿四頭筋がストレッチされるのを感じながら、体をできるだけ後ろに傾ける（体が硬い人は少ししか体を傾けることができないだろうが、柔軟性の高い人なら床に仰向けになれるだろう）。この姿勢を30～60秒間キープし、力を抜く。

ハードラーストレッチ

エクササイズの目的：ハムストリングスと太もも内側をストレッチする。

やり方：床に座って片方の足をまっすぐ前に伸ばし、もう片方の足は膝を曲げて横に開く。前に伸ばした足に沿って前かがみになり、足のできるだけ先を両手でつかむ。体を少し足のほうに引き寄せて最大限ストレッチされるようにし、30秒間キープする。左右の足を入れ替え、同様に行う。曲げた膝に負担をかけすぎないよう注意すること。

スパイナルツイスト

エクササイズの目的：体幹の回旋可動域を広げ、太もも外側をストレッチする。

やり方：床に座り、両足を前に伸ばす。右膝を立て、左肘が立てた膝の外側にくるように体をひねる。右手を後ろの床につき、さらに体をできるだけ右にひねる。可動域の限界までひねり、30秒間キープする。次に右膝を伸ばして左膝を立て、反対側も同様に行う。

ハンギングストレッチ

エクササイズの目的：背骨と上半身をストレッチする。

やり方：チンニングバーにぶら下がる。背骨と上半身が重力によってストレッチされるように、少なくとも30秒間キープする。グラビティブーツなど適切な器具があれば、逆さ吊りに挑戦して背骨のストレッチ量を増やしてみよう。

CHAPTER 2
自分の体型を知る

　ビーチやプール、ジムの更衣室に行ったことがある人なら、人間は生まれながらにしてさまざまな身体的特徴を持っているという事実を知っているはずだ。人によって背が高かったり低かったり、肌の色が薄かったり濃かったり、肩幅が広かったり狭かったり、脚が長かったり短かったりする。あるいは、持って生まれた持久力、遅筋と速筋の比率、筋肉細胞と脂肪細胞の数などにも違いがある。
　こうしたさまざまな体型を分類する一般的な方法のひとつに、ソマトタイプと呼ばれる分類法がある。この分類法に従えば、人間は根本的に異なる3つの体型に分けられる。

外胚葉型：胴が短く、腕と脚が長い。手足は細長く、脂肪をほとんど蓄えない。胸と肩が狭く、筋肉は一般に細長い。
中胚葉型：胸が大きく、胴が長い。筋肉構造がしっかりしており、筋力が強い。
内胚葉型：丸顔で首が短く、腰回りが広い。筋肉は柔らかく、脂肪の蓄積が著しい。

　もちろん、完全にひとつのタイプに収まる人はめったにおらず、ほとんどの人は3つのタイプが組み合わさっている。この分類法には全部で88のサブカテゴリーがあり、このサブカテゴリーは、3つの基本カテゴリーの優勢度を調べ、7段階のスコアで示すことによって決定される。たとえば、外胚葉型、中胚葉型、内胚葉型の各スコアがそれぞれ2、6、5の人は、内中胚葉型に分類される。このタイプは、基本的に筋肉質のスポーツマンタイプだが、多くの脂肪を蓄えていることが多い。

　ボディビルトレーニングは、基本的にすべてのソマトタイプに効果があるが、体型が異なればトレーニングに対する反応も大きく異なることが多く、ある体型に有効なトレーニングが別の体型にも有効とは限らない。どのような体型であっても、適切なトレーニングと栄養摂取によって鍛えることができる。しかし、長期的な目標は同じであっても、最初のうちは個々の体型に応じた個別の目的に合わせてトレーニングに取り組む必要がある。

自分の体型を理解する

　これまでのチャンピオンを振り返ってみると、その体型は千差万別だ。1970年代の名選手スティーブ・デイビスは、当初体重が270ポンド（122.5kg）ほどもあり、内胚葉型寄りの体型だった。スティーブがタイトルを獲得するには、筋肉量を維持しながら脂肪を大量に落とす必要があった。ミスターオリンピアのドリアン・イェーツは、ボディビル史上最

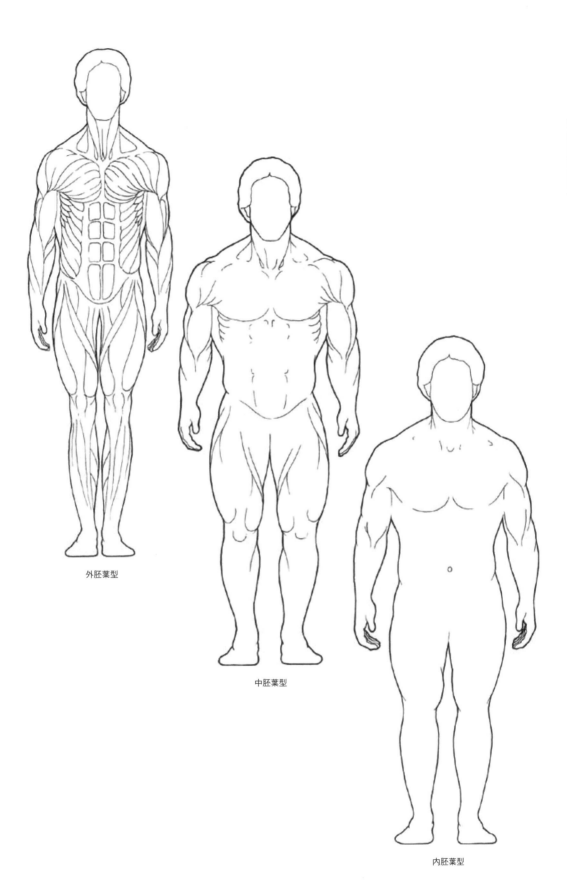

外胚葉型

中胚葉型

内胚葉型

も大柄なチャンピオンのひとりで、大会時の体重でも270ポンド（122.5kg）近くあり、オフシーズンには300ポンド（136.1kg）を優に上回る。これはドリアンの体型が内中胚葉型に近いことを示している。伝説のボディビルダー、デイブ・ドレイパーも内中胚葉型（筋肉が少ないため、ドリアンよりも内胚葉型寄りに分類される）で、太りやすく、メリハリのない肉体になりやすかったが、ハードなトレーニングと厳しいダイエットによって、大会向けの脂肪の少ない引き締まった体型を維持していた。

これは、ボディビルによって体型がどれほど変化するかを示す好例だ。スティーブ・デイビスの本来の体型は、典型的な内胚葉型だったが……

……その後、典型的な中胚葉型へと変貌を遂げた。

ナッサー・エル・サンバティ
──内中胚葉型

フランク・ゼーン
──外中胚葉型

デイブ・ドレイパー
──典型的な内中胚葉型

クリス・ディッカーソン
——内中胚葉型

フレックス・ウィラー
——外中胚葉型

ケン・ウォーラー
——内中胚葉型

リー・プリースト
——内中胚葉型

ドリアン・イェーツ
——中胚葉型

トム・プラッツ
——典型的な中胚葉型

BOOK TWO　トレーニングプログラム

一方、フランク・ゼーンはかなりの外胚葉型だ。筋肉量を増やすのにいつも時間がかかるが、それでもフランクはミスターオリンピアに3度輝いた。外胚葉型のフランクやショーン・レイは、200ポンド（90.7kg）の体重で巨漢のライバルたちを次々と打ち負かしてきたが、生まれつきパワフルで筋肉質だったわけではない。彼らの見事な筋肉の量と質は、その大部分がひたむきなハードワークによってもたらされたものだ。初代ミスターオリンピアのラリー・スコットも外胚葉型のボディビルダーだった。「私の筋肉は自然についたものではない」と彼は言う。「以前の私は98ポンド（44.5kg）しかなく、ボディビルトレーニングで体を大きくすることに意欲を燃やしていた弱虫のひとりだった」

　私はと言うと、中胚葉型であり、比較的簡単に筋肉をつけることができた。一時は240ポンド（108.9kg）までバルクアップしたこともあったが、本来の体型は細身で、純粋な中胚葉型や内中胚葉型というよりは、外中胚葉型ということになる。

　筋肉の形とプロポーションの見事さで有名なフレックス・ウィラーも外中胚葉型のひとりだ。フレックスを見れば、その筋肉の大きさにもかかわらず（特にドリアンのようなパワフルな体格のライバルたちと比べると）彼の骨や関節がどれほど小さいかがわかるだろう。ボディビル界の用語で言えば、フレックス、フランク・ゼーン、そして私の肉体はアポロン型（筋肉質だが、外胚葉型寄りで、力強さよりも美しさに優れている）であり、ドリアン、ナッサー・エル・サンバティ、トム・プラッツ、ケイシー・ビエター、マイク・メンツァーのような分厚い筋肉のボディビルダーはヘラクレス型（典型的な中胚葉型か内中胚葉型）に分類される。アポロン型もヘラクレス型も、それぞれ傑出した美しさを持ちうるが、見た目は大きく異なる。現在は、一般的にアポロン型の肉体のほうが、そのボディラインとプロポーションから、より芸術的で美しいと考えられているが、古典芸術を振り返ってみると、ヘラクレス型の肉体のほうが称賛されていることが多い。

　最近のトップボディビルダーはみな、筋肉が質と量ともによく発達しているので、体型のカテゴリー分けが難しいこともある。しかし、アマチュアの大会に行けば、体型の違いがもっとはっきりわかるだろう。

　トップボディビルダーで、外胚葉型や内胚葉型に傾き**すぎている**人はいない。もしそうであったなら、適切なプロポーション、シンメトリー、筋肉量、ディフィニションに欠けてしまう。何度も言うように、ボディビルとは単に筋肉を増やせばいいわけではなく、筋肉を最大限に**美しく**発達させる必要がある。ライフガードのようなディフィニションがはっきりしていて引き締まった肉体は、見た目は非常に魅力的だが、トップレベルのボディビル大会で競い合うために必要な筋肉量に欠ける。分厚く巨大な超中胚葉型の体は、ウエイトリフター、砲丸投げ選手、アメフトのラインマンには最適だが、この種の肉体の美しさはボディビルのステージでは通用しない。

　自分の体型を正しく理解しておけば、間違ったトレーニングに無駄な時間を費やし、思った成果が出ないとがっかりしなくて済む。外胚葉型が内胚葉型向きのトレーニングをしても、オーバートレーニングになりがちで、順調に成長しない可能性が高い。自分が中胚葉型だと思っている内胚葉型は、体は大きくなるが、体脂肪を抑えるのに苦労する。ト

レーニングの基本原則は誰にとっても同じだが、トレーニングをどのように組み立て、それをどのようなダイエット法や栄養補給と組み合わせるかは、持って生まれた体型によって大きく違ってくる。

代謝と筋肥大

　体型の違いが生じる要因のひとつに代謝がある。生まれつきカロリー消費量が多い人がいる。生まれつき食物エネルギーを筋肉や脂肪に変えるようにできている人もいれば、そのエネルギーを運動のための燃料に変えるようにできている人もいる。しかし、同じ人でも体格が変われば代謝も変わる。筋肉はカロリーを燃やすので、生まれつき内胚葉型で太めの人は、筋肉量を増やせば増やすほど、引き締まった体になりやすい。また、人間の体は極めて順応性が高いので、絶えず進行中の文字通り何千もあるさまざまな代謝プロセスは、与えられた要求に応じてさまざまに変化する。たとえば摂取したタンパク質を筋肉に変えたり、脂肪をエネルギーとして使う能力を高めたりといった具合に、だ。

　代謝の調節に大きな役割を果たしているのが甲状腺だ。極端に痩せていたり、極端に太っていたりする人は、念のため、病院で甲状腺機能検査を受けておくとよい。甲状腺機能が低下している場合（甲状腺機能低下症）、余分な体脂肪を燃焼させることが極めて難しい。一方、甲状腺機能が亢進している場合（甲状腺機能亢進症）、体重をほとんど増やせなくなる。しかし私は、甲状腺レベルが正常範囲内にある人が、代謝を上げ「カットを出す」（高ディフィニションを達成する）手段として甲状腺を投与することに強く**反対**している。これは、本来の甲状腺機能に恒久的な損傷を与える可能性があるなど、多くの点で危険を伴う。

外胚葉型トレーニング

　外胚葉型の最初の目標は体重を増やすことだ（質の高い筋肉の形で増量できれば申し分ない）。このタイプの人は、長時間に及ぶトレーニングセッションをこなす筋力や持久力がなく、筋肉の発達もかなり遅い。成長を続けるには、大量の食事を無理してでも食べる必要があるかもしれない。そのため、外胚葉型には次の方法をおすすめする。

1. 最大限に筋肉をつけるために、プログラムにパワー系のエクササイズを多く取り入れること。トレーニングは高重量低レップ（適切なウォーミングアップの後、6〜8レップの範囲）で行う。
2. 強度の高いトレーニング方法を身につけ、1セット1セットに全力で取り組むこと。そうすれば、ワークアウトを比較的短時間に抑えながら、大幅な増量が可能になる（体の主要な部位ごとに、16〜20セットというよりは14〜16セット）。セット間には必ず十分な休息をとり、次のワークアウトの前に十分な回復時間を確保すること。

3. 栄養摂取に細心の注意を払うこと。普段のカロリーよりも多めに摂取する。必要であれば、ウエイトゲイナーやプロテインドリンクを利用して食事量を補う。
4. 食物エネルギーを筋肉量に変えようとしているのだから、エアロビクス、ランニング、水泳といった他の活動で、**過度に**エネルギーを消費しないように注意すること。ある程度の有酸素運動は健康のために望ましく、また必要なものでもあるが、ジム以外の運動に1日何時間も費やしてしまうと、ジムで筋肉を増やすことが難しくなるだろう。

中胚葉型トレーニング

　中胚葉型の場合、筋肉を増やすのは比較的簡単だ。しかし、筋肉をただ分厚くするのではなく、バランスよく発達するよう、トレーニングプログラムに多様なエクササイズを取り入れる必要がある。そこで、中胚葉型には次のような方法をおすすめする。

1. 筋肉を増やしパワーを高める基本エクササイズに加え、質やディテールの向上を目指すアイソレーショントレーニングに重点を置く。中胚葉型は筋肉がつきやすいので、最初から筋肉の形やセパレーションに重点を置いたトレーニングに取り組める。
2. 中胚葉型は簡単に筋肉がつくので、エネルギーの節約やオーバートレーニングをあまり心配する必要がない。体の部位ごとに16～20セットの標準的なワークアウトで問題なく、セット間の休息は自分に合う範囲なら多くても少なくてもよい。
3. タンパク質を多く含むバランスのとれた食事をし、年間を通じて、大会時の体重プラス10～15ポンド（4.5～6.8kg）以内の肉体を維持できるよう、カロリーレベルを調節する。30～40ポンド（13.6～18.1kg）も増量して、大会前に不要な体重を落とすはめにならないように注意すること。

内胚葉型トレーニング

　一般的に、内胚葉型は筋肉をつけることにはそれほど苦労しない食事が、脂肪を減らさなければならない場合が多い。また、体重が増えすぎないよう食事には細心の注意を払わなければならない。そのため、内胚葉型には次のような方法をおすすめする。

1. 高セット高レップ（10～12レップ以上）のトレーニングの比率を上げ、休息時間を切り詰めて、できるだけ多くの脂肪を燃焼させる。脂肪を減らし、引き締まった体を作ろうとしているなら、追加のエクササイズを数セット余分に行うのも悪くない。
2. 自転車やランニングなどのカロリーを消費する有酸素運動を追加する。ジムでのト

レーニングもカロリーを燃焼させるが、1回に30〜45分以上連続して行う有酸素運動ほどではない。
3. **必要な栄養をバランスよく含んだ低カロリーの食事を心がける**（BOOK5参照）。必要最低限のタンパク質、炭水化物、脂質を摂取しつつ、ビタミンやミネラルのサプリメントを補給して体に必要な栄養素が不足しないようにする。

体組成検査

　生まれつきの体型がどうであれ、除脂肪体重が増え、脂肪体重が減っているのであれば、体組成は実際に変わりつつある。しかし、多くの場合、そうした変化を追うのは難しい。トレーニングによって筋肉量が増えて体組成が大きく変化していても、パッと見ではわからないことがあるからだ。鏡や体重計、巻き尺は常に役に立つが、それだけでは十分な情報を得られないこともある。

　単に鏡で自分を観察する以外で、そうした体の変化を把握する最良の方法は、体組成検査を受けることだ。体組成検査では、脂肪量と筋肉量の比率がわかるので、筋肉の増加と脂肪の減少を目指すボディビルダーにとっては、その進歩を追跡するのに役立つ。一般的な体組成検査には以下の方法がある。

- 皮下脂肪厚測定法：ノギスで体のさまざまな部位の皮膚をはさみ、その厚みを測って皮膚の下にどれだけ脂肪があるかを調べる。この数値をもとに体組成を計算する。
- 水中体重測定法：被験者の体重を水槽の外で測定した後、水槽に入り、体重や肺内の残気量などを測定する。その数値を計算式に当てはめ、除脂肪体重（筋肉、骨、内臓で構成される）に対する脂肪の割合を算出する。
- 生体電気インピーダンス法：脂肪と筋肉、水分とでは電流に対する抵抗の大きさが異なるため、体に微弱な電流を流した際の抵抗の値によって体組成を計算する。

　体組成検査は、ダイエットやトレーニングによって肉体にどのような変化が生じているかを確かめるのに役立つ。しかしながら、1回の検査で得られた特定の結果よりも、複数の検査結果における**変化の傾向**のほうが重要であることに注意しよう。というのも、どの方法であれ、あらゆる検査の数値は、体に関するある仮定に基づく計算式によって算出されるが、こうした計算式は、本格的にボディビルに取り組む人の極端な成長には必ずしもうまく当てはまらないからだ。だから、検査の精度を高めるには、同じ方法で実施される同じ種類の検査を続けて受ける必要がある。1回目の検査で12％だった体脂肪率が、2週間後に9％に減っていれば、正しい方向に進んでいると判断して間違いないだろう。

　体脂肪検査については、自分の体脂肪は3％しかないと馬鹿げた主張をするアスリートもいるようだ。しかしながら、医者なら誰もが3％というのは**遺体**並みの体脂肪率であっ

て、屈強で健康なアスリートの体脂肪率ではありえないと反論するはずだ。IFBBやNPCの大会で、さまざまな方法を用いて行われた検査では、同じように引き締まって見えるボディビルダーでも、体格が大きいほど体脂肪率が高いことがわかった。つまり、大柄なボディビルダーは体脂肪率が12%あっても引き締まって見えるだろうが、軽量級のアマチュアであれば、7～8％の体脂肪率でないと引き締まって見えないということだ。

　これはどうしてかというと、これまで伝統的に脂肪と考えられてきたものだけが、体に存在する脂肪のすべてではないからだ。実は筋肉内にも脂肪がある。もし巨漢のボディビルダーが、ある地点を超えてダイエットを続ければ、カットが出るどころか、むしろ**縮んで**しまう可能性が高い。だから、体組成検査は役に立つけれども、鏡や写真を使って自分の見た目の変化を追跡することも忘れてはならない。大会の審査員は体組成検査の結果など考慮しない。目に見えているものだけで判断するのだ。だから、あなたも審査員と同じ視点に立つ必要がある。

CHAPTER 3
基本トレーニングプログラム

　ボディビルの初心者が取り組むべき最初の課題は、筋肉の強固な土台（分厚い脂肪ではなく、純粋な筋肉量）を築くことである。バランスのとれた、質の高い筋肉を作り上げるのは、その後だ。

　そのためにはまず、高重量を使ったハードな基本トレーニングをしなければならない。何週間にもわたって地道にトレーニングを続けるうちに、体がようやく反応し始める。ここで言う基本トレーニングとは、ベンチプレス、ベントオーバーロウ、スクワットといった数種類のエクササイズではない。体の主要な筋群を刺激し、発達させるように工夫された30～40種目に及ぶエクササイズすべてのことだ。

　基本トレーニングの段階で達成しておくべきことは、素晴らしい肉体の土台となる筋肉量である。私やデイブ・ドレイパー、リー・ヘイニーといったボディビルダーは、20代前半でこれをほぼ達成していた。そのころの私は240ポンド（108.9kg）という巨体を手に入れていたが、未完成だった。すでに主要な大会での優勝経験はあったが、未加工のダイヤモンドのようだった。しかし、私には十分な筋肉量があった。その時点から、私は世界一のボディビルダーを目指し、未完成な肉体を磨き上げることに取り組み始めた。

　この初心者の段階を卒業するには、早くて2～3年、場合によっては5年近くかかるかもしれない。この期間の長さは、遺伝や体型、トレーニングにどれだけのエネルギーとモチベーションを注げるかなど、さまざまな要因に左右される。ボディビルダーの成長が早いか遅いかは、肉体の質の高さを保証するものではない。重要なのは、どれだけ遠くに行けるかであって、どれだけ早く成長できるかではない。たとえば、驚異的な筋肉量を誇るドリアン・イェーツがボディビルを本格的に始めたのは10代後半から20代前半にかけてだった。つまり、何歳から始めようが、今何歳だろうが、どんな体型だろうが、プロセスは変わらない。厳しいトレーニングを根気よく長期間続けることだ。

スプリットトレーニング

　スプリットトレーニングは、トレーニングを分割して行うもので、一度のセッションで全身を鍛えるのではなく、セッションごとに一部の筋群のみを鍛える方法だ。

　ジョン・グリメックやクランシー・ロスがチャンピオンに君臨していたボディビルの黎明期には、ボディビルダーはたいてい週に3回、全身を鍛えていた。当時は通常、体の部位ごとに3～4セットしかトレーニングをしなかったので、1回のセッションで全身を鍛えることができた。しかし、ボディビルが進化するにつれて、完璧な体を作り上げ、発達させるには、もっと緻密なトレーニングが必要であることが明らかになった。筋肉をさま

ざまな角度から鍛えるには、多様なエクササイズを取り入れなければならないし、できるだけ多くの筋繊維を刺激するには、各エクササイズのセット数を増やさなければならなかった。しかしそうなると、やるべきことが多すぎて、1回のトレーニングセッションでは全身をすべて鍛えられない。そこで開発されたのがスプリットトレーニングである。

最もシンプルなスプリットトレーニングは、上半身の筋肉と下半身の筋肉の2つに分けるだけのものだ。個々の筋肉をさらにハードに鍛えるには、さらに筋肉を分割して、3回のトレーニングセッションで全身を鍛えるようにする。たとえば、1回目のセッションですべての「押す」筋肉（胸、肩、上腕三頭筋）を鍛え、2回目のセッションで「引く」筋肉（背中、上腕二頭筋）を鍛え、3回目のセッションで脚を鍛える。そして、長年にわたってさまざまなボディビルダーたちが、個々のニーズに最も適したスプリットトレーニングのバリエーションを開発してきた。

ここから紹介するエクササイズプログラムでは、私が推奨する理想的なスプリットトレーニングのやり方を具体的に説明する。

4年間のトレーニングを積んだ19歳の私

19歳のデイブ・ドレイパー

基本的な筋群

人間の体には600以上の筋肉があるが、ボディビルの基本を学ぶうえで関心を持つべき筋肉はそれほど多くない。

通常、ボディビルダーは、全身を次のような基本カテゴリー（筋群）に分ける。

- 背中
- 肩
- 胸
- 上腕
- 前腕
- 太ももと大臀筋
- 腹筋
- ふくらはぎ

しかし、体の各重要部位をきめ細かく発達させ、入念に磨き上げるには、筋群をさらに細分化する必要がある。

- **背中**——広背筋の縦横のサイズ、背中の厚み、背中中部の筋肉量、脊柱起立筋の発達
- **肩**——サイズと盛り上がり、三角筋の3つの部位（前部、中部、後部）の発達、僧帽筋
- **胸**——大胸筋の上部と下部、胸の中央部の厚み、胸郭の盛り上がり、脇腹の細かな筋肉、鋸筋と肋間筋
- **上腕二頭筋**——上腕二頭筋の長頭（外側）と短頭（内側）、全体の長さ、厚み
- **上腕三頭筋**——上腕三頭筋の3つの頭（長頭、外側頭、内側頭）すべての発達、ディテールとセパレーション、筋肉量と厚み
- **前腕**——伸筋群と屈筋群の発達、腕橈骨筋（わんとうこつきん）
- **太ももと大臀筋**——大腿四頭筋の4つの頭すべての発達とセパレーション、太もも外側の張り出し、太もも内側の内転筋群
- **ハムストリングス**——大腿二頭筋の盛り上がりと張り出し、ハムストリングスと大腿四頭筋のセパレーション
- **腹筋**——腹筋の上部と下部、脇腹の外腹斜筋
- **ふくらはぎ**——表層の腓腹筋と深層のヒラメ筋

それぞれの筋肉に適したエクササイズには、数多くの種類がある。本書のトレーニングプログラムでは、基本トレーニングから上級トレーニングへと進むにつれて、重要な筋肉

の特定部位に効果のある種目を増やすようにしてある。

トレーニングの組み方

　基本トレーニングプログラムでは、以下のようにトレーニングを分割することをおすすめする。

- レベルⅠ:〈各部位を週2回〉────3 DAY スプリット（3日に分けて全身を鍛える）
- レベルⅡ:〈各部位を週3回〉────2 DAY スプリット（2日に分けて全身を鍛える）

※腹筋は両レベルとも、毎ワークアウトごとに行う

　私は、週6日トレーニングし、日曜を休養日にすることが多かった。これだと、月曜はあの部位の日、火曜はこの部位の日、といった具合に曜日で固定できるので、トレーニングの経過を追いやすくなる。別のスケジュールにすると、各部位のワークアウト日が曜日と合わなくなる場合もあるが、その際は、月曜の代わりにワークアウトその1、火曜の代わりにワークアウトその2、といった具合に考えればいい。

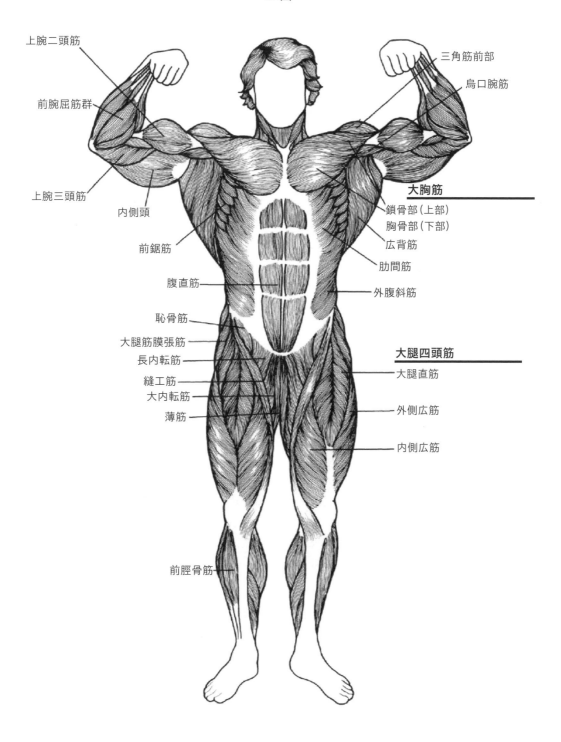

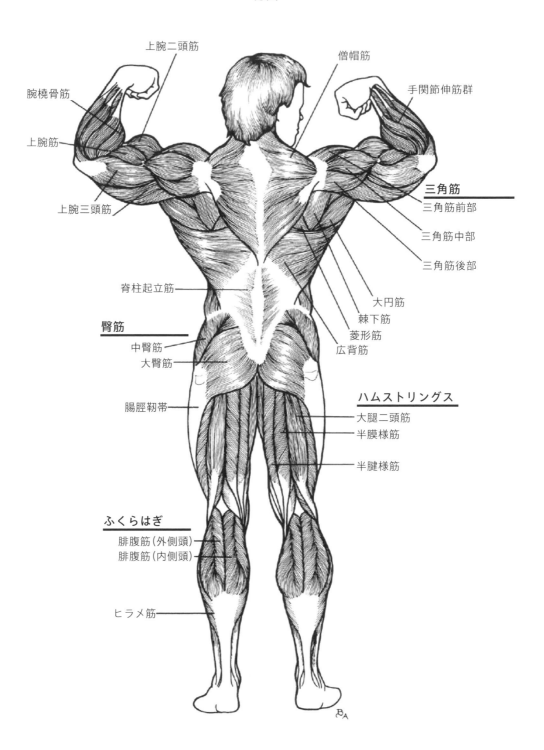

休息と回復

　トレーニングプログラムを組む際は、必ず休養日を入れること。強度の高いトレーニングをした後は、筋力向上と筋肥大に不可欠な休息を十分にとり、体を回復させる必要がある。つまり、十分な睡眠をとることだ（8時間がベスト）。また、優先順位にも注意を払うべきだ。最大限に筋肉をつけることが目標なら、他のスポーツや運動をしすぎて疲れ切ってしまわないよう注意すること。お金を貯めて家や車を買いたいなら、定期的に貯蓄するよう注意しなければならないのと同じだ。

　オフの日はしっかり休養すること。休養日にはまったく体を動かさず、ベッドで寝ていろなどと言うつもりはないが、休日にマラソン大会やハワイアンカヌーのレースに参加したりすると、月曜にジムに戻ったときに、ワークアウトに必要なエネルギーが不足していることに気づくだろう。

トレーニングをする時間帯

　私がこれまでに経験した最高のワークアウトはいつも朝だった。休息が十分にとれてフレッシュな状態で挑めるからだ。一日の遅い時間にトレーニングをするのが好きなボディビルダーもいないわけではないが、身近にいたボディビル仲間の多くは、好んで朝一番にトレーニングをしていた。ビル・パールは今でも午前5時にワークアウトをこなし、その日の残りの時間は別のことに没頭している。日中働いている人にとって、朝のトレーニングはそのためにわざわざ早起きするということにほかならない。フランコと私が午前7時にジムに行くと、弁護士や会計士、教師など、フルタイムで働く人たちがトレーニングを終えて、仕事に行く前にシャワーを浴びている光景をよく見かけた。これは彼らのやる気の表れだが、こうしたやる気こそが最高の結果を生む。

　どうしても遅い時間にトレーニングしなければならない場合や夜のトレーニングが個人的な好みである場合は、もちろんその時間帯でも構わないし、結果は出せる。ただ、そのやり方ではたして**最大限**の効果が得られているのかと自問してみてほしい。また、遅い時間にトレーニングするのは、それが自分にとってベストだからなのか、それとも早起きしてまで朝にトレーニングするほどのモチベーションがないからなのかを一度考えてみてほしい。

レベル I エクササイズプログラム

レベル I 基本トレーニング

WORKOUT その1 月曜	WORKOUT その2 火曜	WORKOUT その3 水曜	WORKOUT その1 木曜	WORKOUT その2 金曜	WORKOUT その3 土曜
胸 背中	肩 上腕 前腕	太もも ふくらはぎ 腰	胸 背中	肩 上腕 前腕	太もも ふくらはぎ 腰

腹筋は毎回

ワークアウトその1

月曜と木曜

胸
　ベンチプレス
　インクラインプレス
　プルオーバー

背中
　チンアップ（50レップ：できるだけ連続して行う）
　ベントオーバーロウ
　〈パワートレーニング〉
　デッドリフト：10、6、4レップ（オールアウトまで）×3セット

腹筋
　クランチ：25レップ×5セット

ワークアウトその2

火曜と金曜

肩
　バーベルクリーン＆プレス
　ダンベルラテラルレイズ

〈パワートレーニング〉
　高重量のアップライトロウ：10、6、4レップ（オールアウトまで）×3セット
　プッシュプレス：6、4、2レップ（オールアウトまで）×3セット

上腕
　スタンディングバーベルカール
　シーテッドダンベルカール
　クローズグリッププレス
　スタンディングトライセップスエクステンション（バーベル）

前腕
　リストカール
　リバースリストカール

腹筋
　リバースクランチ：25レップ×5セット

ワークアウトその3

水曜と土曜

太もも
　スクワット
　ランジ
　レッグカール

ふくらはぎ
　スタンディングカーフレイズ：左右各15レップ×5セット

腰
〈パワートレーニング〉
　ストレートレッグデッドリフト：10、6、4レップ（オールアウトまで）×3セット
　グッドモーニング：10、6、4レップ（オールアウトまで）×3セット
　注：これらのパワー系種目は腰を直接鍛えるが、僧帽筋や大腿二頭筋も使うので、全体的な筋力アップに役立つ。

腹筋
　クランチ：25レップ×5セット

レベルIIエクササイズプログラム

レベルII基本トレーニング

WORKOUT その1 月曜	WORKOUT その2 火曜	WORKOUT その3 水曜	WORKOUT その1 木曜	WORKOUT その2 金曜	WORKOUT その3 土曜
胸 背中 太もも ふくらはぎ	肩 腰 上腕 前腕	胸 背中 太もも ふくらはぎ	肩 腰 上腕 前腕	胸 背中 太もも ふくらはぎ	肩 腰 上腕 前腕

腹筋は毎回

ワークアウトその1

月曜／水曜／金曜

胸
　ベンチプレス
　インクラインプレス
　プルオーバー

背中
　チンアップ（50レップ：できるだけ連続して行う）
　ベントオーバーロウ
　〈パワートレーニング〉
　デッドリフト：10、6、4レップ（オールアウトまで）×3セット

太もも
　スクワット
　ランジ
　レッグカール

ふくらはぎ
　スタンディングカーフレイズ：左右各15レップ×5セット

腹筋
　クランチ：25レップ×5セット

ワークアウトその2

火曜／木曜／土曜

肩
バーベルクリーン＆プレス
ダンベルラテラルレイズ
〈パワートレーニング〉
高重量のアップライトロウ：10、6、4レップ（オールアウトまで）×3セット
プッシュプレス：6、4、2レップ（オールアウトまで）×3セット

腰
〈パワートレーニング〉
ストレートレッグデッドリフト：10、6、4レップ（オールアウトまで）×3セット
グッドモーニング：10、6、4レップ（オールアウトまで）×3セット
注：これらのパワー系種目は腰を直接鍛えるが、僧帽筋や大腿二頭筋も使うので、全体的な筋力アップに役立つ。

上腕
スタンディングバーベルカール
シーテッドダンベルカール
クローズグリッププレス
スタンディングトライセップスエクステンション（バーベル）

前腕
リストカール
リバースリストカール

腹筋
リバースクランチ：25レップ×5セット

ボディビルダーが出現するまで、このような筋肉のディテールは解剖図以外では見られなかった——力強い前腕、上腕三頭筋の盛り上がりとストリエーション、上腕二頭筋の驚くべきピーク、三角筋の3つの部位、首の下の僧帽筋、背中の左右に広がるパワフルな広背筋、脊柱起立筋。（ロニー・コールマン）

ボディビルでは、全体の形とプロポーションが極めて重要だが、全体は各部位の総和でもある。完全な肉体を作り上げるというのは、主要な部位の各筋肉を細部までくまなく発達させるということだ。

並外れたシックスパック。ブロンズ像を思わせる腹筋と、ディフィニションが鮮やかな、見事に発達した肋間筋。（ショーン・レイ）

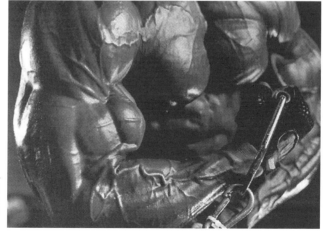

ボディビルの肉体の質は細部に宿る——三角筋、上腕三頭筋、上腕二頭筋の両頭、大胸筋の上部と下部、腹筋、そして脇腹の小さな筋肉までもが見事に発達している。（ロニー・コールマン）

トップレベルの大会では、筋肉や筋群同士のきめ細かな「結びつき」が求められる。筋肉同士はただ隣り合っているのではなく、たがいに結びつき、つながり合っているのだ。大胸筋の上部と下部を分かつ見事なディフィニションに注目。(ロニー・コールマン)

黎明期のボディビルダーは筋肉の大きさと形にのみ気を配っていればよかったが、今日のトップボディビルダーは、筋肉量に加え、ランドマクナリー社の道路地図帳かと見紛うような筋肉のディテールも必要とされる。(ドリアン・イェーツ)

上腿と下腿はたがいにバランスがとれている必要がある。この画像では、大腿四頭筋と内転筋群がどれだけ力強く発達し、見事に張り出していようと、その下のふくらはぎの筋肉も同じように巨大でディテールに富んでいなければ、それほど印象に残らないだろうことを物語っている。(ナッサー・エル・サンバティ)

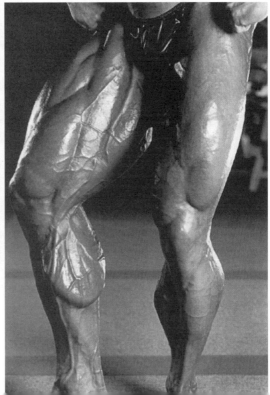

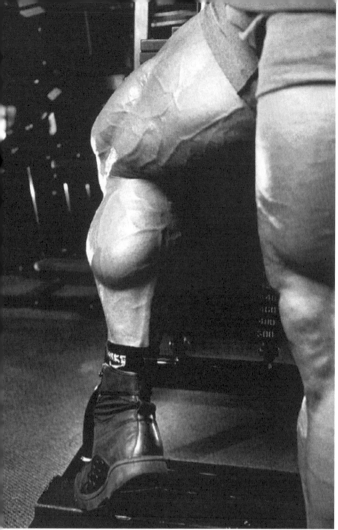

ふくらはぎのサイズは、理想的には上腕と同じくらいであるべきだ。(ドリアン・イェーツ)

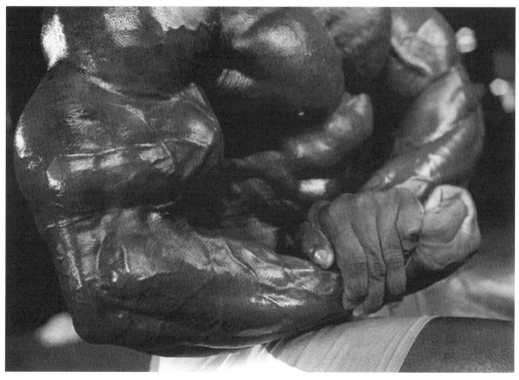

上腕二頭筋の見事なピークの例。上半身の他の筋肉と比べると、腕の発達ぶりがひときわ目立つ。(アーニー・テイラー)

CHAPTER 4
上級トレーニングの原則

　プログレッシブレジスタンストレーニングを効果的に行うには、強度がカギとなる。強度とは何か？　ひとつは、どれだけハードなトレーニングをしているかで、これは努力の強度だ。もうひとつは、実際に筋肉に届けられる刺激の量のことで、筋肉はその刺激に反応して発達する。これが効果の強度だ。重要なのは、この2つの強度をはっきり区別することだ。これを混同すると、このチャプターで説明する強度テクニックをマスターしてトレーニングの進歩を最大化するつもりが、ただひたすらハードに努力し続けたあげく、ケガをしてしまいかねない。

トレーニング強度を上げる

　最初のうちは、強度を上げるのはそれほど難しくない。多くのエクササイズとその正しいやり方を学べば、筋力が高まりコンディションがよくなっていく。すると、ハードなトレーニングを長く続けられるようになり、以前よりも多くの負荷を筋肉にかけられるようになる。しかし、やがて体はこの努力に慣れていき、同じペースで強度を上げ続けることが難しくなる。

　やたら休憩をとり、だらだらトレーニングしていると、ワークアウトをやり終えるのに半日もかかってしまう。そんなトレーニングのやり方では、努力の強度が最小になるのは目に見えている。だから、時間はトレーニング強度を高める重要な要素である。時間の調整によって強度を高めるには、基本的に2つの方法がある。(1) 同じ量のトレーニングをより短い時間で行う。(2) 同じ時間でより多くの量をこなす。

　トレーニングの負荷を増やす最も明快な方法は、単純にエクササイズで扱う重量を増やすことだ。また、セット間の休息時間を切り詰め、2～3種目のエクササイズを立て続けに行うのも有効な方法である。これは、持久力の向上につながる。持久力は筋力と同じく、少しずつ段階的に向上していく。また、正しい動作をおろそかにしないで済む範囲で、できるだけ速いペースでトレーニングすること。そうすれば、最小の時間で最大の負荷がかけられる。

　時間の調整や重量の増加によって強度を高めるほかにも、上級トレーニングや大会向けトレーニングのプログラムには、進歩を確実にするための特別なトレーニングテクニックが数多くある。これらのテクニックにはいずれも、筋肉にいつもと異なる負荷を与え、その増大した要求に強制的に適応させるという共通点がある。

強度テクニック

ショック法

　ショック法は、ワークアウトのさまざまな側面に変更を加えることで、体に不意打ちを食らわせ、文字通りショックを与えるテクニックだ。体は驚くほど順応性が高く、馬でさえ疲れて倒れてしまうほどの負荷にも適応する。しかし、いつも同じような負荷を同じような方法で体にかけていると、体がそれに慣れてしまい、かなり強度の高いトレーニングをしても、期待したほどの反応が得られなくなってしまう。そんなときは体にショックを与えるのが効果的だ。その方法としては、いつもより高重量でトレーニングする、レップ数やセット数を増やす、トレーニングのペースを上げる、セット間の休息時間を切り詰める、いつもとは違うエクササイズをする、いつもとは違う順番でエクササイズを行う、などが考えられる。これらの強度テクニックのいずれか、あるいはすべてを使って体にショックを与えることで、強度を高められる。

　いつもと違うワークアウトは、いつものワークアウトと同じくらいの負荷であっても効果がある。変化自体が体にショックを与えるからだ。ある段階に達すると、それ以上の進歩を遂げるのは難しいと感じ始める。筋肉をさらに大きく、強く、硬く、密度を高め、引き締まったものにするには、さらなるショックを与える必要があると考えるようになるのだ。そんな状況で私が考案したのは、ワークアウトに急激な変化を取り入れることだった。その方法のひとつとして、週に1日（通常は金曜）、超ヘビーなトレーニングを行う「ヘビーデイ」を設けることにした。各エクササイズ中の何セットかは重量を上げてパワーを鍛え、土曜は筋肉痛を回復させるために休んだ。パワートレーニングの例として、ビハインドネックプレス、ダンベルプレス、インクラインダンベルプレスの写真があるので、ぜひ参考にしてほしい。

フォースドレップ法

　強引にレップ数を増やすテクニックのひとつに、トレーニングパートナーに少し手助けしてもらってレップを続ける方法がある。しかし、私はこの方法が好きではなかった。というのも、パートナーには、挙上にどれだけの力を貸すべきか、相棒がひとりでもできる能力はどれくらいなのか、実際にどれだけの助けが必要なのかを知る術がないからだ。この種のフォースドレップ法なら、私はレストポーズ法と呼ばれる方法のほうが好きだ。この方法は、かなり重めのウエイトを使ってオールアウトまでセットを行う。そこで挙上をいったんストップするが、ウエイトは手から離さない。そして数秒後にさらに1レップを

なんとかこなす。数秒間だけ休んで次のレップを強行するのだ。このテクニックは、一部の筋肉が疲労からすばやく回復する性質を利用したもので、この性質を利用すれば、さらに数レップを強引にこなせる。しかし、休息時間が長すぎると、疲労した筋繊維の多くが回復し、新しい筋繊維を刺激するのではなく、回復した筋繊維をまた使うことになる。究極のレストポーズ法といえるのは、ウエイトを一瞬置いてから再び持ち上げ、追加のレップを強制的に行う方法だ。チンアップなどのエクササイズでは、所定のレップ数をこなしたらいったんバーを離し、一瞬休んでから、さらに数レップをこなす。

パーシャルレップ法

　フルレンジでのレップができないほど疲れているときに、挙上が可能なレンジで続けるのがパーシャルレップ法だ。私はいつもこのショック法をほぼすべての筋肉に対して使っていた。この方法は、ドリアン・イェーツの大のお気に入りでもある。ドリアンは、フォースドドロップ法やパーシャルレップ法などのテクニックを駆使し、筋肉を一時的なオールアウト地点を超えてほぼ完全に疲労困憊させるトレーニングを数多くこなしていた。パーシャルレップ法は、疲労の極致に達したセットの終盤に使うのが最も効果的だ。たとえば、プリーチャーカールをしているなら、トレーニングパートナーに支えてもらいながらなんとか挙上する。次のレップは角度を数度下げて、数cmでも可能なところまで持ち上げる。その次のレップでは角度をさらに数度下げ、その位置からパーシャルレップを行う。筋肉が燃え上がり疲れ果てるまで、これを繰り返す。

アイソレーショントレーニング法

　アイソレーショントレーニングは、特定の筋肉や筋群、あるいは筋肉の一部を他の筋肉からアイソレート（分離）し、その部分のみを集中的に鍛えるトレーニング方法だ。アイソレーショントレーニングの具体的な例を示そう。ベンチプレスなどのコンパウンドエクササイズでは、複数の筋肉（大胸筋、上腕三頭筋、三角筋前部）が関与する。一方、ダンベルフライのようなエクササイズは、大胸筋を単独で鍛え、最大強度の刺激を与えることができる。さらにインクラインダンベルフライなら、大胸筋の上部のみを鍛えられる。また、インクラインケーブルクロスオーバーでは、手を交差させることによって、胸の最大収縮を得ることができる。この方法を使えば、大胸筋上部の内側を集中的に鍛えられる。
　アイソレーショントレーニングは、肉体のあらゆる部位を完全に発達させることができる。また弱い部位を鍛え上げ、筋肉のセパレーションとディフィニションを実現するのにも役立つ。これはトップレベルの洗練された体には欠かせないものだ。

ネガティブレップ法

　筋肉の収縮力を使ってウエイトを挙上することを、ポジティブ動作という。一方、筋肉を伸ばしながらウエイトを下げる動作は、ネガティブ動作と呼ばれる。ネガティブレップ法は、筋肉そのものよりも腱に対する負荷を増やす。筋力とともに腱の力も向上させたい場合には、この方法が有効だ。通常のワークアウトでネガティブ動作の効果を最大限に引き出すには、ウエイトを落下させるのではなく、常にコントロールしながらゆっくりと下ろすこと。ネガティブ動作で負荷を増やすには、まずストリクトでは重すぎて挙上できないようなウエイトをチーティング法で持ち上げ、それからゆっくりと慎重に下ろす（「チーティング法」を参照）。挙上できない重量でも、下ろす分には、きちんとコントロールしながら行える。セットの終盤、筋肉が疲れ切ってしまったら、トレーニングパートナーに少し補助してもらってウエイトを持ち上げ、その後ネガティブ動作は自力でストリクトに行う。

フォースドネガティブ法

　フォースドネガティブ法は、ネガティブレップの強度を高めるテクニックだ。ウエイトを下ろす際にトレーニングパートナーに力をかけて押し下げてもらうと、抵抗が増し、強度が高まる。筋肉や腱に急激な衝撃が加わらないよう、常に慎重かつスムーズに行うこと。フォースドネガティブ法は、フリーウエイトよりもマシンやケーブルのほうがやりやすい。

チーティング法

　ボディビルトレーニングには、ストリクトに動作を行うという一般原則があるが、チーティング法はその例外だ。この「チーティング」には、テクニックをおろそかにするという意味は含まれていない。これは、ターゲットの筋肉とは別の筋肉や筋群を意図的に連携させる方法だ。普段は使うべき方法ではないが、特定の目標を達成するのには役立つ。

　高重量のバーベルカールをしているとしよう。5〜6レップこなした後、疲れすぎてストリクトな動作ではレップを続けられないと感じたら、その時点で肩と背中の筋力を借りる。そうすることでさらに4〜5レップ続けることができる。力を借りるといっても、上腕二頭筋には最大限の仕事をさせながら、そのセットをどうにか終えられる程度に**必要最小限**のチーティングをするのだ。つまり、他の筋肉の助けがなければこなせなかったレップ数を、チーティング法を使って強引に上腕二頭筋にやらせてしまうわけだ。そのため、

負荷は軽減されるどころか増大する。

　チーティングは、エクササイズを楽にするためにではなく、厳しくするために行う。このテクニックは、トレーニングパートナーの助けを借りずに強制的にレップをこなす方法でもある。しかし、チーティングを使ったレップを効果的なものにするには、ターゲットの筋肉に最大限の収縮を強いることができるように、他の筋肉の助けが**必要最小限**のレベルを超えないよう十分注意して行わなければならない。

ヘビーデューティー法

　ヘビーデューティー法とは、ワークアウトのさまざまなアプローチに適用される名称である。ある人にとっては余分に何セットも追加すること、つまり通常のレップ数をこなした後に、フォースドレップ、ネガティブ、フォースドネガティブ、パーシャルレップを疲労困憊するまで繰り返すことを指す。私はこの用語を、徐々に重量を増やし、レップ数を減らしていくピラミッド式のやり方ではなく、（ウォーミングアップ後に）いきなり自分が扱える最も重い重量に取りかかるという意味で使っている。たとえば、65ポンド（29.5kg）のダンベルカールをストリクトに行えるとしたら、その重量まで徐々に上げていくのではなく、軽くウォーミングアップセットを２セット行った後、**すぐに**65ポンドのダンベルを手に取り、その高重量で通常のレップ数とセット数をこなし、最初から最後まで上腕二頭筋に最大限の働きをさせるのだ。この種のトレーニングのポイントは、通常のレップ数とセット数（たとえば、8～12レップ×5セット）をこなせない重量は使わないことだ。6～7レップしかできないのであれば、そのウエイトは**重すぎる**。

パワートレーニング

　パワートレーニングとは、ウエイトリフティングの選手が行うような、最大の筋力とパワーを得るためのトレーニングだ。ウォーミングアップセットを２セットほど行い、それから8レップ程度しかこなせない重量を選ぶ。続いて重量を増やしながら、6レップ、4レップ、3レップとこなしていき、1レップだけのセットを2～3セット行う。低重量高レップのトレーニングとは異なり、パワートレーニングは、筋肉をかなりの高重量にも対応できるように鍛える。これは、ベンチプレス、スクワット、デッドリフトなど、いくつもの筋肉を同時に使うエクササイズに最適な方法だ。

スタッガードセット法

　スタッガードセット法とは、ワークアウト中、他のエクササイズの合間に、強度を上げて鍛えたい部位のエクササイズを何セットか挟み込むテクニックだ。たとえば私の場合、ふくらはぎのトレーニングにいっそうの努力が必要だと思ったら、ジムに来てまずはふくらはぎのエクササイズを数セットやった後にベンチプレスをやり、さらにふくらはぎを数セットやった後にインクラインダンベルプレスをやり、さらにまたふくらはぎを数セットやるといった具合にしていた。ワークアウトが終わるころには、ふくらはぎを25セット以上やっていたのだ（これだけでもワークアウト1回分に相当するセット数だ）。しばらくこれを続け、通常のふくらはぎのワークアウトに加えて、スタッガードセットでもふくらはぎのトレーニングをすることで、この部位を徹底的に鍛え上げた。

プライオリティ法

　プライオリティ法とは、トレーニングスケジュールを組む際に、肉体の弱い部分や発達が遅れている部位に特別な優先順位を与えることだ。どんなボディビルダーにも弱点はある。いくつものタイトルを獲得したチャンピオンでさえ、完璧な肉体の持ち主はいない。誰であろうと、遺伝的にどんなに優れていようと、筋肉の発達状態、発達スピードには部位によって差が出るものだ。プライオリティ法にはいくつかのやり方がある。

- 休養日明けの体が疲労から回復しフレッシュで体力があるときに、発達が遅れている部位のトレーニングができるようにスケジュールを組む。
- 疲れ切ったセッションの後半ではなく、セッションの最初に発達が遅れている部位のトレーニングを行う。
- 目標とする筋肉の発達（大きさや形、ディフィニション、セパレーションなど）を達成するために特別に考えられたエクササイズを選ぶ。
- ワークアウトの効率と効果を高めるために、基本的なトレーニングテクニックの向上に取り組む。
- 発達が遅れている部位のトレーニングプログラムに、強度を高めるさまざまなテクニックを使った高強度のトレーニングを追加する。

　プライオリティ法は、大腿四頭筋のサイズや張り出しを高める、腕を太くする、上腕二頭筋のピークを高くする、三角筋のセパレーションを高めよりくっきり見せるなど、肉体のあらゆる弱点を改善するために利用できる。私は若いころから、チャンピオンになるにはふくらはぎの改善が必要だと気づいていたので、セッションではいつも真っ先にふくら

はぎを鍛えていた。ふくらはぎにいくつもの強度テクニックを使って、強制的に成長させようとした。ふくらはぎには、スタッガードセット法をよく使ったものだ。また、上腕三頭筋も上腕二頭筋に比べると見劣りがした。セルジオ・オリバのような実に驚異的な腕を持つ選手と対戦することになるのだから、「神話」的存在のセルジオを打ち負かすのに必要な腕を手に入れようと、大会前のトレーニングでは上腕三頭筋を優先的に鍛えた。

最近では、『コナン・ザ・グレート』の続編の撮影を控えていたとき、コンディションはよかったものの、ウエストのくびれ具合に不満があった。そこで、毎日のワークアウトで腹筋トレーニングを優先するようにした。セットにセットを重ね、最終的に撮影開始時にはウエストを2インチ（5.1cm）細くできた。

ショーン・レイも、プライオリティ法の効果を体現するひとりだ。何年にもわたって優先的に背中を鍛えた結果、彼は大男たちと互角に張り合えるようになった。ミスターオリンピア大会に出場するたびに、彼の背中は少しずつ広く、厚くなっていった。ナッサー・エル・サンバティも、ドリアン・イェーツを打ち破るために背中の筋肉を鍛え上げた。それに加えて、彼はウエストラインも絞り、いっそう見事なV字形を手に入れたのだ。例を挙げればきりがないが、忘れないでほしいのは、完璧な肉体の持ち主などいないということだ。そして反応が鈍い部位があるのなら、それを事実として受け入れるだけでなく、何か手を打つべきである。プライオリティ法は、この問題の解決策のひとつだ。

スーパーセット法

スーパーセットとは、2つのエクササイズを連続して行うことだ。さらに強度を高めたい場合は、立て続けに3セット（トライセット）、あるいはそれ以上のセット（ジャイアントセット）を行ってもいい。スーパーセットを何度もこなせるような持久力をつけるには時間がかかるが、その種の能力は続けているうちにいずれ身につく。

スーパーセットには2通りのやり方がある。(1) 同じ部位のエクササイズを2種目連続して行う（ケーブルローイングとケーブルプルダウンなど）やり方と、(2) 異なる2つの部位をトレーニングする（ベンチプレスの後にチンニングをするなど）やり方だ。同じ筋群同士のスーパーセットなら、その部位に究極の刺激を与え、徹底的に鍛え上げることができる。完全に疲れきったと思える筋肉でも実際には余力が残っている。少し異なる動作を要求すれば、驚いたことにまだ動かすことができるのだ。ただし、そのためには、難しい動作から始めて簡単な動作に移ること（たとえば、ベントオーバーロウの後にシーテッドケーブルロウをするなど）。

胸と背中（私のお気に入りのひとつ）、上腕二頭筋と上腕三頭筋など、異なる部位同士のスーパーセットなら、一方の筋肉を休ませている間にもう一方の筋肉を鍛えられる。休みなく体を動かし続けるので、心肺機能の強化にも効果がある。個人的には、スーパーセットを使って拮抗筋を鍛えるのが好きだった。とてつもないパンプが得られ、キングコ

ングの体を手に入れたような気分になれる。

ドロップセット法

　ドロップセット法とは、セットの終盤にオールアウトしたら重量を減らし、さらに数レップこなせようにするテクニックだ。私はボディビルトレーニングを学び始めたころから、セットの終わりに差しかかり、もう1レップもできないように思えても、それはすべての筋肉が完全に疲労しきっているわけではないことにはっきりと気づいていた。ただ、その重量を挙上するには筋肉が疲れすぎているだけなのだ。プレートを1枚外せばもっとレップをこなせるし、さらに1枚外せば、もっとレップを続けられる。そしてそのたびに、より多くの筋繊維を動員させることになる（実は、私の知らないところで、これと同じ発見が1947年に『Vigor（ビガー）』誌と『Body Culture（ボディカルチャー）』誌の編集者であるヘンリー・アトキンスによってなされていた。彼はこれをマルチパウンデッジ法と呼んでいる）。また、ドロップセット法はエクササイズの最後のセットにのみ使うべきであり、フレッシュで筋力に余裕のあるはじめの段階で使っても効果はない。

　重量の変更は、筋肉に回復する時間を与えないようにすばやく行わなければならないので、バーからプレートを外したり、ウエイトスタックマシンのピンの位置を動かしたりといった作業がスムーズにできるように、トレーニングパートナーに付き添ってもらうとよい。たとえば、自分が扱える最大重量をバーに付けてベンチプレスを6レップ行うとしよう。その重量が300ポンド（136.1kg）だとする。オールアウトしたら、パートナーはすばやく重量を250ポンド（113.4kg）に減らして、さらにレップを続けられるようにする。ただし、ディフィニションを最大化するためのトレーニングでない限り、あまりに軽い重量でのトレーニングはおすすめしない。低重量でトレーニングしても筋肉は成長しないからだ。多くのボディビルダーはこの方法を別のやり方で行っている。エクササイズを何セットもこなし、だんだん疲れてくるにつれて、ダンベルラックから徐々に軽いダンベルに持ち替えていくのだ。

　このバリエーションはランニング・ザ・ラックと呼ばれるもので、あるウエイトでオールアウトするまでセットを行うと、そのウエイトを置き、今度はそれよりもひとつ軽いウエイトを持ってオールアウトするまでセットを行う。このプロセスを疲労困憊するまで続けるのだ。

アイソテンション法

　セット間の1分の休息時間に、トレーニングパートナーのワークアウトをただぼけっと見ていてはいけない。その間もトレーニング中の筋肉に力を込め、収縮させ続けよう。こ

のアイソテンション法は、筋肉をパンプさせたままにして次のセットに備えるだけでなく、それ自体が非常に効果的なエクササイズのひとつだ。筋肉に力を込めて緊張させる動作はアイソメトリック運動の一種であり（筋肉を全可動域を通して鍛えるわけではないので、ボディビルでは通常は使われない）、非常に強い筋収縮を伴う。ジムで鏡に映る自分を見ながら筋肉に力を込めてポーズをとっているボディビルダーは、重要なワークアウトに取り組んでいるのだ。

実際、セット間にアイソテンション法を実践せずに、主要な大会で勝つことはできないだろう。筋肉が大きいだけでは不十分で、筋肉をしっかりコントロールできるようにならなければならない。これは必ず身につける必要がある。後で説明するように、ハードなポージング練習でも同じような効果が得られる（BOOK4参照）。

インスティンクティブ法（直感法）

ボディビルを始めたばかりの初心者が、基本的なエクササイズをマスターし、土台となる筋肉を作ろうとする場合、とりあえずは定番のトレーニングプログラムに従うのが得策だ。しかし、トレーニングを長く続けているうちに、自分の体がトレーニングにどのように反応するかを感じ取って理解し、それに応じてトレーニングを変化させることが進歩へとつながることに気づくだろう。私も初心者のころは、ワークアウトを同じような、決まったパターンでこなす傾向があった。その後、デイブ・ドレイパーとトレーニングをするようになると、彼から別のやり方を学んだ。デイブは、どの部位を鍛え、どんなエクササイズをやるかをあらかじめ計画してジムに来るのだが、その日の気分によってエクササイズの順番を変えるのだ。いつもはワイドグリップチンニングで背中のトレーニングを始めるとしたら、その代わりにベントオーバーロウで始め、最後にチンニングで終わらせる日もあるといった具合だった。彼は自分の直感を信じ、それをワークアウトに役立てる術を身につけていた。予定のワークアウトを無視して、まったく違うエクササイズをすることもあった。たとえば、ベンチプレスを15セットもしたり、超高重量で低レップのセットをしたり、高セットを短時間ですばやくこなしたりした。私はデイブから、体には独自のリズムがあり、それは日によって異なるということを学んだ。進歩すればするほど、こうした体の変動やサイクルを意識する必要がある。とはいえ、こうした感覚は一朝一夕に身につくものではない。このような直感による調整をプログラムに取り入れて成果を得るには、通常1年以上のトレーニング経験が必要である。

プレイグゾースト法（事前疲労法）

筋肥大効果は、できるだけ多くの筋繊維をしっかり刺激することで得られる。しかし、

筋肉のサイズはさまざまであり、大きな筋肉と小さな筋肉を連携して使った場合、小さな筋肉が完全に疲労困憊してしまっても、大きな筋肉にはまだ使われていない筋繊維が残っている。だから、大きな筋肉と小さな筋肉を組み合わせてトレーニングする際は、まず大きな筋肉のみをアイソレートして、事前に疲労させておくようなトレーニングを組むといい。たとえばベンチプレスでは、大胸筋、三角筋前部、上腕三頭筋が連携して使われる。これらの筋肉の中では大胸筋が圧倒的に強く、通常、ウエイトを挙上すると、小さい三角筋と上腕三頭筋は大胸筋よりもずっと早くにオールアウトしてしまう。これを補正するには、まずダンベルフライを行い、大胸筋のみを事前に疲労させておく。その上でベンチプレスを行えば、すでに疲労している大胸筋が、他の筋肉とほぼ同時にオールアウトする。事前疲労の手順としては他にも、スクワットの前にレッグエクステンションを行う（大腿四頭筋を事前に疲労させる）、ショルダープレスの前にダンベルラテラルを行う（三角筋を事前に疲労させる）、シーテッドロウやTバーロウなどの上腕二頭筋を使うロウイング種目の前に、ノーチラスプルバックマシンを使って広背筋のみを疲労させておく、などの組み合わせが考えられる。

アイゴー・ユーゴー法

　トレーニング強度を高め、筋肉にショックを与えるこの方法は、トレーニングパートナーと2人で行う。どちらかが1セットを終えると、すぐに相手にウエイトを渡す。そして、決してウエイトを置くことなく、交互にトレーニングを続けるのだ。私はフランコとこの方法でバーベルカールをやったことがある。2人の間をバーが何往復もした。レップ数を数えることもなく、オールアウトするまでひたすらやり続けた。しばらくすると、上腕二頭筋が焼けるように痛み出した。私は悲鳴を上げながら、次のフランコがじっくり時間をかけてくれればと願っていた。苦痛に苛まれながら、パートナーから再びウエイトを戻されるたびに、こなせるレップ数はどんどん少なくなっていく。このテクニックのポイントは、自分の番が来たら、準備ができていようがいまいが、どんなに疲れていようが、とにかくやるということだ。この方法が生み出す強度レベルには驚くべきものがある。体にショックを与えるとはまさにこのことだ！　ただし、翌日に感じる筋肉痛は半端ないので、それだけは覚悟しておこう。

　アイゴー・ユーゴー法は、太ももや背中の大きな筋肉を鍛えるよりも、上腕二頭筋やふくらはぎのような小さな筋肉を鍛えるのに適している。スクワットやベントオーバーロウのようなエクササイズはかなりのエネルギーを必要とするので、このような強度の高いトレーニングをしなくてもすぐに力尽きる。

フラッシング法

　フラッシング法は、（軽めの）ウエイトをエクササイズ中のさまざまな地点で静止させ、筋肉に収縮した状態を長時間維持させるテクニックだ。たとえば私はこんな使い方をしていた。ダンベルラテラルをできるだけ多くこなした後、肘を伸ばし切った状態で、三角筋の緊張と収縮を感じながら太ももから5インチ（12.7cm）ほど離す。乳酸の蓄積に伴う火照りがだんだん強くなってくるが、この姿勢を10秒ほどキープする。エクササイズの最後にこのような刺激を加えることで、筋肉のセパレーションが驚くほど向上する。フラッシング法は、他の多くの筋肉にも使える。広背筋の場合、チンニングバーにぶら下がり、数cmだけ体を持ち上げる。ケーブルクロスオーバーでは、両手を交差させて胸部が完全に収縮した状態をキープし、大胸筋に血液を送り込む。カールでは、円弧のさまざまな角度でウエイトを静止させる。レッグエクステンションでは、脚をまっすぐに伸ばし、できるだけ長くその姿勢をキープする。

マルチエクササイズセット法

　体にショックを与えるために、ターゲットの部位に対して特定のエクササイズ種目を5～6セット行うのではなく、異なるエクササイズ種目を1セットずつ行う。このマルチエクササイズセットは、スーパーセットとは異なり、1種目ごとに休息を挟む。そして、ひとつの種目は1セットだけ行い、別の種目に移るのだ。たとえば、バーベルカールを1セット行い、1分間休んでから、ダンベルカール、ケーブルカール、インクラインカールといった具合に各種目を1セットずつ、上腕二頭筋を完全に疲弊させるまで続ける。この方法のポイントは、セットごとに負荷を微妙に変えながら、ターゲットの部位をあらゆる角度から刺激し、筋肉全体をくまなく鍛えることにある。また、体にショックを与えることで、体から最大限の反応を引き出せる。

ワン＆ハーフ法

　セットごとに筋肉にかける負荷を変える方法はもうひとつある。それがワン＆ハーフ法だ。セット中に、ある動作をフルレップ、次にハーフレップという具合に、セットが終わるまでフルレップとハーフレップを交互に行うのだ。その際、ハーフレップはゆっくりとストリクトに行うこと。動作の上限で一瞬ウエイトを保持し、その後、完全にコントロールしながらゆっくりと下ろす。

21レップ法

これは、ワン＆ハーフ法よりも手の込んだテクニックで、ハーフレップ（可動域の下半分）、ハーフレップ（可動域の上半分）、フルレップを続けて行う。各ハーフレップとフルレップが同じ回数であれば、レップ数は何回でも構わない（私はいつも10レップ＋10レップ＋10レップでやっていた）。伝統的に、多くのボディビルダーは7レップを使ってきたので、3×7で21レップ。これが名前の由来になっている。この方法では、ハーフレップの際に動作を可動域の中間で止めなければならないので、その分負荷が増し、筋肉は慣れないやり方で力を発揮せざるを得なくなる。

プログレッシブワークロード法

毎回のワークアウトすべてに全力を尽くすことは誰にもできない。プログレッシブワークロード法では、同じ部位を週3回トレーニングするプログラムの場合、1回目のセッションは、レップ数とセット数を比較的多めにして強度の高いトレーニングを行う。ただし、高重量は扱わない。2回目のセッションでは重量を増やすが、まだそこまでの高重量は扱わない。しかし、3回目のセッションでは、1セットあたりのレップ数を多くても4～6レップに抑えて、かなりの高重量で行う。このように、1週間のセッションごとに少しずつ重量を増やしていき、かなりの高重量にも対応できる体を作る。

バリスティックトレーニング法

バリスティックトレーニングとは、ウエイトを一定のスピードで持ち上げるのではなく、一気に加速させながら（ただし、スムーズにコントロールしながら）挙上するテクニックだ。このテクニックは比較的高重量でのトレーニングに使われるため、実際にはウエイトはそれほど速くは動かない。しかし、ウエイトを強引にすばやく動かそうとすることで、以下の効果が生じる。

1. 可変抵抗が生じる。それはなぜか？エクササイズ中、筋肉が大きな力を発揮できる地点もあれば、あまり力を発揮できない地点もある。大きな力を発揮できる地点では、ウエイトは少し加速する。加速したウエイトは、加速していない（あるいは、あまり加速していない）ウエイトよりも重い。つまり、大きな力を発揮できる地点ではウエイトは重くなり、あまり力を発揮できない地点ではウエイトは軽くなる。
2. 白い速筋繊維（白筋）が大量に動員される。白筋は持久力に優れた赤い遅筋繊維（赤

筋）よりも約22％サイズが大きく、力も強い。
3. 何度もオールアウトを生み出す。筋肉が成長するのは、能力をわずかに上回る負荷を与えられたときだ。ウエイトを加速させようとするとき、その加速度には常に限界がある。つまり、筋肉はそれ以上速く動かすことに失敗し、オールアウトしているのだ。したがって、セット終了時にのみオールアウトするのではなく、実際にはセットの各レップ中にある程度のオールアウトが起こっている。

バリスティックトレーニングは、ベンチプレス、ショルダープレス、スクワットなど、大きな筋肉がいくつも関与するエクササイズに効果的だ。使用するウエイトは、10レップ程度こなせる重量が好ましい。加速したウエイトのほうが重くなるので、バリスティック法を使うと、同じ重量では7レップほどしかできない。また、バリスティック法によるレップは、通常の等速レップとは少し異なるテクニックを必要とする。

1. ふつうに等速でウエイトを下ろす。動作の下端でいったん停止し、その後、可動域内をスムーズに加速させながらウエイトを挙上する。
2. 完全なオールアウトではなく、パワーが出なくなるまでセットを続ける。つまり、ウエイトを加速できなくなり、ゆっくりとしか持ち上げられなくなったら、そのセットを終了する。バリスティック法を使ったトレーニングでは、その時点を超えてレップを続けても効果はない。
3. セット間の休息はたっぷり1〜2分とる。白筋（速筋繊維）は赤筋よりも回復に時間がかかる。バリスティックトレーニングで重点的に鍛えられるのは、この白筋だ。

上級トレーニングの原則を学ぶ

ローマは一日にして成らず。ボディビルダーの肉体についても同じことが言える。筋肉が見事に発達した肉体を作るには、まず基本から始め、必要なスキルを身につけ、時間をかけて筋力とコンディションを向上させる必要がある。そして、少しずつ上級トレーニングの原則をどう活用するかを学びながら、トレーニング強度を徐々に上げていかなければならない。

効果的なトレーニングをするには、はっきりとした目標を設定しておくべきだ。もちろん、目標は時間の経過とともに変化していく。最初の目標は、とにかくやり始めること。そして、基本的なテクニックを身につけ、ワークアウトを最大限に活用できるようなレベルにまで筋力とコンディションを向上させることだ。健康とフィットネスのためのトレーニングに興味があり、ワークアウトに週に2〜3時間以上は割けない、あるいは割く気がない人にとっては、これが最大の目標になるだろう。

しかし、質の高い筋肉の発達など、より高い目標を掲げ、大会出場を目指してトレーニ

ングしている人は、次のステップとして、高重量を挙上したり、適切な強度テクニックを使ったりして、強度を高めることが必要になる。

　私の一番のおすすめは、先に列挙したさまざまな強度テクニックをひとつずつマスターしていくことだ。ひとつのテクニックを試してそれに慣れたら、どのように感じられるか、体にどのように影響するかを観察する。その強度テクニックを完全に使いこなせるようになったら、続けて別の強度テクニックで同じことをやってみよう。すべてのボディビルダーがすべての強度テクニックを使うわけではないし、使いたがるわけでもない。しかし、さまざまなテクニックに慣れ親しみ、それらがどのように作用し、どのように感じられるかを知っておけば、自分に最適なテクニックを取り入れた独自のトレーニングプログラムを組み立てられるようになる。

CHAPTER 5
質の高い肉体を作る：
上級トレーニングプログラム

　上級トレーニングプログラムは、さらに上を目指したい人、単に健康な体づくりに満足せず、パワフルで見事な肉体を作りたい人向けのものだ。このような人にとっては、筋肉を数kg増やせばそれで済むというわけにはいかない。彼らが望んでいるのは、筋力や筋肉量の大幅な増大にとどまらず、筋肉を磨き上げることなのだ。つまり、理想的な形やセパレーションを実現し、プロポーションをバランスよく整え、見事なディフィニションを作り出すことが目標なのだ。

　もちろん、それを達成したいと望むだけでなく、その実現方法も学ばなければならない。人体に関する知識もなしに医者になれると思う人はいないだろう。医者になるには、体の構造、各器官の配置や機能など、あらゆることを学ぶ必要がある。それと同じで、一流のボディビルダーになるには、人体のすべてを学ばなければならない。各部位や筋肉の名称や機能、それらのつながり、さまざまなトレーニングプログラムに対する反応の仕方などを知っておく必要がある。そうした知識がなければ、モチベーションがいくら高くても、潜在能力を限界まで引き出すことはできない。BOOK2の残りのチャプターでは、こうしたテーマを扱うことにしたい。

　ボディビルダーの肉体は、形、プロポーション、シンメトリーといった多くの要素が入念にバランスよく組み合わさっている。ボディビルはよく彫刻に例えられる。彫刻家が大理石や花崗岩から彫像を彫り上げるように、ボディビルダーは肉体を作り出し、それを磨き上げる。ボディビルダーが扱う素材は自らの筋肉だ。

　基本トレーニングプログラムで学んだエクササイズ種目やトレーニング法だけでは、体を完全にコントロールし、チャンピオンレベルにまで肉体を磨き上げることはできない。完璧な肉体を作り上げるには、もっと多様なエクササイズを習得し、特定の成果を得るためのプログラムの組み立て方を学び、体が変化し成長し続けるのに十分な強度を生み出す必要がある。どの筋群もおろそかにできない。前腕、ふくらはぎの2つの筋肉、腰、三角筋後部、鋸筋、肋間筋など、すべての筋肉を鍛えなければならないのだ。また、筋肉を大きくすればいいというものでもない。たとえば胸部では、大胸筋の上部、下部、中央部、内側、外側の発達や張り出しが必要だ。三角筋なら、3つの部分すべてを発達させ、セパレーションを出す必要がある。完璧な肉体を作るには、僧帽筋、背中中部、広背筋、腰も鍛えなければならない。太ももでは、大腿四頭筋とハムストリングスを発達させるだけでなく、それらの間に明確なラインを出す必要がある。上腕二頭筋はサイズだけでなく、長さ、厚み、ピークも重要だ。

　このレベルの発達は、いずれ大会に出場するときには絶対に欠かせないものだが、大会

向けトレーニングの段階になってから、ディテールやウィークポイントのトレーニングを始めるのでは遅すぎる。本格的に上級トレーニングを始めるときが絶好の機会であり、その段階で始めておけば、大会向けトレーニングへと進むときに、トレーニングプログラムを**さらに**精緻なものにできる。

　もちろん、上級トレーニングで高い目標を設定するからには、より多くの時間、エネルギー、やる気が必要となるのは当然だ。これまで以上にトレーニングに打ち込まなければならない。また、精神的にもいっそう厳しさが増し、確固たる目的意識が要求される。目的意識を持つには、単にそうしたいと思うだけでなく、心からの喜びを伴うモチベーションが必要になる。目標を達成するには、**ハングリー**でなければならない。目標達成に必要な努力は重荷ではなく、チャンスととらえるべきだ。「ああ、今日はジムに行く日か。ワークアウトしたくないな」ではなく、「やった！　今日はジムに行く日だ。ワークアウトが待ち遠しいな」であるべきだ。ハングリー精神さえ十分にあれば、トレーニング量の増加など大して苦にもならないだろう。

　このような精神状態を実現する方法のひとつは、**ビジョン**を持つことである。つまり、自分が何を目指して、どこに向かおうとしているのかについての明確な考えを心に描くことだ。このテーマについてはCHAPTER7で詳しく述べる。私はボディビルを始めたばかりのころ、定番のポーズを決めているレジ・パークの写真を何枚もじっくり見ていた。彼のヘラクレス型だがディテール豊かな肉体（特に腹筋、腰、ふくらはぎ）を見ているうちに、ミスターユニバースになるには何が必要かについてのビジョンが見えた。目を閉じると、チャンピオンの肉体はどのようなものであるべきかを頭の中ではっきりと**見る**ことができたのだ。そのビジョンが、トレーニング、ダイエット、ポージングなど、ボディビルに関わるすべての指針となった。

　上級トレーニングのワークアウトで取り組むべき具体的な課題を簡単にまとめておこう。

1. 筋肉量をさらに増やし、筋肉の形も整える。
2. 全体の筋肉量だけでなく、各筋群のディテールにも注意を払う。
3. バランスやプロポーション、シンメトリーといった美的特質を備えた肉体を目指す。
4. 主要筋群や各筋肉のセパレーションに取り組む。
5. バランスの悪い箇所、ウィークポイント、気になる箇所を修正できるように、肉体の発達を完全にコントロールする方法を身につける。

上級トレーニングに移行すべき時期

　筋肉量が15ポンド（6.8kg）以上増え、筋肉のサイズが腕で約３インチ（7.6cm）、胸と肩で約５インチ（12.7cm）、太ももで約４インチ（10.2cm）、ふくらはぎで約３インチ

（7.6cm）大きくなったら、プログラムに多様なエクササイズを加え、サイズや筋肉量だけでなく、形やバランスを改善するためのトレーニングを始める準備が整ったことになる。

しかし、これは一朝一夕に達成できることではない。新しいエクササイズを学び、特定のエクササイズが体にどのような影響を与えるかを理解するには時間が必要だし、ワークアウトに対する体の反応を加速させるのに役立つ多様なトレーニング法を新たに身につけるのにも時間がかかる。

徐々にトレーニング量を増やしていくことになるので、基本トレーニングから上級トレーニングへの移行は一気には起こらない。重要なのは、チャンピオンの肉体を手に入れたいのであれば、チャンピオンと同等の強度、テクニック、知識を持ってトレーニングしなければならないということだ。それは難しい課題だが、人生で最もやりがいのある挑戦のひとつになるだろう。

「ハイセット」トレーニング

一部の人達は、体の部位ごとに数セットずつトレーニングするだけで大きな進歩が遂げられると主張している。実は、この考え方は新しいものではない。これは、ボディビルの黎明期に行われていたトレーニング方法だ。

レジ・パークが本格的にトレーニングを始めたころ、多くのボディビルダーはまだ昔ながらの低セットトレーニングを採用していた。「ウエイトリフターのようにパワーを鍛える旧式のトレーニング法にも、それなりの利点がある」とレジは言う。「つまり、筋肉の強固な土台づくりができるということだ。とはいえ、自分の肉体に十分な形とディフィニションができてきたと感じたのは、各部位ごとに15〜20セットずつというやり方を覚えてからだ。黎明期のボディビルダーが、今日のわれわれのようにハイセットワークアウトの必要性を理解していれば、もっとすばらしい肉体になったに違いない」

ボディビルダーとして進歩すればするほど、体がそれ以上の発達に抵抗する傾向があるのは事実だ。つまり、その抵抗を上回る強度を生み出し続けるには、これまで以上にハードに、またできるだけ効率的な方法でトレーニングしなければならない。この継続的な発達を確実にするために、上級トレーニングプログラムではセット数がかなり高めに設定されている。これは恣意的なものでも、単なる個人的な好みの問題でもなく、明確な生理学的な効果を考慮して考えられている。ハイセットが好ましいのは、以下の目標を達成できるからだ。(1) 各筋肉の利用可能なすべての筋繊維を動員し、その筋肉を疲労困憊させる。(2) 各部位ごとに異なる複数のエクササイズを行うことで、個々の筋肉をあらゆる角度から鍛え、筋肉に完全な発達をもたらすことができる。すなわち、体の主要な筋肉がひとつ残らず完全に刺激されるのだ。

人によっては、1回のセッションで75セットもこなすよう推奨しているものもあるが、これは私の言うハイセットではない。私は**1エクササイズにつき4セット**を基本にしたトレーニングプログラムが理想的だと考えている。セット間にほとんど休みを入れずに4

セット続けられるということは、最初の数セットをこなした時点ではまだ動員されていない筋繊維が残っているという証拠だ。2つ目の狙いは、極めて重要である。どんなに単純な筋肉でも完全に発達させるには1種類のエクササイズでは不十分だ。たとえば、比較的小さな筋肉の上腕二頭筋を例に取ろう。上部（起始点）、下部（停止点）、筋肉の厚み、内側と外側を発達させるためのエクササイズがそれぞれあるし、高いピークを作り上げるためのトレーニング法もある。もっと複雑で大きな筋群に取り組み始めると、その筋肉を鍛え、形を整えるトレーニング法は実に膨大な数にのぼる。

　こんなにも多くの課題を達成するには、部位ごとに3〜5セットでは足りないことは、数学者でなくともわかるはずだ。「ボディビルに対する新しい科学的アプローチ」と銘打った旧式のトレーニング理論をうかつに信じると、間違いなく不完全な肉体しか得られないだろう。大きな部位を鍛えるには最低でも4〜5種類、小さな部位でも少なくとも3種類のエクササイズが必要であり、セット数で言えば合計20セットにもなる可能性がある。

　エクササイズを適切に組み合わせれば、個々の筋肉を発達させるだけでなく、ディフィニションやストリエーションを生み出し、筋肉間に完全なセパレーションを作ることができる。

ダブルスプリットトレーニング

　上級トレーニングで必要となるトレーニング量に対処する方法のひとつは、ダブルスプリットトレーニングを取り入れることである。ダブルスプリットトレーニングとは、1日のトレーニングを2つのセッションに分けることだ。

　私は必要に迫られ、この方法を独自に編み出した。ウエイトトレーニングを始めて1年ほど経ったころ、私は自分の体を限界まで追い込もうと決意した。体の各部位を限界までハードに鍛えたうえで、次のセッションではよりハードにトレーニングをするように努めたのだ。ある日、ジムで本当にすばらしい胸と背中のトレーニングができて最高の気分になった。それから脚のトレーニングに移ったが、上半身のワークアウトで感じたような強度と熱意をもってトレーニングできていないことに気づいた。まだ10代の私は、発達途上の自分の肉体を鏡で見て、上半身に比べると脚の進歩が遅れていることを認めざるを得なかった。翌日は肩、上腕二頭筋、上腕三頭筋、前腕、ふくらはぎのトレーニングをしたが、また鏡に映してみると後半3つの筋群もやや弱いことに気づいた。どれも明らかに発達が遅れていたのだ。

　その原因について考えてみたが、そうした弱い部位を発達させる潜在能力が自分に欠けているとは思えなかった。ならば、**トレーニングのやり方に何らかの欠陥があったに違いない**と推測した。栄養の問題かとも思い、食事内容にいっそう気を配り、血糖値が低くならないように注意するなど、あれこれ試してみた。これには多少の効果があったが、それも十分ではなかった。

　トレーニング内容を詳しく分析すると、弱い部位のトレーニングは、きまってワークア

ウトの終盤、何セットもこなして疲れ果てているときにやっていることがわかった。胸、背中、脚を1回のセッションですべて鍛えるのはかなり難しい。ならば、朝に胸と背中をトレーニングし、しっかり休息をとってから午後遅くにフレッシュな状態で戻って来て脚をハードに鍛えれば、どの部位も高強度でトレーニングできるはずだと思いついた。私は他のボディビルダーがすでにこのトレーニング方法を使っていることを知らず、ダブルスプリットトレーニングという名称も聞いたことがなかったが、ミスターユニバースを目指すには、このダブルスプリットトレーニングこそが高強度で全身を鍛えられる唯一の方法だと気づいたのだった。

　上級トレーニングでは、4つの部位を各15～20セット、あるいは3つの部位にふくらはぎと腹筋のトレーニングを加えて、合計75セットを行うことが多い。だが、1回のワークアウトでこのトレーニングのすべてをこなすのは、至難の業である。異なる部位のトレーニングに同じ筋肉が関与している場合はなおさらだ。その筋肉が疲労しすぎて回復する時間がないと、トレーニングに大きな支障をきたすことになる。

　75セットのセッションをこなすには3時間ほどかかる。これほど長時間、エネルギー切れを起こさずにトレーニングを続けられる人はほとんどいない。このトレーニング量に対処しようとして、最初の2時間はそれほどハードにトレーニングしないボディビルダーも多い。最初から全力を出せば、セッションを最後までこなしきれなくなるのがわかっているからだ。しかし、そんな強度不足のトレーニングでは、体を成長させることはできない。最大限の結果を望むなら、全力で取り組まなければならないのだ。

　ダブルスプリットトレーニングを取り入れれば、朝全力でトレーニングしても、日中に休息を挟むことで疲労が回復するので、夕方ジムに戻ってまた限界に挑戦できる。私はいつも、疲労から完全に回復できるように、トレーニングの間隔を8～10時間空けるようにしてきた。当たり前だが、この間はしっかり休息をとること。日中に活動しすぎると、10時間の間隔を空けても十分に回復しない。

　もちろん、夕方や夜に2回目のトレーニングセッションを組むとなると、日常生活から時間を捻出しなければいけないので、スケジュールの調整が大変になる。最後に、このシステムのもうひとつの利点を付け加えておこう。それは、1日に2回ワークアウトすれば、カロリー消費量を大幅に増やせるということだ。つまり、1日1回の場合ほど過酷なダイエットをしなくて済む。

上級トレーニングプログラム

上級プログラムの2つのレベル

基本トレーニングプログラムと同じく、上級トレーニングにも2つのレベル（レベルⅠとレベルⅡ）を設け、段階的にトレーニング量を増やし、強度を高めていけるようにしてある。

レベルⅠもレベルⅡも、各部位を週3回鍛える（回復時間がもっと必要な場合は2回）。レベルⅡはレベルⅠより負荷が高く、スーパーセットと追加エクササイズが多く含まれている。

トレーニングはレベルⅠから始め、新しいエクササイズをひとつずつ時間をかけて徹底的に習得していこう。レベルⅠのトレーニングは6週間以上続ける。コンディショニングや回復力が向上し、さらにハードなトレーニングに対応できるようになったと感じたら、徐々にルーティンに新しいエクササイズを追加していき、最終的にレベルⅡに完全に移行する。最後に注意点がある。前回のワークアウトで筋肉痛が残っている場合は、さらに1日休むこと。推奨のトレーニング量に徐々に慣れていこう。

上級トレーニングスプリット

WORKOUT その1 月曜	WORKOUT その2 火曜	WORKOUT その1 水曜	WORKOUT その2 木曜	WORKOUT その1 金曜	WORKOUT その2 土曜
〈朝〉					
胸 背中	肩 上腕 前腕 ふくらはぎ	胸 背中	肩 上腕 前腕 ふくらはぎ	胸 背中	肩 上腕 前腕 ふくらはぎ
〈夜〉					
太もも ふくらはぎ		太もも ふくらはぎ		太もも ふくらはぎ	

腹筋は毎回

レベル1エクササイズプログラム

ワークアウトその1

月曜／水曜／金曜

胸

バーベルベンチプレス	15レップ×1セット（ウォーミングアップ）；10、8、6、4レップ×4セット（最後の2セットはドロップセット法）
バーベルインクラインベンチプレス	4セット：レップ数などはベンチプレスと同じ　ベンチプレスとインクラインベンチプレスは、ワークアウト3回ごとにに1回、バーベルをダンベルに変更する。
ダンベルフライ	10、8、6レップ×3セット
パラレルバーディップス	15、10、8レップ×3セット
プルオーバー	15レップ×3セット

背中

チンアップ	15レップ×1セット（ウォーミングアップ）；10、8、6、4レップ×4セット（最後の2セットはドロップセット法）
クローズグリップチンニング	10レップ×4セット
Tバーロウ	15、12、8、6レップ×4セット
ベントオーバーバーベルロウ	8〜12レップ×4セット

太もも

スクワット	20レップ×1セット（ウォーミングアップ）；10、8、6、4レップ×4セット
フロントスクワット	10、8、8、6レップ×4セット
ハックスクワット	10レップ×3セット
レッグカール	20、10、8、6レップ×4セット
スタンディングレッグカール	10レップ×4セット
ストレートレッグデッドリフト	10レップ×3セット

ふくらはぎ

ドンキーカーフレイズ	10レップ×4セット
スタンディングカーフレイズ	15、10、8、8レップ×4セット

腹筋

クランチ	25レップ×3セット
ベントオーバーツイスト	左右各100レップ
マシンクランチ	25レップ×3セット
クランチ	50レップ

ワークアウトその2

火曜／木曜／土曜

肩

ビハインドネックバーベルプレス	15レップ×1セット（ウォーミングアップ）；10、8、8、6レップ×4セット
ラテラルレイズ	8レップ×4セット
ベントオーバーダンベルラテラル	8レップ×4セット
ダンベルシュラッグ	10レップ×3セット

上腕

スタンディングバーベルカール	15、10、8、6、4レップ×5セット
インクラインダンベルカール	8レップ×4セット
コンセントレーションカール	8レップ×3セット
ライイングトライセップスエクステンション	15、10、8、6レップ×4セット
トライセップスケーブルプレスダウン	8レップ×3セット
ワンアームトライセップスエクステンション	10レップ×3セット

前腕

バーベルリストカール	10レップ×4セット
リバースリストカール	10レップ×3セット

ふくらはぎ

シーテッドカーフレイズ	10レップ×4セット

腹筋

リバースクランチ	25レップ×4セット
シーテッドツイスト	左右各100レップ
バーティカルベンチクランチ	25レップ×4セット

レベルⅡエクササイズプログラム

ワークアウトその1

月曜／水曜／金曜

腹筋 ワークアウトの最初にローマンチェアを5分間行う。

胸と背中

スーパーセット：	ベンチプレス	15レップ×1セット（ウォーミングアップ）； 10、8、8、6、4レップ×5セット
	ワイドグリップチンニング （ビハインドネック）	10レップ×5セット
スーパーセット：	インクラインダンベルプレス	10、8、8、6レップ×4セット
	クローズグリップチンニング	10レップ×4セット
ダンベルフライ		10、8、8、6レップ×4セット
パラレルバーディップス		15、10、8、8レップ×4セット
Tバーロウ		15、10、8、8レップ×4セット
ベントオーバーロウ		10レップ×4セット
スーパーセット：	シーテッドケーブルロウ	10レップ×4セット
	ストレートアームプルオーバー	15レップ×4セット

太もも

スクワット		15、10、8、8、6、4レップ×6セット
フロントスクワット		10、8、8、6レップ×4セット
スーパーセット：	ハックスクワット	15レップ×1セット（ウォーミングアップ）； 10、8、8、8レップ×4セット
	ライイングレッグカール	15レップ×1セット（ウォーミングアップ）； 10、8、8、8レップ×4セット
スーパーセット：	スタンディングレッグカール	10レップ×4セット
	ストレートレッグデッドリフト	10レップ×4セット

ふくらはぎ

ドンキーカーフレイズ	10レップ×4セット
スタンディングカーフレイズ	10レップ×4セット
シーテッドカーフレイズ	10レップ×4セット

BOOK TWO トレーニングプログラム

腹筋

ハンギングリバースクランチ	25レップ×4セット
シーテッドレッグタック	25レップ×4セット
ベントオーバーツイスト	左右各100レップ

ワークアウトその2

火曜／木曜／土曜

腹筋 ワークアウトの最初にローマンチェアを5分間行う。

肩

スーパーセット：	ビハインドネックバーベルプレス	15レップ×1セット（ウォーミングアップ）；10、8、8、6レップ×4セット
	ダンベルラテラル	8レップ×4セット
スーパーセット：	マシンフロントプレス	8レップ×4セット
	ベントオーバーラテラル	8レップ×4セット
スーパーセット：	アップライトロウ	10レップ×4セット
	シーテッドワンアームケーブルラテラル	10レップ×4セット

上腕

スーパーセット：	スタンディングバーベルカール	15、10、6、4レップ×4セット
	ライイングトライセップスエクステンション	15、10、6、4レップ×4セット
スーパーセット：	オルタネイトダンベルカール	8レップ×4セット
	トライセップスケーブルプレスダウン	8レップ×4セット
スーパーセット：	コンセントレーションカール	8レップ×4セット
	ワンアームトライセップスエクステンション	12レップ×4セット
リバースプッシュアップ		15レップ×4セット

前腕

トライセット：	リストカール	10レップ×4セット
	リバースカール	10レップ×4セット
	ワンアームリストカール	10レップ×4セット

ふくらはぎ

スタンディングカーフレイズ	15、10、8、8レップ×4セット
レッグプレスマシンカーフレイズ	10レップ×4セット

腹筋

バーティカルベンチクランチ	25レップ×4セット
シーテッドツイスト	左右各100レップ
ケーブルクランチ	25レップ×4セット
ハイパーエクステンション（腰）	10レップ×3セット

限界に挑戦する

　基本トレーニングでは、定期的に「ヘビーデイ」(特定の種目で最大重量に挑戦する)を設けることの必要性について述べた。上級トレーニングになると、ヘビーデイはさらに重要になる。

　時折、普段のプログラムから離れて、パワーエクササイズや高重量でのバリスティックトレーニングだけに専念するヘビーデイを設けることをおすすめしたい。どんなに洗練され、バランスとプロポーションがよくても、土台となる強固で高密度な筋肉がなければ、完璧な見た目にはならない。その土台は、最大筋力を発揮するトレーニングを定期的に行うことで得られる。

プログラムに変化を加える

　上級トレーニングでは、3〜6カ月ごとにトレーニングプログラムを変更し、エクササイズを入れ替えること。これは(1)すべての筋肉や筋群のあらゆる部位を発達させるために、さまざまな動作を行い(2)予想外の新しい動作を体に強いることで、さらなる成長を促すためであり(3)あなた自身を飽きさせないためでもある。

　似たようなエクササイズでも、まったく違って感じられることがある。たとえば、バーベルでのオーバーヘッドプレスに慣れている人が、代わりにダンベルを使ってこの種目をすると、どちらも三角筋前部を鍛えることに変わりはないが、まったく違った感覚になる。ひとつのウエイトではなく、2つのウエイトをバランスよく調整しなければならないため、筋肉にかかる負荷がまったく異なるのだ。だから、たとえばビハインドネックバーベルプレスを2〜3カ月続けたら、しばらくの間、ダンベルプレスに切り替えてみるのはとても理にかなっている。

　もちろん、どんなトレーニングプログラムにも組み入れるべき基本的な重要種目もある。しかしながら、いろいろなエクササイズを試してみることで、どのエクササイズが自分に最適で、どのエクササイズが自分に合っていないのかがよくわかるようになる。そうすることで、最終的には自分の体について、ひいては最高の結果を得るための方法について、より深く理解できるようになる。

ワークアウトの代替例

腹筋 ワークアウトの最初にローマンチェアを5分間行う。

胸と背中

スーパーセット：	ベンチプレス（マシン使用）	12、10、8、8、8レップ×5セット
	ワイドグリッププルダウン	12、10、8、8、8レップ×5セット
スーパーセット：	インクラインプレス（マシン使用）	12、10、8、8レップ×4セット
	クローズグリッププルダウン	12、10、8、8レップ×4セット
ダンベルフライ		8レップ×4セット
デクラインダンベルプレス		12、10、8、8レップ×4セット
ベントオーバーロウ		8レップ×4セット
ワンアームダンベルロウ		左右各10レップ×4セット
スーパーセット：	シーテッドケーブルロウ	10レップ×4セット
	マシンプルオーバー	10レップ×4セット

太もも

スクワット		15、10、8、8、6、4レップ×6セット
マシンフロントスクワット		8レップ×4セット
スーパーセット：	バーティカルレッグプレス	8レップ×4セット
	ライイングレッグカール	10レップ×4セット
スーパーセット：	スタンディングレッグカール	10レップ×4セット
	グッドモーニング	10レップ×4セット

ふくらはぎ

ドンキーカーフレイズ、スタンディングカーフレイズ、シーテッドカーフレイズ（普段のワークアウトと同じ）

腹筋

クランチ	30レップ
シーテッドレッグタック	30レップ
ハンギングリバースクランチ	30レップ
シーテッドツイスト	左右各50レップ
ストマックバキューム	5分

肩

スーパーセット：	ダンベルプレス	10、8、8、8、6レップ×5セット
	ワンアームクロスケーブルラテラル	左右各10レップ×5セット
スーパーセット：	フロントダンベルレイズ	8レップ×4セット
	ベントオーバーケーブルラテラル	8レップ×4セット
スーパーセット：	ワイドグリップアップライトロウ	左右各8レップ×4セット
	ライイングサイドラテラル	左右各10レップ×4セット

上腕

スーパーセット：	スタンディングダンベルカール	8レップ×5セット
	ライイングダンベルエクステンション	10レップ×5セット
スーパーセット：	インクラインカール	8レップ×4セット
	スタンディングバーベルトライセップスエクステンション	10レップ×4セット
トライセット：	プリーチャーカール	8レップ×4セット
	ディップス	10レップ×4セット
	ワンアームケーブルリバースプレスダウン	左右各10レップ×5セット

ダンベルキックバック	12レップ×5セット

前腕

プリーチャーベンチリバースカール	8レップ×4セット
ビハインドバックリストカール	10レップ×4セット
ワンアームリストカール	10レップ×4セット

ウィークポイントトレーニング

　十分な筋肉量が得られたら、次は質の向上に取り組まなければならない。そのためには、鏡や写真で自分の体をじっくり観察し、ウィークポイントを見つける必要がある（ジム仲間なら、喜んでどこが弱点かを的確に教えてくれるだろう）。私の場合、当初のウィークポイントは太ももとふくらはぎだったので、トレーニング内容を調整して脚に重点を置き、上半身に見合った下半身を作ることを目指した。

　1年後、ミスターヨーロッパとNABBAミスターユニバースコンテストに出場するころには、私の太ももとふくらはぎは改善されていた。完璧ではなかったが、かなりよくなったのはたしかだ。次は、筋肉のセパレーションとディフィニションがあまりよくないという指摘を受けた。だから、ルーティンにエクササイズを追加することにした。たとえば、大胸筋と三角筋のセパレーションのためにフロントラテラルレイズを、鋸筋と広背筋のセパレーションのためにプルオーバーを数多くこなした。

　しかし、それでもまだ足りなかった。「背中中心部のカットが不十分だ」と言われたので、ベントオーバーとケーブルロウのトレーニング量を増やした。他にも「大腿二頭筋が大腿四頭筋ほどよくない」とか「三角筋後部をもっと発達させたほうがいい」などと言われた。そのたびにどこを改善すべきかを考え、その欠点を解消すべくプログラムに変更を加えていった。

　ストロングポイントのさらなる向上を目指すトレーニングばかりして、ウィークポイントの改善をおろそかにしているボディビルダーがあまりにも多い。腕の驚異的な発達で有名なあるボディビルダーは、脚の発達が乏しいことでも有名だが、ジムに来ては、来る日も来る日も腕のトレーニングばかりしている！　上腕二頭筋と上腕三頭筋のトレーニングを延々と繰り返し、次から次へとセットをこなす。しかし、彼の体を見れば、腕の筋肉については今後1年は基本的なメンテナンストレーニングだけやっていれば十分で、太ももとふくらはぎを集中的に鍛え、チャンピオンレベルまで引き上げるべきだということが誰にでもわかる。しかし、彼には完璧な肉体に対する感覚が欠けているようで、今後バランスのとれた肉体を作り上げられるかどうかは疑わしいだろう。

　多くのボディビルダーが、この感覚を最初から身につけているわけではない。経験を積むうちにやがて獲得するものだ。実際、肉体に目立った弱点があっても、たとえばミスターユニバースのタイトルを獲得するなど、大会でかなりの好成績を残すことはできる。しかし、ミスターユニバースの優勝者が、このアマチュア選手権からプロの大会に直行し、大した成績を残さず最下位に沈んだりすることも少なくない！

　州のコンテストから全米選手権へ、全米選手権からユニバースへ、アマチュアからプロへ、そしてミスターオリンピアへと、大会のレベルをステップアップしていくにつれ、肉体の弱点が次第に致命的になっていくことに気づくだろう。後から弱点を修正しようにも、今さらそのための努力をすることなどできないと途方に暮れるボディビルダーも多

い。それはある意味、一からのやり直しを意味するからだ。何年も大会で好成績を収めた後になって、弱点を完全に修正するには1～2年かかるかもしれないという事実を認めざるを得なくなる人もいる。ボディビルのキャリアを積んでから、弱点を克服する決断を下すのは、非常に勇気のいることだ。

アメリカに移住したばかりのころ、ふくらはぎの発達が悪いと批判された私は、スウェットパンツの裾を切って、ふくらはぎがいつでも見えるようにした。そのおかげで、もっとふくらはぎをハードに鍛えなければと思えるようになったし、ふくらはぎを自分だけでなく人の目にもさらすことによって、その意欲が倍増した。

もうひとつ例を挙げると、以前、私の左腕は右腕より少し小さかった。そのせいか、上腕二頭筋を見せろと言われると、無意識のうちに右腕で力こぶを作っていた。それに気づいてからは、意識的に左腕を右腕と同じかそれ以上に使うようにした。自分の弱点を見て見ぬふりするのではなく、向き合って鍛えるようにしたのだ。その結果、最終的に左右の上腕二頭筋を同じ大きさにすることができた。

実際のところ、トレーニングのこの段階、つまり完璧さを追求する段階に終わりはない。完璧な肉体など存在しないからだ。毎年、トレーニングを重ねて大会に出場するたびに、自分の体についての知識を深め、どのようなダイエットやエクササイズプログラムが最も効果的かを学んでいく。基本トレーニングをやめる必要はない。新しいやり方を加えていくだけだ。

弱点部位を鍛える

ボディビルは科学であると同時に一種の芸術でもあるから、いつも変わらぬ固定プログラムにのみ従っていればいいというものではない。たとえば、ジムに初めて足を踏み入れたその日に、体のある部位が他の部位よりずっと弱いことに気づくかもしれない。このようなアンバランスを修正する方法のひとつは、プライオリティ法を取り入れることだ。最大の強度を生み出せるフレッシュな状態のうちに、まず弱点部位を鍛える。あるいは、ダブルスプリットトレーニングを取り入れて、片方のセッションでは弱い部位だけを集中してトレーニングするようにする。

もうひとつの方法は、弱点部位のセット数を5～7セットに増やすことだ。必要な期間、改善が見られるまでこれを続け、その後バランスのとれたルーティンに戻す。このとき、スタッガードセット法を使ってみるといい。弱点部位に関しては、通常のセットに加え、他の部位を3～4セット行うごとに、弱点部位のエクササイズを1セット挟むのだ。

また、**オーバートレーニング**が原因である部位の成長が遅れている場合もあるだろう。ハードな高強度トレーニングを頻繁にしすぎると、休息して回復する時間が足りず、その部位が成長しない。この問題に対する解決策は、いたって簡単だ。筋肉に十分な休息と回復の時間を与え、再びオーバートレーニングにならないようにトレーニングスケジュールを調整すればいい。ボディビルトレーニングでは、やりすぎはやらなさすぎと同じくらい

よくないということを肝に銘じておこう。

しかし、トレーニング不足で成長が遅いのと、オーバートレーニングのせいで成長が不十分なのをどうやって見分ければよいのだろうか？　これは経験を積めば、ある程度は直観的に見分けられるようになる。以下に経験則を示す。

1. 多くの場合、刺激不足はセット数を増やすことよりも、強度テクニックを追加して高強度でハードなトレーニングをすることで解消する。
2. オーバートレーニングは、ほとんどの場合、セット数が多すぎたり、頻度が高すぎたり、セッションとセッションの間隔が短すぎて体を休ませる時間が足りない結果として生じる（オーバートレーニングの兆候のひとつは、ワークアウト中にパンプが得られなくなることだ）。今の時代に優れたボディビルダーが数多くいる理由のひとつは、セッション間に筋肉に十分な休息と回復の時間を与えながらも、**短時間で極めて強度の高いトレーニングをする**方法を身につけているからだ。成長はトレーニングによって促されるが、実際の成長は休んでいる間に起こる。このことを常に心に留めておこう。

もちろん、ある部位の一部のみが弱点であることもある。たとえば、上腕二頭筋のピークはすばらしいが幅が十分でないとか、広背筋の幅と張り出しは十分にあるが背中中部の筋密度と筋肉量が不足しているといった具合だ。その解決策は、その弱点を鍛えるエクササイズを追加し、そのエクササイズを優先して行うようトレーニングプログラムを調整することだ。

BOOK3のエクササイズセクションでは、ウィークポイントを見つけるのに役立つ各部位についての詳細な分析と、弱点を修正するにはどんなエクササイズやトレーニングテクニックを使えばよいかについての具体的な解説が記されている。

CHAPTER 6
大会向けトレーニングプログラム

　今日、驚くべき数のボディビルダーが、少しでも大きく、質の高い肉体を作り上げようと、1日2～3時間のトレーニングに励んでいる。しかし、こうした明らかにやる気に満ちたボディビルダーのうち、次のステップである大会向けトレーニングへと進むのはごく一部でしかない。

　大会向けトレーニングで乗り越えなければならないのは、身体的な壁以上に精神的な壁だ。この段階になると、競技ボディビルダーの仲間入りをするという決意を固め、かつてその肉体に刺激を受け、トレーニングを続けるモチベーションのきっかけとなった、憧れのボディビルダーたちと同じ舞台で競い合う覚悟をしなければならない。

大会に向けた体づくり

　大会の場は、日ごろトレーニングしているジムとはまったく異なる世界だ。肌の色合い、プレゼンテーション、ポージングルーティン、そして何よりも、大会のプレッシャーへの対処法といったことが突然気になり始める。本番特有のプレッシャーはジムでは味わえないので、対策を準備していない人も多いだろう。

　身体面では、単に筋肉量が多く引き締まり、バランスのとれた肉体を作るだけでは不十分で、質の完璧さが求められる。あらゆる筋肉と筋群を究極の形に磨き上げ、体脂肪を限界まで落としてすべてのストリエーションとセパレーションがはっきりと現れるようにしなければならない。上級トレーニングでは、各部位のあらゆる部分を発達させる必要性について話した。大会向けトレーニングになると、さらに細やかな発達が求められ、次のようなディテールにも気を配らなければならない。

・**胸**――大胸筋の上部、下部、中央部、大胸筋の上部と下部のスプリット、胸骨沿いの大胸筋内側、三角筋の下に差し込まれる大胸筋外側、胸部のストリエーション、大胸筋と三角筋前部のセパレーション、鋸筋のディフィニション。
・**背中**――広背筋の幅と厚み、骨盤の付着部位までの長さ。菱形筋と背中中部のディテールと筋肉量。腰の脊柱起立筋。肋間筋のディフィニション。
・**肩**――三角筋の3つの部位（前部、中部、後部）の発達とセパレーション。僧帽筋の量と厚み。僧帽筋と三角筋後部のセパレーション。
・**上腕二頭筋**――上腕二頭筋の外側（長頭）と内側（短頭）、幅、長さ、ピーク。
・**上腕三頭筋**――上腕三頭筋の3つの頭（外側頭、内側頭、長頭）の発達、太さ、長さ。
・**前腕**――伸筋群と屈筋群の発達。腕橈骨筋の発達。

・**ウエスト**——腹筋の上部と下部の発達とディフィニション。外腹斜筋の発達、腹直筋と腹斜筋のセパレーション。
・**大腿四頭筋**——大腿四頭筋の4つの頭すべての筋肉量とセパレーション、外側の張り出し、膝関節との付着点。太もも内側の内転筋群の発達。
・**ハムストリングス**——大腿二頭筋の両頭（長頭と短頭）の発達、ハムストリングスと大腿四頭筋のセパレーション。大臀筋の発達とストリエーション、ハムストリングスと大臀筋のセパレーション。
・**ふくらはぎ**——深層のヒラメ筋と表層の腓腹筋の発達。ふくらはぎのサイズ、長さ、ピーク。

　以上すべての発達を実現し、競争相手を圧倒する肉体を手に入れるにはどうすればいいのだろうか？　それにはまず、各筋肉を鍛えるにはどんなエクササイズが適しているかを学び、ワークアウトに取り入れる必要がある。また、各筋肉をどんな角度で鍛え、どんな強度テクニックを使えば理想の発達が得られるかも理解しなければならない。もちろん進歩するにつれ、より多くのエクササイズを取り入れることになり、その分全体のセット数も増えるので、高レベルのコンディショニングと持久力も要求される。

　トレーニングレベルがかなり進んだ人でも、完璧な肉体を作るには何が必要かをしっかり把握していない場合がある。かくいう私も、ヨーロッパでNABBAミスターユニバースのタイトルを獲得したころでさえ、ふくらはぎをさらに発達させる必要があるとは気づいていなかった。ふくらはぎは腕と同じサイズが理想だということを知らなかったのだ。アメリカに来たとき、ジョー・ウイダーをはじめ、多くの人から口々にこう言われた。「ウエストはもっと細くしたほうがいい。鋸筋が足りない。ふくらはぎをもっと大きくすべきだ。全体的に筋肉量を増やし、ディフィニションを出す努力が必要だ」。そのように指摘されて初めて、ディテールやウィークポイントのトレーニングに本腰を入れて取りかかった。そのことをもっと早く理解していれば、多くの時間を無駄にせずに済んだだろうし、チェスター・ヨートンやフランク・ゼーンに負けたりしなかっただろう。ひょっとすると、セルジオ・オリバにも勝てたかもしれない。

　大会向けトレーニングでは、セット数やレップ数が増える。ジムでのウエイトを使ったトレーニング量の増加に加え、ジム外での有酸素トレーニング（プログラム全体の補完に役立つ）も増やす必要があるので、全体的なトレーニング量も増える。それと並行して、食事の摂取量を必要最低限に減らし、体脂肪を可能な限り取り除く必要もある。だから、大会向けトレーニングでは、筋肉量や筋力を大幅に増やす余裕はほとんどない。大会向けのトレーニングプログラムは、土台となるサイズや筋力をつけるためではなく、**肉体を洗練**させるために考えられたプログラムなのだ。

　大会向けトレーニングは厳しいダイエットを伴うので、油断すると、せっかく獲得した筋肉量を失いかねない。実際、ここ数年のトップチャンピオンたちを見ていると、進歩の度合いがかなり遅くなっているのはほぼ間違いないと思う。それはひとえに、ボディビル人気の高まりを受けて、大会のほかにも、エキシビションやセミナーなどに参加する機会

が激増し、ほとんどの期間を肉体をほぼ仕上げた状態で過ごしているからだと思う。しかし理想的には、大会向けトレーニングは、特定の大会に向けて短期間で集中的に行うべきものであって、長期間続けるものでも、頻繁に行うべきものでもない。ボディビルダーが年に数回しか大会に出場しなかった時代（当時、主要な大会の多くは1年の特定の時期に集中して開催されていた）には、オフシーズンの間に筋肉を成長させることができた。筋肉量を増やす時間が十分にあったのだ。だから、当時のボディビルダーは1年の大半を筋肉を増やすのに十分な量の食事をとりつつ、パワートレーニングに時間を費やしていた。その後ようやく大会に向けたトレーニングを開始し、ステージで競争力を発揮するために必要な質の高い、洗練された肉体を獲得したものだ。

　しかし、今日のトップボディビルダーは、プロ・アマ問わず、従来のトレーニング方法を大幅に変更せざるを得なくなっている。頻繁に大会に出場するせいで、オフの期間が短く、仕上げた肉体をあまり崩さないようにしているからだ。私は特定の大会に絞って出場することを信条としてきたので手当たり次第に大会に出場することはなかったが、世界レベルの大会に次から次へと出場して疲弊してしまうプロボディビルダーも少なくない。この戦略には代償がある。あまりに長期にわたり肉体をほぼ仕上げた状態のまま維持していると、結果的にそれ以上すごい肉体にすることができなくなるどころか、かえって筋肉量と筋力の全般的な低下をもたらす。だから私は、この方法ではなく、個人の競技キャリアにとって本当に重要な大会にのみ出場することをおすすめする。頻繁に出場しすぎて結果が伴わないよりは、年に一度だけ出場して優勝するほうがいい。それでも、多くの大会が開催されるようになり、いつどこで出場すべきかを決めるのは以前より難しくなっている。

　しかし、競技ボディビルの初心者や中級になりたての者が、そのような問題に直面するのはもっと後の話だ。とりあえずは、競技トレーニングですべきこと、すべきでないことをしっかり理解する必要がある。大会向けトレーニングは筋肉量を増やすためのものでも、筋力を高めるためのものでもない。実際、時にはその反対をすることもある。大会向けトレーニングの目的は、それまでの段階で発達させた筋肉の質を高め、必要でないものを取り除き、筋肉組織を隅々まで磨き上げて、美しくカットされたダイヤモンドのように輝かせることなのだ。

小ささへの恐れ

　大会向けトレーニングを始めるにあたり、多くのボディビルダーが直面する心理的な障壁のひとつは、自分の体のサイズに対する認識に関係している。ボディビルを始めた動機が何であれ、ボディビルダーには誰しも、大きく強くなりたいという願望が必ず潜んでいる。だから、自分の体を小さく感じさせるものはみな脅威に感じられる。多くのボディビルダーが、大会向けトレーニングの効果に不安を覚えるのはそのためだ。

　大会では、できるだけ余分な体脂肪を取り除いた、筋肉のみの肉体が理想とされる。よく言われるように、「脂肪は誇示できない（You can't flex fat）」のだ。しかし、体脂肪が

あると、実際よりも体が大きくなったように感じられる。体が大きいというこの感覚は、ほとんどのボディビルダーを心理的に満足させる。

一般男性の場合、体重240ポンド（108.9kg）で体脂肪率が16％なら、十分引き締まっているように見えるだろうが、競技ボディビルダーの場合はそうではない。大会に向けてトレーニングとダイエットを始めると、競技ボディビルダーは最終的に体脂肪を９％にまで落とす。この変化は実際には何を意味するのか？

体重240ポンドで元々の体脂肪率が16％のボディビルダーは、38ポンド（17.2kg）近い脂肪を抱えている。その脂肪量を引いた除脂肪体重は、202ポンド（91.6kg）だ。体脂肪率が９％になったとき、筋肉量が落ちていないと仮定すると、体重は約222ポンド（100.7kg）だ。つまり、筋肉量は変わらなくても、体がかなり小さくなったように感じられるのだ。ボディビルダーの中には、この小さいという感覚に耐えられず、大会向けプログラムを続けられなくなる者もいる。

私自身、こんな経験をしたことがある。1968年、IFBBミスターユニバース出場のために渡米したとき、体重は245ポンド（111.1kg）だった。自分ではうまく仕上がったと満足していた。実際にジョー・ウイダーは私を一目見て、史上最大のボディビルダーだと断言したほどだ。私はこのすばらしい巨体をアメリカの人たちに見せつけてやろうと意気込んでいたが、結果はまさかの敗北だった！　タイトルを獲得したのは、小柄ながらも磨き上げられた質の高い肉体を持つフランク・ゼーンだった。この経験は、私に貴重な教訓を与えてくれた。

１年後、私はライバルたちを完全に圧倒し、NABBAとIFBBの両ミスターユニバース大会で優勝した。そのときの体重は230ポンド（104.3kg）だった。筋肉量だけではトップチャンピオンにはなれないことを悟った結果だ。２カ月で余分な脂肪を取り除いたわけではない。実際は丸１年かかった。それだけの時間をかけたからこそ、私は自分の新しいプロポーションに慣れることができ、体重が軽くなったからといって本当に小さくなったわけではないことに気づくことができた。腕はまだ太かったし、太ももそうだった。しかし、どの服を着てもウエストまわりはゆったりしており、不要な贅肉が本当になくなったことを示していた。その効果はてきめんで、体をつくり変えた私は、出場したすべての大会で優勝することができた。

ボディビルダーの肉体に筋肉量は欠かせない。しかし、大会での勝敗を分かつのは、筋肉の形と質である。巻き尺や体重計の数値が増えるのを楽しみにしたり、大きい体に服が張り裂けそうになっているのを楽しんだりしているだけではダメなのだ。脂肪を取り除き、究極のディフィニションと質を達成することに十分な注意を払わない人には、必然的にある結果が訪れる。それは敗北だ。私の経験からそう断言できる。

大会向けトレーニングのポイント

大会に向けてのトレーニングで、特に注意して取り組むべきポイントは以下の通り。

1. 筋肉のあらゆる部位をアイソレートすることに、さらに集中して取り組む。
2. さらに多くの強度トレーニング法や多様なエクササイズを追加する。
3. ワークアウトのセット数や重量を増やす。
4. ワークアウトのペースを上げる。スーパーセットやトライセットを多用し、セット間の休息時間を大幅に短縮する。
5. ダイエット法を大きく変える（BOOK5参照）。
6. ジムでは、セットの合間も**絶えず**筋肉に力を込め、ポーズをとる。
7. 超高強度のワークアウトを実現するために、トレーニングパートナーを持つ（下記参照）。

　大会向けトレーニングでは、自分のウィークポイントを分析して修正することがさらに重要になる。それまでも弱点部位を優先してトレーニングしていただろうが、この段階ではバランスの悪い部分の修正にいっそう努力しなければならない。もちろん、大会前の数週間から数カ月のトレーニングでできることは限られており、すべての弱点を完全に修正するには1〜2年かかる。しかし、短期間でも可能な修正（たとえば、三角筋後部を鍛える、大腿二頭筋のセパレーションをさらに発達させるなど）をしておけば、大会での好成績につながるだろう。

トレーニングパートナーに頼る

　大会の準備期間ほど、頼りになるトレーニングパートナーの存在が不可欠なときはない。大会が近づくと、すべてのトレーニングが重要になり、トレーニング強度を落とす余地はない。トレーニングパートナーは、厳しいダイエットとハードなトレーニングを同時にやり遂げるために必要なモチベーションを与えてくれる。もちろん、この関係は一方通行ではない。トレーニングパートナーを助けることに関しては、あなたにも同じ責任がある。

　競技ボディビルの初心者なら、自分よりも経験のある人と一緒にトレーニングするのがいいだろう。経験豊富なトレーニングパートナーは、自分の経験に基づいて効率のよい方法をいろいろと教えてくれるし、大会の準備をより効果的なものにしてくれる。

　1980年のオリンピアの準備のためにワールドジムでトレーニングをしていたとき、私は同じく大会準備をしていた2人の若いボディビルダーと何日か一緒にワークアウトをした。彼らにとっては初めての大会だった。ワークアウトでは、若くてパワーのある2人のおかげで自分をハードに追い込むことができた。その一方で、経験では私のほうが上だったため、彼らの知らないトレーニングテクニックを教えたり、ダイエットやポージングのアドバイスをしたりすることができた。実にwin-winの関係だった。私は彼らからエネルギーをもらい、私は彼らに知識を与えた。そのおかげで、私たち全員にとって実りあるワークアウトができた。

トレーニングボリューム

　大会に向けたトレーニングでは、普段よりもセット数を増やし、多様なエクササイズをこなす必要がある。しかし、これまで述べてきたように、オーバートレーニングはハードなトレーニングが足りていないときと同様、逆効果になりかねない。そこで、私がおすすめするトレーニングボリュームを紹介しておこう。

胸、背中、太もも、肩	ローボリューム――16～20セット
	ハイボリューム――20～26セット
上腕二頭筋、上腕三頭筋、ハムストリングス	ローボリューム――12～16セット
	ハイボリューム――16～20セット
ふくらはぎ	ローボリューム――10セット
	ハイボリューム――15セット
腹筋	ローボリューム――3種目のエクササイズ
	ハイボリューム――4～6種目のエクササイズ

エクササイズの選び方

　先に紹介したトレーニングプログラムと同様、大会向けトレーニングプログラムでも具体的なエクササイズをおすすめしている。見てもらえればわかるが、このトレーニングプログラムに記載したエクササイズの数は、1回のセッションで可能な、あるいはやるべき量をはるかに超えている。競技レベルに達するころには、**自分である程度の取捨選択の判断ができるほど経験を積んでいるはずだ**。しかし、個別のワークアウトを組み立てる際に採用すべき基準がいくつかあるので紹介しておこう。

1. 筋肉をつけるためのパワーエクササイズまたはバリスティックエクササイズと、各部位の質を高めるためのアイソレーションエクササイズの両方を必ず取り入れる。
2. 筋肉量と筋力のトレーニングにはフリーウエイトを使い、筋肉の質を高めるためのアイソレーションエクササイズにはケーブルやマシンを使う。
3. 各筋肉のあらゆる部分を刺激できるように、多様なエクササイズを取り入れる。

トレーニングの分割

競技トレーニングの一般的な分割方法は2つある。

2 DAYスプリット

全身を2日に分割、各部位を週3回

3 DAYスプリット

全身を3日に分割、各部位を週2回

先にも書いたが、私はいつも週6日、月曜から土曜までトレーニングしていた。生活や仕事の都合で別のスケジュールでトレーニングしなければならない場合は、曜日単位ではなく、ワークアウトその1、ワークアウトその2といった形でトレーニング記録をつければいい。

2 DAY ダブルスプリットの例。

WORKOUT その1 月曜	WORKOUT その2 火曜	WORKOUT その1 水曜	WORKOUT その2 木曜	WORKOUT その1 金曜	WORKOUT その2 土曜
〈朝〉					
胸 背中	肩 上腕 前腕	胸 背中	肩 上腕 前腕	胸 背中	肩 上腕 前腕
〈夜〉					
脚		脚		脚	

夜のワークアウトごとに、ふくらはぎと腹筋を鍛える

3 DAY ダブルスプリットの例。

WORKOUT その1 月曜	WORKOUT その2 火曜	WORKOUT その1 水曜	WORKOUT その2 木曜	WORKOUT その1 金曜	WORKOUT その2 土曜
〈朝〉					
胸 背中	肩 僧帽筋	太もも	胸 背中	肩 僧帽筋	太もも
〈夜〉					
前腕	上腕	ハムストリングス	前腕	上腕	ハムストリングス

夜のワークアウトごとに、ふくらはぎと腹筋を鍛える

大会向けエクササイズプログラム

部位ごとに自分に適したエクササイズをいくつか選択。
腹筋 ワークアウトの最初にローマンチェアを10分間行う。

胸と背中

デッドリフト		10、8、6レップ×3セット
スーパーセット：	加重チンアップ（ビハインドネック）	10レップ×4セット
	インクラインバーベルプレス	15、12、8、6レップ×4セット
スーパーセット：	ベンチプレス	15、12、8、6レップ×4セット
	チンアップ（フロント）	15レップ×4セット
スーパーセット：	ダンベルフライ	10レップ×4セット
	ワイドグリップベントオーバーバーベルロウ	12レップ×4セット（ドロップセット法を使う）
トライセット：	マシンプルオーバー	15レップ×4セット（ドロップセット法を使う）
	ディップス	4セット、各オールアウトまで
	ケーブルフライ	12〜15レップ×4セット
トライセット：	シーテッドケーブルロウ	10レップ×4セット（ドロップセット法を使う）
	ワンアームケーブルロウ	12〜15レップ×4セット
	ダンベルプルオーバー	15レップ×4セット

肩

トライセット：	フロントマシンプレス	10レップ×4セット
	ダンベルラテラルレイズ	10レップ×4セット
	ベントオーバーラテラルレイズ	10レップ×4セット
トライセット：	バーベルプレス（フロントとバックを交互に行う）	12レップ×4セット
	ケーブルサイドラテラル	10レップ×4セット
	ライイングインクラインラテラル	10レップ×4セット
トライセット：	フロントバーベルレイズ	10レップ×4セット
	シーテッドケーブルリアラテラル	10レップ×4セット
	シュラッグ	10レップ×4セット

太もも

スーパーセット：	レッグエクステンション	12レップ×5セット
	スクワット	15〜20レップ×5セット
スーパーセット：	フロントスクワット	12〜15レップ×5セット
	レッグカール	12レップ×5セット
スーパーセット：	ハックスクワット	15レップ×5セット
	レッグカール	ドロップセット法
ストレートレッグデッドリフト		6レップ×3セット（台やベンチの上に立って行う）

上腕

スーパーセット：	バーベルカール	4セット、ドロップセット法
	スタンディングクローズグリップ トライセップスエクステンション （バーを使う）	10レップ×4セット
トライセット：	バーベルプリーチャーベンチカール	10レップ×4セット
	ライイングバーベルトライセップ スエクステンション	10レップ×4セット
	バーベルプリーチャーベンチリバースカール	10レップ×4セット
トライセット：	ライイングダンベルエクステンション	10レップ×4セット
	インクラインカール （セットごとに傾斜を上げる）	10レップ×4セット
	ライイングリバースグリップ バーベルエクステンション	10レップ×4セット
スーパーセット：	コンセントレーションカール	15レップ×4セット （「ワン&ハーフ」法を使う）
	スタンディングワンアーム トライセップスエクステンション	12レップ×4セット
スーパーセット：	ニーリングケーブル トライセップスエクステンション	12レップ×4セット
	ニーリングケーブルトライセップス エクステンション（ロープを使う）	12レップ×4セット

前腕

トライセット：	バーベルリバースリストカール	10レップ×4セット
	バーベルリストカール	10レップ×4セット
	ワンアームダンベルリストカール	10レップ×4セット

ふくらはぎ

（つま先の向きを、内向き、まっすぐ、外向きと順に変える）

ドンキーカーフレイズ	15レップ×5セット
スタンディングカーフレイズ	10レップ×5セット（できるだけ高重量で）
シーテッドカーフレイズ	15レップ×5セット
フロントカーフレイズ	15レップ×5セット
レッグプレスカーフレイズ	12レップ×4セット
スタンディングワンレッグカーフレイズ	12レップ×4セット
ドンキーカーフレイズ	12レップ×4セット

腹筋

（1サイクルは4〜6エクササイズ、エクササイズ間に休息を入れない）

クランチ	30レップ
リバースクランチ	30レップ
ツイスト	左右各50レップ
シーテッドレッグタック	30レップ
バーティカルベンチクランチ	30レップ
ハイパーエクステンション（腰）	15レップ
ツイストクランチ	30レップ
ハンギングリバースクランチ	15レップ
ベントオーバーツイスト	左右各50レップ
マシンクランチ	15レップ

トレーニングプログラムの個別化

　競技レベルになると、自分に適した個別のトレーニングプログラムを組み立てなければならない。長所も短所も人それぞれである以上、万人に適したひとつのルーティンを提示することはできない。私にできるのは、一般的なアプローチを解説することと、カロリー消費量や筋肉量を増やし、ディフィニションを高めるプログラムの組み立て方を紹介することくらいだ。あとは自分の姿を鏡に映して、大胸筋の上部、下部、中央部の発達、上腕二頭筋、上腕三頭筋、広背筋の幅などを確認し、自分の弱点がどこにあるのかを見極めなければならない。

　たとえば、広背筋の下部が思うように発達していないとしよう。その場合、広背筋下部のトレーニングを4セットほど追加するのは理にかなっている。だが、現在のルーティンにさらに4セットというのは多すぎるかもしれない。であれば、クローズグリップチンアップ、ワイドグリップチンアップ、シーテッドロウ、Tバーロウを1セットずつ削るなどすればいい。それらの種目を行うことに変わりはないが、セット数を減らすことで、ワークアウト全体の負荷はほぼ同じになる。

　先に紹介したプログラムには具体的なエクササイズ種目が列挙されているが、経験豊富で自分の弱点を明確に認識している人は、BOOK3のエクササイズセクションを参考にして、どの動作が問題点の修正に最適かを見極め、トレーニングルーティンを必要に応じてアレンジするべきだ。

　トップボディビルダーはみな、このプロセスを経験している。フランコと一緒にトレーニングしていたとき、彼と私はそれぞれ違う部位のエクササイズを追加でこなしていた。フランコは太もものカットを出すのに苦労していたから、大腿四頭筋のディフィニションを出すために、スミスマシンでフロントスクワットなどのエクササイズを追加で行っていた。私にはその悩みはなかったので、肩や上腕三頭筋、腹筋など、とりわけトレーニングが必要だと感じた部位をハードに鍛えた。リー・ヘイニー、ドリアン・イェーツ、ショーン・レイ、フレックス・ウィラーなど、私たちに続いて競技に参加したボディビルダーたちも、同じプロセスを経ていると思って間違いない。

　トレーニングプログラムを個別化するときは、弱点を修正しようとして新たに別の弱点を生み出さないように気をつけよう。問題点を修正しつつ、他の部位にもしっかり注意を払い続けること。

筋肉のセパレーション

　先に筋肉の質の必要性について述べたが、質を高めるために最も重要なポイントが、筋肉のセパレーションである。セパレーションとは、単なるディフィニションの域をはるかに超えた筋肉の完全な分離だ。そこそこのディフィニションなら、普段のトレーニングと

ダイエットでも得られるが、大会で勝てるような「歩く解剖図」の域に達するにはそれ以上の努力が必要になる。

　質の高い肉体には、各筋群の間に明確なセパレーションがなくてはならない。たとえばバックダブルバイセップスのポーズを決めるとき、上腕二頭筋と上腕三頭筋、肩、僧帽筋、また背中の上部と下部の境界線を審査員に見せつけて、強く印象づける必要がある。個々の筋群においても、セパレーションが欠かせない。たとえば、上腕二頭筋には２つの頭（長頭と短頭）、上腕三頭筋には３つの頭（長頭、外側頭、内側頭）があるが、それらも明確に区別できなければならない。さらに、それぞれの頭には、筋繊維の束であるストリエーションを浮き出させる必要もある。

　筋肉の完全なセパレーションとは、体脂肪を限界まで減らし、各筋肉を徹底的に鍛えた結果、筋肉のあらゆる面が浮き彫りになり、完全に姿を現した状態のことである。これを達成するということは、各筋肉をターゲットとする多様なエクササイズを行うことを意味し、多くのセット数とレップ数をこなさなければならない。また、そのためのテクニックも必要だ。

1. すべての筋繊維を鍛えるには、各筋肉、さらには各筋肉の特定部分を完全にアイソレートしなければならない。これにより、各筋肉に明確なセパレーションが生まれる。そのためには、各エクササイズが筋肉にどのように作用するかを正確に理解し、思い通りに肉体を磨き上げられるようなプログラムを組み立てる必要がある。
2. 最大限のセパレーションを達成するには、エクササイズの全可動域で集中を切らさず、ストリクトな動作を行う必要がある。いい加減な動作では、関与するすべての筋繊維に最大限の負荷を与えられず、目的を達成できない。
　アイソレーションエクササイズは徹底してストリクトに行わない限り、そのエクササイズがターゲットとする特定部分を鍛えることにはならない。たとえば、三角筋と大胸筋のセパレーションを得るためにフロントダンベルレイズを行う場合、反動を使ってダンベルを振り上げると、ターゲットの筋肉にすべての仕事をさせられず、筋肉の完全な形を引き出すことはできないし、目的のセパレーションを得ることもできない。特定の部分を鍛えたいのであれば、鍛えたい箇所にしっかりと力が入るように、十分ストリクトに動作を行う必要がある。
3. どのようなセパレーションを達成しようと、筋肉が体脂肪で覆われていれば外からは見えようがない。だから、体脂肪を減らす適切なダイエットも、見事な筋肉のセパレーションを達成するための重要な要素である。

筋肉量とディフィニション：
進歩を分析する

　忘れてはならないのは、ボディビルの大会では見た目に基づいて審査されるということだ。もっと正確に言うと、外見と肉体の見せ方で判断される。これまで述べてきたように、

自分の進歩を記録する方法はいろいろあるが、それを当てにしすぎるのは問題だ。たとえば、1980年のAAUミスターアメリカ大会には、世界アマチュアボディビル選手権のアメリカ代表の座を狙ってレイ・メンツァーが出場した。大会の数カ月前から3週間ごとに体組成検査を受けていた彼は、直前の検査で体脂肪率が4％未満だったため、勝利を確信し、自信満々で大会に臨んだ。

　だが、検査結果にもかかわらず、彼はアメリカ代表の座を逃した。おそらく、ステージ上では肉体が平坦に見えたせいだろう。彼にはカットと筋肉量が不足していた。もちろん、体重その他の身体測定値や体組成検査の結果など、ボディビル競技の本質とは直接何の関係もないが、レイはそのことに思い至らなかったのだ。

　肉体が仕上がっているかどうかを知る唯一の方法は、見た目だ。結局のところ、審査員は水中体重測定法や巻き尺などの計測器具を使って肉体の優劣を判定するわけではない。目に見えているものだけを判断材料にするのだ。だから、選手も同じようにしなければならない。

　もちろん、比較の基準になるものがあると助けになる。比較の対象なしに単独で分析するよりも、別のものと比べてその違いを評価するほうがずっと簡単だ。たとえば、定期的に写真を撮り、今の自分と過去の自分の肉体を比較するのもいい方法だし、ジムでボディビルダー仲間と並んでポーズをとり、自分がどのようなレベルにあるのかを把握するのも悪くない。

　しかし一番いいのは、実際に大会のステージに立ち、審査員に順位をつけてもらうもら

ベニスビーチでトレーニングするフランコと私

うことだ。自分の進歩を正確に判断するには、大会に何度か出場してみる必要がある。大会ごとの成績を比較すれば、自分のトレーニング方法がうまくいっているかどうかがはっきりする。

　短期的には、鏡こそが最も正直な批評家だ（あなたがそれを受け入れられればの話だが）。体組成検査は筋肉のセパレーションについて何も教えてくれないし、巻き尺で筋肉量やディフィニションを分析することはできない。体重計に乗っても、肉体のプロポーションやバランスを判断することはできない。また、鏡に自分の姿を映しても、見たいものしか見えないようでは、大会での好成績はおぼつかない。重要なのは、過不足なく、自分のありのままの姿を見ることだ。

　トレーニング日誌も必ずつけよう。そうすれば、自分の進歩を正確に記録しておける。私は1980年のミスターオリンピアを目指してトレーニングしていたとき、毎週フランコに写真を撮ってもらっていた。その写真を入念に研究し、筋肉の硬さ、ディテール、筋肉量などの進歩ぶりをチェックした。写真や鏡に映った姿を自己評価できる能力とフランコの有意義なコメントのおかげで、私は自分がどれだけのスピードで進歩しているのかを常に把握していた。その結果、開催地のオーストラリアに到着するころには、7度目のタイトルを十分に勝ち取れる肉体に仕上げることができたのだった。

屋外トレーニング

　私は以前から天気のいい日に屋外でトレーニングするのが好きだった。太陽の下でのトレーニングは、見た目を健康的にし、肌を引き締め、適度に日焼けするのに役立つ。他のボディビルダーたちも、初期のマッスルビーチ時代から、天気のいい日は屋外でトレーニングを行ってきた。

　トレーニングを始めた日からいきなり屋外でワークアウトすることも、もちろんできなくはないが、屋外でのトレーニングは大会前にやるのが最も効果的だ。というのも、屋外トレーニングは、肉体の完成度を高めるのに役立つからだ。ベニスビーチでトレーニングしていたフランコと私は、ワークアウトを終えると、しばらくビーチで横になり、さらに屋外のウエイトトレーニングスペースに行ってトレーニングを続けたものだ。そうすることで日焼けが増したし、見物客に囲まれながらのトレーニングは、大勢の観客を前にしてステージに立つことになる大会本番のプレッシャー対策として役立った。

　屋外でのトレーニングには、かなりの高重量をゆっくりとしたペースで挙上するワークアウトが向いていると思う。これは、普段の大会向けトレーニングのいい息抜きになるし、体に驚きとショックを与える方法のひとつでもある。

　もちろん、気軽にカリフォルニアのビーチに行ける人ばかりではないだろうが、私はオーストリアにいたときも、その後ミュンヘンで暮らしたときも、友人とよく近くの湖に出かけて、一日中屋外でトレーニングをしたものだ。他にも、公園や保養地に行って（なんなら誰かの家の裏庭でも構わない）屋外トレーニングを満喫するのもいいだろう。

CHAPTER 7
気力で乗り越える：
精神という最強のツール

　体を鍛えるだけでなく、精神を鍛える方法も理解しておかないと、いくらトレーニングしても体を完璧に仕上げることはできない。精神は気力というエネルギーを生み出す一種の発電機である。このエネルギーは負のエネルギーとして働くと逆効果にしかならないが、うまく使えば、信じられないレベルのワークアウトをこなせるようになり、自分の理想をも超える肉体を作り上げることができる。ゴルフのタイガー・ウッズ、バスケットボールのマイケル・ジョーダン、陸上のマイケル・ジョンソン、スキーのヘルマン・マイヤーといった超一流アスリートが披露する驚異的なパフォーマンスの話を聞くたびに、彼らのパフォーマンスは単なるテクニックやスキルによるものではなく、精神力の賜物(たまもの)であることを思い知らされる。たとえ彼らと変わらぬ身体能力を持っていたとしても、彼らに匹敵する内なる意欲を持たない限り、あのようなレベルのパフォーマンスができるとは思えない。

　人は確固たる動機さえあれば、焼けた炭の上を裸足で歩けるし、ネイビーシールズ（米海軍特殊部隊）の厳しい訓練にも耐えられる。広大な砂漠を徒歩で横断したり、北極を犬ぞりで走破したり、英仏海峡を泳いで渡ったりもできる。エベレスト登頂や自転車での世界一周も不可能ではない。そして、途方もない重量を持ち上げることもできる。体調が悪かろうが、激痛に襲われようが、どんな困難や障害が待ち受けていようとも、やり遂げてしまうのだ。

　精神力を目標達成に活用する具体的な方法はいろいろある。

1. **ビジョン**——CHAPTER5で簡単に触れたように、最初のステップは、最終目標、つまりどこへ向かい何を達成したいのかについての明確なビジョンを持つことだ。「心が進めば体はついてくる」とは私の座右の銘のひとつだが、ミスターアメリカやミスターユニバースを目指している人なら、その目標を達成した自分を明確なビジョンとして持たなければならない。そのビジョンに十分な力があれば、今後のライフスタイルや余暇の過ごし方、友人の選択、トレーニングや食事の方法などについても自ずと定まってくる。ビジョンとは目的であり、目的が明確であれば人生の選択も明確になる。ビジョンは信念を生み、信念は意志力を生む。信念があれば、揺るぎない自信が生まれ、もはや迷ったり、不安に駆られたりすることはない。

2. **視覚化**——ただ「体を大きく」したいと望むだけでは十分ではない。ボディビルとは、単に体を大きくすることではなく、筋肉の量、形、シンメトリー、ディフィニションを入念に作り上げていくものだ。それは一種の彫刻であり、ほとんど芸術といってもいい。目標を達成するには、理想の肉体を頭の中で明確にイメージする必要がある。

鏡を見るときは、現状の自分と合わせて理想の自分も見なければならない。これから作り上げていく筋肉、未来のパワフルな肉体を心の目で見るのだ。理想とする肉体をはっきりと視覚化しておけば、心と体に明確な課題を与え、取り組むべき具体的な目標を設定することができる。

3. **ロールモデル**——CHAPTER5でレジ・パークの写真を入念に研究していたことを話したが、それは私の理想であるヘラクレス型の肉体を彼が持っていたからだ。1970年代にフランコ・コロンブと旅をしたとき、小柄なボディビルダーが彼に近づいてきて、競技トレーニングを始めるきっかけを与えてくれたことに感謝の言葉を述べているのを何度も目にした。中肉中背で均整のとれたタイプなら、フランク・ゼーンやショーン・レイをロールモデルに選ぶべきだろう。分厚い筋肉の持ち主なら、ドリアン・イェーツやナッサー・エル・サンバティをロールモデルにすればいい。自分の理想とする肉体を持つ選手を見つけたら、その選手の写真を何枚も見てじっくり研究すること。写真を雑誌から切り抜いて壁や冷蔵庫に貼っておくなど、目標達成への集中力を高めるために役立つことは何でもやってみよう。

4. **モチベーション**——モチベーションとは、ひたむきな目的意識を育む原動力である。結局のところ、1日2〜4時間ジムに通い、自ら過酷なトレーニングに挑もうとする意志を与えてくれるのはモチベーションなのだ。この種目は5セット、あの種目は4セットと、予定のセット数を淡々とこなすだけで済ますのか、それとも体を限界まで追い込もうと必死になるのか、その違いはモチベーションの強さにある。モチベーションは規律を生み出す。頭の中で明確な目標を思い描き、その目標の達成を楽しみにして、1レップ、1セット、1ワークアウトと地道に努力し続けるうちに、規律が生まれる。

5. **トレーニング戦略**——トレーニングの最終的な成果を視覚化するだけでなく、各筋群にどのような発達が必要か、それを達成するには具体的にどのようなエクササイズやテクニックが必要かなどもきちんと考えておく必要がある。目標が定まれば、今度はそれを達成するために綿密な計画を立てなければならない。この段階では、ワークアウトを自分用にカスタマイズする必要がある。つまり、自分の体が特定の動作や強度テクニックにどう反応するかを把握し、自分が目指す体を作るにはどの戦略を採用すべきかを具体的に決定する必要がある。さらに、どこのジムでトレーニングをするかや、どんなタイプのトレーニングパートナーがいれば効果的かなど、先に解説した要素をはじめ、優れたワークアウトを行うのに役立つ、あるいは妨げになるさまざまな要素を検討する必要がある。

6. **筋肉を意識する**——ワークアウトを成功させるカギは、持ち上げているウエイト自体に注意を向けるのではなく、筋肉に意識を集中させることだ。注意が筋肉ではなくウエイトに向くと、筋肉の実際の動きを体感できず、筋肉をきちんとコントロールできなくなる。意識を集中しつつ筋肉を伸ばしたり収縮させたりするのではなく、ただ力任せに動作を行ってしまうのだ。そうなると、筋肉をフルレンジで働かせられないし、

親友のちょっとした手助け——フランコ・コロンブはいつも最高のトレーニングパートナーだった。

スムーズにコントロールしながら高強度で収縮させたり伸ばしたりもできない。たとえばバーベルカールをしているとき、私は上腕二頭筋を巨大な山に見立てる。そんなふうにして筋肉に注意を向けているからこそ、動作の下端で完全に筋肉を伸ばせたかどうか、上端で完全に収縮できたかどうかなど、動作の各地点で筋肉に何が起こっているかをすべて感じ取ることができるのだ。

大きな目標と小さな目標

最終的にどのような肉体を作り上げたいのか、どのような大会で優勝したいのか、といった大きな目標だけでなく、日々の課題や短期的な成果といった小さな目標を設定することも必要だ。

トレーニングパートナーがいれば、たがいのエネルギーを糧にして、自分の限界を超える高強度のトレーニングが可能になる。

上腕を19インチ（48.3cm）にまで発達させるには、まずは16インチ（40.6cm）、17インチ（43.2cm）、18インチ（45.7cm）と地道に増強していかなければならない。ベンチプレスで400ポンド（181.4kg）を持ち上げるには、250ポンド（113.4kg）、300ポンド（136.1kg）、350ポンド（158.8kg）と、順を追って目標を達成していかなければならない。

長期的な目標ばかりに目を向けていると、遅すぎる進歩にがっかりすることもあるだろう。しかし、ことわざにもあるように、千里の道も一歩からだ。私はいつも、長短さまざまな期間の計画を立てていた。年間計画では、ミスターオリンピアのタイトルを防衛するためにぜひとも達成したい目標を決めていた。同時に月間計画も立て、月末に振り返って自分の進歩を評価し、次の1カ月に向けて必要と思われる変更を加えた（これは、上腕三頭筋を1インチ（2.5cm）ほど増やしたいとか、ウエストを少し細くしたいとかいった内容だ）。

映画撮影の予定があるときは、私は今でも同じことをしている。「撮影開始まであと2カ月か。ジムでもっと鍛えて、有酸素運動も増やさなければ」。そういうわけで、私は、自分の理想とする遥か遠くの目標にばかり目を向けるのではなく、長期的な目標を対処しやすい小さい目標に分割してみることをおすすめする。

『ステイ・ハングリー』——ジェフ・ブリッジスと私

『プレデター』——異星人と戦うカール・ウェザースと私

『コナン・ザ・グレート』

失敗から学ぶ

　困難な仕事に一時的な失敗はつきものだ。行く手を阻む障害に何度も直面することになるだろうが、その都度乗り越えていかなければならない。失敗しても、落胆する必要はない。そのこと自体がすばらしいトレーニングになるからだ。失敗によって自分の限界が明確になり、プログラムのどの部分がうまくいっていて、どの部分がうまくいっていないかがわかる。また、現在どの段階まで到達したのかがはっきりし、より高みを目指そうとする意欲が高まる。そういう考えでいれば、失敗しても傷つかない。進歩を妨げるのは**失敗への恐れ**なのだ。失敗を恐れていると、本当に一生懸命に頑張ることも、全エネルギーを出しきることも、やる気を振り絞ることもできない。実際、あえて失敗を追求したほうがかえって助けになることも少なくない！　可能な限りハードにトレーニングし、自分の筋力と持久力の限界を見極めよう。壁にぶつかってそれ以上進めなくなるまで、自分を追い込んでみるのだ。「どれくらいがやりすぎかがわからなければ、どれくらいが適切かもわからない」とは、よく耳にする言葉だ。失敗を経験すれば（重量を挙げられなかったり、ワークアウトをこなせなかったり、大会でよい成績を残せなかったり）、自分自身についてより深く知ることができ、トレーニングの次の段階をより賢く計画できるようになる。失敗から学び、それを活かすこと。失敗を恐れず、勇気を出してチャレンジしてみること。できないと確信している重量に挑戦することになろうとも、とにかくやってみよう！　自分の限界を超えることで得られる満足感や自信は途方もなく大きい。だがそれは、自分の限界を試すことを恐れる人には決して訪れない。

筋肉の抑制

　筋肉を収縮させるとき、脳は筋繊維の収縮を促す信号を発するだけでなく、収縮を抑制する信号も同時に送る。これは、過剰な収縮によるケガから身を守るためであり、収縮に関与する筋肉の量が制限されることを意味する。筋肉がつった（痙攣した）ときはいつも、この抑制信号が存在しなかったらどうなるかを一時的に体験しているのだ。

　トレーニングの進歩は、筋繊維を太く強くするだけでなく、神経系を少しずつ教育し直して抑制信号を減少させ、より強い収縮を可能にすることによっても達成される。この抑制に打ち勝ち、体の防御機構を突破するには、十分なエネルギーが必要になる。思い描くイメージが鮮明であればあるほど、意識をより強く筋肉に集中させればさせるほど、脳が作り出す抑制的な制限を突破しやすくなり、進歩が早まるのだ。

『ターミネーター』

『コマンドー』

『レッドブル』──バーベルを持ち上げる私を背後から見つめるジェームズ・ベルーシ

『ツインズ』──ダニー・デビートと私は、まったく似ていない双子の役を演じた。

『ターミネーター2』

私はスペシャルオリンピックスに関わっていることをいつも誇りに思ってきた。このイベントが本当の意味でのスポーツを体現しているからだ。スポーツとは本来、他人との競争ではなく、自分自身との競争であり、自分に達成しうる最高の成果を目指して全力を傾けることだ。

レーガン大統領はウエイトリフティングの価値を認め、「これぞ真の力だ」と言った。

大統領体力スポーツ審議会に関わる以前から、私は軍隊でウエイトトレーニングの指導をしていた。この写真は、空母の乗組員とワークアウトをしているところ。

グレートカリフォルニアワークアウトで腕立て伏せをするピート・ウィルソン州知事と私

グレートアメリカンワークアウトでのジョージ・H・W・ブッシュ大統領と私。このイベントは、すべてのアメリカ国民の健康とフィットネスを促進するためにホワイトハウスで開催された。

モチベーションを最大限に高める

　人間には誰しも、体がすぐに反応する気持ちよく鍛えられる部位と、無理やり鍛えないとなかなか反応しない部位がある。私の場合、上腕二頭筋を鍛えるのはいつも楽勝だったが、上腕三頭筋のエクササイズでは同じような快感を味わえなかった。しかし、大会での優勝を目指すボディビルダーなら、この状況を放置しておくわけにはいかない。意識をターゲットの筋肉に集中し、あらゆる部位のあらゆる筋肉を正確にコントロールできるように全力を傾けなければならない。

　しかし、自分ひとりで呼び起こせる精神エネルギーには限界がある。優れたボディビルダーになるには頭を使う必要があるが、トレーニング自体は知的な活動ではない。トレーニングの動作は身体感覚に訴えかけるものであり、トレーニングへと駆り立て、トレーニングを続ける原動力となる強固なモチベーションは**感情**に基づいている。ただ座っているだけではそうした感覚は味わえない。これは恋愛をせずに恋愛感情だけを味わうことができないのと同じだ。どちらも、外部からの刺激が必要なのだ。

　1975年のこと、私は南アフリカで開催されるミスターオリンピア大会に向けて、エド・コーニーとトレーニングをしていたが、どうにも背中のエクササイズに気合が入らない日があった。そんな私を見かねたエドはこう言った。「南アフリカではルー・フェリグノと

アーノルドクラシックのトロフィーをフレックス・ウィラーに授与するジョー・ウイダーと私

対戦することになるんだ。ルーの広背筋はバカでかいから、ステージであいつの後ろに立ったら、観客は君の姿を見ることすらできないぞ！」

ルーとの対戦を考え、彼の見事な背中を思い浮かべると、居ても立ってもいられず、早速チンニングやベントオーバーロウといった背中のエクササイズに全力で取り組み始めたのは言うまでもない。エドのひと言が私を奮い立たせ、自分ひとりでは生み出せなかったエネルギーを与えてくれたのだ。

壁を打ち破る

困難な状況に陥ったとき、最初にダメになるのはきまって体ではなく心だ。その最たる例は、フランコとゴールドジムでスクワットをしていたときに起こった。フランコは500ポンド（226.8kg）未満のバーベルを担いでスクワットを始めたが、しゃがんだまま立ち上がれなくなった。私とジム仲間はバーをつかんで、ラックに戻すのを手伝った。その日の彼には、たとえ1レップでも500ポンドはきつかったようだ。

ちょうどそのとき、ニューヨークに住むイタリア系アメリカ人の4〜5人の子どもがジムに見学にやってきて、フランコがいるのに気づくと、「フランコ！」と声を掛けた。少年たちはフランコの大ファンで、彼がトレーニングするのを楽しみに待っていた。ただ、当のフランコは挙上に失敗したばかりで、次のトライでも失敗する可能性が高そうだった。

私はフランコを脇に呼んで、こう言った。「フランコ、あの子らにとって、君は王様なんだ。今度は500ポンド未満で失敗するなんてことは許されないぞ」。突然、彼の顔つきが変わった。窮地に立たされていることに気づいたフランコは、大きな目で私を見つめた。それから彼は通りに出て、深呼吸をしながら気持ちを高め、ひたすら挙上に意識を集中した。

しばらくしてジムに戻って来たフランコは、バーを担ぐと、500ポンドで6レップ行う予定だったスクワットを8レップもやり遂げた！　そして事もなげに、涼しい顔で立ち去った。

セット間の数分で、フランコの筋力が増したわけでも、腱が太くなったわけでもない。変化したのは、彼の心、やる気と意欲、目標達成への熱意だった。体を思い通りに動かすには、精神がいかに重要であるかを思い知らされた出来事だった。

ボディビルが精神に及ぼす影響

これまで心が体に及ぼす影響について話してきたが、ウエイトトレーニングが精神に与える影響も重要だ。ハードなトレーニングは、エンドルフィン（体内で自然に生成されるモルヒネに似た物質）の分泌を促し、高揚感をもたらす。また、全身に送り込まれる高濃度の酸素を含んだ血液にも、多くの効能がある。さらにボディビルは、個人の性格やライフスタイルにも大きな影響を与え、現代社会の要求にうまく対処する助けにもなる。

ボディビルで成功するには、規律が極めて重要だ。さらには集中力や自分で目標を設定する能力、いかなる障害にも屈しない精神力も要求される。このように、多くのことが求められるスポーツではあるが、ボディビルはそれ以上のものを与えてくれる。

私は長年、ボディビルダーを目指す何千人もの若者と一緒に汗を流してきた。また、スペシャルオリンピックスに参加する子どもたちや刑務所の受刑者たちにウエイトトレーニングを教え、理学療法士や医学者、NASAの専門家たちとウエイトトレーニングの役割について議論を重ねてきた。そんな私の経験から言えば、体作りが順調にいっているのに、自尊心や自信が向上しなかったり、人生の楽しみが増えなかったりするケースは一度も見たことがない。

1995年にインナーシティゲーム財団（ロサンゼルス）の設立を支援したときも同じことを考えていた。インナーシティゲームの使命は、都市部の貧困地域（インナーシティ）に住む青少年にさまざまなスポーツイベントや教育、文化、地域振興関連のプログラムに参加する機会を提供し、彼らの自信や自尊心を育むことであり、ギャング、麻薬、暴力にノーと言い、希望、学習、人生にイエスと言える青少年を育成することである。

スペシャルオリンピックスやインナーシティゲームのようなプログラムがうまく機能しているのは、自信や自尊心は、できるだけ**現実**に根ざしたものであるべきだからだ。ただ自分を「信じる」だけでなく、現実における具体的な成果や成功によって自分の価値を裏付けることが重要になる。スペシャルオリンピックスやインナーシティゲームに参加する

若者に限らず、すべての人にとって、精神を鍛え、才能を磨き、見事な肉体を作り上げることは、どれも現実的に自尊心を高める方法なのだ。努力してすばらしい肉体を手に入れた人が、それを誇りに思うのはうぬぼれではない。うぬぼれとは、実際には持っていないものを自分のものだと言い張ることである。

　ボディビルはあなたを変える。自己評価が高くなり、あなたを見る人の目も変わってくる。ボディビルは万人に開かれた道。性別や年齢にかかわらず、適切なトレーニングによって誰でも肉体を向上させることができ、それに伴って自信をつけることができる。たとえば、ベトナム戦争で下半身を失ったボブ・ウィーランドは、自分を身体障害者だと考えなかった。ジムで本格的なトレーニングを始めた彼は、数々のパワーリフティング選手権大会に出場し、ベンチプレスの世界記録（バンタム級）を塗り替えもした〔訳注：後に「靴を履いていなかった」という理由で失格になった〕。ボブは自分を障害者と考える必要はなかった。ウエイトトレーニングのおかげで、彼はチャンピオンの称号を堂々と主張することができるからだ。

　私は以前から、ボディビルは現実に触れるいい機会だと思ってきた。トレーニング中、手に握っているのは冷たい鉄という実在の物質であり、それを挙上できるかできないかは、実際にやってみればすぐに答えが出る。それが現実というものだ。そして、そこには進歩がある。正しくトレーニングすれば、きちんと結果に表れる。間違ったトレーニングをしたり、十分な強度で取り組まなかったりすると、ほとんど何も得られない。ごまかしは利かず、現実と向き合わなくてはならない。

　人間の体は、決して座りっぱなしのライフスタイルに合わせて作られたわけではない。サーベルタイガーを狩り、1日40マイル（64km）歩くために作られたのだ。だから、運動する機会が少ないと、どうしても体にストレスがたまる。その結果、渋滞中に割り込みされるといった些細なことにも、体は生死に関わる状況と同じように反応してしまう。「闘争・逃走（fight or flight）」反応が作動し、アドレナリンが全身を駆け巡り、血圧が急上昇する。運動全般、特にボディビルは、こうしたストレスのはけ口となり、思い切り体を動かしたいという欲求を満たしてくれる。

　ごく普通の人でもそうなのだから、極端な状況に置かれている人たちの場合は、体を動かす機会の欠如がことさら問題化するのも当然だろう。たとえば刑務所で服役中の受刑者、スペシャルオリンピックスの参加者、ギャングが徘徊し、ドラッグがまん延する都市部の貧困地域（インナーシティ）で暮らさざるを得ない子どもたちなどだ。

　私は全米各地の受刑者にボディビルを教える仕事をする中で、ウエイトトレーニングを使った更生プログラムがいかに有効であるかを痛感してきた。受刑者は自己評価が低い人が多い。世間から相手にされず、無視されてきたからだ。実際の鉄格子に入れられるずっと前から、彼らは経済的・社会的疎外という鉄格子の中に閉じ込められていると感じていたのだ。

　このような人の多くは、自分の過ちを他人のせいにし、繰り返しトラブルを招いてきた問題行動を正当化し、自分の行動に責任を取ることがないまま人生を過ごしてきた。そん

な彼らもウエイトトレーニングに本気で取り組み始めると、すべてが変わる可能性がある。トレーニングを続けるうちに、ワークアウトをプログラム通りにこなせるようになり、筋力がアップしていく。また、進歩を続けるために必要な規律も次第に身につく。そうした成果が個人の精神によい影響を与える。反社会的な手段で世間の注目を集めようとしていた彼らが、今度はトレーニングの成果によって社会から認められ、称賛のまなざしを向けられることになるのだ。この注目がプライドと自信につながる。これが全米の刑務所でウエイトトレーニングが人気を博している理由のひとつだ。スペシャルオリンピックスの場合、その効用はいっそう明らかだ。たとえば、こんなことがあった。ワシントンDCで子どもたちにウエイトトレーニングの指導をしていたときのことだ。多くの子どもが列をなして順番を待つ中、ひとりの少年がベンチプレス用のベンチに横たわっていた。プレートのついていないバーを渡しただけで、彼はパニック状態に陥った。彼はベンチプレスなどしたこともなかったし、心の準備ができていなかったのだ。私は無理にやらせようとはせず、彼に順番をゆずらせ、別の男の子たちのトレーニングを手伝った。数分後、彼が他の子どもたちの様子をじっくり見ながら近づいてくるのが見えた。ついに彼はやってみたいと意思表示したので、バーを押し上げるのを3〜4回手伝ったが、彼はまだ怖がっていて、すぐにベンチから降りてしまった。しかし、彼が戻ってくるのにそう時間はかからなかった。今度は自信を取り戻し、ほとんど手を貸すことなく10レップ行うことに成功した。

　その瞬間から彼は夢中になった。エクササイズの順番待ちの列に加わっただけでなく、少しでも早く自分の番が回ってくるように、他の子どもたちを押しのけようとさえしたのだ。挫折や失望しか感じなかったこの世界で、少年は初めて自分の力を試せるもの、実際に立ち向かい乗り越えられる物理的な障壁を見つけたのだった。ウエイトトレーニングは、いつもは得られない自信を彼に与えてくれたのだ。

　私たちもあの少年と大した違いはない。ただ、それなりにこなせてしまうので、その必要性があまり表面化しないだけだ。しかし、確かにそこにある。人は誰しも限界にぶつかり、挫折や失望に向き合う経験が必要だ。進化の過程で人間が獲得した身体能力をすでにいかんなく発揮できている人など、ほとんどいない。心と体はたがいに関連しており、表裏一体の存在である。体の健康が向上すれば、心の健康と精神力も向上する。ボディビルは、この必要不可欠なバランスを達成する理想的手段なのだ。

BOOK THREE

Body Part Exercises

部位別エクササイズ

私は幸運にもボディビルの大会で何度も優勝してきた。そんな私だが、完璧な肉体の持ち主などいないということは真っ先に認めたいと思う。確かに、胸や上腕二頭筋といった部位に関しては、誰にも負けない自信があった。だが、フランコ・コロンブの広背筋、あるいはトム・プラッツの脚にあえて勝負を挑もうとするボディビルダーなどいるだろうか？　ユサップ・ウィルコシュの巨大な腕に対抗するには上腕三頭筋の完璧な発達が必要だし、デニス・ティネリーノの洗濯板さながらの腹筋を上回るには徹底的に磨き上げた腹部が欠かせない。

　このような理由から、そして本書がボディビルに関する最高の一冊になるように、このBOOK3では、さまざまなエクササイズを説明する際の参考として、各部位の比類なき発達で知られるトップチャンピオンたちの写真を数多く載せてある。最大限の効果と安全性を確保するために、頭や胴体、手足の位置や向きなど、写真の隅々にまで注意を払って見てほしい。各エクササイズの動作に慣れてきたら、もう一度写真を見直して、フォームに少しでも狂いがないかを確認してみよう。ストリクトなエクササイズテクニックこそが、筋肉の発達を早める。

　実例として掲載した私の写真については、私のアルバムとジョー・ウイダーのフォトライブラリーの中から選んだ。初期の大会から現在に至るまでのこれらの写真は、私の肉体が成長していく各段階を示しており、正しいボディビルテクニックの参考例であると同時に、写真でたどる私の歩みにもなっている。

肩

肩の筋肉

　三角筋は、三角形の分厚く大きな筋肉で、3つの部分に分かれる。肩の前側の鎖骨と後ろ側の肩甲骨から起始し、上腕の停止点まで伸びる。

　基本機能：腕を回転させたり、持ち上げたりする。三角筋の前部は腕を前方に持ち上げる。中部は腕を横に、後部は後方に持ち上げる。

　僧帽筋は、首から肩甲骨の間にかけて伸びる平たい三角形の筋肉。

　基本機能：肩甲帯全体を持ち上げ、肩甲骨を上下左右に動かし、頭部の回転を助ける。

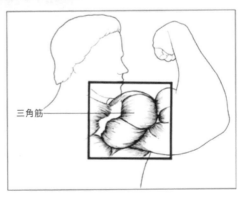

肩の概観

　1940年代の男性は、肩に巨大なパッドを入れウエストを細く絞ったV字形を強調したコートを着ていた（最近また流行しているようだ）。偶然の一致だが、このV字形のシルエットは、ボディビルダーが懸命に努力して手に入れようとしている体型でもある。この見た目を作る重要な要素のひとつが、十分に発達した広い肩だ。

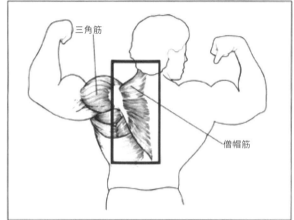

三角筋
僧帽筋

フレックス・ウィラー

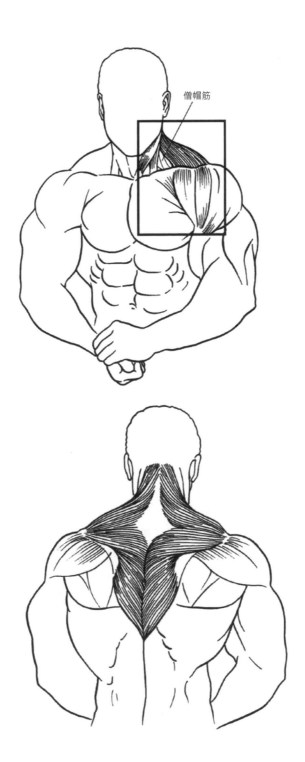

僧帽筋

BOOK THREE 部位別エクササイズ

スティーブ・リーブスは、古典的なV字体型を発達させた最初のボディビルダーのひとりだ。彼がこの体型を実現できたのは、生まれつき肩幅が広く、ウエストが細かったからだ。このようなプロポーションは、ボディビルで最も美しい肉体を作り上げるのに役立つ。

　肩幅はかなりの部分が骨格によって決まる。これは持って生まれたものだ。リーブスのように肩の骨格が極めて広いボディビルダーは、特にリラックスポーズをとっているときにかなり有利に働く。私がトレーニングを始めたころに活躍していたドン・ハワース、デイブ・ドレイパー、フランク・ゼーンといったチャンピオンたちは、肩幅が広く、いかり肩をした体型のよい例である。ケビン・レブローニやナッサー・エル・サンバティも肩幅が広い。

　肩幅が狭くなくても、肩が垂れたように見える「なで肩」を特徴とする肉体の持ち主もいる。レジ・パークの肩幅は狭くないが、僧帽筋と肩が下方に傾斜している。私も肩幅が狭いわけではないが、同じように垂れ下がって見えるので、リラックスポーズのときは肩幅がずいぶん狭く感じられる。ただし、ラットスプレッドのようなポーズでは、実際の肩幅がはっきりと現れる。ポール・ディレットのポージングでも、同じようなことが見てとれるだろう。

　見た目の肩幅の広さには、三角筋中部の発達も関係している。この部分が十分に発達していると、力をこめたときに非常に見応えのある肉体を披露できる。たとえば、セルジオ・オリバやトム・プラッツは、肩がすばらしく発達しているが、ステージ上でリラックスポーズをとっているときは、特に肩幅が広くは見えないし、いかり肩にも見えない。競技ボディビルダーにとって理想的なのは、いかり肩の骨格と三角筋中部の見事な発達を兼ね備えていることだ。ドリアン・イェーツの肩の発達ぶりを見れば、このような構造がいかに大切であるかがわかるだろう。

　ちなみに、三角筋の発達がすばらしいことで有名なボディビルダーの多くは、肩の筋力が極めて強いことでも知られている。セルジオやフランコは、225ポンド（102.1kg）のビハインドネックプレスに、315ポンド（142.9kg）のフロントプレスをこなしていた。パワフルな三角筋前部を持つケン・ウォーラーは、140ポンド（63.5kg）のダンベルでダンベルプレスをやっていた。

　しかし、肩の広さ（および三角筋中部の発達）は、三角筋の全体的な発達の一面にすぎない。肩には厚みも必要だ。前部と後部の発達も不可欠だし、大胸筋や上腕二頭筋、僧帽筋などの背中の筋

スティーブ・リーブス

肉との適切なつながりも欠かせない。

　三角筋は極めて多機能な筋肉だ。三角筋には3つの頭（前部、中部、後部）があり、腕を持ち上げたり、前後左右に動かしたり、回転させたりすることができる。

　三角筋は、ボディビルのほぼすべてのポーズで重要な役割を担っている。フロントダブルバイセップスでは、体をより幅広く大きく見せる。モストマスキュラーでは、筋肉量をより豊かに見せる。サイドチェストやトライセップスなどの横から見たポーズでは、三角筋の3つの頭すべての厚みと発達が重要な役割を果たす。バックダブルバイセップスのようなバックポーズでは、三角筋後部の形、セパレーションとディフィニションの明確さに出来が大きく左右される。

　三角筋は、どのような動きをしているときでも、ディフィニションとストリエーションがはっきり見

デイブ・ドレイパー

えるように鍛えておくべきだ。先ほど挙げたポーズはもちろんのこと、あるポーズから別のポーズに移行しているときでもそうであるべきだ。また、他の筋肉とのつながりにも気をつける必要がある。三角筋の各部がつながっているすべての筋肉と協調して働くことで、筋肉が引き締まって力強く見える。

　三角筋の完全な発達は、リラックスポーズをとっているときにも重要だ。前から見たときでも後ろから見たときでも、三角筋中部が発達していると肩幅が広く見える。フロントポーズでは、三角筋と大胸筋の完全なセパレーションが欠かせない。生まれつきこのセパレーションがある人もいれば、そのためのウィークポイントトレーニングが必要な人もいる。横から見たとき、三角筋後部の発達は肩の後ろに「コブ」を作る。このコブは、フレックス・ウィラーやドリアン・イェーツといった偉大なチャンピオンにはっきりと見られる。バックポーズでは、三角筋後部と僧帽筋が極めて重要な役割を果たす。

ラットスプレッドポーズを披露するリー・ヘイニー。いかり肩と見事な三角筋の発達ぶりが相まって、このシンプルなポーズを実に魅力的なものにしている。

BOOK THREE

部位別エクササイズ

いかり肩に見えるかはポージングの問題でもある。現役のころ、リラックスポーズをとっているときの私の肩はなで肩のように見えた……

……しかし、フロントラットスプレッドのポーズをとると、ご覧のように、肩幅がかなり広く見えた。

サミア・バヌー

ショーン・レイ

……バイセップスポーズをとる私

……フランコ・コロンブのモストマスキュラーポーズ

……ロニー・コールマンの驚くべきバックダブルバイセップスポーズ

もちろん、肩幅の広さと三角筋の発達は実際には異なるものだ。たとえば、スティーブ・リーブスは、肩幅が広かったにもかかわらず、三角筋が特に厚いわけでも、筋肉量が多かったわけでもない。逆に、1960年代に第1回ミスターオリンピア大会で優勝したラリー・スコットは、分厚く豊かな三角筋の持ち主で、その見事な発達ぶりが、生来のやや狭い肩幅を補っていた。ショーン・レイの肩幅も特に広いというわけではないが、三角筋の発達がすばらしく、厚く盛り上がっているため、多くの人は彼の肩幅が広くないことに気づかない。

フランコ・コロンブ

肩幅が比較的狭いボディビルダーの多くは、三角筋を発達させることでその弱点を補ってきた。私のお気に入りの例はレジ・パークだ。レジは、比較的狭い肩幅を補うために懸命に努力し、肩を驚くべきレベルにまで発達させた。彼は、500ポンド（226.8kg）のベンチプレスに成功した最初のボディビルダーだが、これはひとえに、三角筋前部の筋肉量と筋力の賜物だろう。ベンチプレスでは、胸と上腕三頭筋に加えて、三角筋前部が非常に重要な役割を果たすからだ。

　もうひとつ付け加えておきたいのは、このタイプのチャンピオンたちのトレーニング方法が千差万別だったということだ。プレス動作で巨大な三角筋前部を手に入れたフランコは、肉体のバランスを改善するために、三角筋後部のトレーニングをワークアウトに加える必要があった。ラリー・スコットは、ドロップセット法を使った肩のダンベルトレーニングで最高の結果を出した。高重量から始めて、セットごとにダンベルを軽くしていき（90ポンド（40.8kg）から30ポンド（13.6kg））、三角筋を徹底的に追い込んだ。ドリアン・イェーツは、セット数こそ比較的少なかったものの、ネガティブ、フォースドレップ、フォースドネガティブ、パーシャルレップなど、あらゆる強度テクニックを駆使した高強度トレーニングを何年も続けていた。

　私が言いたいのは、まったく同じ体の持ち主などいないし、どの部位をトレーニングするにしても、まったく同じ方法で行う必要はないということだ。バランスのとれた肉体を作り上げるために、トレーニングを自分用にアレンジしてウィークポイントを克服する必要のなかったボディビルダーなど、この世に存在しない。

三角筋を鍛える

　肩のエクササイズには、基本的に（ストレートアーム）レイズとプレスの2種類がある。

　レイズでは、伸ばした腕を大きく弧を描くようにして挙上すると、三角筋をアイソレートしやすい。また挙上の方向も、前方、側方、後方それぞれに行う必要がある。レイズでは、上腕三頭筋を関与させずに、三角筋の各部をほぼ完全にアイソレートできる。ただし、三角筋をアイソレートするために腕を終始ほぼまっすぐの状態にしておくため、プレス動作ほどの重量は挙上できない。

　ショルダープレスでは、まず腕を曲げて、ウエイトを肩の高さくらいに構え、バーベルまたはダンベルを頭上にまっすぐ挙上する。プレス動作では、腕をまっすぐ伸ばす動作とウエイトを持ち上げる動作を同時に行うので、三角筋と上腕三頭筋の両方が鍛えられる。バーベルやダンベル、各種マシンを使い、フロントやリアなど、さまざまな種類のプレスを行えば、肩にかかる負荷がそれぞれ異なるので、三角筋の各部を刺激できる。

基本トレーニング

私は、上級レベルになってもパワートレーニングを積極的に行い、肩を発達させるべきだと考えているが、パワートレーニングが特に有用なのは初心者のときだろう。三角筋は高重量でのトレーニングによく反応するし、三角筋の筋力向上は体の全体的な発達にもつながる。ベンチプレスからデッドリフト、ベントオーバーロウに至るまで、多くのパワーエクササイズは、肩の筋力を大いに必要とするからだ。

だから私は、初心者の段階から、ダンベルラテラルに加えて、クリーン&プレス、高重量のアップライトロウ、プッシュプレスといったパワーエクササイズを行うことをおすすめする。こうしたプログラムによって、上級トレーニングに進むために必要な肩の筋肉をつけて筋力を高めることが可能になる。私が初心者にショルダープレスだけでなくクリーン&プレスも勧める理由は、バーベルを床から持ち上げて肩の高さまで挙げ、腕を絞って下からバーベルを支えるという追加の動作によって、三角筋以外にも多くの筋肉、特に背中、僧帽筋、上腕三頭筋を鍛えられるからだ。

ラリー・スコット

上級トレーニング

上級トレーニングのレベルになると、必要なのは筋肉量と筋力だけではない。この時点では、僧帽筋と三角筋の3つの部分すべてを含めた、肩全体の発達を目指して努力しなければならない。そこで、三角筋中部をターゲットにしたダンベルラテラルのようなエクササイズに加え、三角筋前部と中部を鍛えるビハインドネックプレス、三角筋後部を鍛えるベントオーバーラテラル、僧帽筋に効くシュラッグを盛り込んだ。ちなみに、僧帽筋は肩というより背中に関連する筋肉だと考えている人は、ラテラル動作やプレス動作で腕を頭よりも高く上げると、僧帽筋が大きく関与することを忘れないでほしい。僧帽筋が肩を引き上げて内側に寄せることで、フルレンジでの動作が可能になるのだ。

また、上級プログラムでは、肩にさらなる負荷とショックを与えるためのスーパーセッ

トも数多く用意した。スーパーセットには、アップライトロウ（三角筋前部と僧帽筋に効く）、マシンプレス（三角筋前部に効き、バーベルを使ったときよりもウエイトをより下まで下ろせる）、ワンアームケーブルラテラル（三角筋中部をアイソレートする）、ベントオーバーケーブルラテラル（三角筋後部に効く）などの種目が含まれている。

大会向けプログラム

　三角筋の機能は非常に複雑で、腕をほぼ360度動かすことができる。つまり、肩を完全に発達させるためには、さまざまな角度からトレーニングする必要があるということだ。
　そのため、大会向けプログラムでは、ライイングインクラインラテラルレイズやシーテッドケーブルリアラテラルなど、いくつかの追加動作を盛り込んだ。また、すべてのエクササイズをスーパーセットまたはトライセットで行うなど、時間的な強度も大幅にアップしている。このような強度の高いトレーニングは、三角筋の形を磨き上げ、ディフィニションを出す効果がある。また、筋肉間のつながりを強化し、信じられないようなストリエーションも作り出す。
　大会に向けたトレーニングでは、細部にまで注意を払う必要がある。三角筋の各頭がバランスよく発達していなければならないのはもちろんのこと、3つの頭が完全にセパレートしており、ディフィニションもはっきりしてなければならない。また上腕の筋肉や僧帽筋などの背中上部の筋肉との完全なセパレーションも必要だ。三角筋前部も、大胸筋とはっきり区別できなければならない。
　さらに、最高レベルで競争力を発揮できるような質を実現するためには、ストリエーションも必要になる。確かに、どれも簡単ではない。ただなんとなく肩のトレーニングをこなしているだけでは、チャンピオン級の三角筋を作り上げることはできない。スーパーセット、トライセット、ドロップセット法、そしてできるだけ多くのショック法などのテクニックを使って、継続的に強度を高めていく必要がある。そうした努力にもかかわらず、三角筋の発達にまだウィークポイントが残る場合には、その部分の集中的なトレーニングが唯一の解決策となる。ウィークポイントに有効な方法（「ウィークポイントトレーニング」参照）を吟味し、弱点に対処するためにトレーニングをどのように組み直すべきかを決めること。

このポーズでは、三角筋前部と大胸筋の間に明確なセパレーションがあるのがわかるだろう。フロントダンベルレイズやバーベルアップライトロウなどの種目で鍛えれば、このレベルのセパレーションを手に入れることも不可能ではない。

1971年、フランコとトレーニングした際は、ダンベルプレスを100ポンド（45.4kg）からランニング・ザ・ラック法でやり、それからすぐにラテラルレイズに切り替えて三角筋を追い込み、腕が上がらなくなるまでやった。時にはトライセット（最初に三角筋前部のエクササイズ、次に中部のエクササイズ、最後に後部のエクササイズ）をやることもあった。これを2～3回やると、肩が文字通り燃え上がり、あらゆる筋繊維が慈悲を求めて悲鳴を上げているような感覚に襲われたものだ。

僧帽筋を鍛える

　僧帽筋は首、三角筋、広背筋をつなぐ台形の筋肉で、背中上部の視覚的な中心だ。この筋肉はフロントポーズとバックポーズの両方で重要な役割を果たす。バックダブルバイセップスでは背中の上部に、肘からもう一方の肘にかけて筋肉がはっきりと波打つようなすばらしい造形を生み出すのに役立つ。バックラットスプレッドでは、広背筋がその広がりを見せるにつれ、僧帽筋は背中の中央にはっきりとした三角形を作る。僧帽筋の発達は、三角筋後部と背中上部の間のセパレーションを作るのにも役立つ。また、ほとんどのフロントポーズでは、首から三角筋にかけての僧帽筋のラインが重要であり、特に印象的なモストマスキュラーポーズを決めたい場合は、僧帽筋の役割が極めて重要になる。

　しかし、僧帽筋は他の筋肉とバランスよく発達していなければならない。僧帽筋があまりに高く盛り上がり、その傾斜が急すぎると、三角筋が小さく見えてしまう。

　僧帽筋は、広背筋の引き下げる機能とは反対に、肩甲帯全体を引き上げる働きをする。基本トレーニングプログラムでは、パワートレーニングの一環として高重量のアップライトロウを盛り込み、最初から僧帽筋の筋肉量と筋力の増強を図れるようにした。基本プログラムには、バーベルクリーン＆プレスや、ヘビーデッドリフトが含まれており、これらも僧帽筋に有益だ。

　ちなみにダンベルラテラルは、エクササイズのセクションにも書いておいたが、ダンベルを体の横に垂らすのではなく、太ももの前に置いて始めれば、僧帽筋の発達にも効果がある。

フレックス・ウィラー

僧帽筋は、フロントポーズとバックポーズの両方で重要だ。たとえば、バックダブルバイセップスポーズで、僧帽筋が背中の筋肉をつなぎ合わせるのにどれほど役立っているかを見てほしい。

上級プログラムでは、僧帽筋トレーニングの一環としてダンベルシュラッグを盛り込んだ。この種目は僧帽筋に直接効き、かなりの高重量を扱うことができる。また、上級プログラムと大会向けプログラムには、僧帽筋を直接ターゲットにしたものではないが、僧帽筋にも効果的なエクササイズが数多く含まれている。ほとんどのロウ種目（たとえば、ベントオーバーバーベルロウ）やショルダープレス（バーベルまたはダンベル）は、他の筋肉の働きとともに、僧帽筋による挙上動作を伴う。だから僧帽筋が強ければ、これらの種目でも高重量を扱えるようになる。

ウィークポイントトレーニング

　肩がウィークポイントであれば、トレーニングプログラムを調整して肩のトレーニング量と種目数を増やし、ショック法を活用して最大限の強度で鍛えよう。

　私は肩のトレーニングにドロップセット法を使うのが好きだ。ダンベルの場合は、高重量から始めて少しずつ軽いダンベルへと持ち替えていく（ランニング・ザ・ラック法）。マシンプレスやケーブルラテラルでは、セットごとにピンを動かしてプレートを1枚ずつ軽くしていく。

　三角筋の発達を加速させるには、プレス種目とレイズ種目のスーパーセットも効果的だ。たとえば、バーベルプレスの後にフロントダンベルレイズ（またはアップライトロウ）を行えば、三角筋を徹底的に鍛えられる。三角筋をさらに高強度で鍛えたいなら、プレス、フロントダンベルレイズ、アップライトロウの「3（スリー）パンプセット」を試してみよう。ただし、痛みに耐える覚悟をしておくこと。

　レイズで最高の成果を得るには、次の2点を覚えておこう。

1. 動作中は手のひらを下に向けておくこと。小指が親指より高くなるように、（ピッチャーから水を注ぐように）手首を少しひねるとなおよい。そうすれば、三角筋をアイソレートし、動作中に完全に収縮させられる。
2. できるだけストリクトに行うこと。少しもチーティングをせずにウエイトを挙げ、しっかりコントロールしながら完全に下ろす。ストリクトであればあるほど、三角筋への効果は高まる。

　三角筋トレーニングの強度を高めるもうひとつの方法は、ダンベルレイズを1セット終えるごとに、ダンベルラックへ行って重めのダンベルに持ち替え、できるだけ高く持ち上げて少しでも長くその状態をキープすることだ。この「アイソメトリック」ラテラルは、三角筋を完全に疲弊させ、最大限のストリエーションを引き出すのに役立つ。

　三角筋後部をさらに発達させる方法として、私は以前、ベッドの下に軽いダンベル（通常は20ポンド（9.1kg））を置いておき、朝一番に休憩なしでライイングサイドラテラルを左

右5セットずつ行っていた。しかし、これを通常の肩のトレーニングの一部としてカウントしたことはなかった。また、「2パンプセット」も行っていた。これは、うつ伏せのインクラインラテラルレイズから始め、疲れてセットを続けられなくなったら、ダンベルロウイングのような動作に変えるというもので、三角筋後部を徹底的に追い込める。

以下に、ウィークポイントを克服するために効果的なエクササイズとテクニックを部位ごとにまとめた。

三角筋前部

- マシンプレス――バーベルやダンベルよりもマシンのほうがウエイトを低い位置まで下げられるので、三角筋前部を最大限にストレッチし、可動域を広げることが可能
- プレス動作では、トップポジションで肘をロックしないこと。
- なるべくダンベルを使って、三角筋の各部に効果的に負荷をかける。
- アーノルドプレス（私のお気に入りの三角筋前部のエクササイズ）――特にランニング・ザ・ラック法やドロップセット法（BOOK2参照）などのテクニックを使用。
- フロントダンベルレイズ――三角筋前部と大胸筋のセパレーションを最大化。
- フロントバーベルプレス
- アップライトロウ
- インクラインバーベルプレスとインクラインダンベルプレス
- インクラインダンベルフライ（「胸のエクササイズ」参照）

三角筋中部

- ダンベルラテラル――直立するか、背筋を伸ばしてベンチに座るかし、ダンベルを体の前ではなく太ももの横で持つ。
- ケーブルラテラル――腕を体の前を横切らずに横から上げる。
- ラテラル種目は極めてストリクトに行う（僧帽筋ではなく三角筋に効かせるため、ウエイトを頭よりも上に上げない）。
- ラテラルレイズ後にバーン法を使う（腕を伸ばし、かなり重めのダンベルを太ももから左右に10インチ（25.4cm）ほど離して持つ。その状態をできるだけ長く、最低でも30秒間保つ）。

三角筋後部

- 三角筋のトレーニングは、プライオリティ法（BOOK2参照）を使い三角筋後部から鍛え始める。
- 三角筋後部のセットを追加する――ベントオーバーラテラル、ベントオーバーケーブルラテラル、ベントオーバーバーベルロウ、シーテッドケーブルリアラテラル、インクラインベンチラテラルレイズ（うつ伏せ）、ライイングサイドラテラルなどを左右10セットずつ、休憩なしでやってみよう（私は肩のトレーニング日であろうとなかろうと、毎日やっていた）。

多くのボディビルダーは、三角筋前部がバックポーズでも重要であることを忘れている。フランコ・コロンブのこのバックダブルバイセップスのポーズは、三角筋前部が後ろからどのように見えるかをはっきり示している。

ポーズをとってしっかり収縮させなくても、この三角筋前部には、デカさとセパレーションに加え、ディフィニションとストリエーションが確認できる。

プレス種目では前腕を垂直に保つこと。体の内側へ傾けると、上腕三頭筋が大きく関与してしまう。

- 三角筋後部のトレーニングは、できる限りストリクトなテクニックを使って行う。チーティングをすると、他の筋群に仕事をさせすぎてしまう。
- リアラテラル種目では、三角筋後部の発達を高めるために、ピッチャーから水を注ぐように手首をひねる。

僧帽筋
- シュラッグ
- アップライトロウ
- デッドリフト
- クリーン＆プレス
- リバースラテラル（イギリスのボディビルダーに人気の種目で、通常とは異なる角度から僧帽筋を鍛えることができ、三角筋前部にも効く）
- 各種ロウイング（Tバーロウやケーブルロウなど）
- ケーブルラテラルとダンベルラテラル

これは基本的に腹筋のポーズだが、それでも三角筋中部が肩幅を広く見せるのに役立っている。（セルジュ・ヌブレ）

横から見ると、三角筋中部の発達が、上の僧帽筋、下の上腕三頭筋や上腕二頭筋とのセパレーションを作り出しているのがわかる。

三角筋の発達がよいと肩幅が広く見え、フロントラットスプレッドの効果が高まる。

フランコ・コロンブのこのスリークォーターバックポーズを見れば、三角筋後部の十分な発達が必要であることがよくわかるだろう。

モストマスキュラーポーズでは、肩の全体的な発達（僧帽筋、三角筋の前部・中部・後部、すべての筋肉のセパレーションとディフィニション）が極めて重要だ。

BOOK THREE 部位別エクササイズ

ひねりを加えたバックポーズは、背中の重要な筋肉だけでなく、三角筋後部も十分に発達していなければ、まったく効果がないポーズだ。

肩のエクササイズ

アーノルドプレス

エクササイズの目的：三角筋の前部と中部を発達させる。これは私が知る限り、三角筋のエクササイズの中で最も優れた種目で、私はいつも肩のルーティンに取り入れている。ダンベルを前方で十分に下ろすことによって、極めて大きな可動域が得られる。

やり方：（1）立った姿勢で両手にダンベルを持つ。手のひらを体のほうに向けてダンベルを肩の高さで構える。（2）スムーズな動作で、ダンベルを頭上に押し上げる（腕は完全に伸ばし切らない）。挙上の際に両手をひねって親指を内側に向け、動作の最上部で手のひらが前を向くようにする。（3）動作の最上部で一旦静止したあと、逆の動作でダンベルを下げ、手をひねりながらスタートポジションに戻す。ダンベルを頭上に押し上げるときに、体を揺らしたりチーティングをしてしまわないように注意する。この動作は、ダンベルを完全にコントロールした状態でストリクトに行うこと。ダンベルを頭上に押し上げる際に腕をロックしないことで、三角筋にずっと負荷がかかり続ける。このエクササイズは、ラテラルレイズとダンベルプレスを半分ずつ合わせた種目で、三角筋の前部と中部の両方を徹底的に鍛えられる。

ビハインドネックプレス

エクササイズの目的：三角筋の前部と中部を鍛える。プレス動作には必ず上腕三頭筋も関与する。

やり方：立って行うこともできるが、私は座って行うのが好きだ。そのほうが動作をストリクトに行える。(1) いったんバーベルを頭上まで持ち上げ、首の後ろに下ろす。あるいは、ラックに置いたバーベルを持ち上げる。(個人的にはサムレスグリップでバーを持つのが好みだ)。(2) バーベルを真上に押し上げたら、スタートポジションまで下ろす。動作中は肘をできるだけ後ろに引き、バーベルをしっかりコントロールすること。

フレックス・ウィラー

ナッサー・エル・サンバティ

ダンベルプレス

エクササイズの目的：三角筋の前部と中部を鍛える。この種目は、さまざまなバーベルプレスと同じエクササイズに見えるかもしれないが、大きな違いがある。特に重要なのは、ダンベルの使用によって可動域が広がることだ。

やり方：(1) 両手にダンベルを持ち、肩の高さで構える。肘を横に張り出し、手のひらを前方に向ける。(2) ダンベルを真上に持ち上げ、最上部でダンベルを触れ合わせたら、できるだけ下まで下ろす。この種目は、左右のダンベルをそれぞれ別個にコントロールする必要があるため、使用重量はバーベルよりやや軽めになるが、バーベルよりも広い範囲を上げ下げできることが実感できるだろう。

フレックス・ウィラー

ケビン・レブローニ

ミリタリープレス

エクササイズの目的：三角筋の前部と中部を鍛える。この種目は、肩のエクササイズの王道だ。座って行うと、立って行うよりも動作がストリクトになる。

やり方：(1) 座った状態（または立った状態）で、バーベルを順手で肩幅より広く握り、肩の高さで保持する。手のひらは下側から支える形で、肘は内側に絞る。(2) 鎖骨とほぼ同じ高さから、腕がロックするまでバーベルをまっすぐ頭上に押し上げる。その際、バーベルをバランスよくコントロールすることを心がける。その後バーベルをスタートポジションまで下ろす。

クリーン&プレス

エクササイズの目的： 三角筋の前部と中部を鍛え、全身の筋密度とパワーを高める。

　クリーンとは、バーベルを床からミリタリープレスのスタートポジションまで持ち上げる動作を指す。クリーン&プレスは、まず主に脚の動作でバーベルを動かし始め、次いで、肩だけでなく、僧帽筋、腕、背中の力も使う。ヘラクレス型の外見を作るのに役立つ重要なエクササイズだ。

やり方：（1）しゃがんで前傾姿勢になり、両手を肩幅程度に開いて順手でバーを握る。（2）脚の力を使ってバーを肩の高さまでまっすぐに持ち上げる。ミリタリープレスのスタートポジションで肘を内側に絞り、バーベルを下から支える。（3）肩と腕を使い、バーベルを頭上に押し上げたら、肩の高さまで下ろす。次いで、クリーン動作を逆に行う。つまり、膝を曲げバーベルを床に戻す。

リー・ヘイニー

マシンプレス

エクササイズの目的：三角筋の前部と中部を鍛える。マシンを使うと、プレス動作が極めてストリクトに行える。また、バーベルやダンベルをスタートポジションに持ってきて構える手間が省けるので、体に何らかの問題を抱えている人には重宝する。さらに、ウエイトをかなり低い位置まで下ろすことができるので、三角筋前部を強くストレッチさせることができる。ショルダープレス動作を行えるマシンは、サイベックス、ノーチラス、ハンマーストレングス、ユニバーサルなど、いくつものメーカーが製造しているが、原理はどれも同じだ。

やり方：(1) 肩の高さでバー（またはハンドル）を握る。(2) 腕がロックするまでバーを押し上げたら、スタートポジションまでゆっくりと下ろす。この動作では可動域をできるだけ広く使うこと。マシンを使ってフロントプレスやビハインドネックプレス（どちらも三角筋の前部と中部に効く）を行うこともできる。

プッシュプレス

エクササイズの目的：三角筋の筋力を強化する。通常よりも高重量を扱うこと。あるいはショルダープレスでオールアウトに達した後もレップを続けるために用いる。

　これはチート法を使ったエクササイズだ。パワートレーニングでプッシュプレスを使えば、ふつうなら重すぎてストリクトなショルダープレスには使えないような重量でも持ち上げられる。またプッシュプレスは、疲れすぎてストリクトなショルダープレスを続けられなくなったセットの終盤に、フォースドレップをこなすためにも使える。

やり方：(1) バーベルを順手で握り、両手を肩幅よりやや広めに開いて、ウエイトを肩の高さで構える。(2) 膝を少し曲げ、脚の力を使って体を押し上げ、バーベルに勢いをつける。この反動を利用してバーベルを頭上まで押し上げる。腕を伸ばし切ったら、ゆっくりと肩まで下ろす。

デビッド・ダース

スタンディングラテラルレイズ

エクササイズの目的：三角筋の中部を発達させる。前部と後部にも副次的な効果をもたらす。

やり方：(1) 両手にダンベルを持って少し前かがみになり、腕を伸ばして体の前でダンベルを合わせる。反動を使わないよう、完全に静止した状態からレップを開始する。(2) 手首を（ピッチャーの水を注ぐように）少しひねってダンベルの後部が前部より高くなるようにし、ダンベルを左右に開いて持ち上げる。(3) ダンベルを肩より少し高い位置まで持ち上げたら、ゆっくりと負荷を感じながら下ろす。（この動作でよくある間違いは、三角筋でダンベルを持ち上げるのではなく、体の反動を使って振り上げるやり方だ。これは動作の効果を下げるので避けること。）

バリエーション：ラテラルレイズを立って行うと、つい少しチーティングをしてしまいがちになるが、同じ動作を座った姿勢で行えば、チーティングを避けられる。

エディ・ロビンソン

シーテッドラテラルレイズ

ワンアームクロスケーブルラテラル

エクササイズの目的：三角筋の中部を鍛える。中部ほどではないが、前部と後部にも効く。ケーブルと床にセットしたプーリーを使ったワンアームラテラルには、2つの利点がある。ひとつは、体の片側ずつアイソレートできること。もうひとつは、ケーブルによって重力の影響に左右されない一定の負荷が与えられることだ。

ドリアン・イェーツ

やり方：（1）片方のハンドルを握り、その腕を体の前を横切るように伸ばして立つ。反対の手は腰に当てる。（2）安定した動作で、肘の角度を一定に保ちながら、肩より少し高い位置までハンドルを握った手を外側に引き上げる。腕を上げる際は、ピッチャーの水を注ぐように手首をひねりながら行う。片方の手で所定のレップを終えたら、反対の手で同じレップ数を行う。体全体を使って重量を引き上げるのではなく、三角筋を使うこと。

バリエーション：ケーブルを体の前ではなく、後ろに回して行う。

ポーター・コトレル

三角筋後部にウィークポイントがある場合は、やや前かがみの姿勢でケーブルラテラルを行うと、三角筋中部に加えて三角筋後部も鍛えられる。

ワンアームサイドケーブルラテラル

エクササイズの目的： 三角筋中部を集中的に鍛える。セルジオ・オリバのお気に入りだったこの動作は、肩のディフィニションを引き出すことができる。三角筋の後部と前部にも効果がある。

やり方：（1）直立し、腕を体の横に下ろし、床にセットしたプーリーに取り付けられたハンドルを握る。もう片方の手は腰に当てる。（2）腕をまっすぐ伸ばしたまま、弧を描くように、ケーブルを頭より高い位置までスムーズに持ち上げる。その後、腕を太ももまで下ろす。所定のレップを終えたら、もう片方の腕で同じ動作を繰り返す。

シーテッドワンアームクロスケーブルラテラル

エクササイズの目的： ケーブルラテラル動作のトップポジションに到達する際に、三角筋後部をアイソレートして収縮させることにより、三角筋後部を発達させる。

やり方： (1) スツールまたは低いベンチに座り、一方の腕を体の前を横切るようにして完全に伸ばし、床にセットしたプーリーに取り付けられたハンドルを握る。(2) 体をできるだけ動かさないようにしてハンドルを引き、肩の高さで腕が完全に横に伸びきるまで引き上げる。(3) 動作の最後で三角筋後部に力を込め、完全に収縮させる。その後ハンドルをスタートポジションまで戻す。所定のレップを終えたら、もう片方の腕も同様に行う。

ケーブルラテラルのトップポジションに到達する際に、三角筋後部をアイソレートして収縮させる。

リバースオーバーヘッドダンベルラテラル

エクササイズの目的: 三角筋の中部と後部を発達させる。イギリスのボディビルダーに人気のこの種目は、僧帽筋の発達にも役立つ。

やり方: (1) 両手にダンベルを持ち、両腕をまっすぐ左右に伸ばす。手のひらは上に向ける。(2) 両腕をゆっくりと持ち上げ、頭の上で合わせる。最上部でロックアウトする必要はない。動作中は体を動かさないようにすること。その後、トップポジションから、ダンベルをスタートポジションまでゆっくり下ろす。

アーロン・マドロン

マシンラテラル

手首や肘、上腕に大きな負担をかけることなく、三角筋の横方向の動作を再現しようとするさまざまなマシンが開発されている。この種のマシンを使用する際は、腕を持ち上げる動作でも腕を下ろす動作でも、三角筋がマシンの全可動域を通して重量に抵抗していることを実感しながら行うこと。

フロントダンベルレイズ

エクササイズの目的：三角筋前部を発達させる。

このエクササイズは、三角筋前部をフルレンジで鍛えるだけでなく、動作の最上部では僧帽筋も鍛えることができる。立った姿勢でも、座った姿勢でも行える。

やり方：両手にダンベルを持って立つ。(1) 片方のダンベルを頭より高い位置まで、大きく弧を描いて持ち上げる。(2) コントロールしつつダンベルを下ろしながら、同時にもう一方のダンベルを持ち上げる。両腕を同時に動かして、ダンベルが顔の前ですれ違うようにする。三角筋前部に直接効かせるため、ダンベルは顔の横ではなく前を通るようにする。同じ動作をバーベルで行うには、バーを順手で握り、腕を伸ばして前に垂らす。腕をロックしたまま、できるだけストリクトに頭より少し高い位置まで持ち上げ、コントロールしながら下ろす。

バリエーション：座った姿勢でフロントレイズを行うと、挙上の際にチーティングが使えないので、よりストリクトな動作が行える。

シーテッドフロントダンベルレイズ

シーテッドベントオーバーダンベルラテラル

エクササイズの目的： 三角筋の後部をアイソレートして鍛える。

　ラテラル種目を行う際は前かがみになることで、三角筋の後部をより直接的に鍛えられる。座って行えば、立って行うよりもストリクトな動作が可能になる。

やり方：（1）ベンチの端に膝を揃えて座り、両手にダンベルを持つ。腰から上体を前に傾け、ふくらはぎの後ろでダンベルを合わせる。手首をひねって手のひらが向かい合うようにする。（2）体が動かないように注意し、親指が小指よりも下になるように手首をひねりながら、ダンベルを左右に挙上する。このとき、体が浮き上がらないように注意すること。肘を少し曲げた状態で、ダンベルを頭より少し高い位置まで持ち上げる。膝を揃えたまま、ダンベルをふくらはぎの後ろまでゆっくりと抵抗を感じながら下ろす。この種目ではチーティングをしないようにしよう。また、ダンベルが肩の後ろに流れてしまいがちなので、必ず真横に持ち上げること。

スタンディングベントオーバー
ダンベルラテラル

エクササイズの目的： 三角筋後部を発達させる。

やり方：（1）両手にダンベルを持って立つ。腰から上体を45度以上前に傾け、腕を伸ばした状態でダンベルを下に垂らし、手のひらを向かい合わせる。（2）体を起こさず、親指が小指よりも下になるように手首をひねりながら、ダンベルを頭の真横に持ち上げる（腕が肩の後ろに流れないよう気をつけること）。ダンベルを最後まで負荷がかかるようコントロールしながらゆっくりと下ろす。

リー・プリースト

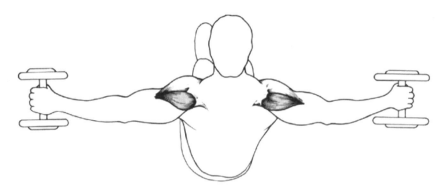

左右のダンベルと両肩が一直線上に並ぶようにする（三角筋後部を鍛えるには、これが適切な角度だ）。
また、ダンベルは水平に保ち、手のひらは床に向ける。

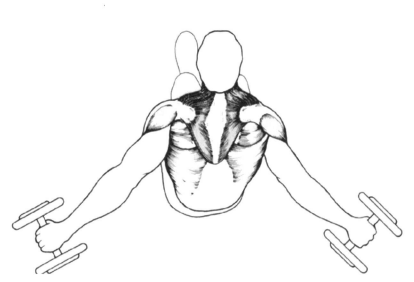

ダンベルをあまりに後方で持ち上げると、このエクササイズの三角筋後部への効果が低下する。
負荷が僧帽筋や広背筋に逃げてしまうのだ。

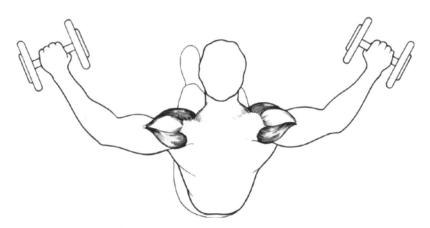

ダンベルをあまりに前方で持ち上げると、三角筋の後部ではなく前部を鍛えることになる。

ベントオーバーケーブルラテラル

エクササイズの目的： 三角筋の後部を鍛える。

ケーブルを使うことで、動作全体を通して広い可動域で連続的な負荷がかかる。この種目はフランコ・コロンブお気に入りのエクササイズだが、彼の三角筋後部は実にすばらしい。

やり方：（1） 2つの床にセットしたプーリーを使い、両腕を体の前で交差させた状態で両手にハンドルを持つ（左手は右側のケーブル、右手は左側のケーブル）。背筋を伸ばしたまま、上半身を床とほぼ平行になるまで前傾させる。（2） 腕をほぼまっすぐに伸ばした状態でスムーズにハンドルを引き、体の前でケーブルを交差させながら、腕を左右に広げる。その際、手首を少しひねり、ピッチャーの水を注ぐように親指を下に向ける。ケーブルを限界まで引き伸ばしたら、力を緩め、腕を再び交差させながら、ハンドルをスタートポジションまでゆっくりと戻す。

リッチ・ギャスパリ

ライイングサイドラテラル

エクササイズの目的： 三角筋の後部と中部を鍛える。

　このエクササイズは、フランスのセルジュ・ヌブレが推奨していたもので、三角筋の後部と中部の両方にすばらしい効果をもたらす。必ず適度な重量のダンベルを使ってストリクトに行うこと。

やり方： できれば傾斜した腹筋台で行うのが望ましい。腹筋台なしでもできるが、可動域が狭くなる。(1) 頭を上げて横向きに寝る。上側の手でダンベルを持ち、床近くまで下ろす。(2) 腕をまっすぐ伸ばしたまま、頭の上まで持ち上げる。手首を少しひねって親指を下に向けながら挙上すると、三角筋後部をさらに収縮させることができる。片方の腕で所定のレップをこなしたら、体を反転し、もう片方の腕で同じ回数行う。

僧帽筋のエクササイズ

アップライトロウ

エクササイズの目的: 僧帽筋と三角筋前部を発達させ、三角筋と大胸筋の間にセパレーションを作る。

やり方:(1) バーベルを順手で握り、両手を8～10インチ（20.3～25.4cm）開いて立つ。バーベルは体の前に垂らしておく。(2) バーベルを体からあまり離さず、あごに触れるくらいまでまっすぐ持ち上げる。背筋は伸ばしたまま、僧帽筋が収縮するのを感じながら動作を行う。挙上の際は肩甲帯全体が上がるようにする。トップポジションから、バーベルをコントロールしながらスタートポジションまで下ろす。

　このエクササイズは、チーティングを使わずストリクトに行うこと。反動を使ってバーベルを持ち上げたりせず、体は動かないようにする。僧帽筋だけでなく、上腕二頭筋や三角筋前部もしっかり働いていることを感じとる。（この種目には、バーベルの代わりに短いバーとケーブルを使う、ケーブルアップライトロウというバリエーションもある。ケーブルによって常に一定の負荷がかかるので、極めてストリクトな動作が行える）。

ショーン・レイ

ヘビーアップライトロウ

エクササイズの目的：肩甲帯全体と背中上部を強化するために、チーティングを取り入れて高重量で行う上級者向けの種目。

やり方：(1) 高重量のバーベルを選び、両手を12インチ（30.5cm）ほど離して順手で握る。バーは腕を伸ばして体の前に垂らす。(2) バーベルをあごの真下までまっすぐ持ち上げる。その際、背中を反らせたり、脚の力で押し上げたり、さらにはふくらはぎの力も借りたりするなど、チーティングを使う。挙上の際は、肘を外側に広げてバーより高く上げておく。次に、バーベルをスタートポジションまで下ろす。これは、チーティングが重要な役割を果たすパワー動作であることを忘れてはならない。そのため、ヘビーアップライトロウは、極めてストリクトに行うべき標準的なアップライトロウとはかなり異なる。

リッチ・ギャスパリ

ダンベルシュラッグ

エクササイズの目的：僧帽筋を発達させる。

　このエクササイズは、僧帽筋の厚みを増すために超高重量で行ってもよい。僧帽筋の厚みは、バックポーズをとる際にとても役立つ。

やり方：体の左右に高重量のダンベルを持って直立する。肩を耳につけようとする感じで、できるだけ高く上げる。トップポジションをしばらくキープしてから力を緩め、スタートポジションに戻る。肩以外はなるべく動かさないよう注意する。

バーベルシュラッグ

エクササイズの目的：僧帽筋を発達させる。

やり方：バーを順手で持って直立する。バーベルは腕を伸ばして体の前に垂らす。肩を耳につけようとする感じで、できるだけ高く上げる。その状態をしばらくキープしたら、バーベルをコントロールしながらスタートポジションまで下ろす。

ジムによってはシュラッグ専用のマシンがある場合もあるし、ベンチプレス用のマシンでも代用できる。できるだけ高重量で行うには、スクワットラックを使って低い位置にバーベルをセットしておくといい。床からバーを持ち上げるエネルギーを節約できるので、かなりの高重量でもこなせる。

胸

胸の筋肉

大胸筋は、鎖骨部（上部）と胸骨部（下部）の2つの部分からなる。上部は鎖骨から起始し、下部は体の正中線沿いの、胸骨と複数の肋骨の軟骨部分に起始する。どちらも上腕骨（三角筋の付着点の少し下とすぐ上）に停止する。大胸筋は扇状に広がり、鎧のように胸郭を覆っている。胸郭の中央から肩にまで広がるこの筋肉のおかげで、アンダーハンドでボールを投げる、ワイドグリップでベンチプレスをする、ボトルのキャップをひねる、クロールで泳ぐ、パラレルバーディップスをするといった動作ができる。また、上腕骨に付着しているため、チンニングのような動作でも大きな役割を果たす。胸の筋肉と背中の筋肉は密接に関連しており、背中上部の広背筋が十分に発達していなければ、大胸筋を十分に発達させることができない。

基本機能：腕と肩を体の前に引き寄せる。

鎖骨下筋は、鎖骨と第1肋骨の間にある小さな円柱状の筋肉。

基本機能：肩を前方に引く。

前鋸筋は、肋骨と肩甲骨の間にある薄い筋肉。

基本機能：肩甲骨を回転させて、肩の先端を上げ、肩甲骨を前下方に引き寄せる。

理想的な胸の発達

　厚みがあり形が整った胸は、ボディビルダーの肉体において最も重要な要素のひとつだ。理想的な胸を手に入れるには、トレーニングプログラムに多様なエクササイズを取り入れて、大胸筋の上部と下部、内側と外側を発達させる必要がある。また、大胸筋を効果的に見せるためには、三角筋とのつながりや胸郭全体の拡張も欠かせない。

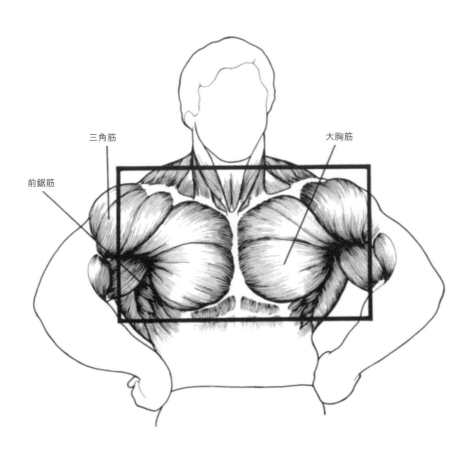

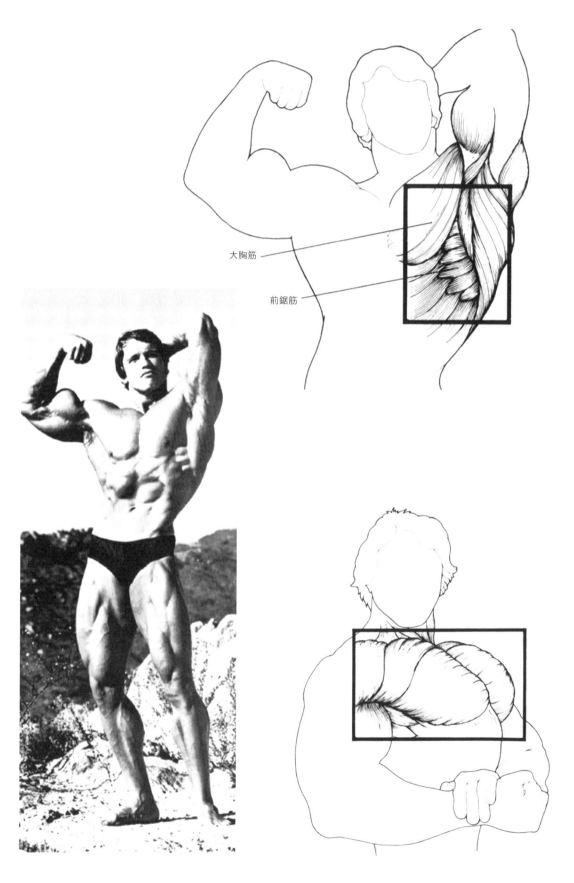
大胸筋
前鋸筋

しかし、完璧な胸を作り上げることは多くのボディビルダーが思っている以上に難しい。巨大な胸郭と巨大で分厚い大胸筋があったとしても、それだけで完璧な胸が保証されるわけではない。胸を完璧にするためには、特に大会に関心があるのであれば、以下のすべてが求められる。

1. 大きな胸郭
2. 厚い大胸筋
3. 大胸筋の内側と外側、上部と下部の発達
4. モストマスキュラーポーズなどで大胸筋を収縮させたときに、ストリエーションが胸郭の中央から左右に、さらには上から下へと伸び、胸全体に広がっていること
5. 大胸筋の上部と下部の明確なセパレーション
6. 胸をきれいな四角形に見せる大胸筋上部の発達（この部分をしっかり鍛えておかないと垂れ下がって見える）
7. 腕を頭上に上げたり、フロントダブルバイセップスのポーズをしたりしたときにもはっきりと見える大胸筋の発達

サイドチェストポーズを効果的に見せるには、完璧に発達した大胸筋だけでなく、その土台となる大きくしっかりした胸郭も必要だ。

ここで紹介する胸のトレーニングプログラムは、大胸筋を完全に発達させるために特別に考えられたものだ。もちろん、ボディビルダーの中には、胸の発達に関して遺伝的にかなり恵まれた選手もいる。セルジオ・オリバは、胸のエクササイズとしてはベンチプレスしか行っていなかったが、それでも彼の大胸筋はパンのように膨れ上がっていた。レジ・パークは巨大な胸郭に恵まれており、彼の大胸筋の発達をいっそう際立たせている。ジョン・グリメックもすばらしい胸郭の持ち主で、それが彼のチェストポーズを実にすばらしいものにしていた。元パワーリフターのフランコ・コロンブの大胸筋の発達もすばらしかった。上部と下部のセパレーションは驚くほどで、仲間内では、この広大な裂け目を冗談で「グランドキャニオン」と呼ぶこともあった。

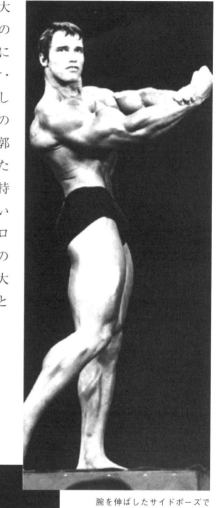

腕を伸ばしたサイドポーズでは、厚い大胸筋によって三角筋と上腕の筋肉の盛り上がりがいっそう引き立つ。

チェストポーズを決めるフランコ・コロンブ。大胸筋の上部と下部、大胸筋上部と三角筋のセパレーション、大胸筋の内側、大胸筋と前鋸筋のつながりなど、胸のあらゆる部分がはっきりと見分けられる。

胸はモストマスキュラーポーズの要だ。ストリエーションの浮き出た大胸筋が、他のすべての要素（僧帽筋、三角筋前部、腕、腹筋）を実に見事にまとめ上げている。

大胸筋の上部と下部のセパレーションにおいて、フランコ・コロンブの右に出るボディビルダーはいないだろう。

セルジュ・ヌブレの胸は、大胸筋の上部と下部、内側と外側など、そのすべてが完璧に発達しており、それがこの写真に見られる理想的な四角形を生み出している。

しかし、遺伝的に恵まれていようがいまいが、完璧なボディビルダーになりたければ、胸を適切に発達させる必要がある。生まれつきの素質が不足しているなら、その部分を、スキル、努力、テクニックで補わなければならない。

このスティーブ・リーブスの写真が示すように、胸を適切に発達させれば、両腕を頭上に上げても大胸筋が目立たなくなることはない。

分厚い大胸筋があれば、パワフルなポーズを何度も決めることができる。ヘラクレスのような見事な胸の持ち主といえば、今日に至るまで、ケイシー・ビエターとドリアン・イェーツがその双璧だ。

胸を鍛える

　胸のエクササイズは、基本的に**フライ**と**プレス**の2種類がある。フライは、腕を伸ばした状態で腕を胸の前で抱き合うように引き寄せる動作を指す。プレスは、ウエイトを胸から上に押し上げるエクササイズで、主に大胸筋が働くが、三角筋前部と上腕三頭筋も関与する。ベンチプレスは、一般的にフラットベンチ上でバーベルを使って行う。世代を問わずボディビルダーのお気に入りの種目であり、パワーリフティング競技に取り入れられている3つの動作のひとつでもある。適切なグリップでバーベルを握りできるだけ可動域を広げるなど、正しい方法でベンチプレスを行えば胸全体の筋肉量を増やせる。

　ベンチプレスの角度を変えれば（たとえば、インクラインベンチで行う）、大胸筋の中部から上部に至るまでと、三角筋前部により多くの負荷をかけられる。私は、後になって大胸筋上部の発達が中部や下部に比べて遅れていると気づくよりは、最初からインクラインプレスをプログラムに含めるべきだと考えている。また、インクラインプレスの量を増やせば、モストマスキュラーポーズをとる際に胸の上部と下部のセパレーションを印象的なものにできる。

　他の部位の筋肉を鍛えるときと同じように、胸のエクササイズでも可動域が広ければ広いほど筋肉の収縮が増し、結果的に大胸筋を最大限に発達させることができる。だから、特にフライを行う際は、大胸筋をできるだけストレッチすることが非常に重要である。これは柔軟性を最大限に高めるのにも役立つ。そして柔軟性が増すとさらに大胸筋をストレッチさせることができるようになり、筋肉をいっそう発達させることができる。途方もない筋肉量を持つトップボディビルダーの多くが、プレッツェルさながらに体をねじれるほどの柔軟性を持っている理由が、ここにある。

　また、たとえ大胸筋が大きくても、見栄えのしない小さな胸郭にぶら下がっていては十分とは言えない。異論もあるが、私はダンベルプルオーバーによって胸郭を効果的に拡張できると確信している。ただし、マシンを使ったプルオーバーではこの効果は出ない。マシンに軌道を固定されると、負荷のほとんどを広背筋が担ってしまい、胸郭があまり拡張されないのだ。

　トレーニングが進歩するにつれ、基本を土台としつつも、細部により多くの注意を払う必要が出てくる。大胸筋各部を完全に発達させるために、ダンベルフライ、ケーブルクロスオーバー、ディップスなどの大胸筋種目をプログラムに数多く取り入れることをおすすめする。

　また、上級プログラムでは、胸のトレーニングを背中の動作とスーパーセットにするようなプログラムが組まれている。大胸筋もただ普通に鍛えるだけでは不十分だと思っていて、できるだけストレッチする必要があると考えている。だから、ベンチプレスなどの種目を終えたら、すぐにチンニングなどの種目に移って、大胸筋を最大限にストレッチすることをおすすめする。これはたいへん時間効率のよいトレーニング方法でもある。一方の

筋群を回復させている間にもう一方の筋群を鍛えることができるので、トレーニングの効率が上がるし消費カロリーも増える。

上級プログラムでは、胸のすぐ下、両側面にある前鋸筋にも関心を払う必要がある。前鋸筋については、肋間筋とともに別のセクションで説明する。これらの筋肉が発達していると、胸が量と質の両面で高いレベルに達していることを審査員にアピールできる。

初級プログラムと上級プログラム

私も初期のトレーニングでは、今まで述べてきたことを実践していた。ベンチプレス、インクラインプレス、ダンベルフライ、ディップス、プルオーバーといった基本種目から始めたのだ。3年経っても、胸のエクササイズとしては私はこの5つの基本種目だけを続けていた。

約4年間トレーニングした後、私はミュンヘンに引っ越した。その時点で私の大胸筋は巨大になっていたが、大胸筋上部などいくつかの弱点があった。ミュンヘンでは友人のラインハルト・スモラナとトレーニングを始めたが、彼は一風変わった大胸筋トレーニングを教えてくれた。そのひとつが、立ったままベンチにもたれるようにして行うインクラインプレスだ。これは、ウエイトを床から肩まで持ち上げてベンチにもたれかかり、セットを終えると再び直立し、ウエイトを床に戻すというものだった。このインクラインプレスを最初にこなしてから、続けてベンチプレスとフライを行った。

このインクラインプレスを重視したトレーニングは効果的だった。しばらくすると、私の大胸筋上部は驚くほど大きくなり、サイドチェストのポーズをとったときに、胸の上に水を入れたコップを立てられるようになった（本当の話だ）。トレーニングプログラムの変更がウィークポイントの克服に効果的だと身をもって知ることができたのは、私にとってよい教訓となった。

ちなみに、このインクラインプレスの特殊なやり方（まずバーベルを床から肩まで持ち上げ、その後ベンチにもたれかかってバーベルを挙上する）は、私には二次的なメリットがあった。筋力が驚くほど向上したのだ。そしてその筋力増強に伴い、高重量でのパワートレーニングもこなせるようになり、その結果、筋肉の厚みと密度も増した。

大胸筋上部を発達させることができた経験から、肉体を磨き上げ、完璧な肉体を手に入れるためのトレーニング方法について、私は2つの重要な教訓を学んだ。(1) 弱い部位に重点を置き、特に体力がありフレッシュな状態のときにその部位をトレーニングするのが効果的（プライオリティ法）。(2) トレーニングのルーティンを変更し、体に予想外の方法で負荷をかけることで、筋肉の発達が加速する（ショック法）。

また、どこのジムでも、ジムのトレーニング方針が、そこでトレーニングする人たち全員に大きな影響を与えることにも気がついた。オーストリアのジムでは、全員が最初にカールをやりたがったので、誰もが立派な上腕二頭筋を持っていた。ミュンヘンでは、全

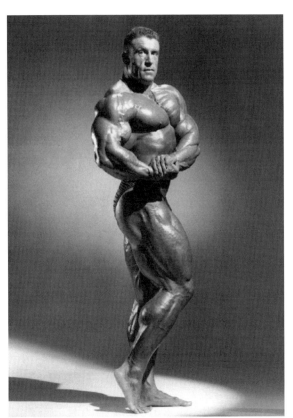

ドリアン・イェーツは大胸筋上部の発達が実にすばらしい。

員が同じ胸のルーティンをこなしていたので、みな大胸筋上部が見事だった。レジ・パークのジムでは、誰もがレジと同じくすばらしいふくらはぎと三角筋を持っていたが、レジが大胸筋の過度な発達は肩幅を狭く見せると考えていたため、みな大胸筋はそれほど発達していなかった。

　私が大胸筋を鍛えながらストレッチをすることの利点を発見したのも初期のころだった。ダンベルフライやケーブル種目をするとき、私は常に大胸筋を限界までストレッチしていたし、さらに大胸筋をストレッチするために背中のエクササイズも頻繁に取り入れていた。

　特定のエクササイズの効果が人によって異なるのは、その人特有の解剖学的構造による。樽のような巨大な胸と短い腕を持つナッサー・エル・サンバティのようなボディビルダーは、かなりの高重量を使わない限り、通常のベンチプレスをやってもほとんど効果がない。ナッサーがあの巨大な胸の上にバーを下ろして持ち上げても、腕が比較的短いこともあり、可動域が他の体型の人よりも狭く、大胸筋を十分に刺激できないのだ。一般的に、このような体型の人は、ワークアウトにインクラインプレスを多く取り入れるか、バーベルの代わりにダンベルを使ってプレスを行い、ウエイトを胸の最上部より低い位置にまで下げられるよう工夫する必要がある。これはバーベルベンチプレスをまったくやってはいけないという意味ではなく、より広い可動域を得られるエクササイズも取り入れなければならないということだ（私は、真ん中が湾曲しているバーが使われているのも見たことがある。これだとベンチプレスの際に手をかなり低い位置に下ろすことができ、可動域をかなり広げられる）。

　ケン・ウォーラー（『パンピング・アイアン』と『ステイ・ハングリー』に出演）は三角筋前部が驚くほど力強かった。彼がベンチプレスをする際、三角筋はものすごくパンプしているのに、大胸筋はほとんど働いていないように見えた。だからケンは、それを補うためにいつもデクラインダンベルプレスを多めに行っていた。

　遺伝的資質と、持って生まれた体のプロポーション（手足の長短など）を踏まえ、各自の状況に応じてトレーニングを調整することを学ばなければならない。

BOOK THREE 部位別エクササイズ

大会向けプログラム

　アメリカにやって来たとき、胸にはすでに十分な筋肉量があったので、私は細部のトレーニングに集中し始めた。大胸筋各部のアイソレーション種目を追加し、プログラムをより高度なものへと発展させたのだ。故ビンス・ジロンダをはじめとするベテランたちから多くのアイデアを教わったおかげで、私は単に巨大なだけではなく、質においても一流の大胸筋を獲得することができた。

　大会に出るたびに、私はさらに多くのことを学んだ。ドロップセット法からフォースドレップ法まで、少しずつ本書で紹介しているトレーニング法をマスターしていった。そして、セルジュ・ヌブレ、フランク・ゼーン、フランコ・コロンブといった仲間たちからも、量・質ともに完成された胸を手に入れるためには、厳しい食事制限とともに、ポージングを絶えず繰り返すことが必要だと学んだ。

　胸のワークアウトをトライセットで終えると、いつもいい結果が出せた。たとえば、ダンベルフライ、ディップス、ケーブルクロスオーバーのトライセットだ。そうすることで、この部位に大量の血液が送り込まれる。もはや自分のペースで気楽にやるわけにはいかず、最後に全力を出しきることを強いられる。そうすることで、ハードな質感でディフィニションに優れた大会向けの完璧な肉体を作り上げることができるのだ。

　大会の準備期間には、細部にまで気を配る必要がある。普段ならほとんど気づかないようなことが、大会では突然大きなウィークポイントになってしまう。たとえば、サイドチェストポーズを決める際、大胸筋の内側にはストリエーションが入っているのに、上部にはストリエーションが見られない選手を何人も見たことがある。実力が拮抗している大会では、このような細部のわずかな違いが勝敗を分ける。だから、こうしたボディビルダーには、インクラインプレス（バーベルまたはダンベルを使用）とケーブルクロスオーバーをスーパーセットにして、弱点を修正するようアドバイスしたい。セルジオ・オリバは、動作を可動域の4分の3に限定することで、筋肉をよりハードに、予想外の方法で働かせるようにしていた。たとえばベンチプレスで胸からバーを持ち上げる際、腕が完全に伸び切るまで押し上げないようにする。そうすると、上腕三頭筋が動作に関与せず、大胸筋にまったく休む暇を与えない。このトレーニング方法をほんの数カ月試しただけで、私の胸はすっと引き締まって見えるようになり、ディフィニションも向上した。これは、トレーニングテクニックを少し変更するだけでも、肉体に大きな違いをもたらすよい例だ。

　胸の大会向けプログラムは、押す動作と引く動作を組み合わせ、胸のエクササイズを背中のエクササイズとスーパーセットやトライセットにした。エクササイズをこのように組み合わせると、とてつもないパンプが得られる。また、大胸筋を限界まで追い込むことによって、大会で勝つために必要な筋肉量、形、ディフィニション、筋肉間のつながりも得られる。

　チンニングとインクラインベンチプレス、フラットベンチプレスとワイドグリップチン

ニング、ダンベルフライとベントオーバーバーベルロウなどのスーパーセットは、背中と胸を同時に刺激し、大胸筋と広背筋（たがいに反対の動作をする筋肉）を交互に鍛えられる。そうすることで、一方のトレーニング中に、もう一方は休む機会を得られる。また、たがいに拮抗する筋肉同士をスーパーセットにしているので、例えば背中のセットは、次のセットに向けて疲労から回復途中の大胸筋をストレッチするのに役立つ。

ウィークポイントトレーニング

トレーニングを続けていると、他の部位と同じく、胸のある部分が他の部分よりもよく発達していることに気づくだろう。この不均衡を修正するには、プログラムを変更し、発達が遅れている部分を刺激するエクササイズを増やす必要がある。以下は、胸の各部を改善するためのエクササイズのリストだ。ただし、どの動作も弱点に対する完全なアイソレーション種目ではないことに注意すること。

大胸筋上部
- バーベルやダンベル、スミスマシンを使ったインクラインプレス
- インクラインフライ

大胸筋下部
- バーベルやダンベル、マシンを使ったデクラインプレス
- ディップス
- デクラインフライ
- ケーブルフライ

大胸筋内側
- ケーブルクロスオーバー
- プレスやフライでは、最上部で数秒間収縮を保つ
- ナローグリップでのベンチプレス

大胸筋外側
- ダンベルフライ——フルストレッチを意識して、狭い可動域で行う
- ディップス

セルジュ・ヌブレは、世界で最もバランスのとれた胸の持ち主のひとりだ。胸のどの部分も、他の部分と完全に釣り合っている。

- インクラインプレスとベンチプレス——ワイドグリップで握り、4分の3動作法を使う
- ダンベルフライ
- ダンベルベンチプレス——ダンベルを可動域の4分の3までしか上げず、ダンベル同士が触れ合わないよう注意する
- バーベルを使ったインクラインプレス

胸郭
- ダンベルプルオーバーとバーベルプルオーバー

　胸の発達にウィークポイントがある場合は、プライオリティ法を使って大胸筋を鍛えよう。弱点のエクササイズをワークアウトの最初、体がフレッシュで最も強い状態のときに行うのだ。ボディビルを始めたころは、私は大胸筋上部の発達が不足していると感じていた。だから胸のトレーニングをインクラインバーベルプレスから始め、次にインクラインダンベルプレスを行いこの部分を徹底的に鍛え上げた。その後ようやく、フラットベンチプレスなどの、通常の胸のルーティントレーニングに移った。

　しかし、このようなウィークポイントに特化したトレーニングから始めるのが適切ではない場合もある。たとえば、大胸筋の内側に問題がある場合でも、ケーブルクロスオーバーのような種目でルーティンを始めるのはおすすめできない。その代わり、それ以外の胸のエクササイズを行いながら、その部分を鍛えるようにしよう。プレス動作では腕を完全に伸ばしてロックアウトし、大胸筋の内側をしっかり収縮させる。そして、ワークアウトの最後に、ケーブルクロスオーバーなど、大胸筋の内側を鍛えることに特化した種目を追加する。

　大胸筋の外側の発達にも同じことが言える。ルーティンの中で、ダンベルフライの際にダンベルを通常よりも数cm低い位置まで下げたり、他の大胸筋エクササイズでも最大限にストレッチできるように可動域を広げたりすれば、この部分を重点的に鍛えられる。大胸筋の上部や下部、あるいは内側に問題がある場合とは異なり、大胸筋外側のウィークポイントを改善するために、この部分に特化した動作をルーティンの最初に組み込む必要はない。大胸筋のウィークポイントに関して最もおすすめしたいのは、グリップ位置の調節だ。ベンチプレスで大胸筋の外側を鍛えるにはワイドグリップを、大胸筋の内側を鍛えるにはナローグリップを使うとよい。

　プレス種目では、プレスを行うベンチの傾斜角度によって大胸筋のどの部分に最も負荷がかかるかが決まる。たとえば大胸筋の上部を鍛える場合、私はインクラインダンベルプレスを最初はわずか15度の角度で3セットこなしてから、25度、35度、50度と傾斜を高めていき、それぞれの角度で3セットずつ行うようにしていた。このトレーニングを終えると、大胸筋上部全体にくまなく刺激を鍛えられたと実感できたものだ。

　一般的に、バーベル種目は高重量を扱えるので、筋肉量と筋力を最大限に発達させることができる。ダンベル種目は可動域が広くなるので、ストレッチも収縮も強くなる。ケー

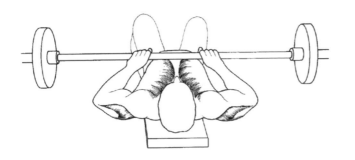

これがナローグリップベンチプレスの正しいやり方だ。動作の最下部で肘を体から離しておくと……

……最上部で大胸筋を完全に収縮させることができるので、胸の内側を発達させやすくなる。

BOOK THREE

部位別エクササイズ

このポーズでは、胸の内側のディフィニションとシャープな発達ぶりがよくわかる。(ハムドゥラ・アイクトゥル)

バーをワイドグリップで握ると……

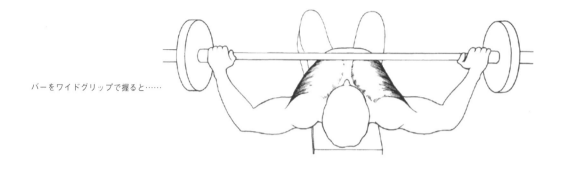

……バーを下げるときに大胸筋を驚くほどストレッチできる。これは大胸筋の外側を発達させるためにかなり効果的だ。

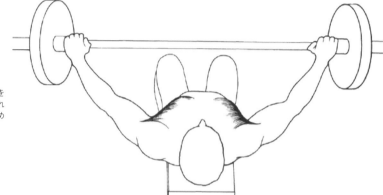

大胸筋の外側が発達していると、正面から見たときに胸が実に大きく見える。この写真では私はリラックスして立っているだけだが大胸筋外側と上腕二頭筋が触れんばかりになっている。

このドリアン・イェーツの写真を見ると、サイドチェストポーズにおける胸郭の重要性が理解できるだろう。

ブル種目は、さまざまな角度でトレーニングできるので、形を磨き上げるのに最適だ。マシントレーニングは、特定の角度でしかトレーニングできないことが欠点だが、弱い部位を発達させるためにその角度で筋肉を鍛えたい場合は、それが逆に利点になる。

　ダンベルフライは大胸筋の外側を鍛えるのに理想的な種目だが、この動作を最大限効果的なものにするためには、特定のテクニックを使う必要がある。まずはベンチに仰向けになり、ダンベルをできるだけ低い位置まで下ろす。そしてダンベルを持ち上げる際は、腕を伸ばし切らず、4分の3ほどで止める。そうすれば、大胸筋外側にすべての負荷がかかり、動作中ずっとその部分を働かせ続けることができる。

　ダンベルフライで、ダンベルを最後まで挙上し、最上部で大胸筋を絞って収縮させれば、大胸筋の内側を鍛えることもできる。さらにダンベル同士を少し交差させれば、大胸筋の内側を完全に収縮させられる。

　大胸筋内側の発達は、一般に、大胸筋のエクササイズのトップレンジによってもたらされる。たとえば、ナローグリップベンチプレスではバーベルを完全に押し上げることが重要だし、ケーブルクロスオーバーでは腕を交差させて大胸筋内側をしっかり収縮させるこ

とが重要だ。

　デクライン種目は、大胸筋下部を集中的に鍛える。この種目には、デクラインプレス、デクラインフライ、ケーブルを使ったデクライン種目、ディップスなどがある。私はディップスが好みだ。前かがみになったり、体をまっすぐにしたりして、セットの途中でも、筋肉にかかる負荷を変えられるからである。

　腕を頭上に上げたときに大胸筋が目立たなくなってしまう人には、インクラインダンベルプレスを角度を変えながら行うことをおすすめする。ほぼフラットな角度から始めて、ほぼショルダープレスに近い状態にまで角度を上げていく。そうすれば、腕を上げたときやフロントダブルバイセップスポーズをとったときでも見栄えがする、全体的に発達した大胸筋が得られる。

　ウィークポイントトレーニングには、通常のトレーニングでは決してやらないような、弱点の克服ならではのエクササイズもある。だから私は、若いボディビルダーに、ジムでチャンピオンがやっているエクササイズをそのまま真似しないようにと忠告している。チャンピオンは、ワンアームケーブルラテラルを、ウィークポイントを克服するために特別な角度でやっているのかもしれない。そのエクササイズを標準的なものだと思い込んで自分のルーティンに取り入れると、多くの時間とエネルギーを浪費することになり、全体的な進歩を妨げかねない。

　ウィークポイントトレーニングをする場合でも、その筋群の他の部分のトレーニングをまったくしないのはよくない。ただし、発達が早い部分を鍛えるエクササイズの数を減らし、発達が遅い部分を鍛えるエクササイズを増やすのは構わない。

　胸郭の大きさは、一定の年齢（20代前半くらい）に達するとそれ以上は発達しないと言う専門家もいるが、私はそんなことはないと思う。確かに、肋骨同士をつなぐ軟骨は若いほど伸びやすいが、私は多くのベテランボディビルダーが胸郭のサイズを広げているのを見てきた。この問題は、ボディビルにおける他の多くの側面と同様、時間と努力と忍耐の問題にすぎない。

　最後になったが、弱点の部位を発達させる最良の方法は、さまざまなショック法を使ってトレーニング強度を高めることだ。チャック・サイプスはいつもドロップセット法を使ってベンチプレスをしていた。まず400ポンド（181.4kg）ぐらいから始め、できるだけ多くのレップをこなした後、トレーニングパートナーにバーからプレートを外してもらってトレーニングを継続し、大胸筋を徹底的に鍛え抜いていた。他にも、ウィークポイントの発達を促すには、フォースドレップ法、レストポーズ法、4分の3動作法、スタッガードセット法などのテクニックが効果的だ。

　胸を最大限に発達させるためには、ヘビーデイを設けるのがいいと思う。私は、週に一度は高重量で胸を鍛えていた。たとえば、100ポンド（45.4kg）のフライを最大5～6レップ、365ポンド（165.6kg）のインクラインプレスを6～8レップ行い、ベンチプレスでは超高重量の450ポンド（204.1kg）を使って、大胸筋の筋肉量と厚みを最大限に増やそうと努力した。

パワートレーニング

　胸の筋肉量を最大限に増やし、パワーと筋力を限界まで高めるためには、次のようなプログラムをおすすめする。

　1. ベンチプレスから始める。最初のセットは20レップ、次のセットは10レップ行う。ここから重量を上げていくと同時に、レップ数を5レップ、3レップ、1レップと減らしていく。
　2. 1～2回しかレップできない重量で、できる限り多くのセット（少なくとも5セット）をこなす。
　3. 最後のセットは重量を軽くして、高レップに戻す。
　4. 次にインクラインプレスも同様に行う。その後、ダンベルフライも同じ要領で行う。

ポージングと収縮

　私はいつも、（特にヘビーデイには）高重量トレーニングをするとともに、ポーズをとって筋肉を意識的に収縮させてきた。高強度トレーニングに加え、サイドチェストやモストマスキュラーなどのポーズを何度も決めることが、私の知る限り大胸筋のストリエーションを引き出す最良の方法だ。多くのボディビルダーが、たとえば利尿剤で脱水させるなど、人工的な手段でこのストリエーションを作ろうとしているのを私は見てきたが、ハードなトレーニングとポージングの練習から得られる結果ほど見栄えはよくない。

　胸の正しいポージングを習得するには、かなりの練習を要する。サイドチェスト、フロントダブルバイセップス、モストマスキュラー、フロントラットスプレッドなど、個々のポーズで胸の見せ方が異なるため、望みの効果を得るためには、それぞれのポーズを個別に練習しなければならない。フロントダブルバイセップスでは、肩を前に出して、胸骨から三角筋に至る幅広い胸のラインを作るポージングが必要だし、サイドチェストでは、肩を下げたまま胸を持ち上げ、胸を高く大きく見せる必要がある。トレーニングしながら大胸筋を意識的に収縮させることが、大胸筋のディフィニションを最大限に生み出すただひとつの道であり、延々とポージング練習を続けることが、大会のステージで肉体を完全にコントロールする唯一の方法なのだ。

頻繁にポーズをとって大胸筋を収縮させるだけでなく、胸のさまざまな見せ方を練習する必要がある。この写真は、私がサイドチェストを決めているところ。

大胸筋内側の発達具合を確認するフランコ・コロンブ

フロントダブルバイセップスはボディビルで最も難しいポーズのひとつだ。このポーズをとると、体の欠点が一目瞭然になる。特に、腕を上げたときに胸筋が目立たなくなってしまう傾向がある場合は、その欠点が顕著に現れる。

必ずしも決まったポーズをとる必要はない。単に大胸筋をできるだけ強く収縮させてそのままキープするだけでも効果は得られる。

大胸筋の上部と外側の発達は、フロントラットスプレッドのポーズを決めるときに特に重要だ。

モストマスキュラーポーズを決めるときは、胸がまるで解剖図のように見えていなければならない。すべての部分が発達し、ディフィニション、セパレーション、ストリエーションが明確に見えているべきだ。

前鋸筋

　前鋸筋は肋骨沿いにある筋肉で、広背筋の下から起始し、前方で大胸筋と肋間筋につながり、下方は外腹斜筋にまで伸びている。しっかり発達した前鋸筋は指そっくりで、それぞれの指には明確なディフィニションとセパレーションが現れる。前鋸筋は他の筋肉とは異なり、その発達度合いを巻き尺で測定することはできない。重要なのは、その視覚的なインパクトだ。

　前鋸筋の完全な発達は、いくつかの理由から重要である。ひとつは、そのことが質の高い細部のトレーニングを成し遂げた明確な証になるからだ。もうひとつは、前鋸筋は広背筋を大胸筋や腹斜筋から分離させ、前から見たときに広背筋をより大きく見せるのに役立つからだ。前鋸筋が発達していると、バランスのとれた、アスリートらしい肉体に見える。

　生まれつき前鋸筋の発達に恵まれたボディビルダーもいる。トレーニングを始めてまだ1年しか経っていない15歳のスティーブ・リーブスがフロントラットスプレッドを決めている写真があるが、前鋸筋がすでに数本の指が入るほど深く刻まれているのがわかる。その後、彼がNABBAミスターユニバース大会で優勝したとき、その前鋸筋の発達ぶりは実に目を見張るものがあった。

　ビル・パールは、圧倒的な筋肉量と、前鋸筋のすばらしいディフィニションという美的特質を両立させ、筋肉の量と質の両方を妥協することなく発達させられることを証明してみせた。前鋸筋の際立った発達のおかげで、パールは両手を頭の後ろに置くフロントポーズの数々を見事に決めることができ、大会のステージで実に手強い存在になったのだ。

15歳のスティーブ・リーブス

もし生まれつき前鋸筋の発達に恵まれていなかったとしても、意識的にこの筋肉を引き出す努力をすれば、前鋸筋を発達させることはできる。フランク・ゼーンは前鋸筋のトレーニングに懸命に取り組んだ結果、ボディビルダーの見本としての地位を確立し、ミスターオリンピアのタイトルを3度獲得した。ビル・パールと同じく、ゼーンも前鋸筋の見事な発達のおかげで、より多彩なポーズ、特に両手を頭の後ろに置く美しいポーズを効果的に決められるようになった（私は1968年の大会でゼーンの隣に立ったことがある。体重では私が50ポンド（22.7kg）も上回っていたが、ラットスプレッドポーズでは、彼の前鋸筋の発達がもたらす驚異的な広背筋のセパレーションの効果で、明らかに彼のほうがよく見えた。ご想像の通り、それ以来、私は前鋸筋をいっそうハードに鍛え始めた！）。

ミスターユニバースの栄冠を獲得した24歳のスティーブ・リーブス

　前鋸筋を発達させるうえで、私に多くの刺激を与えてくれたのは、リーブス、ゼーン、パールだ。ポーズ（特に腕を上げるポーズ）をとったときの彼らは、前鋸筋がどう見えるべきかを正確に示してくれた。

前鋸筋を鍛える

　前鋸筋の基本的な機能は、肩を前下方に引くことなので、チンニング、クローズグリッププルダウン、さまざまなダンベルプルオーバーやバーベルプルオーバーの動作をするときや、ノーチラスプルオーバーマシンを使うときは、必然的にこの筋肉を鍛えることになる（私の場合は体の構造上、ダンベルプルオーバーは、胸郭を広げるエクササイズにしかならないが、フランク・ゼーンやビル・パールのように、私とはプロポーションが異なる他の選手にとっては、前鋸筋を鍛える種目になり得る）。しかし、ピンポイントで前鋸筋を鍛えられるエクササイズが2つある。ローププルとワンアームケーブルプルだ。どちらも最大限の効果を得るためには、できるだけストリクトに動作を行うこと。前鋸筋がウィークポイントなら取り入れる価値があるだろう。

　チンニングやプルオーバーで胸と背中を鍛えれば、すでに前鋸筋をいくらか鍛えたことになる。しかし、それでは足りない。意識的に前鋸筋をアイソレートして、この筋肉を徹底的に追い込もう。腹筋、ふくらはぎ、肋間筋と同じように、前鋸筋に対しても数セットのトレーニングだけでは十分ではない。質の高い完璧な肉体を求めるなら、それぞれの筋肉を最大限の強度で鍛える必要がある。

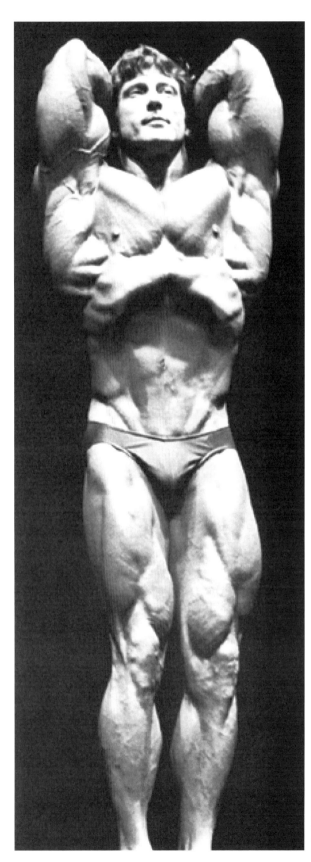

突出した前鋸筋の発達と見事なバキュームの相乗効果により、この両手を頭の後ろに置くポーズはフランク・ゼーンのベストポーズのひとつとなっている。

胸のエクササイズ

バーベルフラットベンチプレス

エクササイズの目的： 大胸筋、三角筋前部、上腕三頭筋の筋肉量を増やし筋力を高める。

ベンチプレスは上半身の基本的な複合エクササイズで、大胸筋だけでなく、三角筋前部と上腕三頭筋の筋力や筋密度も高める。

やり方：（1）フラットベンチに仰向けになり、両足を床につけてバランスをとる。手幅はミディアムがよい（バーを胸に下ろしたとき、前腕が床に対して垂直になるような手幅）。ラックからバーベルを持ち上げ、腕を伸ばして頭上で保持する。（2）バーベルをゆっくりとコントロールしながら大胸筋の下部に下ろす。肘は外側に向け、大胸筋を十分に動かせる。この位置でバーを一旦完全に静止させる。次いでバーベルを押し上げ、腕を完全に伸ばしてロックアウトする。特別な事情がない限り、動作は常にフルレンジで行うこと。

標準的なベンチプレスのスタートポジション：肩幅よりやや広めにバーを握る。そうすれば、大部分の負荷が大胸筋にかかり、三角筋前部と上腕三頭筋の関与を最小限に抑えられる。

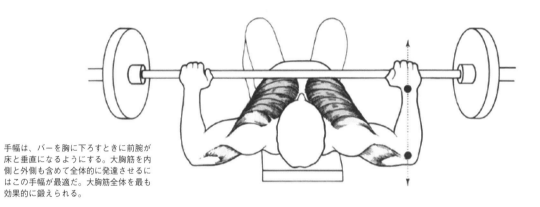

手幅は、バーを胸に下ろすときに前腕が床と垂直になるようにする。大胸筋を内側と外側も含めて全体的に発達させるにはこの手幅が最適だ。大胸筋全体を最も効果的に鍛えられる。

私はよく日曜日にベニスビーチで胸の高重量トレーニングをしていた。周囲に多くの観衆が集まっていたので、いつにもまして気合を入れ、450ポンド（204.1kg）のベンチプレスをこなした。

バーベルインクラインベンチプレス

エクササイズの目的：大胸筋（中部と上部）と三角筋前部の筋肉量を増やし筋力を高める。動作の角度を変え、傾斜した状態でプレスを行うと、大胸筋上部にいっそう負荷がかかり、三角筋の関与も高まる。しかし、フラットベンチプレスのときほどの重量は挙上できない。

やり方：(1) インクラインベンチに仰向けになる。バーベルに手を伸ばし、バーをミディアムワイドグリップで握る。バーベルをラックから持ち上げて真上に挙上し、腕を伸ばし切った状態でキープする。(2) バーを大胸筋上部に下ろしたら一旦静止し、スタートポジションまで押し上げる。傾斜をつけて行う場合は、バーベルの適切な「軌道」を見つけることが極めて重要だ。そうしないと、バーが前方に大きく流れてしまう可能性が高くなる。この動作に慣れるまでは、トレーニングパートナーに付き添ってもらうほうがよい。

ダンベルフラットベンチプレス

エクササイズの目的: 大胸筋の中部と外側の筋肉量を増やし筋力を高める。バーベルの代わりにダンベルを使うと、より広い可動域で大胸筋を鍛えられる。左右のダンベルをバランスよく協調させる必要があるため、安定させるための筋肉も同時に鍛えられる。

やり方: (1) フラットベンチに仰向けになり、膝を曲げ、両足をベンチの上か床につける。両手にダンベルを持ち、腕を伸ばして頭上で保持する。手のひらは前方に向ける。(2) 左右のバランスを保ち、しっかりコントロールしながら、ダンベルを胸の外側に向かって下ろし始める。大胸筋が完全にストレッチされるのを感じながら、ダンベルをできるだけ低い位置まで下ろす。ダンベルを頭上に押し上げ、腕を完全に伸ばしてロックアウトする。

インクラインダンベルプレス

エクササイズの目的：大胸筋の中部と上部を発達させる。インクラインベンチの角度は、フラットな状態から垂直近くまで選択可能だ。ベンチの角度を上げれば上げるほど、三角筋にも効くようになる。

やり方：(1) 両手にダンベルを持ち、インクラインベンチに仰向けになる。ダンベルを肩の高さで保持する。手のひらは前に向ける。(2) 左右のダンベルを同時に頭上までまっすぐ持ち上げたら、スタートポジションまで下ろす。バリエーションとして、手のひらを向かい合わせにした状態から始め、持ち上げながら手首をひねって、最上部で手のひらが前方を向くようにしてもよい。その場合は、ダンベルを下ろす際に手首を逆にひねって、スタートポジションに戻す。トレーニングする角度は、ワークアウトごとに変えてもいいし、同じワークアウトのセットごとに変えてもいい。後者の場合は、急な傾斜から始めて、徐々にフラットな角度に下げていくか、セットごとに角度を上げていくかの2通りのやり方がある。

リー・プリースト

デクラインダンベルプレス

エクササイズの目的： 大胸筋の中部と下部を発達させる。

やり方： (1) 両手にダンベルを持ち、デクラインベンチに仰向けになる。ダンベルを肩の高さで保持し、手のひらを前に向ける。(2) 左右のダンベルを同時に頭上までまっすぐ持ち上げたら、ゆっくりとスタートポジションまで下ろす。

ケビン・レブローニ

パラレルバーディップス

エクササイズの目的： 大胸筋と、副次的に上腕三頭筋を発達させる。

　ディップスは大胸筋と上腕三頭筋のエクササイズで、デクラインプレスと同様の効果がある。ただし、ディップスの場合、最初は自重でトレーニングを始めることになる。その後、脚の間にダンベルを挟んだり、専用のベルトにウエイトを吊るしたりして、徐々に負荷を増やしていくこともできる。この種目では、かなり広い可動域が得られる。

やり方：（1）パラレルバーを握り、腕を伸ばした状態で体を保持する。（2）できるだけゆっくり体を下ろす。最下部からスタートポジションまで体を押し上げ、最上部で大胸筋を収縮させる。この動作では、前傾姿勢になればなるほど大胸筋が関与するので、尻の後ろで足を組むようにすると、重心が前に移動し、大胸筋に効くようになる。

ポーター・コトレル

マシンプレス

エクササイズの目的：大胸筋を鍛える。マシンでプレスを行う利点のひとつは、マシンは所定の軌道から外れないため、バランスや筋肉の協調にエネルギーを使う必要がないことだ。これは、肩を痛めてリハビリ中の人には特に有益だろう。また、マシンを使えば、トレーニングパートナーがウエイトを押し下げることで、高重量でのフォースドネガティブレップを行える。ただし、マシンは軌道が固定されているため、筋肉への刺激が多少制限される。

フラットベンチマシンプレス —— ほとんどのペクトラルマシンは、フラットベンチプレスの動作が行えるように作られている。

インクラインマシンプレス —— インクラインベンチとスミスマシンを使えば、フリーウエイト動作の特定の角度を極めて正確に再現できる。

デクラインマシンプレス —— スミスマシンとデクラインベンチを使うと、デクラインのプレス動作を効果的に行える。

ダンベルフライ

エクササイズの目的： 大胸筋の筋肉量を増やす。

　大胸筋の基本的な機能は腕と肩を体の内側に引き寄せることだが、ダンベルフライはまさにこの動作を行う。

やり方：（1）ベンチに仰向けになり、腕を伸ばして頭上でダンベルを保持する。手のひらは向かい合わせる。（2）大きく弧を描くようにダンベルを左右に下ろす。できるだけ低い位置まで下げ、大胸筋が最大限にストレッチされるのを感じる。動作中、手のひらは向かい合ったままにしておく。肘への負担を減らすため、肘を少し曲げて行う。ダンベルをベンチの高さまで下げて大胸筋を最大限にストレッチし、その状態で一旦完全に静止する。その後、大きく弧を描くようにしてダンベルを持ち上げる。その際、ダンベルを押し上げるというより、誰かを大きくハグするようなイメージで行うこと。ダンベルをスタートポジションまで戻す。このとき、大胸筋に力を込めて筋肉を完全に収縮させること。

インクラインダンベルフライ

エクササイズの目的： 大胸筋上部の筋肉量を増やす。

やり方： インクラインベンチを使って頭を腰より高くする以外は、通常のダンベルフライと変わらない。(1) ベンチに仰向けになり、腕を伸ばして頭上でダンベルを保持する。手のひらは向かい合わせる。(2) 手のひらを向かい合わせたまま、肘を少し曲げ、大きく弧を描くように左右に下ろす。ダンベルをできるだけ低い位置まで下ろし、大胸筋を完全にストレッチする。大きくハグするように、腕で大きな弧を描いてスタートポジションに戻る。ダンベルを上に押し上げたりしないこと。最上部で大胸筋に力を込め、完全に収縮させる。

ショーン・レイ

スタンディングケーブルクロスオーバー

エクササイズの目的： 大胸筋の内側を発達させる。

　これは、ケーブルによる抵抗を利用してフライ動作を行うエクササイズで、大胸筋の内側を鍛える。印象的なクロスストリエーションを引き出し、大胸筋の中部と下部を発達させるのにも役立つ。

やり方：（1）立った姿勢で、プーリーを頭より上にセットしケーブルに取り付けたハンドルを持つ。左右のプーリーを結ぶ線より少し前に立ち、両腕を左右に広げて水平に伸ばす。（2）上半身を少し前に傾ける。肘を少し曲げ、大胸筋の収縮を感じながら、大きくハグするように両手を前に回す。両手が体の前方中央で合わさったら、そこで止めずに交差させ、大胸筋をできるだけ収縮させる。交差する手の上下はレップごとに入れ替える。

ポール・ディレット

ベントフォワードケーブルクロスオーバー

エクササイズの目的： 大胸筋の中部と下部の内側を鍛える。

やり方：（1）床にセットしたプーリーのハンドルを両手で持ち、両腕を左右に伸ばして体を前に傾ける。（2）両手をたがいに引き寄せて交差させ、大胸筋が最大限に収縮するのを感じるまで動作を続ける。一旦静止して収縮を最大限に感じたら、力を抜いて腕をスタートポジションに戻す。

ポーター・コトレル

フラットベンチケーブルクロスオーバー

エクササイズの目的：大胸筋の中部と内側を発達させ、ディフィニションを作る。

やり方：(1) プーリーを床にセットし、その間にフラットベンチを置いて仰向けになる。両手にハンドルを持ち、腕を伸ばして頭上で両手を合わせ、手のひらを向かい合わせる。(2) 肘を少し曲げた状態で、両手を左右に大きく弧を描くように下ろしていき、大胸筋が完全にストレッチされる位置まで下げる。その後、大きくハグするように弧を描いて両腕を頭上に戻す。スタートポジションで止めてもよいし、さらに腕を少し交差させると、大胸筋を最大限に収縮させることができる。

リー・ラブラダ

マシンフライ

エクササイズの目的：胸の中部を鍛え、大胸筋にディフィニションとストリエーションを作る。

マシンフライは、筋肉量を増やすには最良の選択ではないが、ディフィニションを作るには非常に効果的だ。

やり方：多くのジムには、フライ動作をほぼ完全に再現するさまざまな「ペックデックマシン」が設置されている。この種のマシンをトレーニングに使う場合は、できるだけ可動域を広げて大胸筋を最大限にストレッチすること。両腕をできるだけ近づけて、筋肉を最大限アイソメトリック収縮させることも重要だ。

サニー・シュミット

ストレートアームプルオーバー

エクササイズの目的：大胸筋を発達させ、胸郭を広げる。

　この種目は、大胸筋と前鋸筋を鍛えるとともに、胸郭を広げるのに最適なエクササイズだ。

やり方：(1) ベンチに肩だけを乗せて横向きになり、足は床につける。両手でダンベルを縦に持ち（手のひらを上側のプレートの下に押し当てる）、腕を伸ばして胸の上に持ち上げ、ダンベルを構える。(2) 腕を伸ばしたまま、弧を描くようにダンベルを頭の後ろにゆっくりと下ろし、大胸筋と胸郭がストレッチされるのを感じる。このとき、同時に腰を下げると、ストレッチ効果が高まる。できるだけ低い位置までダンベルを下ろしたら、弧を描いてスタートポジションに戻す。ダンベルを持ち上げるときに腰が上がらないように注意すること。ストレッチを最大限に行って胸郭をできるだけ広げられるよう、動作中は腰を低く保つ。

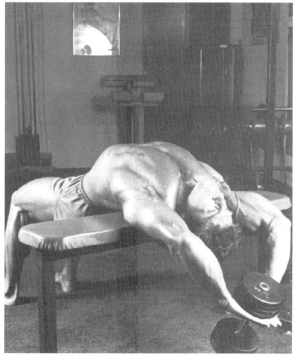

プルオーバーは、大胸筋だけでなく前鋸筋の発達にも使える。前鋸筋を鍛えるには、通常のプルオーバーの動作をしながら、引く動作の大部分を前鋸筋が担うように意識して行う。

ローププル

エクササイズの目的： 前鋸筋を発達させる。

やり方：（1）プーリーを頭上にセットしたら、ケーブルに取り付けたロープを持って床に膝をつく。（2）両腕を頭上に伸ばしたまま、広背筋を使って体を前方に丸めながらロープを引き下げる。頭が太ももにつきそうになるまでこの動作を続ける。肘を床につけ、肘でロープを引っ張る。力を抜いて腕をまっすぐ伸ばし、丸めた体を元に戻す。広背筋がストレッチされるのを感じながらスタートポジションに戻る。ローププルでは、最大重量に挑むのではなく、極めてストリクトに行うことが重要だ。そうすれば、セットを終えるころには、本当に燃えているような灼熱感を前鋸筋に感じることだろう。腹筋にも同様の感覚が得られるはずだ。

ワンアームケーブルプル

エクササイズの目的：前鋸筋を鍛える。

やり方：(1) 床に膝をつき、プーリーを頭上にセットしてケーブルに取り付けたハンドルを逆手で握る。(2) 広背筋を使って、肘を膝まで引き下げる。前鋸筋と広背筋を意識的に引き寄せ、完全に収縮させること。力を緩め、ゆっくりとスタートポジションに戻す。このエクササイズでは、ストリクトな動作が極めて重要だ。広背筋と前鋸筋の収縮に意識を集中し、ゆっくりとコントロールしながら行うこと。反対の腕も同様に行う。

リー・アパーソン

マシンプルオーバー

(「背中のエクササイズ」参照)
　マシンプルオーバーは、広背筋だけでなく前鋸筋の発達にも使える。前鋸筋が最も強く働いている状態を感覚的に覚え、最大限に収縮していると感じられるようになるまで、体の位置と肘の動作を調整する。

クローズグリップチンニング

(「背中のエクササイズ」参照)
　この種目は本来広背筋のエクササイズだが、前鋸筋の収縮に意識を集中すれば、前鋸筋のエクササイズにもなる。

ハンギングセラタスクランチ

エクササイズの目的：前鋸筋をアイソレートして鍛える。

やり方：（1）手のひらを前に向けてチンニングバーを握る（リストストラップを使うと、手や手首の負担が軽減される）。（2）脚をゆっくりと左右どちらかに振り上げ、片側は前鋸筋が十分にストレッチされ、もう片側は前鋸筋が最大限に収縮しているのを感じる。その後ゆっくりと中央に戻り、反対側でも同じ動作を繰り返す。可能な限り最大限のストレッチを得ることと、できるだけ前鋸筋をアイソレートして前鋸筋だけで動作を行うことに意識を集中する。このエクササイズでは、完全なコントロールとストリクトなテクニックが求められる。振り子のように反動を使って振らないこと。

ハンギングダンベルロウ

エクササイズの目的：前鋸筋を発達させる（上級者向け）。

やり方：（1）グラビティブーツを使い、チンニングバーに逆さにぶら下がる。両手にダンベルを持ち、前鋸筋が最大限にストレッチされるのを感じながら、腕を伸ばしてダンベルを下に垂らす。（2）できるだけ前鋸筋だけを使うことに意識を集中し、ダンベルを体の前に持ち上げる。持ち上げる際は、肘を横に張り出さず、前方に寄せる。前鋸筋が最大限に収縮したところでキープしたら、前鋸筋がストレッチされるのを感じながら、ダンベルをゆっくりスタートポジションまで下ろす。動作中は、肘とダンベルをできるだけ体に近づけること。

背中

背中の筋肉

広背筋は上半身最大の筋肉で、大きな三角形の形をしている。肩の下から背中下部（腰）のくびれた部分まで左右両側にわたって広がっている。

基本機能：肩を下方および後方に引く。

脊柱起立筋は、背骨沿いにあるいくつかの筋肉の総称で、神経の通り道を保護し、背骨をまっすぐに保つのを助ける。また、激しい運動からの回復が最も遅い筋肉でもある。

基本機能：背骨をまっすぐに保つ。

注：**僧帽筋**（首から肩甲骨の間にかけて伸びる平たい三角形の筋肉）は、肩の部に含めた。

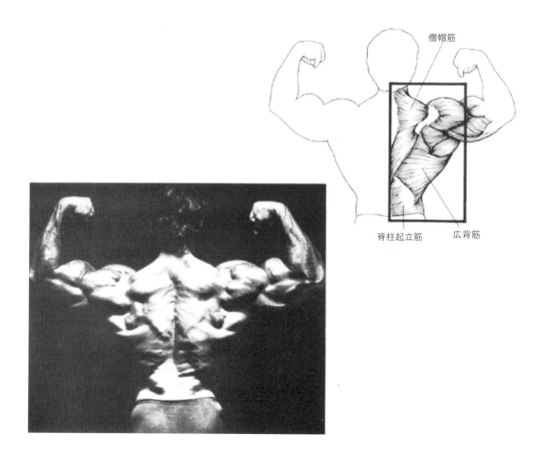

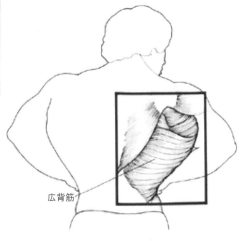
広背筋

背中を鍛える

　ボディビルにおいて、幅が広く、厚みがあり、デカい背中を作り上げることは、質の高い肉体を作るうえで絶対に欠かせない。力強い背中の筋肉は、重いものを持ち上げたり運んだりするのに不可欠であり、筋肉隆々とした背中は常に男の強さの象徴だと考えられてきた。

　「私の背中は対戦相手を粉砕するための強力な武器だ」と、ミスターオリンピアを2度獲得したフランコ・コロンブは言う。「親指を腰に当てて広背筋を広げ始める。このとき、一度に全部は広げない。何度か段階を踏んでから、最大限に広げるのだ。観客も審査員も、これで終わりかと思うたびに、私はさらに大きく広げる。そして、人間がこのような発達を遂げることができるのかと誰もが驚きをもって息を呑んだそのとき、私は両腕を持ち上げて力強いダブルバイセップスポーズをとり、相当な筋肉量、厚み、セパレーションを見せつける。このとき、その衝撃波で舞台裏に吹き飛ばされることなく私の横に立っていられるのは、超一流のボディビルダーだけだ」。

　ボディビル大会の審査員が選手の背中を見るとき、特に注目するポイントが3つある。(1) 背中上部の厚みと筋肉量 (2) 広背筋の張り出しと幅 (3) 背中下部（腰）と広背筋下部のディフィニションと発達だ。

背中上部

　背中上部の発達に関与するのは、背中の筋肉だけではない。たしかにバックダブルバイセップスのポーズでは、僧帽筋など背中上部と中部の筋肉が主役になる。しかし、上腕二頭筋や三角筋後部を含め、肘と肘の間にあるすべての筋肉が重要なのだ。

　背中上部の中心的な筋肉は僧帽筋だ。この筋肉は首の両側から肩にかけて広がり、背中の中ほど背骨付近で終わる、角ばった筋肉である。よく発達した背中では、僧帽筋が大きく盛り上がっており、左右の広背筋とのバランスがとれている。また、バックポーズでは僧帽筋と広背筋との間にはっきりとしたセパレーションが見えるのが理想的だ。僧帽筋を集中的に鍛えるエクササイズには、肩を持ち上げる動作を含む種目（主にシュラッグとアップライトロウだが、特定の姿勢で行うロウイングやある種のプレスも含む）があり、これらの種目については僧帽筋のトレーニングプログラム（「肩」参照）で取り上げている。

左／体をひねったバックポーズでは、肩や上腕二頭筋、上腕三頭筋、前腕の発達とバランスのとれた厚く盛り上がった背中上部が欠かせない。

右／セルジオ・オリバは、分厚い背中上部がどれほど魅力的なものかを体現する完璧な例だ。

広背筋

　完全に発達した背中で最も印象的なのは、広く張り出した広背筋だ。この筋肉の広がりこそが、ボディビルダーであることを世に知らしめる。第1ラウンドでリラックスポーズをとっていても、最初に審査員の注意を引くのは、この広背筋だろう。ボディビルダーの伝統的なV字形、広い肩から引き締まったウエストへと下降するあの体型は、広背筋の正しい発達によって生み出される。私の友人は、ステージでラットスプレッドポーズを披露するとき、自身の広背筋が広すぎて照明を遮り、観客にカーテンが閉まったかと思わせるほどの巨大な広背筋をイメージすると言っていた！

　広背筋の幅を発達させるには、ケーブルプルダウンやチンニングといったプルダウン動作が効果的だ。プルダウン動作が広背筋に与える効果は、動作を行う角度、腕の開き具合（手幅）、体の前に引くか後ろに引くかによって決まる。そこで私は、広背筋全体の発達を促すために、手幅の異なる動作（クローズグリップとワイドグリップ）、前後のチンニングやプルダウン（フロントとビハインドネック）を背中のプログラムに取り入れた。

　広背筋は前から見てもはっきりそれとわかる。その広がりは胸の発達を補い、体自体を幅広く見せる。背中の筋肉のラインが大胸筋のフレームとして機能するからだ。広背筋は、フロントダブルバイセップスやバックダブルバイセップス、体をひねったさまざまなポーズなど、数多くのポーズで重要な役割を果たす。

リー・ヘイニー

リー・ヘイニー、ロニー・コールマン、ロビー・ロビンソンの3人は、いずれも見事なV字体型で知られる名選手たちで、後ろから見ても前から見てもV字を描く彼らの体は、広背筋の並外れた発達の賜物だ。(写真はロニー・コールマン)

ロビー・ロビンソン

広背筋下部

　フランコ・コロンブやフランク・ゼーンの体をひねるバックポーズを見ると、ウエストラインにまで伸びる広背筋下部の広がりに驚嘆せずにはいられない。広背筋が驚くほど美しく見えるのだ。

　広背筋下部を鍛えるには、手幅をかなり狭くして背中のエクササイズを行う必要がある。たとえば、クローズグリップチンニングやクローズグリッププルダウン、ワンアームケーブルロウやワンアームダンベルロウなどがそうだ。また、セットとセットの合間にストレッチを行うことも重要だ。片手で何かをつかんで体を支え、左右片側ずつ広背筋下部が腰のあたりまで伸びているのを感じながら、しっかりストレッチしよう。

　広背筋下部がよく発達していると、バックポーズをとるときにも効果的だ。というのも、斜めに腰まで伸びた広背筋が、ストリエーションの入った背中下部を引き立たせるフレームの役割を果たすからだ。

フランコ・コロンブ

フランク・ゼーン

背中中央の厚み

　広背筋は幅が広くて張り出しているだけでなく、左右の広背筋が合わさる背中中央に厚みがあり、力強く見える必要もある。背中が幅広く、広背筋が張り出しているボディビルダーは少なくないが、それだけではバックポーズをとる際に最高の肉体に見えない。本当に優れたボディビルダーが持つべき、背中中央の力強さ、厚みが欠けているからだ。たとえば、ドリアン・イェーツの背中を一目見れば、その筋肉のしっかりとした厚みに驚かされるだろう。彼の背中は、リラックスポーズをとっているときでもその厚みがはっきりとわかる。

クリス・カミアー

フレックス・ウィラーは極めて優れた遺伝的素質の持ち主だと思われているが、ウィラーの背中の厚みと筋肉量は、彼がその潜在能力を開花させるためにどれだけハードなトレーニングを積んできたかをはっきりと物語っている。

背中の厚みは、主にロウイング種目（バーベルロウ、ケーブルロウ、Tバーロウなど）で得られる。ただし、背中中央をターゲットにしたい場合は、可動域を広くしてロウイングを行い、その部分を完全に収縮させる必要がある。たとえば、セパレートケーブルやワイドグリップを使ったケーブルロウ、ワンアームロウ、ワイドグリップでのバーベルロウなどが効果的だ。

背中を見せるポーズはいろいろあるが、どのポーズも効果的に見せるためには、背中全体の発達が欠かせない。ご覧のように、セルジュ・ヌブレ、フランコ、そして私は、みな背中の上部と下部が厚く発達し、広背筋の幅が広く、筋肉量が多い。

背中下部（腰）

　見事な背中上部を持つトップボディビルダーでも、背中下部（腰）が十分に発達している者はそう多くない。本当にすばらしい背中下部は、脊柱の両側に2本の筋肉の柱が立っているが、これはヘビーデッドリフトやベントオーバーロウといったパワーエクササイズを長年にわたって行ってきた証だ。ステージ上のボイヤー・コーを見ると、彼の広背筋のものすごい張り出しに気づくだろう。しかし、ダニー・パディラのような厚くて力強い背中下部の持ち主の隣に立つと、背中下部が彼の弱点だとわかる。

　真にヘラクレス的な肉体には、背中下部（腰）の発達と厚みが必要なのだ。セルジオ・

オリバ、フランコ・コロンブ、ドリアン・イェーツ、ナッサー・エル・サンバティらを一目見れば、背中下部の見事な発達ぶりに目を奪われるはずだ。フランク・ゼーンはかつて背中下部が弱点だった。私は彼にベントオーバーロウを試すよう勧め、最初は比較的低重量から始め、背中の発達に合わせて徐々に重量を上げていくようにとアドバイスした。ゼーンは努力家なので、彼の背中下部はみるみるうちに発達し、1年足らずで背中下部全体にストリエーションが見えるまでになった。

ショーン・レイの例もそうだ。すでにプロ大会のタイトルを何度か獲得していた彼は、次第に大型化していくライバルたちの背中のすさまじい発達ぶりに脅威を感じるようになった。だが、ショーンは諦めたり、ただやみくもに全体的な筋肉量を増やそうとしたりはしなかった。その代わりに、背中の発達、特に背中の幅を出すことに集中的に取り組んだ。その結果、彼より50ポンド（22.7kg）も重い選手でさえ、バックラットスプレッドの打ち合いで彼を圧倒することができないほどまでに彼の背中は発達した。

私たちは腰回りに過剰な脂肪を蓄えがちなため、引き締まった背中下部とそのディフィニションは、ボディビルダーが並々ならぬ努力をして体を仕上げてきたことの目に見える証となる。バックダブルバイセップスポーズをとったときに、ディフィニションがはっきり見える、磨き上げられた

クリス・カミアー、ドリアン・イェーツ、フレックス・ウィラーの3人のトップボディビルダーが、三者三様の仕方で背中の筋肉を披露している。背中中央の筋肉の盛り上がりとストリエーションによって生み出された「クリスマスツリー」に注目。

背中下部を見た審査員は、その選手が広背筋だけでなく、背中全体に対して膨大なトレーニングを積んできたことを即座に理解するだろう。

本書では、私のトレーニングプログラムに従ったボディビルダーが、1年ほど経って背中下部が弱点だと気づいて後悔することがないように、最初から背中下部のエクササイズを組み込んでおいた。デッドリフトなどの高重量でのパワーエクササイズは、背中下部（腰）を発達させるだけでなく、腰を強化することもできるので理想的だ。腰を強化しておけば、ベントオーバーロウといった背中上部のエクササイズで腰を痛める心配もなくなるだろう。

背中の筋肉の機能

広背筋には2つの基本的な機能がある。肩を後ろに引く機能（ロウイング動作）と肩を下に引く機能（プルダウンやチンニング動作）だ。これらの動作を行う際のよくある間違いは、広背筋にほとんどの仕事をさせるべきところを上腕二頭筋に仕事をさせすぎたり、腰の筋肉を使って反動をつけたりすることだ。広背筋のトレーニングでは、他の筋肉が動作に関与しないよう、可能な限り広背筋をアイソレートしなければならない。

背中下部（腰）の筋肉は、他の多くの筋肉とは異なる働きをする。腰の筋肉は、上腕二頭筋のように常に収縮と弛緩を繰り返すのではなく、体を安定させる安定筋なのだ。そのため、ハイパーエクステンションやストレートレッグデッドリフトのようなフルレンジエクササイズを行うと、腰に大きな負担がかかり、完全に回復するまで1週間ほどかかる。つまり、最大重量を使ったパワーエクササイズによって腰を全力で鍛えられるのは、週に1回だけということだ。それ以外の日は、パワーエクササイズ以外の種目を選んで、最大重量よりも軽い重量でトレーニングすること。

背中のトレーニングプログラムを組み立てる

背中のトレーニングの全体的なプログラムを計画するにあたっては、背中の筋肉がそれぞれどのように機能するかを考え、重要な部位を鍛えるエクササイズを余すことなくトレーニングに含める必要がある。背中の複雑さを正しく理解し、背中を全体的に発達させるにはどれだけ多くの動作が必要になるかを知っておかなければ、この部位に深刻なウィークポイントができてしまう。

たとえば、フロントチンニングとビハインドネックチンニングを各5セット、ワイドグリッププルダウン5セット、クローズグリッププルダウン5セットを行って、背中を十分に鍛えたつもりになっているようではだめだ。これらのエクササイズはどれも背中のプルダウン機能を鍛え、広背筋の幅を発達させるものだ。完全な背中を作り上げるには、それ

に加えて、背中に厚みを出し、広背筋下部を発達させ、背中下部（腰）の筋力とディフィニションも向上させなければならない。

　背中の基本トレーニングプログラムは、デッドリフトやチンニングといった単純なエクササイズから始まる。その後、デッドリフトにハイパーエクステンションやグッドモーニングなどの背中のエクササイズを加える。同様に、チンニング動作を多様なプルダウン種目で補ったり、ツーハンドロウイングをワンアームロウに置き換えたりすることもできる。上級および大会向けトレーニングプログラムでは、さらにバラエティに富んだ背中のエクササイズを盛り込んである。大会に出る準備が整うころには、背中の重要な部位ごとに多様なエクササイズをこなしているはずだ。

ウィークポイントトレーニング

　今日の競技ボディビルダーが抱えている問題のうち、最もよくある問題は背中の発達が不十分なことだ。その理由のひとつは、単に背中は体の前面を見るときほどはっきりと観察する機会がないため、胸や腕ほど熱心に背中を鍛えようという意欲が湧かないことにあるのかもしれない。もうひとつの理由は、背中のトレーニングテクニックが不十分だということだ。背中のトレーニングは、多くの人が思っている以上に繊細で難しい。広背筋をはじめとする背中の筋肉の基本的な機能は、肩甲帯を後方および下方へ引くことだが、多くのボディビルダーはこのことを理解しておらず、どの筋肉を使うべきかをよくわかっていない。もしエクササイズ中に後ろにのけぞり腰や肩を使ってしまうと、背中の筋肉がフルレンジで働くことはない。

　私たちは人生の早い段階で、楽に物を持ち上げられるように筋肉を協調させることを学ぶ。物を持ち上げるときは膝を曲げ、背中の筋肉にかかる負荷をできるだけ少なくし、近くの筋肉にも均等に負荷を分散させるのだ。これはボディビルダーが達成しようとしていることとは正反対だ。背中のトレーニングを効果的に行うには、背中のさまざまな部位をアイソレートする方法を身につけなければならない。背中の各部位に楽をさせるのではなく、苦労をさせるのがポイントだ。

　私は、多くのボディビルダーが無理な重量でベントオーバーロウを行うところ、すなわち全身の筋肉を使って力任せにバーを持ち上げるのを何度も見てきた。このようなチーティングをしていては決して質の高い背中は作れない。多くのボディビルダーはシーテッドロウをする際、高重量を挙上することがすべてであるかのように、スタックにウエイトを加える。そして動作のフィニッシュで体を後ろに反らして腰の力を使ってしまうのだ。

　また、多くのボディビルダーはプルダウンやロウイングをする際、上腕二頭筋を使いすぎている。これでは、腕はたくましくなるが背中の筋肉にはあまり効果がない。腕は単に背中とバーやハンドルをつないでいるにすぎない。ウエイトを持ち上げる主な手段として使うべきではないのだ。

しかし、たとえ完全に正しい背中のトレーニングテクニックを身につけたとしても、背中は多くの筋肉が複雑に絡みあって構成されているので、すべての人がすべての部位を同じ速度で発達させられるとは限らない。上級者になり、背中のどの部位が早く反応するかがわかってくると、発達が遅れている筋肉をもっと鍛えられるようにプログラムを変更したくなるはずだ。

背中外側の発達

ロウイングをナローグリップで行えば、背中の外側が反応する。ナローグリップでは、ハンドルやバーが体より後ろに下がらず、可動域が狭くなるからだ。背中外側のエクササイズで私のお気に入りの種目は、できるだけストリクトに行うTバーロウだ。

背中上部の発達

たった3年でこれほどの違いが生まれるとは！ 18歳のとき、私は背中上部にもっと厚みが必要だと気づいた……

……このウィークポイントを集中的に鍛えた結果、21歳のときには、この部位は私のストロングポイントになっていた。

背中上部を発達させるために私が推奨するエクササイズは、高重量でのベントオーバーバーベルロウだ。ハンドルの代わりに長いバーを使ったシーテッドワイドグリップロウも効果がある。背中上部の発達が左右で異なる場合は、ワンアームダンベルロウで左右別々に鍛えよう。

広背筋の幅

　広背筋は、フロントポーズとバックポーズの両方で極めて重要な役割を果たす。ドリアン・イェーツとケビン・レブローニは、まさにミスターオリンピアにふさわしい広背筋の持ち主であり、彼らの広背筋は、どんなポーズをとっても、どんな角度から眺めても美しく見える。広背筋を最大限に横に広げるエクササイズをすることで、広背筋の張り出しと幅が強調される。ワイドグリップチンニングとワイドグリッププルダウンが、この目的を達成するための主なエクササイズだ。

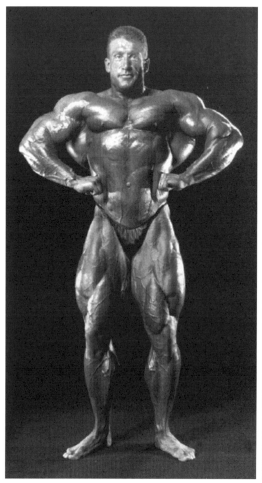 

ドリアン・イェーツ

ケビン・レブローニ

広背筋下部の発達

広背筋の張り出しは、広背筋がウエストラインまで伸びていないと効果が薄い。広背筋下部を発達させるには、ワンアームケーブルロウやクローズグリップで行うエクササイズ（クローズグリップチンニングやクローズグリッププルダウンなど）が効果的だ。

背中中部の厚み

背中中部を最大限に働かせるには、可動域をできるだけ広げることだ。たとえば、シーテッドロウでセパレートハンドルを使うと、肘をかなり後ろまで下げられるので、背中中部にかかる負荷が増す。また、かなり広めのグリップで行うロウ動作や、ワイドグリップが可能なマシンで行うTバーロウでも同様の効果が期待できる。

背中下部（腰）の発達

多くのボディビルダーは忘れているが、バックポーズを効果的に決める上で重要な要素のひとつが背中下部（腰）だ。腰を鍛えるにはヘビーデッドリフトが最も適している。グッドモーニングやハイパーエクステンションなどの種目も、この部位をアイソレートして鍛えることができる。

背中全体の発達

他の筋群もバックポーズ（特にバックダブルバイセップスやバックラットスプレッドなど、真後ろから背中を見せるポーズ）に貢献していることを忘れてはならない。だから、三角筋後部や僧帽筋、さらには上腕二頭筋や上腕三頭筋などの筋肉にも気を配る必要がある。どの筋肉も他の筋肉とつながっている。審査員がバックポーズを見たとき、実際には他の部位の発達に問題があったとしても、背中に対して低評価を下す可能性がある。

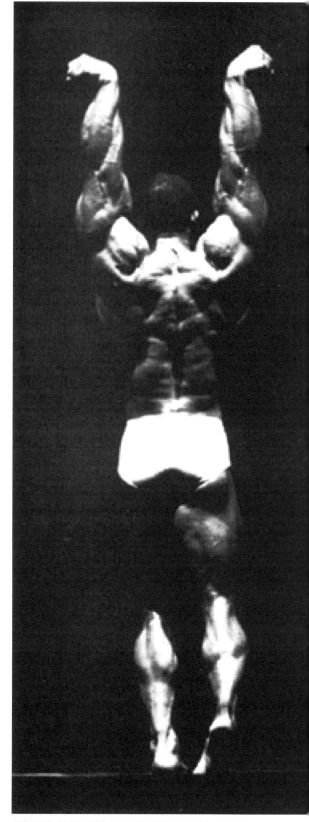

完璧な背中（中部と下部）の厚みを披露するセルジオ・オリバ

ストレッチと収縮

　私は、セットとセットの合間にポーズをとって筋肉を収縮させることが重要だと固く信じている。特に背中についてはそうだ。大会で背中を効果的に見せるために欠かせない筋肉の完全なコントロールを得ようとするなら、絶えずポーズをとって背中を収縮させる必要がある。また、広背筋を継続的にストレッチすることで、チャンピオンたちの背中を極めて印象深いものにしているあのＶ字形を達成しやすくなる。筋肉が幅広い背中上部を作り、そこからウエストまで長くしっかり伸びた状態を実現できるのだ。

　ロウイングやプルオーバー種目のセットの合間には、バックダブルバイセップスのようなポーズをとって背中を収縮させるべきだ。トレーニングパートナーが自分のセットを行っている間にポーズをとれば、筋肉がパンプして温かくなった状態を維持でき、次のセットへの備えが万全になる。

　チンニングやプルダウンで広背筋をトレーニングする際は、セットとセットの合間に、写真のように、何かしっかりしたものをつかんで、左右片方ずつ、または左右同時にストレッチすること。また、前鋸筋のエクササイズ（「胸のエクササイズ」参照）はすべて、広背筋のストレッチにも使える。ストレッチによって筋肉が伸びて可動域が広がり、よく収縮するようになるので、腰のあたりにある広背筋の下部が発達する。

ケン・ウォーラー

ショーン・レイ

ドリアン・イェーツ

この一連のポーズを見れば、背中の複雑な筋肉を見せるためにはさまざまな方法があり、競技ボディビルダーを目指す者が成功するためには、背中の全体的な発達が必要だとわかるだろう。

背中のエクササイズ

ワイドグリップビハインドネックチンニング

エクササイズの目的： 背中上部の幅を広げ、広背筋に十分な張り出しを作る。

このエクササイズは広背筋の幅を広げ、肩甲帯全体を発達させる。主に広背筋の上部と外側が鍛えられる。また、肩甲骨の可動域が広がるので、広背筋を広げやすくなる。

やり方：（1）順手でなるべく広くチンニングバーを握る。（2）バーにぶら下がる。首の後ろがバーに触れるまで体を引き上げる。これはストリクトに行うべき種目なので、足で地面を蹴り上げて背中にかかる負荷を軽減しないこと。動作の最上部で一旦静止してから、体をゆっくりとスタートポジションまで下ろす。チンニングは体重そのものが負荷になるので、初心者の中には各セットの必要レップ数をこなせない人もいるだろう。そのような人には、私が以前行っていた方法をおすすめする。10レップ×5セット行うのではなく、全部で50レップに到達するまで、一度にできるだけ多くのレップ数をこなすのだ。最初は1セットに3〜4レップしかできないかもしれないが、力がつけばつくほど、50レップに達するセット数は減り、所要時間も短くなる。

フランコ・コロンブ

ワイドグリップフロントチンニング(オプション)

エクササイズの目的：背中上部の幅を広げ、広背筋に十分な張り出しを作る。

　首の後ろではなく胸をバーにつけるようにチンニングすると、可動域が少し広くなる。ストリクトさも緩和されるので、多少のチーティングが可能になり、疲れ切ってもエクササイズを続けられる。

やり方：(1) 順手でなるべく広くチンニングバーを握る。(2) バーにぶら下がる。体を引き上げ、胸の上部をバーにつける。動作の最上部で一旦静止してから、体をスタートポジションまで下ろす。

クローズグリップチンニング

エクササイズの目的： 背中の筋肉を鍛え、広背筋下部の幅を広げる。前鋸筋を発達させる。

これは広背筋を縦にも横にも広げるのに最適なエクササイズだ。また、前鋸筋（大胸筋外側の下にある小さな指状の筋肉）が発達するので、ダブルバイセップスなどのフロントポーズやさまざまなオーバーヘッドポーズに多大な効果をもたらす。

やり方： (1) 手幅を狭くしてチンニングバーを中央で握る（ジムにダブルハンドルと呼ばれる三角形のクローズグリップ用アタッチメントがあれば、それを使ってもよい）。バーにぶら下がる。(2) 頭を少し後ろに反らしながら体を引き上げ、胸が両手に触れるようにする。広背筋が最大限ストレッチされるまで、ゆっくりと体を下ろす。必ずフルレンジで行うこと。

クローズグリップチンニングは、ダブルハンドルの代わりにチンニングバーでチンニングをしてもよい

マシンラットプルダウン

エクササイズの目的: 広背筋上部の幅を広げる。

　このエクササイズは体重よりも軽い負荷で行えるので、背中の上部をもっと鍛えなければと感じている人がレップ数を稼げる種目だ（ただし、広背筋上部を鍛えるメイン種目としてチンニングの代わりにするべきではない）。

やり方:（1）長めのバーを使い、順手で広く握る。膝をニーパッドの下に引っかけてシートに座る。（2）胸の上部に触れるまで、バーをスムーズに引き下げる。その際、負荷が背中の上部にのみかかるようにする。体を後ろに反らしてしまうと、背中の下部にも負荷がかかるのでよくない。力を抜いて腕を伸ばし、広背筋が十分にストレッチされるのを感じる。

バリエーション: ラットプルダウンをフロントではなくビハインドネックで行う。

クローズ（またはミディアム）グリッププルダウン

エクササイズの目的：広背筋（特に下部）を鍛える。
　オーバーヘッドケーブルとウエイトスタックを使えば、自重よりも軽い重量でチンニング動作を行える。

やり方：（1）ハンドルまたはバーをナロー（またはミディアム）グリップで握り、胸の上まで引き下げる。体を後ろに反らさず、広背筋を使うことに集中して動作を行う。（2）肩を後ろに引き下げ、胸を張る。ハンドルを上に戻し、広背筋を完全にストレッチする。

ベントオーバーバーベルロウ

エクササイズの目的： 背中の上部を厚くする。

　このエクササイズは、背中上部の幅を広げるのにも役立つ。また多少ながら背中下部（腰）の筋密度を増やす効果もある。

やり方：（1）足を数cm開いて立ち、手幅をワイドグリップにしてバーを順手で握る。膝を少し曲げ、上半身が床とほぼ平行になるまで前かがみになる。背筋を伸ばし、頭を上げる。腕を伸ばしてバーをすねの骨に触れるくらいまで下ろす。（2）背中の筋肉を使い、腹筋上部に触れるまでバーを持ち上げる。バーをコントロールしながらスタートポジションまで下ろしたら、すぐに次のレップに移る。この種目は、上腕二頭筋のエクササイズにならないよう、しっかり背中に効かせることが重要だ。イメージとしては、腕と手を、広背筋の収縮をバーに伝えるだけの単なるつなぎと考えるとよい。バーを胸ではなく腹部に持ち上げることで、腕の関与を減らせる。ロウイング種目の最初のセットは、背中をウォーミングアップさせるため、必ず比較的軽めの重量で行うこと。最終セットあたりでは、多少のチーティングをしても構わないが、最小限にとどめる。

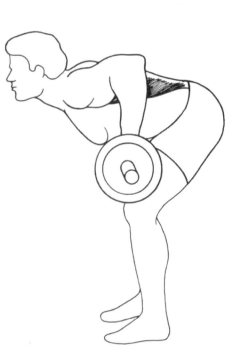

ベントオーバーバーベルロウでは、腰でバーベルを持ち上げるのではなく、広背筋で引き上げること。動作中は常に上半身を床と平行に保つ。バーは胸ではなく、腹部に引き上げる。

この図には大きな間違いが2つある。ベントオーバーバーベルロウの際に体を安定させておかないと、広背筋だけをアイソレートできず、腰の筋肉も使うことになる。また、バーを腹ではなく胸のほうに持ち上げると、腕の筋肉が関与し、広背筋にさせようとしている仕事の多くを上腕二頭筋が担うことになる。

プレート直径が大きなオリンピック規格のバーベルセットを使ってロウイングを行う場合は、バーベルを下ろしたときにプレートが床につかないように、台かベンチの上に立つ必要がある。頭を上げ、背筋を伸ばし膝を曲げた姿勢は、オリンピックリフティングの選手が高重量のバーベルをクリーンするときの姿勢と似ている。

BOOK THREE 部位別エクササイズ

ベントオーバーダンベルロウ

エクササイズの目的：背中上部の外側を左右別々に鍛える。

　バーベルと同じく、ダンベルでも高重量で背中を鍛えられる。ダンベルの場合はさらに、強い側が弱い側を助けてしまうことなく、体の両側をそれぞれの限界まで鍛えられるという利点がある。これは、背中上部のシンメトリーが欠けている人にとって効果的なウィークポイントエクササイズだ。

やり方：(1) 両手にダンベルを持ち、膝を少し曲げ、腰から前かがみになる。頭を上げ、背筋を伸ばす。ダンベルは腕を伸ばして肩の真下に垂らす。(2) 腰の力を使わないように上半身を安定させながら、左右のダンベルを同時に両サイドに持ち上げる（上腕二頭筋の関与を最小限に抑えるため、ダンベルは胸ではなく両サイドに持ち上げる）。できるだけ高く持ち上げたら、ダンベルをゆっくり下ろす。

Tバーロウ

エクササイズの目的： 背中の中部と外側を厚くする。

やり方：（1）両足を揃えて台の上に立つ。膝を少し曲げて前かがみになり、Tバーマシンのハンドルを順手で握る。脚を少し伸ばし、上半身が45度の角度になるまでウエイトを持ち上げる。この角度を保ち、ウエイトを胸につくまで持ち上げる。（2）腕を伸ばしてウエイトを下ろす。ただし、ウエイトは床につけない。

　これは背中のエクササイズであり、腰や脚を過度に使って持ち上げることは想定されていない。反動を使ったり背中を過度に反らせたりしないと挙上できないようなら、それは単に使っているウエイトが重すぎるだけなので、プレートを1枚か2枚外すべきだ。上半身が多少動くのは仕方がないが、背中はまっすぐ伸ばすか少し反らせるかし、決して猫背にならないようにすること。そうしないと、ケガをしかねない。ナローグリップにすれば、主に広背筋外側に効く。これは動作の可動域が狭くなり、背中内側の関与が減るからだ。しかし、可動域が制限されることで、逆にバーベルロウよりも高重量を持ち上げられるようになるので、パワーエクササイズとしては効果的だ。

ワンアームダンベルロウ

エクササイズの目的：背中の外側を左右別々に鍛える。

　片方ずつのダンベルロウは、バーベルロウにはない2つの利点がある。ひとつは左右の広背筋をアイソレートできるという点。もうひとつは、ウエイトをより高く持ち上げられるので、より完全な収縮が得られるという点だ。このエクササイズは、高重量を使うことよりも、可動域を最大限に使うことのほうが重要であり、そうすれば、背中の中央を発達させ、ディフィニションを出す助けになる。

やり方：（1）片手にダンベルを持ち、上半身が床とほぼ平行になるまで前かがみになる。空いた手はベンチに置いて体を支える。まず腕を伸ばしてダンベルを垂らし、可能な限り十分ストレッチされていることを感じる。手首をひねって手のひらを体のほうに向ける。（2）体を安定させたまま、腕ではなく背中の力を使って、ダンベルを体の側面に持ち上げる。ダンベルをコントロールしながら下ろす。所定のレップ数を終えたら、反対の腕も同様に行う。

リー・プリースト

ワンアームケーブルロウ

エクササイズの目的：広背筋下部を発達させる。

　これは、特に広背筋下部をウエストまでしっかり発達させるのに適した種目だ。

やり方：(1) 床にセットしたプーリーのハンドルを片手で握る。立って行う場合は、鍛えるほうの腕と反対側の脚を前に出し、もう一方の脚を後ろに下げて、バランスよく構える（座って行うこともできる）。腕を前に完全に伸ばした状態から始める。最大限にストレッチを得るために、手首を内側にひねり、親指が小指よりも下になるようにするのもよい。(2) ハンドルを体の側面のほうにできるだけ高く引く。このとき、親指が外側になるように手首を外側にひねり、背中の筋肉が収縮するのを感じる。力を緩めて腕を伸ばし、手首をひねってスタートポジションに戻す。所定のレップを終えたら、反対の腕で同じ動作を繰り返す。

　ワンアームケーブルロウを成功させる秘訣は可動域にある。ケーブルを引く際は肘をできるだけ後ろに引くこと。両腕で行う通常のケーブルロウよりもはるかに後ろまで引くことができる。また、力を緩めてハンドルを戻す際は、腕と広背筋を最大限にストレッチさせること。

シーテッドケーブルロウ

エクササイズの目的： 背中の厚みを増し、広背筋下部を発達させる。

やり方：（1）ハンドルを持ち、足をクロスバーかブロックに押し付けて座り、膝を少し曲げる。腕を伸ばして少し前かがみになり、広背筋がストレッチされているのを感じる。ウエイトスタックからは十分に距離をとり、ウエイトが底に触れることなく、このような体勢になること。（2）このスタートポジションから、ハンドルを体のほうに引き、負荷の大半が背中の筋肉にかかっているのを感じながら、ハンドルを腹部に押し当てる。ウエイトを引く際は背中を反らして胸を張り、肩甲骨を寄せる。体を前後に揺らして腰の筋肉を関与させないこと。ハンドルが腹部に触れたとき、上半身を後ろに傾けず、垂直にする。ウエイトをコントロールしたまま、力を抜いてハンドルを前に戻し、広背筋をもう一度ストレッチする。

セパレートハンドルシーテッドケーブルロウ（オプション）

この写真のようにセパレートハンドルを使えば、肘をかなり後ろまで引けるので、背中の中央により多くの負荷をかけられる。

マシンロウ

多くのジムにはさまざまなロウイングマシンが設置されている。シーテッドロウの動作をそのまま再現しているものもあれば、肘で後ろに押すことで、上腕二頭筋の収縮を伴わずにロウイング動作を行えるものもある。それぞれ背中への効き方が少しずつ異なるが、どれもときどきトレーニングに取り入れることで、筋肉に新たな刺激を与えて驚かすことができる。

バーベルベントアームプルオーバー

エクササイズの目的：広背筋下部と前鋸筋を鍛える。大胸筋をストレッチし、胸郭を広げる効果もある。

やり方：(1) フラットベンチに仰向けになる。頭の後ろの床に置いておいたバーベル（EZカールバーでもよい）を、手を後ろに伸ばして握る。(2) 腕を曲げたままバーを持ち上げ、頭上を通って胸まで持ってくる。広背筋が最大限にストレッチされるのを感じながら、バーをゆっくりとスタートポジションまで戻す（バーベルは床につけない）。高重量を使う場合は、バーの挙上に全力を注げるよう、誰かに膝の上に座ってもらい体を安定させるとよい。

マーク・アーベルディング

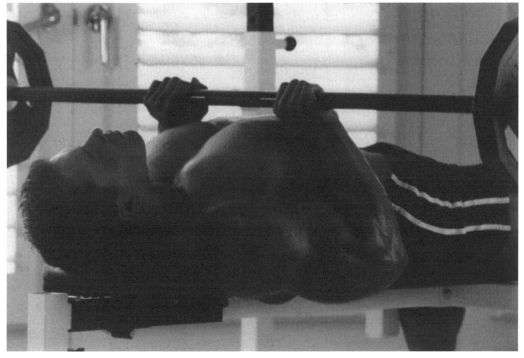

マシンプルオーバー

プルオーバーは実際には円運動なので、フリーウエイトの場合は筋肉をフルレンジで鍛えるのが難しい（上級者は、単に経験によってそのテクニックを習得する）。その点、マシンには可変抵抗で鍛えることができるものもあるので重宝する。また、片腕ずつトレーニングできるマシンもあ

り、左右を別々にアイソレーションして鍛えられる。実際、プルオーバーマシンはジムで最も有用なマシンのひとつだと思う。

やり方： (1) 頭上のバーを握り、(2) 広背筋の収縮を感じながらバーを引き下げる。動作の最下部では、バーを腹部に押し付ける。

デッドリフト

エクササイズの目的： 腰を鍛える。デッドリフトは、他のどのエクササイズよりも多くの筋肉（腰、背中上部、僧帽筋、臀部、脚）を使う複合的なパワーエクササイズだ。腰が強ければ、ベントオーバーロウやTバーロウといった、この部位に大きな負荷がかかる動作をするときに特に有利になる。

やり方：（1）手前の床にバーベルを置く。膝を曲げて前傾姿勢になり、片手は順手、もう片方は逆手でバーをミディアムグリップで握る。背中に負担がかからないように、背筋はなるべくまっすぐ伸ばす。背中を丸めるとケガをする恐れがある。（2）脚の力を使って挙上を開始する。上体を起こして直立し、胸を張り、肩を後ろに引く（気をつけの姿勢）。バーベルを下ろすときは、膝を曲げて前かがみになる。バーベルをいったん床につけてから次のレップを始める。

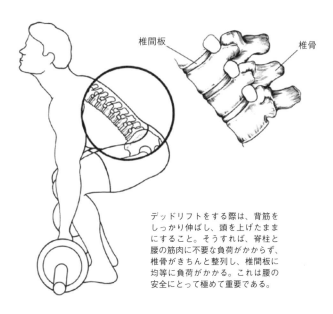
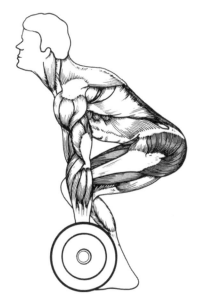

デッドリフトをする際は、背筋をしっかり伸ばし、頭を上げたままにすること。そうすれば、脊柱と腰の筋肉に不要な負荷がかからず、椎骨がきちんと整列し、椎間板に均等に負荷がかかる。これは腰の安全にとって極めて重要である。

デッドリフトは、頭を上げ、背筋をまっすぐ伸ばした状態で始めること。そうすれば、臀部、脚、腰の筋肉が協調して働き、最大限の力でバーを持ち上げられる。

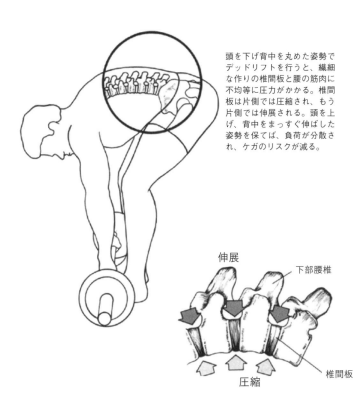
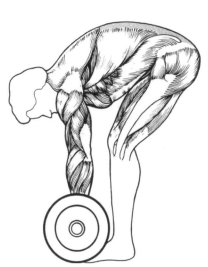

頭を下げ背中を丸めた姿勢でデッドリフトを行うと、繊細な作りの椎間板と腰の筋肉に不均等に圧力がかかる。椎間板は片側では圧縮され、もう片側では伸展される。頭を上げ、背中をまっすぐ伸ばした姿勢を保てば、負荷が分散され、ケガのリスクが減る。

背中を丸めた状態でデッドリフトを開始すると、最初にバーを動かす仕事のほとんどを腰が担うことになる。これは危険だ。

BOOK THREE 部位別エクササイズ

グッドモーニング

エクササイズの目的： 背中下部（腰）をアイソレートして鍛える。

やり方：(1) 両足を数 cm 開いて立ち、スクワットと同じように肩にバーベルを担ぐ（「スクワット」参照）。(2) 脚をまっすぐにしたまま腰から上体を曲げ、上体が床とほぼ平行になるまで前傾する。その際、顔を上げ、背中をまっすぐに保つこと。その姿勢で一旦静止し、スタートポジションに戻る。

ハイパーエクステンション

エクササイズの目的: 背中下部（腰）の脊柱起立筋を発達させる。

やり方: (1) ハイパーエクステンションベンチにうつ伏せになり、かかとをパッドの下に引っかける。両手を胸のあたりか頭の後ろで組み、腰の筋肉がストレッチされるのを感じながら、上体をできるだけ低い位置まで下げる。(2) この姿勢から、床とほぼ平行になるまで上体を持ち上げる。脊柱の過伸展を防ぐため、これ以上は高く上げないこと。

フレックス・ウィラー

腕

腕の筋肉

腕には主要な筋群が3つある。

上腕二頭筋は、三角筋の下から起始し、肘の下に停止する2つの頭を持つ筋肉。

基本機能：腕を曲げ、手首を内側にひねる（回内）。

上腕三頭筋は、上腕二頭筋に拮抗して働く3つの頭を持つ筋肉で、同じく三角筋の下と肘の下に付着する。

基本機能：腕を伸ばし、手首を外側にひねる（回外）。

前腕の内側と外側には、手と手首の動きをコントロールする筋群がある。

基本機能：内側の前腕屈筋群は手のひらを内側に曲げる。外側の前腕伸筋群は指関節を外側に反らす。

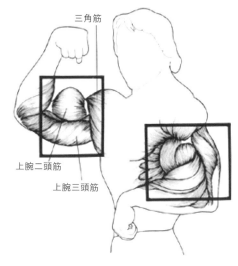

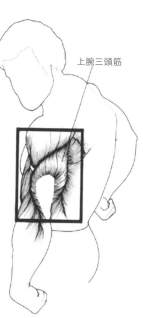

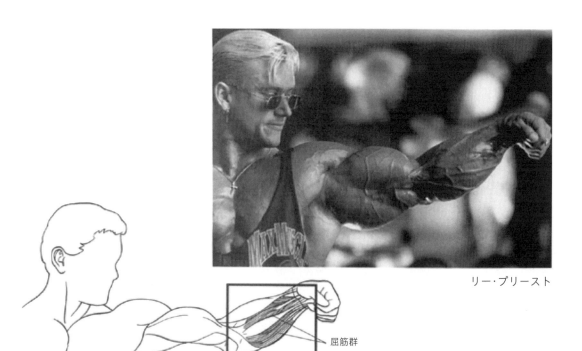

リー・プリースト

屈筋群

BOOK THREE 部位別エクササイズ

ケビン・レブローニ

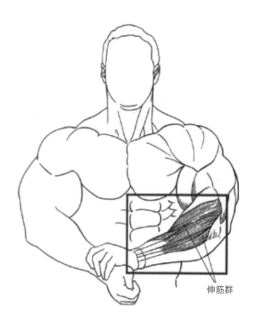

伸筋群

リロイ・コルバート

腕を鍛える

ボディビルダーは、胸や背中と同じく、巨大な腕を最も見栄えのする部位とみなし、体全体の大きさと強さを示す指標だと考えてきた。トレーニングを始めたころ、私はボディビルダーたちの写真を熱心に研究していたが、最も目を引いたのは巨大な上腕二頭筋だった。たとえば、リロイ・コルバートはすばらしいバイセップスポーズを披露していたし、レジ・パーク、ビル・パール、セルジュ・ヌブレはみな、腕の驚異的な発達で知られていた。私は雑誌を1ページずつめくりながら、すばらしい上腕二頭筋の実例を探し、いつかは自分の腕もあんなふうにしてみせると誓ったものだ。

やがて私は、ピークの高い巨大な上腕二頭筋の持ち主として知られるようになった。私の腕は19歳の時点ですでに20インチ（50.8cm）を超え、パンプ時には最大22¼インチ（56.5cm）になるまで発達させた。大会のステージで、19インチ（48.3cm）や20インチの巨大な腕を見ることほどわくわくすることはない。

腕のトレーニングには、他の部位のトレーニングとは異なる大きな利点がある。トレーニングといえばすぐに太い腕を連想するほど両者は密接に結びついているので、心理的に腕のトレーニングにのめり込みやすいのだ。全米各地の本格的なジムに行けば、競技ボディビルダーとしての資質が見え始めたばかりの若いボディビルダーが、すでに腕の発達だけは大きな進歩を遂げているのを見かけることだろう。

このようなことが起こる理由のひとつは、ボディビルダーが（特に初心者のころは）それを知ってか知らずか、プライオリティ法に従って腕をトレーニングしているからだ。彼らはワークアウトの最初に、集中力とエネルギーが満ちた状態で腕のトレーニングを行う。さらに、暇さえあればポーズをとって腕を収縮させ、どれだけ進歩したかとひっきりなしに腕の太さを計測しているのだから、当然腕は成長する。もし彼らが他の部位についても同じように考えていたら、間違いなく巨大な腕と20イ

19歳の私

フロントダブルバイセップスポーズ

バックダブルバイセップスポーズ

上腕二頭筋の2つの側面。右腕には、高いピーク、見事な形、明確なディフィニションとセパレーションといった特徴がある。左腕の上腕二頭筋は、筋肉量とセパレーションが腕を巨大に見せている。

ンチ（50.8cm）のふくらはぎを持ったボディビルダーを数多く見かけることだろう。

しかし、大会に向けて質の高い腕に仕上げることは、単に大きさだけの問題ではない。さまざまなポーズをとるときに、どの角度からも美しく見えなければならない。つまり、腕の筋肉のすべての部分、あらゆる輪郭をあらゆる角度から完全に鍛え上げなければならないのだ。そのためには、多くの思考と計画が必要だ。高重量のバーベルを反動をつけてカールし上腕二頭筋を数回痛めつけるだけでは、チャンピオンレベルの腕は育たない。

たとえば、フロントダブルバイセップスポーズでは、上腕二頭筋のピークの高さ、上腕三頭筋の筋肉量、上腕二頭筋と上腕三頭筋の間の明確なセパレーションなどが求められる。バックダブルバイセップスポーズでは、前腕の肘部分の発達、上腕二頭筋の外側（長頭）の発達に加えて、三角筋と上腕の筋肉との間に目に見える明確なつながりが必要だ。

上腕二頭筋と上腕三頭筋を発達させるだけでなく、前腕の筋肉も上腕に釣り合うように鍛え、形を整える必要がある。現在のフレックス・ウィラーやケビン・レブローニ、ある

ストレートアームポーズをとるセルジオ・オリバ

いは少し前のフランク・ゼーン、デイブ・ドレイパー、ビル・パール、ラリー・スコット、セルジオ・オリバといった名選手たちの腕を見ると、上腕二頭筋、上腕三頭筋、前腕のすべてがバランスよく発達しているのがわかるだろう。

このようなすべての側面が発達した腕は偶然に生まれるわけではない。それに見合った努力が欠かせないのだ。腕の筋肉をいくつかの部位に分け、それぞれのトレーニングに全力で取り組む必要がある。

サイドチェストポーズ

腕が大きいだけでは十分ではない。上腕二頭筋と上腕三頭筋の形も重要だし、上腕全体のバランスも欠かせない。

ストレートアームポーズの別バージョン

見事なまでに発達したマイク・マタラッツォの腕——ピークが高く盛り上がった上腕二頭筋、バランスよく発達した上腕二頭筋と上腕三頭筋、パワフルで充実した腕。

ナッサー・エル・サンバティ

初代ミスターオリンピアのラリー・スコットは、完璧と呼ぶにふさわしい腕を持つ最初のボディビルダーのひとりだ。

腕全体の発達に関して、マイク・マタラッツォに敵う者は誰もいない。

完璧な腕を作る

　フロントダブルバイセップスポーズは、うまく決めるのがかなり難しいポーズのひとつだ。フレックス・ウィラーはこのポーズの名手だが、それは彼がこのポーズに必要なすべての特質——適切なプロポーション、個々の筋肉（上腕二頭筋、上腕三頭筋、三角筋、大胸筋）のすばらしさ、大きな胸郭、広背筋の張り出し、細いウエスト——を備えているからだ。

　鍛え上げられた腕というと、盛り上がった巨大な上腕二頭筋を思い浮かべがちだが、実際には上腕三頭筋のほうが大きくて複雑な筋群だ。上腕二頭筋には2つの頭があり、上腕三頭筋には3つの頭がある。上腕の理想的な比率は通常、上腕二頭筋が3分の1、上腕三頭筋が3分の2だ。

ロニー・コールマン

リー・プリーストは、大柄でなくても見応えのある筋肉を持っており、どんな体格でも腕を驚異的に発達させられることを身をもって証明している。

BOOK THREE

部位別エクササイズ

ステージ上のナッサー・エル・サンバティとジャン＝ピエール・フックスは、驚異的な筋肉量だけを頼りに競い合っているわけではない。彼らは、適切な前腕のプロポーション、傑出した個々の筋肉（上腕二頭筋、上腕三頭筋、三角筋、大胸筋）など、完璧な肉体を持っている。

ボディビル史上まれに見る上腕二頭筋のピークを披露するアルバート・ベックルス

ポール・ディレットは、チャンピオンレベルの肉体を作り上げるためには、いかに適切なプロポーションが重要であるかを示している。彼のように大柄のボディビルダーの場合、単に腕を大きくするだけでは十分ではない。この写真のように、腕が体の他の部分と**バランスよく**大きくなければならない。

完璧な腕を作り上げるためには、どの筋肉をどのエクササイズで鍛え、それぞれにどれくらいの努力を費やせばよいかを知らなければならない。腕のトレーニングにはさまざまな方法がある。1回のワークアウトで腕全体を鍛える場合、ひとつの筋群のトレーニングをひと通り終えてから次の筋群のトレーニングに移るやり方と、上腕二頭筋と上腕三頭筋のセットを交互に行い、腕全体を一度にパンプさせるやり方がある。または、腕のトレーニングを上腕三頭筋の日と上腕二頭筋の日に分け、前腕は余裕のあるときに鍛えるという方法もある。

　他の部位と同じように、腕の完全な発達は、腕にショックを与えて反応させることができたときにのみもたらされる。これは腕がどんなに大きくなっても変わらない。質の高い腕を実現するには、トレーニングに多様性や変化を取り入れ、できるだけ多くのショック法を用いることが欠かせない。

リー・プリーストは、ダニー・パディラやフランコ・コロンブの伝統を受け継ぐ「ジャイアントキラー」だ。この写真の上腕と前腕の見事な発達ぶりを見れば、そのことにも納得がいくだろう。

上腕二頭筋のトレーニング

　上腕二頭筋は、以前から私の最も優れた部位のひとつだった。若いころ、上腕二頭筋を大きくすることは私にとって特に重要なポイントだったので、懸命にトレーニングに励んだ結果、私の上腕二頭筋はすぐに風船のように大きく膨らんだ。

　しかし、懸命に努力したとはいえ、私の上腕二頭筋の目覚ましい発達は遺伝によるところが大きかったと今になって思う。私の上腕二頭筋には、トム・プラッツの太もものように、一度発達**させる**ためのハードワークを行えば、世界最高レベルに達する遺伝的ポテンシャルが備わっていたのだ。

　ハードワークと適切なトレーニングテクニックは、どんな筋肉でもその潜在能力を最大限に引き出すが、誰もが同じレベルの潜在能力を持っているわけではない。上腕二頭筋が長いボディビルダーもいれば、短いボディビルダーもいる。ピークが高い人もいれば低い人もいる。巨大な厚みを持つ人もいれば、そうでない人もいる。もちろん、しっかりした計画を立て、こうした側面をそれぞれ強化してウィークポイントを補うことはできるが、生まれつき筋肉の形やプロポーションに恵まれていれば、それが有利に働くのもたしかだ。

　実際、上腕二頭筋の形は人それぞれだが、どんな形であれ一流とみなされる可能性はある。私が競い合ったボディビルダーで言えば、ラリー・スコットは太くて分厚い、長い上腕二頭筋で有名だった。私の上腕二頭筋は、ピークが極めて高いことで知られていた。フランコ・コロンブの上腕二頭筋は高さはあったが、短かった。セルジオ・オリバの上腕二頭筋は長かったが、ピークは特に高くはなかった。ボイヤー・コーの上腕二頭筋は高くて長かったが、細かった。このように腕の構造が異なるにもかかわらず、先に挙げたボディビルダーたちはそれぞれすばらしいタイトルを獲得した。今日でも同じことが言える。さまざまなプロポーションや遺伝的な素質を持つボディビルダーがいるが、それぞれが自分なりの調和（バランスの取れた特徴）を達成していれば、チャンピオンになることができるのだ。

　土台となる骨格とプロポーションは、最終的に腕がどのように見えるかを大きく左右する。フランコは腕が短いので、上腕二頭筋をそこまで発達させなくても大きく見せるのは難しくなかった。一方、腕が非常に長いルー・フェリグノは、260ポンド（117.9kg）の体に見合うようにするには22インチ（55.9cm）の上腕二頭筋が必要だった。もし20インチ（50.8cm）しかなかったら、たとえそれがステージ上では最大のサイズだったとしても、全体のバランスから見ると発達が不十分に見えただろう。

　上腕二頭筋をどのように鍛え、発達させるかは、個々のプロポーションや他の筋肉が持つ上腕二頭筋との相対的な筋力によっても違ってくる。たとえば、フランコ・コロンブやケン・ウォーラーがバーベルカールをやっているのを見ていると、三角筋前部がとてもパワフルなので、この筋肉が上腕二頭筋から挙上の労力の多くを奪っているように見えた。

だから、彼らは上腕二頭筋をアイソレートするために特別な努力を払わなければならなかった。そうしなければ、十分なトレーニング効果は得られなかっただろう。その方法のひとつが、カールをするときに肘を固定する「アームブラスター」を使うことだった（「アームブラスターカール」の写真には、私がこの器具を使っている姿が写っている）。腕の筋肉をアイソレートするもうひとつの方法は、プリーチャーベンチを使って上腕二頭筋トレーニングを行うことだ。

同じような問題を抱えているがこのような特別な器具がない場合は、壁に背中をつけて立ってカールをすれば、チーティングを最小限に抑えられる。

私の場合、三角筋前部の筋力がそれほど強くなかったので、そのような問題は生じなかった。私にとっては通常のバーベルカールこそが最も効果的であり、上腕二頭筋をアイソレートするために特別な努力をする必要はなかったのだ。当時はトレーニングの生理学についてそれほど詳しくなかったが、それがかえってよかったとも言える。

それでも、他の筋肉の助けを借りて挙上していては、上腕二頭筋を大きく発達させることはできない。また、カール動作は正しい軌道を見つけ、最も広い可動域で行う必要もある。カールをするときは、手をまっすぐ肩に向かって持ち上げなければならない。その軌道を1インチ（2.5cm）でも内側や外側に変えてしまうと、負荷が上腕二頭筋以外にかかり、同じ結果は得られない。

また、私がよく目にするもうひとつの間違いは、カール動作をリストカールから始めることだ（セルジオ・オリバはそうしていた）。つまり、手首をいったん後ろに反らし、上方にカールさせてから、上腕二頭筋に力を入れ始めるのだ。これでは、上腕二頭筋の筋力ではなく、前腕の筋力を使うことになり、上腕二頭筋への負荷が減ってしまう。その結果手に入るのは、巨大な前腕と平凡な上腕二頭筋だ。

しかし、上腕二頭筋全体を鍛えるには、1種類のカール動作だけでは十分ではない。上腕二頭筋には、腕を持ち上げてカールさせるだけでなく、手首を回転させる機能もある。バーベルカールは、上腕二頭筋の筋肉量を増やすのには適しているが、手首が固定され、回転させることができない。だから私はいつもダンベル種目をいくつか取り入れ、挙上の際に手首を外側にひねることで、完全に上腕二頭筋を収縮させている。また、ダンベルを使うと肘にある上腕筋の発達がよくなり、バックダブルバイセップスポーズの際に、上腕二頭筋と上腕三頭筋のセパレーションをよりシャープに出すことができる。

上腕二頭筋は長さも重要だ。多くの人は前腕のエクササイズとしてリバースカールを行うが、私はこの種目が上腕二頭筋の見かけ上の長さも伸ばすことに気がついた。上腕二頭筋は、肘近くまで伸びており力強いカーブを描いているのが理想的だ。

私はまた、上腕二頭筋の各部をもれなく刺激するために、カールをするときはできるだけ手の位置に変化を加えるようにしている。バーベルカールでは手首を固定し、ダンベルカールでは手首を回転させる。リバースカールでは手のひらを下にした状態で持ち上げる。親指を上にしてダンベルを持ち上げるハンマーカールで、上腕筋を直接刺激する。これらは上腕二頭筋を完全に発達させるために何一つ欠かせない。さらに私は、アームブラ

スター、ストレートバー、EZカールバー、プリーチャーベンチ、プローンベンチ、バーベル、ダンベル、ケーブル、マシンなど、さまざまな種類の器具を使って、上腕二頭筋のトレーニングにバリエーションを持たせている。繰り返しになるが、上腕二頭筋のトレーニングで私がよく目にする大きな間違いは、フルレンジ動作の欠如である。全可動域を使ったトレーニングがこれほど重要な部位はないだろう。肘を持ち上げたり、肘を体の後ろに引きすぎたりすると、可動域が狭くなり、動作中に十分な弧を描くことができない。

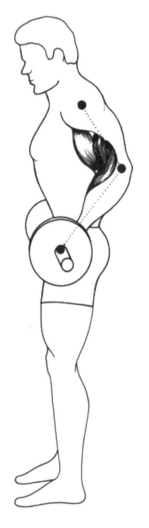

これはバーベルカールの間違ったスタートポジション。腕が曲がって肘が後ろに下がっているため、上腕二頭筋が十分に伸ばされず、可動域が極端に狭くなっている。このやり方では腕がストレッチされず、上腕二頭筋の下部に十分な負荷をかけられない。

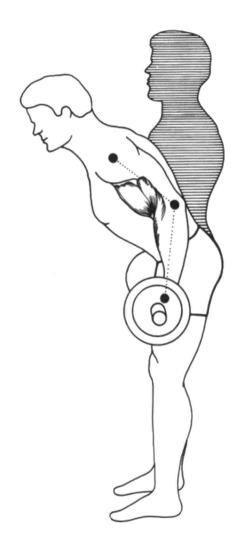

バーベルカールを行う際、最もよくある間違いのひとつが、前かがみの姿勢からバーベルを持ち上げ始めることだ。挙上を始めると同時に背中を起こすと、腰が関与してしまう。そのため動作中に余計な勢いがつき、上腕二頭筋を強く収縮させてバーベルを持ち上げるのではなく、バーベルを反動で振り上げてしまい、上腕二頭筋の下部がきちんと刺激されない。

ボディビルダーの中には、バーベルを腕を伸ばしきった位置まで下ろしたがらない者もいる。その方法では高重量を持ち上げられないからだ。しかし彼らは、可動域の下部で行う動作こそが上腕二頭筋下部の本当の厚みを作り出していることを忘れている。上腕二頭筋の下部が発達していると、筋肉が前腕から上腕にかけてきれいにつながっているように見える（これは腕を伸ばすポーズをとるときの重要ポイント）。また、上腕二頭筋下部は収縮したときに盛り上がるので、高さを作り出すのにも役立つ。

　カール種目で腕を伸ばしきっていても、挙上を最初からストリクトに行わないために、カール動作が台無しになっているボディビルダーも見かける。肩と背中の助けを借りて、反動でバーベルを持ち上げてしまうのだ。これでは上腕二頭筋が関与せず、最初の数cmが無駄になる。

　もうひとつの間違いは、バーベルを挙げきったときに上腕二頭筋に力を込めて収縮させるのを怠ることだ。バーベルをあごまで持ち上げると、ほとんどの負荷は骨と関節にかかる。上腕二頭筋には負荷がかかっていないので、筋肉を働かせ続けるにはかなり強く収縮させなければならない。さもなければ、上腕二頭筋は弛緩してしまう。カール動作の最上部で力を抜いてしまっては、硬くて厚い充実した上腕二頭筋を手に入れ、審査員に強い印象を与えることはできないのだ。

チートカール

　カールは、チーティングが効果的に使えるエクササイズのひとつだ。カール動作は基本的に回転運動だが、ウエイトの抵抗は垂直に働く。言い換えれば、ウエイトを円運動で持ち上げていても、重力はウエイトを真下に引っ張り続けている。動作中、ときには外側に持ち上げ、時には上に持ち上げるが、抵抗は常に下に働く。だから、絶えずウエイトの抵抗に対して正反対に持ち上げているわけではない。特定の箇所では、抵抗が小さくなりエクササイズの効果が低くなるのだ。

　カールマシンの設計者は、直線運動ではなく回転運動で動作するカールマシンこそが、バーベルやダンベルで行うカールよりも適していると主張する。しかし、この問題を解決するのに複雑なマシンは必要ない。マシンを使わずとも、ストリクトな動作をするには重すぎるウエイトを使ってカールを行えばいいのだ。そうすれば、背中や肩の助けを借りてウエイトを「強引に」持ち上げているにもかかわらず、すべての可動域で上腕二頭筋を最大限に働かせられる。

　バーベルやダンベルは、腕が床に向いているカールの開始時よりも、前腕が床と平行になる位置のほうが持ち上げにくい。チートカールでは、動作の「簡単な」部分で非常に重く感じるウエイトを使い、ストリクトなテクニックでは抵抗が大きすぎて持ち上げられない「難しい」部分を乗り越えるために少しチートを使う。

　私はレジ・パークが南アフリカで開いたイベントで、275ポンド（124.7kg）のバーベル

を使い、チートカールを5レップしたことがある。これだけの重量を扱うと、上腕二頭筋の形を整えたりピークを高くしたりする助けにはならないが、筋肉量を増やす種目としては実に効果的だ。しかしチートカールは、上腕二頭筋プログラム全体の1割未満にとどめるべきで、上腕二頭筋の完成度を高めるにはさまざまなストリクト動作が欠かせない。

初級プログラム

　初心者にとって、バーベルカールはストリクトに行う限り、上腕二頭筋の筋肉を増やすのに効果的な基本エクササイズだ。バーベルカールは、初級から大会向けトレーニングに至るまで、すべてのプログラムに組み込まれている。筋肉量と厚みを最大限に増やし、それを維持し続けるには、この種目しかない。さらに、ダンベルカールも最初から取り入れることをおすすめしたい。ダンベルなら手首を外側にひねる動作（回外）が可能なので、より完全な収縮が得られ、上腕二頭筋を完全な形に整えることができるからだ。

　ワンアームカールも初期のころから取り入れることをおすすめする。これをやるとき、私は片手で何かにつかまって体を安定させ、少し体を横に傾けて可動域を確保する。そして片腕ずつ、左右それぞれの上腕二頭筋のみに集中する。これは両腕を同時に鍛えているときにはできないことだ。

上級プログラム

　上級トレーニングに進んでも筋肉量のさらなる増加は必要だが、セパレーションを作り、上腕二頭筋全体の形を整えることにも気を配らなければならない。ピークが足りなければ高さを増やし、厚みが足りないなら厚くする。

　インクラインダンベルカールは、上腕二頭筋の形を整えて質を向上させる。筋肉に大きなストレッチを与えるのにも最適なエクササイズだ。他にもコンセントレーションカールを行えば、上腕二頭筋の高さを出すことができる。

　進歩するにつれて、複数の種目をスーパーセットで連続して行うようにすると、休息時間が削られ強度が高まる。私のお気に入りは、上腕二頭筋と上腕三頭筋のスーパーセットだ。このスーパーセットを行うと、腕にとてつもないパンプが得られ、自分が巨人になったような感覚を味わえる。また上腕二頭筋がパンプしてクッションのように膨らんでいれば、上腕三頭筋のレップのたびにそのクッションによる反動が得られるので、その分上腕三頭筋のトレーニングでより高重量を扱えるという利点もある。

　異なる筋肉のスーパーセットは、大会の準備としても価値がある。大会では全身の筋肉を同時にパンプさせる必要があるからだ。これに慣れていないと、ステージに上がったときに最高の自分を披露できない。

大会が近づけば近づくほど、上腕二頭筋のあらゆる側面を完全に発達させるために、追加のエクササイズが必要になる。筋肉量を増やすバーベルカールに加えて、上腕二頭筋の下部を発達させるインクラインカールの練習量をもっと増やさなければならない。私は、フラットベンチに仰向けになってダンベルカールをし、上腕二頭筋をさらにストレッチさせたものだ。また、ケーブルやダンベルを使ったトレーニングも増やす必要がある。手首をひねることができ、上腕二頭筋をより完全な形に整えられるからだ。

大会向けプログラム

　どのレベルにおいても、筋肉に絶えず過負荷をかけ、要求を増やし続けるためには、常に新しい何かを追加していかなければならない。この原則は、大会に向けて腕を鍛える段階では、いっそう重要になる。トレーニング強度を高めるのに適した方法のひとつに、バーベルカールの代わりにオルタネイトダンベルカールを行うという手がある。そうすることで、左右の上腕二頭筋をそれぞれアイソレートし、持てるエネルギーのすべてをそれぞれの腕に集中させることができる。このエクササイズは、片方の腕を上げると同時にもう片方の腕を下げるというやり方で行うため、ほとんどチーティングすることなく、よりストリクトな動作を実現できる。またプリーチャーカールでは、肘を固定することで強度を高められる。この種目は、よりストリクトな動作を強制し、上腕二頭筋下部に強い負荷をかける。

　大会準備のためには、これまで以上に時間強度の高いトレーニングを増やす必要がある。たとえば、トライセット。これは、３つの種目を休むことなく連続して行うもので、最初はこなすのが難しいだろうが、体が慣れてくるにつれて、時間を切り詰めたこのトライセットによって驚異的なパンプが得られ、ごく短時間で膨大な量のトレーニングをこなせるようになる。

　上記に加えて、ショックを与えて上腕二頭筋をさらに発達させるために、できるだけ多くのテクニックを駆使する必要がある。たとえば、私はいつもバーベルカールをパートナーとやるのが好きだった。１セット終えると、すぐにパートナーにバーベルを渡し、彼が１セット終えると、すぐにバーベルを返してもらって次のセットをやるのだ。それを疲労困憊するまで繰り返す。

　大会に向けた仕上げのために、私は多様なエクササイズをシングルセット、スーパーセット、トライセットで行った。大会前日は、１時間に１回、上腕二頭筋のセットを１セット行った。チーティングレップ、パーシャルレップ、フォースドレップ、ネガティブレップ、内側へのカール、外側へのカールと、何ひとつ省略せずすべてを行った。

　大会前にはよく上腕二頭筋をドロップセット法で追い込んだが、それ以外にも21レップ法を使ってパーシャルレップとフルレップをさまざまに組み合わせたり、上腕二頭筋のエクササイズと上腕三頭筋などのエクササイズをスーパーセットにしたりした。

また、上腕二頭筋のトレーニングでは視覚化テクニックも多用した。頭の中で上腕二頭筋を巨大な山に見立て、その人間離れした筋肉の塊でとてつもない重量を持ち上げている自分を思い描いたものだ。

　このような強度の高いトレーニングによって、上腕二頭筋に十分な筋肉量がつくだけでなく、長さ、厚み、高さが増す。また上腕二頭筋の内側と外側の両方が発達し、上腕二頭筋と三角筋、上腕二頭筋と上腕三頭筋の間のセパレーションがはっきりと出てくる。チャンピオンのような肉体を作りたいのであれば、これらすべてが必要なのだ。

ウィークポイントトレーニング

　しかし、私が今述べたことをすべて実行したとしても、またそれ以上のことを行ったとしても、上腕二頭筋のある部分の発達が他の部分と比べて遅れている場合もあるだろう。

　一般に上腕二頭筋の弱い部分を鍛えるには、ダンベルを使った片腕で行うエクササイズが最も効果的だ。1セットすべてを片腕だけで行うと、最大限の集中と強度が得られ、それぞれの腕が最大限の力を発揮するようになる。特に上腕二頭筋の発達が左右で非対称の人は、バーベルだと強いほうの腕が弱いほうの腕を補って働くので、左右がアンバランスになりやすい。また、上腕二頭筋を完全に収縮させるために、動作中に必ず手首をひねるようにしよう。

　しかし、上腕二頭筋がウィークポイントになる大きな理由のひとつは、エクササイズのやり方が間違っているからだと私は考えている。正しいテクニック（肘を動かさない、ウエイトを落とすのではなくゆっくり下ろす、できるだけ多くのショック法を取り入れるなど）をしっかり身につければ、この部位で問題が生じる可能性は大幅に減るだろう。

　たとえば、カールをするときに前腕を使い、リストカールのような動作から始める人をよく見かけるが、これではエクササイズの効果を減らしてしまう。あるいはカールの際に、最上部で上腕二頭筋を最大限に収縮させるのではなく、勢いでウエイトを肩まで持ち上げてしまう人もいる。しかしこれでは上腕二頭筋が弛緩してしまい、まったく働いていない状態になる。その場合は、ピーク収縮法を使うことをおすすめする。カールの最上部に達したときに上腕二頭筋をできるだけ強く収縮させるのだ。

　しかし、上腕二頭筋の発達が遅れているのは、単にトレーニング量が不足している場合も多い。上腕二頭筋のトレーニングは5セットもやれば十分だと思っているボディビルダーは、上腕二頭筋を美しく磨き上げるのではなく、大きいだけの不格好な筋肉の塊にしてしまう。

　上腕二頭筋のさまざまなウィークポイントを修正するには、以下のようなエクササイズがおすすめだ。

ワンアームダンベルカール（ジェイ・カトラー）

筋肉量

- ヘビーバーベルカールとチートカール。筋肉を大きくするには、高重量の挙上が効果的だ。カールで110ポンド（49.9kg）を挙上できる人が130ポンド（59.0kg）をカールできるところまでトレーニングすれば、上腕二頭筋は大きくなる。視覚化テクニックを使って、自分の上腕二頭筋が超人的なサイズに成長するのを想像してみよう。

長さと厚み

- 可動域の下部3分の1を集中的に行うカール
- インクラインカールまたはプローンカール——上腕二頭筋を最大限にストレッチする。
- ストリクトな動作（プリーチャーベンチやアームブラスターを使ったカールなど）——肘を固定して上腕二頭筋を最大限に伸ばす。
- ダンベルカールの各セット終了後、手首を180度回転させる動作を5〜6回行う。

この写真は、私の腕が最も太かったときのものだ。当時の体重は245ポンド（111.1kg）あり、腕は主に高重量でのバーベルカールとチートカールで鍛え上げた。収縮していないほうの腕がどれほど太く大きく見えるかに注目してほしい。

上腕二頭筋が長くて厚いほど、腕をまっすぐ伸ばしたときの見た目がよくなる。バイセップスポーズで腕を曲げて収縮させたときには大きく高く見える。

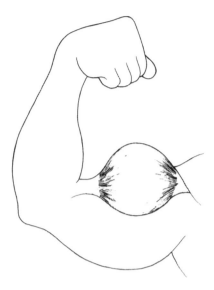
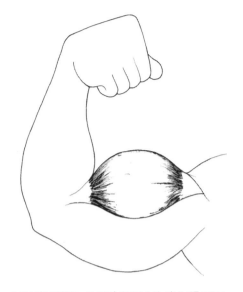

この上腕二頭筋は、高さは十分にあるが、長さが足りない。筋腹が肘までしっかり伸びておらず、隙間がある。

この上腕二頭筋は、長さは十分にあるが、高さが足りない。

1

2
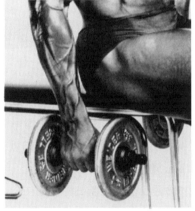

多くのボディビルダーは、上腕二頭筋にカールして持ち上げる機能だけでなく、手首をひねる機能があることを見落としがちだ。だから、私はいつも写真1と2のようにカール動作を始めていた。

3

4

ダンベルカール中に手首をひねる動作を加えたくない場合は、手の向きを写真3と4のようにするとよい。

見落とされがちだが、上腕二頭筋の高さも厚みに劣らず重要な要素だ。私は常にピークを高くするために努力を重ねてきた。多くの大会で勝つことができたのも、ピークの高い上腕二頭筋のおかげだと思っている。

高さ

- ダンベルやケーブルを使ったコンセントレーションカール
- 持ち上げる際に手首のひねり（親指を外側に向ける）に重点を置くダンベル動作。可動域の上部3分の1を集中的に行う。
- ピーク収縮法（動作の最上部で上腕二頭筋をできるだけ強く収縮させる）を使い、収縮と弛緩を繰り返す。
- 猛烈なパンプが得られるまで続ける。
- ワークアウトにバーン法を取り入れる——セットの締めくくりに、ウエイトを最上部まで持ち上げて上腕二頭筋を完全に収縮させた後、ウエイトを可能域の3分の1だけ下ろしてから再度挙上し、もう一度完全に収縮させる。この動作を3〜4回繰り返したらウエイトを下ろし、ポーズをとって上腕二頭筋を収縮させる。

上腕二頭筋の筋肉量と外側の厚み

- 体の中心に向かって内側に行うカール（クローズグリップバーベルカールやクローズグリッププリーチャーベンチカールなど）
- ウエイトを胸に引き寄せるコンセントレーションカール

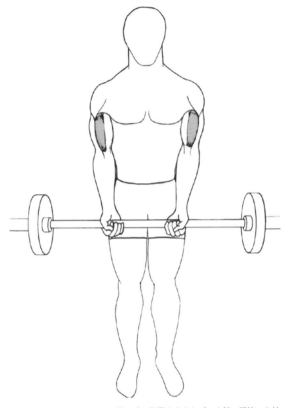

上腕二頭筋の外側が発達していると、さまざまなポーズを効果的に決められる。たとえば、私が好きな上腕二頭筋のポーズのひとつに、ただ腕を曲げ収縮した上腕二頭筋の外側を審査員に見せるというのがある。写真のような発達を得るためには、あらゆる角度から上腕二頭筋を鍛える必要がある。

同じエクササイズでも、バーを握る手の位置を変えれば、上腕二頭筋への効きも変わる。この手幅の変化は、上腕二頭筋のウィークポイント改善に有効な手だ。たとえば、この図のように、バーをクローズグリップで握ると、上腕二頭筋の外側（長頭）への負荷が増す。

この体をひねったスリークォーターバックポーズのようなバックポーズを効果的に決めるには、上腕二頭筋の外側と上腕筋（肘の部分）を十分発達させ、上腕二頭筋と上腕三頭筋の間にセパレーションを出す必要がある。

BOOK THREE 部位別エクササイズ

ビンス・テイラー

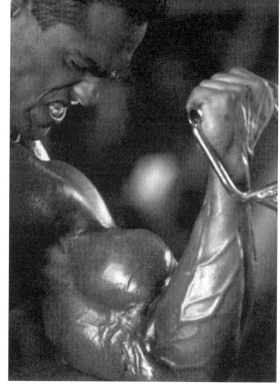

デビッド・ヒューズ

リー・プリースト

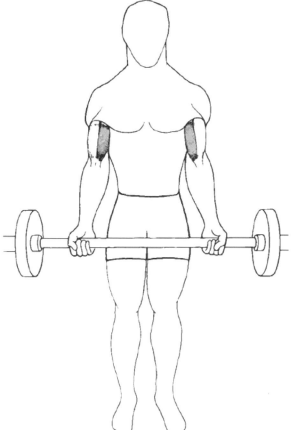

上腕二頭筋の内側がウィークポイントなら、バーベルカールをワイドグリップで行うとこの部位に多くの負荷をかけられる。

フレックス・ウィラー

ロビー・ロビンソンの腕は、上腕二頭筋のディフィニションとセパレーションの最良の例のひとつ。この写真は、まるで解剖図を見ているかのようだ。

上腕二頭筋の筋肉量と内側の厚み

- ダンベルを「ハンマー」ポジションで持つ——手のひらを上ではなく、内側へ向ける。こうすれば、上腕二頭筋にかかる負荷の変化を感じ取れるだろう。
- スタンディングバーベルカール
- バーベルプリーチャーカール——ワイドグリップで行う。
- シーテッドダンベルカールまたはスタンディングダンベルカール
- インクラインダンベルカール
- スタンディングオルタネイトダンベルカール——両腕を体から少し離して外側に開く。手首をやや外側に向け、親指を少し下げると、上腕二頭筋の内側に効くのが感じられるだろう。

セパレーションとディフィニション

- ハイセットトレーニング、スーパーセット、トライセット。上腕二頭筋のエクササイズには、できるだけ多様な種目を取り入れよう。特にダンベル種目は、さまざまな角度から筋肉を鍛えることができる。さらに片腕で行うエクササイズを多用することで、アイソレーションを最大化できる。
- リバースカール——腕橈骨筋と上腕二頭筋を発達させる。これらの筋肉が発達していると、バックダブルバイセップスポーズをとる際に見栄えがよくなる。支点となる肘をしっかり固定し、動作中は手首を動かさないようにする。

上腕三頭筋のトレーニング

セルジュ・ヌブレは上腕三頭筋が分厚く盛り上がっているので、リラックスポーズをとっていても腕が巨大に見える。

　上腕三頭筋は上腕二頭筋よりも大きな筋肉であり、より多角的にトレーニングする必要がある。どの角度から見ても美しく見えなければならないのは上腕二頭筋と同じだ。しかし上腕二頭筋とは異なり、上腕三頭筋には腕を曲げていない状態でも、腕を太くて大きく印象的なものにする役割がある。誰かが「わあ、あの人の腕の太さを見てよ！」と言ったら、その効果を生み出しているのは上腕三頭筋であることは間違いない。上腕三頭筋は、リラックスポーズをとっているときも特定のポーズを決めているときも大抵見えている。ステージにいるほとんどの時間、上腕三頭筋は審査員や観客から見られていると思っていい。

　ビル・パール、セルジュ・ヌブレ、セルジオ・オリバ、アルバート・ベックルス、フレディ・オーティス、ケイシー・ビエター、ユサップ・ウィルコシュ、フランク・ゼーンらはみな、すばらしい上腕三頭筋を持つボディビルダーである。上腕三頭筋は、サイドトライセップスポーズ、フロントバイセップスポーズやバックバイセップスポーズ、両腕を頭上に上げるポーズや前にまっすぐ伸ばすポーズ（ラリー・スコット、デイブ・ドレイパー、そして私が得意としたポーズで、ずば抜けた上腕三頭筋が必要）をとったときに、見栄えがよいように発達させる必要がある。バックラットスプレッドを決めたときに、上腕三頭筋がその角度からどれほど効果的に見えるかを想像してほしい。モストマスキュラーでは、肘から三角筋後部にかけて上腕三頭筋が盛り上がっているのが見えるだろう。頭の後ろで手を組むアブドミナル＆サイでも、上腕三頭筋は重要だ。

　上腕二頭筋の弱点はある程度隠せるが、上腕三頭筋の弱点はどんなポーズでも目立つ。第1ラウンドでリラックスポーズをとっている選手を見れば、審査員はその上腕三頭筋の優劣がすぐにわかる。たとえば、セルジオ・オリバはただ立っているだけで、上腕三頭筋が大きく力強く見えた。上腕二頭筋がそれほど突出していなくても、上腕三頭筋だけで審査員に強い印象を与えることができたのだ。

　しかし他の部位と同じように、大きな上腕三頭筋と優れた上腕三頭筋は同じではない。この筋肉は比較的複雑なので、すべての部分をくまなく発達させる必要がある。腕を下ろしているとき、上腕三頭筋は肘から三角筋後部まではっきりと見えている必要があるし、腕を曲げて収縮させたときには各頭の輪郭がはっきりしており、かつ他の頭とはっきり区別できるようになっていなければならない。

初級プログラムと上級プログラム

　上腕三頭筋のトレーニングの第一歩は、筋肉量を増やし、筋力を高めることだ。具体的には、上腕三頭筋の基本であるプレス動作とエクステンション動作を行い、筋肉が反応し始めるまで徐々にウエイトを増やしていく。さまざまなプレス種目とエクステンション種目は、上腕三頭筋の特定の部位を発達させるように考えられているが、上腕三頭筋のトレーニング効果を最大化するために使えるテクニックもいろいろある。また上腕三頭筋以外のトレーニングにおいても、肘を伸ばすときは常に上腕三頭筋が関与することを覚えておこう。

　多くの場合、チーティングテクニックを使うことで筋肉量が増え筋力が向上するが、上腕三頭筋の場合はチーティングをしてまでさらなる負荷をかける必要はない。ベンチプレス、ダンベルプレス、ショルダープレスなどのパワートレーニングで、上腕三頭筋にはすでに大きな負荷がかかっているからだ。

　さまざまなエクササイズに関与しているとはいえ、上腕三頭筋を完全に発達させるには（特に上級レベルになればなるほど）各頭をアイソレートし、それぞれに直接負荷をかけることも必要になる。そのためには、バーベル、ダンベル、ケーブルを使い分け、さまざまなトライセップスエクステンション動作を行うことをおすすめする。使用するウエイトの種類によって、上腕三頭筋にかかる負荷がそれぞれ異なる。

　個々のボディビルダーのプロポーションや骨格の違いによって、上腕三頭筋が発達しやすい人とそうでない人がいる。たとえばトライセップススプレスダウンを行う場合、上腕三頭筋をアイソレートしやすい人もいれば、筋肉の付き方が違うために、上腕三頭筋だけでなく大胸筋、さらには広背筋まで使ってしまう人もいる。トライセップスプレスダウンをやろうとして、胸をパンプさせてしまう人も少なくないのだ。このような場合、上腕三頭筋を完全にアイソレートする方法を学ぶことが極めて重要になる。これについては、ワンアームトライセップスエクステンションやバーベルトライセップスエクステンションを行うことで達成できる。

　ライイングトライセップスエクステンションは、肘から三角筋後部にかけて上腕三頭筋全体を鍛える。この種目は、腕をまっすぐに伸ばしたポーズで見栄えのする上腕三頭筋を作るのにも効果的だ。ワンアームトライセップスエクステンションは上腕三頭筋の筋肉量を増やし、バイセップスポーズをとった際にそのボリュームが上腕二頭筋のピークと釣り合っている腕を作り出す。ライイングダンベルエクステンションは、上腕三頭筋の外側頭を重点的に鍛え、上腕三頭筋全体の発達に必要な形と厚みを与える。

　手の向きやウエイトの握り方によって、エクササイズが上腕三頭筋に及ぼす効果は変化する。バーを押し下げるのではなくロープで行うトライセップスプレスダウンやダンベルキックバックなどの種目では、親指を上にし手のひらを内側に向けて握ると、上腕三頭筋の外側がやや強く鍛えられる。トライセップスプレスダウンでは、手のひらを下に向ける

上腕の後ろ側にある上腕三頭筋が発達すると、馬蹄のようなU字型に見える。(ケビン・レブローニ)

リー・プリースト

肘を曲げた右腕の上腕三頭筋の筋肉量とまっすぐに伸ばした左腕の上腕三頭筋のすばらしい形が、背中の見事な筋肉と完璧に調和している。（アルバート・ベックルス）

上腕三頭筋は、トライセップスのポーズをとるときだけでなく、バックダブルバイセップスポーズでも重要な役目を果たす。この写真では、腕の下側の上腕三頭筋の盛り上がり、それから上腕三頭筋、三角筋、上腕二頭筋、前腕の間のセパレーションがはっきり確認できる。

と、上腕三頭筋の内側により多くの負荷がかかる。ワンアームケーブルトライセップスプレスダウンなら、手首を内側にひねって親指を下に向けると、筋肉にかかる負荷がまた少し違ってくる。

　上級トレーニングでは、大きさ、筋力、形、持久力を発達させるために、連続したエクササイズで上腕三頭筋を鍛えるスーパーセットも行う。また長頭の上部と下部、外側頭、内側頭をバランスよく鍛えることも重要だ。どれだけ上級レベルになっても、筋肉が成長し続けるような強度で取り組まない限り、新たなエクササイズを追加しても意味はない。

ビル・パールは、このトライセップスポーズの第一人者。上腕三頭筋上部の発達ぶりをアピールするのに最適なポーズだ。

大会向けプログラム

　一流ボディビルダーによるトライセップスポーズを見たことがなければ、上腕三頭筋がどのような構造になっているのか見当もつかないかもしれない。上腕三頭筋は肘から上に向かってU字にカーブした馬蹄(ばてい)のような形をしており、その上の三角筋、腕の反対側の上腕二頭筋とははっきりと区別できる。ボディビルダーは、上腕三頭筋を驚くほど発達させることができる。

　このような肉体を自分のものにするため、大会向けプログラムでは、すでに学んだエクササイズに加えて、新たな種目を追加した。またトレーニング強度を最大限に高めるために、時間強度の高いスーパーセットを多用している。

　ケーブルプレスダウン、キックバック、クローズグリッププレス、ディップスなどの種目は、上腕三頭筋全体を鍛える。下部を重点的に発達させたい場合は、上腕三頭筋のエクササイズを可動域の最初だけで行うのが効果的だ。ウエイトを持って肘を曲げ、上腕三頭筋を最大限にストレッチしたら、肘を伸ばし始め可動域の3分の1程度で止める。この範囲だけを往復すれば、効果的に下部を鍛えられる。

　上腕三頭筋の上部を鍛えたい場合は、上腕三頭筋のエクササイズで腕を完全に伸ばしきったら、この筋肉に力を入れてアイソメトリック収縮させ3～4秒間キープする。セッ

ト終了後、トレーニングパートナーが自分のセットを行っている間にポーズをとって上腕三頭筋を収縮させれば、上部がさらに効果的に鍛えられる。

　上腕三頭筋には、上腕二頭筋とは反対向きに手首を回転させる機能がある。だから、上腕二頭筋のエクササイズで手首を外側にひねったように、上腕三頭筋のエクササイズでは手首を内側にひねると効果的だ。そうすることで、上腕三頭筋を完全に収縮させることができる。そのための種目には、ビハインドネックダンベルエクステンション、ワンアームケーブルプレスダウンなどがある。

途方もなく発達した上腕三頭筋を誇示するリー・ヘイニー。彼なら上腕三頭筋を大きく見せるために腕を広背筋に押し付ける必要はない。腕を下に伸ばして力を込めればそれで十分だ。

ウィークポイントトレーニング

　上腕三頭筋に問題を抱えている人には、プライオリティ法でこの部位を（ワークアウトの最初のフレッシュな状態で）鍛えることをおすすめする。私は以前、上腕二頭筋に比べ上腕三頭筋の発達が遅れていることに気づき、これを実践した。プライオリティ法で上腕三頭筋を集中的に鍛え始めたところ、すぐに筋肉が反応するようになり、上腕二頭筋だけでなく、腕全体がミスターオリンピアレベルに達した。

　また上腕三頭筋のエクササイズをスーパーセットにするのも、この筋肉を発達させる効果的な方法だと気づいた。まず上腕二頭筋のエクササイズを数セット行って「クッション」効果を生み出してから、上腕三頭筋を徹底的に追い込むのだ。スーパーセット終了後もポーズをとってこの筋肉を収縮し続け、上腕三頭筋を休ませることはなかった。

　上腕三頭筋の発達がかなり遅れている場合は、ときどき上腕三頭筋を単独でトレーニングするようプログラムを変更し、上腕三頭筋にショックと刺激を与えるとよい。特定のウィークポイントを克服するには、以下のエクササイズをおすすめする。

筋肉量

以下のエクササイズで高重量を使用する。

- クローズグリップバーベルプレス
- 加重ディップス
- リバースディップス

ドリアン・イェーツ

筋肉量と上腕三頭筋上部

- ケーブルプレスダウンとワンアームケーブルプレスダウン（順手と逆手）
- キックバック
- ディップス

　すべての上腕三頭筋のエクササイズは、筋肉を完全に収縮させるためにストリクトに行い、それぞれの動作で腕を伸ばしきることが重要だ。ピーク収縮法を使い、各レップのトップポジションで完全収縮をしばらく保持すること。

ナッサー・エル・サンバティ

クリス・ディッカーソンは特に腕が太いことで知られているわけではないが、上腕三頭筋（特に上部）がよく発達しているため、このポーズでは腕が実に太く見える。上腕三頭筋と三角筋の見事なセパレーションにも注目してほしい。彼が1982年にミスターオリンピアのタイトルを獲得できたのは、そのおかげでもある。

筋肉量と上腕三頭筋下部

- 加重ディップス
- リバースディップス――パーシャルレップ法を使って、体を上げる際は腕を伸ばし切らず、可動域の4分の3ほどで止めると上腕三頭筋の下部に負荷がかかり続ける（腕を曲げれば曲げるほど、上腕三頭筋下部に負荷がかかる）。

上腕三頭筋の発達ぶりをアピールするのに効果的な2つのポーズ（ショーン・レイ）

前腕のトレーニング

　本当に質の高い肉体を作り上げたいと思っているなら、他の部位と同じく前腕のトレーニングにも真剣に取り組むべきだ。前腕は、バーなどの器具を握ったり、押す動作や引く動作をするときなど、上半身のほぼすべてのエクササイズに関与する。だから、特に前腕のエクササイズをしていなくても、前腕は間接的に多くのトレーニングをこなしているのだ。実際、肘や手首を曲げるときはいつでも、前腕の筋肉に負荷がかかっている。

　チャンピオンレベルの肉体を作り上げるには前腕の発達が欠かせないが、前腕の筋力も同じくらい重要だ。力強い前腕があれば、より高重量を使ったトレーニングが可能になる。一般的に手と手首が弱点となりやすいチンニングやケーブルロウなどのエクササイズで、よりハードなトレーニングが可能になるのだ。それはすなわち、他の筋肉により大きな負荷をかけられるようになることを意味する。

　他の部位の筋肉と同様、個人の遺伝子は前腕の大きさと筋力を決定する要因のひとつだ。腱がほとんど介在せず、前腕の筋肉が直接手にまで伸びているように見える人がいるのは、その人の「筋腹」(筋腱構造のうち実際に収縮する部分)が極端に長いからだ。筋肉の大きさは筋腹の長さに左右される。筋肉量とは単なる1次元ではなく、3次元の**体積**によって決まるのだから、前腕が2インチ(5.1cm)長ければ、体積として考えると筋肉量が大幅に増える可能性がある。筋腹の長いボディビルダーは、前腕のトレーニングは特に必要なく、ヘビーバーベルカールのようなエクササイズだけでも十分な結果が得られると主張しがちだ。しかし驚くほど発達した前腕の持ち主であるケイシー・ビエターと一緒にトレーニングしたとき、彼は155ポンド(70.3kg)でバーベルリストカールを、135ポンド(61.2kg)でリバースカールをやっていた。セルジオ・オリバは、あの巨大な前腕上部の発達を得るために、プリーチャーベ

ロニー・コールマンの見事な腕を見ると、上腕二頭筋内側の発達が、上腕二頭筋と上腕三頭筋、上腕二頭筋と前腕の間のセパレーションを生み出すのに大いに役立っていることがよくわかるだろう。

前腕の基本ポーズを披露するケイシー・ビエター

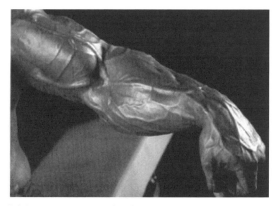

この2つのポーズでは、上腕のな筋肉量や見事なセパレーションとのバランスをとるために、前腕も十分に発達している必要があることがわかる。（リー・ラブラダ）

ンチでリバースカールを果てしなく何セットもやっていたし、デイブ・ドレイパーも前腕のトレーニングに多くの時間を割いていた。だから、たとえ遺伝的に優れた前腕を持っていたとしても、前腕を鍛えなくてもいいということにはならない。

逆に、前腕が高い、つまり筋腹が比較的短く腱が長い人もいる。そのような人は、体積として考えると筋肉量を増やしにくい。私を含め、ほとんどのボディビルダーの前腕は、セルジオ・オリバのように筋腹が極端に長いわけでも極端に高いわけでもなく、その中間である。そのような前腕に上腕とバランスのとれた筋肉をつけることは不可能ではないがハードなトレーニングが必要になる。

初級プログラム

前腕のトレーニングも最初から通常のトレーニングスケジュールに取り入れるべきだが、この部位のトレーニングは他の部位のトレーニングとは多少異なる点がある。前腕は他の多くのエクササイズに関与しているため、最初のうちはそれほど多くの種目をやる必要はなく、バーベルリストカールとリバースリストカールだけで十分だ。前腕の場合、脚や背中ほど多くのセット数をこなすことはおすすめしないが、私の経験で言うとレップ数をやや多めにすると効果が高まった。

前腕のトレーニングで多くのボディビルダーが犯す過ちは、十分重量を使わないことだ。前腕は、継続的な使用と強い負荷に慣れているという点で、ふくらはぎに似ている。だから前腕の筋肉を本当に刺激するためには、かなりの高重量を使ってトレーニングする必要がある。

前腕を完全にアイソレートし、上腕二頭筋の関与を防ぐために、ストリクトなテクニックも欠かせない。ベンチの上に前腕をしっかりと寝かせ、両肘を寄せて膝の間にしっかり固定すること。

前腕を最初から集中的に鍛えることはそれほど重要ではないと思う人もいるかもしれないが、私はそうは思わない。前腕と握力の強化は、ハードな高重量トレーニングをこなすために欠かせない。また前腕は人によってはゆっくりとしか成長しないので、できるだけ早くから取り組んだほうがいい。

上級プログラム

上級トレーニングプログラムでは、左右の前腕をアイソレートして強度を高めるためにワンアームリストカールを追加してある。またリストカールとリバースリストカールをスーパーセットにして、前腕全体のパンプが得られるようにワークアウトを組み立てた。

もちろん、この段階になると他の部位もかなりの強度でトレーニングしているわけだか

ら、それに伴い腕も自然とハードワークを強いられているはずだ。他のワークアウトで前腕を疲弊させてしまうため、すでに消耗している前腕をさらに個別にトレーニングするとなると、かなりの集中力と努力が必要になる。

前腕の大きさは、他のどの部位よりも遺伝的要因に左右されることを忘れてはならない。筋腹が短く前腕が思うように発達しないと悩んでいる人は、早めに前腕のトレーニングを追加することを考えたほうがいい。前腕はゆっくりとしかサイズアップしないので、望みのレベルに達するには時間が必要なのだ。

しかし真剣に努力すれば、驚くほど早く前腕を発達させることもできる。ボディビルダーが前腕の発達に問題を抱えているのは、多くの場合、単に前腕のトレーニングが不十分だからである。ワークアウトの最後に付け足しのように、形だけのトレーニングを数セット行うだけなのだ。正直な話、体のどの部位であれ、その部位を最大限に発達させたいのであれば、真剣に取り組まなければならない。本当にチャンピオンを目指すのであれば、前腕のトレーニングは胸や上腕二頭筋のトレーニングに劣らず重要である。

大会向けプログラム

大会に向けたトレーニングを始めたら、前腕のプログラムにプリーチャーベンチリバースカールとビハインドバックリストカールを加え、前腕のすべての筋肉を確実に鍛えることをおすすめする。

リバースカールで前腕上部を鍛えるには、EZカールバーではなくストレートバーを使用すること。太もものあたりから弧を描くようにバーを持ち上げると、手首を後ろに反らすことができ、前腕の上部をしっかり鍛えられる。ちなみに、多くのボディビルダーはリバースカールを行う際に背中を反らしてしまうが、正しくは少し前傾すべきだ。そうすることで、腕がアイソレートされて前腕に継続的な負荷がかかり、いっそうストリクトな動作が可能になる。

リバースカールは、一部のカールマシンやプリーチャーベンチを使ってもできる。しかしどのような方法で行うにせよ、このエクササイズは常にフルレンジで行う（可動域の最下部まで下げきり最上部まで上げきる）ことが重要だ。また、動作はゆっくりとコントロールしながら行うこと。また忘れないでほしいのは、手首と前腕はトレーニングのレベルにかかわらず、ヘビーバーベルカールやチートカール、トライセップスエクステンションなど、多くのエクササイズの影響を受けているということだ。

前腕のトレーニングは、ワークアウトの最後に行うことをおすすめしたい。手首や前腕がすでに疲労しているときに他の上半身のエクササイズをしようとすると、強度の高いトレーニングを行う能力が大きく制限されてしまうからだ。

前腕を限界まで追い込むのに適した方法をひとつ紹介しておこう。リストカールでこれ以上レップをこなせなくなったときに、バーを指にぶら下げて手を開いたり閉じたりするのだ。そうすれば、筋繊維の最後の一本まで刺激できる。

前腕のポージング

　前腕のポーズには2種類ある。意図的に前腕の筋肉に注目させる直接的なポーズと、本来は他の部位のポーズだが、前腕がその一部を担う間接的なポーズだ。あるポーズをとったとき、見ている人は前腕の発達ぶりには気づかないことも多い。しかし、前腕があまり発達していなければ、間違いなくそのことに気づくだろう。

　前腕は腕全体の3分の1を占めるので、前腕がしっかり発達していないと腕全体のバランスが崩れて見える。フロントダブルバイセップスポーズでは、発達した上腕二頭筋とのバランスをとるために、前腕が十分に発達して見えなければならない。バックダブルバイセップスポーズでは、前腕の発達が全体の見栄えの一部を担っている。

　見栄えのする前腕は、サイドチェストからモストマスキュラーまであらゆるポーズで役に立つ。また片方の腕を曲げ、もう片方の腕を伸ばす古典的な槍投げのポーズのように、腕を伸ばしたときにも極めて重要だ。

　ポーズの中には、並外れた前腕の持ち主でなければ、うまく決められないものもある。思い浮かぶのは、セルジオ・オリバの、両手を頭上に持ち上げて手首を前に曲げ、見事な広背筋を広げるあの有名なポーズだ。もしセルジオがあれほど大きく力強い前腕を持って

前腕の直接的なポーズをとるデイブ・ドレイパー

フレックス・ウィラー

この写真で私が披露しているのは背中と上腕二頭筋がメインのポーズだが、このポーズを完璧なものにするには十分に発達した前腕が欠かせない。

セルジオ・オリバ

ラリー・スコット

いなかったら、その巨大な背中をもってしてもこのポーズはそれほど印象的ではなかっただろう。

ボディビルダーの中には、前腕が極めて発達しているために、前腕以外のポーズさえも前腕の見せ場に変えてしまう者もいる。ケイシー・ビエターはそのひとりだ。彼がステージに立って両腕を左右に広げるだけで、誰もがデカい上腕の先にあるあの巨大な前腕に注目してしまう。

前腕の発達が欠かせないもうひとつのポーズは、デイブ・ドレイパーと私がともに気に入っていたもので、腕をまっすぐ水平に伸ばすポーズだ。このポーズを効果的に行うには、見事に発達した上腕二頭筋と前腕の両方が欠かせない。

ラリー・スコットも前腕を効果的に使ったポーズを決められるボディビルダーだった。1965年に第1回ミスターオリンピア大会で優勝したとき、その前腕は前人未到の厚みと筋肉量に達していた。彼は細部のトレーニングにも多くの時間を費やしていたため、前腕の発達が体の他の部位ともよく調和しており、さまざまなポーズをよりいっそう効果的なものにしていた。

ウィークポイントトレーニング

前腕の発達がウィークポイントだというボディビルダーは少なくないが、それは単にトレーニングを始めたときから前腕のトレーニングをしていないからだ。骨格という言うまでもない理由はさておき、前腕の発達が遅れるもうひとつの理由は、エクササイズを正しくストリクトに行わないことだ。前腕をアイソレートし上腕の助けを借りずに動作を行っていれば、前腕はすぐに反応するようになる。だから、エクササイズを実施するにあたってはこのうえないストリクトさが求められる。

前腕を広い可動域で鍛えることも重要だ。ウエイトをできるだけ低い位置まで下げて最大限のストレッチを得たら、最上部まで戻し筋肉を完全に収縮させる必要がある。可動域の4分の3のみ使うというテクニックは、前腕にはそれほど効果がない。前腕のこの部分はすでに他の部位のエクササイズでも使っているからだ。

前腕の発達を飛躍的に高めたい場合は、プライオリティ法を特別な方法で利用するとよい。具体的には、前腕のトレーニングは休息を十分に取って体力があるときに単独で行うか、腕が休んでいる脚の日に行うのだ。また自宅にバーベルやダンベルを置いておき、こまめにリストカールやリバースリストカールを数セットずつ行うのもいい手だ。なんなら1時間に1回でも構わない。

多くのボディビルダーは、体の他の部位と同じように前腕の発達にもショック法が使えることを忘れている。カール種目に有効なショック法（フォースドロップ、スーパーセット、ドロップセット、パーシャルレップなど）はすべて、リストカールにも効く。

発達が遅れている前腕を鍛える重要なテクニックのひとつに、片腕でのトレーニングが

ある。両腕でバーベルをカールすることに慣れている前腕は、片腕でコントロールしながらウエイトを持ち上げることを強いられると、ショックを受けて発達が加速することが多い。ダンベルリストカールとダンベルリバースリストカールは、これを達成するための主要なエクササイズだ。さらに、ケーブルを使って片腕でのトレーニングを行えば、左右の前腕をそれぞれ個別に鍛えられるだけでなく、普段とは異なる種類の抵抗で筋肉を刺激することもできる。このような動作には、ワンアームケーブルリバースカールがおすすめだ。

このポーズでは、前腕内側の発達が極めて重要だ。(デイブ・ドレイパー)

また前腕のトレーニングをするときだけでなく、腕、胸、背中、肩の各セットの合間にも、できるだけ頻繁にポーズをとり前腕を収縮させる必要がある。大会ではどんなポーズをとる際も、前腕を収縮させておかなければならない。だから、それに慣れておいたほうがいい。前腕を収縮させるこのような努力は、発達を加速させる。

前腕のウィークポイントトレーニングにおすすめのエクササイズをまとめると、以下の通りだ。

前腕上部／手関節伸筋群
- リバースカール（バーベル、ダンベル、プリーチャーベンチ）
- ワンアームケーブルリバースカール
- ハンマーカール
- リバースリストカール

前腕内側／手関節屈筋群
- ワンアームリストカール
- バーベルリストカール
- ビハインドバックリストカール

このサイドチェストポーズで、ショーン・レイは前腕上部の見事な発達と、手首までしっかりと伸びた長い前腕の重要性を示している。

腕のエクササイズ――上腕二頭筋

スタンディングバーベルカール

エクササイズの目的：上腕二頭筋のサイズを全体的に発達させる。
上腕二頭筋のエクササイズとしては、最もポピュラーな基本種目。

やり方：(1) 両足を肩幅に開いて立つ。両手を肩幅程度に開いて、バーを逆手で握る。腕を伸ばしてバーベルを体の前に垂らす。(2) 肘を体に寄せて安定させ、バーを弧を描くように持ち上げ、できるだけ高くまで上げる。このとき、動作を単純化してバーを真上に挙げてしまうのではなく、大きな弧を描くように挙上すること。最上部で上腕二頭筋を完全に収縮させる。重量に抵抗しながら同じ軌道でバーベルを下げ、腕を完全に伸ばしきる。この種目は筋肉量を高めるのが主な目的なので、体が多少動くのは許容範囲だが、意図的にチートカールを行うのでない限りは、反動を最小限に抑えること。体を前後に傾けすぎると可動域が狭まる。

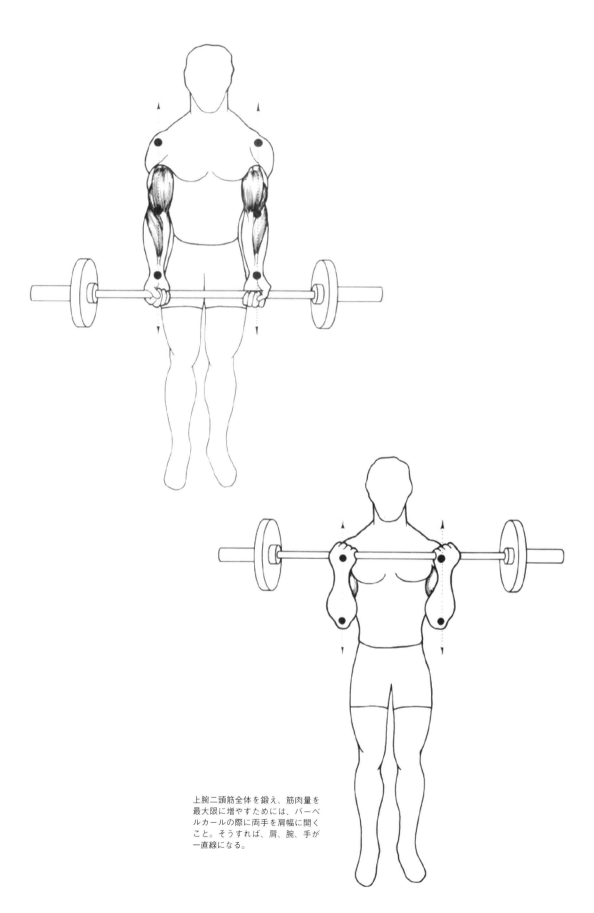

上腕二頭筋全体を鍛え、筋肉量を最大限に増やすためには、バーベルカールの際に両手を肩幅に開くこと。そうすれば、肩、腕、手が一直線になる。

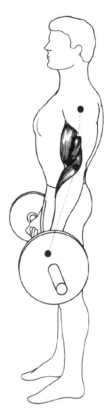

バーベルカールの正しいスタートポジション：直立し、肘を体の側面につけ、肘を完全に伸ばし上腕二頭筋をストレッチする。

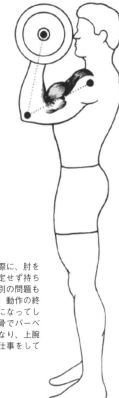

バーベルカールの正しいフィニッシュポジション：体を前後に揺らさずに直立し、肘を両脇に固定する。このストリクトなフォームを守れば、背中や肩の助けを借りずに、上腕二頭筋にすべての仕事をさせられる。肘を固定すると、動作の最上部でも腕は垂直にならず、まだ斜めに角度がついていることにも注意。こうすれば、上腕二頭筋がバーベルを支える仕事を骨と関節に任せて休息することなく、その仕事をやり続けることになる。

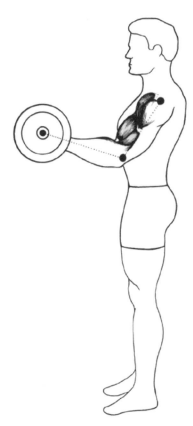

バーベルカールの際に肘を上げるとどうなるかに注目。上腕二頭筋をアイソレートしてすべての仕事をさせるのではなく、三角筋前部が関与することになり、エクササイズの目的が達成されない。

バーベルカールの際に、肘を体の両サイドに固定せず持ち上げてしまうと、別の問題も生じる。この場合、動作の終了時に前腕が垂直になってしまう。そうすると骨でバーベルを支えることになり、上腕二頭筋がまったく仕事をしていないことになる。

アームブラスターカール(オプション)

　残念ながら最近はあまり見かけない器具だが、アームブラスターを使ってカール動作を行えば、チーティングを最小限に抑え極めてストリクトに上腕二頭筋を鍛えられる。アームブラスターには、プリーチャーベンチと同様の効果がある。肘が固定されるので、上腕二頭筋を厳密にアイソレートできるのだ。

チートカール

エクササイズの目的： 上腕二頭筋の筋肉量を増やしパワーを高める。

やり方： 通常のバーベルカールと同じようにバーベルを握って立つが、ストリクトな動作では数レップしかこなせないくらいの重量を使う。背中と肩の力を借りて、バーベルを振り上げる。上腕二頭筋に目一杯仕事をさせたまま、セットを続けられる程度にチーティングするのがコツだ。肘は腰の位置で固定して動かさないこと。私はバーベルカールとチートカールを組み合わせるのが好きだ。まず通常のバーベルカールを行う。腕が疲れてこれ以上ストリクトなレップができなくなった時点で、重量を増やしてチートカールを行い、上腕二頭筋を徹底的に追い込む。

プリーチャーカール

エクササイズの目的：上腕二頭筋（特に下端）を発達させる。

　上腕二頭筋下部と肘関節の間に隙間がある人にとっては、この部分を埋め形を整えるのに極めて効果的な種目。

やり方：プリーチャーカールは、通常のバーベルカールよりもかなりストリクトな動作が可能になる。(1) 胸をプリーチャーベンチの台につけ、腕をその上に伸ばす。こうすることで腕に角度がつき、上腕二頭筋の下部にかかる負荷が増す。バーベルを逆手で握る。(2) 体を動かさずにバーベルをカールして持ち上げる。重量を感じながらバーを下ろし、腕を完全に伸ばす。この動作にはEZカールバーを使ってもよいし、プリーチャーベンチを使ってワンアームダンベルカールを行ってもよい。バーベルを持ち上げる際は背中を反らさないこと。動作の最上部では上腕二頭筋にあまり負荷がかからなくなるので、意識的に力を込めて筋肉を強く収縮させる。

プリーチャーカールは EZ カールバーを使ってもよい。

ダンベルでプリーチャーカールを行うと、左右の腕を個別に鍛えられる。(ロビー・ロビンソン)

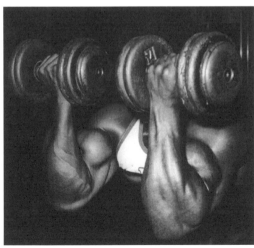

左右のダンベルを近づけてプリーチャーカールをすると、上腕二頭筋の外側がより強く鍛えられ……

……ダンベルを離して行うと、上腕二頭筋の内側がより強く鍛えられる。

3パートカール

エクササイズの目的： 上腕二頭筋全体を発達させ、形を整える。

パーシャルレンジとフルレンジの動作を組み合わせたこのエクササイズは、持久力を試すのに最適な種目だ。このエクササイズは通常、7レップ×3セット行う（21レップ法）

やり方：（1）両手にダンベルを持って立ち（あるいは座り）、腕を伸ばして体の両サイドに垂らす。（2）ダンベルを上方にカールさせ、前腕が床とほぼ平行になったところで止め、スタートポジションまで下ろす。この動作を7レップ行う。（3）次に、ダンベルを上までカールさせてから、半分まで下ろす。この動作を7レップ行う。この時点で、疲労が蓄積してくるが、フルレンジでダンベルカールを7レップこなしてセットを終える。私はこの種目を鏡の前でするのが好きだ。そうすれば適切なレンジで持ち上げているかを正確に確認できる。

インクラインダンベルカール

エクササイズの目的：上腕二頭筋をストレッチし、上腕二頭筋全体を発達させる。

　このエクササイズは、上腕二頭筋の筋肉量とピークを同時に発達させる。カール動作を正面に向けて行えば、一般的な上腕二頭筋のエクササイズとなり、外側に向ければ、上腕二頭筋の内側を重点的に鍛えるエクササイズとなる。

やり方：(1) 両手にダンベルを持ち、インクラインベンチにもたれて座る。(2) 肘を大きく前に突き出した姿勢でダンベルをカールし、肩の高さまで持ち上げる。次いで、ダンベルをコントロールしながらゆっくりと下ろし、最下部で一旦静止する（勢いをつけて次のレップを行うのを避けるため）。このエクササイズでは、カール中に手首を回転させることで（回内および回外）、最良の成果が得られる。最下部では手のひらが向き合うようにし（回内）、ダンベルを持ち上げる際は、手のひらが上向き、次いで外向きになるように手首をひねり（回外）、最上部では小指が親指より高くなるようにする。

ダンベルカールを外側に向けて行うと、上腕二頭筋の内側が重点的に鍛えられる。これはウィークポイントトレーニングにも極めて効果的だ。

シーテッドダンベルカール

エクササイズの目的：上腕二頭筋の形を整え、ディフィニションを出す。

　バーベルではなくダンベルを使ってカールを行うと、重量は少し軽くせざるを得ないが腕を自然な可動域で自由に動かせるようになり、上腕二頭筋をさらに収縮することができる。バーベルカールと同様、多少のチーティングは許容範囲だが最小限にとどめること。

やり方：(1) フラットベンチの端か、垂直にセットしたインクラインベンチに寄りかかって座る。両手にダンベルを持ち、腕を伸ばして両サイドに垂らす。手のひらは体のほうに向ける。(2) 肘を支点として安定させ、親指が外側になり手のひらが上を向くように、手首をひねりながらダンベルを持ち上げる。ダンベルをできるだけ高く持ち上げたら、上腕二頭筋に力を込めて最大限に収縮させる。重量を感じながら同じ軌道でダンベルを下ろし、腕が完全に伸び上腕二頭筋が最大限ストレッチされる位置まで下げる。手首をひねりながらダンベルを上げ下げすると、上腕二頭筋がより完全に収縮するとともに、上腕二頭筋の内側が発達し、上腕二頭筋と上腕三頭筋の間にセパレーションができる。この種目は、座った状態ではなく立った状態で行うこともできる。その場合は少し重い重量を扱えるが、動作はそれほどストリクトにはならない。

ハンマーカール（オプション）

　通常のダンベルカールと同じ動作を手のひらを内側に向けて行う。こうすると、上腕二頭筋だけでなく前腕も鍛えられる。

オルタネイトダンベルカール

エクササイズの目的：左右それぞれの上腕二頭筋をアイソレートして鍛える。

これはダンベルカールのバリエーションで、ダンベルを片腕ずつ交互に持ち上げる。そのアイソレーション効果によって、片方の腕にエネルギーを集中でき、チーティングを最小限に抑えられる。

やり方：両手にダンベルを持ち、腕を脇に垂らして直立する。肘を腰で固定し、片方のダンベルをカールして持ち上げる。手首を少しひねって親指が下、小指が上になるようにして、上腕二頭筋を最大限に収縮させる。ダンベルをできるだけ高くカールさせたら、コントロールしながら同じ軌道で下ろし始め、同時にもう一方のダンベルを手首をひねりながらカールして持ち上げる。つまり、両方のダンベルを同時に動かすわけだ。両腕で交互にこのカール動作を繰り返し、所定のレップをこなす。腕を完全に伸ばしきってから完全に収縮させることで、可動域を最大限に広げる。

アームブラスターを使うと、プリーチャーカールと同じく肘がしっかり固定されるため、よりストリクトなトレーニングが可能になる。これは、特に上腕二頭筋下部を鍛えるのに適している。

オルタネイトダンベルカールは座った姿勢でもできる。

コンセントレーションカール

エクササイズの目的： 上腕二頭筋（特に外側）の高さを最大限に出す。

　私は上腕二頭筋のトレーニングの最後にこのエクササイズを行うのが好きだ。上腕二頭筋のピークを高めるのに最適だからだ。かなりストリクトな動作が求められるが、ディフィニションではなく高さを出すための種目なので、扱える範囲でできるだけ重い重量を使うこと。コンセントレーションカールという名前の通り、このエクササイズを効果的に行うには、上腕二頭筋を収縮させることに集中しストリクトに行う必要がある。

やり方：（1）立った状態で少し前かがみになり、片手でダンベルを持つ。空いているほうの手は膝の上などに置いて体を安定させる。（2）上腕や肘を動かさず、肘が太ももに当たらないように注意しながら、ダンベルをカールして三角筋まで持ち上げる。持ち上げる際は、手首をひねり小指が親指よりも高くなるようにする。動作の最上部で上腕二頭筋を完全に収縮させたら、重量を感じながらゆっくりとダンベルを下ろし上腕二頭筋を完全にストレッチさせる。カールの最上部では、ダンベルの負荷がすべて上腕二頭筋にかかる。ダンベルを胸ではなく肩に向かってカールさせること。

ライイングダンベルカール

エクササイズの目的：最大限の可動域で上腕二頭筋全体を鍛える。

　これはレジ・パークから学んだエクササイズで、上腕二頭筋にすばらしいストレッチをもたらし、筋長を伸ばす効果がある。また仰向けで行うため、重力に抵抗するために上腕二頭筋を十分に収縮させる必要がある。

やり方：エクササイズベンチを使用する。必要であればベンチを台の上に置いて可動域を確保する。(1) ベンチに仰向けになり、両手でダンベルを持つ。膝を曲げてベンチに足裏をつける。ダンベルを下に垂らし（床にはつけない）、手のひらを前に向ける。(2) 肘を固定し、ストリクトな動作でダンベルを肩のほうにカールして持ち上げる。重量を感じながらダンベルを床に向かって下ろす。

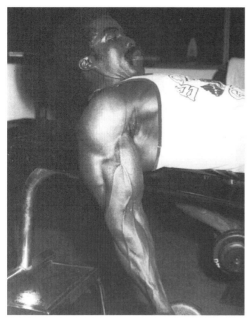

ツーハンドケーブルカール

エクササイズの目的：上腕二頭筋を発達させ、形を整える（特にピークを高める）。

やり方：床にセットしたプーリーにバーを取り付ける。(1) 両手を肩幅程度に開いて、バーを逆手で握る。肘を体の両サイドに固定し、腕を下方に伸ばして上腕二頭筋を完全にストレッチする。(2) 肘を動かさないようにしてバーを上方にカールさせ、あごの真下まで引き上げる。最上部では上腕二頭筋をできるだけ強く収縮させる。ゆっくりとバーを下ろし、腕を完全に伸ばしきって上腕二頭筋をストレッチする。この種目は、筋肉量を増やすためのエクササイズではないので、ゆっくりと滑らかにコントロールされた動きで行うのがポイントだ。

リー・プリースト

プリーチャーベンチケーブルカール（オプション）

やり方： プリーチャーベンチを使ってケーブルカールを行うには（1）シート部分に座り、両腕を台の上に置いて安定させる。（2）バーをカールして持ち上げ、重量を感じながらゆっくり下ろす。

プリーチャーベンチケーブルカールは、プリーチャーベンチによるストリクトさと、ケーブルの一定の抵抗から来るストリクトさの両方を兼ね備えている。

ケーブルを使ってプリーチャーカールを行うと、最上部でも上腕二頭筋にしっかり負荷がかかる（ダンベルやバーベルの場合は、下部でしかほとんど負荷がかからない）。だからケーブルを使ってこのエクササイズを行うと、トレーニングにピーク収縮を加えることができる。

リバースカール

エクササイズの目的： 上腕二頭筋を発達させる。
　このエクササイズは前腕の発達にも効果がある。

やり方：（1）両足を肩幅に開いて立ち、順手でバーベルを握る。腕を伸ばして体の前に垂らす。（2）肘を動かさずにバーベルをカールして、あごの位置まで持ち上げる。重さを感じながら同じ軌道でバーベルを下ろす。順手でバーを握ると、上腕二頭筋が力学的に働きにくい位置にくるので、逆手のときほどの重量は扱えない。逆手の場合は、前腕の上部が強く働く。リバースカールは前腕ではなく上腕二頭筋のエクササイズなので、リバースリストカールの動作から始めないこと。手首を動かさずにバーベルをカールする。また、親指はバーの上に置いておく。

リバースプリーチャーベンチカール

エクササイズの目的： 上腕二頭筋と前腕上部を発達させる。

プリーチャーベンチを使い、ストリクトに動作を行う。

やり方：（1）両手を肩幅程度に開いてバーを順手で握る。（2）プリーチャーベンチの台に寄りかかり、腕をしっかり伸ばして下に垂らす。肘をしっかり固定したまま、手首も使ってバーベルをカールさせる。できるだけ高くバーベルをカールさせたら、バーをコントロールしつつ、重さを感じながらゆっくり下ろす。動作中は体を安定させ、前や後に揺らさないようにする。

バイセップスマシン

　多くの器具メーカーが、上腕二頭筋にフルレンジで抵抗をかけられるカールマシンを製造している。この種のマシンの利点のひとつは、高重量でのフォーズドネガティブが可能になることだ。下降動作時にトレーニングパートナーにウエイトを押し下げてもらえば、負荷が増す。もうひとつの利点は、可動域が広がる場合が多いのでより完全なストレッチと収縮が可能になることだ。しかしマシンでの動作は軌道が固定されるため、上腕二頭筋を完全に発達させることはできない。マシンは、フリーウエイトによるカール動作の代わりとしてではなく、トレーニングのバリエーションを増やす方法のひとつとして使うこと。

マシンカール

エクササイズの目的：上腕二頭筋を最大限の可動域で鍛える。

　マシンでカールを行うと、動作が極めてストリクトになり、最大限の可動域（完全にストレッチする地点から完全に収縮する地点まで）で負荷がかかった状態になり、常に上腕二頭筋に負荷をかけることができる。このためマシンカールは、筋肉量を増やすのではなく形を整える、仕上げに適したエクササイズだ。

　ジムには、さまざまなカールマシンがある。マシンにウエイトプレートをセットして抵抗を加えるタイプもあれば、ケーブルにウエイトスタックを取り付けたものもある。バーを両手で握って両腕を同時にカールするマシンが多いが、左右が独立して動くマシンもある。このタイプのマシンなら両腕を同時にカールすることもできるし、写真のようにオルタネイトカールを行うこともできる。

　やり方：マシンでカールを行う際は、肘をパッドにつけ、バーまたはハンドルを逆手で握る。(1)両腕で行うカールの場合は、上腕

フレックス・ウィラー

二頭筋を収縮させながら、両腕をできるだけ高くまでカールする。最上部で完全なピーク収縮を感じたら、しっかりコントロールしながら腕を下ろし、上腕二頭筋を完全にストレッチする。(2) オルタネイトカールの場合は、片方の上腕二頭筋を収縮させながら、ピーク収縮する地点まで腕を上げたら、その腕をしっかりコントロールしながら下方に伸ばし、完全にストレッチするポイントまで下ろす。次に、もう一方の腕で同じ動作を行い、セットが完了するまで両腕で交互に続ける。

腕のエクササイズ——上腕三頭筋

トライセップスケーブルプレスダウン（またはラットマシンプレスダウン）

エクササイズの目的：上腕三頭筋をフルレンジで鍛える。

やり方：(1) 頭上にセットしたプーリーにショートバーを吊るす。バーの近くに立ち、順手で握る（手幅は10インチ（25.4cm）程度）。肘を体の両サイドに寄せて固定し、全身を安定させる。前傾してバーに体重をかけて押し下げないこと。(2) できるだけ低い地点までバーを押し下げて肘を伸ばしきり、上腕三頭筋が完全に収縮するのを感じる。力を緩め、肘を動かさずにできるだけバーを高い地点まで上げる。バリエーションとして、使用するバーの種類、バーに対する立ち位置、バーの握り方や手幅などを変更してもよい。また、4分の3動作法（最上部から可動域の4分の3の位置までしか下げない）を使えば、上腕三頭筋下部をより直接的に鍛えられる。

ユサップ・ウィルコシュ

アームブラスタープレスダウン——私は、肘を固定した超ストリクトな動作を生み出すために、アームブラスターを使ったプレスダウンをよく行った。

インクラインベンチを使ってプレスダウンを行うと、通常とは異なる角度で上腕三頭筋を働かせることになるうえ、チーティングもできなくなる。

BOOK THREE

部位別エクササイズ

マイク・マタラッツォ

順手を逆手に変えると、感覚だけで
なく実際に使われる筋肉も変わる。

ワンアームケーブルリバースプレスダウン

エクササイズの目的： 上腕三頭筋をアイソレートし、馬蹄形(ばてい)を発達させる。

　このエクササイズはケーブルを使って両腕を左右別々に鍛えることができるアイソレーション種目なので、特に大会に向けたトレーニングやウィークポイントトレーニングに適している。

やり方： (1) 頭上にセットしたプーリーのケーブルにハンドルを吊るし、逆手（手のひらを上）でハンドルを握る。(2) 肘を固定して動かさないようにし、肘がロックアウトするまで下に伸ばす。この位置で上腕三頭筋に力を込め、最大限に収縮させること。肘を固定したまま、ハンドルを前腕が上腕二頭筋に近づくくらいにまで高く上げ、上腕三頭筋を完全にストレッチさせる。所定のレップを終えたら、反対の腕で同じ動作を繰り返す。

シーテッドトライセップスプレス

エクササイズの目的：上腕三頭筋の三頭すべて、特に長頭を鍛える。

やり方：両手を近づけて、バーベルを順手で握る。(1) ベンチに座り、腕を伸ばしてバーを頭上に持ち上げる。(2) 肘は頭の近くで固定する。頭の後ろに弧を描くようにバーを下ろし、上腕三頭筋を最大限にストレッチさせる。この種目では前腕だけを動かすようにする。この位置から、上腕三頭筋だけを使ってバーベルを頭上に押し上げる。肘を完全に伸ばしてロックアウトし、上腕三頭筋を収縮させる。このエクササイズは、ＥＺカールバーやインクラインベンチを使ったほうがやりやすいかもしれない。

スタンディングトライセップスプレス

エクササイズの目的： 上腕三頭筋の張り出しを最大限に発達させる。

　この動作は上腕三頭筋を発達させ、ダブルバイセップスポーズをとったときに上腕二頭筋がいっそう見栄えするようにする。トライセップスプレスを座った状態ではなく立った状態で行うと、チーティング動作が可能となり高重量を扱える。この種目は床にセットしたプーリーにロープをつけて行うこともでき、その場合は上腕三頭筋の長頭が重点的に鍛えられる。

やり方：（1）ストレートバーまたはEZカールバーを順手で握る。手幅は約10インチ（25.4cm）。直立し、腕を完全に伸ばしてバーを頭上で保持する。（2）肘を頭の近くで固定し、バーを頭の後ろのできるだけ低い位置まで下ろす。半円弧を描いてスタートポジションまで押し上げる。

クリス・カミアー

ライイングトライセップスエクステンション

エクササイズの目的: 上腕三頭筋を（肘から広背筋近くの付着部まで）全体的に鍛える。

やり方: (1) ベンチに仰向けになる。頭をベンチの端からはみ出させ、膝を曲げて足裏をベンチにつける。両手を10インチ（25.4cm）ほど開いてバーベル（EZ カールバーが好ましい）を順手で握る。(2) バーベルを押し上げて、肘を完全に伸ばす。ただし、バーベルは顔の真上ではなく少し後ろに挙上し、上腕三頭筋で支えること。肘を固定したまま、バーベルを額の先に下ろしたら、スタートポジションまで押し上げる。上腕三頭筋から負荷が抜けないように、垂直になる手前で止める。この動作では、バーを頭にぶつけないように常にバーベルをしっかりコントロールすること。もう1レップもできなくなったら、クローズグリッププレスに切り替えてできるだけレップを続け、上腕三頭筋をさらに追い込むことができる。

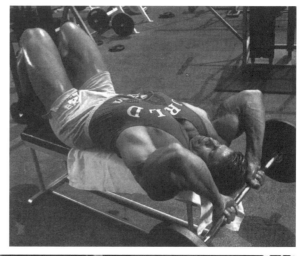

このフィニッシュポジションの写真では、体に対して腕が垂直になっている。しかし、上腕三頭筋を最大限に収縮させるには、45度の角度をつけるべきだ。（ローランド・キッキンガー）

ライイングトライセップスエクステンションを行う際、頭を上げたままだとバーを十分に下げられず上腕三頭筋を完全にストレッチできない。

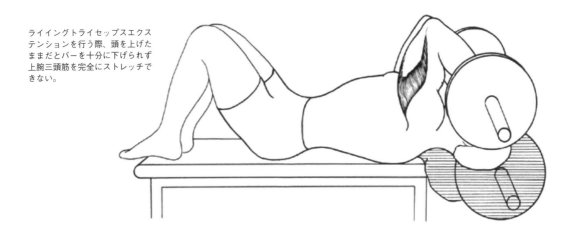

ベンチの端から頭を少し下げると、バーを十分に下げる余裕ができ上腕三頭筋を完全にストレッチできる。

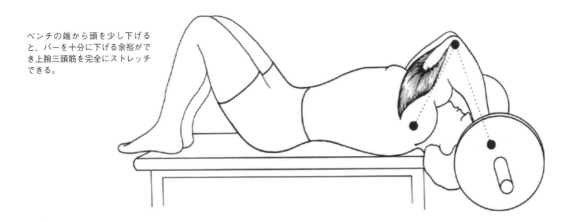

ライイングトライセップスエクステンションを行う際のよくある間違いは、バーベルを頭の真上に持ち上げてしまうことだ。これでは負荷が上腕三頭筋ではなく、骨と関節にかかってしまう。この図は正しいやり方を示している。肘を伸ばし切ったときに腕が斜めになるようにバーを挙上するのだ。この角度だと上腕三頭筋が最上部で休むことができず、重力に抵抗してウエイトを支え続けなければならなくなる。

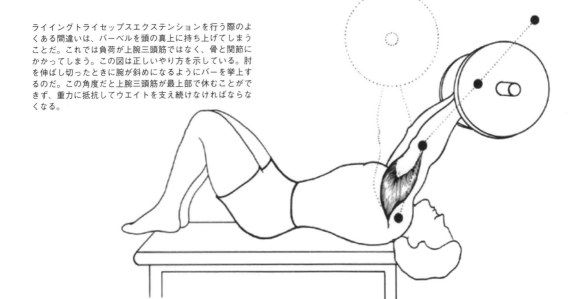

クローズグリッププレス──スタートポジション

クローズグリッププレス──フィニッシュポジション（マイク・フランソワ）

ライイングダンベルエクステンション

エクササイズの目的：上腕三頭筋を鍛える。

やり方：（1）ベンチに仰向けになる。頭をベンチの端につけ、膝を曲げて足裏をベンチにつける。両手にダンベルを持って腕をまっすぐ頭上に伸ばし、手のひらを向かい合わせにする。（2）肘を固定したまま、ダンベルを頭の両側に下ろす。上腕三頭筋が完全にストレッチされ、ダンベルが肩につきそうなくらいまで下げる。弧を描くようにダンベルを押し上げる。腕が垂直になる前に肘をロックアウトし、力を込めて上腕三頭筋を収縮させる。

ライイングクロスフェイストライセップスエクステンション（オプション）

　ライイングダンベルエクステンションには、ダンベルを片手で持ち、反対側の肩に下ろすやり方もある。片方の腕で所定のレップを終えたら、反対の腕で同じ動作を繰り返す。角度を変えることで、上腕三頭筋の感覚も変わる。

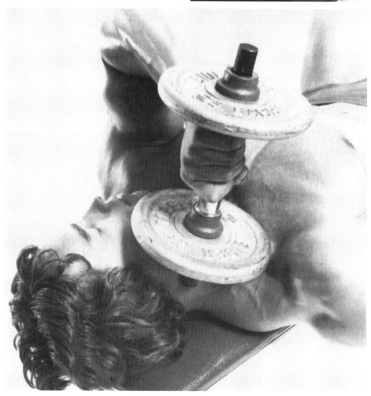

ダンベルキックバック

エクササイズの目的：上腕三頭筋（特に上部）を発達させる。

やり方：（1）足を前後に開き、膝を曲げて立つ。後ろ足側の手を低いベンチの上に置いて体を支える。前足側の手でダンベルを持ち、肘を曲げて肩の高さくらいまで後ろに引き上げる。肘は体の側面に寄せ、ダンベルを真下に垂らす。（2）肘を固定したまま、前腕が床とほぼ平行になるまでダンベルを後ろに引き上げる。この状態でいったん静止して上腕三頭筋を収縮させたら、ゆっくりとスタートポジションに戻す。さらに上腕三頭筋を発達させるには、ダンベルを持ち上げるときに手首を少しひねり、親指を上に向けるとよい。下ろすときは逆にひねる。所定のセットを終えたら、反対の腕で同じ動作を繰り返す。この種目では、上腕を固定して前腕だけを動かすようにする。このエクササイズはケーブルでもできる。

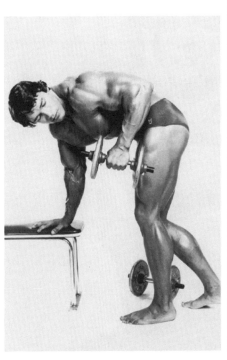

ワンアームトライセップスエクステンション

エクササイズの目的：上腕三頭筋全体を鍛え、三頭のセパレーションを作る。

やり方：(1) ベンチに座り、片手でダンベルを持ち腕を伸ばして頭上に上げる。(2) 肘を頭の近くで固定し、ダンベルを頭の後ろ（肩の後ろではない）のできるだけ低い位置まで弧を描くように下ろす。上腕三頭筋が最大限にストレッチされるのを感じたら、ダンベルをスタートポジションまで押し上げる。この動作はできるだけストリクトに行うこと。鏡を見ながらフォームをチェックするとよい。所定のセットを終えたら、もう片方の腕で同じ動作を繰り返す。間に休息をはさまず左右の腕を交互に鍛えること。

バリエーション：トライセップスエクステンションを片腕ずつ、あるいは両腕同時に行えるマシンもあり、一定の負荷で上腕三頭筋をフルレンジで鍛えられる。トレーニングのバリエーションを増やしたいときや、トレーニングパートナーにフォースドドロップやフォースドネガティブを手伝ってもらうときは、マシンを使おう。

ワンアームトライセップスエクステンションは立って行うこともできる。その場合は、空いているほうの手で何かにつかまりバランスをとる。

ディップス

エクササイズの目的：上腕三頭筋（特に肘のあたり）の厚みを発達させる。

　ディップスは胸のエクササイズと思われがちだが、やり方次第で上腕三頭筋にもしっかりと刺激を与えられる。

やり方：(1) パラレルバーを持ち、腕を伸ばして体を持ち上げ、肘をロックアウトする。(2) 肘を曲げてバーの間に体を下ろす。このとき、できるだけ直立を保つようにする。後ろに傾けば傾くほど上腕三頭筋に負荷がかかり、前かがみになればなるほど大胸筋に負荷がかかる。動作の最下部から、肘を伸ばして体を持ち上げる。肘を伸ばしきったら上腕三頭筋に力を込めて、さらに収縮を強める。このエクササイズの強度を高める方法として、腰にウエイトをつけて負荷を増やすという手がある。あるいは、腕を伸ばし切らずに可動域の4分の3程度までしか体を持ち上げないようにすれば、上腕三頭筋に常に負荷がかかる。

ユサップ・ウィルコシュ

リバースディップス

エクササイズの目的： 上腕三頭筋の厚みを発達させる。

　この種目はディップスビハインドバックやベンチディップス、リバースプッシュアップなどとも呼ばれる。

やり方：（1）ベンチ（またはバー）を背にし、両手を肩幅程度に開いてベンチの端につかまる。かかとをバーか別のベンチ（手を置いているベンチよりも高いベンチが好ましい）の上に乗せる。肘を曲げ、体をできるだけ下げる。（2）腕で体を押し上げて肘をロックアウトし、上腕三頭筋上部を刺激する。上腕三頭筋下部を鍛えるには、腕を伸ばしきる寸前で止める。自重だけでは負荷が足りない場合は、トレーニングパートナーに太ももの上にプレートを乗せてもらおう。

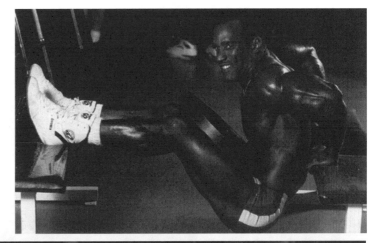

ダレム・チャールズ

固定バートライセップスエクステンション

エクササイズの目的： 上腕三頭筋を完全にストレッチさせることができる。

この動作を使えば、他のエクササイズよりも安全に上腕三頭筋をストレッチできる。

やり方：（1）腰の高さくらいに固定された水平バーを、両手を肩幅くらいに開いて順手で握る。両腕を伸ばして体重を支え、その状態で足を後ろにずらし、プッシュアップに近い姿勢を取る。（2）肘を曲げて体を下げ、頭がバーの下にくるようにする。できるだけ低い位置まで体を下げる。上腕三頭筋に最大限のストレッチを感じたら、腕の力でバーを押して体を持ち上げ、肘を完全に伸ばしきりスタートポジションに戻る。

リー・プリースト

腕のエクササイズ──前腕

バーベルリストカール

エクササイズの目的：前腕の内側（屈筋群）を発達させる。

　ヘビーバーベルカールでも前腕に大きな負荷がかかるが、リストカールは前腕の筋肉をアイソレートして効果的に鍛えられる。

やり方：（1）両手を近づけてバーベルを逆手で握る。ベンチにまたがり、前腕をベンチに乗せる。手と手首はベンチの端からはみ出させる。両肘の間隔と両手首の間隔は同じにする。膝で肘をしっかりと固定し、安定させる。（2）手首を反らし、バーベルを床に向かって下ろす。これ以上下ろせなくなったら、慎重に指を少し開き、手のひらから指までバーを転がす。バーを手のひらに巻き戻し、前腕を収縮させる。バーをできるだけ高く持ち上げる。ただし、前腕がベンチから浮き上がらないように気をつける。前腕は、ふくらはぎと同様、多くの刺激を与えなければ成長しないので、徹底的に追い込んでもまったく問題ない。

ワンアームダンベルリストカール

エクササイズの目的：前腕をアイソレートして発達させる。

この種目はリストカールのバリエーションのひとつで、左右の前腕を個別にアイソレートして鍛えられる。

やり方：(1) 片手にダンベルを持ち、ベンチに座る。前かがみになり、前腕を太ももの上に置く。手首とダンベルは膝からはみ出させる。手のひらと前腕の内側を上に向ける。空いているほうの手で鍛えるほうの肘を支えて安定させる。手首を後ろに反らし、指を少し開いてダンベルを手のひらから指まで転がす。(2) 指を閉じ、上腕二頭筋ではなく手首の力でダンベルをできるだけ高く巻き上げる。所定のレップを終えたら、もう片方の手首を使って同じ動作を繰り返す。

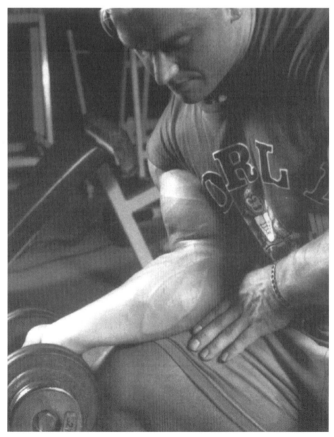

ビハインドバックリストカール

エクササイズの目的： 前腕の屈筋群を発達させる。これは前腕の屈筋群のためのパワーエクササイズなので、できる限り高重量で行う。

やり方： (1) バーベルラックに背を向けて立ち、バーを握る。ラックからバーを持ち上げ、肘を伸ばして体の後ろで保持する。両手を肩幅程度に開き、手のひらは後ろに向ける。(2) 腕を固定したまま、指を開いてバーを手のひらから転がすように指まで下ろす。指を閉じ、バーを手のひらに巻き戻し、体の後ろで前腕に力を込めながらバーをできるだけ高い位置まで持ち上げる。このエクササイズでは、手首だけを動かすようにすること。

リバースバーベルリストカール

エクササイズの目的： 前腕の外側（伸筋群）を発達させる。

やり方：（1）両手を10インチ（25.4cm）ほど開いてバーベルを順手で握る。前腕を床と平行になるように太ももかプリーチャーベンチの台の上に置く。手と手首をはみ出させ、支えがない状態にする。手首を曲げてバーを下げ、できるだけ低く下ろす。（2）手首を戻し、バーをできるだけ高く持ち上げる。エクササイズ中に前腕が動かないように注意すること。

リバースダンベルリストカール

　リバースカールは前腕の伸筋群に効く。ダンベルを使えば片方がもう一方をサポートすることがないので、前腕の左右それぞれを限界まで鍛えられる。

リバースバーベルカール

エクササイズの目的： 上腕二頭筋、前腕伸筋群、腕橈骨筋(わんとうこつきん)を発達させる。

やり方：（1）両手を肩幅程度に開いてバーを順手で握る。腕を伸ばしてバーベルを体の前に垂らす。（2）肘を体の両側に固定したまま、手首のカール動作から動作を開始し、バーベルをカールして持ち上げる。（3）バーをあごの真下まで持ち上げ、上腕二頭筋をできるだけ収縮させたら、ゆっくりとスタートポジションまで下ろす。

リバースプリーチャーベンチバーベルカール

エクササイズの目的：上腕二頭筋と前腕伸筋群を発達させる。

やり方：(1) プリーチャーベンチの台の上に腕を乗せる。両手を肩幅程度に開いてバーベルを順手で握る。肘を完全に伸ばした状態でバーベルをぶら下げる。(2) まず手首を内側に曲げてから外側にカールし、バーベルを上方へカールさせ、あごのほうにできるだけ高く持ち上げる。動作の最上部で前腕が完全に垂直にはならないようにプリーチャーベンチの位置を前もって調整しておく。動作の最上部から、スタートポジションまでバーベルをゆっくりと下ろす。

リバースマシンカール

エクササイズの目的： 前腕伸筋群を発達させる。

　この動作は、手首を曲げ前腕を持ち上げる動作を通して、前腕の筋肉を手首から肘まで全体的に鍛える。マシンは機能が限られているが、ちょっとした工夫と想像力によってマシンから最大限の効果を得られる。たとえば、カールマシンのハンドルを通常とは逆に握れば、リバースカールをストリクトに行える。

やり方：（1）カールマシンのハンドルを順手で握る。肘はしっかりパッドに固定する。（2）肘を完全に伸ばした状態から、ハンドルを頭のほうにできるだけ高く持ち上げる。ゆっくりとコントロールしながらハンドルを下ろし、肘を完全に伸ばしきりスタートポジションに戻す。

ワンアームケーブルリバースカール

エクササイズの目的：前腕の伸筋群をアイソレートすることで発達させる。

ケーブルを使って片腕ずつ行う。ダンベルを使ったときのように動作位置によって抵抗が変化することがないので、全可動域で一定の負荷が得られる。このため、前腕伸筋群のウィークポイント（特に片方の腕がもう片方の腕より大きい場合）を克服するのに最適なエクササイズだ。

やり方：(1) 床にセットしたプーリーのハンドルを手のひらを下にして片手で握る。(2) 肘を支点として完全に固定し、手の甲をできるだけ肩のほうに引き寄せる。動作の最上部に達したら、抵抗を感じながらハンドルをゆっくり下ろす。所定のレップを終えたら、反対の腕で同じ動作を繰り返す。

太もも

太ももの筋肉

　大腿四頭筋は太ももの前面にある筋群で、脚の伸筋として働く。大腿四頭筋は、太もも前面中央のV字形の輪郭を構成する大腿直筋と中間広筋、太もも内側の内側広筋、太もも外側の外側広筋の4つの筋肉からなる。

基本機能：脚をまっすぐ伸ばす。

　大腿二頭筋は、太ももの後ろ側にある大腿屈筋群（ハムストリングス）の一部。

基本機能：脚を後ろに曲げる。

　他にも上腿の重要な筋肉には、臀部から太もも外側に伸びる大腿筋膜張筋、太ももの前面を斜めに横切る縫工筋（体の中で最も長い筋肉）がある。

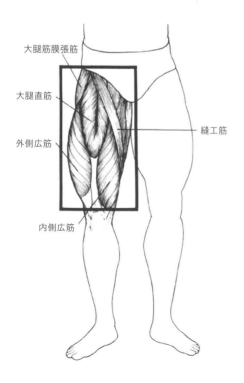

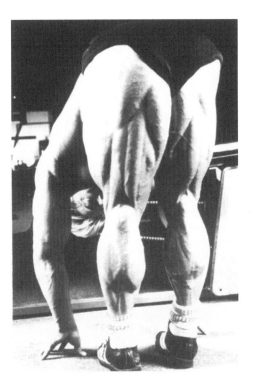
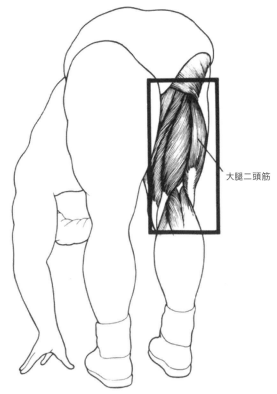

大腿二頭筋

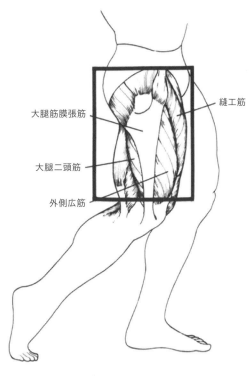

大腿筋膜張筋
縫工筋
大腿二頭筋
外側広筋

BOOK THREE 部位別エクササイズ

太もものトレーニングの重要性

太ももの筋肉は全身で最大最強の筋肉だ。スポーツで脚の動きを必要としない動作はほとんどない。野球やゴルフ、円盤投げ、砲丸投げ、ボクシングなどの選手はみな、それぞれの動作を力強い脚の推進力から始める。ウエイトリフティングでは、パワークリーン、クリーン＆プレス、デッドリフトなど、ほとんどの動作で脚の力を大いに使う。オリンピックのウエイトリフティング競技におけるリフト種目も同じだ。

しかし、ボディビルほど太ももの発達が重要なスポーツはない。ボディビル大会の審査員は、選手の上半身では、肩、胸、腕、背中、腹部に注目するが、下半身で審査員の最も目を引く視覚的要素は太もも（大腿四頭筋とハムストリングス）だ。太ももは人体で最も巨大な筋群であり、割合としては体のほぼ半分を占める。

たとえば、弱々しい太もものセルジオ・オリバを、あるいは脚の細いナッサー・エル・サンバティを想像できるだろうか？　太ももが未発達なのに、腕が21インチ（53.3cm）以上に鍛え上げられた肉体を見せることに何の意味があるだろうか？

10代のころ、私はオーストリアでサッカーやスキーをしていたが、脚を鍛えるためにスクワットやランジ、カーフレイズなどのエクササイズをするようコーチに指導された。この若いころのトレーニングが、私がボディビルというスポーツに夢中になるきっかけとなった。当時、脚の筋力の必要性とそのためのトレーニング方法を理解しているコーチに教わることができたのは幸いだった。今では世界中のスポーツコーチと話をするたび、彼らのほぼ全員が優れた脚力は卓越したアスリートの基礎であり、脚力を鍛えるにはウエイトトレーニングが最適であるという意見で一致している。

しかし、脚にはすばらしい筋力の他にもうひとつの特徴がある。すばらしい持久力があるのだ。1トンの重さを動かせる脚は、疲れることなく長距離を移動できるようにもできている。健康な人なら、険しい地形を何週間も歩き続けることができるし、100マイル（160.9km）走り続けることもできる。優れた筋力と持久力という2つの特徴を併せ持つ筋肉は、脚のほかにはない。

ボディビルで脚のトレーニングが過酷なのはこの

ミロス・シャシブの発達した脚は、ハードなトレーニングとプライオリティ法の賜物だ。

ためだ。脚に重い負荷をかけるだけでは十分ではない。高重量でのトレーニングを大量にこなして、脚の筋繊維を酷使し、脚の筋持久力も使い果たさなければならない。上腕二頭筋のバーベルカールを5セットやるのもきついかもしれないが、400ポンド（181.4kg）や500ポンド（226.8kg）のバーベルを肩に担いでヘビースクワットを5セット行うのは、ミニマラソンを走るようなものだ。わずか10分足らずのエクササイズに全力を尽くすだけで、全身がすっかり疲労困憊してしまう。

多くの若いボディビルダーがそうであるように、私も太ももよりも上半身をハードに鍛える傾向があった。幸いなことに、手遅れにならない段階でチャンピオンレベルの肉体を作り上げるには脚の筋群がいかに重要であるかに気づいた私は、太ももの筋肉量を増大させるために超人的なスクワットをするなど、太もものエクササイズに没頭するようになった。

若いボディビルダーは脚のトレーニングを軽視しがちだが、その例外のひとりがトム・プラッツだ。実は、トムは**逆の**問題を抱えていた。彼は脚のトレーニングにのめり込むあまり、気がつくとオリンピアレベルの脚が上半身をはるかに圧倒していたのだ。その後、彼は全体的にプロポーションが整った体を作ることに取り組み大きな進歩を遂げたが、その驚くべき脚の発達ぶりはボディビルダーが目指すべき新たな基準を打ち立てた。

脚のトレーニングの厳しさ

太もものトレーニングは過酷で厳しい。多くのボディビルダーは脚の発達が遅れていると感じているが、それは単に脚のトレーニングに全力を尽くしていないからだ。彼らは鏡を見て自分の脚の見た目にがっかりするが、巨大な脚の筋肉を反応させるためには、どれほど徹底した努力が必要なのかを理解していない。

私は長年、スクワットを5セットしかしなかった（本当は8セットやるべきだった）。フロントスクワットの回数も少なかったし、レッグプレスマシンの重量も足りなかった。

自分の間違いに気づき、それを修正したとたん、私の太ももは大きく太くなり始めた。私は、脚のトレーニングは過酷でなければ効果がないという事実を受け入れた。これは肉体的な努力とほぼ同じくらいの精神的な努力を必要とする。400ポンド（181.4kg）や500ポンド（226.8kg）のバーベルを担いでスクワットをするとなったら、恐れが先に立つだろうし（初心者なら200ポンド（90.7kg）や300ポンド（136.1kg）でもそう感じるだろう）、自分を奮い立たせてレッグプレスマシンの負荷を増やし、1レップ、1セットとこなしていくのはそう簡単ではない。

脚のトレーニングは通常でも十分ハードだが、太ももにウィークポイントがある場合は徹底的に追い込む覚悟が必要だ。太ももを全体的に発達させるには、あらゆる障壁を打ち破り、太ももを疲労困憊させる必要があるのだ。

脚のトレーニングでオールアウトまで追い込めないボディビルダーは少なくない。結局のところ、首の後ろに400ポンド（181.4kg）のバーベルを担いで限界まで追い込むのは怖

いことなのだ。そのため、脚のトレーニングでは、トレーニングを補助してくれるパートナーの存在が特に重要になる。スクワットで限界までレップ数をこなしたら、ウエイトを担いだまま一旦静止し、それからもう1レップトライして体を限界を超えたところまで追い込もう。ただしこのとき、パートナーがそばで見守ってくれていることを必ず確認すること。またレッグプレスを行う際も、他の部位と同じように脚を限界まで追い込みオールアウトさせよう。

巨大な太ももと形のいい臀部を作り上げたいのなら、常にこう自問すべきだ。本当にもう1レップもできないのか？　私の経験では、この方法でやらせるとたいていの人はもう1レップやり遂げることができた。

太ももや臀部の発達にハードな高重量トレーニングは欠かせないが、がむ

レッグポーズをとるリー・プリースト。この写真を見ると、大腿四頭筋が4つの筋肉で構成されていることがよくわかる。さらに、脚の内側には内転筋群も見える。

しゃらな努力と効果的な努力を混同してはならない。どんなボディビルトレーニングでもそうだが、最大の効果を求めるなら、正しいテクニックを使わなければならない。太もものエクササイズでは最大限の強度を求めるだけでなく、その動作をどのように行うべきかに細心の注意を払い、必要なテクニックを身につけるようにしよう。そうすれば、努力は無駄にならず、太ももの発達が遅れることもない。

もちろん、個々の体のプロポーションに応じて、トレーニング内容を調整する必要もあるだろう。ケイシー・ビエター、マイク・メンツァー、フランコ・コロンブといった背の低いボディビルダーにとっては、スクワットは簡単で効果が出やすい種目だ。彼らのプロポーションは、てこが利きやすいという力学的利点があるため、超高重量を使ったスクワットを適切に実行しやすいのだ。一方、私のように長身のボディビルダーは、スクワットの際に背中下部（腰）が大いに関与してしまう。しかし、私は日頃から背中下部（腰）のトレーニングを多めにやっていたので背中下部（腰）が強く、プロポーションの割には超高重量でのスクワットも苦にならなかった。実際、スクワットは私にとって最高の背中下部（腰）のエクササイズだとよく思ったものだ。通常のスクワットに加え、背筋を伸ばしたまま行うフロントスクワットは、私のようなプロポーションの場合、脚のトレーニングの効果を最大限に引き出す最良の方法である。

ちなみに私は試行錯誤の結果、かかとの下に低い台を置いてスクワットをすればフォームが改善されることに気づいた。これでバランスやエクササイズ感覚がよくなるかどうか、自分で試してみてほしい。ただし台が高すぎると、つま先に重心が移りすぎて前に倒れやすくなるので注意しよう。またバリエーションとして、スミスマシンを使ったスクワットも効果がある。スミスマシンならバーが固定された軌道に沿ってスライドするため、ウエイトが肩からずれ落ちる心配がない。

脚の発達に関して言えば、私にとっての最高の手本はトム・プラッツだ。トムはジムにいるどのボディビルダーよりもハードにトレーニングに励んだだけでなく（彼は、痛みを感じ始めるまではトレーニングしたことにはならないと考えていた）、すべてのエクササイズを完璧にこなした。ジムでは、スクワットで尻を突き出したり、前かがみになりすぎたり、脚を大きく横に広げたりしているボディビルダーをよく見かけるが、トムは違った。彼はフォームが完璧で、常に全力を尽くしており、精神集中も完璧だった。彼のすばらしい脚の発達を生み出したのは、遺伝的素質だけではないことは明らかだ。

大腿四頭筋を作り上げる

すばらしい太ももを作り上げるには、大腿四頭筋（大腿直筋、中間広筋、内側広筋、外側広筋）の筋肉量、形、各筋肉間のセパレーションが必要だ。また太もも全体の筋肉量を増やし、上半身に見合うレベルにまで引き上げなければならない。大きな太ももは、特にスクワットやレッグプレスのような種目で高重量を挙上することによってのみ得られる。

しかし、大会で勝つには脚が大きいだけでは十分ではない。筋肉の量に加えて質も高める必要がある。

1. 大腿四頭筋の４つの筋肉の完全な発達と形。腰から膝にかけての太もも外側の十分な張り出し。太もも前面中央のＶ字形。大腿四頭筋下部（膝に付着する部分）の盛り上がりと厚み。大腿二頭筋の十分な発達とディフィニショ

太ももは、人体で最も巨大な筋群だ。太ももの形を整え、セパレーションを作り出すエクササイズはいろいろあるが、筋肉量を増やすにはヘビースクワットに勝るものはない。

ン。
2. くっきりとした太もものディフィニション、解剖図さながらに浮き出たストリエーション。
3. 横から見たときに、一対の丸カッコ「()」のように丸みを帯び、盛り上がった太もも。太もも前面と大腿二頭筋の間の明確なセパレーション。

　大腿四頭筋と大臀筋を鍛えるための基本エクササイズはスクワットだ。スクワットは、初級プログラムから大会向けプログラムまですべてのプログラムにも含まれており、トップボディビルダーはみなスクワットをトレーニングの主要種目として取り入れてきた。スクワットは体に複雑な力学的効果をもたらす。

　スクワット動作でしゃがみ始めるときは、ほとんどの負荷が太ももにかかっている。しゃがみ続けるにつれてハムストリングスへかかる負荷が増し、動作の最下部では臀部にかかる負荷の割合が大きくなる。しかし先に説明したように、スクワットは個々のプロポーションによって効果に差がある。大腿四頭筋をより直接的に鍛え、背中下部（腰）の筋肉の関与を減らすには、フロントスクワットなどのエクササイズを織り交ぜる必要がある。

　ヘビーレッグプレスも、太ももと臀部の筋肉量を増やすのに効果がある。レッグエクステンションは大腿四頭筋をアイソレートして鍛えるための種目で、筋肉量を増やすための動作とは考えられていない。

　言うまでもなく、質の高いセパレーションとディフィニションは食事制限で体脂肪を極端に減らさない限り達成できない。しかし食事制限だけでは不十分で、レッグエクステンション、ランジ、レッグカールなどのエクササイズで太ももを鍛える必要もある。また、ハックスクワットをワークアウトに取り入れると、究極の硬さとディフィニションを得やすくなる（ちなみにスクワットとランジは、次のセクションで説明する種目とともにハムストリングスにもある程度効く）。

ハムストリングス

　太ももの前面だけでなく裏側もよく発達していたボディビルダーは以前から多かったが、大会では裏側の大腿二頭筋はそれほど重視されていなかった。しかし今では、トム・プラッツ、セルジオ・オリバ、ロビー・ロビンソンといった選手の活躍もあり、大腿二頭筋が重要視されるようになった。

　上腕三頭筋と同じく、大腿二頭筋はさまざまなポーズで重要な役割を果たす。サイドチェストやトライセップスのポーズをとると、大腿二頭筋の張り出しがはっきり見える。バックポーズでは三角筋後部、僧帽筋、広背筋がいくら力強くディフィニションが明確であっても、大腿二頭筋の発達不足を補うことはできない。バックダブルバイセップスや

トム・プラッツ以上に厚く盛り上がった大腿四頭筋を鍛え上げた者はいない。特に太ももの筋肉が膝に付着する下部において、それが際立っている。

BOOK THREE

部位別エクササイズ

トップボディビルダーは、ステージでポーズをとるときはすべての筋肉を収縮させなければならないことを知っている。これは主に上半身の筋肉を誇示するポーズだが、ケビン・レブローニは脚にもしっかり気を配り収縮させている。

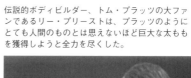

ボディビルダーは、大腿四頭筋と大腿二頭筋の間に明確な境界線を入れようとする。フレックス・ウィラーの脚の境界線は、あたかも剣で斬ったかのように鮮明だ！

伝説的ボディビルダー、トム・プラッツの大ファンであるリー・プリーストは、プラッツのようにとても人間のものとは思えないほど巨大な太ももを獲得しようと全力を尽くした。

フレックス・ウィラーも、質・量ともに見事な大腿四頭筋の持ち主だ。

バックラットスプレッドなどのバックポーズでは、背中、肩、腕の筋肉量とのバランスをとるために、大腿二頭筋とふくらはぎがしっかり発達していることが必要なのだ。また最近ではストリエーションの入った大腿二頭筋を目にすることも多くなってきたが、これは10〜15年前にはほとんど見られなかった。そしてカーレースをはじめほぼすべてのスポーツに共通する現象だが、誰かが何か新しいことを成し遂げると他の誰もがまねをして同じ成果を追い求める。だから筋肉量が豊富でストリエーションがあり血管の浮き出た大腿二頭筋は、将来例外ではなくむしろ標準になる可能性が高い。

　大腿二頭筋が発達すればするほど、脚を少し離していても、太ももの内側同士がぶつかり、擦れ合うようになる。大腿二頭筋がしっかり発達していると、横から見たときに太もも前と後ろがはっきりした線で分割されているように見えるようになる。この見た目は、質の高い脚のトレーニングを成し遂げたという証にもなる。

　ハムストリングスを発達させる主なエクササイズは、レッグカールだ。これはうつ伏せで行うこともできるし（通常は両脚を同時に鍛える）、立って行うこともできる（片脚ずつ行い、アイソレーションを高める）。また、この筋肉はスクワットやランジでも使われ、特に可動域の下部で強く働く。

　大腿二頭筋を完全にストレッチするには、ストレートレッグデッドリフトとグッドモーニングがおすすめだ。どちらも主に背中下部（腰）を鍛えるエクササイズだが、太ももの裏側や大臀筋の発達にも効果がある。

　大腿二頭筋は、さまざまなショック法（ドロップセット法、パーシャルレップ、フォーストレップ、スーパーセットなど）にもよく反応することを覚えておこう。ショックを与えれば与えるほど、この筋肉の発達が期待できる。

1974年ミスターオリンピアでの私の写真。リラックスポーズとはいえ、ハムストリングスは意識的に収縮させて引き締めている。この年は例年以上にハムストリングスを鍛え上げたが、それが功を奏した。

初級プログラムと上級プログラム

　初級プログラムでは、脚の各重要部位を鍛えるための基本エクササイズであるスクワット、ランジ、レッグカールだけを取り入れた。スクワットとランジは、太もも前面と大臀筋の筋肉量を増やし筋力を高める。レッグカールは太ももの裏側を鍛えるのに最も効果的なエクササイズだ。

　しかし初級プログラムに含まれているからといって、これらのエクササイズが初心者向けにすぎないと勘違いしないこと。上級者になっても、すばらしい太ももを作り維持するためには、これらのエクササイズが不可欠であることに変わりはない。特定のウィークポイントだけを鍛えるような特殊なトレーニング以外は、常にこれらの基本エクササイズに頼る必要がある。

　上級トレーニングでは、スクワットを多様なやり方で行うべきだ。たとえばフロントスクワットは背筋を伸ばしたまま行うことになるので、その姿勢が筋肉にいつもとは異なる刺激を与える。ハックスクワットでは完全にしゃがみ込むことで太ももの下部が鍛えられるし、大腿四頭筋と大腿二頭筋のセパレーションを作りやすくなる。このように多様なスクワットを行うことで、脚をさまざまな角度から刺激できる。また大腿二頭筋を鍛えるストレートレッグデッドリフトなどの種目では、この筋肉にかかる負荷を段階的に上げていくことができる。

　脚のトレーニングは極めてハードなので、コンディショニングも重要な要素だ。最初のうちは、プログラムに含まれる数種類のエクササイズをこなすだけでもきついと感じるだろう。しかし、しばらくして筋力がつきコンディションが整ってくれば、上級プログラムと大会向けプログラムで示したトレーニング内容はかなり厳しいものではあっても、十分こなせるレベルだろう。

大会向けプログラム

　大会に向けたトレーニングを始めると、脚の発達のさらに多くの側面——筋肉の全体的な形、ストリエーションの質、完全なセパレーション、体の他の部位とバランスよく発達した太ももなど——に目を向けなければならない。これらを実現するためには、あらゆるショック法を駆使してトレーニング強度を上げ、通常でも厳しい脚のトレーニングをほぼ不可能に思えるほど過酷なものにする必要がある。

　たとえば脚のトレーニングをスーパーセットで行うと、本当に疲れきってしまうことに気づくだろう。太ももは人体で最も大きな筋肉であり、休息なしで2セット以上続けると体調がよほどよい場合でなければ簡単にオールアウトに達する。スーパーセットは、たとえばスクワットとレッグエクステンションのように同じ筋肉内での組み合わせでもいい

し、ランジとレッグカールのように太ももの前と後ろの筋肉で組んでもいい。こうした強度の高いトレーニングを行うのには、もちろん理由がある。太もものあらゆる部分を発達させるためには、あらゆることをする必要があるのだ。

　このレベルでは、自分の現状をありのままに見つめる必要がある。自分の太ももをじっくり見て、その発達状況を優秀、順調、不十分といった具合に正確に評価しなければならない。勝つためのカギは、ウィークポイントを手遅れになるまで放っておくのではなく、早期に発見しできるだけ早めに改善に取りかかることだ。

　大会向けプログラムは、発達状況を自分で完全にコントロールできるようになることを目的として組み立てられている。そのためには自分の身体構造をしっかり把握し、どの動作が脚のどの部分（太ももの上部や下部、内側や外側、大腿二頭筋の起始部、停止部、厚みなど）を鍛えるようになっているのかを完全に理解しなければならない。スクワット、フロントスクワット、レッグプレス、ハックスクワットがそれぞれどこに効くのかを正確に感じ取り、どのようにプログラムを変更すれば自分に最も効果的なエクササイズの割合を増やせるのかを学ぶ必要がある。これらすべてを知ることで、タイトルを獲得するために必要な総合的な発達を達成できる。

　忘れないでほしいが、プログラムに組み入れたエクササイズはどれも重要なものばかりだ。プログラムを変更するにしても、基本種目をすべて省いてしまうのは賢明ではない。スクワットは筋肉量を増やし、レッグエクステンションは形を整えディフィニションを作る効果がある。この２つの基本種目に他の重要エクササイズを組み合わせたプログラムこそが、全体として質の高い発達をもたらす。

　大会向けプログラムでは、エクササイズの種類を増やすことよりもスーパーセットを多用してトレーニングの「時間強度」を高めることに重点を置いている。大会では太もものディフィニションとセパレーションが際立っている必要がある。私の経験上、その見た目を実現するには、スーパーセット（レッグエクステンションとスクワット、フロントスクワットとレッグカール、ハックスクワットとレッグカールなど）を多用するのが最も効果的だ。スーパーセットを取り入れることで筋肉の灼熱感が非常に強まり、成功への意欲がセットごとに試される。これこそが目標を達成するための最良の方法だ。

　私は普段の太もものトレーニングにドロップセット法を使うことはなかったが、大会に向けてのトレーニングには実に効果的だ。以前、もっと太もものディフィニションが欲しかった私は、スライド式のハックスクワットマシンでその効果を試してみた。最初はなんとか６レップできるくらいの重量をつけ、次に少し軽くしてさらに６レップ行った。最終的にこの方法で５セット（30レップ）こなしたが、大腿四頭筋にものすごい灼熱感を感じた。この方法はレッグエクステンションでもかなりの効果があった。

　脚は驚異的な持久力があるので、ドロップセット法でセットを続けることで、すべての筋繊維を完全に疲労させられる。ドロップセット法でトレーニングするのに適したマシンもある。ピンの位置を変えるだけですばやくウエイトを減らせるマシンなら、ウエイトをコントロールできなくなる心配をせずに、脚が完全にオールアウトするまで鍛え続けるこ

とができる。スクワットでも、プレートをバーから引き抜くことで同じ効果が得られる。やってみれば、今まで経験したことのない過酷なエクササイズだと気づくだろう。

　私が太もものトレーニングで急激な進歩を遂げたのは1971年のことだ。そのとき私が最も必要としていたのは、単なる筋肉量ではなくディフィニションとセパレーションの深さだった。そこで私は、脚のトレーニングをレッグエクステンションとスクワットのスーパーセットから始めることにした。レッグエクステンションをハードにやった後、ひどく疲れて弱った状態ですぐさまスクワットに移るので、当初は太ももにまったく力が入らなかった。315ポンド（142.9kg）を担いでスクワットしようにも、ほとんど脚を動かせなかったのだ。しかし努力を重ねた結果、すぐにレッグエクステンションの直後でもヘビースクワットができるようになり、私の太ももはこの新たなショックに驚くほど反応した。またフロントスクワットの直後にレッグカールを行うスーパーセットも効果的だった。

　膝上にある太もも下部の筋肉を際立たせるために、私はいつもハックスクワットに頼ってきた。特に大会前はそうだった。ハックスクワットは、最大限の硬さ、ディフィニション、セパレーションを生み出す。私はスティーブ・リーブスを通してこのエクササイズのよさを知ったが、この種目が大会に向けて脚の形を整えるときに実に有益だと気づいたのは彼が最初だった。

　トム・プラッツは脚の持久力を枯渇させ、筋肉を疲労困憊させる方法を身につけていた。たとえばレッグエクステンションをする際、彼はできる限り多くのフルレップをこなした。疲れてフルレンジの動作ができなくなると、4分の3、ハーフ、4分の1と、動作範囲を狭めながらできる範囲でウエイトを動かし続けた。しまいには疲労のあまりのマシンの上で仰向けになってしまうほどだったが、それでも彼の脚はまだ収縮し続けウエイトを数cmだけ動かしていた。大腿四頭筋が文字通り疲れ果て、ウエイトがピクリとも動かなくなるまで彼は止めなかったのだ。このように、ウエイトを軽くしていくのではなく動作範囲を狭めていくのが、プラッツ流のパーシャルレップのやり方だ。

　またプラッツは人一倍厳しく脚を鍛えた。だからこそ誰よりも大きな成果を手に入れたのだ。たとえば、彼は315ポンド（142.9kg）のバーベルを担いでスクワットを35レップも行い、1分足らずの休息の後にさらに25レップをこなした。続けてレッグエクステンションとレッグカール、ハックスクワットとレッグプレスのスーパーセットを完全に疲れ果てるまで行い、ふくらはぎの厳しいトレーニングも欠かさなかった。そして脚のワークアウトの仕上げに、ジムから出て自転車で20マイル（32.2km）も走っていた。

　これらは、チャンピオンたちが太ももを鍛えるために使ってきた方法のごく一部にすぎない。トップクオリティーの脚を作るには、ハードワークとテクニックの知識に加え、さまざまなショック法を駆使して最大レベルのトレーニング強度を生み出すことが重要だ。たとえばレッグエクステンション、レッグカール、ハックスクワット、マシンスクワットなどではフォースドネガティブ法を使う。これらはすべてマシンで行うため、ケガの心配はしなくていい。スクワットなどの種目ではスタッガードセット法を使う（8セット、10セット、あるいはそれ以上のセットを他のエクササイズの合間に行う）。さらに事前疲労

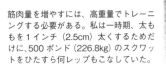

筋肉量を増やすには、高重量でトレーニングする必要がある。私は一時期、太ももを1インチ（2.5cm）太くするためだけに、500ポンド（226.8kg）のスクワットをひたすら何レップもこなしていた。

BOOK THREE

部位別エクササイズ

この日は写真家ジョン・バリックのカメラの前でポーズをとることができてとてもうれしかった。ワークアウト中に筋肉を収縮させる口実があればいつでも大歓迎だ。セットを終えるたびに、私は鏡の前に立ってトレーニング中の筋肉を収縮させる。思い切り収縮させることで、最大限のディフィニションを生み出せる。太ももの場合は特にそうだ。

脚を鍛えると筋肉が硬くなるだって？ トム・ブラッツの驚異的な柔軟性を見てほしい。

法も使える。レッグエクステンションで大腿四頭筋を事前に疲労させておき、太ももの筋肉が痛みに悲鳴をあげている状態ですぐにスクワットに挑むのだ。脚を極限まで発達させるには、勇気とテクニックと想像力の組み合わせが必要なのだ。

　すべてのボディビルダーに共通する基本的ニーズは、もちろん太ももの筋肉量を増やすことだ。以前の私は全体的な発達はかなりよかったが、ただ単に大きさが足りなかった。必要な筋肉量を得るために、私は脚のルーティンにヘビースクワット、特にハーフスクワットを多く取り入れた。ハーフスクワットなら、かなりの高重量を使うことができ高強度で脚を鍛えられるし、膝を痛める心配もない。筋肉量を増やそうとするなら、必ずパワートレーニングの基本原則に従う必要がある（レップ数やセット数を減らしセット間の休息時間を増やす一方、使用する重量を増やす）。パワートレーニングの主な種目は、バーベルやマシンで行う高重量を使ったフルスクワット、ハーフスクワット、フロントスクワットなどだ。またマシンを使ったレッグプレスも、高重量を使うことでパワー種目になる。

ストレッチと収縮

　大会で疲労のあまりけいれんしているボディビルダーを見ると、たいてい脚の筋肉が最初につっている。脚の筋肉は巨大で強力な筋肉なので、何時間もポーズをとり続けるのに必要な脚の持久力をつけるには、かなりの練習を積まなければならない。

　ワークアウト中にハードなポージング練習をして絶えず脚を収縮させる習慣をつけておけば、筋肉のセパレーションを最大化し、最近のボディビルダーに見られるストリエーションを生み出す助けになる。しかし、この大きな筋肉は収縮すればするほど短くなる傾向があるので、ストレッチでしっかり伸ばすことも重要だ。ほぼすべてのトップチャンピオンは、見事な脚を発達させるためにストレッチを多用している。トム・プラッツを再び例にとると、彼は脚のトレーニングを始める前に15分かけてストレッチをし、終わったらまたストレッチをしていた。

　また、エクササイズをうまく組み合わせれば、ワークアウト中にストレッチをすることもできる。たとえば、レッグカールの直後にストレートレッグデッドリフトやグッドモーニングで大腿二頭筋をストレッチする。あるいは、スクワットやハックスクワットではできるだけ深くしゃがみ込み、レッグプレスでは必ず膝を胸まで持っていくことでストレッチさせることができる。

ウィークポイントトレーニング

　脚の筋肉はかなり大きくて複雑なため、ほとんどのボディビルダーはキャリアのどこかの段階で脚に何らかのウィークポイントがあることに気づくことになる。そのときに必要になるのは、何が問題なのかを分析し、それを修正するためにどのようなエクササイズやテクニックを用いればよいかを理解することだ。

　一般的には、プライオリティ法に従って脚を鍛えることをおすすめしたい。脚のトレーニングはかなりハードなので、最大限の効果を得るにはフレッシュで体力があるうちにトレーニングしたほうがいい。また補助が必要なときにそばにいて、限界まで追い込むことを可能にしてくれるよきトレーニングパートナーを持つことも重要だ。

　脚の各問題については、次のようなエクササイズをおすすめする。

太もも下部の発達

　太もも下部は膝を完全に曲げたときに最もよく鍛えられるので、以下の種目を4分の3動作法（体を完全に下げた後、4分の3ほどしか体を上げない）で行うことをおすすめする。

- スクワット、ハックスクワット、レッグプレス
- レッグエクステンション——膝を完全に曲げることに意識を集中し、太もも下部に最も負荷がかかるポイントまで太ももをストレッチする。

太もも外側の発達

- フロントスクワット
- ハックスクワット
- 各種スクワットとレッグプレス——つま先をまっすぐ前に向け、足幅は狭くする。
- 外転筋を鍛えるマシンやエクササイズ

大会に出始めた当初、脚が私のウィークポイントだと思われていた。しかしハードワークを重ね、プライオリティ法やさまざまなショック法（自分で考案したものもある）に従って太ももを鍛えた結果、1970年代初頭には太ももはもはや弱点ではなくなった。

太もも内側の発達
- ランジを多めに——太ももの内側に非常に効果的なエクササイズ
- ストレートレッグデッドリフト
- 各種スクワットとレッグプレス——つま先を外側に向け、足幅は広めにとる。
- 内転筋を鍛えるマシンやエクササイズ

太もも前面の張り出し
- ハックスクワット——かかとの下に台を置くと、大腿四頭筋への負荷が増す。
- シシースクワット

太ももを発達させるためには、さまざまな動作をする際につま先の向きや足幅を変えることが有効。

全体的な発達
- 足を肩幅に開く
- つま先を少し外側に向ける

太もも外側（外側広筋）の強調
- 足幅は狭く
- つま先をまっすぐ前に向ける

太もも内側（内転筋群）と太もも前面（内側広筋）の強調
- 足幅は広めに
- つま先は外側に大きく開く

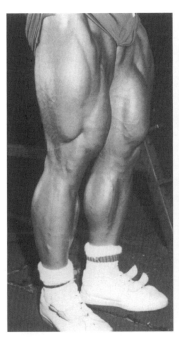  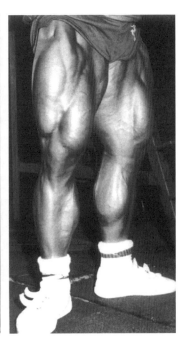

脚のエクササイズ

スクワット

エクササイズの目的：脚（特に太もも）の筋肉量を増やし筋力を高める。フルスクワットは、下半身全体の筋肉量を増やす伝統的エクササイズのひとつだが、主に大腿四頭筋の4つの筋肉（頭）を発達させるための種目だ。

やり方：（1）バーベルラックの中に入り、肩でバーベルを担げる位置に立つ。バーを握ってバランスをとり、バーベルを持ち上げてラックから離れる。スクワット動作は足全体を床につけて行ってもよいし、かかとを低い台の上に置いて行ってもよい。（2）頭を上げ、背筋を伸ばして膝を曲げ、太ももが床と平行になるまでしゃがみ込む。この状態から、スタートポジションまで体を押し上げる。

　スクワットは（特にこの種目を始めたばかりのころは）太ももを床と平行よりも低く下げることが重要だ。そうすれば可動域全体を通して筋力を強化できる。最初のうちは十分低くまで下げておかないと、その後重量を増やしたときにケガをする可能性がある。足の開きとつま先の向きは、スクワット中に太もものどの部分に最も負荷がかかるかをある程度左右する。足幅を広くすると太ももの内側が鍛えられ、狭くすると外側が鍛えられる。また、つま先を外側に向けると太ももの内側に負荷がかかる。最大限にパワーを発揮するためには、一般的に足を肩幅に開き、つま先をやや外向きにするのが基本だ。

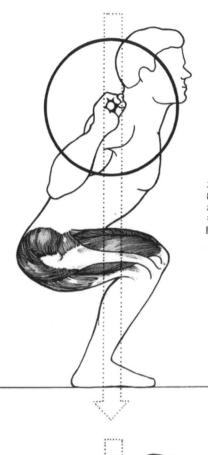

スクワットの効果を最大限に引き出すポイントは、バーを常に足の真上に持ってくることだ。また膝を曲げてしゃがむ際は、必ず頭を上げて背筋を伸ばすこと。そうすることで腰への負担が減り、脚と臀部の筋肉にしっかり負荷がかかる。

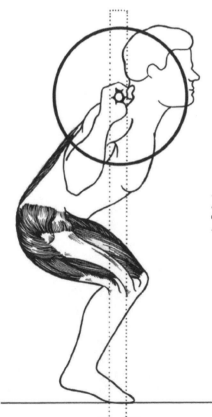

このように頭を前に出すと、本来のターゲットである太ももへの負荷が減り、腰の負担が増す。脚の長いボディビルダーは、脚の短い人よりもこのような姿勢になりやすい。

ヘビースクワット

スクワットのやり方は、個々のプロポーションに応じて大きく変化する。私は背が高いので、ヘビースクワットをするときはいつもかなり前かがみにならざるを得ず、腰にかなりの負荷がかかってしまう。スクワットはできるだけ背筋を伸ばして行い、バーベルを下ろすときに尻とバーがなるべく垂直になるのが理想的だ。フランコ・コロンブやトム・プラッツはいとも簡単にそれをやってのけるが、私の場合はバーが前に出すぎて尻が後ろに突き出た姿勢になってしまう。だから私は確実に大腿四頭筋に負荷がかかるように、いつもフロントスクワットを多めにルーティンに取り入れている。

ハーフスクワット

エクササイズの目的： 太ももの筋肉量を増やしパワーを強化する。

やり方： この種目は通常のスクワットと同じように行うが、バーベルを半分までしか下ろさないためより高重量を扱える。

トム・プラッツ

マシンスクワット

エクササイズの目的：大腿四頭筋を発達させる。マシンを使ってスクワットをすれば、膝や腰など他の部位にかかる負荷を抑えながら、太ももを高強度で鍛えられる。スクワット動作を再現するマシンにはいろいろなタイプがあり、ウエイトや摩擦、さらには空気圧縮など、さまざまな方法を使って抵抗を生み出している。個人的には、スミスマシンを使ったマシンスクワットが気に入っている。

やり方：(1) バーの下に肩を入れて立ち上がる。目的とする効果が得られるように足の位置を調整する。(2) 膝を曲げ、太ももが床と平行よりも低くなるまでしゃがみ込んだら、スタートポジションまで押し上げる。

つま先を外側に向けると、太ももの内側を効果的に鍛えられる。この姿勢でバーベルのバランスをとるのは難しいが、マシンなら簡単にできる。足を前に出して立てば、大腿四頭筋の特に下部（膝に近い部分）をアイソレートできるうえ、前かがみになる必要がないので腰への負担も最小限に抑えられる。

マシンスクワット
——つま先を外側に向ける

マシンスクワット
——足を前に出す

ヘビースクワットをする際、膝にラップを巻くと関節内の静水圧が高まり、関節や靱帯のケガを防ぐのに役立つ。

BOOK THREE 部位別エクササイズ

フロントスクワット

エクササイズの目的: 太ももを中心に脚を鍛える。フロントスクワットは、大腿四頭筋外側の張り出しを発達させる。

やり方:（1）ラックにかかったバーベルの前に立ち、両腕を上げてバーの下に差し入れ肘を高く上げる。腕を交差させ、両手でバーをしっかり握る。バーベルを持ち上げてラックから離れ、両足を開いてバランスをとる（かかとを低い台の上に置くとバランスをとりやすい）。（2）頭を上げたまま背筋を伸ばして膝を曲げ、太ももが床と平行になるまで腰を下ろす。スタートポジションまで体を押し上げる。この種目は背筋を伸ばしたまま、ゆっくりとストリクトに行うこと。スクワット動作は鏡の前で行うと、背筋がきちんと伸びているかを確認できる。

フロントハーフスクワットはフロントスクワットと同じ要領で行うが、腰を半分までしか下ろさない。

シシースクワット

エクササイズの目的：大腿四頭筋下部をアイソレートする。この種目はスクワットと呼ばれるが、脚への負荷のかかり方はレッグエクステンションに近く、大腿四頭筋下部（膝に付着する部分）に大きな負荷がかかる。

やり方：(1) 足を数cm開いて直立し、ベンチなどにつかまって体を支える。(2) つま先立ちになり、膝を曲げてゆっくりと腰を下ろす。このとき、骨盤と膝を前に出し、頭と肩は後ろに傾ける。(3) そのまま、尻がかかとにつくくらいまで体を下げる。太ももの筋肉をストレッチした状態で一旦静止したら、脚を伸ばして立ち上がる。動作の最上部で太ももの筋肉に力を込め、思い切り収縮させる。そうすることで最大限のカットと発達が得られる。

レッグプレス

エクササイズの目的：太ももの筋肉量を増やす。スクワットには腰に負担がかかるという欠点があるが、レッグプレスなら腰に負担をかけずに超高重量で脚を鍛えられる。

やり方：(1) レッグプレスマシンの中に入り、両足を揃えてフットプレートに置く。膝を曲げて肩に近づけ、できるだけウエイトを下げる。(2) ウエイトを押し上げ、脚を完全に伸ばしきる。このとき、手で膝を押して脚を押し上げようとしたり、胸の前で腕を組んで可動域を狭めたりする癖をつけないこと。

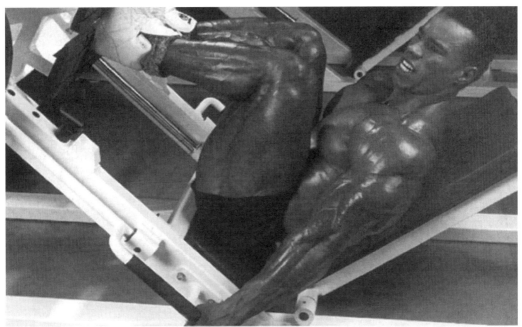

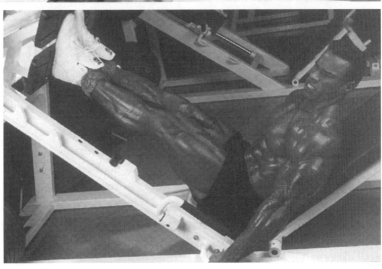

ケビン・レブローニ

レッグプレスのバリエーション

　レッグプレス動作を行えるマシンはいろいろある。傾斜したレールに沿って動くものもあれば、水平に動くものもある。どのタイプのマシンを使うにしろやり方は基本的に同じで、膝をできるだけ肩に近づけるのがポイントだ。

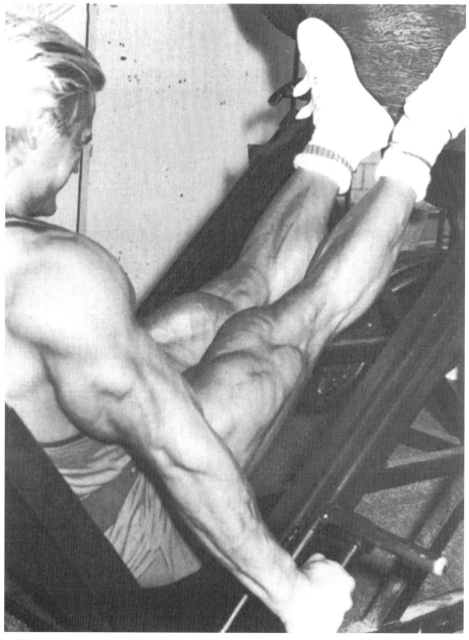

つま先を開いてインクラインレッグプレスを行うトム・プラッツ

ハックスクワット

エクササイズの目的： 太ももの下部を発達させる。ハックスクワットは、可動域下部で強い負荷がかかるプレス動作だ。

やり方： (1) マシンの種類に応じて、パッド付きのバーの下に肩を入れるか、ハンドルを握るかする。両足を揃え、つま先を少し外に向ける。(2) 脚で足板を押してウエイトを押し上げ、脚をしっかり伸ばす。そうすることで、脚に負荷がかかり続ける。次に膝を曲げて体を下げる。脚は通常のスクワットのときよりも鋭角に曲げる。すべてのレップで、できるだけ低い位置まで腰を下ろし、可動域の下部を重点的に行う。(3) 最後の数レップは、押し上げるときに背中を反らし、腰をマシンから浮かす。脚はロックしない。こうすると、大腿二頭筋と大腿四頭筋のセパレーションが強調され、サイドチェストポーズをとったときに太ももが大きく見える。

リー・プリースト

ランジ

エクササイズの目的： 太ももの前面と大臀筋を発達させる。

やり方：（1）バーベルを肩に担ぎ、両足を揃えて直立する。（2）頭を上げたまま、背筋を伸ばして胸を突き出す。その姿勢のまま、一方の足を一歩前に踏み出す。膝を曲げて、反対側の膝が床すれすれに来るまで下ろす。踏み出す歩幅は後ろの脚がほぼ伸び切るくらいにする。力強い動きで体を一気にスタートポジションまで押し戻し、両足を揃える。次に反対の足を前に踏み出し、同じ動作を繰り返す。一方の脚で所定のレップをこなしてから、もう片方の脚に入れ替えてもよいし、セット中に脚を交互に入れ替えてもよい。

レッグエクステンション

エクササイズの目的：太もも前面のディフィニションを作り、形を整える。レッグエクステンションは、サイズを落とさずに太もものディフィニションを深める。特に膝まわりを発達させるのに適した種目だ。

やり方：（1）レッグエクステンションマシン（いろいろな種類がある）のシートに座り、パッド付きのバーに下から足をかける。（2）マシンにしっかり座ったまま、脚を最大限に伸ばす（体を浮かせてチーティングでウエイトを持ち上げないこと）。脚を思い切り伸ばして膝をロックアウトし、大腿四頭筋を最大限に収縮させる。ゆっくりとウエイトを下ろし、太ももをしっかりストレッチする。このとき、足は膝よりも後ろに下げないこと。確実に脚を伸ばし切れるように、トレーニングパートナーに、脚を完全に伸ばしたときに足が触れる位置に手をかざしてもらうとよい。

レッグカール

エクササイズの目的： ハムストリングス（太ももの裏側）を発達させる。

やり方：(1) レッグカールマシンにうつ伏せになり、かかとをレバーに下から引っかける。脚はまっすぐ伸ばしておく。(2) ベンチに体をつけたまま、脚をできるだけ高く持ち上げ、大腿二頭筋を完全に収縮させる。脚の力を抜き、スタートポジションまでゆっくりと下ろす。このとき、ベンチから体が浮き上がらないように、ハンドルかベンチにつかまる。このエクササイズはストリクトに、可能な限りフルレンジで行うこと。私の経験から言えば、肘を支えにすれば下半身をしっかりベンチにつけておきやすい。

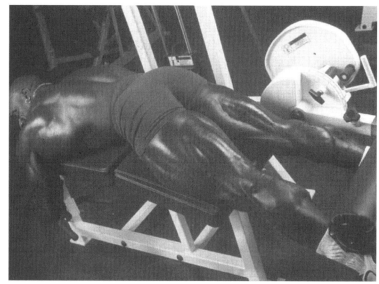

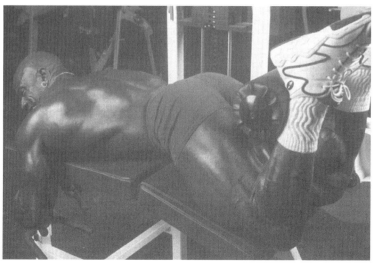

ウィリー・ストーリングス

スタンディングレッグカール

エクササイズの目的： 大腿二頭筋を発達させる。スタンディングカールマシンを使えば片脚ずつトレーニングできるので、大腿二頭筋をさらにアイソレートして鍛えられる。

やり方：(1) マシンの前に立ち、一方の脚の後ろ側を足元のレバーに引っかける。(2) 体を安定させ、脚をできるだけ高く持ち上げる。脚の力を抜き、レバーをスタートポジションまで下ろす。一方の脚でセットを終えたら、反対の脚で同じ動作を繰り返す。動作はゆっくりとストリクトに行うこと。

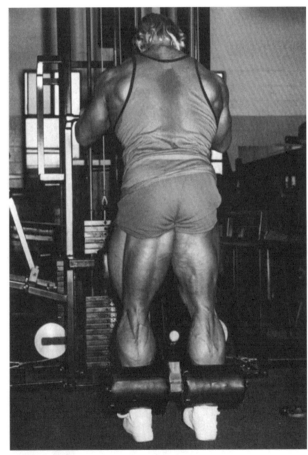
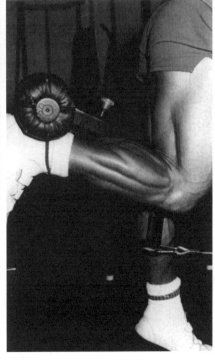

ストレートレッグデッドリフト

エクササイズの目的： ハムストリングスを鍛える。大臀筋と腰にも効く。

やり方：（1）デッドリフトと同じようにバーベルを持って直立する。（2）両脚を伸ばしたまま、背中を丸めずに上体を腰から前に曲げ、床とほぼ平行にする。バーベルは腕を伸ばして下に垂らす。直立姿勢に戻り、肩を後ろに引き、背骨を反らせて腰の脊柱起立筋を完全に収縮させる。通常のデッドリフトとは異なり、このエクササイズでは脚の反動を使わないので、使用重量はかなり下がる。オリンピックプレートのバーベルを使う場合は、台やベンチの上に立つとよい。そうすれば大きなプレートを床につけずに、バーベルを最大限に低い位置まで下ろすことができる。その際、背中を丸めないこと。

ふくらはぎ

ふくらはぎの筋肉

ヒラメ筋は、ふくらはぎの2つの筋肉のうち、深層にある大きな筋肉。腓骨と脛骨の両方から起始する。

基本機能：足を屈曲させる。

腓腹筋は2つの頭（起始部）を持ち、それぞれ大腿骨下部の外側と内側から起始する。両頭はヒラメ筋を覆うようにひとつになり、ヒラメ筋とともにアキレス腱に停止する（アキレス腱は踵骨に付着する）。

基本機能：足を屈曲させる。

前脛骨筋は、脛骨に沿って下腿の前面に伸びる。

基本機能：足を屈曲させる。

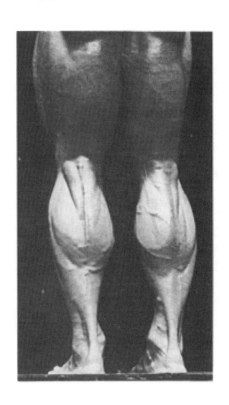
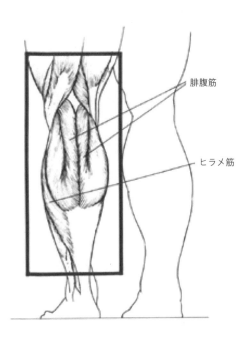

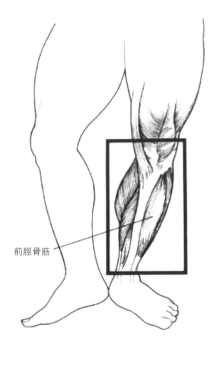
前脛骨筋

1995年ミスターオリンピア大会のケビン・レブローニ、ドリアン・イェーツ、ショーン・レイ、クリス・カミアー。彼らの肉体をじっくり見てみよう。背中、肩、僧帽筋、腕がどれほど優れていても、ポーズをとってふくらはぎの筋肉を収縮させたときに何の変化もなければ、全体的な印象が台無しになっていたことだろう。

ふくらはぎを鍛える

ふくらはぎは、三角筋や腹筋と同様、見た目の美しさに大きく寄与する部位だ。よく発達したふくらはぎは、ステージ上だけでなく、ビーチやテニスコートでも栄える。しかしそれ以上に、見事に発達したふくらはぎは、歴史上理想的な男性の肉体と結びつけられてきた。古代ギリシアの彫刻家は戦士やスポーツ選手の像を作る際、巨大な三角筋や洗濯板のような腹筋に加え、力強いふくらはぎを重視していた。

理想的には、ふくらはぎは上腕二頭筋とほぼ同じくらいに発達しているべきだ。もしふくらはぎが上腕より小さいなら、ふくらはぎのトレーニングに重点を置いてその差を埋める必要がある（クリス・ディッカーソンは例外的に、生まれつきふくらはぎが腕より大きかった唯一のボディビルダーだ）。

ふくらはぎは、全身で最も発達させるのが難しい筋群だと考えられている。しかし、ふくらはぎも他の筋肉と同じようにトレーニングに反応する。ただ、さまざまな角度から超高重量で鍛える必要があることは意識しておかなければならない。

歩いたり走ったりするときのことを考えてみよう。まず足を進行方向に向ける。足の裏で地面を蹴って前に進み、急停止し、向きを変え、坂を上ったり下りたりする。さまざまな動作をするたびに、ふくらはぎの筋肉が体重を支えている。つま先立ちになるときには体を持ち上げ、かかとを下ろすときには体を下げ、足をさまざまな方向にひねるのを助けている。

レジ・パークとトレーニングするまで、私はふくらはぎを思うように大きくすることができなかった。私はカーフレイズを500ポンド（226.8kg）か600ポンド（272.2kg）でやっていたが、彼は1000ポンド（453.6kg）で行っていた！　彼は、私の左右のふくらはぎは普段から私の体重250ポンド（113.4kg）を支えるのに慣れているため、500ポンド（226.8kg）の負荷はふくらはぎにとって「ふつう」の重さだと指摘して

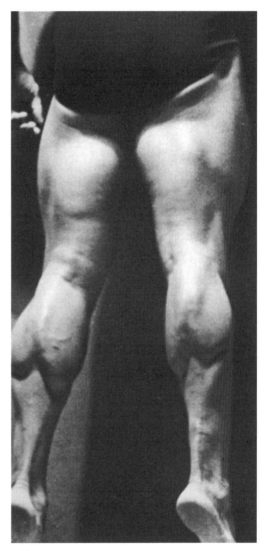

レジ・パーク

くれた。つまり私が使っていた重量でトレーニングしても、ふくらはぎにほとんど効果がなかったのだ！

　ふくらはぎの筋肉量を増やす主なエクササイズはスタンディングカーフレイズだが、この種目は高重量で行うことが重要だ。スタンディングカーフレイズはドンキーカーフレイズと同じく、ふくらはぎの腓腹筋とヒラメ筋をともに鍛える。シーテッドカーフレイズはヒラメ筋によく効く。

　多くのボディビルダーは、ふくらはぎのトレーニングを後回しにしている。通常のワークアウトの前や後に各10分程度と、他の部位よりもはるかに少ない時間しかトレーニングしていない。それなのに、ふくらはぎが反応しないと不満をもらすのだ。

　私は、ふくらはぎを他の部位と同じように扱うべきだと考えている。ふくらはぎは常に働いておりすばやく回復するようにできているので、私はふくらはぎのトレーニングに1日30分から45分ほどかけ、さまざまな種類のエクササイズを行っている。スタンディングカーフレイズとシーテッドカーフレイズを数セットするだけでなく、ふくらはぎの上部と下部、内側と外側のすべての部分を鍛えるのに十分なエクササイズを行っているのだ。

　ふくらはぎはタフな筋肉で、日常的にハードワークに慣れている。だから、ふくらはぎを成長させる最良の方法は、可能な限りさまざまな高強度トレーニング法を駆使して常にショックを与えることだ。たとえばドンキーカーフレイズでは、私はよく220ポンド（99.8kg）のボディビルダー3人を背中に座らせたものだ。もう1レップもできなくなるとひとりずつ下ろし、レップを再開してはふくらはぎが苦しくて悲鳴を上げるまで続けた。最終的には自重で行い、ふくらはぎが爆発しそうになるのを感じながらセットを終えた。

　ショック法としてはパーシャルレップも効果的だ。私はふくらはぎのトレーニングの約4回に1回は、超高重量で2分の1や4分の1の可動域で行い、ふくらはぎの筋肉に大きな負荷をかけた。実際、本書に書かれているショック法のほぼすべては、ふくらはぎにも応用できる（スタッガードセット法、レストポーズ法、フォースドロップ法、21レップ法、スーパーセット、ランニング・ザ・ラック法など）。ふくらはぎにショックを与えれば与えるほど、ふくらはぎに予想外の刺激を与えれば与えるほど、ふくらはぎは発達する。

　あるとき私がスタンディングカーフレイズをしていると、若いボディビルダーが近寄ってきて、「ふくらはぎの発達が本当にすばらしいですね！」と言った。私は彼に「君にだって同じようなふくらはぎを手に入れることができる」と言った。「ただし、その代償を払う気があればの話だが」と。彼は困惑した様子で、どういう意味かと尋ねた。「このようなふくらはぎにするには500時間かかる」と私は言った。「それ未満だと、結果が出ない」。

　500時間という数字を分析すると、こうなる。500時間は、45分かかるふくらはぎのトレーニング660回あまりに相当する。ふくらはぎのトレーニングが週4回だとすると、660を4で割って約165週間、つまり3年以上になる！　だから、クリス・ディッカーソンのような遺伝的に見事なふくらはぎの持ち主でない限り、ふくらはぎを鍛え上げるには最低でも3年間の過酷なトレーニングが必要なのだ。

このように懸命に努力をしても、ふくらはぎが自慢の部位になるとは限らない。しかし他の部位を鍛え上げる能力があるのであれば、私がおすすめするトレーニングプログラムに間違いなくふくらはぎが反応するはずだ。

ふくらはぎのストレッチ

筋肉を完全に収縮させるには、まず完全にストレッチさせなければならない。これはフルレンジでふくらはぎを鍛える場合、つま先立ちでできるだけかかとを上げて収縮させる前に、まずできるだけかかとを下げてふくらはぎを思いきりストレッチするということだ。

これを極限まで行っているのがトム・プラッツで、彼はシーテッドカーフレイズマシンの端にパートナーを座らせて、かかとをこれでもかというくらいに下げさせふくらはぎを極限までストレッチしている（彼の真似をしようとする場合は、細心の注意を払って行うべきだ）。トムのやり方は、私が何年も前に発見した原理を使っている。つまり、可動域が広ければ広いほど、ストレッチと収縮が完全であればあるほど筋肉は発達するのだ。この原理は、特にふくらはぎのトレーニングにおいて価値がある。というのも、私たちが歩いたり走ったりするときにふくらはぎを使うのは、ほとんどがミドルレンジだからだ。

私はスタンディングカーフレイズで、動作の最下部でかかとが床に触れるくらいの高さの台を使うのが好きだ。かかとを下げて床に触れれば、ふくらはぎの筋肉を最大限にストレッチできたことがわかるからだ。

初級プログラム

ふくらはぎのトレーニングを始めたばかりのころは、おそらくこれまで述べてきたような高重量は扱えないだろう。トレーニングしていないふくらはぎの筋肉は、可動域における「強度曲線」があまりに極端なカーブを描くのだ。

ふくらはぎの筋肉は日常的に自分の体重を支えているが、可動域の両端、つまり完全伸展や完全収縮の状態での動作を求められることはほとんどない。

そのためカーフレイズを始めると、ミドルレンジでは強い力を発揮できるが、可動域の両極端ではそれほど力が出ないことに気づくだろう。だからトレーニングを開始した最初の数カ月は、完全収縮時と完全伸展時のふくらはぎの筋力を鍛え、強度曲線全体のバランスをよくする必要がある。そうして初めて重量を増やし、筋肉を可動域全体で鍛えることができる。

それでもまだ、ミドルレンジが極端に強いはずだ（これはてこの力学的な要因に起因する）。だから私は、初心者の段階からフルレンジでのトレーニングと合わせて、パーシャ

ルレンジでのトレーニングをおすすめする。そうすることで、ミドルレンジで高重量を使ってふくらはぎに十分な負荷をかけられる。

まず初級プログラムでのふくらはぎのトレーニングは、スタンディングカーフレイズを週3回、15レップ×4セットのみにした。まずはこの種目に集中して取り組み、正しいやり方を身につけよう。

1. フルレンジで行う。動作の最下部で完全にストレッチさせ、最上部でつま先立ちになって完全に収縮させる。

2. かかとをできるだけ低い位置まで下げられるように、十分な高さの台を使う。

3. ウエイトを脚の反動で押し上げるのではなく、ふくらはぎの力だけで持ち上げられるように、膝をしっかり伸ばしてストリクトな動作で行う。

4. ふくらはぎ全体を均等に鍛えられるように、足をまっすぐ前に向ける。

5. 他の部位のトレーニングを重視するあまり、ふくらはぎのトレーニングを急いで済ませたり、ワークアウトの最後に気持ち程度に付け足したりしないこと。他の部位に注ぐのと同じくらいのエネルギーと集中力をもってふくらはぎを鍛えよう。

上級プログラムと大会向けプログラム

上級トレーニングと大会向けトレーニングでは、週に6回ふくらはぎを鍛えることをおすすめする。この回数は「オーバートレーニング」だという人もいるが、トップレベルのふくらはぎを持つボディビルダーは、たいていもっと頻繁にふくらはぎを鍛えている。

上級トレーニングでは、筋肉量を増やすためのスタンディングカーフレイズに加え、ドンキーカーフレイズとシーテッドカーフレイズをプログラムに取り入れた。シーテッドカーフレイズはヒラメ筋を鍛え、ふくらはぎを足首近くにまで伸ばす効果がある。ドンキーカーフレイズは肩ではなく腰回りにウエイトがのるため、よりストリクトな動作が行える。

ドンキーカーフレイズは他のふくらはぎエクササイズとは異なり、筋肉を深層まで発達させることができる。ドンキーをした後の感覚は実に独特なもので、単なるパンプ感ではなく筋肉を徹底的に深層まで鍛え尽くしたという感覚が得られる。この種目でもうひとつ気に入っているのは、前かがみになることによってストレッチ量が増え、最大限の可動域が得られることだ。

大会向けプログラムに進むと、新たに2つのエクササイズを学ぶ。前脛骨筋を発達させるフロントカーフレイズと、左右のふくらはぎの筋肉をアイソレートして鍛えるワンレッグカーフレイズだ。また単に種目を追加するだけでなく、エクササイズ中のつま先の向きにも変化を取り入れ、ふくらはぎ全体の形を整えることにも取り組めるようにしてある。

先に述べたように、ふくらはぎの成長が遅いボディビルダーのほとんどは、単にふくら

はぎをハードに鍛えていないか、十分な重量でトレーニングしていないかにすぎない。大会向けトレーニングのレベルに進むと、プログラムにはふくらはぎのトレーニングが9〜15セット含まれることになるが、これだけのトレーニングを適切な強度と重量で正しく行えばふくらはぎは必ず成長する。ふくらはぎを確実に発達させるためにやるべきことはほかにもある。プログラムに変化をつけ、ふくらはぎを絶えず驚かせ、刺激し続けるのだ。

　1960年代後半から1970年代前半にかけて、私はふくらはぎのトレーニングに常に変化を取り入れていた。たとえば、ある日のトレーニング内容はこんな感じだ。ドンキーカーフレイズを10レップ×5セット、スタンディングカーフレイズを10レップ×5セット、シーテッドカーフレイズを10レップ×5セット、プレスマシンでのカーフレイズを10レップ×5セット。さらに弱い左のふくらはぎ用にワンレッグカーフレイズを10レップ×5セット（右のふくらはぎは20インチ（50.8cm）あったが、左は19½インチ（49.5cm）しかなかった）。次のトレーニングの日には、順番を変えてシーテッドカーフレイズから始め、それからスタンディングカーフレイズやドンキーカーフレイズをする。順番を変えるのは、ふくらはぎの筋肉になるべく頻繁に、不慣れで予想外の動きをさせるためだ。10レップを20レップに変えたり、5セットだけでなくもっと多くのセットをこなしたりすることもあった。ふくらはぎのトレーニングを40セットやった日もある（フルレンジでは10セットのみ、残りはパーシャルレンジ）。

　さらにドロップセット法からフォースドレップに至るまで、あらゆるショック法を取り入れた。また各種目を終えるたびに必ずストレッチを行い、筋肉を休ませることなくできるだけ広い可動域で動かすようにしていた。

　カーフレイズを1000ポンド（453.6kg）でやるのは、450ポンド（204.1kg）しか挙上できない人には達成不可能な目標に思えるかもしれない。しかし他の多くのことと同じように、段階を踏んで少しずつ達成していけば、必ずその目標に到達できる。月に50ポンド（22.7kg）のペースで重量を少しずつ増やしてみよう。そうすることで、ふくらはぎの筋肉とともに腱や靭帯を強化する時間的余裕もできる。

　またふくらはぎのトレーニングの最後に、普段のセットでラクに扱える重量よりも50ポンド（22.7kg）か100ポンド（45.4kg）重いウエイトを選び、負荷が増した状態で3〜4レップだけ行ってみるのもいい考えだ。そうすれば背中や脚、アキレス腱など、他の部位がその重量に対応できるようになるだけでなく、その重量に対応できるように精神を鍛えておくことにもなる。その後重量を増やす準備ができたときに、その重量に怯むことがなくなるのだ。

　大会という特殊な状況に合わせてふくらはぎを鍛える際は、軽めの重量を使ったほうが効果的な場合もある。低重量でセット数を増やし、筋肉をフルレンジで収縮させることに注意を払うと、ふくらはぎの形を仕上げるのに役立つ。かつて世界一のふくらはぎの持ち主だったケン・ウォーラーは、スタンディングカーフレイズには高重量を使い、シーテッドカーフレイズには低重量（300ポンド（136.1kg））を使うことで、よりよい発達が得られたと語っている。もちろん、これはふくらはぎを大きくするための第一選択肢ではない

が、このレベルに達すれば個人が自分に最適なトレーニング方法を自ら見つけ出せるということをはっきりと示している。

　上級トレーニングでは、あらゆる角度からふくらはぎを鍛え上げることが必要になる。ふくらはぎの前面の前脛骨筋に気を配りつつ、ヒラメ筋と腓腹筋を発達させるには、立位や座位といった通常のバリエーションに加え、つま先の向き（内側や外側）を変えるなどの工夫も欠かせない。

　肉体を鍛え上げるのに役立つことなら、なんでも取り入れよう。具体的にはテクニックに注意する、サポート力の高い靴を履くなどだ。精神面では、自分自身を奮い立たせ、モチベーションを高める方法を学ぶことが重要だ。たとえば、カーフマシンにトップボディビルダーの見事に発達したふくらはぎの写真を飾るのも悪くない。

　ふくらはぎのトレーニングで私が好んで使っていたもうひとつのテクニックは、スーパーセットだ。たとえば、シーテッドカーフレイズを1セット終えたら、すぐさまレッグプレスマシンに移動してカーフレイズをもう1セットこなした（どちらの動作もふくらはぎ下部に効く）。時にはスタッガードセット法も取り入れた。たとえば背中のエクササイズ（チンニング）を1セット終えたら、今度はふくらはぎのエクササイズ（スタンディングカーフレイズ）を1セット行う。それを交互に繰り返すのだ。ワークアウトをすべて終えるころには、すでにふくらはぎのセットを8セットほどこなしており、締めのふくらはぎエクササイズの前に大きなスタートダッシュをきれていた。これはふくらはぎのトレーニングに飽きて、全力を出し切れていないと感じるときにも有効な方法だ。

ウィークポイントトレーニング

　ふくらはぎ全体で見れば成長しているが、特定部分の成長が遅れている場合もあるだろう。その場合の対処法は他の部位と同じで、その不均衡を改善するために特定のエクササイズを取り入れることだ。

ふくらはぎの下部
- ふくらはぎ下部のヒラメ筋（アキレス腱にまで伸びるV字形の筋肉）を発達させるために、シーテッドカーフレイズのセット数を増やす。
- スタンディングカーフレイズでは膝を少し曲げ、ふくらはぎ下部を動作に関与させる。これは可動域の最下部（かかとが床につきそうな位置）でパーシャルレンジ動作をする際に特に効果的だ。

ふくらはぎの上部
- スタンディングカーフレイズでは可動域の上部に重点を置き、特に動作の最上部で完全収縮した状態をキープする。

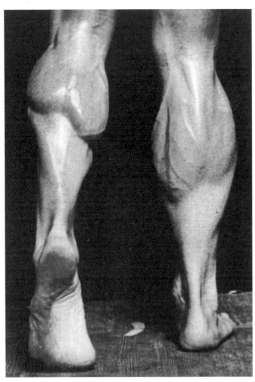
ケン・ウォーラーのふくらはぎは、トップボディビルダーの中でも抜きん出ている。特にふくらはぎ下部の発達が申し分ない。くっきりと浮き出たヒラメ筋の下の腓腹筋が足首まで力強くしっかり伸びている。

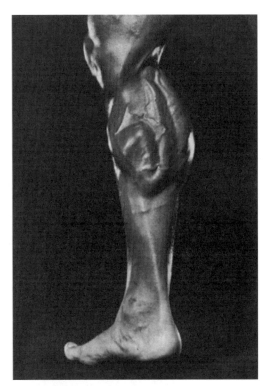
これは私のふくらはぎ。このレベルにまで鍛え上げるには、その代償を払う覚悟が必要だ。強度の高い過酷なトレーニングを少なくとも500時間は集中して行わなければならない。

ふくらはぎの内側
- つま先を外側に向けてふくらはぎのエクササイズを行う。

ふくらはぎの外側
- つま先を内側に向けてカーフレイズを行う。

片方のふくらはぎが極端に小さい
- 小さいほうのふくらはぎのトレーニングに、ワンレッグカーフレイズを2セット追加する（たとえばダンベルを手に持って片足で行うスタンディングカーフレイズとふくらはぎ下部を鍛えるために片足で行うシーテッドカーフレイズを1セットずつ）。実際、ふくらはぎのエクササイズのほとんどは片足でできる。ただし鍛えたい筋肉をしっかり刺激できる重量を使うこと。

ふくらはぎ前面
- 前脛骨筋を発達させると、前から見たときにふくらはぎを幅広く見せる分割線ができる。フロントカーフレイズで鍛えれば、ふくらはぎが1インチ（2.5cm）大きく見え

 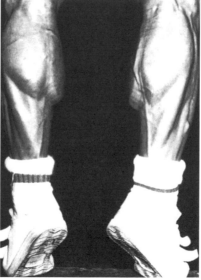 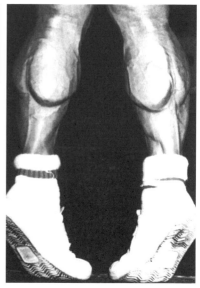

つま先を内側に向けると、ふくらはぎ外側の筋肉を重点的に鍛えられる。

最初のころは、ふくらはぎが一番のウィークポイントだった。当時の写真の多くは、ふくらはぎを水に隠した状態でポーズをとっているものばかりだ！

るようになる。このエクササイズは、ふくらはぎの外側と内側の間にセパレーションを生み出し、筋肉量を増やすだけでは達成できない幅広い見た目を作り出す効果がある。だから、前脛骨筋にも他の筋肉と同じくしっかり注意を払う必要がある（強度の高いトレーニングを4セットと、十分なストレッチ）。

ふくらはぎがウィークポイントのボディビルダーが積極的にその克服に取り組もうとしない理由のひとつは、ジムで足首まであるトレーニングパンツを履けばふくらはぎを隠せばとりあえずは気にせずにすむからだ。以前の私もそうだった。しかし、自分の間違いに気づいてからはふくらはぎのトレーニングに真剣に打ち込み、実にすばらしい進歩を遂げるようになった。

若いころ、体重が230ポンド（104.3kg）、240ポンド（108.9kg）と急成長していたときは、幅広い背中と力強い腕が自慢だった。だからタンクトップやシャツを着ないでトレーニングするのが好きだった。鏡に映る自分の筋肉を見ては、もっと大きく質の高い筋肉をつけようと、よりいっそうハードなトレーニングに励んだものだ。しかしある日、私はふくらはぎを他の筋肉ほど真剣に鍛えていないことに気づいた。そこで私は、この状況を改善しようと決心した。

まず最初にしたのは、トレーニングパンツの裾を切ることだった。これで私のふくらはぎはむき出しになり、誰からも見られる状態になった。ふくらはぎが未発達だとしても（実際そうだったが）、もはやその事実を隠すことはできない。この厄介な状況を変えるにはふくらはぎを高強度でハードに鍛え、脚の後ろ側を巨大な岩のようにするしかなかった。

最初は恥ずかしかった。ジム仲間は私の弱点を見抜き、しきりにあれこれ言ってきたが、最終的にはうまくいった。ふくらはぎを無視することができなくなった私は、この部位を自分の最高の部位のひとつにしようと決心した。精神的にはかなりきついやり方だったが、計画は目論見通りに進んだ。1年も経たないうちに、私のふくらはぎは驚くほどの成長を遂げ、ジムでかけられる言葉は批判的なものから賛辞へと変わった。

ふくらはぎが弱点なら、プライオリティ法を使って本気でふくらはぎを鍛え抜こう。ふくらはぎのトレーニングは精神と肉体のエネルギーが最も高い状態にある、ワークアウトの一番最初に行うのが効果的だ。また、ふくらはぎはジムでなくても鍛えられる。たとえば歩いているときも常につま先立ちで歩くようにすれば、ふくらはぎを通常よりも広い可動域で使うことができる。ビーチにいるなら、砂の上でも同じことをしてみる。30分ほどつま先で砂を掘り下げながら砂の上を歩いていると、ふくらはぎの筋肉にすばらしい灼熱感を感じるだろう。

この写真は、プライオリティ法を使って自分のウィークポイントの解消に努めることがどれほど効果的かを示すよい例だ。ふくらはぎを鍛えようと懸命に努力し始めてから2年後、大会のステージに上がって観客に背を向けたとき、私のふくらはぎは見事に発達しており、ポーズをとって収縮させる前から大きな喝采を浴びるようになった。

ふくらはぎのポージング

　ふくらはぎは、ステージで披露するすべてのポーズで収縮させる必要がある。大会でのポージングは通常、足元から順番にポーズをとっていく。まず足の位置を決め、ふくらはぎと脚に力を入れ、次に上半身を収縮させる。ほとんどのボディビルダーは、ふくらはぎだけポーズをとって筋肉を収縮させる練習をあまりしない。しかし、これができれば、第1ラウンドでリラックスポーズをとっているときでもふくらはぎに力を込めて大きくみせることができるので、審査員に好印象を与えられる。

サイドポーズにおいても、ふくらはぎの発達は重要な役割を果たす。たとえばサイドチェストポーズをとって上半身に集中しているときでも、優れた審査員はふくらはぎもしっかり見ている。

大会の第1ラウンドで「リラックスポーズ」をとっている間もふくらはぎを収縮させ続けることができれば、審査員に強い印象を残せる。とはいえ、ふくらはぎを収縮させる練習をしていなければ、その状態で何分も立っていることはできないだろう。この練習を十分にしなかったために脚がつってしまう選手を、私は数多く見てきた。

このテクニックを身につけるには、ふくらはぎトレーニングのセットの合間にポーズをとって、ふくらはぎの筋肉を収縮させること（フレキシング）をおすすめする。そうすれば、心と筋肉のつながりが強化され、ふくらはぎの見せ方を完全にコントロールできるようになる。また、フレキシング自体がアイソメトリック運動の一種であるため、筋肉の質感をハードにし、より発達させる効果も見込める。

　かかとを上げたポーズのときだけでなく、かかとを床につけたままのポーズにおいてもふくらはぎの筋肉を見栄えよくするためには、フレキシングの練習を重ね、筋肉を自在にコントロールできるようにしておくこと。マシンや壁にもたれながら、できるだけ高くかかとを上げ、ふくらはぎの筋肉を最大限に収縮させよう。

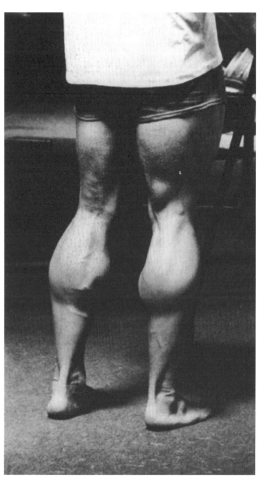
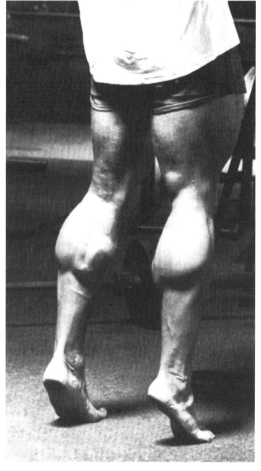

ふくらはぎのエクササイズ

スタンディングカーフレイズ

エクササイズの目的：ふくらはぎ全体の筋肉量を増やす。

やり方：(1) スタンディングカーフレイズマシンの足台につま先を乗せて立つ（かかとは宙に浮かせておく）。ウエイトを少し持ち上げてパッドの下に肩を入れ、脚を伸ばす。動作中は膝を少し曲げたまま、かかとをできるだけ低い位置まで下ろすと、ふくらはぎの筋肉が最大限にストレッチされ、ふくらはぎの上部だけでなく下部も鍛えられる。つま先を乗せる台は、かかとを下ろしたときにふくらはぎの筋肉を十分ストレッチできるよう高めの台がいいだろう。(2) 動作の最下部から、できるだけかかとを上げつま先立ちになる。ウエイトはふくらはぎをしっかり鍛えられる程度に重くする。ただし、大半のレップで十分にかかとを上げられないほどの重さにはしないこと。

疲れてフルレンジでのレップができなくなったら、できる範囲でパーシャルレップを繰り返して強度を高め、セットを終える。

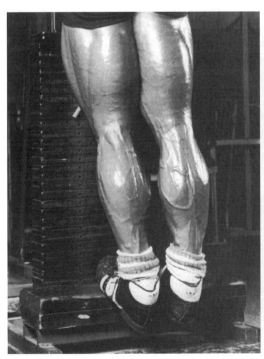 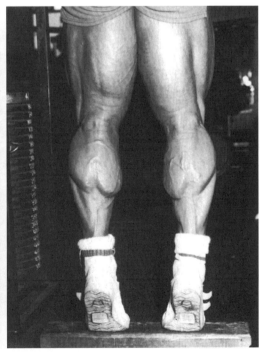

ふくらはぎ全体を発達させるには、つま先をまっすぐ前に向けるのが最適だ。

おすすめはしないが、これはスタンディングカーフレイズで十分な負荷を準備できなかったときの写真。

レッグプレスマシンカーフレイズ

エクササイズの目的： ふくらはぎを発達させる。

やり方： (1) レッグプレスマシン（さまざまな種類があるが、私のお気に入りはバーティカルレッグプレスマシン）を使い、レッグプレスをするときと同じように構える。かかとを浮かせ、つま先だけでフットパッドを押す。脚を伸ばし、膝が伸び切る寸前までウエイトを押し上げる。膝をわずかに曲げた状態で、かかとを下げ、ふくらはぎの筋肉が最大限にストレッチされるのを感じる。(2) これ以上ストレッチできなくなったら、つま先でウエイトをできるだけ高く押し上げ、ふくらはぎの筋肉を完全に収縮させる。マシンでカーフレイズを行う場合は、まったくチーティングができない。背中をパッドにしっかり固定した状態で行うと、ふくらはぎを完全にアイソレートでき、実に高強度のトレーニングになる。万一つま先が滑ったときに備えて、安全バーがきちんとセットされているかを確認しよう。

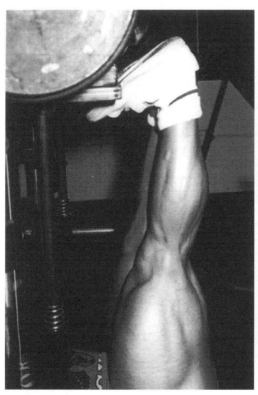
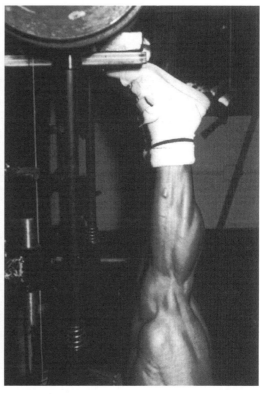

シーテッドカーフレイズ

エクササイズの目的： ふくらはぎの下部と外側を発達させる。

やり方：（1）マシンに座り、つま先を足台に乗せ、膝をクロスバーの下に入れる。かかとをゆっくり下げ、できるだけ床に近づける。（2）つま先を支点にかかとを上げ、ふくらはぎを完全に収縮させる。体をあまり前後に揺らさず、一定のリズムでふくらはぎを働かせ続ける。

トム・プラッツ

ドンキーカーフレイズ

エクササイズの目的：ふくらはぎの後ろ側に厚みをつける。

　ドンキーカーフレイズは私のお気に入りのエクササイズのひとつで、横から見たときにふくらはぎが実に大きく見えるようになる。

やり方：(1) つま先を台の上に置き、腰から上体を前に傾け、ベンチやテーブルに手をついて体を支える（ドンキーカーフレイズ専用のマシンもある）。つま先が腰の真下にくるようにすること。負荷を高めるために、トレーニングパートナーに腰の上に座ってもらう（腰に負担がかからないようにできるだけ後ろ側に）。(2) つま先をまっすぐ前に向け、かかとをできるだけ下げたら、つま先を支点にかかとをできるだけ上げ、ふくらはぎを完全に収縮させる。この動作でチーティングしようとすると、トレーニングパートナーを跳ね飛ばすことになるので、そのような場合はパートナーに注意を促してもらおう。

　ドンキーカーフレイズでは、バリエーションとしてドロップセット法を使う手もある。私はよく3人もの男を背中に乗せて始めたものだ。疲れてきたら、ひとりずつ減らしてセットを続け、最後はひとりだけを乗せてやった。これはかなりキツイ！

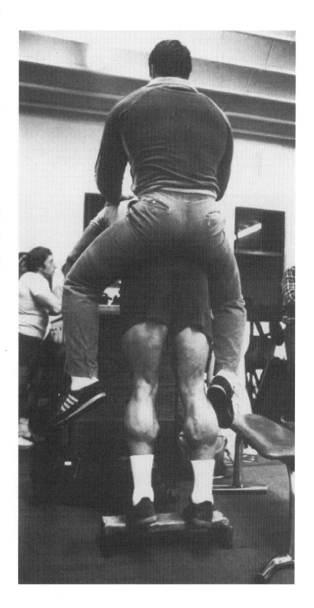

ワンレッグカーフレイズ

エクササイズの目的： ふくらはぎの筋肉を片脚ずつアイソレートする。片脚ずつのカーフレイズは、左右のふくらはぎの大きさに差があり、小さいほうのふくらはぎを大きくする必要がある場合に欠かせない。

やり方： (1) 片方のつま先を台の上に乗せ、もう一方の足を後ろに浮かせて立つ。かかとをできるだけ下げる。(2) つま先立ちに戻る。所定のレップを終えたら、もう一方の脚で同じ動作を繰り返す。片方のふくらはぎが、もう片方より小さかったり弱かったりする場合は、左右対称になるようにセット数を増やす。ワンレッグカーフレイズは、レッグプレスマシンでも行える。

リバースカーフレイズ

エクササイズの目的：下腿の前側を発達させる。ふくらはぎの筋肉が発達しているボディビルダーの多くは、下腿の前側の筋肉（主に前脛骨筋）を発達させることを忘れている。前脛骨筋はふくらはぎの内側と外側を分ける筋肉で、脚を大きく見せる効果がある。

やり方：(1) かかとを台に乗せて立ち、つま先をできるだけ下げる。(2) つま先を上げ、下腿前面の筋肉が最大限に収縮するのを感じる。自重のみで20〜30レップほど繰り返す。バリエーションとして、つま先の上に軽めのウエイトを乗せて負荷を増やす手もある。

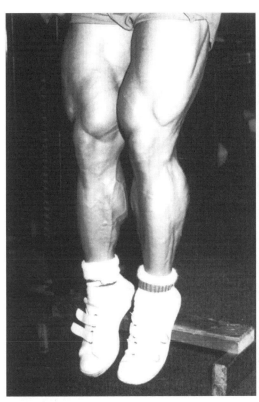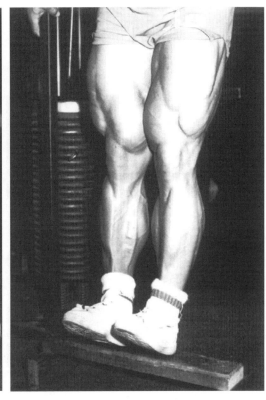

腹部

腹部の筋肉

　腹直筋は、腹部の表側を縦に伸びる長い筋肉で、恥骨のあたりから起始し、第5、第6、第7肋軟骨に停止する。

　基本機能：脊柱を屈曲し、胸骨を骨盤のほうへ引き寄せる。

　外腹斜筋は、胴の両側面にある筋肉で、下8本の肋骨に起始し、骨盤の側面に停止する。

　基本機能：脊柱を屈曲および回旋させる。

　肋間筋は、筋肉と腱の繊維からなる2つの薄い層で構成されており、肋骨と肋骨の間の空間に位置する。

　基本機能：肋骨を持ち上げ、肋骨同士を引き寄せる。

モハメド・マッカウェイ

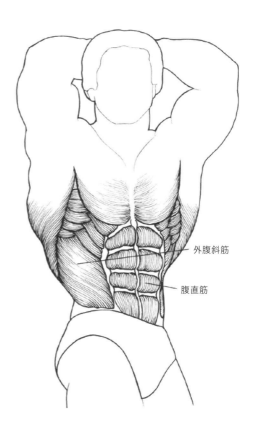

外腹斜筋

腹直筋

IFBBの規定アブドミナルポーズ（両手を頭の後ろに回し、腹筋を収縮させ、片足を伸ばす）を披露するマイク・フランソワ、フレックス・ウィラー、クリス・カミアー。

BOOK THREE

部位別エクササイズ

腹筋のディフィニションも重要だが、ウエストの細さも重要だ。ウエストが細ければ、このツイストバイセップスなどのポーズがいっそう効果的に決められる。

腹筋を鍛える

ほぼすべてのスポーツで、最高のパフォーマンスを発揮するためには力強い腹筋が欠かせない。ボディビルにおいて腹筋は、肉体の見た目の印象において極めて重要な役割を果たしている。実際、腹筋は体の**視覚的**中心だ。両肩と両足を終端とするXを体に重ねると、2本の線は腹筋で交差し、視線は自然とそこに引き寄せられる。男性は女性に比べ、

好きなポーズを自由に披露できるポーズダウンでは、他の選手よりも発達や筋肉量が劣る部位を強調するポーズは避けるのが賢明だ。(ナッサー・エル・サンバティ、ビンス・テイラー、ミロス・シャシブ、ジョン・シャーマン)。

腹部に過剰な脂肪細胞を抱えている(女性は多少太っていても腹筋が見えることが多い)。だからディフィニションが明解な腹部は、コンディションが最高で、脂肪がなく、ハードな質感で力強いことを示す証になる。

ボディビルダーが大会で高得点をあげるには、肩幅が広く、広背筋が張り出し、ウエストが細く引き締まっていることが重要なポイントだ。細いウエストは胸と太ももをより大きく、印象的で美しいものに見せる効果がある。

チャンピオンレベルの質の高い肉体を作るうえで、伝統的なV字形の体は筋肉量に劣らず重要だ。大会ではボディビルダーが体を大きく見せるために、わざと緩めに減量して出場しているのをよく見かけるが、ウエストが絞りきれていないために視覚的効果が損なわれている。私がボディビルを始めたころは、全体的なサイズの不足を見事な腹筋の発達で補うボディビルダーもいた。たとえばピエール・バンデンステーンやビンス・ジロンダといった選手たちだ。しかし最近のボディビル大会では、腹筋がしっかり発達していない限り、チャンピオンにはなれない。これは体格の違いにかかわらず、非常に大柄な選手(ドリアン・イェーツ、ナッサー・エル・サンバティ、ポール・ディレット)から中程度の体格の選手(フレックス・ウィラー)、比較的小柄な選手(ショーン・レイ)、低身長の選手(リー・プリースト)に至るまで、**すべての**ボディビルダーに当てはまる。

1980年ミスターオリンピア大会でのポーズダウン。この写真は、腹部が優れていなければトップレベルの大会に勝ち残れないことを明確に示している。大柄な私が優勝するには、マイク・メンツァー、フランク・ゼーン、クリス・ディッカーソンといった有力選手と張り合える腹筋を手に入れることが不可欠だった。

　私が1968年にアメリカで大会に出場し始めたとき、もしウエストが細く引き締まり、腹直筋と腹斜筋のディフィニションがはっきりしていたら、フランク・ゼーンに負けなかったかもしれない。フランクも、もし1979年にマイク・メンツァーを破って優勝したときのような体型で1982年のオリンピア（ロンドン）に出場していたら、2位に甘んじることなくクリス・ディッカーソンを打ち破っていたかもしれない。フランクはこの大会のために筋肉量を増やしたが、その結果、ステージ上の彼には全盛期の肉体を途方もなく印象深いものにしていた腹筋の洗濯板がなかった。腹筋が発達していなかったり、腹筋をきちんと見せることができなかったりすると、大会では大きく不利になる。ボイヤー・コーは1960年代から70年代にかけての大会で好成績を収めたが、トップボディビルダーとしては、「シックスパック」の発

ショーン・レイ

BOOK THREE

部位別エクササイズ

- 569 -

達を誇示できない数少ない選手のひとりだった。ボイヤーの腹筋の発達不足は遺伝的なもので、間違ったトレーニングやいい加減なトレーニングによるものではなかった。しかしボディビル界はその後競争が激しくなり、今ではどんなレベルの大会でも、腹筋の発達が優れていないとチャンピオンになれる可能性はほとんどない。

最近の体格のいいボディビルダーの多くは、**筋肉がつきすぎて腹回りが太くなりすぎてしまう**という問題を抱えている。これはたとえばスクワットのような、腹直筋と腹斜筋が安定筋として働く高重量エクササイズの結果として起こることが多い。ウエイトを使って腹直筋や腹斜筋を鍛えるボディビルダーはほとんど見かけないが、高重量トレーニングをするたびに腰回りの筋肉に大きな負荷がかかる。ボディビルダーはたとえ小柄であっても、わざわざウエイトを使って腹筋トレーニングをする必要はないのだ(ただし大会の直前には、多くのボディビルダーが腹筋のトレーニングをしている)。もちろん腹筋トレーニングには自重が大きく関与し、負荷が自然に増える種目もある。それらについても詳しく説明しよう。

ビル・パールが大会で優勝し始めた1950年代初頭には、腹筋の見事な発達は重要視されていなかった。しかし、彼がNABBAミスターユニバースのタイトルを獲得するころには、体重が増えていたにもかかわらず、パールの腹筋はすばらしいものになっていた。

スポットリダクション（部分痩せ）

　現在のトップボディビルダーは、小柄であろうと大柄であろうと、個々のサイズに応じた以上の筋肉を発達させている。そのため腹筋トレーニングの最も重要な目標は、**ディフィニション**になった。これを達成するには、腹筋を鍛えて発達させることと、体脂肪を十分に減らしてその下にある腹筋を明確に見えるようにすることの2つが必要になる。

　私がボディビルの世界に入ったとき、ほとんどの選手は「スポットリダクション（部分痩せ）」と呼ばれるものを信じていたし、今でもこれが可能だと思っている人が少なくない。スポットリダクションとは、特定の部位の脂肪を燃焼させるために、その部位の筋肉を鍛えることを指す。この考え方に従えば、腹部のディフィニションを発達させるには、腹筋トレーニングを高レップでどんどん行い、腹筋の発達を妨げている脂肪を燃焼させればいいということになる。

　残念ながら、これはうまくいかない。体がカロリー不足に陥ると、エネルギーとして脂肪を代謝し始めるが、鍛えている筋肉のまわりの脂肪が優先的にエネルギー源として投入されるわけではない。どの脂肪細胞からエネルギーを取り出すかは、遺伝的にプログラムされたパターンに従って決定されているのだ。運動をすればもちろんカロリーを消費するが、腹筋は比較的小さな筋肉なので、いくら腹筋トレーニングをしても、同じ時間ウォーキングをするのと比べればたいしたエネルギーを消費できない。

　しかしこれは、腹筋のような特定の部位を鍛えても、ディフィニションが向上しないという意味ではない。先に述べたように、高重量トレーニングをすれば腹筋はハードに鍛えられるが、これは**質の高いトレーニング**ではない。質を求めるなら、アイソレートしてフルレンジで鍛える必要がある。このような動作は、腹筋をただ大きくするのではなく、腹筋の完全な形とセパレーションを引き出す。このように腹筋を鍛えても腰回りの脂肪を減らすことはできないが、食事制限と有酸素運動によって体脂肪を十分に減らすことができればディフィニションが明確な腹筋を作ることができる。

腹筋に特化したエクササイズ

　腹筋の収縮は極めて単純な現象だ。胸郭と骨盤がたがいに引き寄せられる、ただそれだけだ。これを「クランチ」という。どのような腹筋エクササイズであっても、それが**本当に**腹筋が主体的に働く動作であれば、必ずクランチが起こる。腹筋トレーニングの生理学的な仕組みがまだよく理解されていなかったころは、ボディビルダーはシットアップやレッグレイズといった「従来の」腹筋エクササイズを多く行っていた。残念ながら、これらは主に腹筋を鍛えるエクササイズではなく、腸腰筋（股関節屈筋群）を鍛えるものだ。股関節屈筋群は腰から起始し、骨盤の上部を横切って太ももの上部に付着している。脚を

上げるときは、股関節屈筋を使う。従来のシットアップで足を支えの下に引っかけて上体を持ち上げるときも、腸腰筋を使う。

こんな実験をしてみよう。立った状態で何かにつかまり、片手を腹筋に当てながら片脚を前に上げる。すると、太ももの上部が引っ張られる感じがするはずだ。そして脚を持ち上げるのに腹筋が関与していないことも明らかだろう。腹筋は骨盤に付着しているのであって脚に付着しているわけではないので、脚を持ち上げる動作には関与しない。

同じことがシットアップやスラントボードシットアップにも言える。これらのエクササイズは、レッグレイズを逆にした種目だ。上体を固定して脚を持ち上げるのではなく、脚を固定して上体を持ち上げる。これらのエクササイズでも、同じ筋肉（股関節屈筋）が使わており、腹筋が果たす主な役割は**安定筋**として胴体を固定することだ。しかし、これは腹筋に特化したトレーニングで達成したいこととはまったく異なる。なぜなら腹筋の役割は、先に指摘したように、単に**胸郭と骨盤をたがいに引き寄せ**、背中を前に丸めるという動作だからだ。シットアップでは背中はあまり曲がらないが、クランチでは大きく曲がる。これこそが、腹筋をフルレンジで鍛える質の高いアイソレーショントレーニングの秘訣だ。

さまざまなクランチ

腹筋に特化したエクササイズには、胸郭を下げ骨盤に近づけるクランチ（クランチ）、骨盤を上げ胸郭に近づけるクランチ（リバースクランチ）、胸郭と骨盤をたがいに引き寄せるクランチ（レッグタック）などがあるが、どれもクランチの一種だ。リバースクランチは、フラットベンチやデクラインベンチの上だけでなく、バーにぶら下がって行うこともできる。いずれの場合も、同じ運動生理学の基本が当てはまる。動作中、腹筋はフルレンジで収縮し（といっても可動域はごく限られてはいるが）、骨盤と胸郭が近づき背骨は前に丸まる。

腹斜筋のエクササイズ

胴体の側部にある腹斜筋は、主に安定筋として機能する。ジムでも日常生活でも、胴体を左右に大きく曲げる動作（側屈）はあまり使わない。そのため腹斜筋は（腰の安定筋と同じように）フルレンジの反復動作をするとすぐに疲労し、回復には比較的時間がかかる。

かつては、多くのボディビルダーが多様な腹斜筋のエクササイズに取り組んでいたし、かなりの重量を使う種目もあった。しかし今日では、腹斜筋のエクササイズをしているトップボディビルダーはほとんど見かけない。というのも、他の筋肉と同じように腹斜筋もウエイトで鍛えると大きくなる。巨大な腹斜筋はウエストを太くし、美しいＶ字体型を

損なってしまうのだ。

　もちろん、腹斜筋はスクワットやショルダープレスのような高重量トレーニングをするたびにアイソメトリック運動によって鍛えられているが、腹斜筋は安定筋として機能しているだけでフルレンジで働いているわけではない。なので、これらのエクササイズでは、たとえば重いダンベルを持ってサイドベンドをしたときほどは大きくならない。そのため多くのボディビルダーは、腹斜筋を鍛えるにしても、ツイストやサイドベンドなどウエイトを使わない自重の運動にこだわる傾向がある。これだと筋肉が大きくなりすぎることなく筋肉を引き締められるからだ。

1980年ミスターオリンピア大会の1週間前に撮影した写真。私の腹筋がどれほど際立ち、どれほどはっきりディフィニションが出ていたかがわかるだろう。

前鋸筋と肋間筋

　胴体上部の側面に位置する前鋸筋と肋間筋は、腹筋と同じく見る者を魅了する筋肉だ。アブドミナル＆サイのような両腕を頭上に掲げたポーズをとり、胴体を左右に動かしてこの部分の見事なディフィニションを披露すると、審査員への印象がぐっとよくなる。

　この2つの筋肉も一種のクランチ動作（肩と肘を下げて内側に絞り、胴体を横に曲げる）で鍛えられる。実際にやってみれば、この動作によってこれらの筋肉が収縮するのを簡単に感じとれるだろう。これらの筋肉もトレーニングプログラム全体の結果として発達する筋肉だが、各種クランチを行う際にひねりを加えれば、前鋸筋や肋間筋に特化したディフィニションのトレーニングにもなる。

初級プログラム

　トレーニングを始めたばかりの人は胸と腕のトレーニングに熱中するが、腹部を軽視しがちだ。その結果、大会出場を考えるようになってから、この部位の発達の遅れを取り戻そうとして極端な腹筋プログラムをこなさなければならなくなる。だから私は他の部位と同じように、最初から腹筋を鍛えることをおすすめする。そうすれば、腹筋は他の部位と一緒に発達していくので、あわてて遅れを取り戻す必要に迫られることはない。

　私は、すべてのワークアウトで腹筋を鍛えることをおすすめしたい。初級プログラムでは、クランチ5セットとリバースクランチ5セットを毎日交互に行うのがいいだろう。どちらも腹部全体を鍛えるエクササイズだが、クランチはどちらかといえば腹筋上部に効き、リバースクランチは腹筋下部に大きな負荷がかかる。

　私が初心者におすすめしたいもうひとつの練習法は、いきなり腹の「バキューム」を始めることだ。息をすべて吐き出し腹をできるだけ引っ込めたら、この状態を15～20秒キープしてみよう。

　腹に力を入れ腹筋を緊張させながら日常生活を送るのも、腹筋を引き締め強固にするよい方法だ。これを続けると、この部位をコントロールすることに意識的になる。腹部がウィークポイントになりそうなら、すぐに気づけるはずだ。そうすれば、上級トレーニングに進んだときに適切に対処できるだろう。

上級プログラム

　腹部のトレーニングを開始したら、腰回りを引き締める効果が期待できる特定部位のトレーニングも始めよう。そのためにはセット数を増やし、ツイストクランチ、レッグタック、各種リバースクランチ、さらにツイストなど、多様なエクササイズを行う必要がある。

　レベルIIでは、ウォーミングアップとしてローマンチェアからワークアウトを始めることをおすすめする。これは私のお気に入りのクランチ動作のひとつだ。腹斜筋のトレーニングには、ひねる動作に加えてサイドベンドやツイストなどのエクササイズが効果的だ。

大会向けプログラム

　大会の準備には、腹筋のサイズや筋力を増やすことよりも、腹部全体を引き締め、磨き上げることを目指すべきだ。ワークアウトの強度を上げるには、最初にローマンチェアを10分間行うとよい。フランコ・コロンブ、ザボ・コゼウスキー、ケン・ウォーラーといった多くの同世代の選手たちもそうしていたが、私もローマンチェアから始めるといつもい

い結果が得られた。ローマンチェアは腹筋を10分間ずっと働かせ続ける緊張持続型のエクササイズで、ウォーミングアップにも最適だ。

　大会向けトレーニングの最終的な目標は全体的な質の高さを達成することであり、腹部のどの種目も腰回りの特定部位を発達させ、形を整えるように考えられている。大会審査員に好印象を与える腹部を作り上げるには、腹直筋の上部と下部、腹斜筋、前鋸筋、肋間筋のエクササイズを行うだけでなく、ハイパーエクステンションなどの背中のトレーニングで背中下部（腰）の筋肉を鍛える必要もある。この部位を徹底的に鍛え上げるには膨大な努力を要するが、一瞬たりとも立ち止まることなく努力し続けていれば、必ずよい結果が得られるはずだ。

セルジュ・ヌブレ

ショーン・レイ

ウィークポイントトレーニング

　他の部位と同じく、腹部がウィークポイントだという人もいるだろう。この弱点を克服するために、腹部のトレーニングプログラムにはウィークポイントになる可能性の高いすべての部位を鍛えられるようにエクササイズを組み込んである。腹部のエクササイズには胴体のいくつかの部位を同時に鍛える種目が多いが、特定の部分（たとえば腹直筋の上部と下部、腹斜筋、前鋸筋、肋間筋など）を鍛えるのに最適な動作もある。ただし腹部が発達していないように見えるのは、次の2つのうちどちらかが原因であることが多い。

ミロス・シャシブ

鍛え抜かれた腹筋は、セルジュ・ヌブレ、ショーン・レイ、ミロス・シャシブ、そして私の例からも明らかなように、リラックスポーズをとっているときでも、軽く収縮させているときでも、全力でアブドミナルポーズを決めているときでも、そのディフィニションがはっきり見える。

- 食事制限が不十分で、腹筋の上に脂肪の層がある。
- アイソレーショントレーニングやフルレンジでのトレーニングなど、質の高いトレーニングが不足している。

　高重量の負荷をかけて腹筋を収縮させたり、腹筋よりも股関節屈筋群に効くエクササイズをしたり、狭いレンジかつ速いテンポでトレーニングを行ったりしていては、質の高い腹部は得られない。最も効果的な腹筋トレーニングは、ゆっくりとコントロールしながらフルレンジのエクササイズを行い、筋肉が最大限に収縮した状態をキープしてピーク収縮を達成することだ。

腹部のエクササイズ

ローマンチェア

エクササイズの目的：腹筋上部を集中的に鍛える。

やり方：(1) ローマンチェアのベンチに座り、足を支えの下に引っかけて、胸の前で腕を組む。(2) 腹を引き締めたまま、上体を70度くらい後ろに倒す（上体が床と平行になるほどには下げない）。上体を持ち上げ、できるだけ前に曲げる。腹筋全体が完全に収縮するのを感じる。

　私は、ローマンチェアのベンチの前部を台の上に置いて傾斜をつけ、エクササイズの強度を高めるのが好みだ。最初はベンチの前部を上げておき、疲れてきたら台を抜いてセットを続けるようにすれば、可変抵抗を取り入れられる。

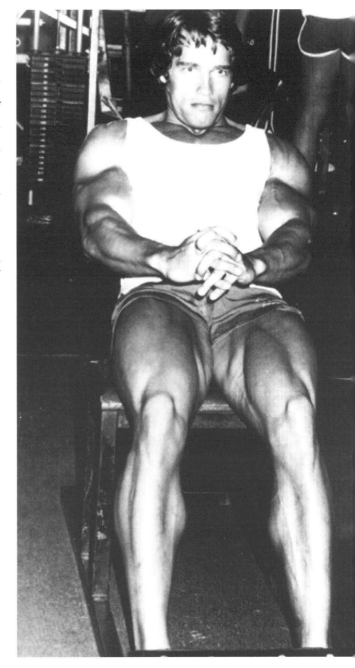

クランチ

エクササイズの目的：腹筋上部を集中的に鍛える。

やり方：(1) 床に仰向けになり、両足をベンチに乗せる。両手は首の後ろに回してもよいし、体の前に出しておいてもよい。(2) 背中を丸めて、肩と胴体を膝に近づける。背中全体を床から浮かせようとするのではなく、胸郭を骨盤に寄せる感じで背中を丸める。動作の最上部で腹筋を意図的にさらに収縮させる。十分な収縮を得られたら、力を抜いて肩を下げ、スタートポジションに戻る。これはすばやく行う動作ではない。各レップをゆっくりとコントロールしながら行うこと。

　足の位置を高くすれば、腹筋にかかる負荷の角度を変えられる。ベンチに足をのせる代わりに壁に足裏をつければ、好きな高さでトレーニングできる。

ツイストクランチ

エクササイズの目的：腹筋上部と腹斜筋を鍛える。

やり方：（1）床に仰向けになり、両足をベンチに乗せる。（2）両手を首の後ろに回し、背中を丸めて胴体を膝に近づける。その際、右肘が左膝に触れるように胴体をひねる。力を抜き、上体を下げてスタートポジションに戻る。今度は、左肘が右膝に触れるように胴を逆にひねる。これを交互に繰り返し、胴を左右にひねりながらセットを続ける。

T・J・ホーバン

リバースクランチ

エクササイズの目的：腹筋下部を集中的に鍛える。

やり方：このエクササイズは、片方にラックがついているベンチプレスベンチで行うのがベストだ。(1) ベンチに仰向けになり、手を伸ばして背後のラックを握り体を支える。膝を曲げ、骨盤がベンチから浮かないように注意しながら、脚をできるだけ顔のほうに近づける。(2) このスタートポジションから、背中を丸めながら尻をベンチから浮かせる。骨盤を胸郭のほうに引き寄せ、膝をできるだけ顔のほうに近づける。動作の最上部で一旦静止し、腹筋を意図的に完全収縮させる。ゆっくりと膝を下げ、ベンチに尻をつける。(レッグレイズをしているわけではないので、脚はこれ以上下げないこと）。この動作も、すばやく繰り返すのではなく、ゆっくりコントロールしながら行うこと。

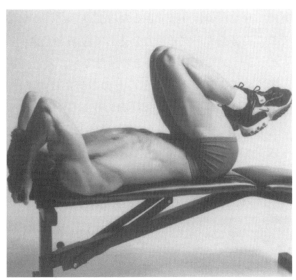

ハンギングリバースクランチ

エクササイズの目的： 腹筋下部を集中的に鍛える。

やり方： これはリバースクランチのバリエーションで、ベンチに仰向きになるのではなく、バーにぶら下がるか、ハンギングレッグレイズ用のベンチに前腕を乗せるかして行う。（1）バーにぶら下がり、膝を腹部の高さまで上げる。（2）このスタートポジションから、背中を丸めて膝を頭のほうにできるだけ引き上げ、体全体をボールのように丸める。動作の最上部でこの姿勢をキープし、力を込めて腹筋を完全に収縮させたら、膝を引き上げたままスタートポジションまで下ろす。この種目でも、スタートポジションより脚を低く下げないこと。

　多くの人と同じく、ほとんどのボディビルダーはハンギングリバースクランチができない（ボディビルダーの場合は脚の筋肉量が多いため）。その場合はより簡単なバリエーションとして、スラントボード（傾斜板）に頭を上にして仰向けになるという手もある。フラットベンチでのリバースクランチよりも負荷がかかるが、負荷の強さはスラントボードの角度を変えて調節できる。

バーティカルベンチクランチ

エクササイズの目的： 腹筋下部を集中的に鍛える。

やり方： これはハンギングリバースクランチのバリエーション。(1) バーにぶら下がるのではなく、バーティカルベンチのアームレストに肘と前腕を置いて体を支え、膝を腹部の高さにまで上げる。(2) このスタートポジションから、背中を丸めて膝を頭のほうにできるだけ引き上げ、体全体をボールのように丸める。動作の最上部でこの姿勢をキープし、力を込めて腹筋を完全に収縮させたら、膝を引き上げたままスタートポジションまで下ろす。この種目でも、スタートポジションよりも低く脚を下げないこと。

ケーブルクランチ

エクササイズの目的： 腹筋の上部と下部を鍛える。

やり方： 最近はあまり見かけないが、以前は人気のあった効果的なエクササイズ。(1) 頭上にセットしたプーリーにロープを取り付ける。膝立ちになり、両手でロープを握る。(2) ロープを額の前で保持しながら、背中を丸めて上体を下げ、頭を膝のほうに近づける。このとき腹筋が収縮しているのを感じる。動作の最下部で腹筋を最大限に収縮させ、しばらくキープしたら、力を抜いてスタートポジションに戻る。これは腹筋を使って行うエクササイズなので、ロープを腕の力で引き下げないこと。

マシンクランチ

エクササイズの目的：腹直筋の上部と下部を鍛える。

やり方：多くのボディビルダーは腹筋を鍛えるためにマシンは不要だと感じているが、最近の腹筋トレーニング器具を強く支持する人もいる。たとえば有名トレーナーのチャールズ・グラスは、トレーニング生にノーチラス社のクランチマシンをよく使わせている。しかし、どのようなマシンを使うにせよ、腹筋が収縮するときに胸郭と骨盤がたがいに引き寄せられる感覚に意識を集中すること。この感覚が得られない場合は、使用している器具が個々のニーズに合っていない可能性がある。

ミロス・シャシブ

シーテッドレッグタック

エクササイズの目的：腹筋の上部と下部を鍛える。

やり方：すべての腹筋種目は、胸郭が骨盤に向かって収縮するか、骨盤が胸郭に向かって収縮するかのどちらかになるが、この種目ではその両方が同時に起こる。(1) ベンチに横向きに座り、体の両側に手を置いてベンチの端をしっかりとつかむ。脚を少し上げて膝を曲げ、上体を45度くらい後ろに倒す。(2) シザーズ動作（この種目はシザーズクランチと呼ばれることもある）を使って、背中を丸めながら上半身を骨盤のほうに曲げると同時に、膝を頭のほうに持ち上げる。胸郭と骨盤をたがいに引き寄せる際に、腹筋が強く収縮するのを感じること。この姿勢から上半身と膝を下げて、スタートポジションに戻る。

シーテッドツイスト

エクササイズの目的： 腹斜筋を引き締める。

やり方：（1）ベンチの端に座る。両足を軽く開いて足裏を床につける。ほうきの柄のような軽くて長い棒を肩の後ろに担いで持つ。（2）頭を動かさず、ベンチ上の骨盤の位置がずれないように注意しながら、胴と肩を左右どちらかにゆっくりひねる。限界までひねったら、その状態をしばらくキープする。次に胴と肩を反対方向に限界までひねる。体をひねる際は反動を使わず、完全にコントロールしながら行うこと。このエクササイズは腹斜筋を収縮させるが、ウエイトを使わないので、余分な筋肉を増やしてウエストを太くすることなく腹斜筋を引き締められる。

ベントオーバーツイスト

エクササイズの目的： 腹斜筋を引き締める。

やり方：（1）足を開いて立ち、ほうきの柄のような軽く長い棒を肩の後ろに担いで持つ。無理のない範囲で腰から上体をできるだけ前に曲げる。（2）頭を動かさず、骨盤が回転しないようにしたまま胴体と肩を左右どちらかにゆっくりひねる。限界までひねったら、その状態で一旦静止する。今度は胴体と肩を反対方向に限界までひねる。体をひねる際は反動を使わず、完全にコントロールしながら行うこと。

レッグレイズ

レッグレイズは伝統的な腹筋エクササイズのひとつだが、運動生理学者はこの種目をあまり推奨しなくなった。その理由は、腹筋は脚に付着していないため、脚を上げ下げしても腹筋は安定筋として間接的に働くだけだからだ。脚を上げ下げする筋肉は、腰から起始して骨盤を横切り、脚の上部に停止する腸腰筋（股関節屈筋）だ。

とはいえ、私も含めて多くのチャンピオンがこの種目で成果を出してきた以上、レッグレイズを含めなければこの事典は不完全なものになってしまう。私は運動生理学をはじめ科学を信じているが、ボディビルに関して重要なのは、「専門家」がどう考えるかにかかわらず、自分にとって何が効果的かということだ。

フラットベンチレッグレイズ

エクササイズの目的： 腹筋下部を集中的に鍛える。

やり方：（1）フラットベンチの端に腰を下ろして仰向けになり、両手を尻の下に入れて体を支え、脚をまっすぐ伸ばす。（2）脚を伸ばしたままできるだけ高く上げたら一旦静止し、ベンチの高さより少し低い位置まで下げる。

ベントニーフラットベンチレッグレイズ

エクササイズの目的：腹筋下部を集中的に鍛える。

やり方：フラットベンチレッグレイズと同じ姿勢でベンチに仰向けになる。膝を曲げ、脚をできるだけ高く上げ、最上部で一旦静止する。全可動域で膝を曲げたまま、脚を下ろす。

ベントニーインクラインボードレッグレイズ

エクササイズの目的：腹筋下部を集中的に鍛える。

やり方：(1) インクラインボードに仰向けになり、頭を足より高くする。手を後ろに伸ばし、ボードの上端などをつかんで体を支える。(2) **膝を曲げたまま**、脚をできるだけ高く上げる。脚をゆっくり下ろし、ボードに尻がついたらその位置で止める。動作中の呼吸は、息を吐きながら脚を上げ、吸いながら下ろす。膝を曲げることで動作が少し楽になり、可動域が広がりやすくなる。

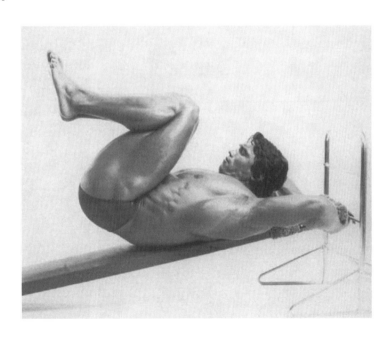

ベントニーバーティカルベンチレッグレイズ

エクササイズの目的：腹筋下部を集中的に鍛える。

やり方：（1）バーティカルベンチのアームレストに腕を乗せて体を支える。（2）上体は動かさず安定させたまま、膝を曲げ脚をできるだけ高く上げる。動作中は、全可動域で腹筋に力を入れて収縮させる。脚を曲げたまま、スタートポジションまで下ろす。

バリエーション：エクササイズにバリエーションを加えることで、筋肉に新たな反応を促すことができる。バリエーションとして両脚を同時に使うのではなく、片方ずつ左右交互に行ってみよう。

B・J・クイン

ハンギングレッグレイズ

エクササイズの目的： 腹筋下部を集中的に鍛える。

やり方：（1）頭上のバーを握り、腕を伸ばしてぶら下がる。（2）膝をなるべく伸ばしたままできるだけ高く上げ、動作の最上部で一旦静止したら、ゆっくりコントロールしながらスタートポジションまで下ろす。このエクササイズでは、脚を伸ばしたままにすることで、負荷が増し動作の難易度が上がる。

ミロス・シャシブ

ツイストハンギングレッグレイズ

エクササイズの目的：腹斜筋と胴体の側面の細部を鍛える。

やり方：ハンギングレッグレイズと同じく、腕を伸ばしてバーにぶら下がる。膝はなるべく伸ばしておく。次に腹斜筋、前鋸筋、肋間筋に効かせるために胴体をひねりながら、脚を横方向にできるだけ高く上げる。動作の最上部で一旦静止し、ゆっくりコントロールしながらスタートポジションまで下ろす。

マイク・オハーン

その他のレッグレイズエクササイズ

　腹部の基本的エクササイズに加え、腰回りや背中下部（腰）、臀部を引き締める効果が期待できる、私のお気に入りのレッグレイズ動作がいくつかある。これらのエクササイズは高レップで行うことができ、自宅やジムにいるときと同じように旅先のホテルでも簡単にできる。

　これらの種目の利点のひとつは、前後左右あらゆる角度から下半身を鍛えられることだ。また競技ボディビルダーやプロのアスリートといった人たちから、週末にスポーツをする人や単に健康を維持したいという人たちまで、幅広いレベルの人に役立つ。

サイドレッグレイズ

エクササイズの目的：腹斜筋と肋間筋を鍛える。
　このエクササイズは胴体の側面全体を鍛え、前から見たときにウエストを細く見せる効果がある。

やり方：(1) 片肘をついて横向きに寝る。下側の脚を曲げて体を安定させる。(2) 上側の脚をまっすぐ伸ばしたまま、ゆっくりとできるだけ高く上げる。次に脚を下ろし、床に触れる寸前で止める。所定のレップを終えたら、反対側を向いて同じ動作を繰り返す。動作中は腰をしっかり固定して動かさないこと。

ベントニーサイドレッグレイズ

エクササイズの目的：腹斜筋と肋間筋を鍛える。

やり方：片肘をついて横向きに寝る。下側の脚を曲げて体を安定させる。上側の膝を曲げ、ゆっくりと胸のほうにできるだけ高く上げる。次に脚を下ろし、床に触れる寸前で止める。所定のレップを終えたら、体の向きを変えて反対側の脚を鍛える。

フロントキック

エクササイズの目的：腹斜筋と肋間筋を鍛える。

やり方：サイドレッグレイズとまったく同じ姿勢から始める。上側の脚をまっすぐに伸ばしたまま、ゆっくりとできるだけ前に出す。所定のレップを終えたら、体の向きを変えて反対側の脚を鍛える。

ベンチキックバック

エクササイズの目的： 大臀筋を鍛える。

やり方：（1）片脚をベンチに乗せて膝をつく。両腕を伸ばしてベンチをつかみ体を支える。（2）もう一方の脚をできるだけ高く後方に蹴り上げる。次に脚を戻す。ただし脚はベンチから浮かせておく。動作中は、臀部に力を入れ収縮させることに意識を集中する。所定のレップを終えたら、もう片方の脚で同じ動作を繰り返す（この種目は床に膝をついて行うこともできるが、難易度が少し高い）。

リアレッグシザーズ

エクササイズの目的： 大臀筋を鍛える。

やり方：（1）うつ伏せに寝て、両手を太ももの下に置く。両脚をできるだけ床から浮かす。（2）足を少し開いて、一方の足をもう一方の足の上に交差させる。（3）足を広げ、今度は反対の足を上にして交差させる。足の上下を交互に変えながら、所定のレップをこなす。エクササイズ中は、臀部の収縮を感じることに意識を集中する。

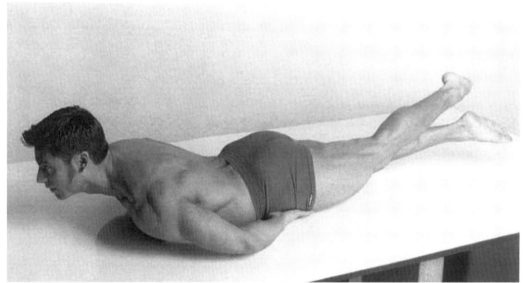

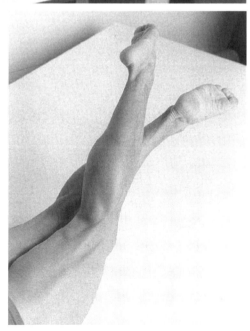

バキューム

　現在のボディビル界では、腹筋をフルバキュームしてキープするテクニックが忘れ去られつつあるが、これは残念なことだ。バキュームポーズは、ステージ上で観衆を驚かせ、ウエストラインを細く見せ、大胸筋と胸郭の大きさを強調する効果がある。さらに腹部のディフィニションを発達させ、腹筋を完全にコントロールできるようになるので、腹筋に集中するのをやめてしまい腹部がたるんでしまうのを防ぐこともできる。

　審査員は、選手がステージに出ている間は、ステージの後ろで出番を待っているときも含めて絶えずその姿に目を光らせているものだ。しかし選手のほうは大会のプレッシャーもあって、そのことをつい忘れてしまう。疲れているという印象を審査員に与えるべきではないし、好印象を与えたいと思うなら、腹がたるんで突き出たりしないように気をつけなければならない。

　最近のボディビルダーは、腹筋が大きくなりすぎてバキュームがうまくできない人が多いが、そもそもその最大の理由は**バキュームの練習をしていない**からだ。これは1時間でマスターできるようなものではない。腹筋を完全にコントロールできるようになるには、他のポージングと同じように、数週間から数カ月の間、定期的に練習する必要がある。

　バキュームの練習はまず、両手両膝をついた姿勢から始めよう。息をすべて吐き出し、腹部を思い切り引っ込める。この状態を20～30秒キープしたら、力を抜く。これを2～3回繰り返す。

　次のステップは、膝立ちの姿勢で

バキュームの練習をすることだ。両手を膝の上に置いて膝立ちになり、バキュームをできるだけ長く保持できるようにする。

椅子に座ってバキュームするのは、さらに難しい。しかし座った状態で問題なくバキュームをキープできるようになれば、立った状態でさまざまなポーズを取りながらバキュームを保てるようになる。

BOOK FOUR
Competition

ボディビル競技

CHAPTER 1
ポージング

　ポージングはボディビルにおいて重要な要素である。なぜなら何年も前から1日のうち何時間もジムで体を追い込むようなハードなトレーニングを重ね、10～12週間かけて過酷な食事制限に耐えたとしても、**ポージングの出来次第で大会の成績が変わるからだ！**　大会で評価されるのは、肉体そのものではない。ポージングによって、審査員にアピールした肉体なのだ。

　すなわち見せ方こそすべてと言っても過言ではない。私はこれまでオークション会場の商品保管場所で、それこそアンディ・ウォーホルからロイ・リキテンスタインまで、さまざまな画家たちの作品を何百点と目にしてきた。薄暗い中、額縁に飾られていない状態の絵画を何作も次々に見せられていく。そのような環境で作品のすばらしさを理解することは難しい。だが後にきちんと額縁に収められ、上品な照明のもと格調高いスペースで披露されると、印象はガラッと変わる。その絵画がなぜそこまでもてはやされ、高く評価されているのかが一目でわかるのである。美しい石座に乗せられた高価な宝石よろしく、優れた絵画も多大な労力と入念な準備によって極上の鑑賞環境が整えられて初めて、本来の価値がわかるというものだ。**これこそが、あなたが大会のステージでやらなければいけないことなのだ。**

　多大な労力と入念な準備は、他のスポーツ同様、ボディビルのパフォーマンスにおいても成否のカギを握る。スケート選手であれば、試合で優れたスケーティングを披露するために準備する。ダイビング選手であれば、大会で上位入賞を果たすべく準備する。同じくボディビルダーも、大会で最高のパフォーマンスを発揮するには、相応の準備が必要だ。もちろんここで言う「パフォーマンス」とは、審査員たちの前で己の肉体を最大限魅力的に見せる能力のことである。

　かつてアーノルドクラシックでテレビ解説者を務めたときのこと。1人の選手がポージングルーティンを行うためステージに出ていく様子をバックステージで見ながら、私は他の解説者にこう言った。「いやぁ、この選手が上位に入るのは厳しいね」。ところが、バックステージのモニター画面に映し出されたその選手のポージング姿に、私は自分の目を疑った。筋肉という筋肉が突如として浮き上がってきたのである。「この筋肉は一体どこから出てきたんだ？」私は思わずこぼした。「さっき言ったことを、完全に訂正するよ」。

　反対もしかり、である。アーノルドクラシックのバックステージでポール・ディレットの圧倒的なバルクを初めて見たとき、私はすっかり感心してしまった。だがステージに上がったポールは、自分の肉体のすばらしさをアピールしきれていなかった。そのことをジョー・ウイダーに伝えたところ、彼はこう指摘した。ポールは20代後半から大会に出始め、わずか2回目の大会でプロ資格を得た。その見事な肉体に見合うだけのポージングスキル

を身につけるには経験が浅すぎた、と。「いいかい」とジョーは続けた。「フランク・ゼーンが初めてミスターオリンピアの称号を手にしたとき、大会に参加し始めてからすでに15年ほど経っていた。フランクの代名詞とも言える、細部にわたる美を会得するためには何年もかかる。さほどキャリアがないのに彼と同じレベルを求めるのは、酷というもんさ」。

　ジョーの指摘は、実に的を射ている。トレーニングにはトレーニングのスキルが求められる。そしてポージングには、ワークアウトとはまったく別のポージング独自のスキルが求められるのだ。つまりポージングスキルを獲得したいのであれば、来る日も来る日もポージングを練習しなければならない。それに加えて、本番のプレッシャー下でも培ったポージングスキルを発揮できるよう、ステージに上がり場数を踏まなければならない。初心者の多くはポージングに関して学ぶべきことが山ほどあるとは考えないだろう。だがポージングは簡単そうに見えて、実はとても奥深いのである。以下が根拠の一例だ。

- 規定ポーズをすべてマスターしなければならない。
- 規定ポーズ1つひとつに関して、各ポーズに関わるすべての筋肉を確実にコントロールできるように練習しなければならない。
- 膨大な時間をポージングトレーニングに費やし、筋肉が震えたり、けいれんしたり、過度の疲労を感じたりすることなく、ポーズを長時間維持できるようにしなければならない。
- 自分の肉体の魅力が最も引き立つオリジナルのポージングルーティンを作らなければならない。
- オリジナルのポージングルーティンに関して、各ポーズ間の動きが完全にスムーズになるようトレーニングしなければならない。
- 大会ならではのプレッシャーのもとで正確にポーズをとるためには経験を積むしかない。つまり実際のステージで一連のポージングスキルを磨かなければならない。
- ポーズそのものに加え、**顔の表情**もトレーニングしなければならない。審査員が受ける印象は表情にも左右される。

　審査員たちの前で正確なポーズを維持することは極めて重要だ。ただしステージ前面でポーズを決めているときだけではなく、**ステージ上にいる限り**常にポージングしていなければならない点にも留意すべきである。見事なポージングを披露していたボディビルダーが、バックステージに引き上げたとたんに力を緩め、腹部をたるませてせっかくの好印象を台無しにする場面を、私は幾度となく目にしてきた。

　フランコと私が出場したある年のミスターオリンピアで、バックステージにいた私の近くに、まるで妊婦のように腹部を突き出している馴染みの選手がいた。「あれ、ひどいな」と私はフランコに言った。「いつもの姿と違うじゃないか。まったく別のボディビルダーみたいだ」。するとフランコはこう言った。「というか、別のボディビルダーみたい、じゃなくて、別のボディビルダーを**飲み込んだ**みたいだ！」

　改めて記すが、どれほどすばらしい体に仕上げたとしても、それを適切に見せる術がな

ければ意味がない。かつてアーノルドクラシックの選手控室で、ある著名なボディビルダーが私のところに来てポーズをとり、感想を求めた。「いい仕上がりだ」私は彼に伝えた。「その体であれば、私なら優勝できる」。彼はその場を離れると、私から優勝できると言われた、と触れ歩き始めた。が、私の発言の趣旨は違っていた。彼の体をもってすれば、あくまで**私**なら優勝できる、と言いたかったのだ。私は彼のポージングスキルがさほど高くないとわかっていたので、**彼**がその肉体のすばらしさをアピールしきれないだろうと考えていた。そして、予想は的中した。彼の成績は振るわなかったのである。ポージングさえうまければ、はるかに上位の成績を収められたのにも関わらず、だ。

またポーズ自体の完成度だけではなく、見た目全体にも注意する必要がある。審査員が見るのは、各部位の筋肉やカットだけではなく、**選手**のすべてだ。立ち姿や移動時の所作、ポージングから肌の色調や髪型、ボディビルパンツ、全体的な振る舞いまで、文字通りすべてである。これが顔の表情が大きなカギとなる理由だ。勝者にふさわしい自信に満ちた表情だろうか？　それとも、敗者になるべきオドオドした表情だろうか？　いざポーズに入り、全力で筋肉をパンプアップさせているとき、ただただぎこちない顔つきで、ガーゴイル〔訳注：主に西洋建築の屋根に設置される雨どいの役目を持つ怪物の彫刻〕のような笑みを浮かべていないだろうか？　「首から下」を的確にコントロールする術を身につけ、筋肉を隆起させながらも、リラックスした表情を見せられているだろうか？

マイクを握るシンガーが楽曲特有の情緒を伝えようと、どのような表情をするか思い浮かべてほしい。エキシビションに登場するフィギュアスケーターでもいいだろう。もちろん、俳優でも結構だ。ボディビルダーはステージに上がれば、アスリートであると同時に演者でもある。つまりボディビルはスポーツでもあり、ショーでもあるのだ。ならば魅力的な肉体**である**だけではなく、審査員にそう認めさせなければならない。その上で重要なのは、表情を**作らない**ことである。自分自身に対して確固たる自信を築き、その自信を来場者全員に見せることが、表情の本質なのだ。

ポージングの歴史

ボディビルの歴史は「身体鍛錬（フィジカルカルチャー）」のコンテストに端を発している。1920〜1930年代、その類のコンテストの出場者たちは体操やウエイトリフティング、ボクシングなど、それこそ様々な表現手段を使って自らの身体能力をアピールしていた。そのような場で肉体の優劣が争われていた時代、今日のボディビル大会のように、音楽に合わせてポージングルーティンを披露する、といった表現手段はとられていなかった。その代わり、出場者は主要な筋肉や筋群をそれぞれ収縮させることで隆起した体を誇示したり、バキュームする姿を観客に見せたりしていた。筋肉マスターとして、あたかも皮膚の下に蛇がいるかのように、筋肉をよじらせる妙技を演じる者もいた。

本格的なボディビル大会がスタートしても引き続き身体能力が重視され、ハンドバランスなどが行われていた。実際に、２代目ミスターアメリカのジョン・グリメックはハンド

バランスを得意としていた。マッスルビーチ時代に活躍した元ミスターアメリカで、『マッスル&フィットネス』のライターでもあったアーマンド・タニーによると、グリメックはハンドバランスなどの体操の動きで、何時間も観衆を魅了していたという。グリメックをはじめとする筋骨隆々のボディビルダーたちが、全身の優れた筋力や筋肉の協調性、柔軟性を披露するステージは、さぞ圧巻だったに違いない。今日のミスターオリンピアの出場選手たちが同様のパフォーマンスを行う場面など誰が想像できるだろうか？

ポージングの難しさ

　ポージングの練習は一般に、基本ポーズから入る。その後、一連の基本ポーズを各自でアレンジする。そして自らに特に適したポーズを組み合わせ、オリジナルのポージングルーティンを作成する。トップビルダーたちはみな、ライバルたちとの戦いを優位に運ぶべく、それぞれ代名詞と言えるポーズを持っている。中には最も発達した筋肉をアピールするのに適した、一部の基本ポーズのみを好んでとる選手もいる。反対に、筋発達そのものでまともに競うのは分が悪いため、形状やシンメトリー、プロポーションなどの要素をアピールできる基本ポーズのバリエーションを独自に作る選手もいる。

　ポージングを学び始めたころ、私は自分に適したポーズを見極めるため、己の体と徹底的に向き合った。そのとき現実的にならざるをえなかった。スティーブ・リーブスよろしく両手を頭上に掲げるポーズを選んでいたとしたら、私は愚か者だっただろう。その手のポーズはリーブスのように肩幅が広く、胸部の均整に優れ、ウエストの細い人間だからこそ様になるのだ。ジョン・グリメックやレジ・パーク、私など、比較的くびれの少ない者が取り入れたとしても、似合わないこと請け合いである。つまりドリアン・イェーツやフレックス・ウィラー、ショーン・レイなど自分の憧れの選手が誰であろうと、ただやみくもに真似すべきではないのだ。まずは自分の体がその選手と似ているかを確認する必要がある。

　ポージングは自らのウィークポイントから審査員の視線をそらし、ストロングポイントをアピールする手段である。同じ部位を見せるポーズであっても、ポーズの種類によって強調される筋肉の特徴は変化する。背部を見せるバックポーズ1つにしても、バルクが強調されるものもあれば、シンメトリーが美しく演出されるものもある。上腕三頭筋を効果的に見せるものもあれば、三角筋のアピールに効果的なものもある。こうしたポーズ選びを通じて、傑出した下腿三頭筋の持ち主であれば、審査員の目をそこに集めることができる。反対に下腿三頭筋がそれほどでもない選手であれば、その弱点をうまくカモフラージュすることができる。

　したがってボディビルダーは次の2点に留意して、独創的なポーズを作るべきだろう。1つは、舞踏のように可能な限り美しく、躍動感のあるポーズを創作すること。そしてもう1つは、審査員の視線を注目してほしいところに集め、注目してほしくないところから逸らすポーズを採用することだ。上記のポイントを実現するのは容易ではなく、時間もかかる。し

かし真の頂点を極めたいのであれば、決して避けて通れない重要なスキルである。

見て、学ぶ

　ボディビルダーとして有能な選手になるためには、どうすればよいか。その答えにたどり着く近道は、大会経験の豊富な選手と一緒にトレーニングすることである。トレーニングに関わる貴重な情報を入手できるだけではなく、ポージングや食事、大会に向けた準備といった面で、その選手が培ってきたノウハウも吸収できるからだ。

　また、できるだけ多くの大会に足を運ぶのも1つの手だろう。私はステージで競い合う他の選手たちの姿を観客席から見て、大会とはいかなる場なのかを学んだ。他の選手の動きを見ることは、かけがえのない財産になる。自分がステージで注目を浴びながらパフォーマンスに集中しているときは、俯瞰するのは困難である。ステージよりも観客席にいたほうが、壇上での成り行きを詳細に把握できるだろう。たとえば、選手が犯したミスに気づくだろうし、そのミスをどうすれば防げたのか知ることもできる。したがって、ステージで進行するすべてに目を向けるべきだ。各ラウンドで何が行われているのか、大会がどのように進められているのか、ステージ上の選手がどのような指示を受けているのか。それだけではなく、選手1人ひとりをよく見ていけば、なぜあの選手のパフォーマンスが適切で、あの選手のパフォーマンスが不適切なのか考える機会を得られるだろう。オイルの塗りすぎやツヤの出しすぎを判断したり、別のポージングや演出のほうがよかったのではないかと考察したりもする。このようにしてステージでは何が効果的で何が効果的でないのか整理できたならば、自分自身のパフォーマンスに活かすとよい。見て学んだことを忘れないように、メモに残しておくほうが賢明だろう。

　私は映画作りにおいても、同様の手法を活用した。1970年代に映画『ステイ・ハングリー』に俳優として出演することが決まったとき、私は監督のボブ・ラフェルソンの助言に従って、ハリウッド中をめぐり映画やテレビ番組の制作現場を見て回った。おかげで映画界特有の言い回しやビジネステクニックを学ぶことができた。また映画制作の現場を知れば知るほど、出番が回ってきたときにカメラの前で巧みに演じられるようになった。

　その後、私は映画『コナン・ザ・グレート』の主役として、剣使いの達人を演じることになった。そのため、数カ月かけて重い大剣を操る方法をマスターするだけではなく、名の通った剣士よろしく**立ち回る**術も身につけなければならなかった——ケビン・コスナーが彼自身の運動能力の良し悪しに関わらず、映画『ティン・カップ』で自分を本物のプロゴルファーに**見せる**必要があったように。私は週に3度の剣術の稽古に加え、実際の試合を見たり、剣道場に足を運んだり、サムライ映画を見たりして、剣術の世界について理解を深めた。さらに、剣士の体の使い方やバランス感覚、姿勢、足さばき、構えの変え方などをじっくり観察した。つまり剣術をモノにするため、ボディビルのポージングの習得時とまったく同じことをしたのである——見て、気づき、学び、実践したのだ。

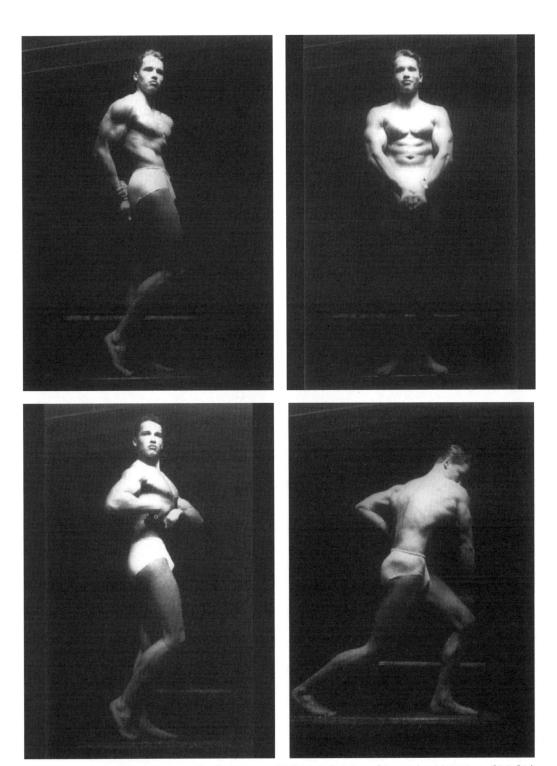

ボディビルダーとしてまだ駆け出しのころの1枚。私がトレーニングを始めたオーストリア・グラーツのウエイトリフティングクラブの友人が撮影したもの。当時16歳。

BOOK FOUR ボディビル競技

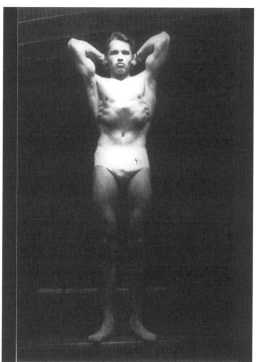

国際ボディビルダーズ連盟(IFBB)の大会要領

　大会に参加するボディビルダーは、ステージに上がってオリジナルのポージングルーティンを披露する。ただし自らのポージングスキルを存分に発揮したければ、その大会の運営や進行要領を理解していなければならない。IFBBはボディビルにおいて、アマチュア向け国際大会とプロを対象としたすべての公認競技会を統括している。アマチュア向けの大会では、各出場選手は体重によって以下のように分類される。

　バンタム級
　ライト級
　ミドル級
　ライトヘビー級
　ヘビー級
　スーパーヘビー級

　プロ向けの大会では、体重による分類は存在しない。体のサイズに関係なく、すべての選手が一斉に審査される。かつては体重ではなく身長によって選手を階級分けしていた時代もあった。だが時が経つにつれ、身長よりも体重で分けるほうが筋発達の酷似する選手同士を各階級にまんべんなく振り分けられることが明らかになった。
　IFBBは1980年代まで、体重200ポンド（90.7kg）を境に出場選手を2つの階級に分け、プロ向けの大会を実施していた。最後にオーバーオールのタイトルをかけて、それぞれの階級の優勝者2人が1対1のポージング対決に挑むわけである。だがこの要領だと、ミスターオリンピアなど重要な大会においても、階級別での審査に長い時間を費やしておきながら、2人のうち栄光のミスターオリンピアを選ぶ最終審査は、ものの数分で片づいてしまう。一方、体の大きさによらず全選手を一斉に審査する今日の方法は、小柄な選手が大きく不利を被るように見えるが、決してそうはならない。審査員にとっては、サイズが異なる選手たちを時間をかけて同時に審査したほうが、ステージ上の体躯の大小に惑わされず筋肉の真のクオリティを見極めやすいのだ。逆に多様なサイズの選手を階級ごとに分け、各勝者を対象に最終決戦を実施する場合、最終決戦では審査員がはるかに短い時間でサイズ差のある選手同士を見比べなければならない。すると、パッと見た感じでインパクトのある大柄な選手がすこぶる有利になってしまう。
　今日のIFBBの大会は前半後半の2部構成で、計4回のラウンドが行われる。前半に行われるのは**予選審査（プレジャッジ）**だ。規定項目に沿って進められる予選審査は技術的要素が強く、ボディビルファンにとってはとても見ごたえのあるパートだ。しかし、ボディビルに馴染みのない人たちにとっては面白みに欠けるかもしれない。予選審査では、2つのラウンドが実施される。

第1ラウンド:リラックスポーズ

　第1ラウンドでは、選手はまず両腕を下ろし、正面を向く。その後、右、後ろ、左、と向きを変えていく。ポーズの名前こそリラックスポーズだが、全身の筋肉にここぞとばかりに力を入れるのが一般的だ。このラウンドはよくシンメトリーラウンドと呼ばれる。リラックスポーズを決めている選手の体を見ると、体の対称性（ボディビルでシンメトリーという）をはじめ、プロポーションや筋肉の輪郭が非常によくわかるからだ。またムダ毛のケアや肌の色調、タンニング（日焼けの程度）なども評価される。ボディビルパンツが適正な色で、似合っているかどうかも審査対象になる。第1ラウンドは総合審査と言われることも多いが、そちらのほうがシンメトリーラウンドという別称よりも的確だろう。どちらにしろ、審査員はシンメトリーや筋肉の質感だけではなく、全ラウンドを通じて選手のすべてに目を向けることになっている。ラウンドによって異なるのは、あくまで選手側のポーズやアピールの仕方であり、単に強調される部位が変化するだけである。

側面を向く「サイドリラックス」（ジョン・フラー、ユサップ・ウィルコシュ、ロイ・キャレンダー）。

正面を向く「フロントリラックス」。何の変哲もないポーズだが、3人の選手（バーティル・フォックス、アルバート・ベックルス、ジョン・フラー）が各部位の筋肉をコントロールし、収縮させている様子に着目してほしい。

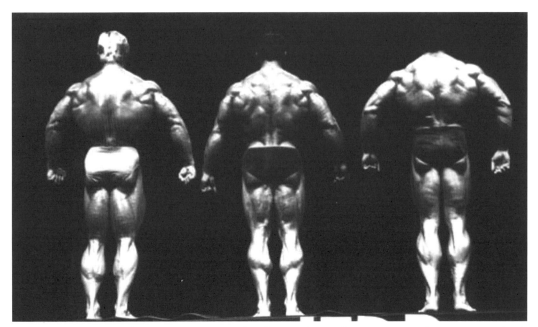

後ろを向く「バックリラックス」。リラックスポーズといえど、いずれの選手（トム・プラッツ、ケイシー・ビエター、サミア・バヌー）も大腿二頭筋や、下腿と腰背部の筋肉に目一杯力を込めている。

第2ラウンド：規定ポーズ

　第2ラウンドでは、一連の規定ポーズをとる。規定ポーズは、選手個々の強みと弱みが浮き彫りになるよう設定されている。具体的には以下の通り。

　フロントダブルバイセップス
　フロントラットスプレッド
　サイドチェスト
　バックダブルバイセップス
　バックラットスプレッド
　サイドトライセップス
　アブドミナル&サイ

（女子選手の場合、フロントラットスプレッドとバックラットスプレッドは除く。それら2種のラットスプレッドは女性にふさわしくないとの理由で、数年前に女子選手の規定ポーズから外され、現在に至る。）規定ポーズの目的は、各選手の体をきれいに見せたり美しく見せたりすることではない。長所を引き立たせ、短所を露わにすることで、審査員に客観的かつ論理的に評価する機会を与えることだ。ここで審査員に残した印象が、後々の評価に影響する傾向にある。言い換えれば、第2ラウンドは大会最大の山場と言えるだろう。したがって、IFBBの大会で好成績を収めるためには、規定ポーズをときには筋肉がけいれんするくらい何度も練習することが必要だ。

フロントダブルバイセップス

フロントラットスプレッド（サミア・バヌー）

サイドチェスト

バックダブルバイセップス

バックラットスプレッド（クリス・ディッカーソン）

腕は上げ、脚を伸ばして決めるアブドミナル＆サイ（トム・プラッツ）。

サイドトライセップス（クリス・ディッカーソン）

大会の後半では、決勝審査が実施される。決勝審査は（一部大会を除き）夜に設定されることが多いため、俗に「ナイトショー」と呼ばれる。なお予選審査は大抵、日中の午前か午後に行われる。決勝審査の内容は以下の通り。

第3ラウンド：フリーポーズ

第3ラウンドでは自ら選曲した音楽に合わせて、オリジナルのポージングルーティンを披露する。つまり、己の肉体が最も魅力的に見えるようにポーズを展開していく。ただし、特定の部位に対するアピールを控えているそぶりを見せてはいけない（このそぶりを見せ

ミロス・シャシブは自らの肉体美をステージで際立たせる美しいオリジナルポーズをいくつも考案した。

てしまうと、逆に審査員の視線をそらそうとしている箇所に引きつけることになる)。オリジナルのポージングルーティンについては、ひねりを加えても、膝を深く折ったりランジ〔訳注：片脚を踏み出し腰を沈めた格好〕をしたりしてもよい。筋肉を前面に押し出したポーズや美を追求したポーズなど、**あらゆる**ポーズが認められている。ただしアマチュア向けの大会では時間制限が設けられているケースがあり、持ち時間はおおむねわずか1分以内といったところだろうか。一方プロの場合は、好きなだけ時間をかけることができる。よってフリーポーズに関しては、どんな大会だろうとその規定を**常に**チェックすべきだ。先述の第2ラウンドでは、審査員が求めるポーズを審査員が求める方法で披露する。一方でこのラウンドでは、審査員に次のように言う機会が与えられるわけだ。「もうお望み通りご覧いただけたでしょうから、今度は私自身が見せたい体をお目にかけます」と。要は、いよいよ自らの個性と創造性を発揮する時が来たのだ。力強く、自信に満ち、躍動感にあふれ、創意に富んだ選手に映るのか。それとも、平凡で、インパクトに欠け、見所のない選手に映るのか。すべては、あなた次第である。

第4ラウンド：ポーズダウン

上位に残った選手たち（通常6人）は、大会大詰めのポーズダウンで、審査員に最後の

1980年ミスターオリンピアの6選手による決勝審査にて。ポーズダウン序盤で直接比較されるボイヤー・コー、私、クリス・ディッカーソン。

1994年ミスターオリンピアの比較審査でサイドトライセップスを並んで披露するケビン・レブローニ、ドリアン・イェーツ、ショーン・レイ。

ポーズダウンラウンドの一番の見所は、各選手が自身の長所とライバルの短所をアピールすべく自由にポーズを決め、ステージを支配しようとする点にある。ロンドンで開催された1982年ミスターオリンピアでは、フランク・ゼーン、サミア・バヌー、クリス・ディッカーソン、アルバート・ベックルス、トム・プラッツ、ケイシー・ビエターの6選手が、この刺激的な一大ラウンドで火花を散らした。

雄姿を披露すべく己の肉体を誇示する。6人の選手全員がステージに上がり、おのおの自由にポーズを決めたり、一緒に同じポーズをとったりするのだ。ときには、相手を押しのけるように前に出て、審査員から最後のポイントを稼ごうとする者もいる。この第4ラウンドでは第3ラウンドのようにポージングルーティンを披露する機会が与えられるわけではない。とはいえ、自分のベストポーズを決めつつ、特定の部位が自分よりも発達している相手と近くで比較されるような状況は避ける必要がある。たとえば1981年のミスターオリンピアでのこと。ポーズダウンラウンドが始まるや否や、ある選手が急いでトム・プラッツの隣のポジションを確保し、下半身の筋肉をアピールしたことがあった。ボディビル界で最も素晴らしい脚を誇るプラッツのすぐ脇で、誰が下半身のポーズをとりたいと思うだろうか？ その選手はつい浮足立って、自らを貶めてしまったに違いない。見てくれ、俺の下半身はトム・プラッツに及ばないだろう？ そう訴えているも同然だと思い至らなかったのだ。

採点方式

IFBBではラウンドごとの採点方式を採用している。各審査員が出場選手に対して1位から最下位まで順位をつけて（その上で一般に、オリンピック同様、最高の数字と最低の数字を1つずつ除外したトリム平均で）各ラウンドの順位を確定させ、最後に各ラウンドの順位を合算して選手の総合成績を割り出すのだ。ただし、その昔異なる方法（ポイント制など）で採点していた時期もあり、ボディビルの歴史を振り返れば、主催団体によっても採点システムに差がみられる。とはいえIFBBでは、現行の採点方式が長い間使われている。

全米フィジーク委員会（NPC）主催の大会

全米フィジーク委員会（NPC）はIFBBの国内関連団体である。NPCは統括組織として、アメリカ国内におけるアマチュア対象のボディビル大会を主催している。NPCもIFBB公認のアマチュア大会と同様の体重別階級を採用しているが、運営要領については相違点が存在する。

1. 予選審査で選手は1人ずつステージに上がり、1分間のオリジナルのポージングルーティンを曲をかけずに行う。その後、選手全員がステージに並び、比較ポーズをとる。
2. 審査員は任意のポーズをとるよう選手に指示できる。モストマスキュラーを指定してもよいし、単に「下半身のベストポーズを見せて」と伝えてもよい。またIFBBでは一般に、一度に比較審査する選手数は3人までだが、NPCでは審査員の裁量によって人数が多いときもあれば少ないときもある。
3. 選手はナイトショーで再びステージに上がり、オリジナルのポージングルーティンを

今度は曲に合わせて行う。ただし、このラウンドは採点対象に含まれない。NPC での採点は、**すべて**予選審査で済まされる。つまりポージングルーティンは曲ありと曲なしの 2 回実施されるため、選手は大抵 2 種類のルーティンを用意しなければならない。1 つは予選審査用、もう 1 つは（おおむね演出要素がより強い）ナイトショー向け、といった具合だ。

4. NPC でも順位づけによる採点方式が採用されているが、予選審査の各ラウンドで順位をつけるわけではない。審査員は各選手に対する評価内容をラウンドごとにメモに残し、予選審査の最後に総合的に判断して順位を決定する。

1998年 NPC 全米ボディビルディング&フィットネス選手権
1998年7月10、11日
男子バンタム級

No	氏名	1	2	3	4	5	6	7	8	9	小計	順位
5	ランディ・レッパラ	1	1	1	1	1	1	1	1	4	5	1
18	ロナルド・ナース	3	3	3	3	3	2	3	2	3	15	2
14	スティーブ・ガバー	2	2	6	4	2	3	2	5	5	16	3
10	ジョナサン・ハント	4	4	4	5	4	5	4	4	1	21	4
1	トーマス・アームストロング Jr.	5	5	2	2	6	6	4	3	6	23	5
11	クリフトン・トーレス	6	6	5	6	4	5	6	6	2	28	6
15	ゲーリー・パスモア	7	7	7	8	9	8	7	7	7	36	7
16	ランス・ハラノ	9	8	8	10	7	7	8	8	9	41	8
3	ジム・キング	10	9	10	7	8	9	11	9	8	45	9
7	マイケル・キング	8	11	9	9	10	10	10	10	11	49	10
4	スティーブ・クルーガー	11	10	11	11	12	11	9	11	12	55	11
9	ポール・セイク	12	12	12	12	11	12	12	12	10	60	12
12	ジョン・リグセイ Jr.	13	13	13	13	13	14	13	13	14	65	13
6	ポール・アンローグ	14	15	16	14	14	13	14	16	15	72	14
13	アンソニー・ラティモア	16	14	15	16	15	15	15	14	13	74	15
2	マシュー・アロイ	15	17	14	15	16	16	16	15	16	78	16
17	ダスティ・ブッシュ	18	16	17	18	17	17	17	17	17	85	17
8	マイケル・スミス	17	18	18	17	18	18	18	18	18	90	18

全審査員による順位のうち上位2つと下位2つは除外

男子バンタム級審査員		
審査員1	ディック・ファッジ	フロリダ州
審査員2	フレッド・マリンズ	フロリダ州
審査員3	ダニエル・キャンベル	カリフォルニア州
審査員4	パット・スポラー	フロリダ州
審査員5	アーネスト・ビー	インディアナ州
審査員6	ラリー・ペペ	カリフォルニア州
審査員7	ピート・ファンチャー	フロリダ州
審査員8	リンダ・ウッド-ホイト	ニューヨーク州
審査員9	デーブ・サウアー	カリフォルニア州

BOOK FOUR
ボディビル競技

1998年 NPC 全米ボディビルディング&フィットネス選手権
1998年7月10、11日
男子バンタム級

No	氏名	1	2	3	4	5	6	7	8	9	小計	順位
31	リチャード・ロングウィズ	1	1	1	1	3	3	3	2	2	9	1
36	ステファン・カントーネ	3	4	2	3	2	1	2	1	1	10	2
37	ケビン・クリーデン	2	2	5	5	1	2	4	3	3	14	3
32	ポール・スミス	4	3	3	4	5	4	1	4	4	19	4
46	スティーブ・ウィリアムス	5	5	4	2	4	5	5	5	5	24	5
30	ロン・ノーマン	6	6	6	6	6	6	6	6	6	30	6
33	スティーブ・デュフレーヌ	7	9	11	7	7	7	9	9	9	41	7
42	クレイグ・サンティアゴ	9	8	8	9	8	8	7	7	10	41	8
48	ティト・レイモンド	8	7	7	8	11	12	10	10	8	44	9
39	クリス・ディム	10	10	12	10	10	11	8	8	11	51	10
45	ギャレット・タウンセンド	11	11	9	12	9	16	11	11	7	53	11
29	マーク・ダグデール	12	12	10	11	12	10	12	12	12	59	12
35	パトリック・マツダ	13	13	14	13	13	13	13	13	13	65	13
43	トミー・ポテンザ	15	14	15	16	15	14	14	15	15	74	14
41	ジェイソン・コーツ	14	15	13	14	14	19	15	17	17	75	15
47	マイク・コックス	16	16	17	15	16	17	16	14	14	79	16
49	ランディ・サミュエルス	17	17	16	17	17	15	17	16	16	83	17
40	ブライアント・ザモラ	19	18	18	18	18	9	19	18	18	90	18
34	ニノ・シチリアーノ	18	19	19	19	19	20	18	19	19	95	19
44	アーノルド・ワトキンス	20	20	20	20	20	18	20	20	20	100	20

全審査員による順位のうち上位2つと下位2つは除外

男子バンタム級審査員		
審査員1	ケビン・ワグナー	テキサス州
審査員2	マット・クレーン	ニューヨーク州
審査員3	ピーター・ポッター	フロリダ州
審査員4	ボブ・ペンツ	ノースカロライナ州
審査員5	ジョン・ケンパー	ニュージャージー州
審査員6	クラーク・サンチェス	ニューメキシコ州
審査員7	マイケル・スツール	カリフォルニア州
審査員8	テッド・ウィリアムソン	カリフォルニア州
審査員9	ドン・ホリス	ミシシッピ州

1998年 NPC 全米ボディビルディング&フィットネス選手権
1998年7月10、11日
男子ライトヘビー級

No	氏名	1	2	3	4	5	6	7	8	9	小計	順位
62	トロイ・アルベス	1	1	1	1	1	2	2	2	3	7	1
57	ロバート・ロペス	5	2	2	2	2	1	1	1	2	9	2
54	パレンシーシス・デバース	3	3	3	3	3	3	3	3	1	15	3
50	ジョー・ハバード	4	4	4	5	4	5	5	5	5	23	4
56	ジェームズ・レスティボ	2	6	6	6	6	4	4	4	4	26	5
51	アンドレ・スコット	6	5	5	4	5	4	6	6	6	27	6
59	マイケル・クルサード	7	7	7	8	7	7	7	7	8	35	7
61	チャールズ・レイ・アーデ	8	9	9	7	8	8	9	9	7	42	8
55	ダリル・ホールジー	9	8	8	10	10	9	10	8	10	46	9
52	ロミー・アブダラ	10	10	10	9	9	10	8	10	9	48	10
53	レオナルド・ピタ	12	11	11	11	11	11	15	11	16	56	11
58	サミュエル・ジョーダン	15	13	13	12	12	13	13	15	11	64	12
63	ジョン・ボーブス	11	14	12	13	14	15	11	13	13	65	13
60	チャールズ・ローソン	16	16	16	16	13	12	14	12	12	71	14
64	エリック・ディクソン	13	15	14	15	15	16	12	14	14	72	15
65	デビッド・コールマン	14	12	15	14	16	14	16	16	15	74	16

全審査員による順位のうち上位2つと下位2つは除外

男子ライトヘビー級審査員		
審査員1	アート・ベッドウェイ	ペンシルベニア州
審査員2	ジョン・トゥマン	カリフォルニア州
審査員3	タイ・フィルダー	ジョージア州
審査員4	ケン・テイラー	サウスカロライナ州
審査員5	ジョン・ケンパー	ニュージャージー州
審査員6	マット・クレーン	ニューヨーク州
審査員7	スティーブ・ワインバーガー	ニューヨーク州
審査員8	アル・ジョンソン	ルイジアナ州
審査員9	スティーブ・オブライエン	カリフォルニア州

BOOK FOUR
ボディビル競技

1998年　NPC 全米ボディビルディング＆フィットネス選手権
1998年7月10、11日
男子ヘビー級

No	氏名	1	2	3	4	5	6	7	8	9	小計	順位
70	ジェイソン・アーンツ	2	1	1	2	1	1	1	1	2	6	1
74	テビタ・アホレレイ	1	2	2	3	2	2	2	2	3	10	2
69	ギャレット・ダウニング	3	3	3	1	3	3	3	3	1	15	3
76	ロドニー・デービス	4	4	4	4	4	4	4	4	4	20	4
73	ジョン・キング	5	5	5	5	9	5	9	7	5	27	5
75	ジョセフ・カールトン Jr.	6	6	6	6	5	6	5	5	6	29	6
78	ダレル・テレル	7	7	7	7	7	7	8	6	7	35	7
77	ウィリアム・マットロック	8	8	9	9	8	8	7	8	9	41	8
72	ラスティー・ジェファース	9	10	10	8	10	9	10	9	8	47	9
67	シルバート・ファーガソン	10	9	8	10	6	10	6	10	10	47	10
80	ジョセフ・パターソン Jr.	11	14	11	11	12	14	12	12	11	58	11
68	ハンス・ホップスタケン	13	11	13	12	13	13	13	13	14	65	12
79	ダン・ファイン	15	13	12	13	14	11	14	14	13	67	13
71	ジョエル・カトゥール	12	12	14	14	15	12	15	15	12	67	14
66	クリストファー・バーネット	14	15	15	15	11	15	11	11	15	70	15

全審査員による順位のうち上位2つと下位2つは除外

男子ヘビー級審査員		
審査員1	ピーター・ポッター	フロリダ州
審査員2	ジョン・トゥマン	カリフォルニア州
審査員3	タイ・フェルダー	ジョージア州
審査員4	デビー・アルバート	ペンシルベニア州
審査員5	マイク・カッツ	コネチカット州
審査員6	ジム・ロッケル	ニューヨーク州
審査員7	スティーブ・ワインバーガー	ニューヨーク州
審査員8	ジェリー・マストランジェロ	コネチカット州
審査員9	サンディ・ラナリ	カリフォルニア州

1998年 NPC 全米ボディビルディング&フィットネス選手権
1998年7月10、11日
男子スーパーヘビー級

No	氏名	1	2	3	4	5	6	7	8	9	小計	順位
93	デニス・ジェームス	2	1	1	1	2	1	2	2	2	8	1
94	メルビン・アンソニー	1	2	2	2	1	2	1	3	1	8	2
91	オービル・バーク	3	3	3	3	3	3	3	1	3	15	3
83	アーロン・マドロン	4	4	4	4	4	4	4	4	4	20	4
87	ダン・フリーマン	6	5	6	5	5	5	5	6	6	27	5
89	デビッド・ネルソン	5	6	5	6	6	6	6	5	5	28	6
85	エリック・フロム	7	8	8	8	7	8	7	10	7	38	7
81	ジャスティン・ブルックス	9	7	7	10	9	7	9	7	8	40	8
90	レオ・イングラム	10	10	9	7	8	9	8	8	9	43	9
95	レオン・パーカー	8	9	10	9	10	10	10	9	10	48	10
92	ジャック・ワズワース	12	14	11	11	11	12	14	11	14	60	11
88	ウィリアム・ハース	11	12	14	12	13	13	11	13	12	62	12
84	ケビン・ソサモン	13	11	13	13	14	11	13	12	13	64	13
82	ブラッド・ホリボー	14	13	12	14	12	14	12	14	11	65	14

全審査員による順位のうち上位2つと下位2つは除外

男子スーパーヘビー級審査員

審査員1	テッド・ウィリアムソン	カリフォルニア州
審査員2	アート・ベッドウェイ	ペンシルベニア州
審査員3	ジェフ・テイラー	カリフォルニア州
審査員4	デビー・アルバート	ペンシルベニア州
審査員5	マイク・カッツ	コネチカット州
審査員6	ケン・テイラー	サウスカロライナ州
審査員7	ジム・ロッケル	ニューヨーク州
審査員8	ジェリー・マストランジェロ	コネチカット州
審査員9	スティーブ・オブライエン	カリフォルニア州

ポージングの練習を始めるのに早すぎることはない。写真のリー・プリーストのように、ワークアウトの対象部位をセット間に収縮させ、鏡の前でポージングを確かめてみるとよい。

オーバーオール審査〔訳注：全階級を通じた審査〕

　アマチュアのボディビル大会では一般に、各階級の1位が発表されたあと、総合優勝者を決めるためオーバーオール審査という各階級の1位の選手全員を対象とするポーズダウンが行われる。つまり1つの階級を制したからといって、喜びに浸り、羽をのばしてなどいられない。新たな戦いの火蓋が切られるのである。オーバーオール審査ではどうしても重量級の選手が栄冠を手にしがちだが、常にそうとは限らない。中量級、はたまた軽量級の選手であっても、頂点を極めた者はこれまでにも存在する。この最後のポーズダウンの時間はわずか数分しかないため、出場者は言うまでもなく、ここぞとばかりに筋肉をパンプアップさせて決戦に挑まなければならない。オーバーオール優勝を勝ち取った選手がしばしばプロ転向のチャンスに恵まれる点を考えれば、なおさらだ！

　ただしIFBB主催の世界アマチュアボディビル選手権——1976年までの大会名はミスターユニバース——の場合、前段の流れとは異なる。世界アマチュアボディビル選手権では、オーバーオール優勝者を決める審査は実施されない。かつては各階級の優勝者全員にプロ資格が与えられ、階級を制すれば即座にミスターオリンピアに出場することができた。だが結果として純粋に力不足の選手がミスターオリンピアにあまりに多く参加する事態となり、IFBBは近年になって階級優勝者対象のポーズダウンを取り入れ、その中から1名をミスターオリンピアに招待するようになった。ただし、たとえ招待されたとしても当該選手が所属する国内競技連盟によるIFBBプロ部門への推薦が必要で、その推薦がなければミスターオリンピアに出場することはできない。

持久力

　もう1つ留意すべき点は、大会では非常に長い時間ステージに立つ可能性があるということだ。比較審査の機会が多ければ多いほど、またポージングする回数が多ければ多いほど、大会を乗りきるだけの持久力が求められる。過度の疲労は避けなければいけないし、けいれんも許されない。では、どうすればその持久力を得られるのか？　それは数週間または数カ月というスパンで、すべてのポーズを何度も何度も練習するしかない。繰り返しになるが、ステージ後方で比較審査の出番を待っているときでさえも、ある意味ポージングすべき時間であることを忘れてはならない。たとえステージ後方であっても、審査員の視界には入っている。全身を弛緩し、腹部をたるませ、疲労感を露わにしたり怠慢な態度を覗かせたりすれば、審査員の採点に響くこと必至だろう。

ポージングトレーニング

　ポージングトレーニングは、ボディビルダーにとって体作りに励むのと同じくらい重要

性が高く、始めるのに早すぎるということは決してない。ジムに初めて足を踏み入れたその日のうちに、メニューに取り入れるべきだろう。他のボディビルダーの写真をよく見たり、実際に大会に足を運んで出場選手たちのポージングを目に焼きつけたりして、それらを真似てみてほしい。最初は鏡の前で自分なりに手ごたえが得られるまでトレーニングする。それから友人に見てもらうとよいだろう。

　またワークアウト時のセット間に、ターゲット部位に力を入れ、鏡の前で何種類かポーズをとって確認してみるのも効果的だ。そうすることで、筋肉を収縮させた状態を長く維持できるようになるほか、ポージングスキルの習熟度を測ることもできる。

　持久力が肝心であることを心に留めてほしい！　審査員は選手に対して一度に数分間ポーズをとり続けるよう指示することが多い。したがって、選手は予選審査全体で筋肉を数時間も収縮し続けるという過酷な試練を突きつけられる可能性がある。であれば、数秒間だけポーズをとって力を緩めてしまうようなポージングトレーニングでは意味がない。つらさを感じるまでポーズをとり続け、そこからさらに維持する。するとポージングが崩れてきて、けいれんが始まる。練習で苦痛を味わうからこそ、本番で力強い見事なポージングを華麗に披露できるのだ。1日に最低1時間はポージングの練習に当ててほしい。大会が近いのであれば、おそらくもっと時間をかけるべきだろう。いざステージに立ったとき、ポージングをトレーニングしておいてよかったと必ず思えるはずだ。

鏡の前でのポージングは、自分のポージングスキルの欠点を見つけるのに役立つ。写真はロビー・ロビンソンやケン・ウォーラー、フランコ・コロンブ、エド・コーニーから厳しい指摘を受ける私。批判的な意見に耳を傾けるのはつらいが、大きな成長につながる。

上腕三頭筋のワークアウトを25セット行ったあと、同部位を確認する私

私は胸筋と上腕三頭筋のワークアウト後、両腕を前に伸ばしてストレートアームトライセップスをとるのが好きだった。ワークアウト直後でまだ激しくパンプアップしている両部位の筋肉が一層際立つ。

もう1つ注意すべき点として、プレッシャーのかかるステージでは練習時よりも速いペースでポージングしがちであることが挙げられる。そこで、ゆっくり3、4、5、というように心の中でカウントして、あとどれくらいポーズを維持すればよいか判断することをおすすめしたい。そうすれば、本番ならではの緊迫した空気に飲まれて、焦ってしまうような事態を避けられるだろう。

　ポージングで表現する要素のうち、最も重要だと言えるのが自信だ。ステージ後方でリラックスしていようと、ステージ前方で規定ポーズを決めていようと、ポージングルーティンを披露していようと、ステージ上では意欲と誇りを胸に、自信を見せることを忘れてはならない。ただしその域に達するには、相当練習を積んで1つひとつのポーズを完璧にマスターし、苦痛感や疲労感をにじませることなく何度もポーズをとり続けられるようになる必要がある。また頸部から下の筋肉に力を入れつつも、自信に満ちた余裕のある表情を維持できるようにもならなければならない。

　振り返れば、私はいつもトレーニングパートナーと一緒にポージング練習に励んでいた。ジムでちょっとしたポーズダウンを行うような要領で、たがいのポージングを見比べ、分析し、どこを改善すればよいのか確認し合っていたのである。キャリアの浅いボディビルダーであれば、自分より知識が豊富な選手とのトレーニングはスキルアップにうってつけだ。私は18歳で南アフリカにいるレジ・パークのもとを訪れ、連日彼と一緒にジムで汗を流し、模擬ポーズダウンを行っていた。当時、レジは私よりはるかに経験のある有能な選手で、ワークアウト後に天窓の下で必ず行う二人でのポージング練習を通じて、私は計り知れないほど多くのことを吸収した。彼はポージングに入りながら、よくこう言った。「俺はこのポーズを決めるから、お前は違うポーズをとってみろ」。映画『パンピング・アイアン』を見れば、私がフランコなどのボディビルダーたちと似たようなトレーニングをしている場面が出てくるはずだ。

　普段の真剣なポージングトレーニングに加え、複数のポーズを急ピッチで流すように決めていくのもおすすめだ。その際、ポーズを1つずつ全力で決める必要はない。ポーズ変更をスムーズに素早く行う感覚を体に染み込ませ、ポーズ間の移行をためらいなく行い、乱れやぎこちなさを見る者に感じさせずに別のポーズに移れるようにすることが目的である。

20歳の時点ですでにポージング練習に時間をかけるべきだと何となく考えていた私は、腕のワークアウト後に上腕二頭筋を収縮させていた。

ワークアウト後に筋肉を収縮させた状態を数分間維持すれば、大会でのポージングに必要な高い持久力を養うことができる。

BOOK FOUR

ボディビル競技

セット間にポージングするフランコ・コロンブ。

　第1ラウンドのトレーニングとして、まず足を揃えてまっすぐ立ち、両手を体側に下ろす。ポージングのチェックは常に体の下側から順に行う。まずは下腿三頭筋から力を込める。さらに隆起させるべく膝をわずかに曲げる選手もいるが、人によってはずんぐりした姿になってしまうかもしれない。膝の屈曲が自分に適しているか、鏡で確認してみよう。次に臀部を若干引き込み、腹部を持ち上げる。そうすることで骨盤がわずかに後傾し、腹部の収縮とカットを保ちやすくなる。その後、脊椎を上に向かってまっすぐ伸ばし、できるだけ長身になる姿勢を維持する。あくまで伸ばすのは脊椎で、肩を持ち上げないように注意しよう。正しくできれば、高さが増し、胸部がバルクアップしたように見えるはずだ。そして、広背筋をやや収縮させる。ラットスプレッドのように力を強く入れる必要はなく、両腕が体側から離れる程度で問題ない。最後に両腕の筋肉を緊張させ、腹部を緩ませることなくリラックスした表情をつくる。

　理論的には、第1ラウンドではこのようなポーズをまず正面を向いて行い、それから右に90度回って決め、後ろ向き、左向きと同じことを繰り返し、最後に再び正面を向いて行うので、選手はラウンド中、常に同じリラックスポーズを維持することになる。ただ実際には、横を向くときは審査員側の腕に力を込め、上腕三頭筋を隆起させて、正面に上体をひねるのが一般的だ。たしかに、筋肉の形状と全体的なバランスに目が行きやすい当ラウンドで、その手のアピールはまったく意味がないかもしれない。とはいえ審査員長に注意されない範囲で、あらゆる手を尽くすのが選手というものだろう。しかしながら、シンメトリーに優れている体格であれば、その強みを打ち消すような筋肉の隆起や体のひねりは避けたほうがよい。

ポージングスキル習得の一番の近道は経験豊富な選手とトレーニングすることである。写真はジャン＝ピエール・フックスがナッサー・エル・サンバティとともに自らのフォームを確認している様子。

何気ないポーズダウン練習が本番で大きな効果を発揮する。

ドン・ロングとフレックス・ウィラーの表情を見ればわかる通り、ジムでのポーズダウンはとても楽しい時間でもある。

エド・コーニーやデニー・ゲーブル、ブライアン・アベデ、私が見守る中、何気なくポーズダウンを行うロビー・ロビンソンとケン・ウォーラー。このようにジムで腕を磨けば、ポージングのタイミングや相手より優れたポーズを素早く決める術などが身につく。

　全身の筋肉を収縮させたまま長時間立ち続けられるようになるには、慣れるしかない。まず大腿部と腹部に力を込め、広背筋を盛り上げ、胸部を膨らませる。あからさまに力をみなぎらせるのではなく、両腕が自然に体側に垂れているように見せる。その状態を時計やストップウォッチで時間を計りながら1分間続けたら、右に90度回って同じことを試し、次いで後ろ、左、正面と向きを変え、それぞれ1分間維持していく。審査員席に背を向けている想定のときは、特に下腿三頭筋の収縮を意識する。もちろん大腿二頭筋や、臀部と腰背部の筋群、広背筋についても同様で、ウエストを絞りつつ体全体に配意しなければならない。きっと数分間やるだけで、へとへとになるだろう。とはいえ震えや発汗、けいれんを呈したり、極度の疲労感や不安感をにじませたりすることなく、30分間以上できるように練習することが求められる。ベストな方法は、トレーニングパートナーと一緒に練習することだ。筋肉が一つ残らず収縮しているかパートナーに見てもらい、力が緩んでいたら指摘してもらうとよいだろう。

写真のポーズはリラックスポーズと呼ばれるが、ご覧の通り全身に力を込めなければならない。この状態を長く保持できるようになるには、多くの練習が必要だ。

横から見たリラックスポーズ。大腿部を収縮させ、腹部を引き締め、両腕を体側に下ろす。

第1ラウンドのトレーニング

　第1ラウンドはリラックスポーズラウンドと言われるが、リラックスポーズをとることがすべてではない。また、シンメトリーラウンドとの別称から、あたかも全審査員が筋肉の形状と全体的なバランスだけを見るかのようにもとられるが、その解釈も適切ではない（ただし審査員全員がそう理解しているとは限らないが）。大会中のラウンドは一つ残らず身体ラウンドであり、審査員は大会時間中に目にした選手の**すべて**を評価することになっている。

審査員長から注意される恐れがあるが、第1ラウンドで写真のようなリラックスポーズのバリエーションを決めれば審査員の目を引くことができるだろう。腰を若干ひねり、両腕と胸部を硬く収縮させ、下腿三頭筋を強調するためつま先に重心をかける。

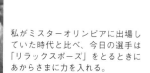

私がミスターオリンピアに出場していた時代と比べ、今日の選手は「リラックスポーズ」をとるときにあからさまに力を入れる。

第1ラウンドのトレーニングとして、まず足を揃えてまっすぐ立ち、両手を体側に下ろす。ポージングのチェックは常に体の下側から順に行う。まずは下腿三頭筋から力を込める。さらに隆起させるべく膝をわずかに曲げる選手もいるが、人によってはずんぐりした姿にみえてしまうかもしれない。膝の屈曲が自分に適しているか、鏡で確認してみよう。次に臀部を若干引き込み、腹部を持ち上げる。そうすることで骨盤がわずかに後傾し、腹部の収縮とカットを保ちやすくなる。その後、脊椎を上に向かってまっすぐ伸ばし、できるだけ長身になる姿勢を維持する。あくまで伸ばすのは脊椎で、肩を持ち上げないように注意しよう。正しくできれば、高さが増し、胸部がバルクアップしたように見えるはずだ。そして、広背筋をやや収縮させる。ラットスプレッドのように強く収縮させる必要はなく、両腕が体から離れる程度で問題ない。最後に両腕の筋肉を緊張させ、腹部を緩ませることなくリラックスした表情をつくる。

　理論的には、第1ラウンドではこのようなポーズをまず正面を向いて行い、それから右に90度回って決め、後ろ向き、左向きと同じことを繰り返し、最後に再び正面を向いて行うので、選手はラウンド中、常に同じリラックスポーズを維持することになる。ただ実際には、横を向くときは審査員側の腕に力を込め、上腕三頭筋を隆起させて、正面に上体をひねるのが一般的だ。確かに、筋肉の形状と全体的なバランスに目が行きやすい当ラウンドで、その手のアピールはまったく意味がないかもしれない。とはいえ審査員長に注意されない範囲で、あらゆる手を尽くすのが選手というものだろう。しかしながら、シンメトリーに優れている体格であれば、その強みを打ち消すような筋肉の隆起や体のひねりは避けたほうがよい。

　全身の筋肉を収縮させたまま長時間立ち続けられるようになるには、慣れるしかない。まず大腿部と腹部に力を込め、広背筋を盛り上げ、胸部を膨らませる。あからさまに力をみなぎらせるのではなく、両腕がほぼ自然に体側に垂れているように見せる。その状態を時計やストップウォッチで時間を計りながら1分間続けたら、右に90度回って同じことを試し、次いで後ろ、左、正面を向き、それぞれ1分間維持していく。審査員席に背を向けている想定の時は、特に下腿三頭筋の収縮を意識する。もちろん大腿二頭筋や、臀部と腰背部の筋群、広背筋についても同様で、ウエストを絞りつつ体全体に配意しなければならない。きっと数分間やるだけで、へとへとになるだろう。とはいえ震えや発汗、けいれんを呈したり、極度の疲労感や不安感をにじませたりすることなく、30分間以上できるように練習することが求められる。ベストな方法は、トレーニングパートナーと一緒に練習することだ。筋肉がひとつ残らず収縮しているかパートナーに見てもらい、力が緩んでいたら指摘してもらうとよいだろう。

大会で抜群の仕上がりを披露し、自らの優位性を示すフレックス・ウィラー。ポーズをとろうとしている段階でさえ、ディフィニションや筋肉の質感が明確に出ている。

第2ラウンドのトレーニング

　第2ラウンドの規定ポーズの習得に向けてまずやるべきことは、当然ながら規定ポーズとして定められている基本ポーズについて理解を深め、見事にポージングできるようになるまで練習することだ。各ポーズを1分間保てるようになったら、7つすべての基本ポーズをノンストップで決めてみよう。

フロントダブルバイセップス
　正面を向いて立つ。リラックスポーズのように大腿部を収縮させ、臀部を引き締める。広背筋に徐々に力を入れながら、両腕を上げる。手首を屈曲させ（こぶしを内側に曲げて）、上腕二頭筋の隆起を最大にする。最後に両肘を若干内側に入れ胸部に厚みを出し、腹部をしっかり収縮させる。フロントダブルバイセップスを決めている間は常に大腿部に力を入れ、弛緩させない。また腹部の筋肉についても収縮させた状態を確実にキープする必要がある。

フロントダブルバイセップスは巨大な広背筋と上腕筋を持つナッサー・エル・サンバティにうってつけのポーズと言えた。ウエストが絞られVシェイプ〔訳注：Vの字を描くように広背筋が広がり、ウエストが細く絞られた体形〕が見事なナッサーだからこそ、このポーズが一段と映えた。

ロビー・ロビンソンはフロントダブルバイセップスを決めている間、見事なバキュームを見せる数少ない選手の1人だった。

フロントダブルバイセップスは短所が露呈しやすいため、数あるポーズの中でも一、二を争うほど難しい。規定ポーズをこなす第2ラウンドでは本来、筋発達やプロポーションを特別よく見せる余地はないと言える。しかし慣習的にある程度のアレンジが許容されており、それらをうまく活かせば自らの肉体の魅力を最大限アピールすることが可能だ。たとえばフロントダブルバイセップスでよく見受けられるのが、ウエストを目一杯引き締めるアレンジである。ただしフレックス・ウィラーやロニー・コールマンのように生来シンメトリーに長けた選手であれば、そのような工夫は必要ないだろう。

フロントダブルバイセップスという名前だが、ポージングに求められる筋肉はバイセップス（上腕二頭筋）だけではない。下腿や大腿から、腹部や胸部を含めた体幹まで、あらゆる部位の筋肉を収縮させる必要がある。

サイドチェスト（左向き右向き共通）

　左右いずれかを向き、両足のつま先に体重をかけ、下腿三頭筋を収縮させる（つま先に体重をかけるほど下腿三頭筋の隆起が大きくなる）。審査員側の腕を曲げて手掌を上に向け、後ろの腕を胸部の前を通して正面に伸ばし、審査員側の手首を握る。そして、後ろの腕の肘をできるだけ後方に引く。腹部をへこませ、胸部を高く保つ。胸部が審査員によく見えるように、上半身を審査員側に若干ひねる。審査員側の脚に体重を乗せ、後ろの脚の膝を曲げて下腿三頭筋を収縮させる。または後ろの脚に体重を乗せ、審査員側の脚の膝を曲げて下腿三頭筋を収縮させる。両方試し、どちらが自分に適しているか判断すること。

サイドチェストで両上肢を前に伸ばしてバキュームをキープすると、大胸筋上部を一段と大きく見せることができる。このポーズは、正規のサイドチェストと連動させることも可能だ。まずこのポーズをとり、一瞬静止してから正面の肘を後ろに引き、規定ポーズである本来のサイドチェストの位置に収めればよい。

サイドチェストには多くのバリエーションがある。写真の中で私が決めているポーズが一般的なサイドチェストだ。

BOOK FOUR

ボディビル競技

リー・プリーストはサイドチェストのとき、胸郭左右の肋間筋だけではなく三角筋や上腕、前腕の筋肉についても激しく収縮させていた。そうすることで筋肉の質感をアピールしていた。

このサイドチェストのバリエーションは、大胸筋内側のディフィニションを強調できる。

サイドチェストの比較審査の一場面。ケビン・レブローニ、ドリアン・イェーツ、ナッサー・エル・サンバティ、ショーン・レイの4人の選手は、体中の筋肉に思い切り力を込める一方で、自信に満ちた余裕のある表情を浮かべている。ポージングトレーニングに長時間費やさない限りできない芸当だ。

フロントラットスプレッド

　下半身についてはフロントダブルバイセップスと同じ。両手で握りこぶしを作って腰にあてる。胸部を高く保持しつつ、両肘を前に出し、広背筋を大きく広げる。フロントラットスプレッドでは、胸筋の重要性が見落とされているケースが多い。広背筋を広げるときに胸部の位置を高くし、両肩を前方に動かして胸筋を収縮させること。

私はフロントラットスプレッドを決めるとき、腹部を内側に押し込みウエストを細く見せ、広背筋を広げることでVシェイプがなるべく際立つように工夫していた。ストリエーションを出すため、大胸筋に懸命に力を入れている様子にも着目してほしい。

ケビン・レブローニ、ドリアン・イェーツ、ナッサー・エル・サンバティは決めているポーズこそ同じだが、筋肉の形状や発達度、プロポーションに関しては三者三様であることがわかる。ドリアンの胸筋は位置が高くストリエーション〔訳注：細かい筋が出ている状態〕に優れ、ナッサーの腹筋群は文句のつけようがない完成度だ。

ナッサー・エル・サンバティが両こぶしを腹斜筋にしっかり押しあて、見事なVシェイプを一段と引き立たせていることがわかる。

バックダブルバイセップス

　後ろ向きに立つ。片脚をわずかに後ろに引き、踵を上げて下腿三頭筋を収縮させる。フロントダブルバイセップスと同じ位置に両腕を上げ、同時に広背筋を広げる。広背筋に力を入れたまま、その広背筋を押し返すように両肘を背部に引き込み、背筋の質感を出す。手首を屈曲させ、上腕二頭筋を最大に盛り上げる。そして顔を横に向けるが、このとき僧帽筋は非対称になる。最後に胸を張って、上体を若干後傾させる——審査員の視線をしっかりと意識して上体をわずかに後ろに倒し、よく見えるようにすることを常に意識する。

バックラットスプレッド

　片脚をわずかに後ろに引き、踵を上げて下腿三頭筋を収縮させる。両手をそれぞれ腹斜筋に触れるような形で腰にあてる。両肘を前に出しながら、ゆっくりと広背筋を広げる。このとき、広背筋の広がっていく様子が審査員にわかるように意識する。広背筋を最大限広げたら、厚く見えるように背部を若干丸める。顔を横に向け、僧帽筋を非対称にする。

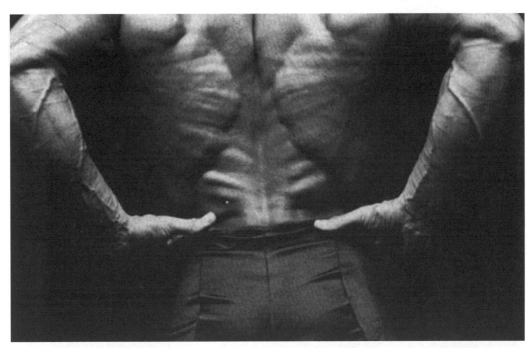

バックラットスプレッドをとろうとしているサミア・バヌー。すばらしいVシェイプとしか言いようがない！　できるだけ腰部の中心近くを親指で押そうとしている点に注目だ。

サイドトライセップス（左向き右向き共通）

　横を向いて立ち、審査員側の踵(かかと)を浮かせ、下腿三頭筋を収縮させる。審査員側の腕をまっすぐ伸ばし、背部に回す。もう片方の腕も背部に回し、審査員側の腕の手首を握る。上腕三頭筋に力を入れ、上体をわずかに左右に振って、審査員側の腕を全審査員によく見てもらう。このサイドトライセップスに関しても、軸足はどちらでも構わない。

ショーン・レイ

サイドトライセップスにはショーン・レイのように審査員側の腕を少し曲げて行うバリエーションもあれば、ロニー・コールマンやナッサー・エル・サンバティのように腕をまっすぐ伸ばし、正面または横を向くバリエーションもある。鏡や写真で確認すれば、どのバリエーションが自分に適しているかわかるだろう（写真はナッサー・エル・サンバティ）。

BOOK FOUR

ボディビル競技

ロニー・コールマンのサイドトライセップス

アブドミナル&サイ。正面を向いて立つ。片脚を前に出し、大腿四頭筋に力を入れる。両手を後頭部に回し、上体をわずかに前傾させ、腹筋群を目一杯収縮させる。体幹を左右いずれかに傾け、腹筋群の魅力を最大限引き出したうえで誇示する。なおポージングの間、前に出す脚を変えても問題ない。後ろの脚を前に出して大腿四頭筋を収縮させればよい。中にはバキュームしてから、上体を前傾させ腹筋群を締める選手もいる。腕を挙上させるアブドミナル（腹筋群）ポーズを真に決めたいのであれば、肺から最後のひと息を絞り出して、腹筋群を極限まで浮き立たせる必要がある。

頭部で手を組むアブドミナル&サイは、体力消耗が極めて激しいポーズである。アヒム・アルブレヒト、ナッサー・エル・サンバティ、ビンス・テイラーを見れば、体を左右に傾けつつも腹筋をこれでもかと収縮させているのがわかる。下肢にも力を入れ、大腿四頭筋などの発達度を審査員にアピールする。

圧倒的なバルクを持ちながらも、よく絞られてカットの刻まれた腹部を披露するナッサー・エル・サンバティ。非の打ちどころがないアブドミナル＆サイだ。

BOOK FOUR ボディビル競技

アレンジを加える

　規定ポーズは本来バリエーションが限られるはずだが、実際は各個の身体(ボディ)に合ったアレンジが昔から許容されている。たとえば私が知る限り、ビル・パールやセルジオ・オリバはダブルバイセップスのとき、両脚ともまっすぐ伸ばしてポージングしていた。大柄で下半身の筋肉に優れた2人だからこそできた芸当だろう。フランク・ゼーンのようにシンメトリーに秀でた選手は、そのようなことは決して行わず、おおむねひねりを若干加える程度だった。事実、当のフランクは体をわずかにひねり、他の選手にとってはパワーポーズとも言えるポーズを、まるでバレエのように美しく演出していた。私はと言えば、Vシェイプを何とか美しく見せようと若干ひねりを加えていた。見事に絞られたセルジオ・オリバに比べ、ウエストが決して細いとは言えなかったためだ。私のフロントダブルバイセップスの写真を見ればわかるだろう。

　規定ポーズを練習するにあたり、まずはチャンピオンの写真をよく見て、まねしてみるとよい。そして自分のポージングを鏡で確認したり、誰かに写真を撮ってもらったりするのがおすすめだ。可能であれば、ポージングしている様子を動画撮影するのも効果的だろう。また人前で披露することも忘れてはならない。相手はトレーニングパートナーでも、ジムにいる他のボディビルダーでも構わない。誰でもよいので自分のポージングを見てもらい、欠点を洗い出すことが必要だ。

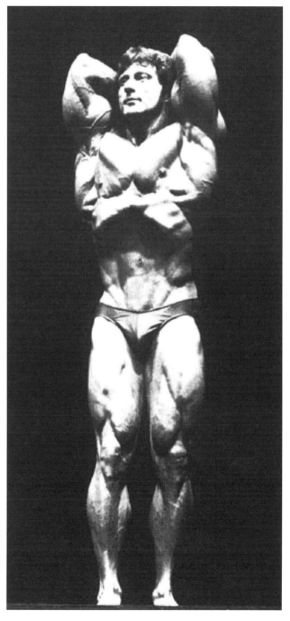

フランク・ゼーンの代名詞ともいえるバキュームポーズ。前鋸(ぜんきょ)筋のクオリティが最も引き出され、上腕二頭筋が絶好の位置でアピールされている。シンメトリーがこれでもかと際立ち、同じステージでモストマスキュラーなどを決めている他の選手たちを脇役に追いやるのに十分だった。ビル・パールもこのポーズを得意としていた1人。もしフランクやビルのような体つきでなければ、控えたほうがよいだろう。

第3ラウンドのトレーニング

　フリーポーズでは、己の肉体の中で最も魅力的な要素を審査員にいかに披露するかを考えなければならない。大会経験の浅い選手であれば、すべての部位の筋肉が自分の理想通りに発達しているわけではないだろう。よって、しかるべき時が来るまで避けたほうがよいポーズが存在する。それゆえ、己の肉体が最も魅力的に見えるポーズを見つけ、それらを土台にオリジナルのポージングルーティンを作成すべきである。

　第3ラウンドのポージングルーティンの基礎は、あくまで第2ラウンドの規定ポーズにある。前述した規定ポーズの基本を思い出してほしい。ポーズに入る順番は体の下の部位からだ。軸足にしっかり重心を置き、下腿、大腿、腹部の筋肉を収縮させたあと、さらに上の部位に力を込めていく。そして残りの部位についても意識を行き渡らせ、全身を確実にコントロールしなければならない。

　一方、キャリアを積んで筋発達を十分得られたならば、基本ポーズ以外のポーズをルーティンに取り入れ、その発達ぶりを披露するのも手である。ここで、たとえば腕回りが20インチ（50.8cm）に満たない場合はどうだろうか。たとえ腕回りが20インチに届かなくとも、フロントダブルバイセップスをルーティンに採用しても差し支えない——規定ポーズの1つに定められており、いずれにせよステージで披露することになるからだ。ただし、腕回りが目を見張るほど太くなっていないのであれば、腕を突き出す行為などの他選手より細い事実をさらすような動きは避けるべきだ。両腕をまっすぐ伸ばしてからダブルバイセップスに入る、といったセルジオ・オリバ並みの動きは、腕の筋肉が発達してから取り入れたほうが得策である。腕回りが太くなってからそのような動きを加え、上肢のバルクや完成度に審査員の視線を集めればよい。また広背筋が傑出しているのであれば、それをアピールする手法を3〜4つ用意するほうが賢明だ。もちろん腹部の筋肉に長（た）けているならば、腹部のアピール手段を習得しておくべきである。反対に、もしある部位に特段弱みがある場合は、まずはその短所を改善すべく、必死になってジムでワークアウトに励むことが先決だ。とはいえ、大会直前なら見劣りする部位が目立つようなポーズは控えたほうがよい。

　ポーズを決めている最中は、端に位置する審査員も、自分から見て真正面に座る審査員も、すべての審査員が自分に視線を送っていることを念頭に置くべきだ。第2ラウンドで規定ポーズをこなしているときは、さほど注意せずとも忘れることなく上体を若干左右に向けられたかもしれない。だがフリーポーズに関しては多彩な動きが入ってくるため、少し注意する必要がある。

　そう、フリーポーズはショーなのだ。にこやかな表情や余裕のある顔つきを、いつ何時もキープしなければならない。首から下は余すところなく収縮させ、緊張状態を保ちながら、だ。そうすることで、自信を伝える。あるポーズは、観衆を見渡しながら決める。またあるポーズは、自らの筋肉を見つめながら披露する。見る者を飽きさせず、常に目の離

せない内容にしなければならない。

　今日のパフォーマンス内容は、私がボディビル界に入ったころより、はるかに創造性に富んでいる。とはいえ、駆け出しの選手であれば、習熟度が低いまま多くのポーズに手を出すのではなく、特定のポーズの習熟に集中するほうが賢明だろう。まずは8～10個のポーズに絞り、それらをマスターすることから始めるべきだ。大会の少なくとも3カ月前から1日3～4回の練習を繰り返し、ルーティンをスムーズにこなせるようになってから、ポーズの幅を広げ、パフォーマンス内容を充実させていけばよい。

　自分のポージングルーティンの各場面を写真に撮ってもらい、適切に実施できている箇所と改善が求められる箇所を見極めてみよう。もし正しくできていないポーズがあれば、できるようになるまでステージ上でそのポーズを決めるのは避けるべきだ。

スティーブ・リーブスはこのポーズを完璧に決められる数少ない選手の1人だった。同ポーズに求められる身体的特徴は、長い脚に、優れたシンメトリー、細いウエストが特徴のVシェイプ、広い肩幅、ほぼ平らな胸部（広背筋を引き立たせる）である。フランク・ゼーンやドン・ハワース、ジム・ヘイスロップなど、胸部が平たくがっしりした体格の選手も似合う。セルジオ・オリバのような肉体の持ち主であれば、写真とは大きく違う形で両上肢を頭上に掲げるポーズを決めるだろう。

ポージングルーティンは、複数のポーズの断片的なつなぎ合わせではなく、総合的なプログラムであるべきだ。それぞれのポーズはもちろん、各ポーズ間の動きについても質を追求しなくてはならない。映画『パンピング・アイアン』を今後見る機会があれば、フランコと私がバレエのレッスンを受けているシーンに着目してほしい。あれは実話だ。私たちはカリフォルニアでバレエを取り入れるようになり、ニューヨークでレッスンを受け、俳優ジョアン・ウッドワード所有のスタジオでも学んだ。2人とも自分たちの体に合ったポーズを決めることに関しては一流だったが、ポーズ間の動きや総合的な演出、ステージ上での優雅な振る舞いなどについては、改善の余地があると自覚していた。1つのポーズを決め終え、次のポーズに移る途中だからといって、審査員がその間見ないでいてくれるわけではない。また私の場合、さらに一歩踏み込んで、バックステージにいるときでさえも自らの肉体が最大限魅力的に見えるように立ち振る舞っていた！　大会の出場選手は必ず他の選手の仕上がり具合をチェックする。もしそこで自分を抜きん出た存在として誇示できたとしたら、大概ステージに出る前にライバルたちを消沈させられるのだ。

　ポージングルーティンのスピードとスタイルは、自らの筋肉のつき具合に合わせて決めるべきだ。フランク・ゼーンやフレックス・ウィラーのようなタイプであれば、スピードを落として、パフォーマンスの華麗さやキレに焦点を当てるべきだろう。クラシック音楽の交響曲よろしく、優雅に演じればよい。私は自分の体つきを踏まえ、「大きな銃を備えているならば、撃て！」という信念を貫き、迫力重視のスタイルを採用していた。テンポよくダイナミックに動き、がっしりした体躯を活かして筋肉のサイズと質感で見る者を圧倒するのが狙いだった。

ケビン・レブローニを見ると、ポーズ間の典型的なつなぎのポーズであっても、美しさとたくましさを演出できることがわかる。

スティーブ・リーブスやフランク・ゼーンといったレジェンドの後継者として、ミロス・シャシブは抜群の美しさを誇る肉体を活かしてプロポーションや筋肉の質感が際立つポーズを複数考案した。それらは純粋に美しいポーズでもある。

このポーズはトライセップス（上腕三頭筋）ポーズでもアブドミナル（腹筋）ポーズでもチェスト（胸筋）ポーズでもない。たとえばサイドチェストのあと、ひねりを加えたダブルバイセップスに移るときなどにとる中間ポーズだ。腹筋群や上腕三頭筋に力を入れ、ウエストを細く見せておいてから、次のポーズを決める。この手のポーズは、さまざまな機会で試してみて自分に適しているか判断する。

上体にひねりを加えたダブルバイセップスは、ウエストを最も細く見せる一方で、腕の筋肉を最も太く見せることができる。

上体をひねり片腕だけ上げるワンアームバイセップスは芸術性が高く、ウエストを細く見せる効果がある。また腕の内側（右腕）と外側（左腕）を同時にアピールすることが可能だ。ただし上腕二頭筋の発達が十分でなければ、避けたほうが無難だろう（なお挙上した手の親指は突き出していると目立つため、こぶしの中に入れておく）。

片手を後頭部に回すこのバイセップスポーズは、アウトラインに上品なカーブが生まれ、美しさが強調される。ただしポージングの間、大腿と下腿に力を入れ続けなければ、せっかくの美しさが台無しになる。

BOOK FOUR

ボディビル競技

バイセップスポーズの別のバリエーション。一方の腕を上げ、他方の腕の（こぶしではなく）手首を腰に押しあて、前腕を短く小さく見せる。上体を若干ひねり、両脚の筋肉をとても激しく収縮させる。

両腕を前に伸ばすこのポーズで、自分の腕——前腕、上腕二頭筋、上腕三頭筋——がいかに巨大かを審査員に誇示することができる。

私はひねりを加えた典型的なバックポーズをいくつもルーティンの中に取り入れていた。背部の筋肉の発達度と質感が浮き立ち、ウエストが限りなく絞られ、両腕が最高に映える。

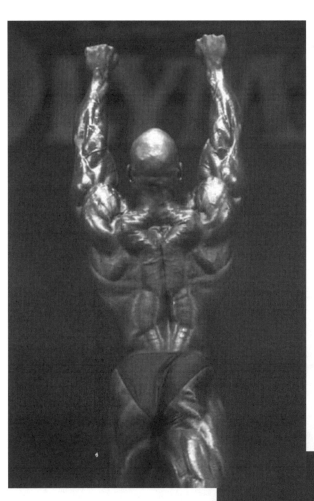

ショーン・レイは規定ポーズの中の基本的なバックポーズ以外にも数多くのすばらしいバックポーズを決め、背部の発達度をアピールしていた。

アーロン・ベーカーは決してバルクが劣るわけではなかったが、基本ポーズに美と妙味を加えた多彩なアレンジによって、肉体の魅力を目一杯引き出せると考えていた。

BOOK FOUR

ボディビル競技

ケビン・レブローニは優れた肉体や抜群の仕上がりだけでは審査員を唸らせることができないと常に意識していた。彼のポージングルーティンは自信と熱意にあふれ、「勝者に値するのは俺だ」と言わんばかりだった。

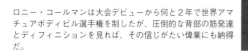

ロニー・コールマンは大会デビューから何と2年で世界アマチュアボディビル選手権を制したが、圧倒的な背部の筋発達とディフィニションを見れば、その信じがたい偉業にも納得だ。

この斜めに構えるバックポーズをとるボディビルダーはさほど多くない。手を握るのではなく開くことで、筋肉の質感に加えシンメトリーが強調される。ひねりを入れるポーズでは常にステージ後ろ側の脚を前に出し、骨盤を上体とは逆にひねりウエストを細く見せる。

偉大なフランク・ゼーンの志を継ぐように、ダレム・チャールズは驚異的に美しい筋肉の形状やシンメトリー、プロポーションを武器に、自分よりはるかに大きな選手たちを見事に打ち負かした。

BOOK FOUR

ボディビル競技

モストマスキュラーをランジしながら決めるアーロン・ベーカーと、ひねりを入れたバックポーズを膝を折って披露するフレックス・ウィラー。基本ポーズにランジや膝を折る動きを取り入れると個性や創造性が生まれる。ボディビル黎明期(れいめいき)から見られる工夫だ。

BOOK FOUR

ボディビル競技

ショーン・レイが自分より30ポンド（13.6kg）や40ポンド（18.1kg）、またはそれ以上重い選手を頻繁に打ち負かすことができたのは、ポージングに対する独創的なアプローチが要因だ。彼のポーズを見ればわかる通り、膝を折ることで体の腹側と背側を同時にアピールすることが可能になる。

偉大なチャンピオンたちは苦労を惜しまず己の肉体に合う独自のポーズを作り上げてきた。フレックス・ウィラーは今昔のトップビルダーの中でも屈指の肉体美を誇ったが、筋肉の質感とディフィニションについても決して劣らない点を審査員に積極的にアピールした。

BOOK FOUR

ボディビル競技

リー・プリーストは小柄だが、まったくそう見えないほど優れたプロポーションの持ち主だった。全体の均整度が抜群でシンメトリーに長け、身長が30cmほど高い選手と同じポーズをとっても大抵引けをとらなかった。

私はモストマスキュラーのとき、上体をかがめて一方の手首を握り、上腕二頭筋を十分パンプアップさせてからポージングしていた。この予備動作からモストマスキュラーを決めて上腕二頭筋の外側を見せることで、会場を大いに沸かすことができた。

フランコ・コロンブはモストマスキュラーの第一人者で、少なくとも8つの見事なバリエーションを持ち合わせていた。写真はそのうち得意としていたポーズの1つ。一見リラックスポーズのようだが、実際は上腕や前腕、肩、胸部、腹部、下肢の筋発達が誇示されている。このあと、さらに驚異的な質感を出してくれるのではないかと見る者を期待させる。

このモストマスキュラーのバリエーションは私のお気に入りの1つ。一方の手首を強く握ることで、腕を大いにパンプアップさせバスキュラリティ〔訳注：血管が浮き出ている状態〕を出し、バルクとディフィニション、大胸筋のストリエーションをアピールする。

自慢のバルクとディフィニションを前面に出すため、私は常に典型的なモストマスキュラーをオリジナルのポージングルーティンの中に組み入れていた。写真のように前かがみになることで、僧帽筋の発達度にも視線を集められる。

BOOK FOUR
ボディビル競技

モストマスキュラーの2つのバリエーション
を披露するケビン・レブローニ

筋肉の質感が驚くほど濃厚なマイク・マタラッツォは、モスト
マスキュラーのバリエーションをいくつも披露するのが大のお
気に入りで、出場選手として決めようと、ゲストとして披露し
ようと、決まって会場の大観衆を沸かせた。

1

2

3

エド・コーニーはポージングに関して希代の名選手とされる。個々のポーズの完成度は言わずもがな、ポーズ間を**移行する動き**1つひとつもポーズ同様に重視していたからだ。彼のオリジナルポージングルーティンは華麗かつダイナミックで、長所が際立ちインパクトに乏しい箇所が目立たないよう巧みに編成されていた。

4

5

6

7

8

12

13

14

9

10

11

15

16

17

18

19

20

24

25

21

22

23

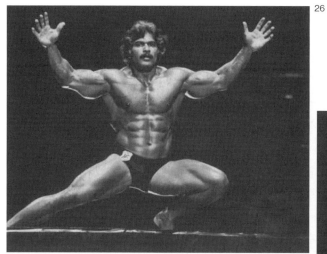
26

27

すべての選手が学ぶべき点がもう1つある。それは、ポージング時のペースコントロールだ。大会に出場すると本番ならではのプレッシャーと興奮で、アドレナリンが噴き出し、速いペースでポージングしてしまうことがある。マイク・メンツァーのような経験豊富な選手でさえも、1979年ミスターオリンピアでのフランク・ゼーンとのポーズダウンで、その罠に陥ってしまった。マイクはその時、ペースアップを抑えきれずに、次々にポーズを繰り出していくはめになった。そんなマイクを尻目に、悠然と時間をかけてポーズを披露したのがフランクである。結局、はるかに自信にあふれ、圧倒的な存在感を放ったフランクに軍配が上がった。

　私は常に1つのポーズにつき、ゆっくりと3まで数え、同じペースを保つよう心掛けていた。見るに値するポーズであれば、誰もが十分堪能するまでポーズを維持すべきだと考えていたのだ。雑誌の写真記者に余裕を持って満足いくショットを撮ってもらう狙いもあった。

　たとえ多少せわしなく動いてポーズを決めるやり方だとしても、観衆に受け入れられるのであれば問題はない。ただし、その判断こそ、人前での経験が絶対的にものをいう。ぜひ会場の反応を敏感に感じとってほしい。来場者たちの反応は、選手にとってこのうえなく貴重な財産となる。そう、ジムの鏡から得られる経験には、どうしても限りがあるのだ。

　観客が思わず椅子から転げ落ちるようなとっておきのポーズも、ぜひとも準備しておきたい。そのようなポーズは、バックポーズの1つとして見せる選手が多い。たとえば、まず後ろを向き肩甲骨をたがいに大きく引き寄せ、両こぶしを腰にあて、この割と平凡なポーズを約5秒間保つ。そうしておいてから、にわかに広背筋をゆっくり大きく広げ、観衆の度肝を抜く、といった具合にだ。

　優れたポージングは、アートの上演でもある。そして、すべてのアート上演に言えるように、絶妙なタイミングこそ成否を分かつカギなのだ。つまり、これ以上ないほど盛り上がった、というタイミングで選手はステージを去るべきである。会場のボルテージを徐々に高めていき、大詰めのここ一番というタイミングで大技を決める。かくして観衆は沸き立ち、魅了されるというわけだ。

　また優れたポージングは、交響曲でもある。つまり、テンポの速い動作と緩やかな動きが相まってコントラストが演出されており、全体的にメリハリがあるのだ。リズミカルで躍動感あふれるシーンのあとには、スローで優雅なポージングを挟む。そうすることでリズムが生まれ、情緒的なルーティンとなるだろう。ボディビルダーはそのようなルーティンを披露して初めて、トップボディビルダーの地位を手にしたと言える。

　ポージングルーティンの**振り付け**に関しては、現在多くの選手が第三者に意見を仰いでいる。一部の選手は、フリーポーズを専門とするボディビルダーにアドバイスを依頼する。またプロの振付師など、ボディビル界以外の専門家に指導を求める者もいる。ポージングに関する「ハウツー」動画を見るのも参考になるだろう。ボディビルダーとして高いレベルに行けば行くほど、ポージングルーティンの重要性は増し、各自に適した見ごたえのある秀逸な内容が求められる。そして往々にして、その出来栄えが勝者と敗者を分けるポイ

ントになるのだ。

　よって振り付けの選択ミスは命取りになりかねない。クリス・ディッカーソンは1981年にプロダンサーを雇ってポージングルーティンを編成したことがあった。その結果、いつもはステージで堂々たる存在感を放つクリスが、ブレイクダンスとおぼしき所作を見せるはめになった。マイケル・ジャクソンのムーンウォークをぎこちなく躍る、といった具合にだ。その翌年、才覚あるクリスは先の失敗から学び、ルーティン編成を自分に適したスタイルに戻した。そしてロンドンで、美しい旋律に合わせて見惚れるようなポージングを披露し、見事ミスターオリンピアに輝いたのである。

　著名なボディビルダーの中には、セミナーの来場者にこう助言する者もいる。過剰な演出は決して取り入れるべきではない、と。たとえばバックポーズからの展開であれば、サイドポーズを一旦挟むべきで、バックポーズからすぐさまフロントポーズに切り替えるのは控えたほうがよい、などと言った具合だ。もちろんこのアドバイスが功を奏する場面もあるだろう。しかし、観衆の予想を裏切る動きが効果的な局面もたしかに存在する。ドリアン・イェーツの驚異的なモストマスキュラーがその好例だ。両脚を強く踏ん張り、上半身にパワーをみなぎらせる彼の姿は、まるで神話のモンスターが突如ステージに出てきたような錯覚を覚えるほど衝撃的だった。

かつての審査方法

　ボディビル大会の審査方法は、昔から同じだったわけではない。かつてのボディビルダーは身体能力だけではなく、話す能力もアピールする必要があった。質問に答える中で、思考力の高さを示し、自分という人間を表現しなければならなかったのである。審査員も単に所定の席に座り採点表を記入するだけにとどまらなかった。出場選手とともにバックステージに行き、あっちの選手はどうの、こっちの選手はこうの、と評価をめぐって盛んに議論を交わすなんてこともあった。

　1969年、ニューヨークで行われたミスターオリンピアにおいて、一出場選手だった私は非常に面白い経験をした。大会中、審査員長のリロイ・コルバートがセルジオ・オリバと私に対してステージを下りて控室に行くよう命じたのである。控室に行くと、リロイは他の審査員たちとともに私たちをぐるりと囲み、こう説明した。2人の勝負があまりに接戦なので、色をつけることなく評価するため、エンターテインメントや演出の要素を抜きにして、審査員全員に体自体を間近で見てもらうことにした、と。そして「肉体そのものを見せてくれ」と言い、ポーズを指示し始めた。以上のような審査の末、その年はセルジオが優勝した。彼の体のほうが私よりカットが深かったのだ。ただし、翌年は立場が逆転した。セルジオの体は以前ほどカットが刻まれておらず、私の体はカットが鋭くなっていた。この異例の審査方式が、今度は私に味方したのである。

　もちろん、今となってはこのような審査は過去の遺物だ。とはいえ、審査方法は時代とともに変化する。重要なのは、ベストの仕上がりで本番に臨み、定められた大会要領がい

かなるものであれ、柔軟に対応できる能力である。

選曲（第3ラウンド用）

　ボディビルが始まって間もないころは、コンテストだろうとショーだろうと、選手が曲に合わせてポーズをとるようなパフォーマンスは行われていなかった。たしかに会場の多くで音楽がかけられてはいたが、あくまでバックミュージックにすぎなかった。そもそも選手個々のポージングルーティンは、特定の音楽のムードやスタイル、リズムに合うように編成されていなかった。

　ポージングを音楽に同調させた先駆者の1人、レジ・パークは1950年代、『魔の山の伝説（The Legend of the Glass Mountains）』という曲をかけ、舞台に上がった。バレリーナを妻に持つレジは音楽に明るく、音楽と振り付けを融合させたバレエの演出に馴染みがあったのである。もちろん、レジのステージのすばらしさを目の当たりにしたボディビルダーたちがこぞって真似するようになるまで時間はかからなかった。

　私はボディビルを始めたとき、音楽にまったくうとかった。そのため専門家を探して、自分のポージングルーティンに使えそうな曲をいろいろ提案してもらった。はたして私は力強さと重厚感がウリの自分の体に合わせ、力強く重厚感あふれる映画『エクソダス』のテーマ曲を選んだ。一方、かつてオペラ歌手だったミスターオリンピアのクリス・ディッカーソンが選曲したのは、迫力満点のオペラナンバーだった。ちなみに映画『タイタニック』が大ヒットしたあとは、多くのボディビルダーたちがルーティンの印象をよくすべく、タイタニックのサウンドトラックから選ぶようになった。

　とはいえ、大会出場時に**あまりに**流行っている曲は避けたほうがよいだろう。下手すると、他選手の二番煎じになってしまう恐れがあるからだ。事実、一時、出る者出る者すべてが、映画『炎のランナー』のテーマ曲または『アイ・オブ・ザ・タイガー』を使うなんてこともあった。

　人気のあるなしではなく、演出に**適しているか**、**自分自身**にマッチしているかを判断基準にすべきだろう。シンメトリーに長けたフレックス・ウィラーが、ひときわ隆々としたドリアン・イェーツと同じような曲を使っても意味がない。その昔、私より小柄でバルクに乏しいボディビルダーが、私と同じ曲を選んで必死にポーズをとっている場面もよく見た。私のことを慕ってくれるのは嬉しいが、そのようなパフォーマンスは以下の2つの理由で大いに逆効果である。（1）音楽の重厚感が強すぎて、ステージ上の肉体が見劣りしてしまう。（2）見る者に有名なチャンピオンを想起させる曲は、自己アピール効果に乏しい。

　楽曲の長さにも注意が必要だ。ステージの時間が長ければ長いほど、審査員は飽きやすくなる。私の場合、ポージングルーティンの時間設定は約2分だった。その中で20〜22個のポーズを決め、自らの筋発達の優位性を示したうえで、いたずらに時間を使うことなく会場の熱気がさめやらぬうちに退場するようにしていた。ただし、長いルーティンはたし

かにリスキーだが、うまくいくケースがないわけではない。フランコ・コロンブが1981年のミスターオリンピアで優勝したとき、彼のルーティン時間は何と4分15秒だった。どの出場選手よりも長かったのである！　それにも関わらず、最後までドラマチックで、審査員の心を惹きつけていた。フランコは斬新な趣向や刺激的なポージングで観衆を沸かせ、その盛り上がりが最高潮に達したと思われた瞬間に、舞台袖にはけたのである。かくして、ステージ正面に並ぶ審査員たちから高得点を稼ぎ出すことに成功したのだ。

　対照的にセルジオ・オリバは、その手のルーティンとは一線を画すタイプだった。セルジオは舞台に登場すると、おそらく14個ほどしかポーズをとらず、1分か2分でパフォーマンスを切り上げてしまう。圧倒的な肉体そのものをあくまで主軸とするのが彼のやり方だった。

自分のルーティンに適した曲を選ぶには？

- 自分が特別好きなジャンルのみならず、幅広い種類の音楽——クラシックやオペラ、ポップソング、ラップなど——を聴く。
- 自分のポージングの**雰囲気**に合致するものを選ぶ。
- 複数の候補曲に合わせて実際にポージングを試し、各曲調が自分のスタイルに馴染むか確認する。
- さらに一歩踏み込んだ対策として、自分のポージングを録画し、その動画を候補曲をかけながら視聴する。映像と音楽がマッチしているだろうか？　友人にも参加してもらい、意見を求める。

　ここで留意すべきは、ある曲を必ずしも既存の音源通りに使う必要はないという点だ。1曲のうち好きなパートを選んでつなぎ合わせても、異なる楽曲とつなぎ合わせてもよい。今日、音響ミキシングスタジオに足を運ぶボディビルダーの姿が多数見受けられる。自分のポージングルーティンをよりドラマチックに仕立てるべく、多彩な音源をもとにポージング曲を作ろうとする狙いが背景にある。その意図がうまく反映されたならば、パフォーマンスはすばらしい出来栄えになるだろう。たとえばビンス・テイラーは、ルーティンの中で映画『ターミネーター』のサイボーグを独自のサウンドに合わせて演じ、会場中の観客を虜にした。ただしその名演は、ポージングスキルに秀で、サウンド編成にもポージングトレーニングにも心血を注いだビンスだからこそ成し得た業だろう。よしんばポージングスキルやサウンド編成のセンスに欠ける選手が同じことをすれば、目も当てられないはずだ。もちろん、散々な評価を審査員に望む選手など存在しない。ポージングはエンターテインメントでありながらも、フリーポーズの基本は審査員に己の肉体のすばらしさを伝える点にあることを忘れてはならないのだ。

　ところで適切な曲を見つけ、アレンジしたならば、その音楽に合わせて練習する以外に

も重要なことがある。それは事前に持ち物をチェックして、**大会当日は最低２つの音源を持参する**という点だ。音源を２つ以上持っていき、そのうち１つを実際に使ってもらい、もう１つは予備としてバックステージの音楽担当に預けておく。ただ、できれば３つ用意するほうが無難だろう。うっかり紛失したり、会場の音響機器の不具合で音源データが**消失**したりという不測の事態に備える必要があるからだ。音楽が流れないままステージに上がる悲惨な状況を考えれば、音源を余分に用意しておくことなど安いものである。

　以上をまとめると、選曲において満たすべき基準として次の５つが挙げられる。

１．時間が適切な長さである。印象的なルーティンを披露するのに十分な長さではあるが、審査員や観客が飽きてしまうほど長くはない。アマチュアの大会ではポージングルーティンに時間制限が設けられていることが多い（主催団体やプロモーターへの事前確認が必要）。一方プロの大会では時間設定は選手の裁量による。

２．曲調やリズムが適切で、自分がステージで披露するルーティンのタイプと一致する。自身の意図より速いまたは遅いペースを強いられるものや、ポージングのリズムを乱されるようなものは避ける。

３．前述の通り、ムードや旋律が自分のポージングスタイルによく馴染む。クラシック音楽が適したポージングと、ロックがふさわしいポージングはまったく別物のはずだ。

４．歌声や効果音が含まれる場合、それらがポージングを邪魔しない。

５．自分の肉体の特徴に適している。比較的小柄でバランスに優れたボディビルダーが、超人的な肉体を誇る大柄な選手が選ぶべき、体の芯を揺さぶるような壮大な楽曲を使うのはリスクが高い。

興ざめさせる要素

　コンテストの中には、30人ものボディビルダーが次々にポージングを披露する大会もある。いかに筋金入りのボディビルファンといえども、そのようなステージをじっと座って見続けることは難しいかもしれない。さらには、たった３〜４人のポージングルーティンを見終えただけで、極度の睡魔に襲われるような大会もある。要は、あまりに多くの選手たちが観衆を興ざめさせるようなルーティンに終始しているのだ。

　無駄にドラマチックにしようとする試みが多く見受けられる。たとえば、音楽がかかり始めて観客がしばし耳を傾けていると、選手がおもむろに舞台袖から現れステージ中央までゆっくり歩いていく。なんて趣向だ。それは一体、何が狙いなのだろうか？　時間の無駄もいいところである！　普通に出てきて、音楽を流し、ポーズをとり始めるほうがよっぽどよい。出場しているのはあくまでボディビル大会だ。自らの肉体を見せることで会場を魅了するのが本筋だろう。名前を呼ばれたら、さっと出てきてベストを尽くせばよい。観衆は選手がステージを闊歩する姿を見にきているわけではないのである。

第4ラウンドのトレーニング

　第4ラウンドでは、上位に選ばれた他の選手たちとともにステージに並ぶ。まず規定ポーズをいくつかこなし、それから好きなポーズを自由に決めていく。一連の動きを見て、審査員が最終的な判断を下すわけだ。つまり第4ラウンドでは、事前に組まれたルーティンを見せるわけではない。一緒のステージに立つ他のボディビルダーたちに直接対決を挑み、その中で審査員の目を自分に引きつける必要があるのだ。審査員が最終判断を下す猶予は1分程度しかないため、決定的な印象を速やかに残さなくてはならない。

　このわずかな時間で決着する白熱したポージング勝負において、自分のすぐ隣に並ぶのは、極めて手ごわいライバルたちだ。裏を返せば、自分こそが勝者にふさわしいと訴える絶好のチャンスである。ただし、その闘志を己の肉体に宿すには、ポージングに**魂**を込めなくてはならない。頂上決戦でのポージングは、肉体ではなくメンタルの勝負だと言ってよいだろう。いわば、ステージという実空間でチェスを指すようなものなのだ。

　第4ラウンドのポーズダウンが始まるとき、選手はもれなく疲れている。日中の予選審査で休みなくポーズをとり続け、さらにナイトショーで重圧の中ポージングルーティンを披露したあとだからだ。この段階で集中力を欠いてしまう選手はとても多い。たとえばポーズダウンの途中で、それまでの流れを見失い、止まりかけそうになって慌ててポーズを取り繕い、完全にミスする一歩手前で事なきを得る。そのような場面に私は何度も出くわしてきた。この最終ラウンドでは、心身両面にわたる疲労とも戦わなければならないのだ。もちろん、燃え尽きることなく最後のポーズダウンを乗り切るためには、入念に準備するしか道はない。実戦さながらのフリーポーズを何度も何度も練習するのみである。日ごろから地道に練習して初めて、大会最終盤の厳しさに耐えうる力がつくだろう。

　私は大会に臨むにあたり、常にポーズダウンの相手が誰になるか予想し、その予想に基づいて対策を練っていた。可能であればライバル選手たちのポージングルーティンの映像を取り寄せ、1人ずつよく観察し、ルーティンの組み立て方を確認した。注目したのは、ルーティン内容が変更されているか否か、である。もしルーティンに変更箇所があれば、それは当該選手がそのポーズに自信がなく、改善の余地があると見ている可能性があった。一方、ルーティン内容が同じであれば、それは一連のポーズに対する自信の裏返しだと私は常に解釈していた。その場合、当該選手の自慢のポーズを取り入れ、さらに上を行くポーズになるよう練習した。それは私にとって、常に真っ向勝負を挑むも同然だった。そう、一流の選手たるもの、絶えず困難に挑戦すべきなのだ。そして本番当日、私は重厚に仕上げた肉体をひっさげ、巨大な筋肉をこれでもかと見せつけ、ときに相手が自信を欠くポージングで不意を突き、ライバルを完膚なきまでに打ちのめした。最終ラウンドを見ていると、自分のベストポーズをとることばかりに集中し、対戦相手をまったく気にかけない選手があまりに多い。その戦略がうまくいくするのは、己の肉体がずば抜けて優れているときだけである。ボディビル界が群雄割拠の様相を呈する昨今、そのような選手はまずいないだろう。

BOOK FOUR

ボディビル競技

ポーズはビシッと**賢く**決めなければならない。トム・プラッツと大腿四頭筋のポーズで渡り合えると思い誤ってしまった選手の例は、すでに書いた通りである。その判断は、決して賢くはなかっただろう！　南アフリカで開催された1975年のミスターオリンピアで、私はフランコ・コロンブとポーズダウンを繰り広げた。その中でフランコはラットスプレッドを決め、会場を沸かした。対する私は、広背筋の発達度に自信がありながらも、体のサイズは自分に分があることも自覚していた。よってラットスプレッドをとるフランコの横でフロントダブルバイセップスを決め、体格差を強調し、彼を小さく見せようとした。その後すぐに（相手の筋量に引けをとらないことを示すため）モストマスキュラーをとってから、（背部のクオリティを印象づけるため）ひねりを加えたバックポーズに移行した。フランコがラットスプレッドに長い時間をかけることは事前に把握していたため、私はその間、上記3ポーズを一気に決めることができた。（バタバタした雰囲気を出さずに）ポーズを変化させることで、審査員の視線をフランコからそらす狙いもあった。

　ポーズダウンの別の場面において、フランコは片膝を深く折るポーズをとった。高低差が際立つ結果となり、そのまま優位性を保とうと考えた私は、高さを維持できるポーズをすかさず選択した。要は、第4ラウンドではステージを共有するライバルの動きに適応するだけの観察力、創造力、判断力が求められるのだ。

　この種の戦術を実践できるようになるには、多くの時間と経験が必要になる。キャリアの浅い選手であればそのような点を気にせず、ステージでは自分のベストを尽くすことに集中すべきだろう。ただし、実践的なポージングスキルを真に極めたいのであれば、ゆくゆくは**賢い**ポージングを体得しなければならない。

　ボディビルダーはボクサー同様、体力的なペース配分を頭に入れて試合運びすることも重要だ。もちろん力を出すべきときは出さなければならないが、常に全力投球する必要はない。相手選手に疲れが見え始めてきたら、自らの優位性を崩さぬ程度に強度を調整するとよいだろう。相手が見事なポーズを決めたら、それと同等かそれ以上のポーズを決める。ただし大したことのないポーズであれば、それなりのポーズを選んで、ペース配分するのも一手なのだ。つまり、自分のベストポーズを次から次へと繰り出す必要はないのである。ベストポーズは最後までとっておき、土壇場でお披露目すべきだろう。かくして、審査員に自分の得意なポーズをあますことなく披露して、相手を寄せつけないまま終局させるのだ。

当ページからの6枚の写真には、私側から言うと「受けのポーズ」が収められている。上の写真は大会で私がフロントラットスプレッドを決めたあと、フランコも続いた場面。フランコは世界屈指の広背筋の持ち主だった。(1)

ラットスプレッドをとるフランコの横で見劣りしないように、私はすぐさまバイセップスに変え、身長差を活かして高さを前面に出すことに。対してフランコは、ワンアームバイセップスで腹部を収縮。私の腹部も絞られてはいたが、フランコとまったく同じポーズで真っ向勝負する心構えはできていなかった。(2)

私の反撃。腹筋群を直接比較されることを避けるため、斜めにひねりを加えたバックポーズをとり、腕を隆起させ、肩と背中のディフィニションを強調する。(3)

BOOK FOUR ボディビル競技

フランコは次の一手として、後ろを向いてダブルバイセップスを決めた。私は背部の厚みやディフィニション、筋肉の質感に自信があったので同じポーズを選び、自らの優位性を審査員に示そうとした。（4）

モストマスキュラーをとるフランコと私。たがいに相手より上だという矜持を覗かせている。（5）

膝を深く曲げる意外な一手に出たフランコを受け、高さで圧倒しようとする私。このように対応すれば、高さに開きが出てフランコの評価は伸びない。（6）

前述した通り、最終決戦へのアプローチには十分注意する必要がある。セルジオ・オリバと私の直接対決となった1970年のミスターオリンピアを振り返ると、セルジオは隣にいる私の存在など目もくれず、自分のポージングだけに専念している様子だった。対して私は、彼が1つのポーズを決めている間にそのポーズに対抗する形で3～4つのポーズを展開し、審査員に好印象を与えると同時に、セルジオの短所をあらわにしようとした。その夜、両者の肉体自体は互角だったが、優勝したのは私だった。勝因は、ポーズダウン中の立ち回り方である。

ポーズダウンは審査員にとっては最終判断を下す機会であり、来場者にとっては最も熱狂する場面である。それはまるで、剣や三又の矛が無いだけで、古代ローマの剣闘士の戦いを見ているようなものだ。世界で一、二を争うボディビルダーがいざ決勝の舞台で真剣勝負するとなれば、会場のボルテージは桁違いに高くなる。そして観衆が熱狂すればするほど、ボディビルダーのパフォーマンスにも熱が帯びるのだ。

あまり知られていないが、現行の形のポーズダウンが始まったのは、1970年に開催されたオリンピアでのセルジオ・オリバと私の戦いがきっかけである。それまでは、審査員がステージに並んだファイナリストたちに特定のポーズをいくつかとるよう指示し、直接見比べて審査していた。1970年のその夜、ともにダブルバイセップス——私のベストポーズの1つ——を決めていたとき、セルジオが私を覗き込んだ。そして、おそらく自分の劣勢を感じとったのだろう。次の瞬間、片腕を下げ、上腕三頭筋を誇示し始めたのだ。上腕二頭筋と上腕三頭筋の出来が揃(そろ)って初めて完璧な上腕だろう！　そう言わんばかりに、である。ただ私は、その手に乗るほど愚かではなかった。代わりに、サイドチェストを選択し

1972年の時点ですでに正式に採用されていたポーズダウン。傑出したラットスプレッドを披露するセルジオ・オリバに対して、同じポーズを避けるセルジュ・ヌブレ（写真左）と私。代わりに2人ともバックダブルバイセップスを選択している。

BOOK FOUR ボディビル競技

た。すると、セルジオも同じサイドチェストで対抗してきた。と、私たちがこのような応酬を繰り広げるにつれ、会場が異様なほどヒートアップしていき、2人の戦いは結局、15分間にも及んだ。進行役も異例の盛り上がりを受け、手をこまねくよりほかなかったのである。

　ここで押さえておきたい点は、臨機応変な対応力を発揮するには、1つひとつのポーズを完璧にこなす能力と、各ポーズ間を美しく流れるように移行する技術が求められるということだ。そして、そのようなポージングスキル――オリジナルのポージングルーティンと同じくポーズダウンでも秀逸で華麗なポージングを披露するスキル――は、必死にトレーニングを重ねて培うしかない。

　ポーズダウンラウンドでは、ポーズダウンの意義を常に念頭に置いて戦うべきだ。決定的な差になりかねない最後の何点かを稼ぐチャンスなのである。審査員は勝者を誰にすべきか見比べ、最終順位を決めようとしている。ゆえに勝者然と振る舞い、余裕の笑みを湛えながら堂々と、こともなげにパフォーマンスをやりきることが重要だ。大会で肝心なのは結局、勝ちたいという気持ちである。

　その他、戦術も極めて重要だ。たとえば、ステージに6人の選手が並ぶ最終ラウンドであれば、誰も最初にポーズを決めたいとは思わないだろう。選手全員にダブルバイセップ

各選手はポーズダウンで自分の長所をアピールする。1973年のミスターオリンピアで巨大な胸筋を見せつけるセルジュ・ヌブレと、見事な広背筋を披露するフランコ・コロンブ、そしてモストマスキュラーのバリエーションでディフィニションの優位性を訴える私。

ポーズダウンで自分の力を最大限発揮するためには、受けのポーズをマスターすることが欠かせないだろう。ステージでは他の選手たちの動きに注意する必要がある。自分のほうが確実に優れている場合以外は、他選手と同じポーズは避けるべきだ。また超モンスター級の肉体の持ち主ではない限り、ドリアン・イェーツのような重厚感あふれる選手にバルク対決を挑むのも控えたほうがよい。その代わり、相手が下半身のポーズなら、上半身のポーズで太刀打ちしよう。相手が正面を向いたなら、体を回して審査員に背部を見せる。ただし、自分のほうが上だと確信できるポーズを相手が選んだなら、すかさず同じポーズをとって審査員に比較する機会を与えよう。写真はケビン・レブローニとドリアン・イェーツ、フレックス・ウィラーの各選手がまさにその戦術を実践している場面。

スをとるよう指示が出て、真っ先にポーズをとれば、審査員は一旦自分を見るかもしれない。が、他の選手が決めるにつれ、審査員の視線は自分からどんどん離れてしまうことになる。このようにして、最後の選手がダブルバイセップスを決めるころには、自分の影は多少なりとも薄れているだろう。最後にポーズを決めた選手が最も印象に残りやすいので、比較されると苦戦を強いられることになる。審査で不利になる可能性が高い。

　私の場合、両腕を持ち上げる動作を見せ、いかにもポーズを決めるような雰囲気を出す手をよく使った。ポーズをとるかに思わせておいて、他選手に先にポーズをとらせるのである。かくして、私が本当に力を込めてポーズを決めたとき、まだポーズを決め終えていない選手は1人もおらず、審査員の視線を独占できるというわけだ。

　また、最も倒したい相手や最大のライバルと思われる選手のすぐ隣に近寄り、審査員にじかに比較してもらうのも1つの戦術である。ただし、自分のほうが絶対に優れているポーズを選択しなければならない。私であれば、たとえばバイセップスポーズを決め、上腕二頭筋を指さして同じポーズをとるよう相手を挑発する、というようなまねをよくした。

　ボクサーは長いラウンドに耐えうる体を作るため、複数のスパーリングパートナーを相手に連続してスパーリングすることが多い。あるパートナーと2ラウンドこなし、次のパートナーと2ラウンド行ったあと、まだ相まみえていない元気一杯の別のパートナーとさらに2ラウンド打ち合う、といった具合にだ。疲れきった状態で、力みなぎる者を相手

にするのは、自分同等に疲れている者とこぶしを交えるよりはるかに大変だ。ぜひ、この手法をポーズダウンのトレーニングにも取り入れてほしい。友人やトレーニングパートナー相手に5分間丸々ポージングしたあと、別の者を呼び入れて、今度はその者を相手にポージングを続けるのだ。新たな相手はまだ体力を使っておらずエネルギーにあふれた状態で、逆に自分は疲労が蓄積しているはずだ。ボディビルでも他のスポーツとまったく同様、真のチャンピオンになるには、いくら疲労困憊であっても力を尽くし、高いパフォーマンスレベルを維持しなければならない。そして、それを実現させる唯一の手段は、必死に練習を重ねることである。

ポージングの典型的な過ち

最後に、ポージングに関して最もよく見受けられる過ちをいくつか紹介する。

・そもそも練習不足である。または準備が十分ではない。
・正しいポーズのとり方を理解していない。
・ポージングの間、表情に力が入っている。
・不安や疲労の色が見え、熱意や自信に欠ける。
・筋肉を極端に収縮させてしまい、余分な力で全身が揺れたり震えたりしている。
・オリジナルのポージングルーティンで自分に適さないポーズを選択している。
・選曲が適切ではない。
・体にオイルを塗りすぎている。またはオイルを塗る量が足りない。
・ポージングが不安定である。
・ポーズ間の移行がぎこちない。
・審査員にまだ見られていることを忘れ、ステージ後方で力を抜いてしまう。

まだ本書で触れていない重要項目の1つが、ステージに上がる**前**にすべきことである。たとえば大会前に何を食べれば、筋肉を最大限成長させ、質感や輪郭をうまく出すことができ、ポーズを決めたとき見事に「盛り上がる」のか。この「栄養補給」の要領は、BOOK 5で詳しく見ていくことにする。

一流のチャンピオンたちはそれぞれ最後にポーズを決める術を兼ね備えており、審査員長は大抵じれったい思いをすることになる。写真の場面で指示されたのは規定ポーズのバックダブルバイセップスだが、ショーン・レイとナッサー・エル・サンバティ、ドリアン・イェーツは一様に予備動作に時間を使って、このごく一般的な規定ポーズを決めるには至っていない。ただし予備動作とはいえ、3選手とも背部の発達度を強調している点に着目してほしい。審査員は目を奪われているはずだ。

私は胸部のワークアウト後に必ずサイドチェストを左右10回ずつ決め、三角筋や大胸筋の内側と外側、上腕二頭筋のディフィニションをしっかり出していた。フランコが近くから見て、ポーズが不適切であれば指摘してくれた。

感情をコントロールする

　ポージングで実力を発揮しきれない恐れがあるもう1つの過ちは、過度に感情を高ぶらせることだ。演劇とスポーツには大きな違いが存在する。俳優は一般に感情を込めて役を演じるが、アスリートは本番特有のプレッシャーとストレスの中、感情を落ち着かせ、その状態をうまくキープしなければならない。ただし、熱意や集中力を持たずに大会に臨むべき、と言っているわけではない。熱意や集中力は必ず持つべきである。だが、競技に真剣に打ち込む選手ほど興奮や気持ちの高ぶりを覚えやすく、感情をうまくコントロールできずに判断ミスを犯しやすい。

　この感情コントロールの必要性は、ほぼすべての競技に通じるだろう。アーチェリーや射撃競技の選手であれば、心を鎮め、呼吸を制御する術を身につけなければならない。またボクサーや格闘家であれば、試合中は常に逆上しないよう注意しなければならない。アメリカンフットボールの選手でさえも、「興奮をコントロール」しながらプレーするとされている。まさしく本項にふさわしい「コントロール」が求められるわけだ。自分の感情をコントロールできなければ、自分のパフォーマンスをコントロールすることなどおぼつかないだろう。

　史上最も感情のコントロールに長けたボディビルダーと言えば、フランク・ゼーンの名が候補に挙げられる。ステージ上の彼の姿を見て、内に秘めた感情を想像できた者などいないのではないだろうか。フランクはいつ何時も見事に冷静さを保ち、観衆のリアクションにつられすぎないよう自らをコントロールしていた。またドリアン・イェーツも観客席からは常に落ち着いており、まるで彫刻のごとく冷徹に見えたかもしれない。しかし、勝利に対する飽くなき執念が彼の心の中になければ、ミスターオリンピアをあれほど多く制することなどできなかったはずだ。

トレーニングとしてのポージング

　ワークアウトだけで全身の筋肉を余さず確実に鍛えることは不可能だろう。ワークアウトで鍛えられるのは、もっぱら大きな筋群である。鋸筋と肋間筋、腹斜筋に関しては、ポージングトレーニングによって仕上げることが可能だ。また胸筋や三角筋、大腿筋、上腕二頭筋のディフィニションについても同様のことが言える。ただし、ここで言うポージングトレーニングとは、大会の数週間前から**毎日4時間**にわたって行うトレーニングのことだ！

　土台となる筋肉はワークアウトによって培われるが、キレと質感を出すにはポージングトレーニングが必要になる。私は大会の1～2日後にベストの仕上がりを見せる選手たちを数多く見てきた。それは言うまでもなく、本番で散々強いられた筋収縮やポージングの賜物である。

ワークアウトには熱を入れるがポージングトレーニングを疎かにする選手は、ダイヤモンドの原石を研磨しないでいるようなものだ。すばらしい原石であることはたしかだが、そのポテンシャルが発揮されることはない。研磨工が原石にファセットを1つ、また1つと施して、ダイヤモンドの美しさを引き出していくように、ボディビルダーも時間をかけてポージングトレーニングに励むことで、体のキレを深め、最高の輝きを手にすることができる。私はジョー・ウイダーのもとを訪ねるようになって、その事実を彼からじかに学んだ。ジョーは私にこう言うのである。「アーノルド、シャツを脱いでポーズをとってみてくれ」。そのとき私は汗をかくのが嫌で、気乗りしなかった。ましてや、直接指導されるなどとも思っておらず準備もできていない。とはいえ私はジョーに言われるがまま鋸筋を収縮させ、腹筋を硬くし、くたくたになるまで何時間もポーズをとり続けた。さすがに精神的に参る寸前だった。ところが翌日、体の一部がひどい筋肉痛に見舞われ、私はほどなく理解した。それらの部位を鍛える最良の方法は普段のワークアウトではなく、ポージングトレーニングなのだと。

　私は大会前の1週間で行われるフォトセッションにも、できるだけ多く参加するようにしていた。撮影では照明のもと、（「脚に力を入れて」「腹筋に力を入れて」「そのまま！」など）カメラマンの指示に従って次から次にポーズをとっていくのだが、カメラやストロボの調整に時間がかかるため各ポーズを長いこと維持しなければならず、体力を著しく消耗する。しかしその分、次の日にはより優れた体を手にできるわけだ。映画『愛しのジェーン・マンスフィールド』の撮影に臨んでいたとき、私は一日中カメラの前でポーズをとらなければならなかった。そのスタジオ撮影の時点で私の体は仕上がっていたのだが、何時間にもわたって筋肉を収縮し、映画用のポージングルーティンもこなしたおかげで、翌日には本当の意味でトップコンディションに達したのである。

　ポージング（すなわち結局のところ筋肉のアイソメトリック収縮〔訳注：関節を動かさずに行う筋収縮〕）がそれほど有効である理由の1つは、ワークアウトではほぼ鍛えられない領域の筋肉を動かすためだ。鏡の前で大腿筋や胸筋、三角筋を収縮させることはあるかもしれないが、それらの比較的大きな筋群の間にどのような筋肉が存在するのか考える機会などあるだろうか？　ポージングトレーニングの本質は、異なる領域の筋肉を連動させることで、肉体に真の仕上がりをもたらす点にある。単によい選手にとどまるか、それとも正真正銘のチャンピオンになるか、運命を決める総仕上げとも言えるだろう。主な筋群の間を結ぶ小さな筋肉は筋肉全体の中で極めて重要であり、ポージングを通じてそれらの筋肉をもらさず動かし、刺激することができるのだ。

　したがって大会に臨むにあたっては、ポージングに真剣に打ち込む重要性を忘れてはならない。予選審査のポージングに向けた調整としてだけではなく、食事やワークアウトのみでは得られない究極のディフィニションやセパレーションを実現するために不可欠なのだ。ポージングをマスターするために、どれほど多くの時間と労力が求められるか言い尽くすのは到底無理だろう。正しくポーズをとり、滑らかで優雅なポージングルーティンを

私は上腕二頭筋のワークアウト後、力の限り上腕二頭筋を収縮させ、そのまま1分ほど維持していた。そうすることで、収縮時の高さと硬さをさらにアップさせることができる。また本番同様、胸部と下肢にも力を入れ、腹部も引き締めていた。

ジョーのポージング指導は本当にハードだったが、そのおかげで持久力や筋肉のコントロール、ディフィニションが向上した。

フォトセッションでは長時間、照明の熱さの中で懸命にポーズをとらなければならない。写真は1975年ミスターオリンピア直前にジミー・カルーソのスタジオで撮影に臨む私とそれを見守るジョー。

披露し、自らの肉体を細部にわたって仕上げることは、一朝一夕にはいかないのである。

写真撮影のポージング

　フォトセッションに向けた準備は多くの点において、大会当日に向けた準備と同じと言える。個々のポーズを習得すべきである点はもちろん、適切なボディビルパンツ選びや、ほどよいタンニングも求められる。とはいえボディビルダーとしては、カメラマンの技術に大方頼ることになるだろう。ただし、キャリア初期にアート・ツェラーやジミー・カルーソ、ジョン・バリック、アルバート・ブセクに撮ってもらった私と同じように、選手全員がカメラマンに恵まれるとは限らない。現在でもクリス・ランドやラルフ・デハーン、ビル・ドビンズ、マイク・ヌブー、ロバート・レイフを撮影者に持つ私は幸運だろう。一流のプロカメラマンはボディビルダーのポーズを適宜調整し、頭の先からつま先まで筋肉がしっかり収縮され、照明との位置関係が適切か確認してくれる。したがって、経験の浅いカメラマンに撮ってもらうときには、**自分自身**がそれらの要素をもれなくしっかり頭に入れ、できるだけよい写りに仕立てるべきである。

アルバート・ブセクはカメラを低く構えることで、当時19歳の私を手前で大きく見せ、背景の「小さな」アルプス山脈がそれを引き立たせるような構図を狙っている。

アルバート・ブセクによるこの2枚の写真は、ローアングルによって背景の印象が私の肉体を邪魔しないよう工夫されている。筋肉が山より雄々しく見えるゆえんだ！

湖の岸からボートを大分走らせてアルバート・ブセクが写した1枚で、背景の岸辺は遠く目立たない。太陽の光がおおむね45度の角度で当たる日中の時間を選び、うっとうしい影を最小限に抑えた。

　ボディビルダーの写真の出来栄えを左右する極めて重要なポイントとして、背景が挙げられる。たとえば巨大な建物や大型の橋など、大きかったり目立ったりするものをバックにポーズを決めても、カメラマンがレンズの選択や全体の構図に細心の注意を払わない限り、ボディビルダーの体は背景の存在感に負けて小さく見えてしまう。ボディビルダーの写真を数多く見ればわかると思うが、海や空など自然を背景に写したものが一般に最も見栄えがよい。あるいは悠然たる山並みを遠くに写しても、肉体の迫力が引き立つだろう。

　適切なアングルで撮ることも重要だ。上から見下ろす角度で撮ると、体は小さく写る。対してウエストの高さと同じ、または下からのアングルであれば、ボディビルダーははるかにデカく、大きく写るだろう。

BOOK FOUR

ボディビル競技

偉大なボディビルダーたちが数多く撮影してきた場所「マッスルロック」で、ジョン・バリックに写してもらった1枚。後ろの山並みは遠くに位置し、被写体を邪魔することなくあくまで背景の一部にとどまっている。

中間色の空と砂浜が、肉体と存在感を争うことなく、うまく背景を構成している。後ろの建物も小さく目立たない。ジョン・バリックが午後遅い時間を選んで撮影したため、うっとうしい影が少ない点にも注目だ。

もやのかかった日にビーチにて。もやによって背景がぼやけ、肉体が引き立っている。光が拡散する中での写真は彩度が抜群に高いため、本ページの3枚はカラーであればなお迫力があっただろう。

適切な時間に適切なアングルで撮れば、海は背景として被写体をドラマチックに演出する。ただし、このように明るい日差しのもとで撮影するときは、肌の色を黒くして臨み、光によってディフィニションがぼやけないようにする必要がある。

避けたい例の1つ。カメラマンは背景をぼやかそうとしているが、それでもなお背景が手前の被写体を邪魔し、目障りである。バックに大きく写る山のせいで、空を背にした写真に比べ、私の体が小さく低身長に見える。

もう1つの悪い例。背景が過度に近く、大きく、でしゃばっていて煩わしい。

肉体を彫刻のように見せるため、建物の壁がん〔訳注：西洋建築において壁面をくぼませた部分〕でポーズを決める私。

　屋外での写真は、撮影する時間帯も極めて重要だ。たとえば正午前後だと、太陽の光が真上から降り注ぐため、煩わしい影が生まれ見栄えが悪くなる。もちろん季節によって異なるが、一般に太陽の位置が地面に対して角度45度近くになる午前9〜10時以前や午後3〜4時以降に撮影を実施すれば、よい写真が撮れるだろう。また曇りの日は総じて白黒よりもカラー写真のほうが適している。腕利きのカメラマンであればストロボをたいたりレフ板を使ったりして、適切な時間帯でも目の下に入ることがある影を取り除いてくれるはずだ。

　フィルム写真で撮影される肉体は、使用するレンズによって見栄えが大きく変わってくる。焦点距離の長いレンズを選べば、画像の歪みは小さくなる。一方で焦点距離の短い広角レンズを使うと画像に歪みが出て、不要な効果が現れる恐れがある。35mmフィルムでの撮影であれば、特殊効果を狙う場合を除き、焦点距離が50mm以下のレンズは絶対に避けるべきだろう。その点を踏まえ、カメラマンはレンズ選びに万全を期さなくてはならない。（35mmフィルム以外のフィルムは35mmフィルムに換算して）焦点距離が90mmや135mmのレンズを用意すれば、画像にほとんど歪みが生じず、ボディビルダーの肉体がひときわ魅力的に写る。

BOOK FOUR　ボディビル競技

カメラマンのラス・ワーナーは肉体の大きさや重厚感を際立たせるため、白色の背景を好んで選んだ。

ジミー・カルーソによるこの写真のように、黒色の背景には肉体の力強さやキレを強調する効果があり、迫力が格段に増す。

ボディビルダーは小道具を持ってポーズを決めたり、珍しい場所でポージングを披露したりする機会がよくある。事実、スティーブ・リーブスは円盤を携えながら、私は『コナン・ザ・グレート』出演時に使った剣を握りながら撮影に臨んだことがある。そのような機会では、異例の演出が写真の出来栄えに効果的であるか注意しなければならない。小道具にしろ建物にしろ、画像に入り込むものはすべて、肉体を引き立たせる脇役でなければならない。

　スタジオでの撮影は、巧みな職人技が求められる難しい現場である。私のもとには若いボディビルダーたちからスタジオで撮影したとおぼしき写真が送られてくるが、それらの出来栄えは褒められたものではない。ポーズが様になっておらず、撮影者がボディビル写真に精通していないことが明らかなのだ。スタジオにおけるボディビルダーの撮影にはさまざまな手法がある。たとえばラス・ワーナーの場合、白色の背景を使用することが常だった。白地のバックに照明を適切に当てると、肉体を断然大きく見せることができるからだ。しかしながら、最も躍動感あふれる写真に仕上がるのは、バックが黒色のときだろう。背景を黒色にするのはベテランカメラマンであるジミー・カルーソが好んで用いた手法で、筋肉をよりたくましくシャープに見せる効果がある。

BOOK FOUR　ボディビル競技

CHAPTER 2
大会に向けた準備

　見るからにジムで相当鍛えたであろう立派な肉体をステージで華麗に披露しているにも関わらず、些末な点を見過ごしているばかりに、すべてを台無しにする。そんな選手を目にすると本当にいたたまれない。ボディビルの大会ではレベルが高くなればなるほど、僅差の戦いになる。もし審査員が実力の拮抗する2人の選手を比べて、どちらに高い点数をつけるべきか悩めば、おそらくボディビルパンツや肌の色調、タンニング、髪型、清潔感など、外見のほんの小さな点に差を見出すことだろう。

　つまり、純粋に肉体とポージングだけでは勝てないのだ。ボディビルは平たく言ってしまえば、身体(ボディ)の発達度を争う競技である。しかし、選手の最終的な印象を決めるのは、全身の状態や筋肉だけではない。もし外見上、おろそかにしている点があれば、最終得点の集計時に大きな痛手になりかねないのである。

ボディビルパンツ

　大会前にゆとりを持って、適切なボディビルパンツを用意しておくことが重要だ。本番

私の現役時代、選手たちはさまざまなタイプのボディビルパンツを着用していた——幅が広かったり狭かったり、はき込みが深かったり浅かったり、切れ込みが緩かったり鋭かったり。だが、ナッサー・エル・サンバティやドリアン・イェーツ、ショーン・レイなどの時代になると、身体的特徴が明らかに異なるにも関わらず、みな同じようなタイプのパンツをはくようになった。とはいえ、何かしら違いはあるので、自分の体に最も適した形や色のパンツを選ぶことが重要だ

が数日後に迫ってから用意し始めると、失敗する恐れがある。目当てのパンツを見つけるのに時間がかかるかもしれないし、郵送での受け取りになるかもしれない。もしくは、オーダーメイドで作らざるをえないケースだってあるだろう。いずれにせよ、色や素材などを考慮して選んだものを実際にはき、写真に撮って、自分に最適かどうか確認する必要がある。

　昔を振り返ると、ボディビルダーがステージではくパンツには、さまざまなバリエーションが見られた。レジ・パークや私など大柄で重厚感のある選手は、フランク・ゼーンのような細身の選手に比べ、面積の広いパンツを選んでいた。ところが今日では、ほぼすべてのトップ選手が面積の狭いパンツを着用している。ドリアン・イェーツやナッサー・エル・サンバティなど巨体を誇るボディビルダーでさえもだ。

　ただし、同じようなパンツが多くの選手に好まれてはいるものの、形状と見栄えに関しては依然として大きな差がある。はき込みが深いものもあれば、浅いものもある。また、背面の切れ込みが緩いものもあれば、鋭いものもある。すなわち、肉体の魅力を最も引き立たせるべく、自分に適したパンツをしっかり選択する重要性は今も変わらないのだ。たとえば腹斜筋が見事に発達した選手が、上端のラインが腹斜筋のすぐ下を通るパンツをはくと、ウエストを太く見せてしまうことになる。あたかも脂肪がだぶついているかのように映ってしまうためだ。逆に上端のラインが低いパンツを着用して腹

フランク・ゼーン

フランコ・コロンブ

ともに大柄でがっしりした体躯のルー・フェリグノ（左）と私は、はき込みが深いパンツが適していた。一方セルジュ・ヌブレ（中央）はウエストが細いため、はき込みが浅く、切れ込みの鋭いパンツをはいても似合う。

上端のラインが腹斜筋の約1インチ（2.54cm）下に位置するパンツが私には最適だった。それより少しでも上だと、腹斜筋がぜい肉のように映ってしまう。一方で少しでも下だと肉体とのバランスが崩れていたはずだ。

斜筋を余すところなく出せば、腰部のくびれ全体を極めて美しく演出できるだろう。

　脚が長いか、短いか？　胴体が長いか、短いか？　ウエストがかなり細いか、多少太めか？　バルクがあり迫力満点の体なのか、バランスのよい美しい体なのか？　それらをすべて踏まえたうえで、自分の体つきに適したボディビルパンツを選ぶ必要がある。

　私が某大会でテレビ解説者を務めたときのこと。仕上がりのすばらしい選手がいた。よく見るに、広背筋と胸筋の位置が高く、胴体が長い。ただ残念なことに、上端のラインが低いとても小さなパンツをはいているではないか。そのせいで胴体の長さがどうしても目立ち、バランスが損なわれていた。上端のラインがあと1インチ（2.54cm）かそこら高いパンツを選んでいれば、バランスがはるかによくなり、ステージでの印象が改善されていたはずだ。

　ボディビルダーの中で、史上最高に美しい肉体を持つ1人とされているスティーブ・リーブスは、長い胴体と非常に小さい臀部（でんぶ）が特徴的だった。そのような自身の特徴を踏まえ、彼はバランスをとるために面積が広めのパンツを愛用していた。もしスティーブが、はき込みの浅い小さなパンツを着用していたならば、くだんの美しさを称（たた）える声とは大きく異なる評価を得ていただろう。

　パンツ選びに関しては、色も重要なポイントである。絶対的な鉄則があるわけではないが、体つきや肌の色調によって、見事に合う色もあれば、全身のイメージを著しく損ねる色もある。さまざまな色を試して、自分に適したものを選ぶのがベストだろう。

　そう、多くの色を実際に試してみることだ。逐一鏡の前で確かめ、写真に収めたり、友人に感想を求めたりするとよい。競技会に出場している選手であれば、ステージ上の自分の姿を写真で振り返り、着用しているボディビルパンツが狙い通りの効果を発揮しているか確認すべきである。審査員に意見を求め、参考にするのも有効だろう。

　私は色に関しては、常にレジ・パークの持論に従い、ダークブラウンを選んでいた。明るいトーンの色や、はたまた黒とも違い、ダークブラウンは主張が控えめで、肉体の邪魔にならないと私自身も感じていた。対照的にビル・パールは、キャリアのほとんどを通じて、キラキラ輝く淡い青という大胆な色を好んで身につけていた。そして、似合っていた。だが現役引退が近くなると、彼は暗めの色を採用するようになった。私と同じような考えに至ったのかもしれない。そのほか、明るい赤がよく似合うボディビルダーもいるが、普通の選手がはくと、肌の色が同調して過度に赤みが増し、血色がよすぎるように映るため、タンニングの質を下げてしまうことになる。改めて記すが、自分に最も適した色を見つけることが重要だ。

　なお、これだと思う形状と色のボディビルパンツを見つけたならば、そのパンツを複数枚用意しておきたい。長丁場の予選審査を終えたあとでも、新しいパンツを着用すれば、ベストコンディションで決勝審査に臨めるはずだ。パンツを余分に用意しておけば、バックステージでの写真撮影や、大会翌日のフォトセッションなどの機会でも役立つだろう。ちなみに私は常に色違いのパンツも用意していた。撮影によって背景の色は異なるし、屋外で撮影することもあったからだ。

タンニング

　ボディビルが始まって間もないころの写真を見ると、多くの選手がほとんど日焼けをせずにステージに上がっていることがわかるだろう。だがそれは、あまり褒められた話ではない。色白の選手がステージで明るいライトを浴びると、肌の色が飛んでしまい、審査員からするとディフィニションや筋発達が見極めづらいのである。

　だが、肌をしっかりタンニングしていれば、そのような事態は避けられる。日焼けは、太陽の有害な紫外線から皮膚を守るための防御反応だ。肌は紫外線を浴びると、メラニン（皮膚組織の黒色の色素）の数を増加させる。しかし、たとえ1日だけでも日光に当たると肌は黒くなるが、そのままずっとメラニンが増加し続けるわけではない。メラニンを増やし続け、しっかりタンニングするには7～10日程度のかなりまとまった日数を要する。裏返せば、早く効果を得ようと、一度に長時間肌を焼いても無意味なのだ。

　日焼けの時間は、1日20～30分から始め、その後段階的に長くしていくのが理想だろう。ただし肌の元来の特徴や、住む地域、季節、日焼けする場所の標高（高い場所ほど紫外線量が多い）などにもよる。元々色白ですぐ日焼けしてしまうようであれば、細心の注意が必要だ。ここで留意したいのは、たとえ皮膚の色がかなり黒い人であっても、長時間日光に当たれば肌は焼け、ダメージを負うという点である。専門家によれば、太陽の光が強烈な（皮膚が最もダメージを受けやすい）午前10時から午後2時までの間は、日焼けを避けるほうがよいとのこと。とはいえ、まさにその時間帯に寝そべり、肌を焼きたいと大半の人が考えるだろう。したがって、再度注意を促したい。日光を過剰に浴びると、しわが増え、張りが失われやすくなるほか、紫外線が原因で皮膚がんになる恐れもあるのだ。ゆえに日焼けは、適度な範囲で十分注意しながら行う必要がある。

しっかりタンニングすれば、ステージ上で明るいライトを浴びてもディフィニションを維持できる。写真は、一斉に肌を焼こうとしているボディビルダーたち。

もし肌の色がまだ白く、もっと長い時間太陽の下で過ごしたいのなら——たとえばビーチで1日過ごすような場合——無防備に日光を浴びるのではなく、何かしら日焼け止めを塗るほうがよい。前述したように、一度に少しずつしか肌は黒くならない。日光を浴びすぎると、単にやけどを負い、皮膚がめくれてしまうだけだ。事実、あまりに多く紫外線を受けると、健康や外見に害が生じることは、すでに嫌というほど多くの資料で報告されている。

　太陽のもと何時間も寝そべっているなんて時間の無駄だし耐えられない、と不満をこぼすボディビルダーは多い。だが、単に寝そべるだけが日焼けではない。フランコと私はかつてカリフォルニア州ベニスの（現在ニュー「マッスルビーチ」と呼ばれる）トレーニングエリアに行き、ワークアウトと日焼けを同時に行っていた。そのエリアにあるワールドジムには屋外施設が設けられており、ワークアウトしながら日焼けすることができる。現在アメリカでは、屋外エリアや天窓の設置されたジムが多数あり、そのような施設を利用すれば日焼けを兼ねたトレーニングが可能だ。フランコと私はレンガ積みの仕事をしていたときも、シャツを脱いで日焼けに励んでいた。やることは、何も1つに限定しなくてもよいのである。

　ロサンゼルスといえど、常に日光を十分に浴びて、ほどよく焼けた肌を維持できるわけではない。海岸沿いの地域では雲や霧が頻繁に発生する。そのためロサンゼルスを拠点とするボディビルダーの中には、パームスプリングスなど砂漠が広がるエリアに長期滞在し、ぎらつく太陽のもとで日焼けに励む者もいる。またカリフォルニアに来てから知ったのだが、マリブ地区の山にのぼれば大体、雲を眼下に望みながら日焼けすることも可能だ。そのエリアには「マッスルロック」があり、私とフランコは昔、屋外の写真撮影場所としてよく活用していた。

　ところでタンニングは、肌が白いボディビルダーだけに有効なわけではない。アフリカ系やラテン系など、肌が最も黒い部類に入る選手でも、日焼けにある程度時間を費やせば、肌質が向上し、色に深みが出て、ステージでの見栄えがよくなるはずだ。

　美的観点から1点記しておくと、顔の日焼けはそれ以外の部位より控えめにしたほうがよい。とはいえ顔は体全体の中でも、鼻を中心に太陽の光を吸収しやすい部位だ。したがって、帽子をかぶったり日焼け止めを塗ったりして、鼻や前額部が焼けすぎないよう注意する必要がある。

日焼けサロンと日焼けマシン

　日焼けサロンは今やアメリカ中に存在する。日焼けサロンに行けば、ベッドのような大きな日焼けマシンに横たわり、紫外線を短時間のうちに浴びられる。日焼けマシンのほうが太陽の光を直接浴びるよりも安全だと一般に考えられているが、肌を黒くする光線はいかなるものでも、熱傷など肌に害を及ぼす危険性があることを忘れてはならない。よって、直接日光に当たるときと同じ点に注意する必要がある。具体的に言えば、徐々に肌を焼い

現地の太陽の光が弱く満足に日焼けできずにいたヨーロッパ時代の私と、地元がヨーロッパよりはるかに温暖で地の利を活かしたデニス・ティネリーノ。日焼けしたデニスのほうがディフィニションに優れ、色白の私は実際より凹凸に乏しく見える。

1974年、パームスプリングスにて。肌が黒いと重厚感とディフィニションが向上し、より魅力的に見えることがわかるだろう。

ていくことだ。十分に時間をかけて肌を黒くし、やけどや皮めくれを防ぐのである。さもなくば、見た目を損ねるだけではなく、一から肌を焼き直すはめになるだろう。なお、家庭用の日焼けマシンにも同様のリスクがあることを記しておく。マシンの使い方を誤り、長く使用しすぎて目を傷つけてしまうような例が後を絶たないためだ。

カラーリング

　肌の色を濃くするために人為的にカラーリングを施すことは、もはやボディビル界では当たり前の慣行となっている。どれほど日焼けが十分であっても、染料やブロンザー〔訳注：肌を小麦色に見せるパウダーやクリーム〕の使用は有効だろう。それゆえ宿泊施設は、ボディビルダーの一団を迎え入れるとなると大いに嘆く。シーツや枕カバーが体から色落ちした染料で汚れ、ランドリー施設がそれらのリネンであふれかえるからである。

　カラーリングを行えば、たとえ日焼けの下地作りしかできていなくても、まるで熱帯地方でひと夏を過ごしてきたかのように見せることができる。また元来とても色白で、日焼けがまったくうまくいかない選手でも、生まれつきメラニンの数に恵まれた選手に匹敵するぐらい黒くすることが可能だ。さらに健康面においても利点がある。カラーリング剤を使えば、昔ほど長く日光を浴びずに済むからだ。とはいえ、色白の選手が肌を黒くするのに、**はじめから**カラーリング剤に頼るのは誤りである。真っ白な肌にカラーリングを施すと、どうしても違和感が強くなってしまうのだ。そもそもボディビルダーの肉体はその著しい筋発達がゆえ、多くの人に違和感を与える。そのような肉体に不自然で奇妙なカラーリングを施せば、言わずもがな、違和感をますます強めてしまうだけだ。したがって、まずはしっかりと日焼けしたうえでカラーリングを行い、肌の色に深みを出すべきである。

　現在最も広く使われているカラーリング剤は、皮膚に重大な問題を抱える人のために開発された染料 Dy-O-Derm をベースに製造されている。特に人気を博しているアイテムの1つが Pro-Tan で、ジムの店舗や通信販売で購入可能だ。また Tan Now も人気製品で、こちらは Pro-Tan よりもわずかにブロンズ色の濃い仕上がりが特徴である。これらの製品は、他のカラーリング剤も含め、ボディビル雑誌を開けば大方広告が掲載されているだろう。

　以上のような染料は実質、皮膚の細胞そのものに付着するため、染料のついた細胞が皮膚表面から自然とはがれ落ちるまで色は消えない。色が完全に消えるまで3週間ほどかかる。とはいえ数日経つと徐々に色が落ち始めるため、再び当該製品を使用しないと見た目が損なわれる。ちなみに最も効果的な使用方法は次の通りだ。（1）シャワーで不要な細胞をできるだけ洗い流す。（2）染料が手の平に付着しないようゴム手袋をはめ、皮膚を染める。（3）数時間乾燥させる。（4）再びシャワーを浴び、皮膚に付着していない余分な染料を洗い流す。このような手順で、一定の期間をかけて徐々に染めていく。一度きりの使用で、一気に染めようとしてはならない。

　人工のカラーリング剤には、染料の他に従来のブロンザーのようなタイプも存在する。

BOOK FOUR ボディビル競技

この手の製品は使い勝手がよく、色もかなり早く消えるが、染料に比べて仕上がりの統一感や色の深みに欠ける。ドラッグストアや化粧品店に大抵置いてあり、Jan Tana 社の Competition Tan などのボディビルダーに特化した製品もある。ただし、ボディビルダーがそのような製品だけを使用することは滅多にない。日光を浴びて下地を作り、さらに染料を施してから、ともすれば色が落ち始めてきそうな箇所にブロンザータイプの製品を塗って、ムラなく仕上げるのが一般的である。

　カラーリング剤を正しく使えば、全身の見た目を飛躍的に向上させられる。そのため使用方法は非常に大事だ。ステージに登場する選手の中には、黄色く見える者もいれば、まるで靴墨を塗ったかのように黒々とした者もいる。カラーリング剤を使うのが遅すぎたり、汗をかいたりしたせいで、カラーリング剤が本番中、体に線を描きながら垂れてしまい、せっかくの肉体が台無しになるケースも見受けられる。顔が過度にカラーリングされている場合も、奇妙で不自然に見える。手の平や足の裏にカラーリング剤が付着していたり、肘や膝が黒すぎたりする場合も同様だ。何年もかけてトレーニングメニューを突き詰めたうえ、何カ月も過酷な食事制限に耐えることを考えてほしい。正しいカラーリング方法を学ぶために、多少時間をかけるくらい惜しくはないだろう。もしその手間を省けば、すべての努力が徒労に終わってしまうかもしれないのだから。

　その他、本番直前のカラーリングも大きなリスクを伴う。ルー・フェリグノがある大会で、ステージに上がる寸前にブロンザーを施した例は今でも記憶に新しい。皮膚表面に塗ったオイルと発汗の多さが相まって、人工の着色成分がルーの体をしたたり落ち、見た目を著しく損ねる結果となってしまった。たしかにステージに出る直前にカラーリングが必要となるケースもあるが、カラーリングに関する豊富な経験と適切に行うだけのノウハウが求められる。では、それらを備えていない場合、2つの選択肢——ステージで望むほど黒く見せられなくても我慢する、または色落ちによる細い筋を全身に描く——のどちらを選ぶべきだろうか？

ポージングオイル

　ボディビルダーはステージでアウトラインの美しさを強調し、ディフィニションを最大限引き立たせるためにポージングオイルを塗る。筋肉は明るい照明にさらされると、どうしても平面的に見えてしまう。しかし、十分に日焼けした肌にオイルを薄く塗ってやると、筋肉の発達具合を審査員にはっきりと見せることができる。もしオイルを塗ってない選手がステージにいたとしたら、全身の立体感や重厚感に乏しく、魅力に欠けることが一目でわかるだろう。

　全身にくまなくオイルを塗るには、誰かに手伝ってもらう必要がある。背部への塗布と塗りムラのチェックを誰かに頼まなければならないのだ。キャリアの浅い選手の場合、誰かにオイルを塗ってあげれば、その選手が自分にも塗ってくれるだろう。しかし高いレベルに行くと、ライバルが妙な仕打ちをしないとも限らない。私は南アフリカで開催された

1975年のミスターオリンピアで、オイル塗りを終え、いざステージに出ようとしたとき、誰かにこう言われたことがあった。「半身だけでポージングするつもりなのか、おい？」真意を飲み込めずにいた私に、エド・コーニーが背中の半分にしかオイルが塗られていないことを教えてくれた。私は誰にオイルを塗ってもらったか鮮明に覚えているが、ここでは名前を伏せることにする。当時の私に大会の出場実績がもっとあれば、そのような状況下で他の選手は誰であろうと信用すべきではないと判断できたかもしれない。もしくは、自分自身でダブルチェックしていたはずだ。

一般にオイルもカラーリング剤同様、段階的に体に塗っていくのが最も望ましい。バックステージの温度が高いときなど、肌が乾燥する状況下では一度オイルを塗ってもあっという間に乾いてしまう。そのような場合、数分後に再び塗れば、期待通りの効果が得られるはずだ。ただし、本番直前におけるカラーリング剤とオイルの重複使用には注意したい。ポージング中に色落ちしてしまう可能性が高いからだ。

さまざまな製品を試して、自分の体に最適なオイルを見つける必要があるだろう。たとえばベビーオイルのような製品は、照度を自由に調節できる写真撮影にはうってつけだが、ステージ上では光を反射しすぎる傾向にある。大会の出番直前に使われているオイルは、オリーブオイルからスプレー式のクッキングオイルまで、それこそ選手によって千差万別だ。ボディオイルやボディクリームなども種類を問わず用いられている。したがって、幅広い製品を実際に使ってみて、その中から自分に最も合うオイルを見極めるとよい。ただし、過ぎたるはなお及ばざるが如し。まるで鏡のようにキラキラと光を反射する肉体は、審査員になんら好印象を与えないだろう。

髪型

ボディビルダーの髪型は世間一般の人々と同じくさまざまである。1960〜70年代は、当時の流行に乗り、髪を伸ばすボディビルダーが多く見受けられた。だが1990年代に入ると一転、スキンヘッドの選手が数多くステージに並んだ。あくまで私見だが、長短を問わず、あまりに極端な髪型は大会にふさわしくないだろう。

私の知る限り、どのような髪型か、という点も**ボディビルダー**の一要素であると明記しておきたい。髪型は、選手の個性や自己表現の一部である。また流行の移り変わりとともに、髪型のトレンドも変化するだろう。写真で目にするエクストリームスキー〔訳注：高山の急斜面などを滑走するスキー競技〕の選手たちの髪型は、多彩な色に染め上げたスパイクヘアだ。ただし、そのような選手たちはたしかに型破りで、非常に優れたアスリートかもしれないが、**見た目は審査されない**という点を忘れてはならない。同じく、ランナーがいかに髪を伸ばしていようと、走り幅跳びの選手が体にタトゥーを入れたり側頭部にバリカンで文字をデザインしたりしていようと、成績に何ら関係ない。しかしボディビルでは、見た目、すなわちビジュアルの要素こそがものを言う。たとえば、フィギュアスケートがそうであるように。フィギュアスケーターも審査員に自分をどのように見せるか、細心の注意を払

髪型の流行は一過性にすぎない。一般に短い髪型のほうが肉体を大きく見せられることは、大分前からわかっていた。だが、その事実を最終結論として1990年代に多くのボディビルダーたちに知らしめたのがショーン・レイである。

う必要があるだろう。

　ボリュームのあるロングヘアはボディビルにおいて、肩にかかって僧帽筋を見えづらくするだけではなく、頭部を大きく見せるという弊害がある。言い換えれば、体が小さく見えてしまうのだ。私は1970年代、アフロヘアのボディビルダーを見るたびそう感じていた。アフロヘアだと頭部が大きい分、肩幅や上半身全体が小さく見えてしまうのである。ロビー・ロビンソンの写真を見比べてほしい。ロビーが長髪だった1970年代と、その長髪を切って短くした1980年代を比較すれば、髪型によって体の見え方に差が出ることがわかるだろう。

　前述したように、ボディビルダーはただでさえ普通の人からすれば特殊な存在である。したがって特殊性をより強めると、肉体の優劣を競うアスリートというよりもプロレスラーに近い存在になってしまう。髪を染めたりスキンヘッドにしたりするなど、髪型を好きにいじる行為がその一例だ。もちろんトム・プラッツや、トムのあとに活躍したリー・プリーストなどのように、セミロングの見事なブロンドヘアをオールバックにするスタイルを好み、その髪型が大多数のファンに受け入れられた選手もいる。また、スキンヘッドが似合う選手もいるだろう。とはいえ、オハイオ州コロンバスで行われるアーノルドクラシックを見ていると、奇抜な髪型をした選手や髪型に無頓着な選手は、成績がさっぱりふるわない。肝心なのは、自分に最もマッチしたスタイルでステージに上がることだ。憧れの選手の髪型をまねたり一時の流行に乗ったりするのは、自分の身体的特徴や全体的なビジュアルに合うと判断できない限り、控えたほうがよい。

　では、どのように髪型を決めればよいのか？　まずは鏡や写真で自らのヘアスタイルを確認し、伸ばすべきか切るべきか、それとも違うスタイルにすべきか、見た目をよくするためにはどうすべきか判断しよう。よくよく考えてみてほしい。側頭部にバリカンで自分の名前を入れると、勝利に近づくのだろうか？　ポニーテールやモヒカンにすると、審査員に与える印象が全般的によくなるのだろうか、悪くなるのだろうか？　いずれにせよ、それらの問いに対する答えはシンプルなはずだ。肌の色、髪型、ボディビルパンツを問わず、今自分のしていることは勝利に結びつくのだろうか？

　また髪型に関しては、プロの手を積極的に借りるほうがよい。私は出演映画での役作りにおいて、ヘアスタイリストたちに大いにサポートしてもらった。『コマンドー』や『プレデター』でタフな戦士を演じたときは、角刈りのおかげで、男らしさを強調することができた。『ツインズ』では監督アイバン・ライトマンの要望を受け、見た目の印象を和らげるために髪の色を明るくしてもらい、イメージ通りのキャラクターを演じることに成功した。このように、自分に最適な髪型を見つけるため、ぜひともヘアスタイリストに協力を仰いでほしい。時間をかけて、さまざまな髪型を試してみてもよいだろう。

体毛処理

　ボディビルダーが見た目をよくするために行うことと言えば、大会前の体毛処理も挙げ

られる。ムダ毛を処理しておけば、体表が美しく滑らかになり、筋肉を際立たせることができるのだ。最もてっとり早い方法は、普通の安全カミソリで、胸や腕、脚など気になる箇所を慎重に剃(そ)ることである。だが、そのように体毛を処理すると違和感を覚えるだろうし、慣れるまでに時間がかかる。実際、私は決まって体が小さく、軽くなったように感じたものだ。したがって、そのような感覚に慣れておかないと、本番で精神面に悪影響が出る恐れがある。

　つまるところ、大会直前でのムダ毛の処理は控えるほうが無難だろう。代わりに２～３週間前に実施し、その後必要であればシェービングを追加すればよい。そうすれば、もし皮膚が傷ついたり炎症を起こしたりしても、自然に治癒して元通りになる時間が十分残されている。ところでフランコ・コロンブは、ある変わった方法で体毛を除去していた。カミソリが嫌いだった彼は、大会が近づいてくると決まって自分の指でムダ毛を抜き始めるのである！　そしてカミソリを使うべき時期にはもう、ほとんど体毛が残されていないのだ。だがフランコの脱毛法は、百歩譲っても、広くおすすめできる方法とは言えないだろう。

勝つための服装

　ミスターオリンピアでは数年前から、大会前に記者会見が開かれるようになった。記者会見に出席する選手は全員がスーツにネクタイという格好である。とてもよい心掛けだと思う。ボディビル黎明(れいめい)期においても、多色でダボダボの格好悪いズボン、通称「クラウンパンツ」をはいて出歩く花形選手などいなかった。ジョン・グリメックやスティーブ・リーブス、レジ・パーク、ビル・パール、ラリー・スコットといった有名選手たちは、何を身につけるべきか心得ていた。スーツやカジュアルパンツ、スポーツシャツなどを着こなし、筋トレマニアではなく、れっきとした一市民として見られるよう普段から努めていた。セルジオ・オリバは、丸太のように太い腕を収めるべく、袖口にＶ字の切れ目を入れた特注の半袖シャツを着ていた。

　ボディビルの大会はもちろん、ステージ上で勝負を決するのが本筋だろう。が、大会が迫る時期に審査員など大会関係者に好印象を植えつけておけば、本番で大いに役立つ。またボディビルダーはセミナーの主催とイベントへのゲスト出演を通して収入の大半を得るため、人々から尊敬を集め、評判をよくしておいて損はない。何も常にタキシードで外出する必要はないが、たとえばマイケル・ジョーダンのファッションを参考にして、上品でおしゃれな服装とはいかなるものか普段からチェックしておくべきである。服装や振る舞いの如何(いかん)によって、週末開かれる大会の成績全般に弾みをつけられることを日頃から意識しておきたい。身だしなみは、自分こそ勝者にふさわしく、ボディビル界をしょって立つべき人物だとアピールする手段なのだ。

最後の仕上げ

　真に優れたボディビルダーは、万全の準備を期してステージに臨む。有能な選手の多くは、足の裏を汚すことなくステージに出てポージングしようと、バックステージにいる間は足に何かしらはいている。ボディビルパンツを複数枚持参して、カラーリング剤や汗、オイルなどで汚れるたびに、パンツを取り替える者もいる。

　髪型など個々の外見に関して、見落とされやすい初歩的なポイントとして、清潔感が挙げられる。現代のボディビル界に初めて登場した著名なチャンピオン、スティーブ・リーブスは、清潔感の演出に余念がない選手として知られていた。いつ見ても髪は美しく整えられ、手指の爪はきれいに切られていた。まさに完璧な身だしなみだった。しかしながら今日、大会のバックステージを覗けば大抵スティーブを見習うべき選手が目につくだろう。そのような選手は、ただ身だしなみや清潔感に気を配っていないがために、自ら成功を手放しているも同然なのだ。

BOOK FOUR ボディビル競技

CHAPTER 3
勝つための戦略と戦術

　これまで述べてきたすべてのポイント——正しいポーズの習得に始まり、ポージングのトレーニング方法、ポージングルーティンにおける選曲、ボディビルパンツの適切な色や形、優れたタンニングのノウハウなど——は、大会で勝つための戦術と言える。その他に、大会前日や、当日の朝の正しい過ごし方も、戦術の一例として挙げられる。いずれにせよ、ステージで最高のパフォーマンスを披露するための準備であれば、それらはすべて戦術と言えるだろう。

　一方で戦略とは、ボディビルダーとしてキャリア全般をいかに計画し、実践していくか、との意味である。具体的に言えば、いつ、どの大会に出て、パブリシティやPRなどをどう展開していくか、ということだ。

　真剣にボディビルに取り組む者であれば、言うまでもなく大会への出場を目指しているはずだ。そのような選手の一部には、右も左もわからないまま、とりあえず参加を決める者もいる。本番で不本意な結果に終わるリスクなど意に介さずに、だ。彼らにとってはあくまで経験することが目的である。反対に、機が熟すのを待ち、上位に食い込む可能性が出てから大会に臨む者もいる。この手の選手は、格上の選手とのミスマッチを避けるため、慎重に試合を組むプロボクサーの敏腕マネージャーのような戦略家と言えるだろう。

　私は若いころにボディビルを始め、めきめきと筋肉を成長させ、かなり早い段階で大会に参加できるだけの実力を身につけた。その後もどんどん実力を伸ばし、ジュニアミスターヨーロッパやベストビルトマン・オブ・ヨーロッパ、ミスターヨーロッパなどの称号を手に入れ、ミスターユニバースでも頂点に立った。ただし、若くして成功を収めたボディビルダーは私の他にも存在する。1970年代で言えば、ケイシー・ビエターがその1人だろう。ケイシーは1971年、19歳という若さでAAU主催のミスターアメリカコンテストを制した。またオーストラリア出身のリー・プリーストは20代はじめでプロ資格を取得している。対して、ある程度の年齢になって突如、才能を開花させた選手もわずかだが存在する。カナダ人のポール・ディレットはデビューこそ早くないが、わずか2度の大会出場でプロ資格を勝ち取った。警察官からプロボディビルダーに転身したロニー・コールマンは、20代後半までボディビルのトレーニングすら行っていなかったが、ボディビル転向を決めたわずか2年後に、世界アマチュアボディビル選手権で優勝している。

　筋発達のスピードは遺伝やトレーニングの開始時期によるところが大きい。それ以外に、ボディビルダーになる前にスポーツに関してどのようなトレーニングを積んでいたか、という点も大きな要素だ。ロニー・コールマンは10代前半からウエイトトレーニングにそれなりに取り組み、パワーリフティングにも打ち込んでいた。したがって、ボディビル転向を決めたときには、まったくゼロからのスタートというわけではなかった。フラン

コ・コロンブもボディビル界に入るのが遅かったが、それ以前はパワーリフティングの選手だった。またアメリカンフットボールなどパワーが求められるスポーツを何年もやり続け、さらなるパワー強化のためにボディビルジムの門をたたく者もいる。そのような者にとって、筋肉を増やすのはほとんど問題にならないことが多い。体作りにおいて、バルクアップだけではなく、美しさを追求することが彼らの課題となるだろう。

なお選手の大半がプロ資格を得るに至らないことも、ボディビル界の現状として記しておきたい。バスケットボール選手の大多数がNBAのコートに立てず、アメリカンフットボール選手のほとんどがNFLプレーヤーになれないように、ボディビルダーの多くが国内大会でさえ優勝に届かないのが現実だ。しかし、いかなるレベルであろうとも、真剣勝負の舞台には人を惹きつける魅力がある。出場選手の実力がおおむね似たり寄ったりで、誰が勝つかわからない争いこそ、スポーツの最たる魅力と言えるだろう。選手本人たちにとってトップレベルでの争いならば（そのレベルに関係なく）、勝負の醍醐味——テレビでよく言われる通り、勝つ喜びと負ける悔しさを味わうこと——は変わらないのだ。

経験の役割

大会出場を目指すと心に決めたならば、いつかは出場しなければならない。ステージに立って初めて、ボディビルダーとして活躍するために必要な経験を得られるのだ。一般に、ボディビルダーとしての活動は、大きく2つに分けられる。そう、ジムでのトレーニングと大会で競い合うことだ。なお、一方で成果を得たからといって、他方でも成果を得られるとは限らない。いくら鏡の前でポージングに心血を注いでも、ステージでのポージングはジムでのトレーニングとは別物だ。プレッシャーもかかるし、目の前には審査員や観客がいるのである。

ステージではどう体を動かすべきか、生来のセンスを備えている選手もいる。ただし、ステージ上で完璧なパフォーマンスをするためには誰しも**経験**が必要不可欠だ。たとえば、フランク・ゼーンがミスターオリンピアを制するまでに、どれほどの経験を要したことだろうか。経験を積み重ねたからこそフランクは1979年、ミスターオリンピアで最後のポーズダウンが始まるやいなや、マイク・メンツァー相手に存在感で圧倒し、百戦錬磨のほどを見せつけることができたのだ。対照的に、それまで片手で数えられるほどしか大会に出たことがなかったマイクは、本番ならではの凄まじいプレッシャーの中で本来の力を発揮できず、苦しい戦いを強いられた。

私が見る限り、マイクはポーズダウンが始まって間もなく疲労感を覚えたのか、ウエスト付近の筋肉を緩ませてしまった。その結果、腹筋群をコントロールできずに、その緩み具合が目に余るほどになった。ボクサーは実際の試合がスパーリングよりいかにきついかを知っている。ボディビルでも同じく、緊張とストレスの中でのポージングは、単なる練習と比べて体力の消耗がはるかに激しいのだ。

圧倒的な肉体を誇るポール・ディレットが、キャリアの中で経験不足から直面した問題

大会デビュー時の私の体つき

は、すでに述べた通りである。そこでも指摘したが、ポールはデビュー戦となるIFBB北アメリカ選手権に出るまで、長く我慢の時を過ごした。そして初出場で２位に輝き、翌年の同選手権で優勝を果たす。大会出場実績わずか２回にして、プロ資格を手にしたわけだ。だがポールはその後、もっぱら大会での経験が足りないがゆえに、ステージでのポージングや演出で諸々の課題に直面することになるのである。

大会出場の頻度

　以上のように、経験は明らかに重要である。したがって、わりと早いうちに大会に出たほうがよい。しかし、いざ大会出場に向けて準備するとなると、減量せずに目一杯トレーニングに打ち込むときと同じように筋肉を成長させることは不可能だ。大会に出るならば、細部にこだわらなければいけない。小さな筋肉を浮き立たせセパレーションを作るため、体を絞る必要があるだろう。そして当然ながら、食事を制限している間は、最大限の筋発達は望めない。これは若いアマチュア選手をはじめ、全ボディビルダーが直面するジレンマだ。優先すべきは大会出場経験か？　それとも、筋肉を最大限成長させ続けるトレーニングか？　ここで必要なのが、キャリアのどの時点で大会デビューすべきか、バルクアップを考えたときどれぐらいの頻度で大会に出るべきか、という戦略である。ただし、戦略立案にあたり絶対的な法則など存在しない。各自で判断するしかないのである。優先すべき事項を整理し、いろいろ試していく中で適宜、自分に適した戦略を見極めなければならないのだ。

大会デビュー

　いつ、どの大会に出場するか決まったならば、大いに力が湧いてくるだろう。トレーニングや減量で自分を追い込みきれず、本番で貧相な体をさらし、みじめな思いをする場面が頭に浮かべば、もう少しセットを増やそう、あと少しレップをこなそう、厳しい食事制限にしっかり耐えようというモチベーションが湧いてくるはずだ。どれほど普段のワークアウトで限界まで追い込んでいるつもりでも、大会当日が確実に近づいてくるという現実が、さらなる追い込みを生む。

　大会デビューは、誰しもがいつかは通る道だ。したがって、いよいよ初めてステージに立とうとする段になって、頭の中が真っ白になったとしてもうろたえる必要はない。私は若いボディビルダーが眼鏡を外すのを忘れてステージに出てきたり、足を汚さないためにバックステージではいていたスリッパを、そのまま着用して現れたりする場面を見たことがある。経験の浅い選手であれば、「ターンライト（右を向いてください）」と審査員に言われたのに、右や左に移動してしまったり、あるいはただ困惑して立ち尽くしてしまったりするかもしれない。また、いくらジムや自宅の鏡の前で規定ポーズを正しくとれたとしても、審査員や観客で埋めつくされたステージで披露するとなると、大分勝手が違う。た

とえば、フロントダブルバイセップスのとき、下半身に力を入れるのを忘れてしまうかもしれない。審査員からバックラットスプレッドをとるよう指示されたのに、どんなポーズだったか忘れてしまうかもしれない。予想より早く疲れが出て、予選審査を乗り切れそうにないと弱気になってしまうかもしれない。ポージングのトレーニングが不足していれば、本番で頑張るあまりけいれんを起こすこともあるだろう。

いざステージでライトを浴びると、ここまでに説明してきた準備が十分にできているか、すっかり浮き彫りになってしまう。具体的には、しっかり肌が日焼けされているかどうか、オイルの量が適切かどうか、などである。バックステージでは問題のなかったボディビルパンツだが、本番中は会場からどのように映っているだろうか？　肌はまんべんなくタンニングできているだろうか？　肘や手は色が濃すぎないだろうか？　今まさに、これまで練習してきたポージングスキルを遺憾なく発揮するときなのだ。緊張して震えていないだろうか？　堂々と華麗にポーズを決められているだろうか？　ポージングルーティンの内容は最後までしっかり頭に入っているだろうか？

当然だが、経験はそこから教訓を得て初めて自分のためになる。したがって、どんな大会であれ、自分のパフォーマンスの是非を素直に振り返ることが大切だ。勝とうと負けようと、自分の良かった点と悪かった点を審査員から教えてもらえば、私はより多くの教訓を得られると常に考えていた。たとえば、私が1972年のミスターオリンピアでセルジオ・オリバを破って優勝したときのこと。審査員の1人が近づいて来てこう言った。「私は君を勝者に選んだけど、本当に迷ったんだ。なぜなら君は後ろを向いてバックポーズをとったとき、背中を反らしすぎていたからね。腰にしわができて、それが脂肪のように見えたんだ」。だが当時は、審査員が選手の体を間近であらゆる角度から見られた時代である。ゆえにその審査員は結局、私の体に脂肪がないことを確認できたのだ。とはいえ私はその経験から学び、次の大会から背中を反らしすぎないよう注意するようになった。このように、ボディビルダーであれば誰しも大会からできる限り多くのことを学ぶ姿勢を持つべきだ。経験から教訓を得れば、同じ過ちを二度と犯さなくて済むのである。

ハイレベルな大会

ある程度経験を積んで、小さな大会で勝てるぐらいの実力がついたならば、自身のキャリアにおける意味を考え、参加する大会を選ぶようにすべきだ。

大会でタイトルを獲得し、ミスターオリンピアへの参加資格を得たアマチュア選手から、ミスターオリンピアにすぐ出るべきか、それとももう少し待つべきか相談を受けることがよくある。当然、アマチュアからいきなりミスターオリンピアに挑戦して、よい成績を収められる可能性は低い。事実、ミスターユニバース（現IFBB世界アマチュアボディビル選手権）の勝者がすぐにミスターオリンピアに出て、大差での最下位に終わることがままあった！　ただ裏を返せば、誰も期待していないのだから、失うものは何もない。成績をあまり気にせず、経験のためにミスターオリンピアに参加するのも一策だろう。タイ

ガー・ウッズがアマチュア選手として全米オープンに参加し、プロの大会の重圧を肌で感じてからプロ転向を決めたように、だ。

また、フランコ・コロンブのような選手もいる。フランコは、とても早い段階でハイレベルな大会に参加し、成功を収めたボディビルダーの1人だ。ボディビル界に入ろうと決めたとき、彼にはパワーリフティングの競技経験しかなかった。にも関わらず、1年間トレーニングに専念したあと、ミスターイタリア大会に出てポイントを稼ぐことに成功する。さらにミスターヨーロッパに出場して、見事に優勝。翌年には、チャック・サイプスを打ち破り、ミスターユニバースの称号も獲得した。もちろん、フランコはボディビル転向前からすでに並外れた肉体を誇っていた。懸垂を25回10セット行うなど、強靭(きょうじん)な肉体の持ち主で、決して無からのスタートではなかったのである。

しかしながら、後先考えずただ大会に出ればよいというわけでもない。また反対に、確実に出るべき大会を逃さないように注意する必要もある。ここで、1981年のミスターオリンピアで3位に入り、人々を驚かせたトム・プラッツの例を紹介したい。トムの次戦は、オーストラリアで行われるミスターユニバースのプロ部門の予定だった。ところが、彼は同大会への参戦を見送り、セミナーやエキシビションに時間を費やすことにしたのである。その結果、同年のミスターユニバースプロ部門の優勝は、ミスターオリンピアでトムが苦もなく退けたデニス・ティネリーノの手に渡った。もしトムが出場を見送っていなければ、彼の受賞歴には新たな世界タイトルが加わり、活躍にさらなる弾みがついたことだろう。

さらに例を挙げると、ルー・フェリグノの2度のミスターユニバース出場はともに時宜を得たものだった（よって連覇した）。しかし彼は1974年、おそらくミスターユニバースのプロ部門に出ていたら優勝できたであろうその年に、ミスターオリンピアに打って出て敗北を喫した。大会で負けることは何も悪いことではないが、もし2つの大会のうち1つを選べるならば、勝てるほうを選択すべきだろう。どのようなレベルであっても、自分の実力からして出場が時期尚早と思われる大会を回避し、勝つチャンスの高い大会を選ぶことは決して逃げではない――優れた判断なのである。

そのような判断こそ、まさに戦略だ。つまり、どの大会に、いつ参加するか決め、誰と争うことになるか予想し、1回または連続してエントリーすべきかうんぬんを判断するのである。なお、アメリカのアマチュア大会について言えば、USAチャンピオンシップはオーバーオール優勝者だけがプロ資格を手にできるのに対し、NPCナショナルズはすべての階級優勝者がプロ資格を得られるため人気が高い。ただし、NPCナショナルズはUSAチャンピオンシップの数ヵ月後に行われる。つまり、NPCナショナルズに照準を合わせて勝負をかけた場合、負けてしまうと年内にはもう全国規模の大会が残されておらず、その年のプロ転向は夢とついえてしまうのだ。たしかに、まずUSAチャンピオンシップに出て、続けてNPCナショナルズにも参戦すれば、国内タイトルを手にするチャンスが2度めぐってくる。しかし、USAチャンピオンシップのためにトレーニングや減量に励んだあと、わりと短期間のうちにNPCナショナルズに向けて再び体を仕上げるとなる

BOOK FOUR

ボディビル競技

と、負担が大きいかもしれない。ゆえに、結局のところ個々の判断に委ねられる。選手1人ひとりが自らの感覚と優先事項をもとに、それぞれに適した戦略を立てるべきだろう。

　もちろん、プロ資格を得たからと言って、プロの大会で即活躍できるとは限らない。マイク・クリスチャンやショーン・レイのような極めて有能な選手でさえ、プロ転向後の道のりは平坦ではなかった。2人はいずれも、プロの大会ならではのハイレベルな争いや厳しいプレッシャーに慣れるまでに2年ほど要している。またリー・ヘイニーはプロデビューの年、チューリッヒのスイスグランプリでわずか169ポンド（76.7kg）の選手を相手に負けてしまった！　とはいえ、すべてのボディビルダーがプロ転向後に苦戦するわけではない。ドリアン・イェーツがプロボディビル界に旋風を巻き起こしたのは、れっきとした事実である。苦戦を強いられるケースが大半を占めるのもたしかではあるが。

　その点を心に留めて、プロ資格を得た選手はどの大会に出場すべきか慎重に考えるべきだ。まず、手始めにエントリーしやすい大会として、IFBBがプロを対象に世界各地で開催するグランプリが挙げられる。またアイアンマンインビテーショナルも、プロキャリアの浅い選手におすすめの大会だ。やがて実力がつけば、次のステップとしてニューヨークで毎年開かれるナイト・オブ・チャンピオンズなどが妥当だろう。そのような大会で好成績を収めれば、今度はアーノルドクラシックに招かれることになる。ミスターオリンピアに出るような選手たち相手に、自分の実力を測る格好の機会だ。そしてナイト・オブ・チャンピオンズやアーノルドクラッシックで活躍できれば、それは満を持して最高峰のミスターオリンピアに打って出るべき時が来たことを意味する。

　いかなるスポーツの選手であっても、競技生活の中で**勢い**は重要である。もちろん、ボディビルダーも例外ではない。選手として順調にキャリアを積んでいれば、そのうち勝つことが当たり前になるかもしれない。だが、負けを恐れていては勝てない点を忘れてはならない。負けを恐れるようになると、敗者のマインドが身についてしまう。敗者のマインドが己の中に巣くって、意欲の低下を招いてしまうのだ。したがって、自分がすべきことを的確に見極め、やるべきことに全力を注げばよい。結果など気にせず、そこに全身全霊を傾けるのだ。私は現役生活を通して、負けを味わった回数は少ない。が、少ないながらも、たしかに負けた。それがスポーツというものだろう。選手にできることは、ベストを尽くすことのみである。努力が足りなければ、それなりの結果を得るだけなのだ。

　十種競技のオリンピック選手ブルース・ジェンナーはかつて私にこう言った。1976年のモントリオールオリンピックまでは負けを恐れるあまり、散々なパフォーマンスだった、と。そのためブルースは、負けても死ぬわけではない、とシンプルに考えるようになったという。負ければ、確かに悔しい。だが、その悔しさを糧にすればよいのだ。前を向いて力を尽くし、自らを信じて、ふつふつと闘志を燃やしながら練習に励めば、負けは乗り越えられる。そうすれば不安を覚えてしまうことなど、一切なくなるはずだ。そして、勝つことだけに集中できる。選手にとって、それこそがすべてだろう。

パブリシティ

「あんな大会で勝てるわけがない」そんな言い訳が聞こえてきそうである。「自分はボディビル雑誌への露出が少なく、知名度に欠けるからね」と。たしかに、しかるべきメディアへの露出は、ボディビルダーとしてキャリアを築くうえで、成功の大きな足がかりとなるだろう。が、パブリシティ獲得への一番の近道は、大会で勝つことだ！ とはいえ、他にも道はある。まずシンプルに写真撮影やインタビューのために時間を取ることがとても大切だ。一部のボディビルダーは、大会に出場するため木曜日に現地入りして、雑誌の写真撮影にまったく時間を割くことなく、日曜の朝にとっとと帰ってしまう。写真撮影が始まるやいなや、疲れて耐えられない、あれこれ要求が多すぎる、と不満をこぼすボディビルダーもいる。自分たちが手にしている写真撮影の機会を、喉から手が出るほど欲しがっている選手がいるにもかかわらず、だ。そのような態度は、写真記者が次に誰を撮影するか決めるとき、大きなマイナス要素となるだろう。写真撮影やインタビューを約束しておいて、現場に現れないボディビルダーは多い。このような選手は、ボディビルダーとしてのキャリアを自ら踏みにじっているも同然だ。

たしかに雑誌記者は、選手が大会出場のため宿泊している部屋に連絡を入れたり、バックステージで選手に話しかけたりする。そのため、ときにうっとうしく感じられるかもしれない。だが、選手は時間と体力の両面において余裕がある限り、取材に応じるべきだ。会社に属する記者の懐には、一選手を取材しようがしまいが、一定の給料が入る。その点を踏まえれば、取材に応じることは記者のためではなく、自分のためだと言えるだろう。

多くのボディビルダーは、雑誌から取材されるのをただ待っているが、私は常に自ら率先して動いていた。私自身のトレーニング法や、ボディビルや人生そのものに対する私の気持ちや考えを書き留め、複数の出版社に持ち込んでいた。それらが記事として採用されたり自分の写真が表紙に使われたりしたときでも、報酬がもらえるかは全く気にしていなかった。審査員をはじめ多くの人たちに私の名前や人となりが伝わり好感度が上がれば、ボディビルダーとして成功に近づくと考えていたからだ。

たしかにパブリシティを得れば、コールアウト〔訳注：審査員が見比べたい選手たちをステージに呼んで比較審査すること〕のとき注目されるようになるかもしれない。ただし、それは諸刃の剣でもある。もし大会前に雑誌にあまりに大きく取り上げられると、審査員や観衆が大会当日、キングコングのような超人がステージに登場するのではないかと期待してしまうのだ。よってボディビル雑誌での過度な露出は控えるよう注意したい。参考までに、ドリアン・イェーツがナイト・オブ・チャンピオンズに出てタイトルをとったとき、彼に対して何かを期待する者は皆無だった。同大会が行われるまで、ドリアンを取り上げるメディアは少なかったのである。彼は自らの肉体に語らせたが、実際にそれで十分だった。

見るという行為は決して単純ではない。もし自分本来の体が審査員にあまり知られていなければ、大勢の選手でひしめくステージでは、いくら優れた点があろうと簡単に見過ご

BOOK FOUR ボディビル競技

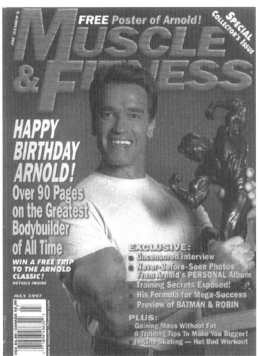 

されてしまうだろう。パブリシティには、自己の体が持つ特徴について審査員に事前に知ってもらう、という利点がある。審査員は必ずしも、たとえば優れた広背筋や見事な下腿三頭筋といったあなたの特徴をじっくり見極めていくわけではない。だが、自分の特徴をすでに審査員に知ってもらえていれば、まず自分の体が期待通りかどうかざっと見てもらえるはずだ。そしてその後、自分を基準に他選手が比較されることになる。

　ボディビルダーの中には、あまり努力しなくても、頻繁に取材を依頼される者もいるかもしれない。私は自らが経営するミュンヘンのジムでトレーニングしていたころ、ある雑誌からフォトストーリーの出演を依頼されたことがあった。吹雪の中ボディビルパンツ姿で街をめぐり、駅前でウィンドウショッピングする場面などを写真に収めるという。意図的な演出である点は言うまでもない。かつてハリウッドでよく使われていた過剰演出の広告に近いだろう。ただし、そのフォトストーリーは何百万人もの読者を持つ週刊誌『シュテルン』の企画で、私はボディビルをもっとメジャースポーツにしたいとの気持ちから依頼を快諾した。『シュテルン』のような雑誌に出るとなれば、極めて非日常的な行為も要求される。ボディビル雑誌のパブリシティとは、至って別物だと言えるだろう。

　ミスターユニバース参戦のためロンドンの地を踏んだときの私には、そのようにメディアから声が掛かることはなかった。体こそ大きかったが、まだ若く、知名度もわりと低かった。どこの馬の骨とも知れぬ一介のヨーロッパ人選手にすぎなかったのである。人々は私が労せずして注目を浴び、パブリシティを得たように思うかもしれない。しかし、私はメディアを引きつける才能に長けた選手を数多く見てきた。雑誌関係者をはじめ多くの人たちが話を聞きたがる、いわゆるメディアにとって**宣伝しがいのある**選手たちである。

フランコは決まってその代表格だったし、フランク・ゼーンも物静かで控えめな性格だったにも関わらず、引く手あまただった。ショーン・レイとフレックス・ウィラーの2人は、最も多く雑誌の表紙を飾ったボディビルダーではないだろうか。雑誌の表紙と言えば、マイク・マタラッツォも忘れてはならない。マイクは実績に関してはショーンやフレックスに見劣りしたが、ファンの間で極めて人気が高く、その人気に応えるべく雑誌の撮影に応じていた。またデニス・ニューマンは病との闘いを強いられる前は、スティーブ・リーブスの再来として名を馳せようとしていた。見事なバルクと重厚感を誇りながらもバランスが優れたハンサムなボディビルダーとして、である。雑誌編集者からしてみれば、まさに待望の選手と言えただろう。

パブリシティは、大会で優位に立つ効果的な手段でもあが、得た勝利を最大限に活かすという意味でなおさら重要だ。ミスターアメリカに君臨した者はかつて、翌年ボブ・ホフマン創刊の雑誌で毎回特集が組まれ、その中で人物像やトレーニングのノウハウなどが紹介されていた。そのおかげで、タイトル獲得者の名は人々の記憶に深く刻まれることになった。今日、アマチュアまたはプロの主要大会の勝者はおおむね、ジョー・ウイダー創刊の雑誌をはじめ、ボディビル関連のメディアから取材依頼を受けるはずだ。だが、すべての選手がそのような機会を活かそうと考えているわけではない。ヨーロッパのチャンピオンの中には、私が何とか頼み込んで初めて、アメリカまで来てインタビューや写真撮影に応じる者もいる。

たとえ大会の勝者**でなくとも**、パブリシティは重要だ。というのは、大会後もできるだけ人目を自らに引きつけておくほうが賢明だからである。要は、大会で得る賞金よりも、ゲストとしてポージングを披露したりセミナーでマイクを握ったりして稼ぐ報酬のほうが多いのだ。大会で2位や3位に終わり、優勝できるはずだったと悔やむ選手たちが、取材の現場に現れなかったり依頼を断ったりするのは、自分で自分の首を絞めているようなものである。たしかに、いくら重要とはいえ、パブリシティはボディビルの1つの要素にすぎない。パブリシティを獲得したからと言って、大会で優勝できるわけではないだろう。が、僅差の争いになったとき、役立つ可能性があるのだ。またプロとしての道を真剣に考えている選手にとって、パブリシティはセミナーやエキシビションの出演依頼や通信販売グッズの売上を増やし、キャリア形成を後押ししてくれる心強い味方でもある。

雑誌編集者が特集を組むにあたって、魅力的なボディビルダーを求めることを忘れてはならない。ゆえに能力があり、大会で好成績を収めたならば、依頼を自ら断らない限り、パブリシティを獲得できるはずだ。難しいのは、その後パブリシティに見合うだけの活躍を見せ続けられるか否かである。下手をすれば、パブリシティを得るより、そちらのほうがはるかに難しいだろう！

コネとPR

大会で成績が振るわず落ち込むボディビルダーの中には、どうせ「コネ」がないせいだ

ろう、と嘆く者がいる。審査員や大会関係者とコネを持つ特定の選手が審査で優遇され、本来の順位より上位にランクされたんだろう、と。そう思うのも無理はない。ボディビルダーである限り、評価されるのは自分自身——自らの身体(ボディ)——である。つまり、評価が低ければ、自我が受けるダメージは計り知れないのだ。それだけではない。大会に出場するため、何カ月も前から厳しいトレーニングや減量に励み、大会当日に緊張を強いられた直後である。最も感傷的になる瞬間だろう。しかし、それらの点を差し引いても、ボディビルダーとして成功するにはコネが必要、またはボディビル界では個々の親密な関係性がものをいう、との考え方はいささか好ましくない。ましてや、真実でもない。

コネの根源である権力とは、人間が集団として、個人や個人が属している組織の言動を統率するための術である。権力の介入がなければ、何事も前に進まないだろう。権力は私たち人間の生活につきものなのだ。審査員や大会関係者、団体管理者も、私たちと同じく人間である。いかなる大会といえど、何かしらのコネの要素がつきまとうことは避けられない。いかに大会関係者が真摯(しんし)で善良な人間であったとしても、だ。

大会で下位に沈んだ選手たちは自己弁護のために審査の不正を指摘する。私は選手だけではなくプロモーターとしても活動してきたが、そのような発言は根拠や妥当性に欠けると言える。たしかにボディビル界は清廉潔白とは言い切れない。だが、審査は極めて厳正に行われている。私がジム・ロリマーとともにオハイオ州コロンバスで立ち上げた一連の大会では、審査に間違いなく正当性があるとはっきり記しておきたい。また私がこれまで出場したり見たりしてきた中で、偶発的なトラブル以外、運営に問題があった大会など1つもない。ボディビルは他のスポーツとまったく同じだ。最も優れた者が勝つべきで、それ以外の要素が介入する余地はないのである。何より、その原則がいかなる場合も貫かれることを、我々1人ひとりが強く望まなければならない。

とはいうものの、ボディビル界では一部、コネが大きなウエイトを占めるとも言える。ただし、ここでのコネはあくまで、PR活動による親近感という意味だ。ボディビルにおける審査には主観的要素が含まれ、その過程は完全無欠というわけではない。そう、ボディビル史の中で有名な対決(セルジオ・オリバと私が繰り広げたポーズダウンなど)のほとんどは、わずか1〜2ポイントを争う僅差の勝負なのだ。優勝争いが接戦になったとき、審査員の選手に対する思いが、たとえそれが無意識であったとしても、最終結果に大きく響くだろう。優勝を争う者同士の実力があまりに拮抗して、客観性に厳格に基づき優劣を決めるのが極めて困難な場合など、なおさらだ。

審査員と良好な関係を保つことは、追加ポイントを獲得するための手段ではない。審査員1人ひとりに何かしらのマイナスイメージを与えてしまい、ポイントを失うことを避けるための方法である。いわば、獲得すべきポイントをもれなく確保するための手段なのだ。残念ながら審査員に対する態度のせいで自らキャリアに傷をつける選手は多い。せっかく受け取ったトロフィーをバックステージでほっぽり投げる選手や、ステージに出てきて公然と審査員をののしる選手まで存在する。私はかつて審査結果に激怒して、ステージで罵詈雑言(ばりぞうごん)を吐いた選手を見たことがある。その選手は1時間後に平静を取り戻し、理性を

失ったことを反省していた。そして、大会後には謝罪文を送り、汚名返上に奔走していた。それでも彼が次のミスターアメリカで優勝することはかなわなかった。私が思うに、先の行為が何かしら影響したのではないだろうか。それゆえ、選手はすべからく自らの気持ちをコントロールし、スポーツマンらしく振る舞うべきである。審査員を公然と批判する行為などもってのほかだ。ジョン・グリメックやスティーブ・リーブス、ビル・パール、レジ・パーク、ラリー・スコット、フランク・ゼーン、リー・ヘイニーといった紳士然たる選手を思い出してほしい。決してそのような行為はしなかったはずだ。

ピーク調整

　優れたボディビルダーは大会の出場に関して、百戦錬磨の将軍が軍事行動を展開するときのように、周到に戦略を立てる。まず自軍（己の肉体）の鍛錬と、準備に万全を期して戦いに挑むべく、適切な時期と舞台を選ぶ必要があるだろう。また、途中で軍勢が力尽きないように、攻撃と撤退のタイミングや弾薬（体力）の保管方法を見極めるなど、本番当日の戦術も整えなければならない。

　とはいえ多くの選手が、肉体を見事に鍛え、準備やポージングなどすべての要素を正しく理解しているにも関わらず、勝利まであと一歩のところでつまづいてしまう。なぜなら、戦略策定においてある重要な点を見過ごしているためだ。それは、大会当日に向けたピーク調整である。

　ボディビルの大会は、**その日の、そのステージで最も優れたボディビルダーが誰かを決める争い**である。今後最も優れた選手になりうるのは誰か、大会前後の期間を通じて最も優れた選手は誰か、を選ぶものでは決してない。たとえ大会の前日や翌日に抜群の仕上がりを見せたとしても、本番のまさにその日にピークを合わせられない限り、負け続けることになる。

　大会当日にピークを合わせるには、きめ細やかな調整と経験が求められる。どのような食事メニューを組み、どのようにトレーニングすれば、真に最高のコンディションで本番を迎えられるのか。自分に合った答えを、各自で見出さなければならない。ただし、全選手に共通するとても効果的なテクニックも存在する。私は1970年まで、仕上がりのピークが若干ずれた状態で――最高のコンディションになる一歩手前で――大会当日を迎えていた。本番の数日後に、ピークが来てしまうのである。しかし偶然にも、ピークをピンポイントで当日に合わせる方法を発見することになった。

　ロンドンで行われた1970年のNABBAミスターユニバースでも、私の仕上がりはピークから幾分ずれていた――理想とするディフィニションにはほど遠かった――が、他の出場選手よりかは優れていたため、タイトルを手にすることができた。翌日、私はミスターワールドに参戦するため、オハイオ州コロンバスに向かった。前年のミスターオリンピアでセルジオに敗れていた私はそのとき、彼に借りを返そうと心を燃やしていた。

　ロンドンでの戦いから一夜明け、コロンバスに着いた私の体は、カットが深く、重厚感

にあふれ、かつてないほど見事な仕上がりだった。はたして、なぜだろうか。理由を探るうち、あることに気がついた。私はほんの少し前に大会に出たことに加えて、その後のフォトセッションでもポージングを披露していた。それだけポージングを重ねたからこそ、大会前よりも優れた体に仕上がっていたのだ。すなわち、大会に出場することこそ、大会に**向けて**抜群のコンディションに仕上げるとっておきの方法なのだ。

　私はコロンバスで開催されたミスターワールドでセルジオに雪辱を果たし、翌週に控えるミスターオリンピアに向けて調整に入った。嫌になるほど減量に取り組み、立て続けに2つの大会に出て、ポージングをこれでもかと披露したあとのことである。体があまりに軽く、絞られすぎているように感じた。そのため私は小さなキャロットケーキを連日食べ、1日に4〜5回しっかりとした食事を摂り、トレーニング量をわずかに減らした。そしてミスターオリンピア当日、自分の肉体がNABBAミスターユニバース時とまったく変わらぬバルク、そしてミスターワールド時とまったく変わらぬディフィニションを備えていることに気づいたのである！

本ページからの「ビフォー＆アフター」の写真は大会の2〜3カ月前、それぞれ18日ほど隔てて撮影された。ビフォーの写真には、改善すべきウィークポイントが具体的に記されている。上の写真は上腕二頭筋のビフォー……。

……そして、アフター。

大腿四頭筋のビフォー……。

……そして、アフター。

上腕三頭筋のビフォー……。

……そして、アフター。

BOOK FOUR ボディビル競技

先の経験から、私は次のように考えた。大会の1週間後に仕上がりがこれほどよくなるのであれば、**大会のちょうど1週間前に合わせて調整してみてはどうだろうか**、と。そして本番1週間前の土曜日に、丸1日かけてこれでもかというほどポージングに励むのである。つまり大会に出場するときと同じように、あらゆるポーズを決めるわけだ。同様に翌日の日曜日は終日写真撮影にあて、さらに多くのポージングをこなす。月曜日から水曜日にかけてはしっかりトレーニングしたうえで（各部位最低15セット行ったうえで）、十分な食事を摂り（ただし食べすぎない程度に）、木曜日と金曜日はポージングトレーニングをするにとどめ、基本的に体を休めるのである。

　今日の若い選手たちの調整方法は一般に、私のそれとは大分異なる。大会の1～2日前まで（最悪な場合は大会当日の土曜日の朝まで）食事制限を続け、直前になって大量の炭水化物を胃に詰め込む（カーボアップする）のである。私の経験からすると、この調整方法ではよい結果は望めない。その理由の1つに、筋量は筋組織の量だけではなく、筋肉に貯蔵されているグリコーゲンの量にも依存することが挙げられる（BOOK5参照）。要は、グリコーゲンが枯渇すると筋肉が縮んでしまうのだ。なおグリコーゲンを一旦使い果たすと、再び目一杯貯蔵するまで最低でも丸3日（多少個人差があるため場合によってはそれ以上！）かかる。したがって大会直前まで厳しい食事制限を続けると、グリコーゲンの量を回復させる時間があまりに少ないことになる。さらに過度の炭水化物摂取は、血糖値の急上昇を招くため、体が必要以上に水分排出を抑えようとする。その結果、大会当日に筋肉がしぼみ、むくんでしまったと嘆くボディビルダーが続出することになるのだ。これは、1つの説明にすぎないかもしれない。しかし、私の経験則による調整方法がなぜ有効なのか裏打ちする説明でもあるだろう。

　重要な大会の本番直前に新しいことを試す行為は命取りになる危険性がある。何カ月も前から大会に向けて自分を追い込み、準備を進め、ようやく本番を明日に控えるとなれば、あと必要なものは我慢だけだ。しかし、これを兼ね備える選手が非常に少ない。多くの選手が我慢できずに余計なことに手を出し、大惨事を招いてしまうのだ。そのような失敗は、経験豊富な選手においても見受けられる。1981年のミスターオリンピアでは、ある選手がタンニングの効果を上げようと「増感剤」を含む特殊な液体を体に塗ったところ、熱傷を負い、皮膚がただれてしまった。また別の選手は、15年もの大会出場歴を誇るにもかかわらず、今まで使ったことのない利尿剤をいきなり試し、予選審査でひどいけいれんに見舞われることになった。

　定石を外さないことが大切ではないだろうか。特別なことをすればするほど、本番で失敗する確率が高まり、不本意な結果を招きかねない。セルジオなどは大会当日ボディビルパンツの上に服を着て、会場入りしていた。服を脱ぎ、オイルを塗りさえすれば、ステージに出られる状態で、である。彼が他に持参するものと言えば、控室でパンプアップするときに着る、白いブッチャーコート〔訳注：かつて畜産業者が作業時に着ていた丈の長い上着〕ぐらいだった。

　もちろん、もう少し準備に手間をかけるほうがしっくりくる選手もいるだろう。フラン

ク・ゼーンがそのよい例で、彼は常に1つひとつのポイントを入念にチェックしていた。自分の更衣スペースが十分広く、快適かどうかまで確認するほどである。それこそパンプアップとオイル塗りのサポートメンバーをはじめ、すべてを完璧にそろえて会場入りしていた。そのサポートメンバーは妻のクリスティーンが務めることが多く、彼女は夫の競技生活を最後まで献身的に支えていた。とりわけ1979年ミスターオリンピアでのフランクは、いつにも増して準備に余念がなかった。会場の外に自身のトレーラーを用意し、そこで完全に人目を避けてパンプアップに集中したのである。その秘策には、ライバルたちを動揺させる効果もあった。なお私もフランクと同じように、会場の別室にダンベルを用意して、そこで秘密裏にパンプアップしたことがある。

水分補給

ボディビルダーにとってもう1つの懸念材料が、水分である。皮下に水分がたまると、ディフィニションが薄れてしまうからだ。そのような事態を避けるため、多くの選手は大会が数日後に迫ると（場合によっては数週間後に迫った時点で）水分補給を極度に控えるようになる。また、ナトリウムも同時にカットする〔訳注：ナトリウムはむくみの原因である細胞外液に多く含まれる。体内のナトリウム量が減ると、ナトリウム濃度を一定に保つため細胞外の水分が細胞内に移動し、細胞外液が減少する〕。代わりに、カリウムを大量に体内に取り込む〔訳注：カリウムは細胞内液に多く含まれる。体内のカリウム量が増えると、カリウム濃度を一定に保つため細胞外の水分が細胞内に移動し、細胞外液が減少する。またカリウムは筋収縮にも関わる〕。そして、利尿剤を服用するのだ。

この調整方法で問題となるのは、筋肉の75％以上が水でできているため、むやみに体内から水分を取り除くと筋肉が小さくなり、重厚感に乏しくなってしまう点だ。また摂取量が十分でないことを体が感知し、今ある水分をなるべくとどめようとするため、逆に体内水分量が最も維持されやすい状態になる。すると、普段水分とともに除去されるナトリウムの排出も抑えられ、体内に水分をとどめる傾向に一層拍車がかかるのだ。なおナトリウムを過剰にカットすると、体内の電解質のバランスが崩れ、筋肉にけいれんを引き起こす可能性が生じる。とりわけそのようなときにカリウムを大量に摂取すると、胃のむかつきやそれ以上に深刻な症状をもたらす恐れがある。そのうえ利尿剤を服用するとなれば、多くの水分が失われるため、ひどい脱水症状を引き起こすことになるだろう。

そのような状態を防ぐためには、どうすればよいだろうか？　まず、いつも通りナトリウムを摂ることだ。食事に塩を振る必要はないが、過剰にナトリウムを避ける必要もない。次に、大会本番にあたる土曜日の前夜、すなわち金曜日の夜を迎えるまで水分を十分に補給する。余分な水分は不要なナトリウムとともに、体が自然に排出してくれるだろう。そして、金曜日の夜になったら、水分の摂取量を半分に減らす。体が水分摂取量の低下を感知するまでには、ある程度の時間を要する。したがって、そのまま水分摂取量を半分に抑えていれば、摂取量よりはるかに多くの水分が排出されることになる。翌日の土曜日は、朝から予備審査が始まるまでの間、脱水症状をきたさないように通常の半分を目安に水分

補給を継続する。この普段の2分の1に抑えた水分補給に、適切なカーボアップを組み合わせれば（炭水化物をグリコーゲンとして筋肉内に貯蔵するとき、水分も一緒に細胞内に引き込んでくれる）むくみがまったくない肉体でステージに上がれるはずだ。

　試すのが怖い、という声もあるかもしれない。だが、今日のボディビル大会の様子を思い出してほしい。予選審査の間は、係員がバックステージで水分補給用のボトルを携えて待機している。そして、出場選手たちは頻繁にステージ後方に下がり、1リットル単位で水分を補給している。人体には予選審査が始まったことをそれとなく感知し、水分調整のシステムを変える特殊機能が備わっている、と考えて選手たちは本番中に水を飲んでいるわけではないはずだ。だとすれば、予選審査が始まる**前に**、水を飲んでも同じではないだろうか？　直前まで我慢して、ステージに出るなり審査員や観衆の眼前で水を飲み始める意味はどこにあるのだろうか？　予選審査中の水分補給が問題ないならば、審査前の水分補給も問題ない。よって、水分をカットしようとするのではなく、皮下の水分コントロールに重点を置くべきだ。そうすれば、体調不良やけいれんのリスクを抑えつつ、よりカットが深く、より重厚感がある肉体でステージに上がれるだろう。

　なお、低ナトリウム水は構わないが、蒸留水での水分補給はやめたほうがよい。蒸留水はバッテリーや葉巻容器には適しているが、人体に必要なミネラルが含まれていないため、水分補給には向かないのだ。特にこれから大会特有のストレスにさらされることを考えれば、なおさらである。

大会当日

　ボディビルダーであれば、誰しも大会当日に予期せぬ事態が起こることなど望まない。ほんの些細なことであっても、選手にとっては一大事である。たとえば、照明。ステージのライトの当たり具合はどうだろうか？　大会プロデューサーを務める私の認識では、ステージには明るい場所もあれば、暗い場所もある。したがって、ステージのライトの当たり具合を事前にチェックしておけば、本番で役に立つだろう。ステージのどの場所に立って、どの場所に立つべきではないか判断できるからだ。また、ライトが当たる角度も重要である。ライトが急な角度で当たる場合、ポージングで上体を傾けすぎないよう十分注意しなければならない。さもなければ、巨大な影を全身にまとうだけだ。またオリジナルのポージングルーティンのときは、照明が**暗い**場所を頭に入れながらパフォーマンスすべきである。ステージ奥のひな段から颯爽と降り立ち、客席近くまで進み出たはいいものの、照明が暗い場所や照明から外れた位置でパフォーマンスしている選手を何人も見たことがある。それでは審査員席から体がはっきり見えないし、カメラマンも写真を撮ることができない。

　審査員に対して何ができるのかも知る必要があるだろう。大会にいくつか出てみれば、審査員によって高く評価するポイントが違うことがわかるようになる。バルクを重視する審査員もいれば、ディフィニションやシンメトリーに高得点を与える審査員もいる。大会

に出場するにあたり、自分の肉体を、より優れた肉体に交換することはできない。だが、審査員たちの好みを把握していれば、ポージングルーティンの内容を多少アレンジすることはできる。

司会者にあらかじめ自己紹介しておくのも効果的だろう。自分の特徴を一通り知ってもらえれば、本番の選手紹介で自分のことをうまくアピールしてくれるはずだ。私は大会で司会を務めるとき、選

タオルプルで広背筋を鍛える。

手から特定の情報を盛り込んでほしいとの要望があれば、常にそのリクエストに応じるようにしていた。選手紹介の内容次第で、審査員や観客の選手に対するイメージも変わるのである。

大会当日の1日の流れも正確に把握しておくべきだ。私の場合、当日の朝はおおむねねしっかりと朝食——卵、ジャガイモ、カッテージチーズ、オレンジジュース——を摂っていた。ただし、食べ過ぎない程度に、である。予選審査は一般に午後1時ごろからスタートするため、私は午前中に散歩して、来たる本番に向けて気持ちを整えていた。だが予選審査の前、たとえば午前9時などもっと早い時間帯に会場入りする必要があれば、起床時刻もかなり早めたほうがよいだろう。おそらく、午前5時ぐらいだろうか。そして早めに朝食を摂れば、体が目覚めるのに必要な時間を確保できる。

振り返れば、朝食から審査開始までの時間の使い方が上手な選手もいた。適当な場所を見つけて横になり、太陽の光を浴びていた選手などがよい例だろう（大会会場がホテルなら屋外プールでおおむねそのようなことができる）。そうすればバスキュラリティが向上し、肌の余分な水分を取り除くことが可能だ。ただし日焼けで汗をかいたときは、体液のめぐりをよくするための水分補給が欠かせない。でなければ脱水症状を引き起こし、体が余分な水分をため込んでしまう。

大会当日は、ネガティブな考えや気持ちに支配されないよう気をつけるべきである。映画『パンピング・アイアン』ではIFBBミスターユニバースの様子が収められているが、その中でマイク・カッツは予選審査の数時間前、負けたらどうしようと語っている。すべ

てがうまくいかないと不満をこぼし、ある選手に対しては出場する資格がないと非難する始末だった。マイクはアメリカンフットボールの元プロ選手で、現役を通して優れたアスリートだった。だからこそ余計に、ネガティブな思考がどれほど勝敗に悪影響を及ぼし、その言葉通りのネガティブな結果を導くかを再認識すべきだったと言えよう。

　私は現役時代、今日の大半の選手とは異なる方法で本番までの時間を過ごしていた。現在はすっかり薄れてしまったが、当時は出場選手たちの間に仲間意識が存在した。ザボ・コシェフスキーやフランコ・コロンブ、エディ・ジュリアーニといった当時ボディビル界で名の知れた面々とニューヨークのホテルで隣同士の部屋をとったことを今でも覚えている。各部屋の随所にプロテインパウダーが置かれ、枕元には肝機能改善薬が転がり、シーツとタオルのそこら中にカラーリング剤 Tan-in-a-Minute が付着していた。それこそ和気あいあいとした雰囲気だった。互いにカラーリング剤を塗り合い、一緒に食事に出掛け、同じタクシーで会場に向かったものである。今日のように更衣スペースにこもり、人目を忍んで何かをするような雰囲気に比べれば、はるかに打ち解けた雰囲気だった。選手同士の関係が変わってしまった背景には、昔と比べ桁違いの額の金銭が絡むようになった事実がある。加えて、かつての私たちのように互いを思いやる気持ちが選手の中で希薄になってしまったのもたしかだろう。

　本番前のパンプアップも戦略上、重要なポイントである。私が身につけたパンプアップ方法は、イギリス人の旧友ワグ・ベネットから教わったもので、先人たちの間でもよく行われていたそうだ。具体的には、大会前日にウィークポイント1箇所につき1セットのワークアウトを1時間ごとに行う、というものである。なお、それを最低14時間は続ける。ただし、複数のセットをこなすと筋肉が過度に疲弊し、エネルギーを消耗してしまうので、セット数はあくまで1セットにとどめる。この方法でパンプアップすると、うまくいけば大会当日の筋サイズが0.5〜1インチ（1.27〜2.54cm）アップする。おそらく、ターゲット部位にグリコーゲンが引き込まれるか、筋肉への血流が増すためだろう。たしかに不透明な面もあるが、私には効果があった。事実、1967年にロンドンで行われたNABBAミスターユニバースにおいて、私の下腿三頭筋は本番前の24時間で17.5インチ（44.5cm）から優に18インチ（45.7cm）を超えるまでに肥大した。

　前日にパンプアップしておくと、ありがたいことに本番の合間にその部位を過度にパンプアップする必要がない。私の経験上、度を過ぎたパンプアップはディフィニションの低下を招く恐れがある。もちろん、各自の体のタイプによってその度合いは異なる。それでも、元々立体感にひどく欠ける選手がパンプアップしすぎると、観客席からは体がむくんで見えるほどディフィニションが低下してしまう。だからこそ、なおさら減量に励んでから大会に臨む必要がある。早期に体重を落とし、一定期間その体重をキープするようにするのだ。一定水準の体重を長く維持するほど、筋肉の質感が全面的にアップし、仕上がりがよくなる。大会前の1週間かそこらで5ポンド（2.27kg）落とした場合、肉体にハリやカットを出すことは不可能だ。いかにパンプアップに励んだとしても無理だろう。

　結局のところ、大会によっては45分間もしくはそれ以上長くステージに立ち続ける可能

性がある。いずれにせよ、バックステージでどれほどパンプアップしても、その状態をステージにいる間中ずっと保つことはできないのだ。よって、パンプアップが効果的であるにせよ、やり過ぎは禁物である。たとえば、セルジオ・オリバは本番前にみっちり2時間使って、とてつもないペースでパンプアップのためのワークアウトをすることで知られていた。その内容はなんと、ジムでの一般的なワークアウトメニューよりハードなほどだった！　しかし、筋肉中のグリコーゲンが枯渇するため筋量が減り、余分な疲労も生じるため、逆効果であることは明らかだった。とはいえ、セルジオと優勝を争う私は、あえてその事実を彼に伝えようとはしなかった。たとえセルジオが聞く耳を持っていたとしてもだ！

　私の場合、予選審査の30分前からストレッチやポージングなど本番前のルーティンに取り掛かっていた。まずそのルーティンを何度か繰り返す。次に、弱点だと思われる部位——たとえば胸筋に比べて確実に見劣りする肩の筋肉など——に限ってパンプアップしたり、広背筋をターゲットに1セットこなしたりする。なお1セット行ったあとは、再びポージングの練習を挟んでから、次のセットに移行していた。疲れすぎないようにするためである。いずれにせよ、予選審査は午後1時に始まり、午後3時まで続く。直前にバックステージでさっとパンプアップしたとしても、パンプアップした状態が最後まで持つわけではないだろう。ちなみに本番が始まれば、大腿四頭筋のパンプアップは絶対避けるべきだ。大腿部のディフィニションが完全に損なわれ、収縮させたときに狙い通りの効果が得られないためである。

　以上の内容はパンプアップというよりも、むしろウォーミングアップに近いかもしれない。事実、私は体が温まり汗が出始めるまで、トレーニングウェアを着たまま行っていた。体が温まって初めて上のウェアを脱ぎ、Tシャツ姿になるのである。その後はおおむね下のウェア、Tシャツと順に脱ぎ、時間に余裕を持ってボディビルパンツだけの格好になって、オイルを塗りいざステージに出る、という要領だった。

　つまり、本番前最後にやることと言えば、少量のオイルを体に塗ることである。あとは各ラウンドの開始前に適宜パンプアップを再度軽く行い、オイルを塗り直すだけだった。改めて述べるが、バックステージでの準備は、あくまでパンプアップした状態を一定時間保つことが目的だ。ここぞとばかりに力を入れて取り組むべき類のものではない。よって、自分に適したペースで行うべきである。重厚感を演出できる程度に筋肉を何度か収縮させておき、あとはベストの状態を維持するために、パンプアップのセットを必要に応じて追加すればよいのだ。

　予選審査の間ずっとステージにいると、著しく体力を消耗する。したがって、ポーズを決めるたびに「バキバキの」筋肉を披露していくには、それ相応の栄養素を審査の合間に摂取しなければならない。まず脱水症状を避けるため、水分を摂るべきだろう。またフランコと私は大抵、大会当日は手作りの低糖キャロットケーキを食べて、炭水化物によるエネルギーを補給していた。選手の中には、ワインを口にする者もいる（さらにアルコール度数の高い蒸留酒を飲む選手もいるが、体力と思考能力を維持したいのであれば控えたほ

BOOK FOUR

ボディビル競技

うが無難である)。自分には何が適しているのか、キャリアが浅いうちに入門レベルの大会でいろいろ試してみるとよい。ただし主要な大会に関しては、バックステージで突飛な新戦術に打って出るのは絶対避けるべきだ。主要な大会に出場するような実力レベルで、バックステージで新しいことを試すのは非常に危険である。そのような行為は十中八九、緊張や不安の裏返しでしかない。

　私は予選審査の間、他の選手の動向にほとんど目を向けなかった。自分がやろうとしていることに集中し、周りの選手の存在などあまり気に留めなかった。ライバルを意識するのは、ポーズダウンが始まってからである。

　予選審査の終了から決勝審査の開始までの時間は、ぶらぶら歩いて過ごすことが多かった。歩きながら少し食べ物をつまんだり、予選審査で良かった点と悪かった点を振り返ったり、決勝審査ではどうパフォーマンスすべきか考えたり。その他、予選審査を見た人たちに私に対する率直な評価を尋ねることもあったし、決勝に進んだ選手の中で一番手ごわい相手は誰か、さほどでもない相手は誰か分析したうえで、ポーズダウンで有効な戦術について考察することもあった。いずれにせよ、ステージだろうとバックステージだろうと、私は常に勝者然たる態度を心掛けていた。ナイトショーという機会を楽しみ、観衆の前でパフォーマンスする喜びを噛みしめていた。

　たしかに、大会ならではのプレッシャーの中、やるべきことを一から十まで常時頭に入れておくのは難しいだろう。どれほど経験豊かな選手であろうと、コーチのような役回りの者が会場にいると心強いはずだ。その意味で、フランコと私はたがいにとってコーチでもあった。オーストラリアで行われた1980年のミスターオリンピアでは、フランコが現地

エネルギーを維持するため予選審査の合間にピザを口にするフランコ

まで来て私の優勝をサポートし、オハイオ州コロンバスで開催された翌1981年の同大会では、今度は私がフランコのサポート役に回り、戦術面でアドバイスするなど勝負に専念できる環境を整え、彼の優勝に貢献した。もちろん、すべての選手がミスターオリンピア優勝経験者に大会当日のコーチ役を頼めるわけではない。だが、当日に会場まで来て、自分の勝利を後押ししてくれる友人やトレーニングパートナーを見つけることはできるだろう。

　最後に、私はいつも日誌を手元に置いて自分が行ったことをもらさず記録し、大会までの心理や当日の感想なども書き留めていた。けいれんを起こしてしまったのはなぜか？あのポーズが他のポーズより観衆の受けがよかったのはなぜか？　要は、次の大会でより優れた自分を見せられる要素であれば、一つ残らず日誌に残していたのである。フランコやフランク・ゼーンも同じことをしていた。また、他にも多くのボディビルダーたちが日誌をつけている。結局、その場限りの出来事や感情というのは大抵、記憶から失われてゆくものだ。もしチャンピオンを目指すのであれば、目標に向けてあらゆる要素を活用すべきだろう。

大会ではすべての要素に気を配らなくてはならない。1981年ミスターオリンピアで私はフランコに対し、ライトが頭上に位置するため上体を過度に傾けると余計な影ができると注意した。

心理戦

　いかなるスポーツの大会であっても、必ず心理的要素が存在する。特にトップレベルの大会でパフォーマンスするとなれば、ずば抜けた自信と集中力が求められるだろう。そのいずれかを揺るがす要素は何であれ、勝利を目指す者にとって大きな脅威となる。

　相手に精神的動揺を与えたり、巧妙な心理戦を仕掛けたりするのは、どのスポーツにおいてもよく見られる光景だ。たとえば、1960年代に行われたボクシングタイトルマッチの一戦に際して、モハメド・アリはヒステリックに叫びながら計量会場に姿を現した。完全に正気を失った様子で、当時ヘビー級王者だったソニー・リストンに揺さぶりをかけたのだ。また、競泳レースにおいてスタートの号砲が鳴る直前、にわかに自らの水着をわざと見るスイマーもいる。すると、ライバルの1〜2人がつられて自分の水着もきちんと着用されているか確認するため視線を落とすという。その瞬間、号砲が響くというわけだ。つられた選手は集中力が削がれ、ほんのわずかにスタートが遅れるはめになる。

　このような行為は決して不正行為ではない。不正行為とは、あくまでルールに違反する行為である。したがって、相手選手の精神的な弱さにつけこむ行為は不正行為にあたらない。その点を踏まえれば、チャンピオンを名乗らんとする者は例外なく、自らの競技パフォーマンスに加え、心理コントロールにおいても並外れた能力を備えているべきだろう。その努力を怠るのであれば、たとえ相手の揺さぶりで調子を狂わされたとしても、文句を言うのは筋違いである。

　選手が心理的動揺を見せた事例のうち最も有名なものの1つに、南アフリカで行われた1975年IFBBミスターユニバースでの出来事がある（映画『パンピング・アイアン』に収録）。ケン・ウォーラーが優勝することになるのだが、そのケンが大会中、単なるいたずらとしてマイク・カッツのTシャツをどこかに持っていってしまったのだ。Tシャツが見当たらないからといって競技ができなくなるわけではないが、マイクにとってはプレッシャーに押しつぶされそうな状況の中で対応すべきことが1つ増えたわけである。映画ではマイクが振り回される様子が大げさに描かれているが、余分な時間と集中力をTシャツ探しに費やすことになったのはたしかだろう。このようなトップレベルでの争いにおいて、無駄に費やせるものなど1つもないにも関わらず。

　実は私も大会で前述のいたずらと似たような戦術を使ったことがある。それは1980年ミスターオリンピアのステージでのこと。私は隣に立つフランク・ゼーンに対してジョークを飛ばしにかかったのだ。彼はすぐに笑い転げ、ポーズをとるどころではなくなってしまった。また別の大会では、セルジュ・ヌブレに対してちょっかいを出した。体が小さすぎるから階級を下げたほうがよい、というある審査員のセルジュ評を繰り返し彼本人に伝えたのである。「そう評価されるのを恐れていたんだ」と彼は答えた。それ以降セルジュはそのことで頭がいっぱいになり、自分の体がどう見えるか私に尋ね続けた。さらに自らの体が小さすぎるとの考えから特定のポーズを敬遠し、ポージング中、明らかに集中力を

和やかな様相の心理戦：1980年ミスターオリンピアの一コマ。私がフランク・ゼーンに顔を寄せ冗談を言う……。

……そして、案の定、フランクは大笑いして次のポーズへの集中力を失う。

BOOK FOUR

ボディビル競技

欠くようになった。セルジュと私のように、選手同士の実力が僅差の場合、心理的要素が勝敗に大きく影響するのである。

　フランコは見えすいた方法で、大会の前にライバルたちに揺さぶりをかけていた。ワールドジムで汗を流しているライバルがいれば、誰かに電話で知らせてもらうようあらかじめ手配しておくのだ。そして電話を受けるとすぐにジムに向かい、ウォーミングアップでワークアウトを数セットこなしてからトレーニングウェアを脱ぎ、ハーフパンツ姿でジム内を走り回るのである。一般に、大会に向けて調整に励むボディビルダーは、自分の体を他者に見られるのを嫌う。だが、フランコは大会のことなど一切気にしていないように振る舞い、自らの仕上がりがいかに順調かライバルに得意げに見せつけていた。この突拍子もない真似を受け、クリス・ディッカーソンがジムから退散するのを私は見たことがある。クリスはフランコに順調な仕上がり具合を見せつけられたうえ、トレーニングウェアを脱いでみろと挑発されたのだ。このように大会まで日数があっても、心理戦の火蓋はいつ切られてもおかしくないのである。

　1981年のミスターオリンピアでは、フランコはなるべく多くの取材を受けるよう努めていた。事実、イタリアのテレビ局が現地まで来てカメラを回し、他にも多くのカメラマンがあらゆるショットを求めて彼にレンズを向けていた。それは、あたかもフランコがすでに優勝したかのような雰囲気で、他の選手はまるで負けたかのような気分を味わったことだろう。何を隠そう、私自身もフランコと同じ手を使っていた。ステージでの写真撮影時、カメラマンに**私**の撮影に多く時間を割いてもらい、メディアの視線を私が一身に集めていると周りの選手に思わせていたのである。次の選手がステージに出てポーズをとろうとすると、カメラマンが一斉にいなくなるわけだ。私はカメラマンにバックステージまでついてきてもらい、ポージングの様子を写真に収め、他の選手そっちのけで自分の体を褒めそやしてもらうよう依頼していた。私以外の選手は唖然としてこう思ったはずだ。「俺は一体何なんだ、ただの噛ませ犬か？」と。

　このような揺さぶりをかけられて平気な選手など、まずいないだろう。事実、私も心理戦を仕掛けるばかりではなく、動揺させられる側でもあった。たとえば1969年、私はセルジオ・オリバの罠にまんまとはまり、心理戦とはいかなるものかを学んだ。その大会の本番前、セルジオは始終、私の周りをうろついていた。丈の長いブッチャーコートを羽織り、肩をすぼめて、いかにもほっそりした印象を与えながら、である。その様子を見て、さほど大きくない背部だな、と思ったのを私は今でも覚えている。その後、彼は部屋の隅に行き、オイルを塗り始めた。それでもなお、彼の体に目を引きつけられることはなかった。が、次の瞬間、私は虚を突かれる。セルジオはステージに向かう途中、ちょうど照明が当たる場所で足を止め、私にこう言った。「これを見ろよ！」彼の広背筋が広がっていく。誓ってもいいが、それはかつて見たこともないほどの迫力だった。どうだ、敵わないだろ、セルジオは背中で語っていた。図星だった。私はすっかり打ちのめされていた。たまらずフランコに目をやると、彼は照明のせいにしようとした。が、そうではないことは明らかだった。

ステージにいる間、セルジオは私のことを何度も「ベイビー」と呼んだ。彼は完全に舞台を支配し、楽しんでいた。「よぉ、ベイビー、すごいポーズを見せてやるぜ」といった調子で。私には勝ち目がなかったと言えるだろう。だが、ここで留意したいのは、セルジオの肉体が真にすばらしいからこそ、そのような芸当ができたという点だ。それほどでもない選手に同じようなことをされていたら、私はその選手を笑い者にしていただろう。

　そう、肉体こそ相手を動揺させる一番強力な武器なのだ。一言で言えば格の違い、つまり圧倒的な肉体を持ち、見せ方もわかっていることが最も効果的なのである。ちなみに、ステージで長くパフォーマンスするほどよいと勘違いしている選手が多く見受けられる。長時間のパフォーマンスは観衆が退屈しやすくリスクが高い。「最後まで楽しませる」というショービジネスの鉄則を思い出してほしい。私は会場を思い切り盛り上げてから、舞台袖に下がるようにしていた。そうすれば必ずアンコールを求められ、ステージに戻ることになる。かくして、審査員の心もわしづかみすることができるわけだ。

　心理戦は露骨に容赦なく展開されることもあるが、ひっそりと進められることもある。1979年のミスターオリンピアでの出来事を紹介したい。計量に際して、最初に服を脱いで肉体をさらすのを避けようと、全選手がたがいに牽制しながらあたりをうろついていた。その中で、フランク・ゼーンが誰にも気づかれないまま、ひそかにトレーニングウェアを脱ぎ、計量を終えて姿を消す、なんてことがあった。ちなみに、誰かが水面下で手配したのか、空港近くの宿泊施設の広告には「ミスターオリンピア、フランク・ゼーン選手」との文句が大々的に掲げられていた。空港に着いた選手たちは、その看板を見て明らかに心理的打撃を受けたはずだ。

　もし、性格上そのような心理戦を仕掛けることに抵抗を覚えるのであれば、いつか自分が標的にされることを念頭に置いておこう。心の準備さえしておけば、前述したような揺さぶりにも、動揺したり平常心を失ったりすることなく対応できるはずだ。

ボディビル界のために

　ここまでは、ステージに立っているときとそうでないときを含め、ボディビルダーとして自分のために行うべきことについて述べてきた。少し例を挙げれば、ポーズのとり方や服装の選び方、立ち振る舞い方、適切なパブリシティの獲得方法など、である。この節では、今日あまりに多くの選手が看過している点について言葉を連ねたい。ボディビルダーとしてボディビル界のために行うべきこと、についてである。

　ボディビル界に入ったころ、私はジョン・グリメックやレジ・パーク、ビル・パールといったチャンピオンたちに憧れていた。いずれの選手も見事な肉体だけではなく、優れた人間性も兼ね備えていたからだ。要は、人間として尊敬できたのである。上記の3人をはじめスティーブ・リーブスやラリー・スコットといったボディビルダーたちは、ボディビルというスポーツを代表する立派な人物と言えるだろう。そのような選手たちの容姿や身なり、言葉遣い、立ち振る舞いは、ボディビル界全体にとって最良の見本である。

ボディビルから何かを得るばかりではなく、ボディビルに何かを還元する。私はずっとそのように心掛け、他の選手たちにもそうすべきであると説いてきた。あるレベルに達すれば、自分の行動すべてがボディビルダー全般の行動として見られるようになる。その時点で、もう自分のためだけに体を鍛える一介のボディビルダーとは言えないはずだ。むしろ自らの言動によって、ボディビル人気が高まることもあれば、イメージを損ねることもある立場と言えよう。インナーシティゲームのプロモーションのためアトランタに行くと、市長から招待を受けた有名プロスポーツ選手の中に決まってリー・ヘイニーの姿がある。それは、リーが現役引退後も大変積極的に市民行事に参加し続けているからだ。国民的スターのアメリカンフットボール選手やバスケットボール選手をはじめ、オリンピック選手などさまざまな競技の顔とも言える選手たちに混じり、リーの姿があるというのはボディビル界にとって何と誇らしいことだろうか。

　タイトルホルダーともなれば、世間一般のボディビルに対する認識だけではなく、ボディビル界の将来にも大きな影響力を持つ。審査員や関係者として大会に尽力したり、雑誌に記事を寄稿したりするからだ。もしくは、私のようにプロモーターとして種々のボディビルイベントを立ち上げ、経験を活かして運営・雰囲気ともに最高の大会を企画しようとするかもしれない。いずれにせよ、自分が大きな影響力を持つことを忘れてはならない。

　私は妻マリアの親族から、次のような言葉を贈られたことがある。ボディビルから何かを得ることばかり考えるのではなく、時に立ち止まって、ボディビルのために自分は何ができるのか考えなさい。そして実際に行動に移せば、次世代を担う数多くの若きボディビルダーたちの未来が拓け、後進から大いに感謝されるでしょう。

BOOK FIVE

Health, Nutrition, and Diet

健康・栄養・食事

CHAPTER 1
栄養と食事

　ワークアウトは、筋発達を促すための刺激である。その刺激を無駄にせず、最大限の効果を得るためには、筋肉の成長に必要なエネルギーと栄養素を摂取しなければならない。それらを筋肉に送り届けることが、**栄養を摂る目的**である。

　栄養について学ぶということは、よく絞られてカットの出た、たくましい肉体を維持するにはどうすればよいか学ぶことでもある。ワークアウトの効果を最大化するには、どのような食事を、どれくらい食べればよいのか。主な栄養素にはどのようなものがあり、それぞれどれくらい摂取すればよいのか。それらの答えを知ることにほかならない。また、タンパク質やビタミン、ミネラルなど各種サプリメントも関わってくる。栄養には体を大きく強くするだけではなく、免疫機能をサポートする力もあるため、風邪などでトレーニング期間に穴をあけることもなくなるだろう。つまり、質の高い栄養を摂れば、高強度ワークアウト後の回復力アップから、肌質の向上や肝臓や他の臓器の機能改善まで、あらゆる効果が期待できるというわけだ。

　以上の理由から、**ボディビルダーにとって栄養の基本原則は、トレーニングの基本原則と同じくらい重要である。**栄養はワークアウト同様、力強く健康的で、ほれぼれするような肉体を作り上げるために不可欠な要素なのだ。トレーニングをすれば、体は栄養素を必要とする。であれば、適切な栄養素を適切な量補給することが、理想的な結果を生み出す大きなカギと言えるだろう。

　私はアーノルドクラシックで例年、ステージから下りてきた選手たちにインタビューする。その際、私はよくこう尋ねる。「この日に合わせて、こんなにすばらしい体に仕上げることができた最大の要因は何だい？」。この質問に対して、ショーン・レイやナッサー・エル・サンバティ、フレックス・ウィラーなどのチャンピオンたちからは（ミスインターナショナルやフィットネス大会の優勝者たちからも）、次のような答えは返ってこない。ベンチプレスの重量を上げた、トレーニングの休息日を増やした、アイソレーション種目に重点を置いた、など。そのような類の答えではなく、ほとんどの場合（とりわけ近年は）、より栄養価の高い食事を摂った、より多くのサプリメントを活用した、といったコメントが返ってくるのだ。もしくは、食事メニューを見直したことで、筋肉量が増え、体脂肪が減り、本番直前まで目一杯トレーニングすることができた、と。

　私が思うに、栄養やサプリメントに対するアプローチの進歩が、近年のボディビル界で若くして活躍する選手が非常に増えている理由ではないだろうか。トレーニングのクオリティも年々上がっているが、昔と比べて飛躍的に進化しているわけではない。栄養に関する知識の向上こそ、キャリアの浅い選手が大会に数多く出場するようになった理由だろう。もちろん、一生懸命トレーニングに打ち込まなければ、いくら質の高い栄養を摂った

ところで大会で勝てるわけではない。とはいえ、ハードなトレーニングと強靭なメンタルに加え、栄養面の卓越した知識と実践が、ボディビルで成否を決する重大なポイントになるのだ。その昔、ボディビルダーたちは自らの経験と勘に頼って、食事メニューを決め、栄養を摂っていた。ゆえに選手たちの肉体は当初、バルクはあるものの、さほどカットが深くなかった。その後は、ハロルド・プールや故ビンス・ジロンダなど抜群のディフィニションを誇る選手たちが活躍し始めるが、一転してバルクに欠けるようになる。バルクを維持しつつ、しっかり絞られた筋肉を作り上げることは難しく、その方法がまだ確立されていなかったのだ。

私自身、キャリア初期のころはよく食べ、筋肉量を飛躍的に増加させていた。だがやがて、単にバルクを追い求めるだけでは、自身が理想とするレベルに到達しないと感じるようになった。そこで、カリフォルニアへの転居とほぼ時を同じくして、食事と栄養について真剣に学び始めた。サイズ、輪郭、シンメトリーの**すべて**の面において、最高の筋肉を手に入れるために！　前述の通り、自らの肉体をトレーニングで極限まで追い込まなければ、大会を制することはできない。ただし、そのタフなトレーニングを最大限活かすためには、栄養素を、適切なタイミングで適切な場所へ送り込まなければならない。

栄養の基礎知識はわりとシンプルだ。しかし、その知識を各自のトレーニングに落とし込み、自らの体に必要な栄養素は何か、自らの体が減量または増量の各食事メニューにどう反応するか理解するとなると、やはり話は別である。また高いレベルに達すると、トレーニングの他の多くの要素と同じく、直感の原則に頼ることにもなる。

まずは、エネルギーの産生や筋組織の構築に関して、基礎知識を習得することが先決だろう。基礎知識を身につけたならば、今度は各栄養素の種類や作用といったその基本的な知識を活かすことが求められる。学んだ知識を個々のニーズや体のタイプに応用できるようにするのだ。

ではさっそく、主要な栄養素ごとに、摂取できる食べ物や体内での働きなどについて詳しく見ていこう。次いで、食事メニューの組み方を筋肥大や体重管理、大会に向けた準備など、目的別に紹介していきたい。

ボディビル特有の体作り

ボディビルダーは、自らの肉体に対する要求が非常に特殊だ。可能な限り筋肉を増やしつつ脂肪を抑えた肉体、という極めて困難な状態を追求するからである。体操選手やボクサー、レスリング選手などのように、相当なカロリーを消費するトレーニングが求められ、自然と引き締まった体つきになるアスリートであれば、脂肪を減らす食事メニューの必要性などほとんどないだろう。大会に出場するボディビルダーであれば、体脂肪率を男性選手は約8～11％、女性選手は約7～9％に落とさなければならないが（より低い数値が多くの調査で報告されているが、3～5％という極めて低い範囲は誤測定である可能性が非常に高い）、他の競技のアスリートであればそのような水準を目指すことも滅多にない。

またアメリカンフットボール選手など極めて強靭な肉体が求められるアスリートは、脂肪量など気にせず、筋肉の量と強さを最大限アップすることに専念すればよい。

一方、ボディビルダーには体作りにおいて徹底的な管理が求められる。まず筋発達のためにしっかり食べるだけではなく、筋肉量を維持したまま脂肪を減らさなければならない。また余分なカロリーを燃やすべく有酸素運動を取り入れたりするが、ジムでのワークアウトに支障をきたさない範囲にとどめる必要がある。筋組織の成長と維持のためには、摂取カロリーを抑えたうえで、タンパク質を十分摂ることも欠かせないだろう。栄養学は奥が深く、日々進化している。私たちのもとに毎日と言っていいほど、新たな情報が届けられるほどだ。とはいえ、基本原則はある程度確立されている。したがって、体作りにおいて自らのポテンシャルをフルに活かしたいのであれば、その基本原則をしっかりマスターすることが必須だと言えよう。

基本的な栄養素

基本的な栄養素には、まず**三大栄養素**と呼ばれる栄養素がある。

1. **タンパク質** —— 複数のアミノ酸からなり、筋組織のもとになる栄養素である。（酵素がいずれもタンパク質であるように）多くの生体機能に関与するだけではなく、すべての臓器を構成しており、皮膚や骨、腱などの構造を支えている。
2. **炭水化物** —— いわばエネルギー源で、その構造は平易なものから複雑なものまで幅広い。糖類やでんぷん質などが含まれる。
3. **脂質**（または油脂）—— エネルギー密度が最も高い栄養素である。

また**水**も重要な栄養素だ。水は筋肉の72％を構成しており、ほとんどのボディビルダーは1日に何リットルも水を飲む。またハーブやホルモン剤などのサプリメントには、上記以外の栄養素も多く含まれるが、詳細は後ほど記す。

基本的な栄養素には他に、**微量栄養素**と呼ばれるものがある。

ビタミン —— 体内のさまざまな生化学反応を促進する重要な化合物。
ミネラル —— 筋肉の収縮など数多くの身体機能に欠かせない物質。
必須アミノ酸 —— タンパク質を構成するアミノ酸のうち、体内で合成できないもの。
必須脂肪酸 —— 体内で合成できないので植物や魚介類の油から摂る必要がある。

タンパク質

　タンパク質は体内で筋組織の構築や修復、維持などのために使われる。後述する通り、ボディビルダーは多くの栄養専門家にかなり先んじて、（ハードなトレーニングを積んで）筋肉を作るには、考えられていたよりも**はるかに**大量のタンパク質を摂る必要があると認識していた。

　ただし、いくらタンパク質を摂取しても、必要なアミノ酸がすべて揃っていなければ、筋肉は構築されない。アミノ酸のうち、体内で合成できるものは一部である。合成できないアミノ酸は**必須アミノ酸**と呼ばれ、食べ物から摂取する必要がある。

　タンパク質の主な構成元素は（他の栄養素にも含まれる）炭素、水素、酸素と、他のどの栄養素にも含まれない窒素である。窒素バランスがプラスやらマイナスやらというボディビルダーの話を聞いたことがあるかもしれない。それは、体の状態がタンパク同化状態（筋肉量が増える状態）なのか、またはタンパク異化状態（筋肉量が減る状態）なのか、という意味である。

　一部の食べ物は、**完全タンパク質**と呼ばれる。完全タンパク質とは、体作りに有効なタンパク質を合成する必須アミノ酸が**すべて**入っている食材のことだ。完全タンパク質を含有する食べ物には、牛乳、卵、食肉、魚、大豆を含むいくつかの野菜などがある。ただし、それらの食品であっても、食品に含まれているタンパク質量と体内で利用できるタンパク質量は異なる。つまり、ある食べ物を摂取して、その中にタンパク質が合計10ｇ含まれていたとしても、体内で使用可能なタンパク質量は、7〜8.5ｇといった具合になる。

　次の表は、タンパク源としてよく摂取される食品について、タンパク質の含有率を左列に、含有されるタンパク質のうち筋組織の構築に有効な割合を右列に示したものである。

食品	タンパク質含有率（%）	正味タンパク質利用率（%）
卵	12	94
牛乳	4	82
魚	18〜25	80
チーズ	22〜36	70
玄米	8	70
食肉	19〜31	68
きな粉	42	61

（牛乳から精製されるホエイの正味タンパク質利用率は卵よりさらに高い）

　上の表を見ると、卵のタンパク質含有率はわずか12％であることがわかる。しかし、卵のタンパク質にはアミノ酸がバランスよく含まれているため、そのうち94％が体内で利用される。対照的に、きな粉は42％がタンパク質からできているが、そのタンパク質の構成

バランスが悪いので、61％しか体内で使用されない。**すなわち、食品に含まれるタンパク質の量と、実際に筋組織の構築に使われるタンパク質の量との間には、大きな開きがあるのである。**

各食品に含まれるタンパク質のクオリティは、良質のタンパク質である卵のタンパク質を基準に評価される。卵のタンパク質を「満点の」100とすると、各食品の体内での利用効率は次の通りだ。

食品	プロテインスコア
卵（全卵）	100
魚	70
牛肉赤身	69
牛乳	60
玄米	57
白米	56
大豆	47
全粒粉	44
ピーナッツ	43
乾燥豆	34
ジャガイモ	34

〔訳注：プロテインスコアのほうが評価が厳しく実用的との見方もあるが、現在はアミノ酸スコアという評価法が一般的である〕

上の表で**全卵**のスコアが示されていることに注目してほしい。卵黄には脂質が含まれるが卵白には含まれないため、今日では白身のみを食べる人が多い。しかし、私は決してそのようなまねはしない。卵黄には実のところ、ビタミンやミネラルが豊富に入っているだけではなく、タンパク質も卵白と同じくらい含まれているからだ。もし食生活で脂質カットの必要性を感じているならば、卵の最良の部分と言える卵黄を捨てる代わりに、他の食品を避けるほうがよいだろう。（卵黄にはコレステロールが含まれているため、コレステロール値に問題がある場合は医師に相談すべきである。）

表の内容に戻ると、米やジャガイモ、豆に含まれる体内で有効なタンパク質量は、卵や魚に比べてかなり低いことがわかる。完全タンパク質の要件である全種の必須アミノ酸のうちいくつかを含むものの、ごく一部に限られる点がその理由だ。しかし、そのようなクオリティの低い（不完全な）タンパク源でも2つ以上組み合わせれば、クオリティの高い完全タンパク質になる。つまり、1つの食品では足りない特定のアミノ酸を他の食品で補うことで、必要な分を確保するわけだ。不完全タンパク質のアミノ酸組成は、野球の試合でいえば、人数が18人揃っているものの、ピッチャーが5人、キャッチャーが3人いるようなものだ。選手がいないポジションがあるため、2チームに分かれて試合ができないのである。

アミノ酸による完全な「チーム」を編成するには、適切な食品をメニューに加えるだけ

でよく、これが大きな違いを生む。。引き続き野球のたとえを用いるとしよう。選手が総勢72人いるものの、ファーストを守れる選手が誰1人いない状況を想定する。そのような場面で、9人の選手（すべてファーストの選手）を連れてくれば、どうなるだろうか。72人の選手が試合できずにただぼんやりしている状況が一変、9つものチームが瞬く間に編成され、試合ができる状況になるのである。言い換えれば、不完全な組成のアミノ酸を多く摂取したとしても、不足分を少し補ってやるだけで、筋肉量のさらなる増加が見込めるのだ。

　不完全タンパク質が入る食品でもいくつか組み合わせて食べれば、体作りに効果的である。そのような食品は大抵、完全タンパク質の食品に比べて脂質が少なく、摂取カロリーを抑えられる。脂肪を極力減らしつつ筋肉量を最大限増やそうとしている者にとっては、うってつけの方法と言えるだろう（プロテインサプリメントでも脂質をカットしたうえでタンパク質を摂取できるが、詳細についてはもう少し後で述べる）。

　前述の通り、不完全タンパク質の食品はそれぞれ特定の必須アミノ酸を欠くため、必須アミノ酸をすべて揃えるためには、食品の組み合わせに十分**気を付ける**必要がある。フランシス・ムア・ラッペの著した『小さな惑星の緑の食卓』（奥沢喜久栄訳、講談社、1982年）では、以下の組み合わせが推奨されている。

穀物と種子類

　パンに種子類を加えた食事
　ゴマやひまわりの種のスプレッドを塗ったパン
　米とゴマ

穀物と乳製品

　シリアルと牛乳（朝食としてよく推奨される理由だ！）
　パスタと牛乳またはチーズ（なるほど……パルメザンチーズがパスタに合うわけである）
　パンと牛乳またはチーズ（ヨーロッパの多くの地域で定番のランチメニュー）

穀物と豆類

　米と豆類（動物性タンパク質が不足する国々をはじめ世界各国で主食とされている組み合わせである）
　一部全粒粉のパンとベイクドビーンズ
　大豆粉または一部大豆粉のコーンパン
　パンとビーンズスープ

　栄養の専門家に相談して、特定の食品について9種類の必須アミノ酸のうちどのアミノ酸が欠乏しているか確認してもよいが、実質その必要はないだろう。単に上記に示したグ

ループを思い出せば、適切な食品を組み合わせて、タンパク質を体内で最大限利用できるかたちで摂取できるはずだ。

　もちろん、タンパク質の機能や摂るべきタンパク源に関してどれほど知識を深めようとも、**どれぐらい**タンパク質を摂るべきか知らなければ意味がない。その点については、後ほど詳しく見ていくことにする。

プロテインサプリメント

　筋肉量を増やすには、ワークアウトに励むだけではなく、タンパク質を摂取しなければならない。人によっては一日に体重1ポンドあたり1ｇ（体重1kgあたり2.2g）ものタンパク質を摂る必要があるが、お察しの通り、一般に脂質をカットしつつタンパク質を十分摂るのは難しい。そこで役立つのが、プロテインサプリメントだ。プロテインサプリメントは、食事中の脂質を大幅にアップさせることなく、タンパク質の摂取量を増やせる経済的な手段である。そればかりか使い勝手のよい栄養源でもあり、栄養補給の回数が極めて重要なボディビルダーにとってありがたいアイテムなのだ。

　近くの健康食品店に行けば、驚くほど多くのプロテインサプリメントが置いてあるだろう。また昔と違って今日のサプリメントは、高タンパク低脂肪に特化した製品というよりも、むしろデザートに近い味で飲みやすい。しかもその多くは、単に缶やパッケージに詰められたプロテイン製品の域を超え、タンパク質や炭水化物などの三大栄養素に加え、ビタミンやミネラルなども添加されている栄養価の高いサプリメントである。味だけではなく栄養面でも自分に適したサプリメントを見つければ、栄養補給において心強い味方になるだろう。

　現在販売されている膨大な種類のサプリメントの中から、自分に適したアイテムを見つける際に役立つポイントがいくつかある。まず、食品表示ラベルを必ずチェックすることだ。プロテインサプリメントは種類によって炭水化物の含有量が異なる。炭水化物には体内に取り込まれたタンパク質を筋肉の構造タンパク質に変える働きがある一方で、余剰分がエネルギー源として体内に蓄積されるため脂肪の燃焼が難しくなる。三大栄養素の摂取量を正確に把握するためにも、プロテインサプリメントの炭水化物含有量をしっかり確認しておく必要がある。

　次に、食事と一緒に摂ったり炭水化物を加えたりせずに、プロテインサプリメント単体で摂るとタンパク質が効率よく代謝されない点に注意したい。研究によると、体内に取り込まれたタンパク質をできる限りタンパク質合成に利用したければ、他の栄養素と一緒に摂取すべきだという。とりわけ、炭水化物とともに摂取するのが効率的とのことだ。プロテインへの投資を最大限に活かしたいのであれば、（サプリメントに炭水化物が含まれていない場合は）サプリメントとともに炭水化物を摂取したり、食事の一部としてサプリメントを活用したりするべきだろう。

3つ目のポイントは、プロテインサプリメントは一般に3つのタンパク源があるという点だ。具体的には牛乳（ホエイやミルクプロテインコンセントレート、カゼイン）、卵、大豆である。いずれも良質のタンパク質とされており、筋肥大の面で科学的に優劣が示されているわけではないが、牛乳と卵に由来するサプリメントが現在ボディビルダーの間で最も人気が高い。ただし大豆のタンパク質には、牛乳や卵にはない利点がある。血清コレステロール値を下げる効果が一部認められ、現在医学界から注目されているのである。したがって、コレステロール値に問題がある人にとっては、大豆由来のサプリメントが最適かもしれない。

　最後に、プロテインサプリメントは食事から摂れる唯一のタンパク源として作られていない点に注意しよう。自然食品を中心としたバランスのよい食事こそが、体作りだけではなく、健康を維持するために重要なのである。

炭水化物

　炭水化物は人体にとって最大のエネルギー源であり、最も手軽に利用できるエネルギー源でもある。すべての炭水化物は糖質を成分とする。糖質は炭素や水素、酸素などで構成され、植物の場合は光合成（太陽の光をもとにした反応）を通じて、動物の場合はグリコーゲン合成によって産生される。ここで言う糖質とは、コーヒーに入れたり朝食のシリアルにかけたりする一般的な砂糖と異なる点に注意したい。炭水化物にはさまざまな種類があり、追って見ていくことにする。以下に示すのは、炭水化物の主な分類だ。

単糖類
　　グルコース（血糖）
　　フルクトース（果糖）
　　ガラクトース（乳糖の一部）

二糖類
　　スクロース（ショ糖）
　　ラクトース（乳糖）
　　マルトース（麦芽糖）

多糖類
　　植物性多糖類（でんぷんとセルロース）
　　動物性多糖類（グリコーゲン）

　炭水化物の代謝速度はグリセミック・インデックス（GI 値）という指標で表される。具体的には GI 値が高い食品ほど、炭水化物が体内で速やかに代謝される（血糖値が急激

に上昇する）。一方でGI値が低い食品ほど、炭水化物の代謝は遅くなる（血糖値が比較的緩やかに上昇する）。私の現役時代は単純炭水化物なのか複合炭水化物なのかが指標として用いられていたが、今日ではGI値を参考にするのが一般的だ。単純炭水化物（果糖や加工糖など）は現在、高GI値の食品の成分として、また複合炭水化物（でんぷんやセルロースなど）は低GI値の食品の成分として分類されている。GI値の低い炭水化物は長時間にわたってエネルギーを提供し続けるため、一種のタイムリリース効果が期待できる。

GI値については、適宜一覧表で確認するとよいだろう。たとえば、アイスクリームは脂質を多く含むため、比較的GI値の低い食品である。一方、中華料理店でよく提供される非常に粘り気のある白米は、（玄米やワイルドライス〔訳注：イネ科マコモ属の植物の実〕と異なり）驚くほどGI値が高い。

先述した通り、炭水化物は人体にとって栄養素の中で最も身近なエネルギー源だ。摂取された炭水化物は体内で**グルコース**に分解され、血流に乗って全身をめぐり、筋収縮の原動力として活用される。そして余剰分は将来に備えて**グリコーゲン**として筋肉や肝臓に貯蔵されるのだ。炭水化物の適切な補給は、トレーニングに真剣に励むボディビルダーにとって、いくつもの理由から極めて重要だと言える。その代表的な根拠を以下に示す。

1. 炭水化物は主なエネルギー源である。グリコーゲンとして筋肉に貯蔵されている炭水化物のおかげで、負荷の高い高重量でのワークアウトを行うことができる。
2. 個々の筋細胞にグリコーゲンと水が貯蔵されると筋肉のサイズがアップする。
3. 体内に摂取された炭水化物には「タンパク質節約効果」があり、タンパク質がエネルギー源として過度に燃焼されるのを防ぐ。この炭水化物の重要な働きについては、後ほど解説する。
4. 炭水化物から分解されるグルコースは脳の主要なエネルギー源であり、不足すると精神や人格、知能に重大な影響を及ぼす可能性がある。

炭水化物が負荷の高いワークアウトのエネルギー源として非常に重要である理由は、そのような激しい運動のほとんどが**無酸素運動**——酸素をもとにしたエネルギー産生が追いつかなくなるような短時間に大きな力を発揮する運動——だからである。炭水化物は分子構造の特性上、酸素が**なくとも**わずかの間、エネルギー源になりうるのだ。したがって、ウエイトトレーニングで高負荷のセットをこなしたり、100mを全速力で走ったりするときは、炭水化物が主なエネルギー源としてこれらの運動を支えるのである。

炭水化物サプリメント

強度の高いトレーニングを行った後は、アミノ酸だけではなくグリコーゲン（炭水化物）も補給する必要がある。トレーニング後に炭水化物を体内に十分取り込むことは、重視す

べきポイントだ。そうしなければ、アミノ酸がエネルギー源として使われてしまうからである。炭水化物摂取の「ゴールデンタイム」、つまり体が炭水化物を特に必要とする時間は、タンパク質摂取のゴールデンタイムに比べてかなり短い。事実、最も高い効果を得るには、トレーニング後約20分以内に十分な炭水化物を補う必要がある。

このようにグリコーゲンは速やかに摂取する必要があるため、多くのボディビルダーはワークアウトを終えるとプロテインサプリメントに加え、炭水化物サプリメントも摂取する。ウエイトトレーニングに続いて有酸素運動を行う場合、炭水化物サプリメントは特に有効だ。もしウエイトトレーニング後すぐにトレッドミルやステップマシン、エアロバイクで汗を流そうとしても、炭水化物が枯渇しているため、なかなか力が湧いてこないだろう。何とかエネルギーを生み出そうと、体が必要以上にアミノ酸を使おうとしているのを実感できるはずだ。

脂質

脂質は三大栄養素の中で最もエネルギー密度が高い栄養素である。構成元素は炭水化物と同じく炭素、水素、酸素だが、化学構造が異なる（ちなみに油脂は、常温で固体ではなく液体の脂質を指す）。脂質は植物にも動物にも含まれ、水に溶けない。一般に**単純脂質**（中性脂肪など）、**複合脂質**（リン脂質や糖脂質、リポタンパク質など）、**誘導脂質**（コレステロールなど）の3つに分類される。

脂質には3つの基本的な働きがある。（1）体内の主な**貯蔵**エネルギーである（体脂肪）。（2）衝撃を和らげる作用があり、主要臓器を保護する。（3）断熱材のように働いて体温を保持し、極度の低温から体を守る。

脂質はいかなる栄養素よりもエネルギー密度が高い。タンパク質や炭水化物が1ポンド（0.45kg）あたり約1800kcalであるのに対して、脂質は約4000kcalにもなる。

有酸素運動の範囲内で（息が切れない程度に）運動しているとき、体はおよそ1対1の割合で、脂質と炭水化物をエネルギーとして活用している。ところが、一定強度の運動を長く続けるほど、脂質がエネルギーとされる割合は高くなる。3時間ほど運動し続ければ、その割合は80％になることもある。

脂質の主成分である脂肪酸は、その組成によって**飽和脂肪酸、一価不飽和脂肪酸、多価不飽和脂肪酸**に分けられる。上記の名称はいずれも、単に分子に含まれる水素原子の数を意味する。それぞれ毛糸玉にたとえるならば、次のようなイメージになるだろう。飽和脂肪酸は、あちこちもつれて、ひどくこんがらがっている毛糸玉である。一価不飽和脂肪酸は、ほんのわずかにもつれが見られる毛糸玉だ。そして多価不飽和脂肪酸は、もつれがまったくない状態できれいに巻かれている毛糸玉である。飽和度が高いほど（もつれが多いほど）、体内にとどまり、血栓などの原因になりやすく、心疾患のリスクが増す。

また何より、飽和脂肪酸を多く含む食品を食べると、血中のコレステロール値が上がりやすい。したがって、摂取する脂質のうち約3分の2を多価不飽和脂肪酸にすることが推

奨されている。
　飽和脂肪酸を含む主な食品は以下の通り。

- 牛肉
- ラム
- 豚肉
- 鶏肉
- 貝類
- 卵黄
- クリーム（乳脂）
- 牛乳
- チーズ
- バター
- チョコレート
- ラード
- 植物性ショートニング

一価不飽和脂肪酸を含む食品は以下の通り。

- アボカド
- カシューナッツ
- オリーブとオリーブオイル
- ピーナッツとピーナッツオイル、ピーナッツバター

多価不飽和脂肪酸は以下の通り。

- アーモンド
- 綿実油
- マーガリン（一部除く）
- ピーカンナッツ
- ひまわり油
- コーン油
- 魚
- マヨネーズ
- 紅花油
- 大豆油
- クルミ

必須脂肪酸

　脂質は健康的な食事に絶対に欠かせない栄養素だ。しかし今日、多くのボディビルダーが低脂質の食事にこだわるあまり、脂質不足に陥っている。「良質な」脂質は、食品やサプリメントを通して十分摂ることが可能だ。脂質を含む食品をいくつか見ていこう。

　魚の油 ── 脂質の少ない魚ではなく、サケやマス、サバなど脂質の豊富な魚がおすすめだ。魚に含まれる脂質は、臓器（特に脳）に必要とされるが、人体にはそれを合成する機能が備わっていない。サプリメントでも摂ることができる。

　多価不飽和脂肪の植物油 ── 中でも貴重な油が、リノール酸とリノレン酸を含む油だ。コーン油やひまわり油、紅花油などスーパーマーケットに並ぶ油には、リノール酸は含まれない。リノレン酸については唯一大豆油に含有される。アマニ油は、リノレン酸の摂取に最適な食べ物と言える。ちなみに、リノレン酸はクルミやカボチャの種子などにも含まれている。

　MCTオイル（中鎖脂肪酸油） ── ココナッツオイルから得られるMCTオイルは、ボディビル界で過大評価されている。MCT（中鎖脂肪酸）は脂肪細胞に貯蔵されないと考えられているが、研究では異なる結果が示されている。またMCTは体内で素早く消化・吸収されるが、アスリートにパワーやスピード、持久力、筋肉量をもたらすわけではない。脂質としてのエネルギー源に過ぎず、個人的にはあまりおすすめしない。

　一価不飽和脂肪 ── 一部の多価不飽和脂肪と異なり、コレステロールやプロスタグランジン（生理活性物質）に影響を及ぼさないという点で、最良の脂質である。オリーブオイルやマカダミアナッツに含まれる。

　脂肪酸サプリメント ── 健康食品店に並ぶ脂肪酸サプリメントの多くには、魚の油などに由来する必須脂肪酸が入っている。

水

　水は人体の主要成分であるにも関わらず、重要な栄養素であることが見逃されやすい。水は体内において輸送手段としてさまざまな化学物質を運び、生化学反応を幅広く仲介する役割を持つ。

　人体の40〜60％は水でできている。前述したのを覚えているかもしれないが、脂肪に含まれる水の割合は重量ベースでわずか20〜25％であるのに対し、筋肉に関しては72％にもなる。つまり、行き過ぎた水分カットや過度に汗をかく運動は、筋肉量に大きな影響を及ぼすのだ。さらに水分の摂取量が不足すれば、脱水症状を引き起こす。そうなると、体は自らを守るため、水分の排出を抑えようとするだろう。結果として皮下に大量の水がたまり、ディフィニションが著しく低下するというわけだ。

　脱水が原因で体内に貯留された水分は、腎臓によって老廃物が適切に除去されないため、有害物質で汚れる。すると肝臓が有害物質を処理しようとするのだが、そのあおりを受け肝臓本来の主要機能の1つである脂肪分解が停滞することになる。したがって体内の水分

量が不足すると、逆に皮下に水分がたまってむくむうえ、ぷよぷよした体つきになってしまうのだ。最高のディフィニションを目指すボディビルダーにとって悲劇とも言えるだろう。

またそれだけではなく、ナトリウムの問題も生じる。脱水になるとナトリウムが適切に体外に排出されないため、さらなる水分貯留を招くのである。そのうえ、食事でナトリウムが体内に取り入れられると、事態はさらに深刻化してしまう。

強度の高い運動をすれば、誰でも12オンス（354.9ml）のグラスで最低8杯は水を飲まなければならない。ボディビルダーの中にはそれ以上飲む者もいる。ただし、水溶液に含まれる水の量はカウントしない。ジュースやソフトドリンク、コーヒー、紅茶などではなく、純粋な水としてそれだけ摂取する必要があるのだ。

ビタミン

ビタミンは人体がわずかな量だけ必要とする有機物で、食べ物を通じて摂取される。エネルギー源になったり、筋肥大に大きく寄与したりするわけではないが、仲介者のような役割を果たしており、さまざまな生体反応を促進する働きがある。

ビタミンには主に水溶性ビタミンと脂溶性ビタミンがある。水溶性ビタミンは体内で貯蔵されず、余剰分は尿とともに排出される。一方、脂溶性ビタミンは脂肪組織の中に蓄えられる。したがって、水溶性ビタミンは日常的に摂取する必要があるが、脂溶性ビタミンはそれほど頻繁に摂らなくても構わない。

水溶性ビタミン
- B_1（チアミン）
- B_2（リボフラビン）
- B_3（ナイアシン、ニコチン酸、ニコチンアミド）
- B_5（パントテン酸）
- B_6（ピリドキシン）
- B_{12}（シアノコバラミン）
- ビオチン
- 葉酸（人工葉酸、天然葉酸）
- ビタミンC（アスコルビン酸）
- ビタミンA（レチノール）

脂溶性ビタミン
- ビタミンA
- ビタミンD
- ビタミンE
- ビタミンK

ビタミンB₁（チアミン）

体内での働き：炭水化物の代謝においてエネルギー産生を促進する。心臓を含め、神経と筋肉の機能維持に重要な役割を果たす。倦怠感や苛立ちを防ぐ。

含有食品：豚肉、全粒穀物、乾燥豆、ひまわりの種、ナッツ。

欠乏時の症状：脚気(かっけ)（ときに浮腫(ふしゅ)や心不全を伴う神経障害）。

過剰摂取時の症状：不明。

推奨量：1.5mg

ビタミンB₂（リボフラビン）

体内での働き：炭水化物や脂質、タンパク質の代謝を助け、エネルギー産生を促進する。抗酸化作用により、細胞を酸化によるダメージから守る。視覚や毛髪、皮膚、爪などの機能を維持する。細胞の成長において重要な役割を果たす。

含有食品：レバーなどの内臓肉、鶏肉、ビール酵母、魚、ドライグリーンピース、豆類、ナッツ、ひまわりの種、チーズ、卵、ヨーグルト、牛乳、全粒穀物、葉物野菜、海苔。

欠乏時の症状：皮膚病変。

過剰摂取時の症状：不明。

推奨量：1.7mg

ビタミンB₃（ナイアシン、ニコチン酸、ニコチンアミド）

体内での働き：エネルギー産生を促進する。皮膚や消化管組織の機能維持に重要な役割を果たす。循環器機能を刺激する（注意：ニコチン酸自体を摂取すると皮膚紅潮を呈する恐れがある）。

含有食品：レバーなどの内臓肉、子牛肉、豚肉、鶏肉、魚、ナッツ、ビール酵母、乾燥豆、ドライフルーツ、葉物野菜、全粒穀物、牛乳、卵。

欠乏時の症状：ペラグラ（光線過敏や倦怠感、食欲不振、発疹、舌炎などを呈する代謝疾患）。

過剰摂取時の症状：顔面と頸部、手部の紅潮や肝臓障害。

推奨量：19mg

ビタミンB₅（パントテン酸）

体内での働き：パントテン酸は体内で補酵素A（CoA）の主要成分となり、エネルギーの産生や利用において重要な役割を果たす。副腎の機能を助け、ストレスを抑制するホルモンの分泌を促進する。皮膚と神経の機能維持に深く関わる。

含有食品：ナッツ、豆類、種子類、濃緑の葉物野菜、鶏肉、ドライフルーツ、牛乳。含有率が最も高い食品：（ミツバチの）ローヤルゼリー。

欠乏時の症状：倦怠感、睡眠障害、吐き気。

過剰摂取時の症状：不明。

推奨量：6mg

ビタミンB₆（ピリドキシン）

体内での働き：タンパク質による組織構築や、脂質代謝を促進する。肝臓と筋肉からのグリコーゲン放出を促進する。赤血球の形成や体液の循環管理に関わる。

含有食品：ひまわりの種、豆類、鶏肉、レバー、卵、ナッツ、葉物野菜、バナナ、ドライフルーツ。

欠乏時の症状：神経障害や筋肉疾患。

過剰摂取時の症状：歩行障害、足部の神経麻痺、手部の運動失調、脳機能障害。

推奨量：2 mg

ビタミンB₁₂（シアノコバラミン）

体内での働き：赤血球の形成や遺伝物質の構築において重要な役割を果たす。小児の発育を刺激する。神経組織の機能や、タンパク質と脂質の代謝を助ける。

含有食品：食肉、魚、貝類、牛乳、ヨーグルト、卵など、動物性タンパク質を含む食品。

欠乏時の症状：悪性貧血（体重減少や筋力低下、蒼白などを伴う貧血）、意識障害、気分障害、記憶障害、うつ。

過剰摂取時の症状：不明。

推奨量：2 μg

ビオチン

体内での働き：代謝に関わり、エネルギー産生を促す。

含有食品：卵黄、レバー、イワシ、全粒大豆粉。

欠乏時の症状：皮膚炎、うつ、筋肉痛。

過剰摂取時の症状：不明。

推奨量：30～100 μg

葉酸（人工葉酸、天然葉酸）

体内での働き：赤血球の形成を助ける。タンパク質の分解と利用を促進する。細胞分裂に深くかかわり、妊娠期に極めて重要な役割を果たす。体内で活性型（いわゆるメチル葉酸）に変換され、脳機能を維持するほか、タンパク質や核酸、細胞膜の合成を促す。

含有食品：濃緑の葉物野菜、ナッツ、豆類、全粒穀物食品、果物、フルーツジュース、レバー、卵黄。

欠乏時の症状：貧血、消化管障害。

過剰摂取時の症状：ビタミンB₁₂欠乏症を分かりづらくする。

推奨量：200 μg

ビタミンC（アスコルビン酸）

体内での働き：皮膚や軟骨、骨などの結合組織の機能維持に不可欠。創傷治癒を助ける。抗酸化作用を持つ。免疫機能を高める。鉄の吸収を促進する。

含有食品：柑橘類、ベリー〔訳注：イチゴやブルーベリーなどの小果実〕、メロン、濃緑の葉物野菜、カリフラワー、トマト、ピーマン、唐辛子、キャベツ、ジャガイモ。

欠乏時の症状：壊血病（歯肉出血や筋力低下などを呈する疾患）、創傷治癒障害、免疫機能障害。

過剰摂取時の症状：胃腸の不快感。それ以上に重い症状の研究報告例もある。

推奨量：60mg μg

ビタミンA（レチノール）

体内での働き：組織を維持する。皮膚や毛髪、粘膜を健康に保つ。夜間視力の維持を助ける。身体の成長や再生に欠かせない役割を持つ。

含有食品：レバー、緑黄色野菜と果物（人参、ブロッコリー、ホウレンソウ、マスクメロン、サツマイモなど）、チーズ、牛乳、機能性マーガリン。

欠乏時の症状：夜盲症、角化症、免疫機能低下。血清（血中）ビタミンA濃度の適正値は0.15～0.6μg／ml。

過剰摂取時の症状：肝臓や腎臓、骨の障害、頭痛、苛立ち、嘔吐、脱毛、視界不良、黄疸。

推奨量：1000μg（3333IU〔訳注：IUはビタミンなどの効力を表す国際単位〕）

ビタミンD₃（コレカルシフェロール）

体内での働き：カルシウムの代謝や骨の石灰化の制御を助ける。紫外線に当たると皮膚で生成されるためサンシャインビタミンと呼ばれる。冬季や、曇や霧の多い日は生成が低下する。

含有食品：機能性乳製品と全脂肪乳製品、マグロ、サケ、肝油。

欠乏時の症状：小児はくる病、成人は骨軟化症。

過剰摂取時の症状：胃腸の不快感、脳や循環器、腎臓の機能障害、無気力。

推奨量：10μg

ビタミンE（D-α-トコフェロール）

体内での働き：抗酸化作用を持ち、細胞膜の障害を防ぐ。

含有食品：植物油と植物油を含む食品、ナッツ、種子類、魚、小麦胚芽、全粒穀物食品、葉物野菜。

欠乏時の症状：多様な病態による慢性の下痢に加え、すい臓と肝臓の機能異常。貧血。

過剰摂取時の症状：低出生体重児に過剰に経静脈投与すると致死的症状を招く恐れがある。経口投与による症状は不明。

推奨量：10mg（α-トコフェロール当量）

ビタミンK（フィロキノン）
体内での働き：血液凝固機能に欠かせない役割を持つ。
含有食品：濃緑の葉物野菜、キャベツ、シロクマの肝臓（ただし致死量が含まれる）。
欠乏時の症状：創傷部からの重度の出血、内出血。
過剰摂取時の症状：肝臓障害、（合併症として）貧血。
推奨量：80μg

ミネラル

無機物質であるミネラルには、人体に比較的わずかな量だけ必要とされる元素（主に金属元素）が含まれる。体内に存在する金属元素は22種類で、その量は体重全体のおよそ4％に相当する。

ミネラルは地球の土や水に豊富に含まれており、植物の根によって吸い上げられる。人間は植物や、植物を摂取した動物を食べることでミネラルを補給する。普段の食事でさまざまな肉や野菜を食べていれば、おおむねミネラルの摂取量は十分である。

体内に取り込まれたミネラルは多様な代謝に関わり、グリコーゲンやタンパク質、脂質など化合物の合成を促進する。人体にとって相当量必要な主なミネラルについて、簡単に見ていこう。

カルシウム：骨や歯の強度を保つ上で重要な役割を果たす。乳製品、ケールやかぶら菜、からし菜などの野菜、豆腐、イワシやアサリ、カキなどの魚介類に含まれる。カルシウムが不足すると筋肉にけいれんが起こり、長期的には骨粗しょう症になる恐れがある。
　推奨量：11～24歳の男性は1200mg、25歳以上の男性は800mg

リン：DNA、RNA、ATPなどの構成元素で、すべての細胞に含まれる。含有食品は全粒穀物シリアル、卵黄、魚、牛乳、畜肉、豆類、ナッツなど。人体のpH（酸性／アルカリ性）調整において重要な役割を果たす。
　推奨量：11～24歳の男性は1200mg、25歳以上の男性は800mg

マグネシウム：体内のあらゆるところに存在し、酵素を活性化する作用を通じて大半の生化学反応に関わる。葉物野菜、豆類、全粒穀物シリアル、ナッツ、食肉、牛乳、チョコレートなどに含まれる。
　推奨量：15～18歳の男性は400mg、19歳以上の男性は350mg

ナトリウム：体液量を調整し、筋収縮に関わる。一般的な食塩のほか、果物を除くほとんどの食べ物に含まれる。特に動物性食品、魚介類、牛乳、卵は含有率が

高い。過剰に摂取すると水分貯留が進む。なお高ナトリウム血症は高血糖と関係が深い。不足すると筋力低下やけいれんを招く恐れがある。
　　　　推奨量：1100〜3300mg

塩素：消化液の成分であり、ナトリウムとともに消化機能に関わる。食塩、食肉、魚介類、卵、牛乳などに含まれる。
　　　　推奨量：1700〜5100mg

カリウム：タンパク質と炭水化物の代謝にかかわり、細胞内で（細胞外のナトリウムとともに）体液の浸透圧を調整する。食肉、牛乳、シリアル、野菜、果物、豆類などに含まれる。カリウムサプリメントの過剰摂取は嘔吐を招く可能性がある。欠乏すると筋力が低下しかねない。
　　　　推奨量：1875〜5625mg

硫黄：主要な代謝物質の合成に関わる。食肉や魚介類、牛乳、卵、チーズ、豆類に含まれる。推奨量は特に示されていない。

　人体に重要なミネラルは他にもあるが、一日に必要とされる量はあくまで微量だ。具体例は次の通り。

- 鉄
- フッ素
- 亜鉛
- モリブデン
- 銅
- コバルト
- ヨウ素
- セレン
- マンガン
- クロム

　必須ミネラルには上記で紹介した以外のものもあるが、一日あたりの推奨摂取量は定められていない。

- スズ
- ニッケル
- バナジウム
- ケイ素

ビタミンとミネラルのサプリメント

　多くの専門家たちの見解によると、ビタミンとミネラルは普段の食事だけでは摂取量が足りないという。食物の栽培や養殖方法、加工法、長期保存のための添加物、煩雑な輸送網などが、原因として考えられるとのこと。その真偽はさておき、高強度の運動を行った後は、**あらゆる**種類の栄養素が普段以上に必要になることは事実だろう。そこでビタミンやミネラルのサプリメントを活用すれば、いかなる栄養欠乏だろうと手軽に回避できる。

　私は現役時代、キャリアを積み重ねるにつれ、サプリメントを多く活用するようになった。ただし私自身はサプリメントに精通していたわけではい。そもそも1960～70年代は今日のように簡単にサプリメントに関する情報を得ることができなかった。そこで私はさまざまな専門家に連絡をとり、サプリメントの種類と摂取量について助言を求めた。そして勧められたものを実際に試し、体のエネルギーや力強さ、持久力、ハードなトレーニング後の回復力などの面で、効果のほどを確かめた。そのときに限らず、理論はさておき、とりあえず自分に合うか試してみるのが私流のやり方だった。

　現在であれば、そのような手間をかける必要はないだろう。どの健康食品店に行ってもあらゆるサプリメントを入手できるし、ビタミンとミネラルが適切なバランスでそれぞれ適正量入ったデイリーパックの商品も購入できる（サプリメントの効果は一般に、摂取するタイミングには関係なくビタミンやミネラルの成分比により決まる）。

　ただし、大量摂取については注意が必要だ。ビタミンとミネラルがそれぞれ体内で作用するには、比較的少量あれば十分なのである。研究ではサプリメントの利用はさまざまな疾病の予防に大変効果があるとされているが、前述の通り大量に摂る必要はない。たとえば、ビタミンＣは風邪の重症化防止に役立つことが示されており、それ自体は貴重な効用と言える。しかし、大量に（3～6ｇの範囲で）摂ると風邪のほか、がんの予防にもつながるとの主張はいまだに立証されていない。

　一般に、水溶性ビタミンは大量に摂取しても尿とともに排出されるので、尿が高級品になるだけだが、脂溶性ビタミンを大量に摂ると体内に蓄積し、健康に害が及ぶ可能性がある。また特定の処方薬にはビタミン欠乏症のリスクがあるが、必要以上にビタミンを摂取すると処方薬の薬効が阻害される恐れがある。以上の理由から、医療関係者の指示や助言を得ずにビタミンやミネラルのサプリメントを大量に摂るときは、細心の注意を払う必要がある。改めて述べるが、**はじめは適正範囲内の一般的な量**からはじめ、どれほどの量が自分に最適か慎重に見極めていくとよい。フランコの場合、特定のサプリメントをまずは１カ月間食事メニューに加え、効果に関する感想を書き留め、翌月には別の種類を試し、その経過を食事日誌に記録していた。この方法は時間こそかかるが、彼は最終的に自身に合うサプリメントだけではなく、サプリメント全般にわたって専門的知識を有するまでになった。ただし、フランコも私と同じく、まずは専門家にアドバイスを仰ぐほうがよいとの見解である。その後は最大の効果を得るべく、いろいろ試しながら自身の体質に最も適

した活用方法を慎重にじっくり見極めていけばよいだろう。

なお、故ライナス・ポーリング博士は他の多くの専門家と同じく、天然成分のサプリメントだろうが人工（人為的に合成した）成分のサプリメントだろうが、効果に差はないと指摘していた。体は天然成分なのか人工成分なのかは区別できないのだ。

食品に含まれるエネルギー量

食品の所定の量に含まれるエネルギー量は**カロリー**で表される。カロリーとは、熱量を示す単位である。筋収縮のエネルギーが細胞内の酸化反応で作られる点を考えれば、納得できるだろう。もちろん細胞内での酸化は緩やかに進む反応だが、私たちが知る速やかな酸化と言えば、まず**燃焼**が挙げられる。筋肉細胞内ではエネルギーを生み出すため、「緩やかな燃焼」が起こっている。その熱量が、すなわちカロリーというわけだ。

タンパク質、炭水化物、脂質の三大栄養素にはいずれもエネルギー、つまりカロリーが含まれる。しかし、カロリーの値はそれぞれ違う。具体的には以下の通りだ。

・タンパク質1ｇまたは炭水化物1ｇ = **4 kcal**
・脂質1ｇ = **9 kcal**

上記を見れば、体脂肪の減少を目指す人が食事中の脂質を極力抑えようとする理由がわかるはずだ。逆にバックパックを背負って何日も山登りする人が非常に高脂質の食品を携行するのもうなずけるだろう。タンパク質と炭水化物に比べて、脂質には2倍以上のカロリーが含まれているのである（したがって「脂肪がつきやすい」）。

脂質とカロリーについて考察するときに1つ覚えておきたい点は、種類が違っても脂質にはすべて同じ量のカロリーが含まれるということだ。オリーブオイルや動物性脂質、バター、ラードなど脂質を含む食品は数あれど、含まれるエネルギー量はすべて1ｇあたり9 kcalなのである。

代謝率

体内でのカロリーの代謝（酸化）には主に2通りある。基礎代謝（基本的な生命機能を維持するために必要なエネルギー）と活動代謝だ。興味深いことに、各自に必要なカロリーは筋組織によって決まる。これは、2つの観点から重要なポイントである。

1. 筋肉量が多いほど、安静時に多くのカロリーを消費する。
2. 筋肉を使うほど、その過程で多くのカロリーを消費する。

安静時代謝率（Resting Metabolic Rate：RMR）は実際のところ除脂肪体重をもとに計

算される。除脂肪体重とは、全体重から体脂肪を除いた筋肉などの総量のことだ。除脂肪体重が多いほど、RMRは高くなる。より正確に知りたければ、次の計算式を見てほしい。

$$RMR = 除脂肪体重（単位ポンド）\div 2.205 \times 30.4$$

この計算式によると、除脂肪体重が150ポンド（68.0kg）であればRMRは約2100kcalで、250ポンド（113.4kg）であれば1日に（まったく運動しなくても）約3500kcal消費することになる。他にも代謝率を左右する要素には、年齢や性別、体型、甲状腺機能などがある。だが一般的には、体が小さければ体重維持に必要なカロリーは少なくて済み、体が大きければ体重維持に必要なカロリーは多くなる。この点に関しては、食事と体重管理を主題とする次のチャプターで詳しく述べたい。

運動と消費カロリー

アスリートであれば誰でも、運動時の消費カロリーは活動内容によって異なることを理解しているだろう。活動の強度が高く、量が増えるほど、体が消費するカロリーは多くなる。自分の体を前に進める運動（たとえばランニング）でも、バーベルを持ち上げる運動でも、激しく体を動かしたくさん行うほど多くのエネルギーが必要とされる。次の例を見れば、ある程度納得できるはずだ。

活動	1時間あたりの消費カロリー（kcal）
睡眠	72
安静	72〜84
ウォーキング（時速3.5マイル(5.6km)）	336〜420
体操（自重トレーニングなど）	300〜360
水泳（一般的な速度）	360
自転車（時速10マイル(16km)）	360〜420
ジョギング（時速5マイル(8.0km)）	600
スキー（普通または急な斜度）	480〜720
ランニング（時速7.5マイル(12km)）	900

ここで少し、ウォーキングとジョギング、ランニングの関係性について触れたい。自らの足で移動する場合、（前述の通り各自の体重と除脂肪体重にもよるが）おおむね1マイル（1.6km）あたり100kcalが消費される。その際、ウォーキングだろうとランニングだ

ろうとさほど関係ない。移動距離が同じであれば、体が仕事する量もほぼ等しくなるため、エネルギー消費量は変わらないのだ。ただし、ウォーキングよりもランニングのほうが明らかに**短時間で**エネルギーが燃焼されるという違いがある。

　ボディビルにおけるエネルギー消費は、主にトレーニングの強度によって決まる。高重量低レップのワークアウトで、セット間のインターバルを長めに設ければ、消費カロリーは比較的少なくなる。一方、セット間のインターバルを極力短くし、種目ごとに次々とセットをこなしていくようなトレーニングでは、１時間半や２時間でかなりのカロリーを消費することになる。また一日に２度トレーニングするダブルスプリットのメニューを組んでいる場合は、さらに多くのエネルギーが使われる。そのため私は、大会に備えてカットを出したいときは、必ずダブルスプリットのトレーニングメニューを組んでいた。このタイプのトレーニングで、どれほどのカロリーが消費されるか正確にはわからない。だがある専門家は、大会に向けたダブルスプリットのトレーニングで、フランコと私はそれぞれ2000kcal近く消費したのではないか、と分析していた。１時間あたり約500kcal消費した計算で、その間ずっと速いペースでランニングしていたのとほぼ同じ数字である。

「偽りの」エネルギー

　ボディビルダーをはじめとするアスリートは常に今の自分を超えようと、何かしら糸口を求めている。だが、よく言われるようにタダより高いものはない。多くの人工的な刺激物に自らの体をさらせば、一時的によい結果を得られるかもしれないが、長期的にはパフォーマンス全般に悪影響が出て、成績は下降の一途をたどるだろう。ローレンス・ゴールディング博士によれば、そのような薬物やホルモン剤の例は次の通りである。

- アドレナリン
- アルコール
- アルカリ
- アンフェタミン
- カフェイン
- コカイン
- コラミン（ニケタミド）
- レシチン
- メトラゾール（ペンチレンテトラゾール）
- ノルアドレナリン
- サルファ剤

　トレーニングの前に、コーヒーを数杯飲むのは決して悪いことではない。しかし、カフェイン錠剤をいくつも口にすれば、冷静さを失い、トレーニング中にケガをする恐れが

ある。またアスピリンは痛みを和らげてくれるが、筋組織の神経伝達を阻害するとも考えられている。その他、アルコールやアンフェタミン、アドレナリン、マリファナ、コカインなどの物質に頼れば異次元の肉体を手にできるともくろむ選手は、チャンピオンになるどころか、幻想の世界に生きることになるだろう。最高の肉体を作るには、最高の健康状態である必要がある。「薬物に決して頼らず」最高の肉体を作ることこそ、ボディビルの鉄則なのだ。

栄養素の必要量

　特定の栄養素について必要量を摂取しなければ、何かしらの欠乏症を招くことになる。もちろん激しく運動するほど、体には高い負荷がかかる。そして日々の生活で体に負担を強いるほど、体が求める栄養量は多くなるだろう。

　アスリートと非アスリートの間では実質、栄養素の必要量にいくらか差がある。とはいえ、以下に紹介する数字は、妥当な指標と言えるだろう。三大栄養素それぞれについて、見ていきたい。

タンパク質 —— 一般的な食事で推奨されているタンパク質の摂取量は**体重1kgあたり1g**である。ハードなトレーニングを行うボディビルダーでも、それ以上摂取する必要はないとする専門家も少数だが存在する。たしかに、食事におけるタンパク質の必要性が過大評価されているのは事実だ。しかし大半のボディビルダーは、最低でも**体重1ポンドあたり1g（体重1kgあたり2.2g）**は必要と考え、積極的に大量のタンパク質を摂っている。

　中には、それよりはるかに多くのタンパク質を摂るボディビルダーもいる。ただし次のチャプターで述べるように、ボディビルダーの目標は脂肪をできるだけ減らし、筋肉をできるだけ増やすことである。タンパク質には他の栄養素と同じくカロリーが含まれるため、量を摂り過ぎると、かえって余分なカロリーになってしまい、体脂肪を減らすどころか維持すらおぼつかない。よって食事メニューを作る際は、その点を考慮すべきである。

炭水化物 —— 食事中の炭水化物の必要量は、活動レベルによって大幅に異なる。神経系の通常機能を維持するだけでも、およそ**60gの炭水化物**が求められる（ちなみに脳のエネルギー源はほぼ炭水化物だ）。

　炭水化物はこれまで述べてきたように、筋肉の活動においても重要な栄養素だ。食事中の炭水化物が極端に少なければ、ワークアウトに支障が出てしまう。したがって、その点を踏まえて、多様な食品の中でどの食品を、どれだけの量食べるか見極めなければならない。

　また炭水化物については、体重管理がテーマの次のチャプターで見ていく通り、体重の維持や減量、増量など、当面の目的によっても摂取量の目安が変わってくる。とはいえ、

後述する方法で、最低限必要とされる量は確保しなければならない。さもなければ、炭水化物欠乏症に陥ってしまう。いわゆる、ケトーシスという状態だ。ケトーシスの概要やその回避方法については後ほど詳しく述べる。

　栄養面から言えば、日々の食事で複数の食品から炭水化物を摂取することが望ましい。先にも述べたが、一部の炭水化物は非常に速やかに代謝される。たとえば果物の炭水化物は代謝されやすいため、短時間でエネルギーを得たいときは果物がうってつけだ。もちろん、必須ビタミンの摂取にも効果的である。反対に、代謝にもっと時間がかかる炭水化物を含む食品は、持続的なエネルギー源として長時間にわたり活用されるため、余分なカロリーが少ない。その他、緑黄色野菜も素晴らしい炭水化物源である。

　炭水化物の代謝速度は、インスリンの作用という観点からも重要である。インスリンは炭水化物に含まれる糖質を分解するために分泌される（糖尿病はインスリン不足に起因するため治療にインスリン注射が必要になる）。代謝速度の速い炭水化物を大量に摂取すると、体内でインスリンが一気に分泌される。この現象を、血糖値スパイクという。大量のインスリンによって炭水化物の消化・吸収が一気に進み、血糖値が急激に下がるためだ。そしてすぐに再び空腹感に襲われることになる。GI値の高い食品、すなわち代謝されやすい炭水化物を含む食品は、一度に摂る量を控えめにするか、タンパク質や脂質、低GI値の食品と一緒に食べれば、消化スピードを抑えられる。インスリンの分泌が適正範囲に留まり、血糖値の上昇が緩やかに進むため、エネルギーが切れてすぐさま空腹を感じることはないだろう。

　もちろん、炭水化物の過剰摂取を控えるようアドバイスされた人間の多くは、炭水化物を優れた栄養・エネルギー源とする私の見解に疑問を持つかもしれない。だが私は、何であれ「過剰」は勧めていない。炭水化物は栄養価に優れた食事に欠かせない栄養素だが、あくまで他の食品とのバランスや割合を踏まえたうえでの話である。また、炭水化物を含む高栄養の食品と、加工糖を含む食品——ケーキやキャンディ、ソフトドリンクといった加糖加工品——とを混同している人が多いのも事実だろう。そのような身近な甘味食品の問題点は、体にとって実質栄養にならないことである。カロリーこそ高いものの、栄養素がほとんど入っていないのだ。果物や野菜、米、ジャガイモなどの食品を食べるのとは、訳が違うのである。

脂質 —— アメリカの食事において、脂質不足は滅多に問題にならない。卵や食肉、乳製品、油脂類にはすべて脂質が豊富に含まれている。脂質が50％を占める食事がテーブルに並ぶことも多い。健康面を考慮すれば、脂質を30％以下に抑えた食事がおおむね推奨される。だが、脂質の摂取割合が20％を下回ると、脂質が持つ健康面での利点が失われる（そして健康上の問題が生じる）可能性がある（次の「バランスのよい食事」を参照）。

バランスのよい食事

　体がベストな状態でいられる食品のバランスというものが存在する。体に適した栄養バランスは、ボディビルダーであろうとなかろうと、ほぼすべての人に共通する。「栄養と人間欲求における合衆国上院特別委員会」によって現在推奨されている栄養バランスはおおむね、**タンパク質12％、炭水化物58％、脂質30％**である。

　私の現役時代を振り返ると、栄養バランスは上記の数字とは大分異なるものだった。タンパク質40％、炭水化物40％、脂質20％といった具合である。ただし、私は当時体重が240ポンド（108.9kg）あったうえ、かなりハードにトレーニングに打ち込んでいたことを断っておきたい。私の炭水化物40％は実質、普通の人の炭水化物58％よりも大量に食べることを意味する。言い換えれば、体が必要とする栄養素をしっかり摂っていた結果がこの数字なのだ。

　とはいえ、タンパク質の摂取を過剰に意識するあまり、タンパク質の摂取割合が70％にもなるボディビルダーもいる。そうかと思えば、タンパク質をさほど重視せず、10〜12％しか摂らない選手も存在する。私が思うに、そのようなアプローチはいずれも大してうまくいかないのではないだろうか。

　一部のボディビルダーは、何カ月もの間ずっと、ツナや鶏肉、果物、サラダなど数種類の食品しか口にしない。たしかに体脂肪落とすのには役立つかもしれないが、それではいずれの栄養素も必要量を満たさず、筋肉を最大限成長させることは難しいだろう。基礎食品群の食品は何であれ、大幅にカットしてしまうとビタミンやミネラルの欠乏症を招く恐れがある。また流行のダイエット法の中には、果物に偏った食事を勧めるものもあるが、それだとタンパク質をはじめ各種ビタミンやミネラルを十分摂ることができない。ベジタリアンや、炭水化物に極度に偏った食事についても、筋組織を極力発達させようとするボディビルダーにとってはタンパク質が足りないだろう。過度に高タンパク質の食事も腎臓と肝臓への負担が重く、カルシウムの排出が促進されるため、体脂肪の増加につながる恐れがある。

　1970年代を振り返ってみると、大食漢のケン・ウォーラーは食事のたびに普通の人の3倍ものタンパク質を摂っていた。ケンは摂取したタンパク質がすべて一度に消化・吸収されると考えていたのである。当然、大量のタンパク質はすべて消化されることなく、余剰分が脂肪として体内に蓄積したはずだ。結果としてケンは大会が迫ると決まって、過酷な減量に苦しみながら体を仕上げていた。

グリコーゲンの重要性

　炭水化物は体内で代謝されると、肝臓や筋肉の中にグリコーゲンとして貯蔵され、運動時のエネルギー源となる。筋肉を鍛えると、筋組織のグリコーゲンの貯蔵能力が向上する。グリコーゲンは（1gあたり2.7gの）水と結合するため、筋組織の貯蔵能力が上がれば、筋肉が大きくなる。そのため、ボディビルダーはステージに上がる日が近くなったタイミ

ングでカーボアップする。グリコーゲンがふんだんに詰まった筋肉は、大きく、張りがあり、たくましい。反対に、グリコーゲンが足りない筋肉は、小さく、しぼんでいるように見えてしまう。

ケトーシス

　ケトーシスは、炭水化物が欠乏した状態のことだ。人体は体脂肪を代謝するために十分な量の炭水化物を必要とする。よく言われる通り、「脂質は炭水化物という炉で燃やされる」のだ。もし、この燃焼プロセスを進めるだけの炭水化物がない場合（大抵無理にダイエットに励んだ結果）、体は緊急措置をとらざるをえない。ケトーシスの病態は実質、血中のケトン体濃度が高くなる状態で、これをケトン血症という。ケトン体とは、体脂肪を分解する過程で生成される物質であり、グリコーゲンが枯渇したときにそれに代わるエネルギー源として利用される。また脳や神経系の機能を維持するためにも使われる（通常はグリコーゲンが主要なエネルギー源である）。

　問題は、そのケトン体が運動時のエネルギー源としてグリコーゲンほど効率的ではないということだ。ケトーシスの状態が長く続くと、体がだるくなり、精神機能に異常をきたすようになる。そして、徐々に脱水に陥るのだ。さらに悪いことに、炭水化物が枯渇した状況を受け、体が代替エネルギーを産生しようと、アミノ酸（タンパク質の成分）をどんどん代謝しはじめてしまう。そうなると、筋肉の土台をしっかり固めようとする者にとって、かなり逆効果であることは明らかだ。

　炭水化物の制限には、他にもマイナス点があるが、詳しくは次のチャプターで見ていくことにする。さしあたり、私からの助言に耳を傾けてほしい。重度の欠乏症は**いかなるものでも**、健康に害が及ぶ。ひいては、トレーニングの強度が落ち、筋肉を十分に発達させることができなくなるだろう。

食事とトレーニング

　各自のトレーニングメニューに合わせて、何をいつ食べるべきか、若いボディビルダーからアドバイスを求められる機会は多い。トレーニングの間、筋肉は豊富な血流を必要とする。その証拠に、ボディビルダーが自覚するパンプアップはおおむね、血流増加で肥大しているのが実体だ。ところが、消化管が大量に取り込まれた食べ物の消化に普段より多くの血流を使っていると、消化管以外への血流が少なくなり、筋組織が割を食うことになる。すなわち、たらふく食べてからトレーニングに臨むと、体内で血流をめぐる争いが勃発するのだ。血流が一気に引く手あまたになるわけである。たくさん食べた後にすぐ泳ぎにいくのはやめなさい、という親の言いつけには一理あるのだ。泳いでいる際中、動かしている筋肉に血流が十分行き渡らないと、激しくつったりする事態になりかねない。

　満腹のままトレーニングすれば、とても不快な気分を味わうことになるだろう。具体的

には、倦怠感や腹部の膨満感に襲われ、体の動きが鈍く感じられるはずだ。かなり高い負荷をかければ、吐き気を催すかもしれない。

食べ物の代謝に要する時間はさまざまだ。胃の中が空になるまでの時間はおおむね2～6時間だ。真っ先に消化されるのは炭水化物で、タンパク質が次に続く。そして最後に、脂質が消化される。

朝目覚めたとき、最後に食べてから8～12時間経っているのであれば、体は炭水化物が枯渇した状態にある。炭水化物は筋肉を激しく収縮させるのに必要なグリコーゲンの材料となる栄養素だ。したがって、午前中にジムでトレーニングする前に、高炭水化物の朝食を摂るのは理に適っている。

果物やフルーツジュース、トーストといった軽食もトレーニング前のエネルギー源になる。これらの軽食はトレーニング中に動きの鈍さを感じることなくエネルギーを与えてくれるだろう。しかし、タンパク質と脂質の両者をふんだんに含む卵や食肉、チーズといった食品を朝食に摂ると、消化されるまで長い時間がかかる。よって、トレーニング前にそのような食品を口にするのは控えるべきである。

また、トレーニング後すぐに大量の食事を摂るのも避けたほうがよい。トレーニングによってかなりの負荷をかけられた体は、もとの状態に戻るまで時間を要する。体は徐々に筋組織に集中している血流を全身にまんべんなく行きわたらせ、最終的にストレス反応が終わる。タンパク質またはタンパク質と炭水化物の入ったサプリメントドリンクであれば、トレーニング後に必要な栄養素を消化管に負担をかけずに補給できる。その後シャワーを浴びて普段着に着替え、ジムから出るころには、体も通常に近い状態に戻っているはずだ。そうしたら椅子に腰かけ、バランスのよい「本来の食事」を口にすればよいだろう。

栄養補給の頻度

消化管は「休ませる」必要があるため、あまり頻繁に食べるべきではない、との俗説がある。頻繁に食べすぎると、食べ物が効率的に消化されなくなるということらしい。しかし、真実はその逆である。私たちの遠い祖先は、一日に何度も食事をしていた。植物や果物を見つけたり、動物性タンパク質を得る機会に恵まれたりするたびに、それらを口に運んでいたのだ。

つまり大量の食事を数回摂るよりも、少量の食事を複数回に分けて摂るほうが人体に適しているのである。一日に3度の食事をよしとすれば、一日に4度の食事はなおよしというわけだ。多くのボディビルダーは2～3時間おきに食べるため、一日に少なくとも5度食事をする計算になる（大半の人にとってはやや多すぎるかもしれない）。食事の回数を増やすことは、一日の総摂取カロリーが妥当な範囲に収まる限り、体重管理の面で役に立つ。なぜなら、極度の空腹を覚えることがほとんどなく、体にしてみれば、取り込まれた食べ物を体脂肪として蓄える理由がどこにもないからだ。その点について、次のチャプターで掘り下げていきたい。

CHAPTER 2
体重管理：筋肉を増やし、脂肪を減らす

　ボディビルにおける食事の目的は、筋肉を増やし、脂肪を減らすことだ。世間一般で人気の食事メニューの多くは体重を落とすことを目的としたもので、それらを取り入れるとおおむね、貯蔵された体脂肪だけでなく筋肉量も大いに減らしてしまうことになる。またボディビルダーの中には、筋肉の質感を最大限出そうとして、図らずもなかば飢餓状態に自らをさらしてしまう者もいる。しかし、これから述べる通り、トップビルダーのほとんどは体脂肪を極力抑えつつ、筋肉量を増やす食事メニューを組んでいる。摂取カロリーを制限しているときでさえも、一定以上のカロリーの確保に努めているのだ。

　それでは食事による体重管理に関して、まず主な目的と問題点から見ていこう。その後、それぞれの目的に合った食事メニューの組み方について具体的に記していくことにする。

体組成

　ボディビルダーの食事メニューは、一般的な食事メニューとはかなり異なる。ボディビルダーにとって重要なのは体重ではなく**体組成**、すなわち以下に挙げる成分の割合なのだ。

1. 除脂肪体重（体脂肪以外の筋肉、骨、結合組織などの重量）
2. 体脂肪
3. 水分

　ボディビルを始めたばかりの選手にとって主な問題は一般に**筋肉をつけること**である。だが経験を積めば、重要なのは体組成の**コントロール**であることに気づくだろう。つまり、体脂肪と筋肉のどちらが寄与しているかも気にせずに、ただ体重を増やす(または減らす)のではなく、体組成を変えることこそが重要だと気づくのだ。あくまで私見だが、単に体を大きくするのではなく、**筋肉を増やすこと**の重要性に早く気づいた選手ほど一流になるように思う。体脂肪を増やして体を大きくした場合、のちに余分な体重を相当減らさなければならない。また体に非常に悪い食習慣が身についてしまい、そのような食習慣と決別する苦しさも味わうだろう。

　このチャプターでは、体組成をコントロールする方法について見ていく。具体的に言えば、何をどれぐらいの量食べればよいのか、そして運動内容によって食事メニューをいかに変えるべきか、といった点である。その他、体のタイプや年齢などによる違いについても紹介したい。

身体能力の向上や健康増進、筋力アップなど、大会出場以外を目標とするボディビルダーにとっては、長年の試行錯誤によって自分なりに築いてきた食事メニューが、体組成のコントロールに最も効果的かつ効率的だろう。ただし、そもそも人体は相反する2つを同時に行うようにはできていない。（1）筋肉を増やす。（2）脂肪を減らす。これらを同時に達成するのは、非常に難しい。とはいえ世界中のボディビルダーたちが日々挑んでいるのは、体重と体組成の同時管理である。それは、一般的な感覚からすれば、離れ業とも言えるかもしれない。その離れ業を、どうすれば達成できるのか。このチャプターと、大会に向けた食事メニューを主題とする次のチャプターで答えを探っていく。

体組成の変動要因

いついかなるときでも、体組成は次に挙げるような複数の要素で変動する。

遺伝子 —— 自分の体は元来どのようなタイプだろうか？ 外胚葉型（太りづらいタイプ）だろうか、中胚葉型（筋肉質なタイプ）だろうか、内胚葉型（太りやすいタイプ）だろうか？（BOOK2参照）

代謝 —— 食べても食べてもカロリーが燃焼される体か、それともその逆か？ これも遺伝的要素である。どれだけ食べても太らないような人もいれば、食べ物を**見る**だけで太る気がすると嘆く人もいる。

摂取カロリー —— 自分は大食漢だろうか？ 一日あたりどれほどのカロリーを摂取しているだろうか？ もし必要以上にカロリーを摂取しているならば、タンパク質だろうと炭水化物だろうと脂質だろうと、余剰分が体脂肪として蓄えられることになる。

食事の質 ——「ナチュラルな食品」を食べているだろうか？ 健康的な食品からカロリーを得ているだろうか？ たとえば、低脂質のタンパク源を食材として使ったり、野菜や果物、でんぷん食品など、栄養価の高い炭水化物をまんべんなく摂ったりしているだろうか？ 比較的脂質の少ない食事を摂っているだろうか？ ファストフードや加工食品、脂質や糖分を大量に含む食品をしょっちゅう食べたりしていないだろうか？

運動内容 —— 普段の食事が筋肉になるよう、真剣にウエイトトレーニングを行なっているだろうか？ もしその場合、ワークアウトのメニューは十分負荷が高いだろうか？

運動量 —— 日々の運動で、どれほどのカロリーを消費しているだろうか？ 有酸素運動を十分取り入れ、余分なカロリーを消費しているだろうか？ または蓄えた脂肪が燃えるよう運動しているだろうか？

食事と体のタイプ

体のタイプによる違いについては、先に述べた通りである（BOOK2参照）。ここでは、

体組成をコントロールするうえで求められる食事に関して見ていきたい。

外胚葉型 ── このタイプの人は代謝が速く、食べ物を食べるとすぐさまエネルギーに変換される。そのような人たちは、タンパク質を多く摂り、摂取カロリーも増やす必要がある。必要なカロリー量が多いため、一般に他の2つのタイプに比べて、普段の食事で摂取する脂質の量が多くなっても構わないという利点がある。

中胚葉型 ── このタイプの人は、取り込んだ栄養素が効率よく筋組織の構築に使われるため、筋組織を維持するだけの多量のタンパク質が求められる。とはいえ、摂取すべき総カロリーは標準的か、若干少なくすること。脂質を効果的に燃焼できるのも特徴の1つである。

内胚葉型 ── このタイプの人は、代謝が遅く脂肪細胞の数が多いため、口に入れた食べ物が体脂肪に非常に変わりやすい。タンパク質を十分摂る必要はあるが、摂取カロリーを極力抑えなければならない。具体的には、脂質の摂取割合を総摂取カロリーの20％以下にする必要がある。

ちなみに内胚葉型の人の約20％は甲状腺機能が標準以下であり、その点も厄介な問題だ。ただし、内胚葉型の人は体脂肪の抑制に日々努めなければならない一方、外胚葉型の人に比べて筋肉がつきやすい。いずれにしても、余分な体脂肪の多くは食事と運動によって減らすことができるだろう。

年齢と体脂肪

10代の若者の多くは（特に外胚葉型か、外胚葉型と中胚葉型の中間タイプであれば）、代謝が非常に速く脂肪がつきづらいため、何を食べても許されるように思われる。脂質や糖分がふんだんに入ったジャンクフードでさえも、だ。もちろん「ウエイトゲイナー〔訳注：体作りで体重増量を図る人のために開発された高栄養食品〕」のような製品を活用している人もいるだろう。

しかし、10代の若者であっても年をとるにつれ、自分の体に何かしら変化を感じるようになるはずだ。研究結果によれば、成人は30歳を過ぎると年ごとに代謝が落ち、低下幅は一日にして約10kcalだという。その数字はさほど大きくないように感じるかもしれない。だが徐々に代謝が落ちるせいで、40歳以上にもなると運動や食事の習慣が同じにもかかわらず、多くの人が太りやすくなったと実感するようになる。

この加齢による代謝の低下は、決して抗いようがない問題ではない。食事にもう少し注意したり、一日の運動時間をあと10分増やしたり、有酸素運動を10分延長したりすればよいのである。ただし、加齢による代謝低下の背景には、筋組織が年々ゆっくりと失われていく事実がある点にも注意したい。言い換えれば、ハードなトレーニングによって筋肉の大きさと強さを維持すれば、年齢とともに太りやすくなったと悩む必要はなくなるのであ

る。

摂取カロリー

　体のタイプに関係なく、エネルギーの消費量が摂取量を常に上回るのであれば、体脂肪は減ることになる。つまり、摂取する以上にカロリーを燃やせば、体脂肪は減るのだ。次の計算式を見れば、具体的に理解できるだろう。

（A）安静時代謝率（RMR）＋活動による消費カロリー＝総消費カロリー
（B）一日に体内に取り入れた食べ物のカロリー＝総摂取カロリー

　要はAがBより常に大きい場合、**体脂肪が減る。**反対にBがAより常に大きい場合は、**体脂肪が増える。**
　私はかつてクロスカントリーハイク〔訳注：自分でルートを開拓しながら進む山登り〕が大好きな友人にこう言われたことがある。「一度の山行で何日もシエラネバダ山脈を歩くとなると、60ポンド（27.2kg）のバックパックを背負って道なき道を進む必要があるから、体重を維持するだけの食料を持って行くなんて**不可能さ**」。なるほど、アウトドア用品店に置いてあるトレイルミックス〔訳注：主に登山用に開発された高栄養の携行食品〕にはどれも脂質がたっぷり含まれているわけである（とはいえ、トレイルミックスをダイエット食品だと考えている人が今なお散見される）。登山時には大抵、道中栄養補給する必要があるため食料を十分携行しなければならない。カロリー消費が非常に激しい運動と言えるだろう。
　いずれにせよ（ウォーキングやランニング、自転車、スキー、水泳、その他のスポーツなど運動の種類を問わず）体をたくさん動かすほどカロリーが多く燃焼されるため体型管理が楽になる。そのため体作りに真剣に励むボディビルダーのほとんどが、ジムでのトレーニングメニューに何らかの運動、つまりトレッドミルやエアロバイク、ステップマシンなどのマシンを利用した有酸素運動を取り入れ、総運動量を増やしている。

食事の質

　摂取カロリーと並んで、「何を食べるか」という点も重要である。摂取カロリーを厳しく制限すればするほど、できるだけ栄養密度の高い食品、すなわち費用対効果に優れた食品を摂るよう心がけなくてはならない。一日に同じ3000kcalを摂取するボディビルダーでも、低脂質のタンパク源や、野菜や果物、でんぷん食品といった良質の炭水化物源から摂取カロリーの大半を得る選手は、脂質や糖分が多く含まれた加工食品やファストフード、いわば偽りのカロリーであふれた栄養価がないに等しい食品からカロリーを得る選手よりも、よりハードにトレーニングできるし筋肉もサイズアップできるだろう。
　「ナチュラルな食品」から栄養を得ることこそ、ボディビルダーの食事の基本なのだ。

「あなたは食べたもので出来ている（You are what you eat）」と昔からよく言われるだろう。では、ジャンクフードばかり食べていればどうなるか。答えは記すまでもない。

体の「要求」を作り出す

　食べるということは、体内にカロリーを取り込むことにほかならない。したがって特定の目的のためにカロリーが使われなければ、食べた食品のカロリーは、その源がタンパク質だろうと炭水化物だろうと脂質だろうと、余さず体脂肪になる。

　取り入れられたものに対する体の**反応**は、トレーニングの量や内容によって作り出された体の要求に大きく依存する。たとえば有酸素運動の場合、多くのカロリーが燃焼されるため、身体活動の主なエネルギー源である体内の**グリコーゲン**が枯渇する。したがって、長時間にわたるトレーニングの後に炭水化物を摂ると、体はできるだけ早くその炭水化物をグリコーゲンに変えようとし、体脂肪として蓄えられる分はほとんど残らない。

　対照的に、高強度のワークアウトを行うと（高重量のウエイトで筋肉を鍛えると）、体はもっぱら**タンパク質**を求める。よって、高強度のワークアウトの直後やその日のうちに摂取したタンパク質は、その手のトレーニングを行わない日に比べて、高い確率で筋組織の構築に使われる。また体がタンパク質を強く求めるため、有酸素運動のときと同様、過剰に摂取されない限りタンパク質が体脂肪として蓄えられることもほとんどない。

　平たく言えば、こういうことである。**タンパク質を直に筋肥大の材料として使いたければ、高負荷のトレーニングを行えばよい。また余分なカロリーを燃やしたければ、有酸素運動の時間を増やせばよいのだ。**

有酸素運動の適正時間は？

　有酸素運動は心臓と肺はもちろん、循環器系全般によい影響を与えるため、誰でも少しは行うべきだ。私は**1週間に4〜5日、一日最低30分**は何かしらの有酸素運動を行っている。

　体重が増えにくい人、すなわちやせ型で太りづらい外胚葉型の人は、有酸素運動の時間を私より少なくするほうがよいだろう。有酸素運動では多くのエネルギーが消費される。よって筋肉を最大限成長させるため、エネルギーを蓄えておく必要があるのだ。

　反対に体脂肪を落とそうとしている人、とりわけ内胚葉型に近いやせづらい人は、有酸素運動の時間を私より増やすと効果的だろう。たとえば**1週間に4〜5日、一日45〜60分といった具合にだ。**

　ただし、普段あまり有酸素運動を行わない人は軽いメニューから始め、徐々に体を慣らしていく必要がある。屋外やトレッドミルでのランニングなど、体に負担が大きい運動をするときはなおさらだ。ひどい筋肉痛になったりケガを負ったりすれば、トレーニングに支障が出て、体を大きく成長させることができなくなる。

　また、ジムでのワークアウト直前に、有酸素運動を行うのも控えたほうがよい。中には

有酸素運動がウォーミングアップに適しているとして、ワークアウト前に行う選手もいる。しかし、そうすると体に疲れが残ってしまい、本来できるはずの高強度のメニューを消化できなくなってしまう。

筋肉量を増やすための食事

　先にも記したが、多くの選手はボディビルを始めた当初、比較的体重が軽い。特に若いボディビルダーはそうである。「おい、モヤシ、あばらが浮き出ているぞ」とからかわれることもあるだろう。そのような選手が筋肉を増やすには、以下のポイントを押さえる必要がある。

1．高重量かつ高強度のワークアウトを継続的に行い、筋成長を促す。
2．ワークアウトによって体がアミノ酸を欲するため、タンパク質を十分摂取する。
3．高強度のワークアウトに見合うだけの栄養素をしっかり補給するため、余分な体脂肪がつかない範囲で総摂取カロリーを増やす。
4．有酸素運動の時間を、前述の通り1週間に4～5日、一日30分以下の無理のない範囲に留める。

すぐにでも取り組めるように、増量を目的とした食事メニューの具体例をいくつか紹介したい。それらをもとに、オリジナルメニューを作ってもよいだろう。ある日から突然、食事量を増やすと消化しきれない可能性があるため、メニューは3つのレベルに分けてある。実施要領は次の通りだ。

1．レベル1に示すメニューを食べる。増量の成果が出るまで続け、体重が増えなくなったらレベル2のメニューに移る。
2．もしレベル1のメニューを3週間続けても体重が増えない場合も、レベル2のメニューに移行する。
3．レベル2のメニューに移行したら、増量という成果が出ている限り、レベル2のメニューを継続する。その後、体重が増えなくなったら、レベル3のメニューに移行する。
4．もしレベル2のメニューを3週間続けても体重が増えない場合も、レベル3のメニューに移行する。

　一度に大量の食べ物を胃に流し込むのは、前のチャプターでも述べたが、控えたほうがよい。単純に消化管が処理しきれないためだ。食べる量を増やしたいのであれば、食べる回数を増やすべきである。事実、私は総摂取カロリーをアップさせる方法として、一日3回以上食事することを勧めている。一日の食事回数を4回にして、消化されやすいアミノ

酸が大量に入ったプロテインドリンク（詳細は後述）で栄養を補えばなおよいだろう。それは、増量を渇望していた15歳の私がまさに行っていたことである。プロテインドリンクはカロリーアップとアミノ酸補給に適しているだけではなく、他のタンパク源に比べて経済的でもあるのだ。

筋肉量を増やすための具体的な食事メニュー

　ここまでは、筋肉を発達させるにはタンパク質を十分摂取することが重要で、代謝率が非常に高く筋肉がつきづらい人は総摂取カロリーの増量がカギになると述べてきた。そのような食事法は主に外胚葉型の人に向けたものであるが、ここで改めて注意を促しておく。体重が増えづらいからといって、**ジャンクフードや低栄養の高カロリー食品をたらふく食べればよいというわけではない。**トレーニングに汗を流し、たくさん食べるという点に間違いはない。ただし、ナチュラルな食品を含む栄養価の高い食事を摂る必要があるのだ。結局のところ、体に必要な栄養を摂らずにエネルギーが不足すれば、筋肉をつけることなどできないだろう。

　もちろん、すでに食事量が多い人にとって次に紹介する筋肉量アップの食事メニューはやや拍子抜けかもしれない。しかし、外胚葉型の人の多くは代謝がよいだけではなく、**元々食事量がさほど多くない**のである。もっとも、外胚葉型でありながらレベル1またはレベル2の食事メニュー以上に普段から食べているのであれば、より筋肉をつけるためには食事量を増やす必要がある。一段高いレベルのメニューから始めてもよい。なお、摂取カロリーについては個々の目的に合うように調整してほしい。ただし、口にする食品に関しては、あくまで健康的で栄養価の高いものを選ぼう。

　以下のメニューに基づいて食事を摂り、後述するプロテインドリンクで栄養を補えば、タンパク質の摂取量は十二分なほどで、何も心配することはない。体重アップに散々苦労している外胚葉型の人は、タンパク質量ではなく、トレーニングの強度と総摂取カロリーの向上が鍵になる。それを踏まえ、各食事メニューの末尾に摂取できるおおよそのタンパク質量を付記している。

レベル1

朝食
卵2つ、ポーチドエッグが好ましいがどんな調理法でも構わない
食肉または魚0.25ポンド（113.4g）
牛乳8オンス（236.6ml）
全粒粉のパン1枚とバター
（タンパク質量＝約52g）

昼食
食肉、魚またはチーズ0.25ポンド（113.4g）
全粒粉のパン1〜2枚
牛乳またはフレッシュジュース8オンス（236.6ml）
（タンパク質量＝約43g）

夕食
食肉または魚0.5ポンド（226.8g）
ベイクドポテトとバターまたはサワークリーム
生野菜たっぷりのサラダ
牛乳8オンス（236.6ml）
（タンパク質量＝約48g）

レベル2

朝食
卵3つ、ポーチドエッグが好ましいがどんな調理法でも構わない
食肉、魚またはチーズ0.25ポンド（113.4g）
牛乳8オンス（236.6ml）
全粒粉のパン1〜2枚とバター
（タンパク質量＝約61g）

昼食
食肉、魚またはチーズ（組み合わせも可）0.5ポンド（226.8g）
全粒粉のパン2枚とバターまたはマヨネーズ
牛乳8オンス（236.6ml）
生の果物1つ

（タンパク質量＝約71g）

夕食
食肉、魚またはチーズ（組み合わせも可）0.5ポンド（226.8g）
ジャガイモかサツマイモのベイクドポテトまたはボイルドポテト
生野菜たっぷりのサラダ
（タンパク質量＝約59g）

レベル3

朝食
卵4つ、ポーチドエッグが好ましいがどんな調理法でも構わない
牛乳8オンス（236.6ml）
全粒粉のパン1〜2枚とバター
生の果物1つ

パンと果物の代わりに、ホットオートミールやブランシリアルなどシリアルの調理食品でも可。ただし、甘味料はフルクトースに限る。カロリーを増やしたい場合はハーフ＆ハーフ（牛乳とクリームを半分ずつ混ぜたもの）かクリームを使用する。
（タンパク質量＝約72g）

昼食
食肉、魚またはチーズ0.5ポンド（226.8g）
全粒粉のパン1〜2枚とバターまたはマヨネーズ
牛乳8〜16オンス（236.6〜473.2ml）
生の果物1つ（好みでカッテージチーズと一緒に）
（タンパク質量＝約74g）

夕食
食肉、魚またはチーズ（組み合わせも可）0.5〜1ポンド（226.8〜453.6g）
ベイクドポテトまたはスチームドポテト。ベイクドビーンズまたはボイルドビーンズでも可。
軽く蒸した新鮮な野菜
生野菜たっぷりのサラダ
生の果物1つ
牛乳8オンス（236.6ml）
（タンパク質量＝約112g）

高カロリーのプロテインドリンク

プロテインサプリメントの効能については前のチャプターで述べた通りである。摂取タンパク質量を増やすためのプロテインドリンクには2種類あり、それぞれ特徴が大きく異なる。

1. タンパク質のカロリー以外、余分なカロリーが含まれていない（含まれていたとしても微量の）プロテインドリンク。
2. タンパク質のカロリー以外にも、多くのカロリーが加えられているウエイトゲイナーのプロテインドリンク。

上記2つのタイプの製品（このチャプターの後半で詳述）は表示ラベルをじっくり見れば、すぐ違いがわかるだろう。たとえば、タンパク質を27ｇ含有する純粋なプロテインドリンクは、タンパク質の他に水分や人工甘味料だけが含まれており108kcalである。対して、私がかつて愛飲していたウエイトゲイナーのプロテインドリンクの場合、タンパク質の含有量が同じ27ｇの製品であっても、炭水化物に加えて脂質も添加されており、推奨通り牛乳を混ぜて飲むと何と**2000kcal**にもなる！　言うまでもなく、違いをしっかり理解したうえで、どちらのタイプを飲むか決めるべきだろう。

私の現役時代は現在のようにさまざまな種類のプロテインドリンク（またはプロテインバー）が販売されているわけではなかった。そのため私はオリジナルドリンクを作るのが好きだった。そうすることで、ドリンクに何が含まれているかを正確に把握できたし、どの栄養素が自分に合っているかも知ることができた。

ボディビルに取り組むと同時に自分でプロテインドリンクを作り始めたわけだが、私がまだ15歳だった当時は今日のようにプロテインパウダーが簡単に手に入る時代ではなかった。したがってスキムミルクパウダーや卵、ハチミツなどの材料を混ぜ合わせ、独自のプロテインドリンクを作り、それを魔法瓶に入れて学校や仕事場に持参していた。そして午前10時頃に昼食までの栄養補給として半分を、午後3時頃に残りの半分を飲むのである。このプロテインドリンクを携行する習慣は、オーストリア陸軍で一日3度、きちんと食事できるとは限らない生活を送っていたとき、さらに役立った。タンパク質を摂る機会が一日を通してそのドリンクを飲むときだけ、なんて日もあったからだ。

栄養について知識を深めるにつれ、オーストリアで当初作っていたものよりも、栄養価が高く、体作りに効果的なプロテインドリンクを作成できるようになった。とはいえ、ドリンクの目的は同じである。体にタンパク質を十二分に取り入れ、筋肉が最大限成長するだけのアミノ酸を提供し、トレーニングと体作りの原動力であるカロリーをしっかり補給することである。

プロテインパウダーで最良の製品は、牛乳と卵に由来するタンパク質を成分とするもの

だろう。最近特に人気なのがホエイプロテインだ。ただし、一般にジュースや牛乳に溶けにくいため、ミキサーを持っている人は活用してみてはどうだろうか。ともかく、プロテインパウダーの購入を検討しているのであれば、いかなる製品だろうと必ず表示ラベルを確認するべきである。たとえば牛乳と卵に由来するプロテインパウダーであれば、大抵次のように成分が表示されているはずだ。

1回分：1オンス（29.6ml）（約1／8カップ）
カロリー：110kcal
1回分あたりのタンパク質：26g
1回分あたりの炭水化物：0g
1回分あたりの脂質：0g

一日に3回分を目安に飲めば、十分なタンパク質を得られるだろう。できれば、朝食と昼食の間に1回、昼食と夕食の間に1回、就寝1時間ほど前に1回飲むのが好ましい。ただしタンパク質は消化に時間がかかるため、ワークアウトの少なくとも1時間半前には必ず飲み終えておくむようにしよう。

レベル1

牛乳またはジュース20オンス（591.5ml）
クリーム4オンス（118.3ml）（または紅花油1オンス（29.6ml）と水3オンス（88.7ml））
※代謝が遅い人はクリームではなく紅花油と水にする。摂取カロリーが増えても問題なければ、クリームの翌日は紅花油と水といった具合に交互に摂るとよい。
卵2つ
レシチン顆粒小さじ2
牛乳と卵由来の良質のプロテインパウダー1／4カップ
香料
（タンパク質量＝約50g）

牛乳とクリーム、卵、レシチン顆粒をミキサーに入れ、少し混ぜる。レシチン顆粒が溶けるまで数分間待ち、その後プロテインパウダーを加え、ミキサーを稼働させてよく混ぜる。出来栄えをイメージして、香りを添加する。十分に熟したバナナなどのフルーツや、バニラエキスなどの香料を使うとよいだろう。甘くしたければ、小さじ1杯以下のフルクトースを加えるのがおすすめだ。なおアイスクリームやチョコレートシロップなどスクロースを豊富に含む食品は避ける。

レベル２

　　牛乳またはジュース16オンス（473.2ml）
　　クリーム６オンス（177.4ml）（または紅花油２オンス（59.1ml）と水５オンス（147.9ml））
　　卵４つ
　　レシチン顆粒小さじ４
　　牛乳と卵由来のプロテインパウダー１／２カップ
　　香料
（タンパク質量＝約72ｇ）

　牛乳とクリーム、卵、レシチン顆粒をミキサーに入れ、少し混ぜる。レシチン顆粒が完全に溶けるまで数分間待ち、その後プロテインパウダーを加え、ミキサーを稼働させてよく混ぜる。レベル１と同じように、香りを添加する。ただし甘くしたい場合は、フルクトースを小さじ２杯までに留める。

レベル３

　　牛乳またはジュース16オンス（473.2ml）
　　クリーム８オンス（236.6ml）（または紅花油３オンス（88.7ml）と水６オンス（177.4ml））
　　卵６つ
　　レシチン顆粒小さじ６
　　牛乳と卵由来のプロテインパウダー３／４カップ
　　香料
（タンパク質量＝約98ｇ）

　牛乳とクリーム、卵、レシチン顆粒をミキサーに入れ、少し混ぜる。レシチン顆粒が完全に溶けるまで数分間待ち、その後プロテインパウダーを加え、ミキサーを稼働させてよく混ぜる。好みで、香りを添加する。

　レベル３のプロテインドリンクでも体重が思ったより増えない場合は、さらに多くのタンパク質を含む以下のドリンクを、普段の食事に加えて飲んでみよう。

　　牛乳またはジュース12オンス（354.9ml）
　　クリーム12オンス（354.9ml）（または紅花油４オンス（118.3ml）と水８オンス（236.6ml））
　　卵６つ

レシチン顆粒小さじ6
牛乳と卵由来のプロテインパウダー3／4カップ
香料
（タンパク質量＝約96ｇ）

牛乳とクリーム、卵、レシチン顆粒をミキサーに入れ、少し混ぜる。レシチン顆粒が完全に溶けるまで数分間待ち、その後プロテインパウダーを加え、ミキサーを稼働させてよく混ぜる。好みで、香りを添加する。

ビタミンとミネラルのサプリメントは増量に不可欠というわけではないが、どの栄養素が不足しても、最高の体作りが実現しない点に留意しよう。短期目標が増量だろうと減量だろうと、その点は同じである。

体脂肪を減らす方法

ファスティング（断食）すれば、最も早く体脂肪を減らせると思うかもしれない。だが、ファスティングで体重を1ポンド（0.45kg）減らした場合、そのうち60％が筋肉に相当し、脂肪は40％にすぎない。除脂肪体重を確実に増やそうとしている者にとって、それは受け入れがたい数字だろう。何しろ、脂肪よりも筋肉が多く失われるのだ。

ボディビルダーが体脂肪を落としたければ、タンパク質の摂取量を維持したまま、他の栄養素の摂取量を減らす必要がある。またトレーニングメニューにおける有酸素運動の時間を増やし、エネルギーをより多く使うことで、カロリー収支のマイナス幅を大きくしなければならない。

体重を減らすために摂取カロリーをどのぐらい抑えればよいのか具体的に示すのは難しい。体のタイプや体重、運動の強度、生まれ持った代謝率など、あまりに多くの要素が絡んでくるからだ。しかし、食事で摂取するカロリーよりも消費するカロリーを多くして、カロリー収支をマイナスにする必要があることは間違いない。よって、おおむね試行錯誤しながら、適正量を見極めていくことになる。たとえば食事メニューを毎日記録しているとして、一日に3000kcal摂っても体重が変わらなかったとする。その場合、カロリー収支をマイナスにして体脂肪を減らすべく、一日あたりの摂取カロリーを2000〜2500kcalに減らしてみるとよいだろう。身体的な活動レベルを高くして、消費カロリーを増やすのも手である。代謝率が非常に低い人であれば、摂取カロリーをさらに減らして1600〜1800kcal程度に抑えてみるのもよいかもしれない。前述の通り、摂取カロリーの見極めは個々の試行錯誤によるところが大きい。とはいっても、原則はあくまでシンプルだ。体脂肪を減らすには、摂取カロリーの制限もしくは運動量のアップ、またはその両者を同時に試みるしかないのである。

それでも**何が何でもできるだけ多くの体脂肪を減らしたい**と考えるならば、筋肉量を落とさずに脂肪を**最大限**落とす方程式を示すことができる。具体的には次の通りだ。

1．トレーニングの実施日は継続して十分な量（体重1ポンド（0.45kg）あたり最低1g）のタンパク質を摂る。――休息日は多少少なくても構わない。
2．脂質の摂取量を一日の総摂取カロリーの約20％以下に抑える。（ただし研究によると通常の食事に加えて魚の油のサプリメントを毎日6ｇ（1ｇのカプセルを6つ）摂ると食事メニューを変えなくても体脂肪が減り筋肉量が増える。）
3．ケトーシスに陥らない範囲で炭水化物をできるだけ控える。
4．先ほど述べた通り、有酸素運動を1週間に4〜5回、一日45〜60分間実施する。

タンパク質をしっかり摂り、ケトーシスを回避して（アミノ酸がエネルギーとして使われすぎないようにして）、無理のない範囲で脂質を抑えれば、**栄養欠乏やカロリー不足に苦しむことなく、心置きなく体脂肪の低減に励むことができる**。ただし、ケトーシスを防ぐのに必要な炭水化物の量は（ワークアウトや有酸素運動を含めた）運動量に依存する点に留意したい。よって、体脂肪削減に努めようとしているならば、日頃から自分の体がケトーシスの症状に陥っていないか確認する必要がある。

なお誤解しないでほしいが、炭水化物は健康に害を及ぼすわけでも、特に太りやすい栄養素であるわけでもない。栄養素である限り、偽りのカロリーとして消化されることはないのだ。体脂肪削減のために炭水化物の摂取量を減らす理由は、あくまで（タンパク質以外の）総摂取カロリーを最小限に抑えるためである。

ケトーシス

ケトーシスは炭水化物の摂取量が少なすぎる場合に起こる。回避すべき状態だが、どういうわけかケトジェニックダイエット〔訳注：厳しい糖質制限により体をケトーシスの状態にして行うダイエット〕に取り組むボディビルダーは多い。たしかにケトジェニックダイエットでは、タンパク質と脂質については大量に摂っても構わないので、それほど空腹感を覚えなくて済む。だが、炭水化物の欠乏により脱水症状となり体重が減るため、体脂肪が減ったことによる成果と混同されやすい。

炭水化物の摂取を制限しているのであれば、Ketostix を購入して、自分の体がケトーシスの状態にあるか確認してみるとよいだろう。Ketostix は、ほぼすべてのドラッグストアに置いてあるケトーシスの試験紙だ。試験紙を尿の中に通して赤や紫色に変われば、体がケトーシスに陥っていることを示す。試験紙の色は、ケトーシスの重症度によって変わる。色が変わらなければ、少なくとも炭水化物の摂取量が足りている証拠だ。だが色が**少しでも**変化した場合は、体内にグリコーゲンが十分貯蔵されていない状態を意味し、炭水化物の摂取量を増やさなければならない。つまり、簡単に言えばこういうことだ。**Ketostixの色が変わらない限り、炭水化物は自身の判断で制限しても構わない。しかし色が変化したら、摂取量を増やす必要がある。**

おすすめのタンパク質源

　低カロリーのタンパク質源は数多くあるが、ボディビルダーの間で人気が高いのは次に挙げる食品だ。

- **魚**（特に油漬けではなく水煮のツナ缶）── 脂質を多く含む魚種は限られる。貝類は脂質こそ少ないが、コレステロールが多い。（なお前のチャプターで述べたように、サケやマスなどの脂質が多い魚でも、その油の効能によりたまに食べると体作りに効果がある）。
- **鶏肉**（ニワトリ、七面鳥）── 脂質が多い皮は取り除く。アヒルなどの鶏肉は脂質を多く含む。
- **卵** ── 卵白はカロリーが低い。しかし卵黄は卵白よりタンパク質の含有量が多く、栄養価がはるかに高い。
- **無脂肪乳**（低脂肪乳ではない）── 無脂肪乳はタンパク質と炭水化物がそれぞれ成分の50％を占める。低脂肪乳は成分の約2％が脂質である。
- **牛乳と卵またはホエイ由来のプロテインパウダー**

　以下に示すタンパク源は比較的脂質に富むが、アミノ酸の摂取に効果的な食品である。

- **牛肉** ── 赤身肉が望ましい。一般的な3オンス（85.1ｇ）のサーロインステーキは約330kcalで、タンパク質が20ｇ、脂質が27ｇ含まれる。一方で脂肪が非常に少ない赤身肉のステーキであれば、およそ220kcalで、タンパク質は24ｇ、脂質はわずか13ｇである。
- **豚肉** ── 赤身肉に限る。ソーセージやベーコンなどの豚肉加工品は避ける。
- **ラム肉** ── ラムチョップにはポークチョップより脂質が多く含まれる。
- **チーズ** ── 脂質の含有率が高いチーズもある。チーズが好きならば、食品ガイドで低脂質の種類を確認しておく。
- **牛乳** ──（バターやクリーム、サワークリームなどの乳製品も）

おすすめの炭水化物源

- **野菜**（特にブロッコリー、アスパラガス、芽キャベツ、えんどう豆などの青物野菜。できれば生のままか軽く蒸して食べるのが望ましい）
- **豆類**（糖分が多すぎる缶製品以外）── 豆類は完全タンパク質ではないため、食肉や米など他の食品と一緒に食べ、栄養を補完する必要がある。
- **サラダ** ── ドレッシングは少なめにする。

果物（缶製品ではなく生の果物）

全粒小麦または全粒ライ麦のパン

ベイクドポテト —— 普通の大きさのジャガイモはわずか100kcalほどである。バターやサワークリームの使用は控える。

米（Minute Rice〔訳注：米国で販売されているレンジで温めて食べる白米などの白米〕以外）

カロリーを抑えるには、なるべく何も足さずに食べるほうがよい。具体的には、バターやサワークリームをはじめ、ケチャップやマヨネーズといった油を多く含む調味料は避ける。また揚げる（カロリーが増える）、ゆでる（栄養素が失われる）という調理法よりも、焼く、あぶる、蒸すという調理法が好ましい。ドレッシングについては、かける量を控えめにしよう。小さじ１杯の油は100kcalで、バター１切れに相当する。もちろん塩の使用も抑えるべきだ。

脂肪を減らす食事の原則

1．時間をかけて体脂肪を落としていく。体重を１週間に２ポンド（0.91kg）以上減らすと、おおむね体脂肪だけではなく筋肉も失うことになる。
2．体重が減少し始めるまで摂取カロリーを少なくする。体重が落ち始めたら摂取カロリーを減らすのを止め、体重が減り続ける限り、その摂取カロリーを維持する。減量の成果が得られているならば、カロリー制限をさらに厳しくする必要はない。
3．ここまで紹介してきた方法より厳しい極端な減量は絶対行わない。体重１ポンドあたり最低１ｇ（体重1kgあたり2.2g）のタンパク質を摂り、脂質を控え、ケトーシスにならない範囲で炭水化物を削減する。
4．有酸素運動で余分なカロリーを消費する。有酸素運動に慣れていない場合、軽いメニューから始め、徐々に強度を上げていく。最終的には１週間に４～５日、一日45～60分行うようにする。メニューについては、早いペースのウォーキングやジョギング、エアロバイクなどが挙げられる。ジムでマシンを利用しても、屋外で独自に行っても構わない。いずれにせよ、体脂肪を減らすのに大いに効果的である。
5．必要な栄養素を確実に摂るため、ビタミンやミネラルのサプリメントを活用する。
6．できるだけ生鮮食品を口にする。そうすることで、カロリーを極力抑えながら栄養素を最大限摂ることができる。缶製品や冷凍食品、加工食品などは栄養価が低く、一般に糖分や塩分、化学添加物が含まれている。
7．摂取カロリーを記録しておく。記録しないと、実際の摂取カロリーが想定を上回っている場合が多い。

表示ラベルの確認

　表示ラベルの確認を習慣化することを、すべての人に勧めたい。製品をチラッと見るだけでは、誤った認識を持つ恐れがある。「低脂肪」「低糖」「低カロリー」といった言葉の使用にルールを設けようとする動きはあるが、そのような売り文句はメーカー側が使いたいと思えば大抵使用できてしまうのが実情だ。

　栄養成分表示は今日、わりと具体的に記されている。たとえば私が今、水煮のツナ缶を手にしているとしよう。油は小さじ1杯で100kcalあるので、油漬けのツナ缶はどうしても買いたくない。ツナを漬ける油に、ツナ自体と同等のカロリーが含まれているからだ。また水煮のツナ缶の表示ラベルを見ると、炭水化物が0gと示されている。やっぱりな、と思う。缶の中身は魚のタンパク質で、炭水化物は含まれないはずだからだ。では、タンパク質の量はどうだろうか？　2オンス（56.7g）あたり12gと表示されている。なるほど、では脂質は？　2オンス（56.7g）あたり2gだ。総計80kcalのうち、脂質が占める割合はわずか18kcalである。悪くない数字だろう。ちなみに、ナトリウムの含有量は250mg。ナトリウム量に関してはここでは言及せず、大会に向けた食事をテーマとする次のチャプターで詳しく述べることにする。

　さて、次にパスタを買うと想定しよう。いつもはツナと一緒に米を食べるが、たまにはパスタと合わせることにしたのだ。と、ちょうどそこにフェットチーネの乾麺の袋が並んでいるではないか。表示ラベルを見ると、タンパク質は1食分あたり8gで、炭水化物は39gである。よしよし、炭水化物だけではなくタンパク質も摂ることができる。ちなみに脂質は1人前食べると2.5gで、ツナと同じくかなり少量だ。1食分の分量を正確に測って食べれば（確実にそうするにはクッキングスケールを用いるしかない！）、わずか210kcalで、そのうち脂質はたったの25kcalである。

　結果として私がツナとフェットチーネで作ったのは、合計290kcalのパスタである。タンパク質は20g含まれるが、脂質はさほど多くない。健康的ですばらしいメニューだろう。もちろんそこにバターを加えれば、100〜200kcal増えることになる。そして、その増加分はほとんど脂質のカロリーだ。では、パスタソースはどうだろう？　表示ラベルによると、1／2カップあたり80kcalで、タンパク質の含有量は2g、脂質は少量に限られる。ということは、このパスタソースを1／2カップかければ、合わせて370kcalで、22gのタンパク質を複合炭水化物〔訳注：多糖類を主成分とする炭水化物で穀物などに含まれる〕と合わせて摂ることができる。体重管理の面で、優れたメニューと言えるだろう。

　さて、以上のようなことを抜かりなく行うには、栄養の専門家である必要があるだろうか？　答えは、ノーだ。ただ、表示ラベルを見るだけである。ちなみに私は先日、レンジで温めるだけのインスタントのチーズパスタを食べたが、表示ラベルを見たら、タンパク質はたったの8gで、750kcalもの総カロリーのうち40％が脂質だった！　もっとも、ボディビルダーのほとんどはそのようなインスタント食品など口にしないだろう。だが、販

売されている食品の中には、消費者が勘違いしやすいものもある。その好例が、カロリーや脂質含有率が低いように見えて、実は高い商品だ。その手の商品には、目立つところに「脂肪低減」と謳われていたり、ある部分に「カロリーダウン」（何と比較して？）と記されていたりする。したがって、栄養表示ラベルをしっかり見て、どんな成分が入っているか確認することが大事なのだ。

とはいえ、表示ラベルが記載されていない食品は多い。たとえば、常に私たちを誘惑してくるファストフード店のチーズバーガーやポテトなどだ。ピザ店のもちもちのピザなどもそうだろう。だが今日では、そのような食品についても大抵、栄養成分を確認することが**可能だ**。店舗内で情報提供している飲食店もあるし、書店をはじめ大半の健康食品店には、人気食品の栄養成分やカロリー内訳がページいっぱいに掲載された書籍やガイドブックが置いてある。実際にそのうちの１冊を手にしてみるのもよいかもしれない。ただし、心の準備はしておく必要がある。トレイルミックス〔訳注：登山などで食べる携行食〕をダイエット食品だと考えていた人たちと同じく、衝撃を受けることになるからだ。実のところ、朝食に食べるお気に入りの「ヘルシーな」シリアルや、抜群においしい「食物繊維が豊富な」ブランマフィンや、サラダに定番の「低カロリーの」ドレッシングには、考えているよりもずっと多くのカロリーが含まれている。よく冗談で言われるファストフードの「三大栄養素」こと、３つの成分がこれでもかというほど詰まっているのだ。そう、脂質、糖分、塩分である。

CHAPTER 3
大会に向けた食事制限

　ボディビルは、筋肉を鍛え、成長させ、盛り上げ、際立たせるのに、何よりも効果的である。また、丈夫で美しく健康な体作りだけではなく、野球やゴルフ、スキー、アメリカンフットボールなどスポーツのパフォーマンス向上においても極めて有益だ。とはいえ、**ボディビルはスポーツでもある。**事実、今日のあらゆるスポーツの中でも一、二を争うほど過酷で、難易度が高く、自制心が求められるスポーツだ。

　そのボディビルの競技面については、ポージングを含めBOOK4ですでに詳しく述べた。しかし、皮下の水分と体脂肪を極力抑えつつも筋肉の質感を最大限にアップし、最良のコンディションを維持して大会で結果を残し続けるためには、優れた食事プランが絶対に欠かせない。大会に向けた食事制限の本質は、肉体を**徹底的にコントロールする**ことにある。そして、その方法こそこのチャプターの主題なのだ。具体的には、次のような点を掘り下げていく。

1．いざ大会に向けて食事メニューを変えたとき、すぐ効果が現れるような**オフシーズン**の体重管理。
2．食事制限に最適な摂取カロリーとPFCバランスの計算方法。ダイエットの経過を詳細に記録する食事日誌。
3．栄養欠乏やエネルギー不足、代謝低下といったリスク要因の予防法。食事のタイミングと頻度。
4．体重計やキャリパー（皮下脂肪厚測定器）、その他の方法で体組成の変化を把握する方法。
5．大会の12週間前から始まる減量戦略の立てかた。数日前にカーボローディングして、皮下の水分量をコントロールしながら当日にピークを合わせる、といった具体的なダイエット計画。

オフシーズンの体重管理

　大会に向けた食事制限は、どこかのタイミングでスタートさせなければならない。そして、減量開始時の体重によって、食事制限の成否が大きく左右される。にもかかわらず、当然のようにも思える簡単なポイントを見逃しているボディビルダーは少なくない。簡単なポイントとは、オフシーズンでの体重管理が徹底されているほど、大会に向けた食事制限がスムーズに進むという事実だ。ボディビルダーの中には、オフシーズンに一気に増量したがる選手もいる。バルクアップという名のもと、そうすることで筋力が増し（きつい

ワークアウトにも打ち込めるようになり）、いつにも増して筋肉が成長すると思い込んでいるのだ。心理面で言えば、オフシーズンに怪物になった気分でジム内を闊歩したり、Tシャツ姿で街中をうろついたりするのを好む選手は多い。筋肉にカットが出ているかなどを気にする人は、まずいないからだろう。

　たしかに、体重が増えれば筋力は増す。ただそれは、腕や脚の体積が増え、てこの原理で作用する力が大きくなっただけの話だ。また、タンパク質など栄養素の必要量が十分満たされ、筋肥大が加速しているという手ごたえを十分味わえるかもしれない。だが、オフシーズンでの増量は、手痛いツケでもある。いずれにせよ大会が迫ってくれば、余分な体重は落とさなくてはならないのだ。体脂肪が多ければ多いほど、それを取り除くには時間がかかる。減量が長引くことによって、多くの筋肉が失われることになるだろう。

　私自身、そのような苦い経験を何度もしたことがある。1960年代、まだ若かった私は1つの大会を終えるたび、次の大会が近づくまで体重を大いに増やし、体が大きくなる感覚に酔いしれていた。当時の写真を見ると、大会に向けて食事を制限しているときでさえも、オフシーズンに体重を管理するようになった数年後に比べてはるかに立体感に乏しいことがわかる。オフシーズンに体を大きく見せ、悦に入ることなど、どうでもよいはずだ。肝心なのは、**大会のステージでどのような肉体を披露するか、である。**

　もちろん、大会出場時は230ポンド（104.3kg）で、オフシーズンには280ポンド（127.0kg）かそこらの体重になる選手に言わせてみれば、オフシーズンは太るのではなくディフィニションが低下するだけなのかもしれない。たしかに、筋肉の鎧をまとう者は脂肪をうんと増やしても、**パッと見は**脂肪が増えたようには見えないだろう。元々筋骨隆々としているため、体重が多少増えても目立たないのである。だが、いずれにしても脂肪は増えているわけで、筋肉の質感にあふれ、カットが深く、ディフィニションに優れた体でステージに上がりたければ、その分脂肪を落とさなければならないことに変わりはない。

　先ほども述べた通り、落とさなければならない脂肪が増えて減量期間が長くなるほど、それに伴い筋肉量の落ち込みも大きくなってしまう。たしかに大幅に減量しつつ見事な肉体に調整するのは不可能ではない。ドリアン・イェーツは百戦錬磨の選手でありながら、オフシーズンにかなり増量することで知られていた。しかしながら、これは至難の業である。私が知る限り、現在のボディビル界は競争が激しい。事実、大会に向けた食事制限は、私がボディビル界に入ったころよりもだいぶ科学的知見に基づくようになった。そのころは、大会が数カ月先に迫ったときに菓子類やデザート、バターを塗ったパン、夕食時のワインを控え、一日に2回トレーニングに汗を流せば、比較的たやすく質とディフィニションを手に入れることができた。だが、それはあくまで20年前の話で、当時では質とディフィニションに優れていると評価された選手であっても、競争が格段に激しくなった今日においては、そうみなされないだろう。

　食事制限に関する現在のノウハウは、私がデビューしてから引退するまでの間に飛躍的に進歩した。実際にボディビルでの競技歴が長くなるほど、ステージでの肉体もよくなっていった。私たちボディビルダーは、年月をかけて最も効果的かつ効率的な方法を築き上

げてきたのだ。もちろん、時代とともに常識は大きく変わってきた。大会の出場選手たちは1960年代、カットがほとんどない平坦な体つきだったが、1970年代になると一転、ガリガリにやせ細った体がステージに並ぶようになる。その体つきは、しばしば「死にかけ」と形容されるほどだった。ジムでは240ポンド（108.9kg）ほどの巨体で悠然とトレーニングしていた者たちが大会当日、195ポンド（88.5kg）ほどのげっそりとした体でステージに上がっていたのである。その様子は、あたかも各選手の祖父がステージに並んだかのようだった。

すべてを記録する

　大会に向けた食事制限には、前のチャプターで述べたような「厳しい」食事制限も含まれる。具体的には、筋肉量を最大限維持するため高タンパク質の（ときには超高タンパク質の）食事を摂り、脂質と炭水化物を極力抑え、有酸素運動の時間をしっかり確保し余分なカロリーをすべて燃やすといった内容だ。

　これらすべてについて常に把握し、重要な栄養素をもらさず摂取する必要がある。その要領を以下に示す。

1. 食事制限の具体的なプランを作成し、その内容を紙に書き出す。食事日誌に日々食べたメニューや量を記録する。
2. クッキングスケールや計量カップ、計量スプーンを用いて、口にする食べ物についてはすべて、カロリーやタンパク質、炭水化物、脂質などの量を正確に把握する（表示ラベルの確認については**細心の**注意を払う）。
3. 2～3時間おきに栄養補給する。
4. 必要あれば事前に食事を用意し、弁当箱に詰めて持ち運び、普段から2～3時間おきに栄養補給できるようにする。
5. タンパク質やビタミン、ミネラル、必須脂肪酸、その他重要な栄養素のサプリメントなど、必要なときに必要なサプリメントを**もれがないよう**に摂る。
6. 一日あたり最低4～5ℓ、水分を十分に摂る。

　食事制限の計画を書きとめ、日々の食事メニューと食事量を正確に記録する重要性は、いくら強調しても足りないぐらいである。ここで、一日の食事をモニターした研究について紹介したい。被験者は摂取量をきちんと記録しないで食事を摂る。そして一日の最後に、それぞれ自分の摂取カロリーを予想してもらった。結果として、実際の量と予想した量とが大きく異なる者が大半だった。はるかに多く予想した者もいれば、はるかに少なく予想した者もいたのである。

　もし食事制限の計画を書きとめもせず、食事メニューや摂取カロリーも記録しなければ、先ほどの研究と同じことが起こるだろう。どれくらい食べているかという感覚は、実

際の値を大きく上回ったり下回ったりするもので、どちらにしても大会のための食事制限としては意味がない。すべての食べ物を計量し、口に入れるすべての食品とその摂取カロリーを総じて記録するのは手間がかかり面倒だと思う者もいるはずだ。たしかに、その通りである。しかし、大会に向けた食事制限をできるだけ効率的、そして効果的に進めたいのであれば、避けては通れない道なのだ。

食べて、食べて、また食べる

どれくらいの頻度で食べるかは、**何を食べるか**と同じくらい重要である。一日あたり3回以上食事する重要性は前のチャプターで述べた通りである。ただし、いざ大会が近くなれば、さらに食事の回数を増やす必要がある。日常の活動をその都度中断し、食事を摂るのは大変だと嘆くボディビルダーは少なくない。まず、朝起きて朝食を摂る。そしてジムに行き、トレーニングを終えて食事を摂る。その後、写真撮影の予定が入っていた場合、移動中に時間を割いて食事を摂らなければならない。

多くのボディビルダーは大会の前、弁当箱に食事を入れて持ち運ぶ。したがって、選手が行くところ行くところ、ツナのにおいが漂うわけである。友人とレストランで食事をするにしても、注文するのは水のみで、持参したツナや皮を取り除いた鶏肉、七面鳥、米、ベイクドポテトなどをほおばる。もちろん、それらの分量はすべて細かく計量されている。ボディビルダーは大抵、前日の夜に弁当を用意し、その中身をいつ食べるべきか弁当箱に記しておく。総カロリーを考慮してメニューが作られていることは言うまでもない。

そこまでするのは大変だ、という声もあるだろう。事実、大変だ。しかし、上記のように食事を「コントロールする」ことは、大会に出場する選手が計画通りに体を仕上げ、本番当日にピークを合わせてステージで見事な肉体を披露するために欠かせないポイントである。かつてある選手がこぼした言葉を借りれば、ボディビルはロケットサイエンスではないが、時にそう感じてしまうほど緻密なスポーツなのだ。

栄養欠乏

食事を長く制限すると、並行してハードにトレーニングしている場合は特に、重度の栄養欠乏に陥りやすい。私が（最低でも）ケトーシスを避けるよう助言する理由は、炭水化物欠乏を防ぐためである。もちろん、サプリメントを積極的に活用するようアドバイスする理由も、炭水化物欠乏を防ぐためだ。高タンパク質の食事を摂っていれば筋組織の構築に必要なアミノ酸が不足することはないが、筋肉を動かすにはエネルギー源も必要だ。そのため、炭水化物を十分に摂り続けなければならない。

多くのボディビルダーが厳しい食事制限に取り組み、脂質の摂取量を極度に抑えるあまり、体に必要な必須脂肪酸が欠乏する事態に見舞われてしまう。そもそも、大会に向けてカットを刻むために、脂質の摂取割合を10％まで落とす必要はない。20％でも十分厳しい

のである。そして前のチャプターでも述べたが、必須脂肪酸のサプリメントを活用すれば、脂質が過度に不足する状況を防ぐことができるだろう。

代謝の低下

人体にはホメオスタシス（恒常性）がある。ホメオスタシスとは、常に体内のバランスを調整し、一定の状態に保つ性質のことだ。したがって摂取カロリーを制限した場合、それに伴い代謝が低下することになり、大会に向けた調整において不利益が生じる。

とはいえ、有酸素運動やジムでのワークアウトをハードに行えば、代謝を維持することができる。また、減量期間中に摂取カロリーを変化させるのも1つの手だ。たとえば、普段は一日3200kcalを摂取しているが、その摂取カロリーを2000kcalまで落とすことに決めたとしよう。体が摂取カロリーの低下を察知すれば、代謝率は低下してしまう。そこでよく考えてみると、必ずしも2000kcalという厳しいカロリー制限を毎日する必要はないことに気づく。**平均して一日2000kcalであればよいのだ。**たとえばまず1〜2日、（たとえば2600kcalに）摂取カロリーを増やしておいて、続く数日間は（1600kcalに）減らし、その後（2000kcalに）戻す、というように。さらに、1週間に一日ぐらいの頻度で食事制限前の摂取カロリー（3200kcal）に戻す日を設けて、代謝率にさらなる刺激を加えても（そして自らの努力を労っても）よいだろう。

紙とペンさえあれば、摂取カロリーの平均値を正確に求めることができる。上記の方法を実践すると代謝が最も高い状態に維持され、カロリー収支のマイナス幅が大きくなり、**より多くのカロリーが燃やされる。**

体の変化を測定する

体組成の変化を正確に記録しておく方法には、さまざまなものがある。

体重計 —— 脂肪を大幅に減らせば、筋肉量が多少増えたとしても（食事制限中に筋肉量が増えることはあまりないが）、体重は減少する。

巻尺 —— ウエストが細くなった？　もしそうならば、食事制限がうまく進んでいる証拠だ。

体脂肪測定 —— 体脂肪の測定方法にはいろいろな種類がある。水中体重測定やキャリパーの活用、生体電気インピーダンスなどだ。ただし、それらの方法で体脂肪を測定したとしても、数値の正確性が重要なわけではない。（同じ方法または同じ器具を用いて）定期的に測定することで、体組成の**変化**を知ることが大切なのだ。

鏡 —— ボディビルといえば鏡といえるほど、鏡は重要だ。結局のところ、**どう見えるか**が肝心なのだ。

日常的に測定することが、食事制限の進捗を見極めるうえで重要なのは言うまでもない。とはいえ、測定すればするほどいいわけではない。測定頻度をあまり多くすることなく、1週間に1～2回程度にとどめることが望ましい。前述の通り、減量の成果は日に日に表れるわけではない。実際に得られた成果を確認するには、十分に日にちをあけて測定する必要がある。

　私は体重計に乗るだけではなく、常に目で見て**成果を**確認するようにしていた。選手がステージで審査員に披露するのは体重ではなく、体そのものである。つまり、鏡こそ大会に向けた調整が順調に進んでいるかを見極める最良の道具なのだ。その鏡を正しく活用するには、毎回同じ照明のもと、同じ鏡に自らの姿を映さなくてはならない。たとえばジムであれば、特定のエリアの決まった鏡に向かって姿を映す。そうすれば関係ない要素が排除され、体に変化があれば周辺環境や照明のせいではなく、食事制限によるものだと判断できるだろう。

　体の変化を確認する手立ては他にもある。私は1980年、オーストラリアが開催地のミスターオリンピアに向けて調整していたとき、フランコに1週間に1回写真を撮ってもらい、その写真を見てトレーニングと食事制限の効果を確認していた。

　写真を見れば、そこには私の知りたいことすべてが映っていた。私は効果が出るのが遅ければ、食事制限のプランを見直そうと考えていた。逆に写真の中の自分に予定通りの効果が見てとれるのであれば、そのまま計画を進めていけばよいだけの話である。

　食事制限はトレーニング同様、賢く進めていくべきだ。各自で進捗状況を確認しながら、改善すべき点があれば適宜変更を加えればよい。代謝は季節や年齢によって変化するし、身体的特徴も個人差がある。したがって食事制限に関しては、各自で数字をしっかり見極めながら進めていく必要があるだろう。

大会12週間前「食事制限スタート」

　ボディビルダーは一般に、大会の約12週間前から食事制限を始める。12週間という期間があれば、普通の選手は筋肉量をさほど落とさずに20～25ポンド（9.1～11.3kg）減量することが可能だ。筋肉量を維持したまま厳しい食事制限を乗り切るのは**至難の業である。**よって食事制限を始める前に、しっかり体重を管理しておくことが戦略上最も大切になる。体重が適切に管理されていれば、1週間に2～2.5ポンド（0.9～1.1kg）を超えないペースの減量で12週間後にトップコンディションに持っていけるはずだ。

　もちろん、中には少数派だが、オフシーズンに体重が**減り**、大会に向けて体重を増やさなければならない選手もいる。フランク・ゼーンがその好例だ。フランクは大抵オフシーズンに入ると、大会出場時と比べ体重をがくんと落としていた。フランコも同じような具合だった。体脂肪を減らす方法を思案している私を横目に、その私を笑い者にしながらパスタをほおばっていたのである。

　だが、いくらフランコのような選手でも、大会に向けてカットを刻むには減量する必要

がある。ただし、そのような選手の場合、減量期間といえども筋肥大のために相当な量を食べるため、傍からすれば減量しているとはわからないだろう。ともあれ、やせやすい選手でも体脂肪削減が重要であることに変わりない。

ケトーシスを調べる

　ケトーシス自体は決して好ましい状態ではないが、大会に向けてさまざまな食品を極力控えている時期には、よい指標となることがある。先に記したように、ケトーシスの検査には、大半のドラッグストアに置いてある Ketostix という試験紙を用いる。体内でケトン体が増加していれば、試験紙を尿にさらしたとき、試験紙の色が紫色に変わるだろう。
　食事制限する中で、最低限摂るべき炭水化物量を見極めるためには、ケトーシスを検査しながら徐々に炭水化物の摂取量を減らしていけばよい。そして、試験紙が紫色に変色したならば、**即座に**摂取量を増やして、ケトン体の増量を食い止める。その時点で、体はケトーシスに近い状態にあるが、完全にケトーシスに陥っているわけではない。炭水化物をしっかり摂っていけば、炭水化物欠乏を避けられるだろう。
　誤って完全なケトーシスに陥らないよう、ぜひ定期的に検査を行ってほしい。ハードなトレーニングをこなすほど、ケトーシスを防ぐためにより多くの炭水化物を摂らなければならない。いくら厳しく食事を制限しようとも、トレーニングに力を注がない限り、トップコンディションで大会に臨むことなど不可能なのだ。

過度な有酸素運動を避ける

　私の現役時代も大半のボディビルダーが何かしら有酸素運動を行っていたが、今日のトップビルダーが大会前に実施する量に比べれば大した量ではなかった。ともあれ、有酸素運動は一般に筋肉量を最大限維持するのに逆効果、とする専門家もいる。ボディビルダーにとっては、**まったくしない**ことが最善だというのだ。現代のトップボディビルダーにしてみれば、にわかに信じがたい話だろう。では、ボディビルダーが体脂肪低減のために有酸素運動を取り入れる場合、どのように取り組むべきなのだろうか。
　有酸素運動をやりすぎると、体は除脂肪体重の主成分である筋肉を代謝してエネルギーを作ろうとする。すなわち「速筋」こと、白筋をはじめとする筋肉を食いものにして、有酸素運動のエネルギーを得ようとするわけだ。
　さらに厄介なことに、運動後に疲労感が全身に残る。有酸素運動を長時間行うと、体力を激しく消耗するのだ。疲れてしまえば、エネルギーが不足して高強度のワークアウトに打ち込むことが難しくなるだろう。たとえ疲れを感じていなくても、体は筋肉を休め、エネルギーを回復させようとする。過度に有酸素運動を行ったあとは実質、体に余力が残されていない状態なのだ。
　有酸素運動に関する基本的要領については前のチャプターで述べた。しかし、いざ本番

に向けた食事制限中に行うとなると、それよりはるかに正確かつ慎重に実施する必要がある。もちろん、逆効果にならないよう注意しなければならない。具体的には、以下のような点に注意すべきだろう。

1. 1週間に4～5日、一日45～60分以上は実施しない（必ずしも一度に行う必要はなく2～3回に分けて行うことが望ましい）。それ以上行う必要が生じないように食事制限のプランを立てる。
2. ウエイトトレーニング直前の実施を避ける。疲労のため、ウエイトトレーニングの強度を落とさざるをえなくなるからだ。
3. ウエイトトレーニング直後の実施を避ける。エネルギーが枯渇しているので、少なくともしばらくは体を休め、体力を回復させる必要がある。できれば、まったく別の機会に実施することが望ましい。ウエイトトレーニング後は、いかなる有酸素運動よりもグリコーゲンの補充（高炭水化物の食事やプロテインドリンクの摂取など）を優先したい。

薬物

残念ながら、現代社会では安易にすぐ結果を求められる機会があまりに多い。その証拠に、企業はかなり早期に利益を上げなければ、株価が下がる。短期利益の創出が長期的に見れば事業の発展や成功にマイナスであったとしても、だ。また、テレビ番組は視聴率がよくなければ、始まって数週間後に打ち切られてしまう。映画であれば、公開初日のチケットの売れ行きで、その成否が判断される始末だ。そのように結果がすぐ求められる社会では、アスリートが継続的に練習に励むのではなく、楽をして結果を出そうとするのも無理はない。

今日、真剣に競技に取り組むアスリートをめぐり、パフォーマンスを向上させる薬物の使用の話が持ち上がる背景には、そのような社会状況があるだろう。たしかに報道に目を向ければ、競技を問わず薬物検査で陽性を示したアスリートのニュースであふれている。『スポーツ・イラストレイテッド』誌の記事によれば、ステロイドや成長ホルモン剤、利尿剤、各種覚醒剤などの使用がスポーツ界に広くまん延しているという。ただし、違法薬物の使用は残念ながら、スポーツ界に限らず現代社会にはびこる問題とも言える。

若い人々に影響を与える立場にある者として、薬物に対する私自身の見解をはっきり記しておきたい。私は危険な違法薬物の使用に断固反対だ。主要スポーツの団体や協会は軒並みそのような薬物の使用を禁止しており、選手に対して使用の有無をチェックする検査を実施しているケースがほとんどである。それらの取り組みは、大いに称賛されるべきだろう。個人的には、ボディビルの関連雑誌にもそのような厳然たる姿勢を貫いてほしい。一部の雑誌は薬物使用に反対の立場を示しておきながら、薬物の概要や使用方法に関する記事を掲載している。恥ずべき行為だと私は思う。

違法薬物を使用すれば、もちろん健康に害が及ぶ。周知の通り、その類の薬物には数多くの副作用があり、場合によっては——誇張しているわけではなく——死に至る危険性もある。違法薬物を使用する選手が現れたことで、スポーツのイメージは著しく低下した。アスリートはもはや、国際的なオリンピックムーブメントで築かれてきた自制や自己犠牲の象徴とは言えないだろう。しばしばアスリートの姿に自身の将来を重ね、憧れを抱いてきた子どもたちでさえも、スポーツ界が発信するメッセージに疑問を抱きはじめている。私は幼少期に、スポーツでは努力するほど精神的にも技術的にも成長し、一流選手になれると大人から教えられた。今日、私たちは最良の化学物質を手にすれば一流選手になれると子どもたちに教えたいのだろうか？

　ともあれ、本書に記されている諸々のメソッドに沿ってトレーニングに励めば、アナボリックステロイド〔訳注：病気の治療に用いられるステロイドとは違い、タンパク質の合成を促進するステロイド。筋肉増強剤として使用される〕などに頼らなくても立派な体を作ることができる。もっとも、どれだけ熱意を持って体づくりに取り組むか、という点も大切だ。トップボディビルダーと認められる肉体を作るには、トップボディビルダーを目指す熱意が欠かせない。厳しいトレーニングを継続的に行い、その妨げとなる要素はいかなるものも排除する。そして、最も効果的なトレーニング方法を積極的に追求し、スキルを無視してただただ高重量のウエイトを持ち上げようとしたり、ダンベルをぞんざいに振り回したりしないことだ。持って生まれた体のポテンシャルを最大限引き出すには、継続力を人並み以上に発揮する必要がある。それは、決して簡単なことではない。意志、情熱、ビジョンのいずれを欠いても、成功には届かない。だが、やるべきことに励んでいれば、自分なりに最高の結果を手にできるはずだ。そのような結果こそ、私たち1人ひとりが期待するものであり、また望むものだろう。

薬物とスポーツ

　前述の通り、さまざまなスポーツにおいてずいぶん前から薬物の使用が広がっている。ボディビル界ではステロイドが禁止される以前、その効能があまりよく知られないままに使われていた。しかし近年でも、IFBB世界アマチュアボディビル選手権のドーピング検査で陽性を示す選手がいるところを見ると、出場停止措置を受ける覚悟で薬物に手を出す選手がまだいるようである。

　1988年ソウルオリンピックの男子100mでベン・ジョンソンが薬物の不正使用で失格処分となったのは有名だろう。他にも、オリンピックで出場停止や失格の処分を受けた選手は大勢いるが、ベン・ジョンソンに比べてさほど大きく報道されていない。だが、そのような選手がたくさん存在するのは事実である。

　チーム競技のプロスポーツ界では、薬物検査が行われる機会はまだ限定的だ。とはいえ、（各種「快楽」物質や）ステロイドの使用の発覚により、多くのアメリカンフットボール選手が出場停止処分を受けている。1997年には、カナダのプロリーグに所属する選手も3

人、ステロイド使用のため出場停止となった。プロスポーツリーグとしては後進のアリーナフットボールリーグ〔訳注：アメリカで1987年に創設されたアリーナフットボールのプロリーグ。なおアリーナフットボールとは、アメリカンフットボールを小規模の室内競技場で行えるようにしたスポーツ〕は、薬物使用に対してプロリーグの中でも極めて厳しく対応する方針を発表している。

　自転車競技では、1998年のツール・ド・フランスでイタリアのフェスティナというチームが違法薬物の使用のためレース期間中に除外され、世界的なニュースになった。なおフェスティナの監督は後に、警察に拘束されている。また水泳では、中国選手によるヒト成長ホルモンの所持がオーストラリアの税関で発覚した。その数カ月前には、2人の医師が旧東ドイツ出身の未成年の選手たちにステロイドを処方したとして告発され、ドイツ水泳チームのヘッドコーチがコーチ資格を剥奪されている。BBCの1998年2月の報道によると、旧東ドイツでは1970〜80年代にかけて組織的に違法薬物が使用され、服用した選手の数は男女合わせておよそ1万人にのぼり、その中にはわずか10歳の選手もいたという。その他、ロシアの水泳選手も複数、ステロイドの使用により出場資格を失っている。

　ウィンタースポーツも違法薬物とは無縁ではない。オーストラリアのボブスレー選手も2人、ドーピング検査で陽性を示し、オリンピックへの参加を禁止された。1997年にはルーマニアスポーツ連盟が、同じく検査で陽性反応の出たクロスカントリーのヨーロッパチャンピオンに、2年間の出場停止処分を言い渡している。

　1998年のグッドウィルゲームズ〔訳注：1986年から4年に1度開催されていた国際スポーツ大会で現在は行われていない〕では、アメリカの短距離走と砲丸投げの2選手が検査で違法薬物の使用が認められ、出場資格を失った。またNCAAの公式資料を見ると、薬物検査で選手資格を取り消されたNCAAの学生アスリートの割合は1995年の0.1％から0.9％に増加している。競技別ではアメリカンフットボールの数字が高いが（2.2％）、驚くべきことに男子水球はさらにその上を行く（2.8％）。1995年には南アフリカのやり投げ選手から違法薬物が検出され、選手資格の停止処分が下された。翌1996年にはイギリス出身のクリケット選手からも違法薬物の反応が出て、出場停止が科されている。

　ラグビーに目を転じれば、オーストラリアのプロリーグの優勝チームに所属する2選手がステロイドの陽性反応で出場停止となり、別の選手1人からは禁止物質のエフェドリンが検出された。競輪やマウンテンバイクレースからボクシングまで、さまざまなスポーツにおいて、違法薬物に手を染めた例は疑いも含めれば、枚挙に暇がない。ヘビー級プロボクサーのオリバー・マッコールが1995年に試合後の薬物検査を拒否したため、WBCからライセンス停止処分を受けたのもその一端だ。

　同様の事例はまだまだたくさんあるが、もうこのあたりで十分だろう。能力向上につながる違法薬物の使用はボディビルのみならず、スポーツ界に広くまん延しているのである。一部のアスリートが倫理に反して楽をして勝利を収めようとし、違法薬物に手を染めているのだ。これは、すべての競技が対策を講じるべき問題である。団体スポーツの未来やアスリート個人の健康と安全は、薬物まん延をめぐる対策の成否にかかっていると言っても過言ではない。

ステロイドの副作用

　アナボリックステロイドの効能は多様で、数多くの身体機能に影響を及ぼす。アナボリックステロイドの服用に伴い、発現する可能性がある症状を以下に示す。

肝機能障害 —— ステロイドを体内に取り込むと肝臓に非常に大きな負担がかかる。長期に高用量服用すると、経口摂取の場合は特に、進行性胆汁うっ滞や黄疸、内出血を誘発する恐れがある。また肝臓がんの原因にもなりうる。ステロイド投与による患者の死亡例も報告されている。

心血管障害 —— ステロイドの使用は、血液の凝固機能やグルコースの代謝、血中中性脂肪値、血中コレステロール値に変化をもたらす。経口摂取の場合、高インスリン血症や低血糖、顕著なインスリン抵抗性を伴う経口または経静脈グルコース投与における耐糖能低下を誘発する恐れがある。その他、心血管疾患のリスクが増加する。

神経緊張もしくは血圧上昇またはその両者 —— 体液／電解質バランスの急激な変化に加え、高血圧をもたらす恐れがある。

テストステロン産生量の低下 —— 人体にはテストステロンの産生量を調整する機能が備わっており、濃度に応じて産生量を増加または減少するよう内分泌系に指令する。ステロイドが取り込まれると、体はテストステロン濃度が過剰に上昇したと認識し、テストステロンの産生を減少または停止する。その結果、性的欲望の変化に加え、攻撃性の亢進やうつ、体脂肪の増加などホルモン濃度に関連する多くの身体的・精神的機能に変化が生じる。

アンドロゲン作用〔訳注：アンドロゲンは男性ホルモンの総称で、テストステロンもアンドロゲンの1つ〕 —— 具体的には、顔の毛や体毛の増加、ニキビの原因となる皮脂腺の分泌増加（肌のべたつき）、持続勃起症、薄毛、前立腺肥大、早期骨端閉鎖（発育不全）などが現れる。

　上記のような症状に加え、次に挙げる短期的な影響もよく見られる。

- 筋肉のけいれん
- 攻撃性の亢進または減衰
- 頭痛
- 鼻血
- めまい、ふらつき、傾眠、嗜眠
- 皮疹または注射部位の炎症
- 乳頭痛
- 女性化乳房（男性の乳房肥大）
- 甲状腺機能異常
- 消化管機能障害 —— ステロイドを経口摂取すると1～2％の割合で、食欲不振、舌

の灼熱感、吐き気、嘔吐、下痢、便秘、腸の炎症、腹部膨満感を呈する

なお妊娠している場合、または前立腺がんもしくは男性乳がんを患っている場合、ステロイドの使用は禁忌である。

ステロイドと10代

10代のうちは、いくら筋肉量を増やし、筋力を高めたいからといっても、絶対にアナボリックステロイドを服用すべきではない。10代の男性であれば、テストステロンの分泌がすでに活性化し、筋組織の構築が最も活発に進められている時期である。その時期に人工のステロイドホルモンを体内に加えることなど、まったく意味がなく、危険なだけである。

さらに、ステロイドには成長過程にある骨端を閉鎖させる作用がある。体がまだ成長過程にある10代のうちにステロイドを服用すると、身長の伸びが止まってしまう可能性がある。これは取り返しがつかない事態を招くだろう。

ステロイドと女性

女性は男性の100分の1しかテストステロンがない人もいるため、比較的少量のアナボリックステロイドでもアンドロゲン作用（男性化作用）を得られる。具体的には、顔の毛の成長や声の低音化、顔の造形の変化、乳房の縮小、陰核の肥大などが起こる。それらの変化は一般に永久的で、ステロイドの服用を中止しても持続する。

男性ホルモンの感受性が高いため、女性のステロイドの副作用は男性と違って、服用期間ではなく服用量に関連して現れることが多い。

利尿剤

大会当日にディフィニションを最大限出すには、皮下の水分をできるだけ少なくしなければならない。皮下に水分がたまっていると、肉体が立体感に乏しく見えるため、優れたボディビルダーであってもポイントを失うことになる。

大会前に適切に準備し、食事を制限して「カーボアップ」を行えば、水分を皮下から筋肉組織内に効果的に移動させることができる。にもかかわらず、体から余分な水分を排出する物質、すなわち利尿剤に頼るボディビルダーがずいぶん前から見受けられるようになった。

残念ながら、利尿剤を使うと肉体の見た目が損なわれる恐れがある。体から過度に水分が排出されると、筋肉の厚みが減り、体がしぼんでしまうのだ。またあまりに脱水が進め

ば、体が皮下に水分を蓄えようとするため、思惑とは反対の結果を招くことになる。さらには電解質のバランスが崩れ、筋力低下やけいれんを起こす恐れもあるだろう。

利尿剤の服用は、以上のようなマイナス要素だけではなく、健康にも害を及ぼす。死の危険性すらあるのだ。事実、利尿剤を摂取したボディビルダーが本番中にバックステージで医療スタッフの治療を受けている場面を私は何度か見たことがある。病院に搬送された選手もいたほどだ。非常に悲しいことだが、ある優勝経験のあるプロボディビルダーは、異次元の迫力とディフィニションを手にしようと利尿剤を服用して、現に命を落としてしまった。

利尿剤の使用は危険を伴うことから、IFBBとNPCは1996年のミスターオリンピアから利尿剤の検査を導入するようになった。現在でも、主要な大会ではすべて、利尿剤の検査が実施されている。

成長ホルモン

一部のボディビルダーは、体脂肪を最小限に抑えながらも筋肉量を最大化させるため、しばしばインスリンと併用する形で、ヒト成長ホルモン（hGH）の使用も試みている。成長ホルモンの副作用には、骨成長異常（特に顔周辺）や重度の心疾患などがある。なお大半の専門家は、1990年代に入ってウエストが太く腹部の膨らんだボディビルダーが次第に増えたのは、ヒト成長ホルモンのせいではないかと見ている。

成長ホルモンの副作用について医学的に考慮すべき点は他にもある。その1つとして成長ホルモンの大量摂取と前立腺がんとの因果関係が疑われていることが挙げられる。もし因果関係が存在するならば、そう遠くない将来、前立腺がんになるボディビルダーが数多く現れるだろう。

薬物検査とボディビル

IFBBはかなり前から、さまざまなアナボリックステロイドの使用を禁止している。そして先ほどで述べた通り、1996年から利尿剤の検査を導入している。ただし、ステロイドについては今のところ検査の実施には至っていない。また、国際オリンピック委員会から競技団体として承認されたのを受け〔訳注：1998年に承認されたが2001年に取り消し〕、少なくともアマチュア大会に関しては、1999年の時点で文字通りオリンピックのアンチドーピング規程に準拠して検査を行っている。具体的には、任意に選択した選手に加え、各階級の上位3人の選手を対象に実施している。ドーピング検査に関しては、IFBBに加盟する各国の統括団体も今後、当該のアンチドーピング規程に従って大会を運営する運びになるだろう。

IFBBはプロのボディビルダーを対象とした検査はまだ導入していないが、広報担当者によれば、早ければおそらく2000年にアマチュア大会での検査と同じ要領で、プロに対してもドーピング検査を実施していく方針だという。

私は個人的にIFBBに対して、10年以上前からアマチュアとプロの両者に最先端の検査を実施して、男性ホルモン剤を含むすべてのステロイドを検査すべきだと訴えてきた。薬物検査は最終的にボディビル界を救うだけでなく、ボディビルダーの命も救うだろう。手遅れになる前に、私が長年愛してきたボディビルというスポーツに、自分の夢でもあり願いでもある薬物検査が導入されることを期待したい。薬物使用を減らすことに成功したとき、ボディビル界は体を壊すのではなく、体を作るという原点に立ち返ることができるはずだ。

スーパーサプリメント

　今日では、法に反しない最先端のサプリメントを数多く手に入れることができる。いずれも、私がミスターオリンピアを主戦場としていた時代には知られていなかったか、開発されていなかったものだ。そのようなサプリメントの使用には賛否両論あり、実際のところどれほど効果的なのか、さまざまな意見がある。ともあれ、それらのサプリメントのうち特に重要なものについて、本書の執筆時点で判明している概要を紹介したい。

プロホルモン

　アメリカでは栄養補助食品健康教育法（DSHEA）が1994年に施行される以前、プロホルモンの使用は法律で禁じられていた。摂取されたプロホルモンは体内で男性ホルモン（ときには女性ホルモン）に合成されるため、ホルモンの前駆体とされる。DSHEAではあくまで栄養補助食品との位置づけだが、NFLや国際オリンピック委員会など特定のスポーツ組織の規程では服用が禁止されている。体内で男性ホルモンに変わると身体と精神の両面でアナボリックステロイドと同様の作用を及ぼすため、使用を検討する際には細心の注意が必要だ。率直に言えば、プロホルモンを使おうとしている場合は種類に関係なく、服用する前に医療関係者に助言を求めるほうがよいだろう。

　10代や20代前半の男性はプロホルモンを摂取すべきではない。また女性の場合は年齢を問わず摂取を控えるべきだ。高血圧や心疾患、前立腺疾患を患う成人についても同様である。安全性と効能について、科学的にほとんど立証されていない点を肝に銘じよう。プロホルモンとされるホルモンには、次のようなものがある。DHEA、プレグネノロン、4-アンドロステンジオン、4-ノルアンドロステンジオン、4-アンドロステンジオール、4-ノルアンドロステンジオール、5-アンドロステンジオール、5-ノルアンドロステンジオール。

DHEA（デヒドロエピアンドロステロン）——栄養補助食品と位置づけられた最初の副腎皮質ステロイドホルモン（副腎は腎臓の上にある臓器）である。抗酸化作用を持つが、テストステロンを増やす効果については定かではない。DHEAはテストステロンの直接の

前駆体ではなく、いくつかの代謝を経て複数の女性ホルモンとなり、そこから微量のテストステロンに変換される。

アンドロステンジオン —— アンドロステンジオンも副腎皮質ホルモンの1つで、テストステロンの直接の前駆体である。男性より女性で効果が出やすく、テストステロンへの変換に必要な肝酵素を増やす働きがある。

ノルアンドロステンジオン —— アナボリックステロイドのナンドロロンを自然合成するときに妊婦が分泌するホルモン前駆体。なお、ナンドロロンはテストステロンと同様の効果を持つが男性化作用はさほど強くない。

4-AD（4-アンドロステン-3β,17β-ジオール）—— テストステロンに直接変換される副腎皮質ホルモン。反応に関与する酵素の効率がよく、容易に代謝されやすい。ただし、4-AD は代謝されなければテストステロンより強い男性化作用を示す。

ノル-4-AD —— 4-AD の類似ホルモンで、ノルアンドロステンジオンと似たような作用を持つ。ただし、ノルアンドロステンジオンより酵素の働きを受けやすく、ナンドロロンの合成量が多い。副腎皮質ホルモンのうち、タンパク質の合成作用が最も強く、男性化作用が最も弱い。

ハーブ

　ハーブなどの天然物質に由来するサプリメントは、一般に合成薬より安全だとみなされているが、使用には注意が必要だ。推奨量の範囲内で摂取し、未試験の他のサプリメントとの併用は控えるべきである。

ボスウェリアセラータ —— 抗炎症作用があり関節症の治療に効果的なボスウェリア酸がエキスに含まれる。（抗炎症作用を持つ天然物質には他に唐辛子から抽出されるカプサイシンがある）。

シトラスアウランチウム —— 一般にビターオレンジ（ダイダイ）と呼ばれるシトラスアウランチウムは、血中脂質濃度の調整や糖尿病患者の血糖値低下、血液浄化、肝臓と胆のうの機能障害の治療、脳や循環器への刺激などのために使われる。また睡眠障害や、腎臓と膀胱の疾患、ミネラルの代謝不全などの治療にも効果がある。神経痛や筋肉痛、リウマチによる不快感、打撲、静脈炎などを軽減する働きもある。

ムラサキバレンギク —— 根エキスに非特異的な免疫賦活(ふかつ)作用がある。ウイルス感染症など各種感染症に対する抵抗力が増強する。風邪やインフルエンザの流行時に役立つ。

エゾウコギ（別称シベリア人参）—— エゾウコギには高い免疫調整作用がある。種々のストレスに対して生体の抵抗力が増強する。心血管系と神経系の機能も著しく向上する。

シナマオウ —— 一般にマオウと呼ばれる。エピネフリン（アドレナリン）と似たような効果を持つがその作用がより緩やかで、より長く続くエフェドリンを含む。主に心血管系に作用し、血管収縮や血圧上昇、平滑筋弛緩によるけいれん防止などの効果がある。報告

されているマオウ配合製剤の（低用量摂取時も含めた）副作用には、不眠症や不穏、いらつき、頭痛、吐き気、嘔吐、排尿障害、頻脈などがある。高用量を服用すると、血圧の急激な上昇や不整脈、依存症を招く恐れがある。以上のような副作用のリスクがあるため、摂取する際は細心の注意を払い、短期的な使用にとどめる。

ガルシニアカンボジア —— 炭水化物と脂質の代謝に影響を及ぼすヒドロキシクエン酸塩が果実に含まれる。ヒドロキシクエン酸塩には、脂肪酸とコレステロールの生合成を阻害し、食欲を抑え体重増加を防ぐ働きがある。肥満の防止などに用いられる。

ゴツコラ（ツボクサ） —— インディアンペニーワートとも呼ばれ、記憶力や注意力、集中力などの脳機能が向上する。ゴツコラは記憶力の向上が実証されている数少ないハーブの１つである。心血管系を強化する作用もあり、血液循環がよくなる。

緑茶（不発酵のチャノキ） —— 緑茶にはカフェインと抗酸化物質が含まれる。消化機能向上や腎臓機能向上、呼吸器機能改善などの効果がある。また心血管系を増強する働きもあり、血液循環がよくなる。

ガラナ（パウリニアクパナ） —— カフェインや、テオフィリンやテオブロミンといったカフェインと同族のアルカロイドを多く含み、刺激剤としての特性を持つため持久力が増す。また食欲を抑制する作用もある。頻繁に摂取するとカフェイン依存を引き起こし、中枢神経系の機能障害を招く。さらに血糖調整に支障が生じ、低血糖に陥る恐れがある。そのため適度な使用にとどめることが極めて重要である。

カバ（パイパーメジスティカム） —— 神経不安やストレス、不穏などを和らげるために使用されることが多い。またアルコールやバルビツール酸塩、精神薬などの作用を増強するピロン類が含まれる。カバの使用者は中枢神経系の抑制物質を絶対摂取してはならない。低用量の短期的服用に関する副作用は不明である。一方、長期的な服用は神経障害を招く恐れがある。具体的には、皮膚や毛髪、爪の一時的な黄変の他、ごく稀にアレルギー性皮膚反応を引き起こす。

昆布（フーカスベシキュロスス、ラミナリア） —— 昆布は茶色の海藻で、ヨウ素の含有量が多い。甲状腺の機能改善に用いられる。関節や腱の再建に役立つ物質を成分とするアルギン酸も含まれる。

高麗人参 —— 根エキスは古くから強壮剤として利用されている。アダプトゲン、つまり「適応力向上物質」としての機能を持つ。生体の外的または内的変化に適応する能力を高め、幅広いストレスへの抵抗力を増強する。

セント・ジョーンズワート（ヒペリクムペルフォラツム） —— セント・ジョーンズワートは精神障害やうつ、不安および／または神経の乱れを緩和するために内服される。また外用薬として、挫創などの急性外傷や筋肉痛、やけどの治療にも使われる。

トリビュラステレストリス —— 一般にハマビシと呼ばれる植物から抽出される。ハマビシのエキスは、アナボリックステロイドの安全な代用物質とみなされている。免疫機能や複数のホルモンの産生を刺激する作用が報告されている。元々は、不妊など生殖障害の治療に使用されていた。

セイヨウカノコソウ —— セイヨウカノコソウの根の配合液は、不安神経症や神経性睡眠障害の治療に用いられる。

ヨヒンビン（コリナンテヨヒンビ） —— ヨヒンビンはヨヒンベの樹皮に含まれる物質である。体内で自然合成されるホルモンのノルアドレナリンを増やす作用を持つ。また熱生産と脂肪動員を増やす作用がある。摂取すると血圧が上昇するため、使用の際には注意が求められる。

活性代謝物

アルギニン —— アミノ酸の1種で、タンパク質を合成する。主に成長ホルモンの分泌を高めるサプリメントとして用いられる。

分岐鎖アミノ酸（BCAA） —— 必須アミノ酸のロイシン、イソロイシン、バリンのことで、筋肉のエネルギー源や筋成長を促す物質としてボディビルダーの間で使われている。

カフェイン —— コーヒーに含まれる刺激物質で、サプリメントとしては運動能力を向上させる効果がある。ただし、過度に摂取すると多くの副作用が発現する。不眠症や不整脈、胃腸の不快感がその代表例である。多量摂取により中枢神経系に障害が出ることもある。

クリシン —— フラボンの1つで、抗エストロゲン作用を持つことが報告されている。アンドロステンジオンとテストステロンのエストロゲンへの変換を阻害し、ステロイドホルモンの濃度を向上させる働きが期待されている。

CLA（共役リノール酸） —— 必須脂肪酸の異性体で、抗酸化作用と抗発がん作用を持つ物質として知られる。コレステロール値を下げ、動脈硬化を予防する効果も期待される。また特定のプロスタグランジンやリンフォカインの産生を阻害し、タンパク質の分解を防ぐともされる。その他、期待される効能としては体脂肪の減少による痩身効果がある。CLAは、体脂肪の蓄積や貯蔵をコントロールする物質として注目されている。

クレアチンモノハイドレート —— アミノ酸から生成され、細胞内のエネルギー産生に関わる。体内のクレアチンの90%以上が筋肉に貯蔵されており、大半がクレアチンリン酸として存在する。化学的エネルギーが大量に力学的エネルギーに変換されるときに特にクレアチン濃度が高くなる。クレアチンリン酸は筋肉に貯められたエネルギー源で、高エネルギーのリン酸塩を提供することで、運動時でも細胞内のATP（全細胞の主なエネルギー源）濃度が低下しないよう維持する働きを持つ。クレアチンモノハイドレートは大半のボディビルダーにとって欠かせない物質である。筋肉の量と強さを得るうえで最も費用対効果に優れた栄養補助食品だからだ。パワーと筋力を増強するだけではなく、タンパク質合成を促す作用もあるとされる。クレアチンを摂取すると体内の水分と電解質のバランスに影響が出るため、ミネラル（特にカリウム）が豊富なバランスのよい食事を食べ、水分を多く補給するよう心がけるべきである。推奨されるクレアチンサプリメント製品は特にないが、単純炭水化物と一緒に摂るのが最も効果的だとされる。粉末状のクレアチンサプリ

メントをグレープジュースに混ぜて飲むのがその一例だ。一部のボディビルダーは食事の30分前に水に混ぜて飲んだり、炭水化物も含有されている製品を使ったりしている。

必須脂肪酸 ── 必須脂肪酸にはリノレン酸、リノール酸、アラキドン酸、魚の油に含まれる脂肪酸、およびその誘導体がある。いずれも全身の細胞が正常に機能するのに欠かせない物質だ。必須脂肪酸が欠乏すると、体のあらゆる機能に影響が及ぶ。必須脂肪酸の補給には、運動能力や運動後の回復力、免疫力、持久力の向上などの効果がある。ボディビルダーにとってはDHAとEPAが特に重要だ。魚の油や一部の海藻に含まれるドコサヘキサエン酸（DHA）は、視覚など神経系の機能に欠かせない。同じく魚の油に含まれるエイコサペンタエン酸（EPA）は、心血管系の機能に必要な物質である。

フォルスコリン（別名コルホルシン） ── アデニル酸シクラーゼという酵素を活性化する作用を持つ（コレウス・フォルスコリという植物から産生される）植物性物質である。細胞内の調節機能において重要な役割を持つ。特に心筋細胞と骨格筋細胞の高強度の運動に対する適応に関わる。

グルコサミンとコンドロイチン ── いずれも関節機能を改善させる栄養素である。ボディビルダーは関節にかなり負担がかかるため、関節損傷の予防手段として、これらの製品に対する人気が高まっている。

グルタミン ── 筋タンパク質の代謝において重要な役割を担うアミノ酸である。体はストレスを感じると、免疫機能をサポートするために骨格筋からグルタミンを放出する。すると、タンパク質の合成が困難になり、筋タンパク質の分解につながる可能性がある。食事間におけるグルタミンの補給は、筋肥大を促し、健康全般によいとされる。空腹時に摂取したり、低脂肪のプロテインドリンクに混ぜて飲んだりするのが最も効果的である。

グリセロール ── 体内でグルコースとケトン体に分解される3価アルコール（酔うことはない）である。吸湿剤として使われる。血中のグリセロールは細胞内の水分を血中に移動させる働きがあるため、利尿剤の代わりに用いられることがある。

グアーガム ── グアー豆の胚乳から得られる食物繊維で、血中コレステロール値を下げ、食欲を抑制する効果が報告されている。

HMB ── HMBことβ-ヒドロキシ-β-メチル酪酸は、アミノ酸であるロイシンの代謝物である。研究によると、激しい運動やストレスに関連するタンパク質の分解を抑制する働きがある。HMBは食事制限時に極めて役立つ。そのまま摂取しても、プロテインドリンクと一緒に摂ってもよい。

L-カルニチン ── かつてはビタミンの1種とされていたが、今日では準必須の栄養素として位置づけられている。カルニチンは通常、筋組織に蓄えられており、不足したときは体内で合成される。脂肪酸の酸化反応が行われているミトコンドリア内に、脂肪酸を運搬する役割を持つ。ボディビルダーは高強度の運動を行うため、L-カルニチンの補給が必要だろう。L-カルニチンは心筋の機能において重要な役割を果たす。心血管系の機能が高まることで、パフォーマンスの向上につながる。血液や組織の中の脂質量を改善するという重要な効果もある。

リポ酸 —— かつては脂溶性ビタミンの１種と考えられていたが、今日では準必須脂肪酸とされている。プロスタグランジンの生成に関わる（ゆえに炎症反応や免疫調整に関連する）。ボディビルダーにとっては食べ物からのエネルギー産生の促進や、強力な抗酸化作用が重要である。

オルニチン —— アルギニンと同じく、成長ホルモンの分泌を高める。ただし、オルニチンはタンパク質の構成要素ではない。

ペクチン —— ペクチンは食物繊維の１種で、炭水化物の胃から腸への移動を遅らせる効果があるため、血糖値の急激な上昇を防ぐ。「ソフトな」繊維として、結腸で便の圧力を和らげ、排便を促す。

ポリフェノール —— ポリフェノールの最も一般的な供給源は、松の樹皮やブドウの種子から抽出したものである。植物の体内で自然に生成される化合物群で、野菜や果物、花、種子、ナッツ、樹皮などに含まれる。植物学者によると、ポリフェノールは8000種類以上あるという。その多くを占め、最も重要なポリフェノールがフラボノイド類である。フラボンやフラボノール、イソフラボノイド、アントシアニジンがその一例だ。食品中のポリフェノールには強力な抗酸化作用があり、健康によい。心血管系の機能を高め、代謝全般を改善し、酸化によるダメージから体を守る。

ピルビン酸 —— ピルビン酸塩は食べ物からのエネルギー産生を促進すると同時に、自らもエネルギー源となる。また持久力を高める効果もある。

（硫酸バナジルとしての）バナジウム —— バナジウムは人体にほんのわずかだけ必要とされる微量ミネラルである。さまざまな生化学反応に関わる。ある種のインスリン抵抗性（２型糖尿病）の改善に効果があるとの研究報告をきっかけに、バナジウムサプリメントの人気が高まった。ただし、その研究報告では栄養補助食品としてバナジウムを推奨しているわけではない。バナジウムサプリメントはまだ完全に安全とは言い切れず、注意が必要である。

大会1週間前

　どれほど賢く減量しようとも、厳しい食事制限によって体は消耗する。筋肉細胞が縮小し、筋肉内のグリコーゲンが失われ、蓄えられていたエネルギーは枯渇する。食事制限の終盤に鏡を見れば、ステージ上で審査員の前に立ったときに見せたいと思うような大きく、力強く、エネルギーにあふれ、健康的な肉体とは程遠い状態になってしまう。そのような状況を避けるには、単純だが大会の１週間前に食事制限をやめることである。栄養補給に努め、自らの体を休ませてコンディションの回復を図るのだ。

　しかし、ほとんどの選手は大会の数日前まで食事制限を続けるというミスを犯している。最後の最後で食事制限を終えて、とりわけカーボアップに励み、できるだけ多くの炭水化物を取り込もうとするのである。それでは、おおむね「少なすぎるし、遅すぎる」。本番までの時間が短く、体を完全に回復させるに至らないのだ。

これが多くのボディビルダーが大会の1〜2日後に（特に食事を1〜2回しっかり摂って脂質と炭水化物を豊富に摂取した後）本番よりずっと「よい」コンディションになっていると感じる理由の一つだろう。栄養に飢えたボロボロの肉体は、栄養源を得て初めて、自らの回復と再建に乗り出すことができるのだ。

　私は食事制限に関して、決してそのようなまねはしなかった。大会に出場するときは、本番の少なくとも1週間（もしくはそれ以上）前には食事制限を終えていた。それから徐々に食事量を増やしていき、十分な時間を使って、食事制限で枯渇したグリコーゲンを蓄え、筋肉の回復を図るのである。私ほど時間を使わなくても体を回復させることは可能だが、たった1〜2日では無理だろう。人間の体は元々、そんな短期間で回復できるようにできていない。回復するまでには、ある程度時間を要するのだ。したがって、土曜日が大会当日ならば、少なくとも月曜日か火曜日には食事制限を終えることを検討してほしい。どんなに遅くとも、水曜日の朝には食事制限を終えておくべきだろう（それが限界である）。

「栄養の枯渇」

　数年前、ボディビルダーの間で大会直前のカーボアップまで1〜2日間炭水化物をまったく摂らないゼロカーボダイエットが流行した。そのような方法ではよい結果を望めないどころか、大いに逆効果になりかねない。すでに10〜12週間も食事を制限していれば、体はかなりの栄養不足に陥っているはずだ。体の回復のため食事を摂るべきときに、追い打ちをかけるように栄養を枯渇させて、メリットなどあるのだろうか？

　さらに栄養を枯渇させて体を追い込めば、カーボアップのときに炭水化物が吸収されやすくなる、というのがこの方法の考えである。しかし（1）そのような追い込みなど必要ないうえ（2）たとえ炭水化物の吸収率が上がったとしても、炭水化物を体に十分行き渡らせるには時間が足りないだろう。

カーボアップ

　カーボアップの目的は、大会の直前に炭水化物の摂取量を増やすことで、筋組織にグリコーゲンを供給し筋肉を大きくすることである。正確には、脂質の摂取量も同時に増やす。長らく食事を制限してきたおかげで、普段の食事に近いメニューに戻したとしても、すぐに体脂肪が増え始めるということはない。筋肉のサイズは筋組織に含まれるグリコーゲン（貯蔵された炭水化物）と水分の量に大きく依存するため、カーボアップはボディビルダーにとってどうしても必要なプロセスである。

　グリコーゲンの枯渇した筋肉が回復するには最低でも3日はかかる。ただし、もう少し日にちをかければ回復がより容易になるだろう。一度に吸収できる炭水化物量には限りがあるため、炭水化物から作られるグリコーゲンを筋肉に十分貯蔵するには、大量の食事を

一度に摂るのではなく少量の食事をこまめに摂って——要はこれまで通りのやり方で——炭水化物を補給する必要があるのだ。したがって土曜日の大会当日に向けて、どんなに遅くても水曜日には炭水化物を十分な量摂るようにしなければならない。ギリギリになって炭水化物を摂取し始めると、代謝しきれなかった炭水化物が体内に残る。すると血糖値が急上昇するため、体はできるだけ水分をためようとするだろう。しかも、筋肉はしぼんだままで。

　私はボディビルを始めたころ、グリコーゲンが貯蔵される仕組みについて、あまりよく知らなかった。しかしながら、先に述べたように、試行錯誤を繰り返しながらコンディションの調整方法を習得した。具体的には、大会1週間前までに減量を終え、それからワークアウトやポージングトレーニングと並行して栄養補給に励んでいた。私が当時行っていた調整は、新たなグリコーゲンを作るのに必要な炭水化物と時間を、自らの体に提供していたことにほかならない。私はその重要性を、これまでセミナーや雑誌記事を通じて繰り返し訴えてきた。にもかかわらず、大会前日まで食事を制限し、土壇場になって炭水化物を大量に詰め込む選手が後を絶たないのである。

水分カット

　ボディビルダーが常々気にしているもう1つの問題が、水分の貯留である。具体的には皮下の水分のことで、たまると体がむくんで立体感に乏しくなってしまう。事実、サミア・バヌーなどは皮下に水分がたまりすぎているのではないか、と異常なほど神経質になっていた。その解決手段の1つとして利用されてきたのが、利尿剤である。だが、利尿剤には厄介な問題がいくつもつきまとう。たとえば、筋肉は75％以上が水でできているため、水分があまりに多く排出されるとしぼんでしまう。また、利尿剤には電解質——筋収縮の最適化に欠かせないミネラル——も取り除いてしまう作用がある。それゆえ、利尿剤を服用したボディビルダーの多くが、筋肉の縮小だけではなく筋力の低下を味わうことになる。さらには、けいれんのリスクが高まり、重度のけいれんに見舞われたり、ステージ上でポーズを決めようとしている矢先にけいれんに襲われたりするケースなどが考えられる。

　1つの事例を紹介すると、ある有名選手は利尿剤の過剰摂取により重体になったが、適切な診断と処置が施されず、最終的には亡くなってしまった。それを受け、IFBBは本書執筆時点において、主要な大会で利尿剤の検査を実施する運びとなった。検査で陽性を示す選手がほとんどいないところを見ると、検査導入の効果が顕著に表れていると言えるだろう。

　それでは水分の貯留に対して、どのように対処すればよいのだろうか？　まず、体が水分に対してどう反応するか見てみよう。水分を多く摂れば、その分、多くの水分が尿として体外に排出される。その過程において、ナトリウムなどのミネラルも過剰に失われることになる。反対に水分の摂取を控えると、体はすぐさま脱水症状を回避すべく、できる限り水分を保持しようとする。要するに、摂取量が多ければ保持する水分量は少なくなり、

摂取量が少なければ保持する水分量は多くなるのだ。

　したがって、大会の数日前から水分を控え始めるよりも、前日の夜までしっかり水分を摂るほうが適切なアプローチと言えるだろう。大会前日の夜も、摂取量を半分に落とすにとどめ、完全にカットしないようにしたい。水分カット後も、数時間はそれまでと同程度の水分が体から排出される。よって、皮下に余分な水分が残されていない状態になる。なお当日の朝も引き続き適度に水分を摂り、脱水を予防する。そうすれば、まったく問題なく本番に臨めるはずだ。

　ところで、多くのプロボディビルダーが（調整ミスを犯して）過度に水分を控えた状態で当日を迎えているにもかかわらず、予選審査のステージ上で次から次に水分補給用のボトルを手にするのは、何とも滑稽な光景ではないだろうか。そのような選手には、どのような意図があるのだろうか？　大会前に水分を摂るのはダメだが、ステージに上がった途端なぜか身体機能が変わるから、飲んでもむくまないというのだろうか？　大会前に十分水分を摂ってさえすれば、ステージ上でそれほどガブガブ水を飲まなくて済むはずである。

　水は、人体を構成する最大の成分だ。事実、体脂肪には水はほとんど含まれないが、筋肉の大半は水でできている。炭水化物が体内で代謝されグリコーゲンとして筋肉に貯蔵されるとき、グリコーゲンは自らの約3倍もの水と結合して、筋肉のサイズアップに貢献する。すなわち、誤ったやり方で水分をカットすれば、筋肉はしぼんでしまうのだ。大会で勝利を目指すのであれば、ふさわしくないアプローチだろう。

ナトリウム

　数年前から大会前のナトリウム摂取を過度に恐れている選手が増え始めている。たしかにナトリウムを摂りすぎると、水分保持量が増える恐れがある（ゆえに血圧に問題がある人は摂りすぎに注意しなければならない）。だが、水分を十分に摂っていればそのような事態は起こらない。過剰に摂取されたナトリウムは通常、余分な水分とともに排出されるからだ。ナトリウムを摂ってコンディションが悪くなるボディビルダーは、元々極度の脱水状態にあり、水分とともに余分なナトリウムが貯め込まれてしまったと見て間違いないだろう。

　ナトリウムに関しては、驚くような話を何度か耳にしたことがある。たとえば、大会の**数週間前**からナトリウムを控える選手がいる、というような話だ。なんでも、標準的で健康的な量のナトリウムしか含まない食品さえ避けるのだという。また、そのような選手に限って、水分補給に適さない蒸留水を飲んでいる。結果として筋力が低下し、必要以上に厳しい食事制限により体内の化学的バランスが崩れ、痛みを伴うひどいけいれんに襲われるはめになるのだ。

　そのような行きすぎた制限など必要なく、単にナトリウムが過剰に入った食品（ポテトチップスやジャンクフードなど）を避ければ十分である。そして水分をしっかり摂って、

脱水を予防すればよいのだ。ナトリウムの「コントロール」に関して、それ以上必要なことはないだろう。

水分調整に関するまとめ

1. ナトリウムを過剰に含む食品を避ける。
2. 大会前日の夜になって初めて水分カットを始める。ただし、完全にカットするわけではなく、適当な量だけカットする。
3. 適切な血糖値をしっかり保つ。極度に空腹の状態や、満腹の状態でステージに上がらない。食べ過ぎると血糖値が上がり、体内に水分がたまりやすくなる。
4. 運動で汗を流し、自然に水分を排出する。トレーニングには水分を除去する効果がある。ランニングや自転車などの有酸素運動にも同様の効果が期待できる。中でもポージングトレーニングは水分除去に効果的で、ハードな質感の肉体を作ることができる。
5. 水分を取り除きたいからといって、スチームルームやサウナを過度に利用しない。たしかに体内の水分量は減るが、利用しすぎると体を消耗させる恐れがある。汗はただの水ではない点に注意しよう。汗には多くのミネラルも含まれているのだ。食事メニューの一部として、高負荷のワークアウト後にマルチミネラルサプリメントを摂るようにする。
6. 薬剤など化学物質を摂取する場合は、必ず副作用をチェックする。私は1980年のミスターオリンピアに出場する前、肩の痛みを和らげるためコルチゾン（ステロイド）注射を打った。コルチゾンに体内の水分排出を抑制する働きがあるとは知らずに、である。その結果、体がとてもむくんでしまい、日中から夜遅くにかけてずっとポージングトレーニングに励みハードな質感を取り戻してから本番に臨むはめになった。
7. トレーニングメニューに屋外でのワークアウトをできるだけ多く盛り込み、日光を浴びることで体内の水分量を減らす。ただし、汗をかいた後はしっかり水分を補給する。

トレーニング、ポージング、食事

　一部のボディビルダーは食事制限の影響もあってか、大会が数週間後に迫ると、ワークアウトのメニューを軽くし、その分アイソレーショントレーニングと有酸素運動を多く取り入れるようになる。だが筋肉が成長するのは、高重量のワークアウトに励むからこそだ。鉄のかたまりと格闘して筋肉を刺激し続けなければ、大きく強固な筋肉を維持することなどできないだろう。

　もっとも、厳しい食事制限に取り組めば、筋力や持久力は多少なりとも低下する。とはいえ大会当日が土曜日だとして、火曜日か水曜日までは1つの部位につき最低**数セット**の高重量メニューを継続したい。数セットであれば、筋肉の硬さと質感を維持しつつ、筋肉

内のグリコーゲンを過剰に消費しないで済む。

　本番が２〜３日後に迫れば、もう高重量のウエイトを挙上する必要はない。先に記した通り、ポージングトレーニングで筋収縮を繰り返せば、ディフィニションに優れた迫力ある肉体に仕上がるだろう。オリジナルのポージングルーティンを練習しても構わない。ただし鏡の前に立ったら、主要な部位の筋肉を一通り、全力で収縮させること。改めて述べるが、そうすることで強固な筋肉が維持され、カーボアップで蓄えたグリコーゲンを無駄に使わずに済むだろう。

大会前夜

　大会前夜になると、強い不安を覚えるものだ。そのため、選手はわらにもすがる思いで、周りから勧められれば何でも取り入れてしまう、とよく冗談で言われる。（ただし、ミスターユニバースの優勝候補が大会前夜にM&M'sを丸々１袋、座薬として体内に取り入れ「血管」を浮き立たせた、という話は作り話である。）

　元アメリカ大統領のジョージ・H・W・ブッシュがよく口にしていたように、選手にはときに「最後までやりぬく」力が求められる。大会に向けてプランを立てたなら、そのプランを最後までやり通さなくてはならない。水分を適切にカットし、栄養をこまめに補給し、ポージングトレーニングを適宜こなす。不安を覚えるからと言って、焦って馬鹿なことに手を出す必要はないのだ。重要なのは、あれこれ考えないことである。自分がやるべきことを行って、あとはのんびり過ごせばよいだろう。テレビを見るのも１つである。とにかく、リラックスすることだ。そう、他の選手も不安なのである。それになんといっても、過度にストレスを感じると皮下に水分がたまりやすくなってしまう。

大会当日の朝

　私はあるプロボディビルダーの大会前の朝食に同席したことがある。予選審査を数時間後に控えた土曜日の朝のことだ。彼は優に３人分はありそうな大盛りの食事をたいらげていた。具体的に言えば、３食分の山盛りのフライドポテトである。彼いわく、カーボアップとのこと。そう言いながら、塩を皿一面に振りまいていた。

　その後、ステージに登場した彼の体はむくみ、立体感に欠けていた。そして川のように滴り落ちる汗が、会場のライトに照らされていた。私の中で、疑問が繰り返し頭をもたげた。彼は食事について何も知らないのに、なぜプロボディビルダーになれたんだ？

　大会当日の朝は、それまで通りに過ごすべきである。まず、それまで通りに食事を摂る。ただし一度に大量に食べるのではなく、複数回に分けて少量ずつ食べる（食事回数は予選審査が午前か午後かによって異なる）。そして、それまで通りに水を飲む。ただし、「普段の」摂取量の半分程度に抑えることが望ましい。さらに、それまで通り食事に塩を振りまいたりもしない。もっとも、ナトリウムの含有量が標準的な食品を避ける必要はない。あ

とは、ポージングルーティンを練習してもよいが、あまりに筋肉を収縮させると疲れた状態で予選審査に臨むことになるので注意すべきである。

予選審査～決勝審査(ナイトショー)の過ごし方

　大会によっては、夜のステージは単なるパフォーマンスでしかない。一方で、審査対象となる大会もある。いずれにせよ、会場に集まった観衆のために、できる限りすばらしい肉体を披露しようとするのが選手というものだろう。であれば予選審査が済んだあと、胃に詰め込みすぎない程度に食事を摂り、水分を継続的に摂取し、体を休ませて、ポージングで消耗した体力を回復させる必要がある。

　選手の中には、予選審査後に一気に気を抜いてしまう者がいる。プレッシャーからの解放感からか、自らのパフォーマンスに対する失望感からか、たちまちやる気を失って、ガツガツと食べ始めるのである。1979年のミスターオリンピアにおけるマイク・メンツァーの例は今でも記憶に新しい。予選審査でほれぼれするほど見事な肉体を披露したマイクだったが、決勝審査が始まると見るからに腹の膨らんだ姿で現れたのだ。会場には、予選審査が終わった後にコーラを浴びるほど飲んで腹が突き出たのではないか、との憶測が広がった。真偽のほどは確かではないが、決勝審査が始まるまでの時間で、マイクが**何か**をしたのは事実だろう。その結果、すばらしい肉体を自ら手放してしまったのだ。と同時に、ミスターオリンピアのタイトルも。このマイクの事例からもわかるように、予選審査後は変な真似や極端な行動は**絶対に**避けるべきだ。さもなくば、見た目を損ねて決勝審査のステージに上がることになるだろう。

大会終了後

　Pig out（食べまくる）というフレーズを使い始めたのが誰であろうと、その言葉はまさに大会明けの一部のボディビルダーにぴったりの表現である。そのような選手はもはや食事を管理する必要性など微塵も感じていないだろう。ときには、その選手の食べまくる姿勢が次から次へと「連鎖反応」を呼び、大会に**出場しなかった**選手でさえも感化され、食べ物をむさぼり始めたりする。あたかも**自分自身**が厳しい食事制限に12週間耐えてきたかのように、だ。

　そのような行動をしてしまうのもわからなくはないが、あまり褒められた行動ではない。もちろん食事を長らく制限してきた後であれば、たくさん食べても問題ないし、むしろ体には好ましいだろう。摂取カロリーが多めでも、ほとんど支障をきたさず、消化されるはずだ。ただし、あくまで常識の範囲内であればの話である。大会後の数日間は写真撮影にうってつけのタイミングであることも心に留めておきたい。つまり、節操なく食べてせっかくのディフィニションを消してしまうともったいないのである。ジョー・ウイダーは選手たちに常々こう説いていた。「大会が終わったからといって、君たちの出番が終わ

るわけではない。大会で好成績を収めれば、ボディビル雑誌から撮影オファーが届くだろう。であれば、少なくとも翌週まではコンディションを維持する必要があるんだ」

　言うまでもなく、すべての選手が『マッスル＆フィットネス』『フレックス』『アイアンマン』『マッスルマグ・インターナショナル』などの雑誌に出られるわけではない。したがって、もし取材の話がめぐってきたならば、そのチャンスを活かすべきだ。一方、チャンスがめぐってこない場合でも、**誰かしらに写真撮影を依頼することはできるだろう**。撮影場所は公園やプールサイドなど屋外で構わない。そうすれば、少なくともそのとき出場した大会で自分がどのような肉体を披露したのか、しっかり記録に残すことができる。むやみやたらに食べまくらないほうがいいのは、他にも理由がある。そもそも、非常に長い時間を費やして驚くほど見事な肉体をせっかく作り上げたのだから、もうしばらく食事を管理して、そのすばらしい肉体を堪能してみてはどうだろうか？　そのうえオフシーズンに体重を管理しておけば、次の大会に向けた調整がうんと楽になるはずである。

CHAPTER 4
ケガと治療法

　ボディビルダーとして成功を収めるには、肉体の限界に日々挑戦し続けなければならない。言い換えるならば、ボディビルダーは人体構造の限界を超えた負荷を己の肉体に課してしまうリスクと常に隣り合わせである。ケガはまさに、そのようなリスクが具現化したときに起こる。

　ケガの中には、症状が軽く頻繁に起こるため、気にも留めないようなものもある。一方、損傷が激しく、医師による治療を要するものもある。ボディビルダーとして順調にキャリアを積むには健康な体であることが求められるので、ケガをすると体作りにおいて大幅に後れをとってしまう。したがって、起こりうるケガの種類を知ることはとても重要だ。ケガを予防するにはどうすればよいのか、再発を防ぐにはどうすればよいのか、治療やリハビリはどうすればよいのか、といった点も頭に入れておきたい。

　人体の構造は、解剖学的にも生化学的にも極めて複雑であり、想定されるケガの種類は多岐にわたる。ただし、人によって負いやすいケガの種類がある。ケガは一般に、人体構造の中で最も弱い部位で発生する。つまり筋肉や、筋肉と腱の接合部、腱、腱と骨の接合部、靭帯、関節といった部位だ。長い間、疲労が蓄積して発症するケガもあれば、高重量のウエイトの扱いを誤るなど、一瞬の出来事によって起こるケガもある。

　ケガをした場合、正しい知識をもとに適切に処置することが重要だ。ゆえにトップボディビルダーを目指すのであれば、いくら医学的な概念や用語が難解と言えど、ケガの予防や治療、再発防止に関する知識を身につけておく必要がある。以上の理由から、このチャプターは2部に分けて構成されている。

　医学的知識——筋肉と腱、そして関節と靭帯がそれぞれ損傷する機序。それに加えて、高強度のトレーニングで起こりうる筋肉と関節のケガの予防法や治療法を医学的見地から概説する。

　実践的知識——大会を主戦場とするボディビルダーが最も起こしやすいケガと、その治療法について、体の部位ごとに紹介する。

※ ボディビルをめぐるケガとその治療法を主題とするこのチャプターを執筆するにあたり、カリフォルニア州のロサンゼルスとイングルウッドを拠点とする整形外科医バリー・L・バートンから貴重な見識を頂戴した。ここに心から謝意を表したい。

医学的知識

筋肉と腱

　腱とは、骨格筋（随意筋）と骨を結びつける結合組織である。骨の両端（起始部と停止部）に存在する。

　筋肉と腱のケガの機序には、さまざまなものがある。直接的な外傷がその1つで、鈍器による挫傷（打撲）や、鋭利物による切創（切り傷）などが該当する。

　他には過度に引き伸ばさることにより起こるケガもある。酷使による疲労で起こることもあれば、1度の強い衝撃で起こることもある。後者であれば、たとえば強く収縮している筋肉に急に伸張方向の力が加わり、組織が耐えきれず切れてしまう、といった状況が考えられる。断裂には、完全断裂と部分断裂があり、筋肉と腱の結合部や腱自体、腱と骨の結合部などで発生する。

　骨の小片が腱につながったまま剥がれてしまうこともある。この外傷は、剥離骨折と呼ばれる。筋肉や腱は自らにかかる負荷に対して抵抗力を発揮するが、それを上回る負荷が加えられた場合、負荷に耐えきれなかった箇所が断裂する。軽傷だろうと重傷だろうと、断裂の程度はその時の抵抗力と受けた負荷の大きさに依存する。繊維が少し切れる場合もあれば、完全に切れてしまう場合もある。

　とはいえ、ほとんどの場合は軽傷で済む。筋肉に過度に伸張方向の力が加えられたが明らかに断裂するまでには至らなかった、という状態だ。そのような場合は、のちにその部位の稼働時に軽い痛みや違和感を覚える程度で済むだろう。ときには筋肉が急に緊張することもあるかもしれない。一方で筋繊維の一部が断裂するなどケガの程度が重い場合、さまざまな症状が発現する。痛みや違和感がより強くなり、損傷部位が腫れたり運動に支障が出たりする。

初期治療

　すべてのケガに通じる初期治療は、安静である。損傷部位をさらなる損傷から守る必要があるためだ。ケガしている場所を使ったり鍛えたりすれば、症状を悪化させるだけである。

　軽いケガの場合は、安静にして損傷の原因となった動作を避ける。そのように対応しておきさえすれば、自然と治るだろう。

　脚をひどく痛めたときは、松葉づえを使って、体重の負荷を完全に、または部分的に取り除くとよい。また、横になって脚を挙上しておくのも効果的だ。その他、包帯などによ

る圧迫（押さえつけ）や、器具を使った固定、アイスパックなどによる冷却も有効だろう。なお、体重がかからない部位であっても、処置方法は基本的に同じである。

　筋肉や腱の完全断裂など重いケガの場合は、損傷部位全体を再建するのに、手術を要することがある。だが、そのように重いケガであっても、初期治療の原則は上記の要領に従う。すなわち（治癒を促すための）安静、（損傷部位からの血流をよくするための）挙上、（血管を収縮させ、血管の内径を細くし、内出血を低減するための）冷却、（同じく内出血を低減し、腫れを抑制するための）圧迫、（さらなる損傷を防ぐための）固定である。

けいれん

　筋肉のけいれんは突然起こる筋肉の激しい収縮のことで、過度な負担がかかっている兆候でもある。けいれんはある意味、防御反応とも言える。損傷部位が回復するまでの間、その部位にそれ以上動きが加えられないようにしているのだ。けいれんは長時間続くこともあり、激しい痛みを伴うが、筋肉の酷使や疲労が原因で起こるけいれんのように短時間しか続かないこともある。けいれんが起きたときは、安静にしてさらなるケガを防ぐことが何より大切になる。

腱炎

　腱を使いすぎると、腱炎や腱鞘炎を招く。つまり、腱自体や腱を包む腱鞘の内層や外層に炎症が起こる。上腕二頭筋長頭腱炎がその代表例だろう。上腕二頭筋長頭腱炎とは、結節間溝を通る上腕二頭筋の長頭腱に炎症が起きた状態を指す。初期症状は肩の痛みで、長頭腱が腱鞘の中を行ったり来たりするときだけ痛みが発現する。だがときに痛みが慢性化し、安静時にも持続することがある。

　初期段階での処置は、筋損傷のときと同じである。安静にして、さらなる損傷を防ぐため患部を保護する。また、湿熱療法も効果的だ。急性期には、コルチコステロイド注射が必要になる場合もある。炎症が進行して重度の合併症を伴うと、手術が必要になる場合もある。

痛み

　トレーニング中の痛みは、その部位が負傷しているという警告である。痛みをガイドラインとすることで、本格的なケガを予防することができる。まず痛みを伴う動きを避け、患部の回復を促す。そして十分な期間安静にしてから、少しずつ動かしていく。

痛みを伴わず損傷部位を自由に動かせるようになったら、負荷を高めても構わない。ただし、あくまで少しずつ、段階的にだ。

　もし痛みが再発するようであれば、過度に負荷がかけられた証拠だ。ケガの治癒は徐々に進むものであり、痛みはどれくらい治癒が進んでいるかの指標となる。焦って治癒を急ぎ、痛みがあるにもかかわらず無理をすれば、再びケガを負いかねない。となれば、今度はよりケガの程度が重くなり、慢性化する恐れがある。

　ケガが回復するまで長期間かかることに、苛立ちを覚えるボディビルダーは多い。早期に回復するケガでさえも、ストレスを感じる者も少なくない。調整の遅れを余儀なくされたり、トレーニングが停滞したり、筋肉がやせたり（萎縮したり薄くなったり）することがその理由である。思うようにトレーニングできなければ、精神的ストレスが増し、苦しい気分を味わうことになる。しかしケガに的確に対応し、焦ることなく治癒を進める能力は、トップボディビルダーに欠かせない要素だ。もし処置を誤れば、回復がさらに遅れたり、目標への道が完全に絶たれてしまうことにさえなりかねない。

治療

　出血や腫れがない場合は、湿熱療法がおすすめである。赤外線ヒーターでただ患部を温めるよりも、湿布などを利用するとよい。スチームバスやジャグジーも優れた治療法だ。単に温浴するだけでも効果的である。ただし、エプソムソルト〔訳注：欧米で人気の入浴剤〕に治療効果があるかは定かではない。筋肉の痛みを和らげると謳う商品は多々あれど、大抵表面の皮膚を刺激するだけで、実質効果は望めないだろう。

　なお、筋繊維が実際に断裂し、出血や腫れを伴うほど損傷がひどいのであれば、患部を温めるべきではない。血管が拡張し（血管の内径が太くなり）、患部一帯の血流が増して、腫れを促進してしまうからだ。代わりにアイスパックを使って冷やし、血管を収縮させて、患部の血流を減らすようにする。腫れが見られる外傷では、圧迫と挙上、固定がいずれも正しい処置となる。

　内出血がある場合、血は局所に留まるときもあれば、広範囲に広がるときもある。内出血した血液が局所的にたまったり（血腫）、損傷部位から離れた場所まで流出し、広範囲にアザを作ったり（斑状出血）するのだ。

　よく見られる青黒いアザは、小さな血管（毛細血管）が破れて、皮膚や皮下に局所的に内出血した状態である。直接的な打撃によることが多い。大半のボディビルダーはそのようなちょっとした腫れやアザなど、気にしないだろう。だが、冷却と圧迫処置を行えば、腫れを抑えることができる。

　ケガを負った後、重力は使いようによって、敵にも味方にもなる。ケガで腫れた四肢を挙上すれば、静脈を通って心臓へ戻ってくる血液の量が増し、腫れの抑制につながる。ポンプで水を汲み上げるよりも、上から水を流すほうがラクなのと一緒だ。包帯などによる

圧迫も、損傷部位の内出血を抑制するのに効果的である。

　またちょっとした肉離れであれば自分で処置しても構わないが、ケガの状態が深刻な場合、医療機関で受診すべき点にも注意したい。重いケガを放っておくと症状が悪化し、トレーニングへの影響が長引く恐れがある。ただし、すべての医師がスポーツ医学に通じているわけでも、アスリート特有の身体能力や要求に明るいわけでもない。専門的な治療を要する場合は、ふさわしい医師、つまり特定のケガを専門とする整形外科医を探す必要がある。

ケガの予防

　俗に言う「百の治療より一の予防」が、全ボディビルダーに通じる鉄則である。だが、日々筋肉に高負荷をかけ続けるボディビルのトレーニングは、肉体の過度な使用と紙一重だ。現に、高重量のワークアウトを行った後は、筋肉や腱に痛みが残ることがある。この手の痛みは正確にはケガとは言えないし、大半のボディビルダーにとっては真剣にトレーニングした証にすぎない。とはいえ、動くのが辛いほど痛く、その後のワークアウトメニューを軽くせざるをえないとしたら、それは過度な使用と言えるだろう。

　疲労と痛みが残り、こわばっている筋肉は、ケガをしやすい。もし、そのような状態でもワークアウトを続ければ、筋肉や腱の一部を損傷したり断裂したりする恐れがある。筋肉がこわばっているときは、時間をかけてストレッチしたうえで、しっかりウォーミングアップすることが、ケガ予防に最善である。症状が重いと感じたら、ワークアウトのメニューを軽くすることも検討しよう。なお、ストレッチは筋肉と腱に対してまんべんなく行う。あらかじめほぐしておけば、急に伸張する力が加わっても、組織が損傷せずに耐えられる可能性が高くなる。ウォーミングアップには血液と酸素の循環を増進させる効果があり、文字通り筋肉の温度が上昇するため、激しく収縮させてもケガをしないですむ。

　トレーニング中のケガを防ぐには、事前にストレッチとウォーミングアップを入念に行うことが最も効果的である。また、正しいフォームで高重量のウエイトを扱うことも肝心だ。筋力がつけばつくほど、筋肉や腱に高い負荷をかけられるようになるが、一般に腱は筋肉に比べて強化されるのが遅いため、その強度の不均衡がケガのリスクになる。したがって、トレーニングの強度は徐々に高めていくべきであり、一気に強度を上げたり、不用意に無理な重量に挑戦したりすべきではない。

関節と靭帯

　骨と骨とをつなぐ関節があるおかげで、私たちは体を動かすことができる。関節の結合部分、つまり骨が互いに接触する部分には、弾力に富んだゲル状の硝子軟骨（しょうしなんこつ）がある。その硝子軟骨の働きのおかげで、関節内の骨は滑らかに動くことができる。

軟骨軟化症は、骨端面の軟骨がもろくなり、擦り減った状態を指す。一般に、軟骨軟化症をきっかけに、さまざまな経過をたどり、変形性関節症に結びつくケースが多い。変形性関節症とは、関節の中の骨や軟骨が変形する疾患で、激しい痛みを伴い、その関節の稼働が日常的に困難になる。軟骨や骨軟骨（骨と軟骨）の骨折によって発症する例もある。

　関節包は、関節を包む厚い繊維状の膜で、靭帯と密接な関係にある。靭帯は、骨同士をつなぎ合わせる丈夫な帯状の繊維組織である。両者とも関節を安定させ異常な動きを防ぐ一方で、正常な可動域での運動は可能にする。

　関節包と靭帯が関節の受動的な支持機構であるのに対し、筋肉と腱は能動的な支持機構である。筋や腱は運動機能に加え、関節に付着する両端が協調して骨が剥離するのを防いでいる。イメージとしては、実力が同じチーム同士の綱引きの試合で、たがいに目一杯綱を引いているにもかかわらず、両チームの選手の足が地面に固定されているかのように動かず、安定しているような状況だ。

関節包と靭帯のケガ

　関節包と靭帯のケガは、関節包と靭帯に加え、関節を構成する骨軟骨でも起こる可能性がある。その中でも靭帯のケガは直接的な打撃などによって起こる。鈍器などによる打撃であれば挫傷（打撲）をきたし、鋭利物との接触であれば切創（切り傷）となる。

　靭帯のケガは過度に負荷がかかったときにも起こり、靭帯そのものや付着部にダメージが生じる。そのようなケガは一般に、捻挫（ねんざ）と呼ばれる。いわば、受動的な支持機構に生じる損傷だ。対して肉離れは、能動的な支持機構である筋や腱に生じる損傷である。

　関節運動は非常に強い外力を受けると、正常な可動域を超えてしまう。その結果、靭帯に支持能力以上の負荷がかかり、断裂する。もちろん断裂場所は、靭帯の中で抵抗力が最も弱い箇所になる。

　つまるところ、引っ張る力があまりに強いため断裂するのである。靭帯断裂には、部分断裂と完全断裂がある。断裂は靭帯のどこでも起こりうるし、骨との付着部位で起こることもある。その場合、骨との結合部に引張外力が加わった場合は、骨の小片が靭帯につながったまま剥離することがある。つまり剥離骨折をきたし、一般に重度の捻挫と同様の治療が必要になる。

　ケガの重症度は、外力の大きさと組織構造の強度によって決まる。靭帯の繊維がほんの数本切れるだけのときもあれば、部分的または完全に断裂するときもある。痛みが弱く、目立った症状もなければ、軽傷と判断して差し支えないだろう。一方、痛みや腫れ、違和感などがより顕著な場合は、ケガが重い証拠である。

処置

　靭帯の繊維がほんのわずかに切れているだけの軽度の捻挫であれば、出血や腫れはほとんどなく、関節機能がわずかに低下するだけかもしれない。処置方法は痛みと腫れの程度によって異なり、処置の原則は基本的に肉離れと同じである。

　つまり、次に挙げる処置要領のうち1つないし複数の処置を選ぶとよいだろう。具体的には、安静、運動の制限、損傷部位の挙上、包帯などによる圧迫（押さえつけ）、アイスパックなどによる冷却、固定である。もちろん、患部に違和感を覚えるトレーニングはすべて控えるべきだ。改めて記すが、無理にトレーニングを続行しても、症状を悪化させるだけである。

　靭帯の損傷が広範囲におよぶ重度の捻挫（靭帯の部分断裂など）であれば、出血や腫れが顕著で、運動時に痛みを伴い、関節機能に大きな障害が生じる。よって、損傷部位をしっかりいたわり、適切に回復させるべきである。

　たとえば、足首をひねって中程度の捻挫を負ったと想定する。具体的に言うと、明らかに皮下に出血が見られ、足首から足部にかけて腫れがあり、「立っている」とズキズキし（足首は心臓より低い位置にあるため、重力によって血液がたまりやすい）、動かしたり体重をかけたりすると痛みが出て、関節運動が限られる状態だ。そのようなときは、医療機関で受診して、骨折や靭帯の完全断裂の有無を確認することが望ましい。靭帯の完全断裂は一般に診断が難しいとされるが、関節に一定の負荷をかけた状態で撮影するストレスX線検査を受ければ、靭帯の完全断裂が起きている可能性があるか確認できるだろう。

　また、早期回復を図るためには、損傷した足関節をしっかり保護すべきである。今想定しているケガが、靭帯が部分的に断裂している状態であることを思い出してほしい。言い換えれば、靭帯の一部がまだつながっている状態である。それ以上、断裂を広げるわけにはいかないだろう。ならば、患部を安静に保つべきである。歩行時は足首に体重がかかるため、損傷側の足を地面につけないよう気をつけなくてはならない。

　そのようなときは、松葉づえが有効である。とはいえ、治癒を促すために患部を挙上する必要があるため、歩行自体なるべく控えたい。また、包帯などで患部をしっかり圧迫すれば（押さえつければ）、出血や腫れを抑制できるだろう。さらに損傷後48時間は、アイスパックなどで患部を冷却すると、血管が収縮し、血流が減少するため効果的だ。副木やギプスなどによる固定も、動きを制限し痛みを軽減するため、患部の保護に最適な処置と言える。なお、損傷部位を温めるのは、腫れが引いてからである。損傷後すぐに温めると腫れが増すため、回復がある程度進み、関節の全可動域で運動が可能になってから、温熱療法や温浴療法を取り入れるべきだろう。以上に挙げた要領は、あくまで応急処置である。重傷の場合は必ず整形外科医による治療を受けるべきである点に注意したい。

　靭帯の断裂幅が大きく、断裂端同士の接合状態がよくない場合（かろうじてつながっている場合）、再接合させることが重要になる。要は、断裂端同士を元通りくっつけるわけ

だ。さもなければ、断裂部に大きな瘢痕(はんこん)が形成され、残された靭帯のみで緩くつながったままの状態になり、関節の不安定性が慢性化してしまう。ゆくゆくは、変形性の関節疾患（変形性関節症）に進行する恐れもある。

脱臼

　脱臼と亜脱臼（不完全な脱臼）は関節面、つまり関節を形成する骨同士が向かい合っている面が、本来の位置関係からずれた状態のことだ。関節面は、靭帯や軟骨が緩い（支持能力に欠ける）ために慢性的にずれたり、靭帯断裂などで急性的にずれたりする。

　靭帯断裂などを伴う重度の捻挫では一般に、関節が亜脱臼する。すなわち、関節が異常な方向を向く。亜脱臼の状態は一時的で、関節面がすぐに元の位置に戻ることもある。相当強い外力が加わった場合は、関節全体が激しく損傷し、完全に脱臼することがある。

実践的知識

　このチャプターの前半では、正確性に十分配慮したうえで、確かな医学的知識に基づいた適切な処置法を見てきた。しかし、医学的教養は必ずしもボディビル大会の出場要件ではなく、また人体の各部位に関する解剖学的知識は極めて難しい。後半ではこれまで見てきた知識を現場に活かし、ボディビルダーとしてのキャリアに役立てる実践的な方法について記していく。

ふくらはぎ

　ふくらはぎは、過剰に負荷がかかり損傷しやすい筋肉である。高重量のカーフレイズをワークアウトのメニューに取り入れている場合は、特にケガのリスクが高い。筋肉と腱は、過剰な力を受けると最も弱い箇所が断裂する。たとえば、腱の両端にあたる付着部や、腱と筋肉の接合部、筋肉内部などである。

　損傷を防ぐ効果的な方法の1つは、カーフレイズを実施する前とセット間に、ふくらはぎを十分にストレッチすることだ。また、最初の数セットは軽めの重量でウォームアップして、筋肉が温まってから高重量のセットに入ることも大切である。

　ふくらはぎのケガは、使いすぎによっても起こりうる。オーバートレーニングが続くと痛みが慢性化するが、その慢性痛を除去するためには筋肉を休ませるしかない。

　過度な使用による痛みは、局所的な場合もあれば、全体的に広がりアキレス腱に及ぶ場合もある。損傷が軽度であれば、ふくらはぎのトレーニングをただちにストップし、痛み

が消えるまで患部を安静にする。腫れが見られるときは、冷却、挙上、圧迫といった既述の基本処置を施すとよい。痛みが深刻な場合は、医師に相談するべきである。

膝

　ボディビルにおける膝のケガは、高重量のスクワットなどで屈んだときに高い負荷がかかり発生することが多い。靭帯組織や膝蓋骨（膝の皿）、膝関節の内部組織、膝関節に接合する筋肉や腱などが、主な損傷部位となる。

　膝蓋骨は、腱の一部である結合組織の層で覆われており、上部がその腱を通じて大腿四頭筋につながっているため、脚の伸展運動が可能になっている。膝を使いすぎると、その周辺部位が多かれ少なかれ損傷することになる。

　膝の捻挫では、関節自体の靭帯組織に何らかのダメージが生じる。膝を深く曲げる運動が靭帯組織に最も負荷がかかるため、主にフルスクワットなどで損傷しやすい。また、高重量を挙上しているときなどにひねることによっても損傷する。

　半月板は膝関節内部にある軟骨組織で、フルスクワットなどの運動時に膝をひねると損傷し、整形外科医による外科手術が必要になるケースもある。

　膝への過剰な負荷を避けるためには、本格的なワークアウトの前にしっかりウォーミングアップしておくことが欠かせない。また、正しいフォームを意識しながらワークアウトを実施することも非常に大切だ。たとえば、スクワットではウエイトをしっかりコントロールしながら膝を曲げていき、最も腰を落とした状態から挙上する際に、絶対「はずみ」をつけてはいけない。なお腰を落とすのは、大腿部が床と平行になった時点で止める。それ以上深く膝を曲げる必要はない。ハーフスクワットであれば、腰を下げたときの膝への負担を軽減できる。

　また伸縮性のあるサポーターなどで膝全体を保護すれば、高重量のワークアウト時にケガのリスクを低減できる。

　それでも膝を損傷してしまった場合、軽度の捻挫で痛みが小さければ、安静や冷却といった応急処置の基本を適用する。もちろん、ケガの程度が重ければ、医療機関で受診する。なお、膝関節へのコルチゾン（ステロイド）注射が推奨されるのは、外傷に直接起因しない疾患のみである。

　もし膝に問題を抱えてながらも、大会前でトレーニングしなければいけないのであれば、スミスマシンでスクワットするのも一手だろう。両足をしっかり前に置いた状態で腰を落とせば、膝への負担を抑えながら大腿四頭筋を収縮させることができる。もしこのやり方でも膝に負担を感じる場合は、レッグエクステンションがおすすめである。必要に応じてパーシャルレンジにしたり、軽い重量で回数をこなす。ただし、過度な痛みが伴う場合はこの方法も控えるべきだ。

太もも

　内側広筋は、大腿四頭筋を構成する長い筋肉で、膝関節の内側につながる。脚を完全に伸ばした状態でロックアウトすると、内側広筋と膝の接合部に強い負荷がかかるため、ケガにつながりやすい。膝周辺に痛みが出やすいが、実質的に太もも全体の問題と言える。
　ハムストリングスのケガは、ストレッチ不足に起因することが多い。筋肉や腱を伸ばすストレッチに加え、ストレートレッグデッドリフトをルーティンに取り入れるとよいだろう。ストレートレッグデッドリフトによって、ハムストリングスのストレッチ効果を得られるからだ。

股関節

　股関節のケガは、ランジなどの種目で、股関節に伸張方向の力が過度に加わったときに起こる。股関節は事あるごとに使われる部位であり、運動時には必ずと言っていいほど伸展するため、ケガをすると極めて厄介である。損傷した場合の処置は、安静を最優先し、回復を促すことが基本となる。

下腹部

　男性は元々、下腹部が弱い傾向にある。よって腹圧が異常に高まったとき、腹壁が破裂するケースが少なくない。息を止めて重いウエイトを挙上するときなどがよい例だ。
　腹壁の一部が破れ、臓器が脱出することを、腹壁ヘルニアという。腹壁ヘルニアが起こると、腸がその開口部から出てしまう恐れがある。深刻な場合は、手術となる。
　腹壁ヘルニアの予防策の1つは、高重量のワークアウト時に、ゆっくりと息を吐きながらウエイトを持ち上げることだ。そうすれば、動きを安定させるだけの腹圧は得られるが、腹壁を傷つけるほどは高くならない。
　もちろん腹部の筋肉や腱も、他の部位と同じく損傷するときがある。ただし、この部位のケガに対するアプローチも、他の部位のケガと変わらない。

腰背部

　過剰な負荷が加わると、脊柱起立筋など腰の筋肉を傷めることがある。特に、デッドリフトなどで腰を過度に伸展したときに負傷しやすい。その他、ベンチプレスやレッグレイズなどベンチを使ったワークアウト時に、腰を完全に浮かして目一杯伸展させてしまうと、損傷リスクが高まる。腰は普段から、ある程度カーブを描いているが、負荷をかけた状態でそのカーブをきつくしてしまうと、ケガにつながる。

腰の痛みは、上は背中の中部、下は臀部にまで及ぶことがある。場合によっては、さらなる損傷を防ぐために、これらの筋肉がけいれんすることもある。

　腰の靭帯がダメージを受ければ、その状態は捻挫を意味する。一般に損傷部位が関節か筋肉かを自分自身で見極めることは難しいが、いずれにしても、初期治療は前記の処置とほとんど同じだ。

　椎間板ヘルニアも、主な腰のケガの1つである。椎間板は椎骨同士の間に位置し、その外殻が破裂すると、中からゼリー状の物質がもれ出し、近くの神経を圧迫する。背骨のどの位置においても発症する可能性があり、ときに痛みが下肢まで及ぶ。とはいえ、痛みの原因は神経の圧迫であり、その圧迫を取り除くことが治療の本筋となる。

　神経症状の1つに、坐骨神経痛がある。坐骨神経は、腰部から下肢にかけてのびる人体の中で最長の神経だ。坐骨神経が圧迫されると、強い痛みが生じ、動けなくなってしまう。

　腰のケガは、ストレートレッグシットアップやストレートレッグレイズなど、腰に高い負荷がかかる腹筋種目も原因になりうる。背筋種目であるデッドリフトやグッドモーニングで高重量を難なく持ち上げていた選手が、意外にも腹筋種目で腰を痛めることが少なくない。

上背部

　上背部のいかなる筋肉に関しても、ケガのリスクがある。具体的には、僧帽筋や肩甲挙筋（第4頸椎の横突起から肩甲骨上角にのびる筋肉）、大円筋（腕の内転と内旋に関わる肩甲骨背面から上腕骨にのびる筋肉）、広背筋（胸郭下部から腰部にかけて三角形に大きく広がる平らな筋肉。いわば「背部最大の筋肉」）などだ。首を痛めることも多い。その場合、どの筋肉に過度に負荷がかかったのか特定するのは難しい。後ろを向いたり、肩をすくめたり、背中を反らしたりすると痛みが発現する。ちなみにフランク・ゼーンはプリーチャーベンチカールをしているときに、フォームを安定させるため上背部に力を入れただけで、その部位を痛めてしまった。

　上背部の筋肉には、収縮と伸展の力が同時に加わることがよくある。その力が大きすぎると、筋肉が耐えきれず、多かれ少なかれ断裂する。損傷がそれほどひどくない場合は、損傷部位をはっきり特定する必要はないだろう。ただ安静にして、基本的な初期治療を施せばよい。

肩

　肩の負傷はボディビルダーに多く見られる。高重量のベンチプレスやダンベルプレス、ショルダープレスなどは、肩に極めて大きな負荷のかかる種目だ。

　肩関節に極度に外力が加わると、回旋筋腱板（ローテーターカフ）（肩関節の内旋と外旋を担う筋群の腱）が部分的に断裂する恐れがある。三角筋の3つの頭や腱の両端も、外力の影響を受けやすい。

三角筋下滑液包炎も、肩のケガの１つである。滑液包とは、たがいに擦れ合う腱と骨の間に位置する繊維性被膜に包まれた袋を指す。摩擦を低減する作用があり、滑液包のおかげで腱は滑らかに動くことができる。滑液包炎は、その滑液包に炎症が起きた状態で、本来の作用が損なわれるため炎症部位が関わる運動に障害や痛みを伴う。フランク・ゼーンは三角筋下滑液包炎に苦しめられた選手の１人で、さまざまなビタミンを摂取し、カイロプラクティックの治療を受け、ワークアウトメニューを軽くしたことで、回復を促し三角筋下滑液包炎を克服した。

　その他、肩関節の代表的な損傷の１つに、上腕二頭筋長頭腱炎がある。上腕二頭筋長頭腱炎は、長頭腱が負荷や摩擦によって炎症を起こした状態だ。このような肩の炎症に対しては、コルチゾン注射など薬剤投与がしばしば適用される。

　肩を痛めたときは、肩関節の角度を変えてトレーニングしてみるのもよいだろう。たとえば肩の前部に痛みがあるならば、フロントプレスの代わりにベントオーバーラテラルレイズを行う、といった具合にだ。要は、鍛える場所を三角筋の前部から背部に変えるわけである。または、フラッシング法を取り入れて重いダンベルを体側で維持したりすれば、大会前でも三角筋の力強さと質感を維持できるだろう。

胸

　胸筋のケガの多くは、胸筋が上腕骨につながる部分で起こる。多くのボディビルダーはできるだけ高重量のベンチプレスを好むが、ウォーミングアップが不十分だったり、無理な重量を設定して過度に負荷をかけたりして、ケガをする。

　雑なフォームで胸部のワークアウトに臨んでいる点も、ケガの要因だ。ベンチプレスで勢いよくバーベルを下げれば、胸部全体に激しい力が瞬時に加わる。同様に、ダンベルフライのときにダンベルを一気に下げれば、胸筋に過剰な負荷がかかる。ストレッチやウォーミングアップを怠り、筋肉がほぐれていない状態で臨めば、なおさらケガするリスクが高くなるだろう。

上腕二頭筋

　上腕二頭筋の断裂は、筋肉の両端のいずれにおいても発生する。両端とはすなわち、肩甲骨につながる起始部と、橈骨(とうこつ)につながる停止部のことだ。もちろん、両端以外の場所でも断裂する可能性はある。急激な外力によるケースもあれば、継続的なストレスに起因するケースもある。

　上腕二頭筋は比較的小さく、さまざまな種目で使われるため、オーバートレーニングに陥りやすい。上腕二頭筋をターゲットにする種目はもちろん、背部種目においても上腕二頭筋は収縮する。事実、シーテッドロウからワイドグリップチンニングまで、腕を引く動

作が含まれるメニューでは、必ず上腕二頭筋に高い負荷がかかる。このように上腕二頭筋が連動する種目は極めて多いため、ケガを予防することはなかなか難しい。もし負傷してしまった場合は、安静にして回復を待つよりほかないだろう。

　筋肉の完全断裂など、重度のケガを負ってしまったときは、筋組織の修復に手術が必要になる可能性が高い。

上腕三頭筋

　上腕三頭筋についても、上腕二頭筋など他の筋肉と同様の経緯で損傷に至る。主な損傷として、肘頭滑液包炎が挙げられる（肘頭とは肘の頂点の部分）。トライセップスエクステンションなど上腕三頭筋を収縮させる運動を行えば、上腕三頭筋の停止部がくっついている肘の部分を引っ張ることになる。その部分には滑液包があるため、大きな力が加わると炎症が生じ、灼熱感に襲われる。

　オーバートレーニングや、誤ったフォームによる急激な負荷によっても、上腕三頭筋は損傷する。筋肉が完全に断裂してしまえば、組織修復のために手術が必要になるだろう。

肘

　押す動作をするときは必ず肘関節に一定の力が加わる。肘関節の損傷は、高重量のワークアウトや誤ったフォームにより過度に負荷がかかって急性外傷として起こる場合や、何カ月または何年という長期間にわたるハードなトレーニングによるダメージが蓄積し、慢性外傷として発生する場合がある。後者のケースは、ときに変形性関節症を招く。

　徐々に進行する変形性関節症は、肩や膝でも起こりうる。明らかな症状が見られないまま少しずつ進行するため、初期の段階で損傷を見極めることは難しい。徐々に増していく痛みが、症状の１つに挙げられる。また、関節可動域の制限も、変形性関節症が疑われる兆候だ。いずれの症状も、肘関節の内部に何らかの損傷があることを示唆するもので、放置しておくと修復できなくなる恐れがある。なお急性外傷の場合は、安静、冷却、挙上、圧迫といった処置の原則を適用する。

　高重量のワークアウト時には、サポーターなどで肘をカバーし、関節の動きを安定させるとよいだろう。

前腕

　ワークアウトでは大抵、手首や前腕に力を入れてウエイトをしっかり握らなければならない。すなわち、収縮と伸展方向の力が前腕周辺の筋肉に同時に加えられる。そのような状況で、筋肉や腱が損傷するケースは多い。

　チンニングやパワークリーン、リバースカールなど、手の平を前に向けた状態で腕を曲

げ伸ばしする運動は、てこの原理で前腕にかなりの負荷がかかるため、ケガのリスクが高い。特に、肘周辺にある前腕伸筋群の起始部をケガしやすい。いわゆる、テニス肘という症状だ。とはいえ、損傷箇所は伸筋群の起始部に限られるわけではなく、どこでも損傷するリスクを伴う。

　リバースカールが原因で前腕をケガする選手が多いため、カイロプラクティックの資格を持つフランコ・コロンブは、リバースカールではなく、リバースリストカールのみで前腕の筋肉を鍛えることを勧めている。

　ウエイトトレーニングではシャフトを強く握るメニューが圧倒的に多いため、前腕のケガは慢性化しやすい。言い換えると、前腕を痛めても安静にすることが難しい。

　前腕のケガの早期回復には、安静にするほか、鍼治療が有効である。

ケガをしているときのトレーニング

　ケガを治すには患部を安静にすることが絶対に欠かせない。しかし、大会出場を目指すボディビルダーであれば、やれ筋肉が若干痛い、やれ関節に少し違和感がある、と言ってその都度トレーニングを休むわけにはいかない。ケガの悪化を防ぐと同時に、トレーニングを続ける方法を模索する必要があるだろう。

　もっとも、ケガを治しつつトレーニングを継続するうえで、王道があるわけではない。自らの経験に頼りながら、ケガを悪化させる動作を見極め、トレーニングを進めていくことになる。私は1980年、ミスターオリンピアを目前に控えたタイミングで、トレーニング中に肩を痛めてしまった。その時点で、痛みなしに普通のショルダープレスで肩を鍛えるのは無理だった。ところが、リバースグリップでグリップ幅を狭めて試してみると、痛みが出ないではないか。このようにして、ケガを悪化させることなく、肩のトレーニングを継続する道が拓けたのである。その他、アイソメトリック収縮に近いダンベルを使ったフラッシング法を試してみてもよいだろう。

　前腕を負傷したあるボディビルダーがダンベルやマシンでアームカールができなくなったため、試行錯誤の末、前腕を特定の角度に保ったハンマーカールに活路を見出した例もある。その選手は、そのハンマーカールで痛みを覚えることなく腕を鍛えると同時に、前腕のケガを治したそうだ。前腕や上腕二頭筋のケガの場合は、ＥＺカールバーを利用して、グリップの位置を変えてトレーニングしてみるのも１つの手だろう。

　上腕三頭筋をケガしたときは、プレス種目とトライセップスエクステンション種目の大半が、実施困難なメニューとなる。そのような中でダンベルキックバックは、動作を止める直前まで上腕三頭筋にほとんど負荷がかからないため、上腕三頭筋に痛みがあっても実施できるケースが多い。

　損傷がひどくない場合は、ウォーミングアップとストレッチを念入りに行ってから、無理のない重量でセットをこなせば、患部周辺の筋肉を鍛えることができる。

　とはいえ、トレーニングを継続できるケースもあれば、継続できないケースもある。事

実、ケガの具合が深刻な場合は、以前と同じメニューを実施するのは難しいだろう。
　いずれにせよ、出場しようとしている大会は、ただの１つの大会にすぎない点に注意したい。１つの大会よりボディビルダーとしてのキャリアのほうが、はるかに大切なはずだ。無理をしてトレーニングすれば状態が悪化し、ケガが長期間治らないかもしれない。下手をすれば、死ぬまでそのケガと付き合うはめになってしまうのだ。

寒冷時のトレーニング

　寒冷時にトレーニングするときは、ケガを防ぐために特段の注意が求められる。気温が低いと、筋肉が温まるのに時間がかかるため、ワークアウト前のウォーミングアップとストレッチにいつにも増して時間を費やす必要があるだろう。ジムの中でも暖かい格好をして、セット間に体を冷やさないよう工夫するとよい。

まとめ

　ボディビルにおけるケガは、筋肉や腱を無理に収縮させたり伸展させたりして起こることが多い。適切なウォーミングアップとストレッチ、正しいフォームの３点が、ケガを防ぐうえで重要になる。ケガをした場合は、患部を安静にすることが第一だ。そのうえで、患部を氷などで冷やして腫れを抑え、挙上して静脈還流を促し、圧迫する。治癒がある程度進めば、超音波療法などの温熱療法も効果的である。
　軽度または中程度のケガの場合は、解剖学的にどの箇所に損傷が見られるのかを正確に特定する必要はない。ただし自らの感覚を通して、おおよその損傷箇所や、その損傷箇所に望ましくない動作を見極める。そして、それらの判断に基づき、患部を大事に扱う。なおケガは、直接動かす筋肉の他に、連動して収縮した筋肉で起こる危険性もある。
　ボディビルダーの関節損傷は、何年もかけてダメージが蓄積した結果、顕在化することが大半である。そのような関節損傷は、徐々に状態が悪化していく。若い選手が懸命にトレーニングするあまり、損傷の兆候を見逃せば、ゆくゆくはその代償を払うことになる。若いうちは体の治癒力が高く、ケガをしてもすぐ治ることが多い。だが年を重ねていくうち、トレーニング上どうしても避けられない問題に直面する。若いころであればケガをしなかったメニューでも、年とともにダメージが蓄積された肉体では、関節を痛めるリスクが高くなる。よって、トレーニングスタイルの見直しを迫られるだろう。とはいえ、その変更が必ずしもマイナスに働くわけではない。若い選手が必死に追い求めているバルクはすでにあるはずで、むしろ歓迎すべき転機とも言える。
　栄養に限っては、古くからの言い伝えである「百の治療より一の予防」は、あてはまら

ない。栄養の重要性は、ケガした後もケガする前も変わらないのだ。以下に示すのは、ボディビルダーが主に直面する5つの課題である。課題ごとに、体作りの停滞防止に役立つ栄養面での対策をいくつか紹介する。

筋肉の硬直と痛み、ケガ

　ボディビルダーはあらゆる工夫を凝らして、短期間のうちに筋肉量を増やそうとする。だが、筋繊維を少し傷つけるだけで筋肉が大きくなる、という筋発達の過程を忘れているボディビルダーがなんと多いことか。筋肉をあまりに早く増やそうとすれば、筋損傷がわずかでは済まず、痛みやケガにつながるだけだ。あるいは、焦って治そうとして、ケガの再発につながるかもしれない。栄養は、ケガの予防と治療の両面において重要である。タンパク質やタンパク質加水分解物、生理活性ペプチド、アミノ酸などを補給すると、筋肉の構築を加速させることが可能だ。ポリフェノールを摂取すれば、血行がよくなり、早期の治癒につながるだろう。

関節の痛みと損傷

　関節の損傷はボディビルダーに非常によく見られるケガである。肩や肘、膝、足首などの関節は、トレーニングなどで負荷を受けたとき、筋肉のように素早く、適切に反応することができない。加えて、筋肉量や筋力が急激にアップするなど周辺組織に変化が生じたときも、関節はその変化に対して速やかに順応することができないのだ。関節損傷の治癒を促す結合組織の保護に非常に効果的な栄養サプリメントが、近年いくつか発売されている。グルコサミンやアセチルグルコサミン、コンドロイチン、コラーゲン、必須脂肪酸などの製品が代表例だ。

栄養強化

　大会に向けて準備を始めたり、新たにきついトレーニングを取り入れたりするとき、肉体は運動レベルの急激な上昇に適応しなければならなくなる。そこで、選手が普段の食事ではエネルギー源が足りないと感じたときのために、さまざまな栄養サプリメントが販売されている。そのようなサプリメントを活用すれば、運動レベルの上昇に対して、体をうまく適応させることができるだろう。たとえば、強壮剤がその1つである。広く使われている強壮剤には、マオウやシベリア人参（エゾウコギ）、ヨヒンビン、EPA、カフェイン含有のハーブなどがある。

脱水を防ぐには

ボディビルダーは厳しいトレーニングをする中で、重度の脱水に陥るリスクと隣り合わせである。またトレーニングメニューを大幅に変更すれば、体が水分をうまく調節できなくなる可能性がある。水分をこまめに摂ることが大切だ。失ったミネラルを補うには、特定の栄養サプリメントとともに、水分を摂取することが重要である。傷ついた組織を排出して新しい組織を構築するには、水分を十分補給する必要がある点にも注意したい。

免疫機能が低下する？

　人体の免疫系の主なエネルギー源は、グルタミンである。高強度のトレーニングを行えば体に高い負荷がかかるので、運動を始めると同時に、体内のグルタミンは欠乏していく。トレーニングの強度を上げると病気にかかりやすくなるのは、当然の結果と言えるだろう。（主に植物由来の）ナチュラルな食品を食べるようにすれば、感染症に対する免疫力が高まり、感染したとしても早期に治るはずだ。免疫系のために摂取すべきは、言うまでもなくグルタミンである。その他、免疫力アップに有効な物質には、エキナセアや高麗人参、グルタミン酸、ビタミンC、ポリフェノールなどがある。

最後の仕上げ

　運動によってストレスを受けるのは、何も体だけではない。心も同じように、運動による負荷にいち早く反応する。アスリートに最も求められる資質の1つは（数値化するのは困難だが）、トレーニングや大会に対する前向きな心である。そのような心を養うために有効なサプリメントがいくつか存在する。たとえば、イチョウ葉エキスやポリフェノール、（必須アミノ酸のDHAとともに）ホスファチジルセリンが入ったサプリメントなどである。それらを活用すれば、前向きな心でボディビルに取り組めるはずだ。

STAFF

翻訳者	小川浩一、権田敦司
翻訳協力	株式会社トランネット
ブックデザイン	相原真理子
校　正	株式会社聚珍社
企画・編集	石塚陽樹（マイナビ出版）

王者の筋トレ

2025年2月27日 初版第1刷発行

著　者	アーノルド・シュワルツェネッガー
発行者	角竹輝紀
発行所	株式会社マイナビ出版
	〒101-0003
	東京都千代田区一ツ橋2-6-3 一ツ橋ビル2F
	電話 0480-38-6872（注文専用ダイヤル）
	03-3556-2731（販売）
	03-3556-2738（編集）
	URL https://book.mynavi.jp
印刷・製本	株式会社ルナテック

※定価はカバーに表示してあります。
※落丁本、乱丁本についてのお問い合わせは、TEL0480-38-6872（注文専用ダイヤル）、
　電子メール sas@mynavi.jp までお願いします。
※本書について質問等がございましたら、往復はがきまたは返信切手、返信用封筒を同封のうえ、
　㈱マイナビ出版編集第2部書籍編集課までお送りください。
　お電話での質問は受け付けておりません。
※本書を無断で複写・複製（コピー）することは著作権法上の例外を除いて禁じられています。

ISBN978-4-8399-8380-2

Copyright © 1985, 1998 by Arnold Schwarzenegger
All rights reserved.

Published by arrangement with the original publisher, Simon & Schuster, LLC.,
through Japan UNI Agency, Inc., Tokyo